U0722669

杨适文集

⑤

杨适 著

人民出版社

目　录

论文集

译文集

论文集

关于否定之否定的根据问题[①]

一、否定之否定是否有根据

在有关辩证法的讨论中，否定之否定的问题具有非常尖锐的形式。如果说对其他规律和范畴的讨论主要是如何理解的问题的话，那么，对否定之否定首先则是这个规律本身能否成立的问题。

这种争论，从黑格尔提出否定之否定以后就开始了。当马克思肯定了它并加以运用时，更加尖锐起来，例如杜林就进行过攻击。事实上，不仅资产阶级许多学者反对这个规律，马克思主义队伍中不少人也对它有怀疑，有的人就不承认它。这场争论一直延续到现在。

怀疑否认这个规律的观点说法很多，但主要不外以下几点。第一，认为否定之否定是从黑格尔的三段式来的，它是不科学的，没有必然性；第二，认为否定之否定的客观普遍性有问题，恩格斯的例证也不完全；第三，认为事物发展的某些特征，如前进性和曲折性，由低级到高级由简单到复杂，等等，用其他规律已足以说明，无须再有一个否定之否定。

这些看法对不对？让我们逐点看一看。

---

① 本篇原载《中国社会科学》1980年第5期。

关于第一点,它的典型表述是这样的:否定之否定是黑格尔提出来"借以拼凑自己唯心主义体系"的"工具","他以'三段式来包括全部发展过程'"。[①]"黑格尔的三段式是牵强附会地硬套在现实之上的一个公式",因此,否定之否定和三段式是应予"抛弃"的"黑格尔表达方式的残余"。[②]"否定之否定 = 三段式 = 牵强附会的公式",是这种看法的逻辑。这种看法在很长一段时间里占主要地位,并一直影响到现在。目前有的同志也是以此立论的。他们说,如果恩格斯把人类社会当作"原始共产主义——阶级社会——共产主义"的话,我也可以把它当作"原始社会——奴隶社会——封建社会——资本主义社会——社会主义共产主义"的过程,那就不是三段式而成了五段,三段式既然没有什么必然性,否定之否定就不能成立,或者只能加以别的解释。

这种看法以为驳倒了三段式就驳倒了否定之否定,但实际上它的驳斥甚至没有触及到否定之否定内容本身,又怎么能驳倒三段式呢?它因而没有能驳倒黑格尔,对恩格斯的上述运用的深刻意义也没有理解。它的毛病不全在把否定之否定同三段式等同起来,而在于它并没有抓住否定之否定和三段式的内容和根据,所以这种驳斥显得空洞而没有力量。黑格尔早就指出过这一点。他说:"形式主义固然也占取了三分法……并用之于外在的次序安排,这种构成之肤浅无聊和空虚贫乏,使得这种形式很讨人厌烦,声名狼藉。但它不会由于这种使用的陈腐乏味而丧失其内在价值"[③]。他认为不抓住"其内在价值",无论使用三段式还是否定三段式就都是错的,因为只有这种"内在价值"才是三段式和否定之

① 罗森塔尔、尤金:《简明哲学辞典》,人民出版社1955年版,第196页。

② 罗森塔尔、尤金:《简明哲学辞典》,人民出版社1955年版,第19页。

③ 黑格尔:《逻辑学》下卷,商务印书馆1976年版,第545页。

否定的真正根据。

关于第二点是这样的，它认为恩格斯在提出否定之否定是一个普遍规律时，虽然举了许多例证，但是在某些领域，比如在机械运动、物理运动和化学运动中，就没有举出例证来，所以这个规律的普遍性还是没有得到证明。因而他们从"事实"上对这一规律提出了质问。

这种说法看起来有理，其实是站不住的。因为它自以为抓住了"事实"，实际上只抓住了"例证"，而科学和哲学的普遍性，从来都不是建立在实例的总和之上的。一切科学的普遍性虽然适用于该领域的一切对象，但它决不是现象的列举或单纯实例的归纳，而是对事物进行本质的抽象的结果。哲学范畴和规律的普遍性，则更是对世界总体和一切事物的本质关系所作的高度概括与总结，是人类思维长期劳作的结晶。那种认为恩格斯只是靠举例才证明了规律普遍性的看法，完全是一种误解。列宁早已指出，恩格斯之所以举例只是"为了通俗化"，即为了帮助人们理解否定之否定的意义和普遍适用性而已。马克思、恩格斯之所以肯定这个规律，自有它更坚实的根据。所以我们看到，那种以例子不全来否认这一规律的看法，并不足以影响恩格斯论断的正确性，相反，这种看法本身倒是应该从方法论上加以检讨的。

关于第三点，《简明哲学辞典》认为，否定之否定中某些合理之处可以用量变质变规律来说明，而现在一些同志则认为可以用对立统一规律来说明。他们都认为否定之否定没有自己的根据，就不如并入其他规律中去算了。这种看法直截了当地提出了否定之否定有没有根据的问题，所以它有很大的重要性。如果回答这个问题，就应该把否定之否定自身的根据或"内在价值"说出来。所以回答了这个问题，也就同时回答了前面的两个问题。

所以我们觉得研究否定之否定最重要的是要抓住它的根据。

那么,它到底有没有根据呢? 我们从哪里着手去研究这些根据呢?

它当然是有根据的。不过这种根据并不是现在常常谈论的那些特征和单纯举例等东西。想从这些方面下手来提出根据是解决不了问题的,也是提不出真正的根据来的。

根据在哲学对世界和历史运动的本质的思考之中。那些提出否定之否定的人,是在进行了这种思考之后才提出它来的,它本身就是这种思考的成果。黑格尔和马克思的伟大哲学本身,就是否定之否定的确证。当然,对于提出否定之否定的黑格尔,乃至对于在唯物主义基础上首肯否定之否定的马克思,人们对他们的观点可以持异议,可以讨论。但是第一步总得从他们开始。只有首先了解他们的根据,讨论才有基础,研究才能前进。

二、黑格尔提出否定之否定的本体论根据

恩格斯指出:"黑格尔第一次——这是他的巨大功绩——把整个自然的、历史的和精神的世界描写为一个过程,即把它描写为处在不断的运动、变化、转变和发展中,并企图揭示这种运动和发展的内在联系。"[①] 在黑格尔看来,整个世界和其中的一切东西都处在运动发展转变的过程之中,也只有在这种过程之中才能确切地理解和规定它们。问题在于如何认识这种运动的本性及其规律。

研究整个世界的本性,这是历来哲学的本体论任务。黑格尔

① 《马克思恩格斯全集》第20卷,人民出版社1971年版,第26页。

的本体论思想，有很深的根源，我们在这里没有必要去详细加以讨论。就我们现在的问题来说，而且就黑格尔本人在《精神现象学》序言中所讲的来说，他的本体论是直接从斯宾诺莎的唯一普遍的实体出发的。斯宾诺莎把世界的本体称作实体，提出了实体是自因的思想。自因，就是实体自己产生自己、自己决定自己，无须由别的什么来产生它决定它的意思。根据自因，斯宾诺莎认为实体是真正无限的，按照自身必然性而自由的，真正独立自存的，绝对肯定的东西。黑格尔认为斯宾诺莎的这种实体概念是极其重要的，但同时又认为斯宾诺莎的这种实体概念仍是一种抽象的、死板的、没有能动性的看法。因为在斯宾诺莎那里，实体除了把一切特殊的东西都置于自身之内而外，这两者之间没有任何别的联系，没有过渡和转化，实际上还是两种世界。特殊的东西因为它不是由自己产生和决定而是由别的东西产生和决定的，所以它们是有限的，有规定的、否定的东西。“一切规定都是否定”。斯宾诺莎的这个命题虽然同“实体是自因”一样都具有辩证因素，可是这两个命题却是完全隔绝对立的。这样，世界的普遍性和特殊性、肯定性和否定性就处于僵硬的割裂之中而无法统一起来。实体概念在斯宾诺莎哲学中虽有重大深刻的意义，但因为它没有运动，就不能从普遍达到特殊。“其唯一的活动只是把一切投入实体的深渊，一切都萎谢于实体之中，一切生命都凋零于自身之内”[①]。它不能说明现实世界的丰富性、生动性、具体性。就这一方面说，斯宾诺莎的哲学只达到了一种消极的结果。

因此，黑格尔认为必须对这种实体概念进行带根本性的改造。他说：“照我看来，一切问题的关键在于：不仅把真实的东西

① 黑格尔：《哲学史演讲录》第4卷，商务印书馆1959年版，第103页。

或真理理解和表述为实体,而且同样理解和表述为主体”。[①] 实体是主体,是有能动性的世界本体,这个规定对于理解黑格尔的全部哲学具有关键的意义。黑格尔的唯心主义和辩证法都是从这里出发的。

黑格尔追求和寻找的能动的实体,就是客观精神。他的唯心主义偏见,使他总是把物质的东西、自然界本身看成被动的僵死的东西。他不能从这里找到能动性,所以,他认为能动性只能来自精神,只有精神和思维才是一切能动性的源泉和本体。但是黑格尔认为主观唯心论讲的精神虽有能动性,却又有人的主观随意性和内容空洞的性质,缺乏世界本体所应具有的那种客观性的本质规定。因此,黑格尔同柏拉图一样,把反映事物本质的那些普遍性概念抓住,并把它们的客观性变成一种非人的独立存在。黑格尔赋予这种客观概念以能动性。这样,他认为就得到了一个既是客观的又具能动性的实体,他称之为客观精神或绝对精神。这种“实体一主体”,是黑格尔哲学中宇宙存在和发展的真正本体。它不像斯宾诺莎那样把特殊的现实的东西只置于自身之下,而是要凭自身的能动活动把它们发展出来创造出来,这种创造也就是绝对精神的自我创造。绝对精神通过这种自我发展使自己具体丰富起来。所以,黑格尔的整个哲学体系不过是客观的绝对精神的自我发展的历史描述,从最初的原始直接的精神出发,经过自身在逻辑阶段的发展外化为自然界、人类社会和种种精神现象;然而这一切特殊的东西因为它们无非是精神本体的自我展现,因而它们发展到最后还要表现为绝对精神,回到绝对精神这个本体中来,使绝对精神完成自己的运动,最终实现它自身。整个世界就是在这样

① 黑格尔:《精神现象学》上卷,商务印书馆1979年版,第10页。

一种过程中自我发展、自我创造、自我说明、自我规定、自我肯定的。这一套说法当然是神秘的。但是,这却是唯心主义者黑格尔所能用以表达他辩证世界观的唯一方式。

用逻辑的哲学概念来理解和表述这样一种世界自我发展过程,是黑格尔给自己提出的中心任务。这个任务是他的前人没有认识到的,因而也是不能解决的。在解决这个任务时黑格尔提出了否定之否定。

他本人是这样阐述他的"实体 — 主体"的辩证本性的:"活的实体,只当它是建立自身的运动时,或者说,只当它是自身转化与其自己之间的中介时[①],它才真正是个现实的存在,或者换个说法也一样,它这个存在才真正是主体。实体作为主体是纯粹的简单的否定性,唯其如此,它是单一的东西的分裂为二的过程或树立对立面的双重化过程,而这种过程则又是这种漠不相干的区别及其对立的否定[②]。所以唯有这种正在重建其自身的同一性或在他物中的自身反映[③],才是绝对的真理,而原始的或直接的统一性,就其本身而言,则不是绝对的真理。真理就是它自己的完成过程……而且只当它实现了并达到了它的终点它才是现实的。"[④]

在这段总纲式的表述中,对实体有两点彼此紧密相关的辩证

---

① 黑格尔把现实的自然界、人类社会和精神现象都看作是绝对精神这个实体的"自身转化",绝对精神又把自己的这种转化作为自我实现自我认识的根本环节与手段,所以称之为"自己之间的中介"。

② "这种漠不相干的区别及其对立"是指在前面否定过程中单一的精神所产生的自然界等杂多事物之间的区别和对立。它们在精神的进一步发展中也是要被否定的,精神就会从中认识到自己本来具有的普遍性和统一性。

③ 指精神在自己创造的他物即自然界、人类历史等中反映和认识自身。

④ 黑格尔:《精神现象学》上卷,商务印书馆1979年版,第11页。

规定。(1)“实体作为主体是纯粹的简单的[①]否定性”。这是同斯宾诺莎的实体概念根本不同的黑格尔具有创造性的辩证概念。历来哲学家多把本体或实体只看作是肯定的东西,而黑格尔认为实体不仅是肯定的(这是不言而喻的),而且认为它的本性还是否定的,否定性、能动性、发展运动是它的固有本质。(2)对这种否定本性,还必须用否定之否定才能加以规定。它不是一次否定的行动,而是连续的否定活动。从绝对精神自我发展的总体来说,它表现为两个大的否定阶段,形成自我实现的全过程。在第一次否定中,绝对精神实体外化为自然界、社会等等,这种自我否定的转化发展,使实体从抽象的普遍走向具体特殊的东西。但这还不是绝对精神的否定性生命力的全部实现。自然界和社会等等固然是绝对精神的展现,又是同绝对精神本性(理性的自由等等)对立的异化形态。因此,这种否定的辩证本性还要继续活动,扬弃这种异化,在否定异化的同时,把通过外化所表现出来的绝对精神的丰富规定性、特殊性等保留下来,带着这全部的发展成果回到绝对精神中来。这种经历了否定之否定全部过程再回到自身的精神,就不再是开头那种原始直接的东西,而成为最真实最具体的实体即绝对真理了,“它才真正是个现实的存在”,“这个存在才真正是主体”。这个自我完成的过程,就是精神自身的否定之否定,“实体是主体”的真正意义就表述出来了。

对于黑格尔所说的这些,我们当然应该批判,指出它是十足神秘的唯心主义。但是不能不承认这里确有深刻合理的含义。因为对于唯物主义来说,同样有一个如何说明物质的自然界和人类历史的自我发展的问题。

---

① 原文为 einfach,译为“单纯的”似更妥帖些。

为了理解否定之否定的提出和意义，为了理解黑格尔否定之否定的合理性，有一个最基本之点是必须把握的，这就是关于整个世界和事物是自己发展自己运动的思想。黑格尔提出否定之否定的基本出发点和根据，是世界（他认为是绝对精神实体）的自我发展本性。所以，我们对黑格尔否定之否定的一切研究也必须从这里开始。列宁对于黑格尔的"自我运动"的概念给予了极高的评价和注意。他指出："运动和'自己运动'（这一点要注意！自生的（独立的）[①]、天然的、内在必然的运动），'变化，'运动和生命力'，'一切自己运动的原则'，'运动'和'活动'的'动机'（Trieb）——'僵死存在'的对立面，——谁会相信这就是'黑格尔主义'的实质、抽象的和abstrusen（晦涩的、荒谬的？）黑格尔主义的实质呢？必须揭发、理解、拯救、解脱、清洗这种实质，马克思和恩格斯就做到了这一点。"[②] 大家知道，列宁在《什么是"人民之友"以及他们如何攻击社会民主主义者？》这部重要著作中，对否定之否定还持有不同的看法，认为马克思、恩格斯对否定之否定的论述是"科学社会主义由以长成的那个黑格尔主义的遗迹，是黑格尔主义表达方式的遗迹"[③]。但是后来列宁对这个问题有了完全不同的看法。在《哲学笔记》中列宁对否定之否定不仅持肯定态度，并且作了许多深刻的论述。列宁哲学思想上这一重大发展，在上述引文中表现得十分清楚。他发现和揭示了晦涩神秘的黑格尔主义中最有价值的实质，高度赞扬了马克思、恩格斯在这方面的工作成果。列宁在自己

---

① "自生的"（самопроизвольное）、"独立的"（самостоятельное）这两个词，原文是用以解释"自己运动"（самодвижение）的，似应译为"自我产生的"、"自己建立的"更能表达列宁原意。

② 列宁：《哲学笔记》，人民出版社1958年版，第147页。

③ 《列宁选集》第1卷，人民出版社1972年版，第30—31页。

的《谈谈辩证法》一文中，就是紧紧抓住事物的“自己运动的原则”来阐述辩证法的。

黑格尔正是在思考和表述世界的自我发展自己运动中提出否定之否定概念的。在他看来，发展就是不断的否定运动，而要理解和表述自我发展，就必须认识否定之否定。

肯定和否定，本是人们思想上和逻辑上最单纯的两个对立的概念。人们几千年来一直在使用它，在哲学和逻辑学中也到处使用它，却从来没有深刻思考它们的辩证本性。即使一些有辩证思维的人，在许多问题上对事物和概念的辩证本质有所发现，也很少认识到在肯定和否定这两个最单纯的概念中还会有什么深刻的含义。形而上学把对这两个概念的抽象片面理解表现得最明白和突出。“‘是’即‘是’，‘否’即‘否’，除此而外都是鬼话”，正是形而上学整个思维方式的集中表现和基础。——正因为如此，它也就把抽象的肯定和否定的概念的错误性质暴露出来，成为黑格尔改造它们的重要材料。这也可说是形而上学的重要功绩——形而上学在进行肯定的时候，例如它指出世界和事物是存在的具有某种性质的时候，是完全排斥否定的（如它们不存在、不具有某种性质等等）。它认为那些相反的规定同肯定是不能相容的，因而是不能接受的。但是，这样一来，它所肯定的世界和事物也就不能运动了。巴门尼德把世界规定为“存在”，不是“非存在”，逻辑上就得出了否认一切运动的结论。他们的哲学也就只能归结为“存在就是存在，没有非存在”这样空洞的同义反复，而不能有任何前进。因为任何运动变化都是对原来事物状态和性质的一种否定，所以排斥了肯定物中的否定本性，就排斥了肯定物得到发展的一切根据。黑格尔深刻批判了这种抽象的肯定概念，指出了一切肯定物中的否定本性，认为只有这种否定性才是世界和事物存在和发展的真正灵魂。认识世界和事物固然必须从肯定开始,但是最重要的是指出肯定中本来就有的否定性。所以黑格尔非常重视斯宾诺莎的"一切规定都是否定"的命题,把它发展为一切肯定都是否定。在黑格尔哲学体系中"有"("存在")是开端的第一个概念。认世界本质是"有",这是巴门尼德第一个提出来的,黑格尔采取了它,同时批评巴门尼德把"有"只当作"有"的错误。黑格尔说,这种纯粹的"有",正因为它是纯有,纯粹的空洞,什么也没有表示出来,它就是纯无。正如在纯粹的光明中什么也看不见一样,纯粹的光明同纯粹的黑暗因而同样只有否定的意义。

黑格尔认为,对否定概念的理解也同样是值得研究的。否定是破坏,是否定原来事物的存在或性质、形式,是某物变成了他物。这当然是对的。可是如果只限于这样的了解,也不可能理解和表述世界和事物的自我发展。因为如果否定只是同肯定相反,那么原来事物在否定中就完全消失了,它完全成了另一种东西,甲变成乙,乙变成丙……世界和事物的自我发展也就完全中断了,运动就成为一种"恶的无限"进展。所谓自我发展,是说世界和事物在发展中保持着自身同一性,是在保持自身同一性中的发展。一切有生命的东西都是这样运动的:它既不断否定自己,又不断肯定自己,既不断破坏自己,又不断建设自己,否定性只是为了使自身能得到发展,肯定性只实现于不断的否定之中。实际上我们看到整个世界,从宇宙天体的生灭,人类历史、思维活动直到最简单的生命现象,其发展无不具有这种性质。所以,黑格尔认为不能对"否定"只作简单片面的理解,同样也应对它作辩证的理解。他指出"否定"的东西本身同"肯定"的东西一样,也是要被否定的,它也没有永远保持自己成果的否定形式不变的力量。如同上面所说要在"肯定"中指出否定一样,现在我们也要在"否定"自身中指出否定来。这种指出,也就是在"否定"中指出肯定,指出发展的主体本身。因此,否定的本性和表现形式就是否定之否定,世界和事物的发展就表现为一种圆圈式的运动,在这种运动中,事物的自身发展性质,它的自身同一性也就显示和表述出来了。"我们所达到的否定之否定,是上述矛盾的扬弃,但是这种扬弃,和矛盾一样,并不是一种外在反思的行动,而是生命和精神最内在、最客观的环节,由于它,才有主体、个人、自由的主体。"[①] 否定之否定是"否定性"的内在本性,否定性是"肯定"的内在本性,所以,只有否定之否定才是真理或绝对真理,而抽象的肯定或否定都只有片面的真理性,不是绝对的真理。

因此,在黑格尔看来,真正的肯定(世界这个实体—主体),只能用否定之否定才足以把握和表达:我们肯定世界和事物不应只是肯定它的僵死般的存在,而是肯定它是一种活生生的自我发展过程;只有在否定之否定的过程中和它的终点上,才算真正肯定了世界和事物的生命。同样,真正的否定(世界和事物的全部自我运动的活动),也只能用否定之否定才足以把握和表达:否定不是一次的行为而是不断的活动,不只是破坏也是建设;只有在否定之否定的全部活动中和它的终点所产生的结果上,否定性才算真正完成了作为发展灵魂的能动作用。正是在否定之否定的基础之上和过程之中,肯定和否定才真正统一了起来,并且各自获得了自己的生命和丰富的含义。过去空洞抽象的肯定和否定概念,经过了黑格尔这一番改造,用否定之否定给它们灌注了生动深刻的含义,成了黑格尔用以理解和描述整个世界和一切事物自己运动的逻辑概念。而否定之否定则成为贯穿黑格尔全部哲学的根本

① 黑格尔:《逻辑学》下卷,商务印书馆1976年版,第543页。

方法。

所谓“三段式”无非就是由这样一种自我发展所决定的运动形式或节奏。所以，尽管在黑格尔本人那里三段式的应用也常常是牵强附会的，但我们并不能认为它是一种无根据的杜撰的公式。

这就是黑格尔提出否定之否定的主要的基本的根据。

三、黑格尔提出否定之否定的哲学史根据

黑格尔的哲学创造是同他对哲学史的研究分不开的。他自觉地把自己的哲学看作以往全部哲学发展的总结。这就提出了一个黑格尔否定之否定辩证法同他以前的辩证法思想发展的关系问题。为什么他不以历史上的辩证概念为满足而要提出否定之否定，这在辩证法思想史的发展中究竟有什么意义，这个否定之否定的哲学史根据问题，无疑是一个很有研究价值的问题。我在这里只想就黑格尔自己的某些有关论述，初步进行一些探讨。

辩证法思想古已有之，经历了长期的发展，其主要成就和基本形式是关于世界、事物和概念中存在矛盾的观念。到了近代，由于形而上学占据了统治地位，这些辩证法的成果被埋没和遗忘了。黑格尔的重大功绩之一，是他对古希腊以来西方辩证法思想发展进行了深入的发掘和系统的研究。由于他的努力，辩证法才恢复了自己的光荣和权威。黑格尔高度评价了矛盾辩证法的意义。他甚至把否认运动真实性的芝诺称作辩证法的创始人[①]，就是因为芝诺用概念确切地揭露了运动自身就是矛盾。例如芝诺对“飞矢不

① 黑格尔：《哲学史讲演录》第1卷，商务印书馆1959年版，第272页。

动”就是这样论证的：只要对飞矢加以规定，它总是一个在“此时”处于“此处”的东西，不能同时又在“彼处”，因此我们只能得到静止，因此运动是不可能的。赫拉克利特这位古代伟大的辩证法家，以朴素的对立面统一学说作为自己的哲学，黑格尔十分赞赏他的思想深刻，说“没有一个赫拉克利特的命题，我没有纳入我的逻辑学中”①。黑格尔对柏拉图的辩证法尤其重视，称他的《巴门尼德篇》是“古代辩证法的最伟大的作品”②。对于康德的理性二律背反论证，黑格尔也有很高的评价，说康德“把辩证法表述为理性的必然行动”，是“他的功绩中最伟大的方面之一”③。

尽管如此，黑格尔还是认为这些辩证法是有带根本性缺陷的。这种缺陷就表现为它们的结果大多只有消极的性质，因而不能真正说明和认识世界的本质。“从这种辩证法所引出的结论，一般是所树立的主张之矛盾和虚无。”④黑格尔说：“柏拉图的辩证法，即使在《巴门尼德篇》里，也一则只是企图使有局限性的主张自己取消自己，自己驳斥自己，再则就是干脆以‘无’为结局。”对于康德的二律背反，他说：“这个结果，从它的肯定方面来把握，不是别的，正是这些思维规定的内在否定性、自身运动的灵魂、一切自然与精神的生动性的根本。但是，假如只是停留在辩证法的抽象——否定方面，那么结果便只是大家所熟知的东西，即理性不能认识无限的东西”⑤。黑格尔不满意于这种辩证法的消极性质，因而提出了自己的“积极的理性”的辩证法，对前者加以扬弃。

---

① 黑格尔：《哲学史讲演录》第1卷，商务印书馆1959年版，第295页。

② 黑格尔：《精神现象学》上卷，商务印书馆1979年版，第49页。

③ 黑格尔：《逻辑学》上卷，商务印书馆1976年版，第38—39页。

④ 黑格尔：《逻辑学》下卷，商务印书馆1976年版，第538页。

⑤ 黑格尔：《逻辑学》上卷，商务印书馆1976年版，第38—39页。

在论述以前辩证法与他自己的辩证法的关系时，黑格尔使用了两种密切相关的概念表达方式。他认为前一种辩证法是揭露事物和概念中的矛盾，揭露肯定物中的否定性。而他自己的辩证法则要更进一步，不仅要指出矛盾、对立，还要指出矛盾和对立的统一、同一；不仅要指出否定，还要指出否定之否定。矛盾或否定是同一层次的辩证概念，前一种辩证法主要只达到了这种概念。对立的统一或否定之否定是更高一层的辩证概念，表示了黑格尔的辩证法所达到的新高度。

黑格尔认为以前辩证法的最伟大的功绩，就在于揭示了事物和概念自身中的矛盾性或否定性，从而揭示了一切自己运动的内在源泉，为辩证法奠定了根基。他指出，自古以来的逻辑和普通的观点都有一种根本的成见，以为同一性是本质的和内在的规定，矛盾却不是如此。事实上，“假如要谈到高低的次序，并把两个规定分别固定下来，那么，就必须承认矛盾是更深刻的、更本质的东西。因为同一与矛盾相比，不过是单纯直接物、僵死之有的规定，而矛盾则是一切运动和生命力的根源；事物只因为自身具有矛盾，它才会运动，才具有动力和活动。”[①]“这个否定性是自身的否定关系的单纯之点，是一切活动——生命和精神的自身运动——最内在的源泉，是辩证法的灵魂”[②]。

在这一点上黑格尔完全赞同以前辩证法的意义，并把它作为自己的基础和出发点。黑格尔辩证法同它的区别只在于，他认为以前的辩证法对否定性还没有作更深入的考察，没有看到否定还要被否定，矛盾还要被统一，所以它只能停留在否定的消极结果之

① 黑格尔：《逻辑学》下卷，商务印书馆1976年版，第66页。

② 黑格尔：《逻辑学》下卷，商务印书馆1976年版，第543页。

中,不能达到积极的结果。只有否定之否定,发展从统一经过矛盾对立再走向统一,才能再达到肯定即积极的完成,事物或概念才真正实现了自我发展和自己的运动。这样,黑格尔就用否定之否定包括了以前辩证法有价值的成果并超过了它们。

黑格尔着重指出:"为了争取科学的进展……唯一的事就是要认识以下的逻辑命题,即:否定的东西也同样是肯定的;或说,自相矛盾的东西并不消解为零、消解为抽象的无,而是基本上仅仅消解为它的特殊内容的否定;或说,这样一个否定并非全盘否定,而是自行消解的被规定的事情的否定,因而是规定了的否定;于是,在结果中,本质上就包含着结果所从出的东西……由于这个产生结果的东西,这个否定是一个规定了的否定,它就有了一个内容。它是一个新的概念,但比先行的概念更高、更丰富;因为它由于成了先行概念的否定或对立物而变得更丰富了,所以它包含着先行的概念,但又比先行概念更多一些,并且是它和它的对立物的统一。——概念的系统,一般就是按照这条途径构成的,——并且是在一个不可遏止的、纯粹的、无求于外的过程中完成的。"黑格尔称这种积极的辩证法、否定之否定为"唯一真正的方法","因为这正是内容本身,正是内容在自身所具有的、推动内容前进的辩证法。"①

黑格尔有时把否定之否定叫作对立面的统一,不过他总是在运动、发展与过程的意义上使用后一个概念的。他把"对立"看作原始东西(最初的肯定或统一)的否定性发展,把"对立的统一"看作从最初东西经过否定之否定的发展所得的结果,以及这个过程本身。所以实际上黑格尔是在否定之否定的意义上使用"对立面

① 黑格尔:《逻辑学》上卷,商务印书馆1976年版,第36—37页。

的统一”这个概念的。

事实上，列宁也是经常在这样的意义上使用“对立统一”的。例如列宁说：“一般说来，运动和生成可以不重复，不回到出发点，在这样的情况下，这种运动就不是‘对立面的同一’。但是，无论天体运动，或机械运动（地球上的），或动植物和人的生命——它们都不仅把运动的观念，而且正是把回到出发点的运动即辩证运动的观念灌输到人类的头脑中。”[①] 运动的概念就是承认矛盾和否定的概念，它已经是辩证法了。但是列宁认为，单纯的运动概念还不是“辩证运动”的概念（即“自己运动”、“回到出发点的运动”的概念），还不是“对立面的同一”的运动概念。在这里，列宁使用“对立面的同一”是同否定之否定完全相同的。列宁在这段话中表述的否定之否定的含义，也和黑格尔是一致的。

“对立面的统一”虽然在某种程度上可以表示否定之否定的意思，但是黑格尔认为它是有缺陷的。他曾明白表示过这一点。他指出：“这些判断形式：第三个是直接性和中介[②]，或者说，它是两者的统一，都不足以把握它，因为它不是一个静止的第三个，而正是以自身为中介的运动和活动那样的统一。”[③] 这就是说，黑格尔认为对立的“统一”或“同一”的概念常常使人以为是一种静止的状态，而不易表达否定之否定这种活动、运动的意义。如果要使用对立的统一概念，就必须加以运动性的说明和注解。所以，一般说来，否定之否定才是黑格尔表达他的辩证法的最明确的概念。“对立面的统一”虽然可以使用，但还“不足以把握它”的真正意义。

对于黑格尔用否定之否定的积极辩证法扬弃消极的矛盾辩证

---

① 列宁：《哲学笔记》，人民出版社1958年版，第389—390页。

② “第三个”指否定之否定，“直接性”指第一个即肯定，“中介”指第二个即否定。

③ 黑格尔：《逻辑学》下卷，商务印书馆1976年版，第545页。

法这一思想,列宁也是赞许的。他在《哲学笔记》中不仅摘录了黑格尔有关的许多论述,并且在唯物主义认识论的基础上给予了说明。列宁写道:"对于简单的和最初的'第一个'肯定的论断、论点等等,'辩证的环节'即科学的考察,要求指出差别、联系、转化。否则,简单的、肯定的论断就是不完全的、无生命的、僵死的。对于'第二个'否定的论点,'辩证的环节'要求指出'统一'也就是指出否定的东西和肯定的东西的联系,指出这个肯定的东西存在于否定的东西之中。从肯定到否定——从否定到与肯定的东西的'统一',——否则,辩证法就要成为空洞的否定,成为游戏或怀疑论。"[①] 列宁这段话,深刻总结了辩证法史上的经验,说明了只有否定之否定的认识论才能达到真理。这对于我们理解和评价黑格尔提出否定之否定在哲学史上的价值,也有重要意义。

上面我们大致叙述了黑格尔提出否定之否定在哲学史上的根据。如果黑格尔的上述看法能够成立,对于我们理解否定之否定是很有益处的。并且我们也顺带谈到了否定之否定同对立统一概念的关系问题,这对于目前的讨论也会提供一些新的线索。那种认为否定之否定本身没有根据,而应由矛盾规律或对立统一规律来加以代替的看法是否妥当,人们当能从上述列宁和黑格尔的观点中得到自己应该得到的结论。

---

① 列宁:《哲学笔记》,人民出版社1958年版,第244—245页。

四、马克思揭示了黑格尔所以能提出否定之否定的秘密

上面我们讨论了黑格尔提出否定之否定在本体论和哲学史这两方面的根据。此外,它还有一个更深刻的根据。这个根据虽然深深地渗透贯穿在黑格尔哲学中并且常常迸发出耀眼的火花,但是,由于黑格尔是一个唯心主义者,他本人没有可能明确地认识到它是自己哲学的真正基础,更没有可能明确地把它表达出来。第一个发现辩证法的真正基础并且给予科学分析的人,不是别人,是马克思。正因为如此,马克思才能对黑格尔的辩证法作出最本质最深刻的分析批判,并在这一分析批判中,提出最深刻而科学的唯物辩证世界观。马克思的这一工作,首先集中表现在他的《1844年经济学 — 哲学手稿》上,并且贯穿在他后来的全部著作之中。

下面,我们先谈一谈马克思对黑格尔辩证法本质揭示的主要之点。

在《手稿》中马克思肯定了费尔巴哈对黑格尔唯心主义批判的重大功绩,但不同意他对黑格尔辩证法的全盘否定。马克思引述了费尔巴哈对黑格尔否定之否定的观点以后写道 :"然而由于黑格尔从否定之否定所包含着的肯定方面把否定之否定看成是真正和唯一肯定的东西,而从它所包含着的否定方面把它看成是一切存在的唯一真正的活动和自我实现的活动,所以他只是为历史 —— 它还不是作为现成的主体的人的现实的历史,而只是人产生的活动、发生的历史 —— 的运动找到了抽象的、逻辑的、思辨的表达。"①

---

① 马克思 :《1844年经济学 — 哲学手稿》,人民出版社1979年版,第112页。

马克思这段话,是他对黑格尔辩证法看法的总提要。他认为,黑格尔的否定之否定,尽管是抽象的思辨的逻辑,即唯心主义的概念运动,实际上所表现的仍然不过是历史的活动。虽然还不是对现实历史的表达,也还是对人的自我创造自我产生的历史的一种表达。或者如不久后在《神圣家族》中所说的那样:"黑格尔的《现象学》尽管有其思辨的原罪,但还是在许多方面提供了真实地评述人类关系的因素"。[①]

为什么黑格尔的否定之否定能对人类历史作出表达呢? 马克思分析了作为"黑格尔哲学的真正诞生地和秘密"的《精神现象学》,得出结论说:"黑格尔'现象学'及其最后成果——作为推动原则和创造原则的否定的辩证法——的伟大之处就在于,黑格尔把人的自我创造看作一个过程,把对象化看作非对象化,看作外化和这种外化的扬弃,因而,他抓住了劳动的本质,把对象性的人、真正的因而是现实的人理解为他自己的劳动的结果。"[②]

马克思的这一发现,对于我们理解黑格尔哲学及其否定之否定具有最本质的意义。黑格尔关于精神主体的能动性,它能使自身对象化、客观化、外化、异化,又能扬弃这种对象性、客观性、外化和异化,这种否定之否定,看起来似乎很神秘,然而都不过是对劳动本质的一种抽象的唯心的表达和反映。所以,我们只要把否定之否定放回人的劳动和实践活动中就可以得到合理的理解。人类时刻都在这种辩证法中运动:人在劳动中能动地改造着自然和外部世界,使自己同客观外界联系起来并相互转化,劳动是人的主体力量的外化和对象化,同时也就使自然界人化,使对象主体化(外

---

① 《马克思恩格斯全集》第2卷,人民出版社1957年版,第246页。

② 马克思:《1844年经济学—哲学手稿》,人民出版社1979年版,第116页。

部世界被改造得合乎人的需要和目的）；人把经过自己劳动改造了的对象又从物质上和精神上重新加以占有，就扬弃了对象化使人的主体力量回到了自身；而正是在这样的过程中，人才真正成为现实的人。这说明劳动过程是人类能动地自我创造的过程。由于劳动和实践是人和自然、主观和客观之间的生动转化和人类历史发展的真正基础和灵魂，其本质就在于劳动是人的一种永不停息的能动性，一种既不断改造客观世界又不断改造人自身的否定性活动，一种从劳动主体的人出发转化到对象上去又回到人本身的否定之否定的活动，因而只有它才决定着并且说明了人类能动地自我创造的过程。黑格尔看到了这一点，他用劳动说明历史和人的自我意识的产生，认为人在劳动中意识到自己作为人而具有独立、尊严、理性、自由的本性和权利。在《精神现象学》中，黑格尔曾这样描写过劳动的意义，他说，在主奴关系中，主人是独立的意识，奴隶只是为对方而存在的依赖的意识，奴隶不是人而只是物，但因主人只让奴隶去同物打交道从事劳动，结果就发生了相反的转化，主人成为依赖（奴隶）的意识，而奴隶由于从事面对客观的劳动活动却重新意识到自己的独立性。“因此正是在劳动里（虽说在劳动里似乎仅仅体现异己者的意向），奴隶通过自己再重新发现自己的过程，才意识到他自己固有的意向。”[①] 可见，黑格尔提出的否定之否定决不是一种单纯的胡说，在唯心主义形式中确实包含着对劳动辩证本性的某些深刻认识。

黑格尔提出否定之否定的辩证法，其根本原因在于他抓住了劳动的本质。但他本人并不能真正承认这一点。作为一个唯心主义者，黑格尔不能认识劳动是人类物质活动的意义。在黑格尔本

① 黑格尔：《精神现象学》上卷，商务印书馆1979年版，第131页。

人看来,辩证法不过是精神的能动性的表现,而劳动也无非是精神的一种能动作用。"黑格尔只知道并承认一种劳动,即抽象的精神的劳动。"[①] 这种精神的劳动,甚至抽象到离开了人也存在着、活动着,这是一种绝对抽象的世界本体的本性,而真正的人的劳动反而不过是它的表现。于是人类劳动的创造作用就成了绝对精神的创造作用。现实历史的辩证法在黑格尔头脑中变成了观念创造世界的神秘的历史辩证法。

在马克思对黑格尔辩证法秘密揭示之后近一个世纪,人们重新研究黑格尔的思想发展时,发现了黑格尔青年时期的一些重要著作,其中对于劳动的确进行了哲学的分析,有许多深刻的见解。黑格尔青年时期,在寻求自己的哲学的过程中,受法国大革命的影响是巨大的,同时他还对社会的经济生活、对古典政治经济学进行过深入的研究。黑格尔认为人和动物的区别在于劳动。劳动是人克服主观世界和客观世界的分离并使自然界从属于他自己的手段。劳动是人对于对象的否定性活动,这种活动不是单纯破坏意义上的否定,而是一种积极的否定:"我做成了某个东西,我就实现了外化;这种否定是积极的,外化也就是获取。"同时,黑格尔从劳动的有目的性中,得出了唯心的见解,认为劳动是"理性"的产物,因而他称之为"精神的样式",是理性在世界上实现自身的一种手段。[②] 青年黑格尔关于劳动的这些思想(比起他后来的著作中所说的要明白得多),完全证实了马克思的揭示的正确性,从而使人更加深刻地感受到马克思的天才洞见的力量。

把普遍的人类劳动看作是一切社会财富的本质和创造源泉,

① 马克思:《1844年经济学—哲学手稿》,人民出版社1979年版,第117页。

② 参见汝信:《青年黑格尔关于劳动和异化的思想》,《哲学研究》1978年第8期。

这是当资本主义生产方式得到了巨大发展时古典经济学在科学中的重大发现。黑格尔的眼光已经深入到了这个领域,他吸取了这一科学成果,并且重要的是他已对劳动的本质进行了相当深刻的不过也是唯心主义的哲学分析。这种分析,成为他考察哲学的基本问题——主客观关系问题、探求能动性和历史辩证运动的真正思想源泉。从这方面看,黑格尔提出否定之否定辩证法,还是他那个时代的哲学表现。

五、作为唯物辩证法的否定之否定的根据

否定之否定作为科学的即唯物主义的辩证法,是从马克思开始的。马克思发现了它的真正现实的基础,提出了真正的科学根据,才使它成为唯物主义的辩证法。

马克思创立唯物辩证法,如果没有前人在辩证法方面的成就,特别是富有成果的黑格尔哲学,当然是不可能的。但是,它决不只是单纯地对它们加以批判地吸取的结果;相反,这种批判地吸取本身之所以可能,正是因为马克思走向了现实的革命的实践,并对通过实践而认识的现实社会生活进行了哲学的分析思考。事实上,马克思在大学生活时期就已经深刻掌握了黑格尔哲学,但是他不仅没能从中得到唯物辩证法,而且在一个很长时间里还不得不处于黑格尔的唯心主义束缚之下。马克思曾经同其他青年黑格尔派的成员一样,企图在黑格尔哲学中找到现成的革命精神武器,但这是不可能成功的。布鲁诺、鲍威尔等人就始终没有能够成为唯物主义者。为了把黑格尔哲学改造成为革命的科学的精神武器,首先就必须从它的束缚下彻底解放出来。这种解放是从马克思在

《莱茵报》担任编辑工作,投身于革命民主主义的政治斗争开始的。通过政治斗争,他不仅发现了黑格尔的国家理论和法哲学的谬误和保守的性质,而且开始接触到社会的物质生活问题。实际的政治斗争使他打开了原来束缚于黑格尔唯心主义哲学的眼界,他重新研究了资产阶级政治革命的历史和它的理论,对它和黑格尔法哲学进行了批判。这种研究和批判使他认识到:不仅普鲁士国家制度必须彻底批判,而且当时最先进的法国、美国的国家政治形式也不是能使社会得到真正解放的形式。不仅如此,国家和政治本身也不是社会发展的根本原因,它们本身根源于社会的物质生活关系之中。这时费尔巴哈对黑格尔唯心主义所作的唯物主义批判,对他彻底摆脱哲学上的唯心主义束缚也起了很大的推动作用。费尔巴哈以感性的人的哲学为基础和中心,马克思则要研究感性的人在物质生产和生活中的现实存在与运动发展的秘密。这个工作是他1843年底来到巴黎之后开始的,马克思已经来到了形成自己世界观的大门口。

巴黎沸腾的社会政治经济生活和无产阶级的斗争使马克思得到很大的益处。马克思开始投入经济学的研究。他认识到无产阶级不仅是受苦难的阶级,而且是历史的真正创造者和改造社会的决定力量。他的经济学研究使他对社会的一切物质和精神财富都是由劳动创造的这一点有了科学的认识。但是,现实的资本主义生产和私有财产却使劳动者受剥削。于是马克思便对私有制下的劳动进行了深入的批判研究,在一八四四年《手稿》中得到了资本主义私有制下的劳动是"异化劳动"的概念。

古典政治经济学把劳动当作创造财富的源泉的同时,把私有财产、资本也当作理所当然的东西加以肯定,把劳动者的贫困也当作不言而喻的事实。另一方面,那些空想的社会主义、共产主义者抓住劳动而反对私有财产，要求工人得到全部的工资。马克思则从私有制下劳动者反受自己的劳动对象化的结果（资本等等）所奴役的事实出发，认为问题的关键在于这种劳动活动本身是异化劳动。这是很深刻的彻底抓住本质的看法：既然财富、资本等是劳动创造和决定的，那么它们的异化性质，反过来奴役劳动的性质，也必然是由劳动产生出来的。可是劳动本来的性质应是使人得到自由发展，怎么会产生出使劳动者受奴役的对象来呢？所以这种劳动本身一定已经具有了异化的性质，它已经不是原来意义的劳动，而成了异化劳动。劳动本身的异化产生私有财产，反过来私有财产的生产方式才再生产出劳动的异化，而决不是先有私有财产才产生劳动的异化。所以古典经济学把私有财产的存在当作无须研究的前提，认为商品、资本以及劳动者受剥削的事实是天经地义永远如此的观点，实际上是背离了他们自己提出的关于劳动是一切物质财富的价值源泉的观点，而主张了一种对私有财产、资本崇拜的拜物教观点。同时，空想社会主义认为只要抛弃私有财产就能使劳动者得到自己的全部劳动成果，也是错误的空想。因为他们不知道这种劳动仍然是异化劳动，而在异化劳动的基础上是根本消灭不了私有制的。

马克思认为，只有对异化劳动本身进行辩证的历史研究，才能找到人类解放的钥匙。这样，马克思就踏上了历史唯物主义的道路。人类的产生是在劳动中的自我创造的（从猿到人），而人类发展的历史则是劳动自身异化过程和对这种异化的扬弃过程；劳动自身的否定之否定就构成了历史的真正基础和过程。劳动在一定发展阶段上为什么必然采取异化的否定形式，这种异化的否定形式为什么在一定发展阶段上又必然被扬弃，它有什么内容和意义，这就是整个历史唯物主义和科学共产主义的真正主题。马克思在

《手稿》中正是这样提出和解答问题的。

在劳动异化论的基础上，马克思在《手稿》中对黑格尔辩证法进行了深刻透彻的批判；也只有在这一基础上，马克思才能对黑格尔哲学进行透彻的批判。马克思发现了黑格尔的精神异化论的合理内核在于黑格尔实际上是抓住了劳动的本质；而黑格尔对劳动的唯心主义理解，把劳动归结为抽象的精神活动的观点，正是黑格尔全部哲学的唯心主义的根源。所以马克思首先认为，必须对劳动作如实的哲学理解即唯物主义的理解。黑格尔把劳动、活动只看成精神向客体的运动，但是人的活动本身从根本上说，是一种物质的活动。"它所以能创造或创立对象"，只是"因为它本来就是自然界。因此，并不是它在创立活动中从自己的'纯粹的活动'转向对象之创造，而是它的对象性的产物仅仅证实了它的对象性的活动，证实了它的活动是对象性的、自然存在物的活动。"① 关于这一点，马克思后来在《资本论》中说得更明白。马克思对劳动的唯物辩证本性进行的科学的论述是这样的：劳动的本质是一个人和自然之间的物质交换过程，"人自身作为一种自然力与自然物质相对立。为了在对自身生活有用的形式上占有自然物质，人就使他身上的自然力——臂和腿、头和手运动起来。当他通过这种运动作用于他身外的自然并改变自然时，也就同时改变他自身的自然。他使自身的自然中沉睡着的潜力发挥出来，并且使这种力的活动受他自己控制。"② 劳动虽然能创造出种种最复杂甚至看上去神秘莫测的历史事物和精神来，但它本身并不神秘，它本身归根到底是一种基于自然的物质活动。"凡是把理论导致神秘主义方面

① 马克思：《1844年经济学—哲学手稿》，人民出版社1979年版，第120页。
② 《马克思恩格斯全集》第23卷，人民出版社1972年版，第202页。

去的神秘东西，都能在人的实践中以及对这个实践的理解中得到合理的解决。”① 黑格尔辩证法的深刻性和神秘性都是从他对劳动的理解中发生的，马克思也就抓住了这个核心给予了合理的解决。

黑格尔不理解劳动是物质活动，也就不能理解现实生活的异化和对异化的真正现实的克服。他把一切归于精神的活动，所以在他看来一切异化归根到底都不过是精神的对象化和它的表现。在他看来，精神转化为对象性的东西就是变成了和精神本性相反的东西，因而它不自由、受压制、异化了。所以，他把现实生活中不合理的事实只归罪于精神的对象化，认为只要扬弃了对象化即回到精神中来，认识到它们是异化的，人就达到了绝对精神，就算得到了自由。这样，他就把异化的克服只诉诸精神的发展，而对现存的一切包括宗教和普鲁士国家在内不但没能进行彻底的批判，反而在一定程度上把它们当作绝对精神的必然体现而予以实证的维护。黑格尔的异化学说中的批判因素就这样被“无批判的实证主义和同样无批判的唯心主义”② 所压倒，这是唯心主义辩证法不可避免的结局。

马克思认为劳动是现实的物质活动，人和自然之间的对象化活动和对象回到人身上来的运动，是劳动本身具有的本性，所以对象化是劳动中完全正常的状况而绝不是异化。人类得到自由和解放的源泉不在于单纯精神的活动，而恰恰在于物质的对象性的劳动活动之中。人类劳动的本性应使人得到自由，可是在一定阶段上，人的劳动能力又只能在异化形式中才能得到发展，在劳动者本身受剥削和压迫的形式下才能得到发展，这是劳动本身的实际发

① 《马克思恩格斯全集》第3卷，人民出版社1960年版，第5页。

② 马克思：《1844年经济学—哲学手稿》，人民出版社1979年版，第115页。

展本性决定的(所以马克思从分工、剩余劳动的产生等必然性来探索历史发展的规律,唯物主义地肯定了阶级社会发展的必然性和意义)。这种异化是实际存在的,因此克服这种异化的根据和力量也都必定是实际的。人类历史的发展就是一个现实的劳动活动走向异化和异化克服的否定之否定的过程,整个历史唯物主义和科学共产主义理论都是建立在对人类劳动发展史的科学理解基础之上的。我们看到,马克思、恩格斯从《劳动在从猿到人转变过程中的作用》、《家庭、私有制和国家的起源》直到《资本论》,都贯穿着这样一条红线。经过否定之否定的全部发展而达到的共产主义,就是劳动从异化到异化扬弃的全部人类自我发展史的总结,因此,"它是人和自然界之间、人和人之间的矛盾的真正解决,是存在和本质、对象化和自我确立、自由和必然、个体和类之间的抗争的真正解决。它是历史之谜的解答,而且它知道它就是这种解答。"①

马克思之所以知道这种历史之谜的解答,就因为它把握住了劳动的否定之否定的真正辩证法。这就是马克思关于否定之否定的真正意义和论证。我认为,只有理解了马克思这一理论的深刻内容,才能真正解决我们当前对否定之否定的种种争论。只有在这一基础上,我们对辩证法的研究,才能真正求得更大的进步。

六、结束语

我们叙述了黑格尔和马克思提出否定之否定的基本根据。现在让我们从马克思主义文献中引出几点结论,同时对有关讨论谈

① 马克思:《1844年经济学—哲学手稿》,人民出版社1979年版,第73页。

些看法，作为全文的结束。

（1）关于否定之否定在辩证法中的地位

马克思在一八四四年《手稿》中认为黑格尔辩证法的主要成果和伟大之处，就在于他提出了"作为推动原则和创造原则的否定的辩证法"，即否定之否定。1873年他在《〈资本论〉第二版跋》中回顾了自己在"将近三十年前"对黑格尔哲学的批判，谈到在《资本论》中对辩证法的运用时，又重申了这一看法，认为辩证法是"在对现存事物的肯定的理解中同时包含对现存事物的否定的理解"[①]。马克思在《手稿》和《资本论》中都一贯运用了这个方法，指出了人类社会和资本主义生产方式的运动全程是否定之否定。

恩格斯在《反杜林论》中指出，"马克思《资本论》中所遵循的……思想进程"，"马克思所使用的整整一系列辩证的说法：按本性说是对抗的、包含着矛盾的过程，每个极端向它的反面的转化，最后，作为整个过程的核心的否定之否定。"[②]

所以，这一点是明白的：黑格尔和马克思、恩格斯都把否定之否定当作了辩证法的最高发展和全体；把质量互变当作否定性辩证法的重要表现或方面，把矛盾辩证法当作否定之否定的基础或本质环节包含在自身之内，是对单纯讲矛盾的辩证法的扬弃。

列宁实际上也是这样看的。列宁提出辩证法的核心是对立面的统一，他把质量互变当作对立统一的"实例"[③]，而把否定之否定当作对立统一的真正内容。他在许多地方都把对立统一当作关于矛盾的学说和否定之否定来叙述。所以，列宁的提法同黑格尔、马克思、恩格斯的提法，实质上是一致的。

---

① 《马克思恩格斯全集》第23卷，人民出版社1972年版，第24页。

② 《马克思恩格斯全集》第20卷，人民出版社1971年版，第153页。

③ 见列宁《哲学笔记》关于辩证法十六要素的论述。

人们都承认黑格尔创立辩证法的巨大功绩,肯定马克思、恩格斯、列宁对唯物辩证法的伟大贡献,但是有的同志却不承认这种功绩的关键之处正在于提出了否定之否定。这正如一个人极力赞颂一幅飞龙的图画,却只见到它身上的闪光鳞甲和锐利爪牙一样,他要把这条飞龙的眼睛挖掉,却想让它飞舞起来。否认否定之否定,实际上就否认了黑格尔辩证法和唯物辩证法中最重要的成果,只能回到黑格尔以前的状态中去,而决不是前进。

(2)关于否定之否定的理解和运用

对否定之否定作了最深刻理解和运用的是马克思。他抓住了劳动的本性,从而对黑格尔的否定之否定作了最深刻的批判和发掘,并提出了自己的唯物辩证法。

由于黑格尔抓住了劳动的能动的和积极否定的本质,所以黑格尔对人和自然、个人和社会、思维和存在的关系等等,以及人类历史和思维的整个发展,都能够提出相当深刻的规律性见解,并对这些关系和发展作出了辩证的逻辑规定,其成就和深刻程度远远超出旧唯物主义之上。在黑格尔的唯心主义形式中,包含着丰富现实的唯物主义内容,成为现代唯物主义的前夜。这是黑格尔最大的成就。

但是黑格尔不理解劳动是物质的人与自然之间的过程,思维只是从这种物质过程中产生,反过来才在这种物质过程中起巨大的中介作用并得到发展的。因而他陷于幻觉,把劳动只看作思维能动作用的表现,把思维当作本体,而把自然界和人反而看作是思维的否定性能动性的自我创造物。所以黑格尔的否定之否定也就神秘化了,并得出一系列错误结论。例如,他实际上得出同宗教创世说一样的精神创造世界的看法,背弃了自然界和人是自我创造的这一真正科学的世界自我创造原则;他对现实的发展也不能达到真正的实际理解；他的学说中革命批判因素只能归结为精神的否定作用，抛弃了现实的革命否定；他还因此实际上为世界的无限发展设置了终结。例如他认为历史和思维到了他这里已经达到了绝对真理，就不再发展了。这是他的辩证法不科学不彻底之处。而马克思主义则认为无论自然界、人类历史还是思维的否定或否定之否定的发展，都是永无止境的，不可能有什么最后的终结。

马克思、恩格斯在哲学史上第一次对劳动进行了唯物辩证的深刻哲学分析。他们认为建立在劳动的否定之否定辩证本性基础上的人类自我创造与发展，为理解人和自然之间、人和人之间、人的主体活动和这种活动所创造的对象之间、人的主观思维和外部客观存在之间、社会发展的必然规律性和人类取得自由之间的全部辩证关系和发展运动，提供了钥匙。换言之，为全部哲学基本问题的解决提供了钥匙。劳动和实践活动，不仅是马克思主义认识论的基础，首先是马克思主义的本体论或世界运动发展理论的基础。

当然，我们的世界，除了人的实践活动的广大领域，还有人类产生前的自然界发展过程和我们人类活动还没有达到的无限领域。它们的发展不能用人类的实践来加以理解与说明。因此，马克思、恩格斯不仅从劳动出发研究解决了我们世界观中最根本最切近的基本问题，也研究了整个自然界的辩证本性，为此，恩格斯曾潜心研究了自然科学达八年之久。自然界虽不同于人类运动，但它也是运动的、自我发展的，因而它也同样充满矛盾，它的本性也是否定性，也是否定之否定。在《反杜林论》中，恩格斯不仅讲了动植物生命过程中自我否定的辩证过程，而且以地质运动的否定之否定说明地球外壳今天的状况是它自身发展的结果。无机自然界的否定之否定的发展当然同生命和有劳动和思维能力的人类的历史十分不同,但这决不能成为否认这个规律的普遍性的理由。实际上,从宏观宇宙到微观的分子、原子、粒子世界,事物都由自身否定性而自我运动发展着。从质到量的发展,达到顶点("度"的界限)变成新质;统一的东西经过分化再达到更高的有机统一。这些都是普遍存在着的否定之否定的一些重要形式。"每一种事物都有它的特殊的否定方式"[①]。要真正掌握这种特殊的否定之否定形式及其意义,"是应该学习的"[②]。也就是说,要在不同的各个具体场合指出它来,需要在哲学上和自然科学上进行长期艰苦的工作。马克思、恩格斯已经大量做了这种工作,但他们不可能结束真理,他们只能为我们提供基础、方法、范例,为我们后人继续前进开辟道路。所以,对那种认为恩格斯的例证还不十分完备因而不能证明否定之否定的客观普遍性的看法,我认为是不妥的。我们应当在恩格斯研究的基础上更加前进,而不应后退,更不应否认辩证法的基本成果和前提。我相信,只要循着马克思、恩格斯的道路继续前进,一定能在哲学和科学上获得更大更多的成绩。

① 《马克思恩格斯全集》第20卷,人民出版社1971年版,第155页。

② 《马克思恩格斯全集》第20卷,人民出版社1971年版,第155页。

关于评价马克思《一八四四年经济学哲学手稿》的一些问题[1]

马克思所写的《一八四四年经济学哲学手稿》(以下简称《手稿》),是马克思主义理论形成过程中的一部关键性的文献。它自1932年公诸于世,就以其内容的深刻和重要引起了人们的高度注意。几十年来,特别是第二次世界大战结束以来,对它的研究和讨论日益深入。这场讨论遍及世界各主要国家,在广泛的理论和实践领域发生了深刻的影响,其规模和深度是马克思主义研究史上罕见的。同时由于人们的立场和观点各异,因而众说纷纭,毁誉交集,形成了尖锐的论争。这种情况,就使得《手稿》的评价问题,成为一个十分复杂的重大课题。

影响最大的看法,主要的大概是两种。

一种是西方流行的观点。这类看法虽然也多种多样,并有不少发展演变,但基本点从一开始就已提出来了。他们认为《手稿》是"真正的马克思主义的启示录","马克思的中心著作",是"概括了马克思的全部精神范围的唯一文献",等等[2],可见评价之高。不过他们之所以作出这种过分的评价,其原因只在于他们认为《手

① 本篇原载《中国社会科学》1981年第6期。

② 朗兹胡特与迈耶尔:《马克思:历史唯物主义(早期著作)》的编者《导言》,莱比锡,1932年版。转引自《马克思早期思想研究》,三联书店1963年版,第78页。

稿》"比马克思的其他任何著作都更加鲜明地揭示了马克思的社会主义情绪背后的伦理—人道的动机"①。他们对《手稿》中的人本主义概念欣喜若狂,引为同道,以为从这里发现了一个与人们迄今所知的马克思迥然不同的另一个"伦理、人道主义"的马克思,一个"真正的"、"隐秘的"马克思。据他们说,后来的马克思不行了,"衰退"了,因此,需要把《手稿》中"最深刻的人道主义价值和伦理价值"②发掘出来,以克服或重新解释"老年的马克思"和全部的马克思主义。

另一种是苏联的官方哲学及其追随者们的观点。他们为了对付西方用《手稿》研究来批评苏联等国社会中存在的问题,就以捍卫真正的马克思主义的姿态出来应战,宣称只有成熟时期的马克思著作才表达了真正的马克思主义,才有权威性;至于《手稿》嘛,那是不成熟的,所以没有什么科学的价值,不足为凭。例如东德科学院中央哲学研究所的所长M.布尔就说,"《手稿》本身绝不是一部完整的东西","仅仅是一些没有联系的思想","不成系统的残篇断简"。据他说,马克思在《手稿》里对资本主义的揭露和批判,"完全是从道德着眼的",只不过是"表示道德上的愤慨情绪",而"不是为了分析真正的经济和社会过程以及资本主义的关系"③。

我们可以看出,这两种看法虽然显得彼此尖锐对立,实际上却非常类似。他们都把《手稿》看成只是一种伦理道德的著作,是同

① 德曼:《新发现的马克思》,《斗争》杂志1932年第5、6期。转引自《马克思早期思想研究》,三联书店1963年版,第79页。

② 德曼:《新发现的马克思》,《斗争》杂志1932年第5、6期。转引自《马克思早期思想研究》,三联书店1963年版,第81页。

③ M.布尔:《异化、哲学人本学和"马克思批判"》,见《哲学译丛》1980年第2期,第1—2页。

资产阶级的人道主义一类的东西。只不过因为利害不同,一方对此竭力加以肯定赞扬,另一方则竭力加以贬抑否定罢了。

《手稿》有没有道德愤慨这类成分呢？当然是有的。在《神圣家族》中马克思批判鲍威尔一伙对蒲鲁东的攻击时指出，“对私有制的最初的批判,当然是从充满矛盾的私有制本质表现得最触目、最突出、最令人激愤的事实出发,即从贫穷困苦的事实出发”①。蒲鲁东从贫穷与私有财产的内在联系和对立,得出了否定私有制的结论,虽然他没达到科学社会主义,还是有历史功绩的。不仅蒲鲁东,其他的早期社会主义、共产主义学说也都是类似的,这毫不奇怪,也是正常的。如果谁对资本主义下的贫困现象毫无义愤,就根本谈不上走向社会主义。马克思走向社会主义、共产主义,当然也是如此。《手稿》中充满着对私有制给劳动人民带来的苦难的义愤。但是马克思的学说同一切资产阶级人道主义和空想的社会主义的区别,正在于他并没有停留在道德的义愤上；他反对私有制,不是以道德为依据,而是以科学剖析资本主义的物质生活关系为依据的。正如恩格斯所指出的那样，“诉诸道德和正义的做法,在科学上丝毫不能把我们推进”②。马克思主义之所以正确,其基点并不在于它提出了一种高尚的道德观念,而在于它是符合实际的科学；而一种正确的道德观也只有在科学的基础上才能确立起来。当然,科学地剖析资本主义和全部人类历史,是马克思和恩格斯毕生的事业,它有一个长期发展的过程,《手稿》只是一个开端。但它毕竟是马克思主义科学的开端。而如果按照上述观点把它只看作一种伦理道德的作品,那它就绝不是马克思主义的开端,也就失

① 《马克思恩格斯全集》第2卷,人民出版社1957年版,第42页。

② 恩格斯:《反杜林论》,人民出版社1970年版,第147页。

去了基本的科学价值。

那种认为《手稿》只是道德著作的看法是完全不符合事实的。

大家知道，列宁虽然没能看到《手稿》，但是他通过对马克思思想发展过程以及其他著作的研究，十分明确地判定“马克思确立自己的观点是在一八四四年至一八四五年时期”[①]。《手稿》正是这个时候的作品。而列宁所说的“马克思确立自己的观点”，当然不是指道德的观点，而是指确立科学共产主义的观点。

马克思本人在《政治经济学批判序言》中回顾自己思想的发展时也清楚地谈道，他是在批判黑格尔法哲学，转向研究政治经济学的过程中形成自己的唯物主义历史观的。而这种对经济学的研究是他在1843年末在巴黎开始的。《手稿》正是这个转变过程中第一部全面的综合性的重大成果。如果说西方资产阶级的学者们有阶级偏见而看不到或不愿顾及上述事实的话，那么，“真正的马列主义者”们为什么不考虑一下上述马克思的自述和列宁的判断呢？

虽然上面两种看法很有势力，但是无论在西方或东方，毕竟还有更多的人对《手稿》持有比较实事求是的态度（尽管他们的看法也有许多值得商榷之处，但是他们做了许多认真严肃的分析研究），他们对《手稿》的评价，更值得人们予以重视。

例如法国学者科尔纽就对马克思的思想发展作过长期的调查研究。他搜集整理了大量珍贵史料，写出了《马克思恩格斯传》等专著。他认为，《手稿》“包含着对作为共产主义的科学基础的辩证唯物主义和历史唯物主义的初次阐发，因而标志着马克思思想

---

① 《马克思恩格斯和马克思主义》，人民出版社1953年版，第19页。

上的一个决定性的转折点”①。

苏联学者列·巴日特诺夫在他的论文中批判了西方对《手稿》的歪曲，同时强调了马克思主义者自己有必要认真钻研这部著作。他认为，“分析《手稿》使我们可以更深刻地理解马克思主义形成的过程，它同自己的理论来源的关系，它的各个组成部分的有机的相互联系，从而可以更全面、更具体地，而在某些点上甚至可以用新的方式提出马克思在恩格斯合作下在哲学方面所完成的革命变革的问题”②。

这些看法应该说比较符合实际，也是有见地的。

在评价《手稿》的问题上，人们常常受他们的利益、所处的环境及某种观点的左右。这并不奇怪，在某种程度上说甚至也是有意义的。但是，我认为，努力把马克思本来的思想弄清楚，而把自己的某种解释和发挥与之区别开来，同时说明两者之间的关联，总是必要的。这是科学态度和科学良心所应具备的起码条件。不应该把自己的观点强加给《手稿》。因此，我想我们首先还是要弄清《手稿》本身的内容，而暂时不必过多顾及那些外在的需要。如果我们只从它的内容自身以及它在马克思哲学观点形成中的地位去考察，那么我们就会看到，《手稿》确实是马克思形成自己世界观时期的一部关键性作品，是马克思哲学的真正起源地，是马克思对历史之谜和理论之谜作出科学解答的开端。我们虽然高度评价《手稿》的意义和价值，但无意给予过分的美化，主观人为地把它抬高到成熟的马克思著作之上去。我们认为它只是开端，开端并不是成熟的果实。但开端又有其特殊的重要性，因为正是它才为后来

---

① 科尔纽：《马克思恩格斯传》第II卷，三联书店1965年版，第275页。

② 转引自《马克思早期思想研究》，三联书店1963年版，第103—104页。

的全部发展提供了出发点,从而为我们真正理解全部的马克思主义提供了钥匙和线索。在这个意义上它又有着不可取代的价值和意义。如果看不到这一点而将它贬低抛弃,我们就将失去生动的富有创造力的马克思主义的真正源头。不要有思考能力的马克思主义,只要一些可供死记硬背的结论,这对于那些随心所欲地利用解释马克思主义为其所用的人来说,当然是比较有利的,但是我们不应去仿效他们。

一

《手稿》的中心概念是异化劳动概念。它是马克思当时所达到的主要成果,成为他考察政治经济学、哲学和共产主义问题的基本理论依据。马克思在《手稿》中力图阐明的自己的新世界观,就是在异化劳动概念的基础上构成的。因此,要科学地评价《手稿》,就应首先对这一概念作一个认真的考察。

马克思形成自己的异化劳动概念经历了一个艰苦的探索过程。

大家知道,马克思寻求自己的世界观最初是从黑格尔的哲学出发的。黑格尔哲学从根本上说来,可以叫作精神异化的理论。它认为宇宙和历史的真正“实体—主体”是一种客观的精神。客观精神自身具有否定性,这种否定性使精神异化为自己的对立面——对象世界,不仅如此,否定性还要继续活动扬弃这种异化,使对象世界复归于精神本身。正是通过这一否定之否定,精神才使它自己摆脱了开端时的原始的抽象的性质,获得了丰富具体的内容,并在最后把自身作为绝对真理创造出来。并且在精神的这种否定性的自我创造过程中，也就创造和改造着现实的对象世界，使之越来越合于精神的理性本质。马克思最初接受了这一唯心主义的辩证哲学，把精神和自我意识的发展看成是改变现存社会历史状况的根本原因和动力，力图在精神的发展中去探求德国解放的道路，争取德国的社会政治变革。

在莱茵报社时期，马克思直接投身于实际的政治斗争。由于接触了许多重大的群众物质利益问题，他的唯心主义观点受到了巨大的冲击。他发现，国家和法等政治异化的根源原来并不是在精神之中，也不能从国家和法等自身得到理解，它们的根源是在社会的物质的经济关系之中。为了彻底弄清这一点，马克思在《莱茵报》遭到查封被迫离开莱茵报社之后，就集中力量对黑格尔法哲学进行了批判，走上了唯物主义的道路。这时费尔巴哈发表了《关于哲学改造的临时纲》（1842年）和《未来哲学原理》（1843年）这两部重要的著作，从批判宗教进而批判了黑格尔哲学的唯心主义基础。费尔巴哈认为黑格尔的绝对精神同宗教的上帝一样，都不过是感性的人的本质的异化：不是绝对精神或上帝创造了自然和人的世界，相反，它们乃是人的异化的创造物。费尔巴哈对黑格尔唯心主义的批判，是黑格尔之后德国哲学的一个重要发展，是从唯物主义立场对德国古典哲学的第一次带有根本性质的批判。这对于正在向唯物主义转变的马克思当然是一个极大的鼓舞、启发和支持。有些研究者因此认为马克思当时变成了一个费尔巴哈主义者，或说他有过一个费尔巴哈时期，就是说，马克思曾一度完全接受了费尔巴哈的哲学。我觉得这种看法是欠妥的。实际上只要仔细考察一下就可以发现，尽管费尔巴哈和马克思先后都转向了唯物主义，但他们的这种转变无论在途径、内容或结果上都有原则的差别。马克思受到费尔巴哈的重大影响固然是事实，但他又完全是沿着自己的道路有分析地来接受、利用和改造这种影响的，这同样也是事实。我们不仅应知其一，还应知其二，才能正确地估价这种关系。事实上，费尔巴哈所关心的一直只限于宗教批判问题，对黑格尔的批判主要只是针对他的宗教哲学和自然哲学；而马克思主要关注的乃是人的实际社会生活的解放，对黑格尔的批判一开始就集中于法哲学，即黑格尔关于国家、法同市民社会的关系的理论，这种情况决不是偶然的和无足轻重的。1843年初马克思在兴奋地阅读了费尔巴哈的《纲要》后写道："费尔巴哈的警句只有一点不能使我满意，这就是：他过多地强调自然而过少地强调政治。"① 这句话表明，马克思走向唯物主义的道路，从一开始就是同费尔巴哈不同的。马克思注重的不是单单的自然界和感性的人，而是作为感性的人他们所过的现实的社会生活；对于人们的现实生活，起初他注意的是思想政治方面，尔后进一步又深入到了经济的领域。马克思正是通过这条道路逐步达到历史唯物主义，从而远远地超出了费尔巴哈。所以我们看到，马克思在批判了黑格尔法哲学之后，就迅速转向了对现实的经济关系和对政治经济学的研究批判。这时，他已经认识到经济异化是决定人们的政治异化和思想异化的根源，只有弄清楚经济生活中人的自我异化，才能说明其他异化，才能找到使人类摆脱一切异化和奴役、求得自身解放的道路。

这样，马克思来到巴黎后就以极大的努力投身于政治经济学的批判研究。并且他利用了当时巴黎那种远比德国先进的沸腾的社会经济生活环境，来直接观察资本主义的现实基础。同工人们

① 马克思1843年3月13日致卢格的信，《马克思恩格斯全集》第27卷，人民出版社1972年版，第442—443页。

交往,使他对无产阶级的状况和品格有了可贵的切身体验。在《手稿》之前写作的《黑格尔法哲学批判导言》一文中,马克思已经明确指出无产阶级的客观本性就是消灭私有财产,它是人类解放的决定力量。无产阶级是人类解放的心脏,而哲学是它的头脑。所以,弄清经济异化即资本主义经济结构中的矛盾,为无产阶级和人类的解放提供一种科学的精神武器,就成为创立这种革命哲学的根本任务。马克思正是为了实现这一伟大任务,来集中研究政治经济学以及与此相连的共产主义问题、哲学问题,写作《手稿》的。

劳动异化概念,是马克思在《手稿》写作过程中,通过对资产阶级政治经济学的批判,所达到的对于资本主义经济异化的本质理解和规定。

经济异化的主要表现是私有财产的存在。当时无产阶级和各种共产主义学说已经直接向私有财产提出了挑战。马克思肯定了这种要求的巨大意义,但认为那些学说还没有弄清楚私有财产的本质,因此他们的主张只能是一些空想的或改良的教条。马克思认为古典经济学虽然是资产阶级的学说,但对于私有财产的本质已经有了重要的发现,这就是它的劳动价值理论。古典经济学第一次明确提出并论证了形成财富(他们所说的一般“财富”、“国民财富”其实只不过是资本主义的财富或私有财产)的唯一源泉是人的劳动。这样,它就把作为物的形态的财富的本质第一次归之于人的主体本质,把研究方向从单纯注意财富的物的方面转到考察人的能动活动这个主体方面来了。马克思十分重视这一科学发现,赞扬它是“英国国民经济学的一个合乎逻辑的大进步”,“一个必要的进步”。[①] 但是古典经济学把财富的本质归之于人,又完全

① 《马克思恩格斯全集》第42卷,人民出版社1979年版,第105、115页。

不是为了肯定财富的真正创造主体即劳动者,而是相反,是为了肯定私有财产即肯定资本的利益,是为了让人的活劳动更“科学”地去为资本家发财致富服务,更好地成为资本的奴隶。劳动价值论在他们那里没有成为揭露私有财产本质的武器,相反,他们为了掩盖和维护私有财产同劳动之间的对立和异化,把私有财产看作是天然合理的事实。他们把私有财产,把劳动和土地、资本的分离,当作人类经济生活的不言而喻的前提。马克思揭露了这一矛盾:劳动原则同私有财产原则这两者在本质上就是对立的,如果劳动是财富的唯一源泉,劳动者就理应占有全部的产品,资本和私有财产就没有理由存在。所以,古典经济学乃是一种自我矛盾的学说。它把私有财产,把劳动和土地、资本的分离当作自然的前提,而不给予任何的说明。在马克思看来,这恰恰是应当加以考察的。马克思对资产阶级经济学的批判,正是从这点开始的。

马克思从资本主义条件下劳动者同自己的产品相异化这一事实出发,指出产品的异化只是一种结果,既然产品只是劳动活动的结果,那么产品的异化性质必然是劳动活动本身异化的结果。因此,只有不仅把创造私有财产的能动方面看作是劳动,而且还要把它确定为异化的劳动,才能真正说明私有财产的本质。这样,马克思就得出了异化劳动这一新概念。古典经济学的劳动价值学说是从能动的劳动方面来规定财富(价值)的本质的,但是它所注意的只是劳动对于价值在数量方面的决定关系,回避了劳动同财富、产品在性质方面的关系。马克思的异化劳动决定私有财产的概念,则不仅肯定了二者在数量上的对应的决定关系,而且认为劳动决定价值和财富的关系还必定表现在性质上。产品的异化性质也是由劳动的性质所决定的,所以这种劳动本身只能是异化了的劳动。由此可见,马克思提出的异化劳动概念,乃是对古典经济学的劳动原则的真正彻底的发挥，同时，也就是对古典经济学维护私有财产的本质的根本批判，也就是对它的劳动价值学说的根本突破。不是一般的“劳动”产生出私有财产，而是“异化劳动”才产生出异化的产物即私有财产，这就是马克思在《手稿》中的重要发现。

异化劳动概念本身虽然还没有能具体揭示出私有财产的起源，但它因为确定了私有财产的本质，也就为揭示这种起源确立了方向。它本身还不是唯物史观和政治经济学的科学概念，但是它已经包含了极其重要的科学内容。这种内容就是：对于私有财产的本质和起源，不应单从物的形态方面去寻求，而应从人类的生产劳动的发展历史中去寻求；生产不仅是生产产品，它也生产了人们之间的社会关系，生产出人的劳动自身的异化，生产出人们社会关系的异化。这样，异化劳动概念就为而后唯物史观和剩余价值学说的创立，提供了基本的思考研究的线索。

既然私有财产的本质是异化劳动，因此马克思认为扬弃私有财产就不仅仅是扬弃它的物的形态所能实现的任务。要真正扬弃私有财产，就必须同时扬弃那生产出私有财产的异化劳动本身，否则就只能是一种空想。从而马克思批判了以前那些把私有财产只看作客体而加以扬弃和占有的共产主义学说。并且，马克思认为异化劳动是人类在发展过程中使自身的潜力得到发挥所必经的一个历史阶段，它在否定的形式中包含着人类劳动发展的巨大历史性成就，所以他尖锐地批判了粗陋的共产主义的倒退性，提出了积极扬弃私有财产和异化劳动的共产主义新概念。在探讨共产主义作为对异化的积极扬弃的意义时，马克思深入考察了人的本质在对象化活动即劳动中的形成、在异化劳动中的发展和丧失、在扬弃异化中的重新获得和全面解放，阐述了人的本质在历史过程中的辩证发展和丰富内容，并着重指明人的本质是在劳动中相互生产出来的社会性、历史性,阐述了工业和科学这些人类对象化活动的结晶中所体现的人的本质力量的意义,以及它们对于人类解放的伟大意义。

马克思在《手稿》中用劳动异化论理解了人类全部历史发展的基本过程,明确指出:“整个所谓世界历史不外是人通过人的劳动而诞生的过程。”[①]人通过劳动自我产生自我创造,这是马克思的深刻科学洞见。大家知道,到1863年赫胥黎依据达尔文进化论在进行了彻底的解剖学研究之后,才肯定了人是从某些猿类进化而来的,后来又通过进一步大量考古发掘的科学研究,人们才肯定了劳动在从猿到人演变中的决定作用。马克思关于人是通过自己的劳动而诞生的观点,不仅预示了后来这一重大的科学发现,而且尤其要紧的是他提出了这样一种历史观:人类的全部历史是在劳动的基础上产生,通过异化而发展,又通过扬弃异化而得到自我解放的历程,这就是人类的真正的自我生成。很清楚,这种观点已经在总体上把握和表述了唯物的辩证的人类历史观。马克思全部哲学的胚胎已经包含于其中了。

在这样一种新的世界观的基础上,马克思回过头来全面考察了黑格尔的哲学,因而他能够揭示出黑格尔辩证法这种精神异化理论的意义和秘密,并给予彻底的批判。他深刻指出,黑格尔的精神异化论无非是对于人在劳动中自我形成的历史所作的抽象的唯心主义表达。马克思高度评价和发掘了黑格尔否定之否定辩证法这种表达中所包含的合理意义、深刻内容和批判的因素,同时彻底批判了它的抽象思辨性中所包含的神秘谬说和非批判的性质。马克思尤其仔细着重地剖析了黑格尔的“异化 — 对象化”的理论结

① 《马克思恩格斯全集》第42卷,人民出版社1979年版,第131页。

构，针锋相对地提出和阐发了他自己的唯物主义的关于对象化的原理。他反复强调，以人的能动性为基础和中心的人本主义，必须以自然主义为基础；以自然为基础的唯物主义，必须提高为人本主义。这就是说，人的劳动、实践、对象化活动，决不是抽象的精神主体的活动，而是物质的自然的感性的人们对于物质的自然界外部对象之间的一种实际的能动关系。人的能动活动创造出实际的人化了的产品、感性对象、第二自然，就证明着人的能动性乃是一种客观的对象化活动，是一种客观的主体性。马克思强调“人直接地是自然存在物”，同时又强调“人不仅仅是自然存在物，而且是人的自然存在物”①。人通过劳动改造自然改造自己而成为人，所以人不是单纯的自然存在物，而且是自己历史活动的产物。马克思的这个观点，既是对黑格尔把人抽象化为唯灵论的存在的唯心主义的批评，也是对旧唯物主义包括费尔巴哈唯物主义对人的看法的批评。费尔巴哈把人只看作自然存在物，却不能理解实践活动对人的本质的决定意义；他只抓住感性的存在而没有抓住感性的活动，所以他不能认识现实的人及其生活于其中的那个现实的自然界。他不理解劳动实践的意义，所以他也就无法理解黑格尔精神异化论中的辩证法内容，这样他就在否定黑格尔的唯心主义的时候把他的辩证法一起抛弃了。马克思认为，黑格尔辩证法的最大成果和伟大意义就在于他已经抓住了劳动的本质，不过黑格尔把劳动只看作精神的劳动和活动，从而把人的本质只归结为精神或自我意识，从唯心主义方面把人的本质抽象化。费尔巴哈反对黑格尔把人加以唯心主义抽象化，正确地把人的本质归结为感性物质的存在，但他看不到人不仅是感性的存在而且更重要的是感性

① 《马克思恩格斯全集》第42卷，人民出版社1979年版，第167、169页。

的活动，所以他对人的本质只能停留在感性直观的理解上，丢掉了决定性的东西，这是从另一方面对人的抽象化，即抽象的唯物主义或形而上学的唯物主义。因此，他们都没有抓住现实的人的本质。马克思这一分析和阐述，为他形成自己哲学的实践概念，准备了深刻的既是唯物主义又是辩证法的思考和内容。很明显，不久之后马克思在《关于费尔巴哈的提纲》中写的第一条，就是《手稿》中这一对象化理论分析的结晶。

黑格尔由于唯心主义使他把异化与对象化混为一谈。他把精神当作主体，因而他把对象化仅仅看作精神的异化而要求加以扬弃；也正因如此，他也就把一切真正的异化都当作对象化而加以某种肯定——因为抽象的精神只有在对象化中才能为自己获得具体的内容。马克思指出，这种混淆就必然产生“非批判的实证主义”。例如宗教、国家、私有财产等等，虽然在黑格尔看来也是异化即抽象精神的一些异化形式，但是因为它们又是抽象的精神借以取得自身内容所必经的发展环节，所以，人只有在宗教生活，国家和私有财产的生活中才算真正过人的生活、精神的生活，而且只有通过这种生活，才能达到向绝对精神生活的发展。这样黑格尔实际上也就为现存的东西作了辩护。另一方面，黑格尔所说的对异化的扬弃，仅仅是指在精神中对它们扬弃。因此他把在现实生活中对异化的克服，只看成是一种思想的运动，似乎无须在实践中实际地克服它们也能解决问题，这就是他的“非批判的唯心主义”。马克思深刻揭露了黑格尔的这种异化理论的非批判的保守性质及其根源，提出了自己的唯物主义的彻底批判的异化论。马克思的异化理论不是建立在抽象精神或单纯人的感性存在基础上的，而是以感性的人的物质感性的活动即劳动、实践为基础的。马克思认为，对象化即劳动和实践，对于现实的人来说，是一种完全正常的必要的活动，只要人们存在一天就不能停止这种活动。因此，对象化决不是异化。实际上只有一种对象化活动才是异化：这种活动及其产品具有一种反过来奴役人本身的性质。这种异化并不神秘。在《手稿》中马克思虽然还没有来得及具体地研究这种异化劳动的产生，但他已指出这在人类的发展中有其必然的根源。他说，人的自我创造，必须通过人类的全部历史活动把自己的潜力统统发挥出来，并使之对象化（例如形成工业、科学等等），才是可能的；为此，人们就必须把自己的主体力量首先当作对象来对待，“而这首先又是只有通过异化的形式才有可能”[①]。这就是说，在人类发展的一定阶段上，人不仅把自然物当作物来对待，而且必须把人本身，把人的劳动能力也当作一种物来对待。人把别人当作牛马一样来对待，当作商品物来对待，去发挥人的劳动力量，这就是异化。而从整个人类发展来说，这就是人类的自我异化。“无论劳动的材料还是作为主体的人，都既是运动的结果，又是运动的出发点（并且二者都必须是出发点，私有财产的历史必然性就在于此）”[②]。因此，马克思认为劳动异化和与之相一致的人类社会的全部自我异化，乃是一种历史的必然性和必要的环节和阶段。“历史是人的真正的自然史”。[③] 异化及其扬弃，都是一种自然必然的过程，是完全应该而且可以用自然科学的精确眼光加以研究和确定的客观过程。

有一种看法，认为马克思在《手稿》中的异化概念是黑格尔唯心主义和费尔巴哈唯心史观的遗迹，因而它是不科学的，后来就被马克思抛弃了，被实践概念所取而代之了。这种看法不理解马克

① 《马克思恩格斯全集》第42卷，人民出版社1979年版，第163页。

② 《马克思恩格斯全集》第42卷，人民出版社1979年版，第121页。

③ 《马克思恩格斯全集》第42卷，人民出版社1979年版，第169页。

思在《手稿》中所提出的异化概念，正是以劳动或实践为基础的，正是在批判黑格尔异化论的唯心主义和费尔巴哈异化论的形而上学唯物主义(唯心史观)中建立起来的。如上所述，马克思的劳动异化论是这样一种理论结构：它首先是关于劳动即对象化的哲学的唯物辩证的分析，进而是对于在劳动的基础上劳动自身的否定性发展的考察。所以，这整个概念，就是一种关于人类劳动实践的历史发展的理论。可见，所谓后来马克思用实践概念去代替劳动异化概念的说法，只是一种还没有真正理解所论问题的意见，是一种表面看问题的说法。

综上所述，我们可以确定，《手稿》及其中心概念劳动异化论，是马克思从古典经济学和德国古典哲学中最优秀的成果出发，又对它们进行了根本性批判所取得的重大成果，同时也是对以往各种社会主义学说的优秀成果的继承和根本突破。一句话，是对马克思主义的三大理论来源进行综合性的根本性的批判所取得的伟大成果，它包含着崭新的丰富的科学思想内容，因而成为马克思思想发展的决定性转折点。

二

《手稿》中与劳动异化概念密切相关的另一个重要概念是人本主义。这是一个比异化概念更加被人们误解的概念。因此我们也有必要着重地研究和讨论。

根据《手稿》中马克思的分析和运用，我有这样一种认识，提出来供讨论。Humanismus 一词，中文通常译为“人道主义”。它常常只被人们从道德或文学的意义来理解，但是实际上并不完全如此。

在我看来，马克思在《手稿》中所讲的 Humanismus，虽然也包含有他对资本主义的不人道的义愤，即从道德上加以斥责的因素，但是主要的不是这种内容。它主要的不是一般道德意义或文学意义上的人道主义，而是作为一种科学的或哲学意义上的观点或理论，所以我赞成译为“人本主义”。这种人本主义观点，就是主张把人类的全部历史，一切社会的产物，包括财产（经济方面）、国家权力（政治方面）、宗教（意识形态方面）等等，以及人本身，都看作是人自己能动的创造活动的结果。也就是说，主张把人本身及其创造活动，作为理解人们生活于其中的自然界和社会历史事物的中心和根本。它认为，对于这一切对象性的东西，都不应仅仅从它的物的或对象性的形态自身去研究，而必须着重地从人的主体本质及其活动上去研究，才能得到真正的理解。

例如马克思肯定了古典经济学的科学功绩。这种功绩何在呢？就在于它把劳动作为财富的唯一源泉，批判了重商主义只从货币的金属形态去认识财富的拜物教，从而“揭示了财富的主体本质”。这是一个重要的科学发现，是符合实际的：“由于私有财产体现为人本身，而人本身被认为是私有财产的本质，因而在人之外并且不依赖于人的财富，也就是只以外在方式来保存和保持的财富被扬弃了”①。马克思认为这是一种有着人本主义因素的经济观点。但是它在古典经济学那里完全是不彻底的，因此马克思把古典经济学的奠基人亚当·斯密称为“国民经济学的路德”。通过这一比较，深刻揭露了古典经济学实质上的反人本主义。古典经济学批判货币拜物教，把财富的本质归之于劳动，就像路德的新教改革否定天主教那种外在于人的宗教权威，把宗教的本质变为人

① 《马克思恩格斯全集》第42卷，人民出版社1979年版，第112页。

的内心信仰一样，并不是真正肯定了人；相反，正如路德否定外在于人的宗教，不过是叫人们从内心中更虔敬地侍奉上帝一样，古典经济学肯定劳动是价值的源泉，不过是为了资本可以更自觉更“科学”地榨取这种源泉。因此，马克思认为它们承认人只不过是一种“假象”，实质上还是否定人而肯定同人相对立相异化的上帝和私有财产，他们主张的不过是更精致的宗教和拜物教罢了。因此在马克思看来，古典经济学还不是真正的人本主义。但是比起重商主义来说，它毕竟还是一大进步，这个进步还是因为它包含着人本主义的成分。

马克思认为黑格尔的辩证法即精神异化论，虽然把人抽象为精神，还是人本主义的最重要的表达，并且高于古典经济学和旧唯物主义。这是因为黑格尔实际上理解了劳动，理解了对象化和异化，理解了人和他的对象世界原来都是人自己能动的创造。“把自然人本化，把从历史创造出来的自然，把人的产物人本化”，在黑格尔那里“就在于把自然认作抽象精神的产物”。[①] 不仅如此，黑格尔还理解了人对于对象和异化的扬弃，即人重新占有自己的创造物，使自己的对象化了的力量重返自身这一运动的必然性和意义。所以马克思指出：“由于《现象学》紧紧抓住人的异化，——尽管人只是以精神的形式出现的——其中仍然隐藏着批判的一切要素，而且这些要素往往已经以远远超过黑格尔观点的方式准备好和加过工了。”[②] 黑格尔哲学辩证法把人类历史上发生的一切事物和过程，都归于人本身及其活动——不过只看作精神的抽象活动——从而第一次产生了一种宏伟的有机的包含着科学的革命

① 贺麟译：《马克思：黑格尔辩证法和哲学一般的批判》，即《手稿》的最后一章，人民出版社1956年版，第13页。

② 《马克思恩格斯全集》第42卷，人民出版社1979年版，第162页。

批判因素的历史观。

但是黑格尔的人本主义终究是唯心主义的，他把人及其实践只理解为精神和精神的抽象运动，脱离了现实的物质的人本身。因此，马克思高度赞扬了费尔巴哈的人本主义。费尔巴哈把自然界和感性自然的人作为自己哲学的基础，认为宗教的上帝和黑格尔的精神决不是真正的实体或主体，它们不过是感性的人的本质之异化创造物。这样费尔巴哈就把人本主义建立在自然主义的基础之上了：人原来就是自然。马克思认为这是有重大意义的，所以他说："只是从费尔巴哈才开始了积极的人本主义和自然主义的批判。"①

强调人本主义和自然主义的一致，是马克思在《手稿》中所主张的人本主义的根本特点。自然主义把自然界认作世界的唯一真正的本体和基础，人也是自然物之一，这是唯物主义。人本主义认为人是世界的真正的主人，人本身具有最高的价值，人及其活动是人化了的自然界和一切人类社会历史事物的主体本质和创造源泉。马克思认为自然主义和人本主义这二者都是重要的，都是有科学价值的，但是过去这二者却彼此分离对立：人本主义脱离自然基础而走向唯心主义，自然主义脱离人的作用而成为机械论。现在则应把它们统一起来：以自然为基础的唯物主义必须以人及其活动为中心，人本主义必须建立在自然主义之上。事实上只有这两者的统一才是真理。这里关键之点还是如何理解劳动、实践的本质与意义。马克思指出，劳动实践作为人所特有的创造活动，其基础和本质完全是自然主义的，只有从自然主义的观点上才能正确理解。劳动实践的主体人本身首先就是自然界的一部分，它

① 《马克思恩格斯全集》德文版第3卷，柏林，1932年版，第34页。

的对象则是人之外的自然界，所以，劳动实践活动从根本上说无非是客观自然的人发挥自身所具有的自然力去改变外部自然，同时改变人自身的自然。因此它决不是纯精神的活动，而是一种客观的能动活动；而人的精神活动只是在物质的劳动中才能产生并反过来起作用。另一方面，正是在劳动实践中，自然界和人才得到改造，才形成了我们的现实的世界——人化了的自然界和历史的人；而我们今天的人的现实的力量，以及新的更高的劳动实践能力的获得，也是在以往的劳动实践的历史过程中创造出来的。可见，要正确理解这一切，又不能丝毫脱离实践的人本主义。

费尔巴哈虽然把人看成感性的存在，但是他却始终不能理解实践活动的意义。他的人本主义和自然主义只是直观的，缺乏能动的辩证的内在联系和转化，没有解决二者的统一。他只能把上帝和黑格尔的绝对精神归结到作为自然物的人。而只从单纯的自然或人的单纯的自然本质出发，是不能真正说明任何问题的，因为现实的人或自然界都早已不复是单纯的自然，而是经过实践和历史所改变过了的东西。费尔巴哈不了解人的实践和历史及其真实的异化，所以他不能真正说明人为什么会把自己的本质异化为上帝和绝对精神，也不可能真正找到克服宗教的异化和唯心主义的道路。

因此，马克思把费尔巴哈的无神论称作只是“理论的人本主义的生成”，而把共产主义称作“实践的人本主义的生成”。[①] 无神论只是在理论上否定神而肯定人，它还只是一个抽象；而共产主义则要从实践上肯定作为历史创造者的人本身（劳动者），所以它从一开始就包括了无神论，并且从一开始就是现实的和直接追求实

① 《马克思恩格斯全集》第42卷，人民出版社1979年版，第147页。

效的。①

从以上马克思对于人本主义这一概念的理解和运用，我们可以清楚地看到，他在《手稿》里把人本主义看作考察一切历史的事物和问题的一种带根本性的科学观点和方法。他从以往的资产阶级的哲学和历史科学中提取了这种方法。实际上，像卢梭的政治历史学说，古典经济学的劳动价值理论，黑格尔的历史观和辩证法哲学，费尔巴哈的唯物主义和无神论观点，等等，它们之所以能够在科学或哲学上作出这样那样的贡献，其秘密都在于他们认为历史上的对象（国家权力、私有财产、宗教、历史以至人本身），其本质并不在这些对象的自身，而在创造出这些对象的人这一方面，在于作为主体的人的本质、活动的这一方面。马克思在《手稿》中赞扬了他们这些成就中所包含的这种科学的观点和方法，称之为人本主义。并且，既然按照这种人本主义的观点，这些对象性的东西的本质在人自身，因此，克服这些对象，将它们重新占有，扬弃这些东西的异己性质的方法和途径也就可以找到了，那就在人及其力量和活动本身。所以，人本主义又成为使人从这些异己对象的奴役下争得解放的理论。卢梭的、黑格尔的、费尔巴哈的理论等等，都带有这种性质。他们都认为自己的理论可以为克服异化、使人获得自由与解放找到道路，因而闪耀着批判的光芒。尽管他们的理论有着不同的种种根本缺陷，总体说来还是不科学的，但是，他们的这种思考又确实包含着重大的科学价值，具有极重要的批判性因素。对此马克思给予了高度评价，进行了深入的批判继承工作。《手稿》中马克思自己主张的人本主义，就是对上述这些理论的科学成分和批判成分进行改造的结果，包含了马克思本人对历史进

① 见《马克思恩格斯全集》第42卷，人民出版社1979年版，第121页。

行科学考察的根本观点和方法。

但是,《手稿》中的人本主义决不是上述那些人本主义的翻版或抄袭。马克思继承的决不是那些人本主义理论中的资产阶级的内容,以及其中的唯心主义、形而上学的成分。上述那些人本主义虽然包含着深刻的科学成分,但在根本点上它们又都是错误的。这就是它们所能理解的人,只是市民资产者的人。资产阶级哲学和社会历史理论中的人及其本质(即人性),以资产阶级经济学的观点为最根本。在它看来,人类一切经济活动由以出发的人是孤立的个人,自私和贪婪是这些个人的真正本性,这种本性乃是推动人们从事一切经济的和其他历史的行动的真正原动力。因此在它看来,人的劳动天然地只是一种谋取各个人私利的行为,劳动本身只不过是人的天然的能动的私有财产,所以私有制就成为天然合理的制度了。不是人的劳动的性质及其发展决定人的本质,而是固定不变的自私的人性决定人的劳动和一切活动。这种形而上学的唯心的人性理论,成为一切资产阶级社会学说和哲学中的基本特征,因此这些理论不能真正理解人性的历史性,不能真正理解人类的异化和扬弃。黑格尔发现了辩证的历史观,这是他的巨大功绩,但是他对人和历史的辩证理解却完全是建立在绝对精神的运动之上的。只有到了马克思,站在无产阶级立场来考察人的本质及其发展,才能突破资产阶级的局限。马克思第一次把人的本质理解为劳动,理解为实践批判活动,从而能从根本上批判以往人性论的错误,为科学地理解现实的社会的历史的人及其本质,为革命地改造社会和人类自身以争取劳动者和人类解放,指出了正确的道路。马克思还坚决批判了黑格尔把人的本质归结为自我意识的唯心主义,批评了费尔巴哈把人的本质只看作自然的形而上学。他指出,在劳动和革命实践中形成的人的现实本质,只有用唯物主义和辩证法才能加以理解。

这就是马克思在《手稿》中所反复阐述的他自己的人本主义概念。用马克思自己的话来说,这种人本主义是同自然主义相一致的;并且它不仅是理论的人本主义,而且是实践的人本主义。它已经成为一种无产阶级的、唯物而且辩证的关于历史的科学观点和方法,成为关于人类解放的科学共产主义理论的雏形了。因此,那种把《手稿》中马克思所主张的人本主义说成只是一种伦理道德的议论,把它等同于资产阶级人道主义或费尔巴哈人本学概念的看法,仔细研究起来都是没有根据的。如果不是因为缺乏研究只从词句上看问题而产生的误解,那只能说是一种有意的歪曲。

三

我们肯定《手稿》及其中劳动异化概念和人本主义理论的科学的革命的意义,但是这些概念毕竟还是不成熟的、有重大缺陷的。不过这种不成熟性究竟是什么,我们同有些人的看法是有原则区别的。因此,对问题的这一方面也有必要作科学的全面分析。

这种不成熟性究竟何在呢? 《手稿》本身以及后来马克思自己对这种不成熟性的扬弃,可以为我们理解这个问题提供一个基本的线索。

我们已经看到《手稿》中异化劳动概念的深刻内容和巨大意义。但是正如前面已经指出的那样,马克思提出这个概念时,主要还只是一种理论上的论证。他从劳动者同自己产品相异化的事实出发,指出产品的异化性质只是结果,而形成这种结果的是劳动过程或生产行为本身,因此这种生产行为即能动的劳动活动自身必定是异化的。这种论证是完全合乎逻辑的。马克思的这种思考，是他对政治经济学基本事实的批判思考，所以也是有科学根据的。并且马克思运用劳动异化概念来说明各方面重大问题也卓有成效。但是，这个概念毕竟还没有由科学本身加以说明。它只是哲学对于经济学事实进行分析所得出的概念，还不是经济科学或历史科学本身的概念。马克思本人充分意识到了这一点，因而他在第一个手稿提出和论述了异化劳动概念之后，立刻就给自己提出了更进一步的根本任务。他说："我们已经承认劳动的异化、外化这个事实，并对这一事实进行了分析。现在要问，人怎么使他的劳动外化、异化？这种异化又怎么以人类发展的本质为根据？"① 马克思认为只有从人类历史发展中具体地说明异化劳动的起源，才算真正弄清了私有财产的本质和起源。所以他并没有以提出异化劳动概念为满足，而只是认为这样一种新的提法本身"包含着问题的解决"。所谓"包含"着问题的解决，就是说，它为问题的解决提供了研究的方向和指导研究的观点和方法，它本身还不等于问题的解决。

马克思清楚地认识到要解决他向自己提出的这一根本任务，即说明劳动异化在人类发展史上的产生和本质，决不是一个单纯的哲学任务，而毋宁说是一种纯粹科学的任务。必须从政治经济学的事实出发，必须大力研究人类物质生产史以及在生产史基础上的全部历史事实，才能得到科学的答案。因此，马克思在得到异化劳动概念之后，就开始了这种努力。这一点，我们从第三个手稿论分工这一节，以及这个时期所写的《詹姆斯·穆勒〈政治经济学原理〉一书摘要》里，就可以看到它的开端了。但是真正给予了比

① 《马克思恩格斯全集》第42卷，人民出版社1979年版，第102页。

较系统的科学说明的，主要是在《德意志意识形态》一书中。并且可以说，这种研究实际上是在《资本论》中才得到了科学的完成。这一研究产生了唯物史观和剩余价值学说这两大科学发现。这两大科学成就才完全确凿地说明了人类历史、劳动的异化、私有财产、阶级等的起源和本质，指明了扬弃资本主义异化的科学的道路。

所以经过是这样的：马克思对资本主义的经济事实（通过批判古典经济学）进行了哲学的分析和思考，使他得到了异化劳动的概念，为他的进一步研究开辟了道路，提供了指导线索和方法；然后他以异化劳动概念为指导，又回到人类历史和资本主义经济的事实本身进行科学的研究，使他得到了唯物史观和剩余价值理论，完成了他的根本任务——科学地解答了历史之谜。

但是这样一来，他原来在《手稿》中获得的作为经济学—哲学的概念即异化劳动理论，在取得了科学形态之后，自身也就扬弃了它那种还比较抽象的哲学形式了。在《手稿》中，马克思虽然通过异化劳动和人本主义的经济学—哲学分析，得到了对历史许多深刻的唯物主义辩证法的理解，但它毕竟同完全建立在对历史事实的分析研究之上的唯物史观不同。正如马克思、恩格斯后来所说的那样，“对现实的描述会使独立的哲学失去生存环境”，取而代之的将是“从对人类历史的观察中抽象出来的最一般结果的综合”①，即唯物史观的科学本身。因此，当马克思以异化劳动概念为指导探索历史，分析了历史上各种劳动生产的发展形态，社会关系的形态，并且确切地找出了它们之间的联系，以及它们的确切的辩证发展关系之后，他也就不必再一般地老是用“异化”等词来说明

① 《马克思恩格斯全集》第3卷，人民出版社1960年版，第31页。

历史了。这就是为什么马克思在后来的成熟的著作中，“异化”等词不再常常出现的基本原因。但是，从另一方面看，那种对异化的探索和分析，又始终贯穿于马克思的唯物史观和剩余价值学说的论述之中。这不过是因为马克思往后的科学研究，正是以他的劳动异化概念中所包含的思想，或者说，是以他对于人的劳动活动所进行的唯物辩证法的哲学分析，作为指导线索的。表面看问题的人常常迷惑不解：他们或者因为马克思后来不用或极少使用异化概念，而认为这是马克思把《手稿》的劳动异化概念当作没有科学价值的东西，当作只是费尔巴哈人本主义的遗迹，加以抛弃了；或者由于在1857—1858年《政治经济学批判大纲》和《资本论》中还是找到了“异化”一词的使用，而认为“异化”是马克思始终完全肯定的科学概念。虽然这两种解释从某种角度看似乎都有些道理，但是在我们看来，好像都还没有抓到马克思本人思想的深刻过程，因而都还不能很好地说明问题。要真正理解这一现象，关键在于要理解马克思异化概念中所包含的科学的哲学思想内容，这种内容是不会因为不再用这个词就失去其价值的。同时还应了解，当着已经得到了更精确的历史的和经济学的概念之后，当着我们需要具体确切地说明历史和人类的发展的时候，仍然只是简单地运用或到处搬用“异化”、“人的复归”等概念是绝对不够的，并且只会使问题的说明抽象化、造成混乱。

实际思想斗争的需要，是马克思后来基本上放弃“异化”和“人本主义”提法的又一重要因素。当时德国思想界中空谈“人”的异化和“人”的解放的观点相当盛行。马克思认为从施特劳斯直到施蒂纳的整个德国哲学在黑格尔之后的发展，甚至费尔巴哈也在内，始终都没有离开德国古典唯心主义哲学的基地，始终都没有真正站在现实的基础上。所以他们所讲的“人”，始终都只是一种抽象的只存在于哲学太空中的"人"。即使费尔巴哈也不能例外，"费尔巴哈谈到的是'人自身'，而不是'现实的历史的人'。"①马克思认为，真正的历史科学中作为出发点和前提的人，必须同这种唯心主义所想象的"人"区别清楚。"我们不是从人们所说的、所想象的、所设想的东西出发，也不是从只存在于口头上所说的、思考出来的、想象出来的、设想出来的人出发，去理解真正的人。我们的出发点是从事实际活动的人"，"是处在一定条件下进行的、现实的、可以通过经验观察到的发展过程中的人。"②因此，马克思尖锐地批判了这种唯心史观，指出："他们用这个'人'来代替过去每一历史时代中所存在的个人，并把他描绘成历史的动力。这样，整个历史过程被看成是'人'的自我异化过程……由于这种本末倒置的做法，即由于公然舍弃实际条件，于是就可以把整个历史变成意识发展的过程了。"③

由于空谈"人"及其异化是德国唯心主义历史观的主要表现形式，必须给予批判；由于马克思的劳动异化概念和人本主义概念在实质和内容上早已完全不同于上述那些唯心史观，但用语上却又十分相近，容易混为一谈；由于马克思这时已经把自己的劳动异化概念和对人的本质的唯物辩证法观点变成科学形态的唯物史观，因此马克思就明确地在用语上抛弃了自己以前的那种提法，以便划清界线和开展思想斗争，宣传自己的科学世界观。在《德意志意识形态》中，马克思自己是这样说的："根据经验去研究现实的物质前提"，"这一道路已在《德法年鉴》中，即在《黑格尔法哲学批判导言》和《论犹太人问题》这两篇文章中指出了。但当时由于

① 《马克思恩格斯全集》第3卷，人民出版社1960年版，第48页。
② 《马克思恩格斯全集》第3卷，人民出版社1960年版，第30页。
③ 《马克思恩格斯全集》第3卷，人民出版社1960年版，第77页。

这一切还是用哲学词句来表达的，所以那里所见到的一些习惯用的哲学术语，如‘人的本质’、‘类’等等，给了德国理论家们以可乘之机去不正确地理解真实的思想过程并以为这里的一切都不过是他们的穿旧了的理论外衣的翻新”，因此，“须要‘把哲学搁在一旁’，须要跳出哲学的圈子并作为一个普通的人去研究现实。”①

马克思的这一论述，既清楚地表明他为什么放弃“异化”、“人本主义”词句的理由，同时也清楚说明他原来使用这些词句所包含的内容，同包括费尔巴哈在内的那些唯心主义历史观是根本不同的。这对于我们正确认识《手稿》的不成熟性，并且避免把这种不成熟性同资产阶级人性论、同费尔巴哈的唯心史观相混同，具有重要的意义。

因此，我们的结论是：应该弄清用语，但更重要的是应该深入学习和研究《手稿》中马克思的科学的哲学创造，正确地理解马克思的“真实的思想过程”。谁如果只注重词句，那就不会有多少收获，并且无论对之批评或利用都容易走偏方向。对于真正想学到一点东西的科学工作者来说，《手稿》永远是人类思想成就的一个巨大宝藏，是理解马克思哲学深刻、丰富的内容与本质的一把钥匙。

① 《马克思恩格斯全集》第3卷，人民出版社1960年版，第261—262页。

卢梭哲学是近代辩证法的开端[①]

一、卢梭在哲学史上的地位问题有进一步研究的必要

在我们的西方哲学史教材和论著中,几乎都会提到卢梭的。通常的处理方式,是把他作为一位重要的社会政治思想家来叙述,这当然是很对的。不过却很少论及他的哲学观点,似乎这方面没有多少可说的东西,不值得特别予以注意。少数论著涉及这方面时,则认为卢梭在哲学上比法国唯物主义要落后,因为他竟然在法国唯物主义坚决主张战斗无神论的同时,主张有上帝存在和灵魂不朽,有许多唯心主义的观点。这样,卢梭在哲学上就成为一个无足轻重的人物了[②]。对于这样的处理方式是否公允恰当,我觉得似乎还有重新研究的必要。

卢梭的确没有写过专门的哲学著作,没有建立什么严整的哲学体系,他研究的主题是人类的不平等问题,以及如何克服它的政

① 本篇原载《北京大学学报》(哲学社会科学版)1982年第5期。

② 不仅在我们国内较普遍地存在这种看法,法国一位力图用马克思主义观点研究卢梭的进步作家勒赛尔克(J-L.Lecercle)也说:“在哲学思想史上”,如果把卢梭在《爱弥儿》中“萨瓦牧师的信仰自由”同百科全书派的唯物主义相比,“不能不说前者标志着一种退步”,“卢梭为信仰主义敞开了大门”。见中译本卢梭《论人类不平等的起源和基础》中附录的勒赛尔克论文,法律出版社1958年版,第19页。

治办法。但是他决不是一个单纯的政治理论家,相反,他是一位有深刻哲学头脑的人,一直非常注意哲学问题。他不仅在建立自己的社会历史观点和政治学说中进行深入的哲学思考,形成了自己独特的哲学观点,并且在同法国唯物主义的争论中提炼了自己的哲学原则。这些哲学思想表现在他的各种著作尤其是《论不平等》一书中,在他的论教育的著作《爱弥儿》里还有比较集中的说明和阐发。按照卢梭本人所说,《爱弥儿》一书与其说是谈教育的著作,不如说它完全是一部哲学著作[①]。这些同样也是我们必须注意和承认的事实。

问题更重要的方面是我们应该怎样评价卢梭的哲学观点。

大家知道,18世纪的法国启蒙思想家们和唯物主义哲学家们起过很进步的革命作用。但是,真正比较起来,只有卢梭才称得上是法国大革命的圣人和灵魂。他在世的时候,波兰人和科西嘉人就请求卢梭为他们制定宪法。在法国大革命的进程中,雅各宾党人的领袖罗伯斯庇尔很鄙视百科全书派的思想家们,因为"这个派别总是在政治领域中极力设法限制人民的权利",而尊崇卢梭为自己的导师。马拉称颂卢梭是"真理和自由的倡导者、恶劣习俗的讨伐者、人道主义的保卫者和人民神圣权利的复兴者"。就是吉伦特党人也极其尊敬卢梭,罗兰夫人说:"我把他看作人类之友,看作全国人民和我个人的恩人。……他的著作劝诫我们渴求真理、纯朴和明智。至于说到我自己,那我非常明白,我所有的一切好的品质都归功于他的著作。他的天才温暖了我的灵魂;我觉得他激励

① 致 M.Philibart Cramer 信,1764年。Citizen of Geneva, Selections from The Letters of J.-J.Rousseau, Oxford, 1937, p.296。

了我，提高了我，使我更加高尚了。”[①] 卢梭的思想把法国人民的精神面貌和革命积极性提高到一个新水平，为法国大革命的实际发动提供了最主要的精神武器。法国革命的活动家们按照卢梭理论的原则制定了革命的宪法，改革教育、宗教和社会风尚，而卢梭本人则成为这场革命的象征。人们常说，哲学是时代精神的集中表现。但是，对于像卢梭这样一位集中地表现了那个时代的需要的思想家，却把他的哲学概括为落后的，这样的看法岂不是显得过于轻率一些了吗？

也许，他的社会政治思想是进步的，但在哲学方面是落后的？因为他有严重的唯心主义倾向总还是一个事实。是的，他有严重的唯心主义倾向是事实。可是，康德和黑格尔不更加唯心主义吗？我们是否能由此就认为他们比法国唯物主义落后呢？这显然是不符合历史发展的事实和客观规律的。我们不赞成唯心主义。但是在哲学史上如何评价一种哲学，必须作具体的历史的分析。只有具体考察唯物主义或唯心主义种种不同形态的内在必然的推移关系，才能恰当地给它们以各自应有的地位。那种笼统地认为不管哪一种唯物主义学说都要高于不管哪一种唯心主义学说的看法，是完全不符合哲学史的实际发展进程和规律的，只能使学哲学的人头脑简单化和僵化。

我们都承认马克思、恩格斯、列宁对于德国古典哲学的高度评价。从康德开始到黑格尔的全部发展，虽然他们的唯心主义是错误的，必须批判，但是他们在唯心主义形式中发展了关于能动性和辩证法的学说，比起先前的包括法国唯物主义在内的哲学，是极大

① 见勃·姆·别尔纳狄涅尔：《卢梭的社会政治哲学》，中国社会科学出版社1981年版，第159—164页。

地丰富和深化了。没有德国古典哲学的成就,就不可能产生科学的马克思主义哲学和科学社会主义。可是,德国古典哲学恰恰正是以卢梭的思想和哲学作为出发点的。黑格尔就曾明确地指出过这一点。他说:“现在自由的原则在卢梭这里出现了,它把这种无限的力量给予了把自己理解为无限者的人心。——**这个原则提供了向康德哲学的过渡**,康德哲学在理论方面是以这个原则为基础的。”① 实际上,从康德到黑格尔的发展,正是卢梭原则的德国式的抽象发展,其结果既是辩证思维的发展,又是唯心主义的进一步发展。马克思说康德哲学是“法国革命的德国理论”,就深刻指出了这二者的内在关联。如果我们因为卢梭有唯心主义倾向而指责他落后于法国唯物主义,那么,岂不是有理由去责备德国古典哲学更“落后”吗? 因此,我以为上述对卢梭哲学的估价实在有重新加以讨论的必要。

我以为上述情况已经表明,卢梭在近代哲学史上的重要意义是一个不容否认的事实。他是从法国唯物主义向德国古典哲学过渡的一个中心环节。具体地弄清这个问题,对我们理解哲学史上的一个重要转折,理解哲学思维发展的内在线索和规律性,有多方面的意义。这就是写作本文的目的。

二、法国唯物主义的重大意义和缺陷

为了理解卢梭,我们需要从法国唯物主义谈起。一个简要的

---

① 黑格尔:《哲学史讲演录》第4卷,商务印书馆1978年版,第234页。着重号是引者所加的。

回顾是必要的。

从18世纪起，欧洲哲学的发展进入了一个有重大意义的新阶段。近代哲学从一开始，就是以思维同存在的对立作为它的基本问题或主题的，不过在17世纪，它主要关心的还只是认识论方面。认识论问题当然离不开本体论，但本体论毕竟还没有成为中心课题。培根提出的经验论原则，洛克给予了系统的发挥，两人的经验论哲学是以承认物质的客观存在为其前提的，但主要只是讲认识，而没有明确地解决物质或精神何者是世界的本原这个哲学本体论的问题，因而留下各种看法并存的余地。大多数经验论哲学家都不否认上帝的存在，只有霍布斯作出了明确的机械唯物论的回答；贝克莱公然主张主观唯心论，休谟则干脆认为这个关于世界的本原和基础的问题，是超出经验范围因而是无法回答的。与经验论同时发展起来的大陆理性主义哲学，也是以认识论为主的，不过由于唯理论本身要求理论本身的一贯性和明确性，他们就必须对世界本原问题作出更明白的回答。但他们实际上只能提出问题而无力解决这个问题。笛卡儿哲学是二元论，他认为思维和广延是两个独立的实体，它们只能靠上帝这个最高实体勉强地机械地加以统一，实际上是宣告二者无法统一。斯宾诺莎和莱布尼茨力图找到统一的办法，但是在斯宾诺莎的两种属性说和莱布尼茨的预定和谐说中，笛卡儿的二元论影响和痕迹依然明晰可辨，并没有真正得到解决。

18世纪法国唯物主义的重大意义在于，它在哲学史上第一次最鲜明地试图回答这个问题，并提出了明确系统的唯物主义的答复：只有物质才是世界的唯一本原。作为革命的法国资产阶级的意识形态，法国唯物主义在反对封建制度，反对宗教神学和唯心主义哲学关于上帝存在、灵魂不死、天赋观念的斗争中，第一次力图在唯物主义一元论的基础上解决心物关系问题,解决自然观、社会观和认识论问题,从而把哲学推进了巨大的一步,实现了思维和存在关系的第一个综合,即唯物主义的综合。

这个综合最初由梅叶揭开了序幕和主题。梅叶在批判上帝创世说和笛卡儿派的唯心论中,明确主张只从物质本身来说明一切,主张物质不仅永恒地独立存在,而且凭自身运动。拉美特利主张物质有三种属性:存在、运动和感觉,奠定了从自然物质的机械运动出发的唯物主义世界观的基础。特别是他提出的肉体决定心灵的观点,在唯物主义地解决物质与意识关系中的一个重要方面,取得了重大的进展。狄德罗进一步发展了拉美特利的三种属性说,企图用异质活分子的物质概念假说来加深这个基础,对发展法国唯物主义做出了很大贡献。

法国唯物主义的另一重要成就是深入发展了洛克的感觉主义。孔狄亚克等人在对感觉的分析中突出了触觉的决定意义,对于进一步论证唯物主义的反映论,批驳贝克莱主义,论证外部客观存在的第一位性,都有一定的意义。对于感觉主义原则的发挥运用,极其重要的是引出了有关人的本质的社会理论,爱尔维修从感觉出发,认为人的一切精神、才能、品质以至各种道德的政治的思想、制度等等,都是在物质的人对外部物质的肉体需求中产生和发展起来的,由此得出了“人是环境的产物”这个重要的唯物主义结论,以及为了改善人及其精神就必须改造环境的革命结论。这不仅对法国革命起了促进作用,而且直接成为以后空想社会主义的思想来源。法国唯物主义从物质一元论出发,在当时的社会和科学发展的条件下,尽可能地给予了彻底的发挥,取得了重大的成果。

但是法国唯物主义有它致命的弱点。不错,它为了用物质来说明全部的自然、社会和思维,解决心物统一,不能不提出若干带有辩证法因素的思想,如物质能自己运动、有一种潜在的感觉能力("迟钝的感受性")、它是异质活分子等的假设。但是总的说来,它是机械性的哲学,形而上学在其中占着统治地位。法国唯物主义始终没有达到事物内在矛盾的概念,所以对于他们所主张的物质自己运动找不到真正的说明。他们的运动观始终主要是机械力学的,至多加上一些化学运动的观点,所以,自然的因果必然性的机械关联,或所谓因果锁链,便成为他们说明自然界乃至社会历史的基本方式。他们特别不能理解和说明人的能动本质,把人看作只是和动物一样的自动机。因此,在他们看来,人只是受自然必然性支配的被动的生物,没有任何自由可言。在这样的基础上,当然无法理解人和他的思维的能动本质。法国唯物主义的机械性,同它企图赋予物质以能动性用以说明一切的目的是背道而驰的,其最终结果是把生动有机的自然描绘成一条机械的锁链,把无比丰富的人类生活描绘成一群被动生物的机械活动。它从赋予物质以自己运动的能力开始,竟以上述结果告终,用贬抑人的能动创造性来成就了自己的体系。这种缺陷,在它的体系完成者霍尔巴赫那里得到了最明确的表现。歌德在读了他的《自然体系》一书后说,它是这样的灰白,这样的暗淡,这样的像一具死尸,以致我们不能忍耐。18世纪的法国唯物主义,在由霍尔巴赫给予总结来宣布自己胜利的同时,也就宣告了自己必然走向灭亡的命运。

它的灭亡并不是因为它是唯物主义,而是因为这种唯物主义的机械性和形而上学性。必然取而代之的是能动的辩证哲学。但是要科学地理解能动性与辩证法,把它建立在更高的唯物主义基础之上,还必须走一段很长的路程,这在当时是不可能达到的。法国唯物主义的缺陷,暂时使唯物主义也跟着威信扫地了,于是唯心主义就又兴起了。但是它在法国唯物主义之后,也不能再简单地回头走老路了。它必须在更高的基础上来解决哲学所面临的各个重大课题。这就是在精神的基础上来说明自然、社会历史和思维，解决物质和意识的统一：实现能动的辩证的唯心主义的综合。德国古典哲学从一开始就是按照这种方向来从事活动的。而这种转变，实际上在卢梭那里已经开始了。

三、卢梭哲学中同法国唯物主义一致的方面

卢梭虽然同法国唯物主义者争论，但仍然吸取了他们的成果。要了解这种关联和分歧的实质，就要首先了解卢梭哲学的主题。

在《论人类不平等的起源和基础》一书的序言一开头，卢梭就谈到了这个主题。他说："我觉得人类的各种知识中最有用而又最不完备的，就是关于'人'的知识。我敢说，德尔菲城神庙里唯一碑铭上的那句箴言（'你要认识你自己'）的意义，比伦理学家们的一切巨著都更为重要，更为深奥。因此，我把这篇论文的题目，看作是哲学上所能提出的最耐人寻味的问题之一。但是不幸得很，对我们说来，这也是哲学家所能解决的最棘手的问题之一"①。从古希腊起，尤其是从文艺复兴以来，人道主义或人本主义（Humanism）一直是欧洲思想发展中的一个主要潮流，卢梭也是如此。但卢梭关注的并不是一般地讨论人的问题，他的中心问题是人类不平等的问题。而这恰恰就是法国大革命所要解决的社会历史任务在当时思想上的集中表现。卢梭充分自觉到这个问题的重大和意义，认为这才是哲学中最耐人寻味而又最棘手的问题。正是在探讨这

① 卢梭：《论人类不平等的起源和基础》，商务印书馆1962年版，第62页。

个问题中，他吸取了法国唯物主义的某些成果，同时认为有必要批判地超出他们。

卢梭对感觉主义认识论是赞同的，尤其称赞孔狄亚克。在《爱弥儿》第二卷里，卢梭用了很大篇幅讨论了如何发展孩子的感觉能力的问题。他说，“由于所有一切都是通过人的感官而进入人的头脑的，所以人的最初的理解是一种感性的理解，正是有了这种感性的理解做基础，理智的理解才得以形成，所以说，我们最初的哲学老师是我们的脚、我们的手和我们的眼睛。用书本来代替这些东西，那就不是在教我们自己推理，而是在教我们利用别人的推理，在教我们总是相信别人的话，而不是自己去学习”[①]。

卢梭认为，在探讨哲学问题时，也必须从感觉出发。“我存在着，我有感官，我通过我的感官而有所感受。这就是打动我的心弦使我不能不接受的第一个真理”。感觉是在我内部进行的，所以感觉使我知道自己的存在。“不过它们产生的原因是在我的身外，因为不论我接受与否，它们都要影响我，而且，它们的产生和消灭全都不由我作主。这样一来，我就清清楚楚地认识到我身内的感觉和它们产生的原因（即我身外的客体）并不是同一个东西。”“我把我所感觉到的在我身外对我的感官发生作用的东西都称为‘物质’”[②]。通过感觉论，卢梭肯定了不以我们的感觉为转移的物质客观存在，认为这是无可怀疑的，反对了贝克莱的主观唯心论，这些显然都是唯物主义的观点。

卢梭从感觉主义或人的肉体感官同外物的关系出发，肯定人的一种基本性质是自爱或自我保存的倾向。这也是和法国唯物主

---

① 卢梭：《爱弥儿》上卷，商务印书馆1978年版，第149页。

② 卢梭：《爱弥儿》下卷，商务印书馆1978年版，第383页。

义者一致的。卢梭同样认为,人的肉体需要、欲望以及由此产生的自爱自保的感情是应予肯定的,只要它是合乎自然的有限的需要。卢梭认为自爱同文明制度下的自私不同。他认为自然状态中的人是淳朴的,他们只需满足自己身体的自然的、有限的和简单的需要,从而保持了自己的自由和彼此的平等。

但是再进一步,他就同法国唯物主义者分道扬镳了。这种分歧还是由对人的看法上产生出来的。

四、卢梭关于人是自由主动者的观点

卢梭同法国唯物主义者都认为,人和动物是受它们肉体生存的需要和感觉所制约的。但是他认为人与动物相比又有根本的区别,这种区别就在于"人的自由主动者的资格"。人有一种特质,"这种特质就是自我完善化的能力"[①]。因而卢梭绝不能同意法国唯物主义把人看成和其他动物一样只是一种机器的观点。卢梭关于人的能动性的看法是:

(1)从认识能力看,人不仅有感觉能力还有判断能力。感觉是被动的,判断则是主动的。动物只有感觉,是被动的生物;人不仅有感觉还有判断力,所以他是主动的。

卢梭强调"判断和感觉不是一回事情"。在感觉中,我们的感官被动地接受外界事物的作用,不是由自己作主的。物体按其原状一个一个孤立分散地呈现在我们面前,只待我们去接受。但是在我们对事物作出判断的时候,就需要比较它们,把它们移动到一

---

① 卢梭:《论人类不平等的起源和基础》,商务印书馆1962年版,第83页。

起来寻求它们之间的异同和关系，这就能动地改变了事物原来的状态。他说，我们在那些只有感觉的生物那里，是找不到这种进行比较、归纳和判断的智力的，只有人才有这种能力。这种判断能力既不能来自外物本身，也不能来自被动的感觉，这是"一种活的力量"，一种主动的行为，只是人的固有能力。"因此，我不只是一个消极被动的有感觉的生物，而是一个主动的有智慧的生物；不管哲学家们对这一点怎么说，我都要以我能够思想而感到荣耀"[①]。

大家知道，对于经验和理性的不同作用，在卢梭之前经验论和唯理论已曾进行过长时间的探讨和争论。但他们主要涉及的乃是它们哪一个是认识的来源、标准以及哪个更重要这些方面。卢梭则着重提出了一个新的基本方面，即被动和主动的关系问题。这是有重要意义的，对于后来康德哲学的认识论有相当的影响。

（2）在同自然的关系上，动物只是消极地服从自然，而人则能主动地改变自然。

卢梭说："在一切动物之中，区别人的主要特点的，与其说是人的悟性，不如说是人的自由主动者的资格。自然支配着一切动物，禽兽总是服从，人虽然也受到同样的支配，却认为自己有服从或反抗的自由。而人特别是因为他能意识到这种自由，因而才显示出他的精神的灵性"[②]。他似乎已经猜测到在人的各种能动性中，对自然的能动改造作用是一种比悟性即理智的思维活动更本质的方面。他还说过这样的话："人的确是他所居住的地球上的主宰；因为，他不仅能驯服一切动物，不仅能通过他的勤劳而布置适合于生存的境界，而且在地球上只有他才知道怎样布置这种境界"[③]。这

① 卢梭：《爱弥儿》下卷，商务印书馆1978年版，第384—386页。

② 卢梭：《论人类不平等的起源和基础》，商务印书馆1962年版，第83页。

③ 卢梭：《爱弥儿》下卷，商务印书馆1978年版，第396页。

表明卢梭已开始注意到人在劳动中改造自然的能动性,看到这种有意识的勤劳是人区别于动物的重要标志。这种有重大意义的观点,正是他建立自己的辩证历史观的一个基点。可是法国唯物主义却不认识不重视这一点,把人和动物同样看待,认为人只是自然的奴隶,这是卢梭所无法同意的。

(3)在人的能动性中,最重要的是他有道德的自由。在卢梭看来,人对自然有能动的改造作用是重要的,但还不是最主要的。人还生活在社会里,生活在同别人的关系之中,而在社会中人们处于不平等、受奴役的状态,到处都有罪恶。因此,对人来说,改变这种状态以取得人类的社会平等和各个人的自由,才是人类所面临的最高任务。所以,人的道德自由,即对于现实的不平等有反抗的权利,对于善恶有进行选择的意志,才是人的能动性的最高表现。这才是人作为自由主动者的最根本的含义。卢梭所说的人的道德良心、自由意志,是同政治紧密相连的,具有强烈的实践的革命意义。他强调说,“必须通过人去研究社会,通过社会去研究人;企图把政治和道德分开来研究的人,结果是这两种东西一样也弄不明白的”[①]。

在这个问题上,卢梭最坚决地反对了爱尔维修和霍尔巴赫的观点。这两位著名的法国唯物主义者从人的肉体感受性出发,论证了个人利益是人们一切思想行为的唯一原动力。因此,关心他人和公共利益的道德,对于每个个人来说就只能是一种外在的要求。要使人们遵从道德,只能顺应人们的利己心来加以引导,通过刺激他们感官需要的奖惩办法来迫使他们尊重他人和公共的利益,使每个人都认识到,不按道德来行动是对他自己不利的。所

① 卢梭:《爱弥儿》上卷,商务印书馆1978年版,第327页。

以,在他们那里,道德始终只是每个人追求私利的一种必要的手段,决不是什么发自内心的东西。卢梭批判说,“人们说,每一个人都是为了他个人的利益才赞助公众的福利的。那么,为什么好人要损自己而利大众呢? 难道说牺牲生命也为的是自己的利益吗? …… 这种哲学是太可怕了,因为它将使人畏首畏尾地不敢去做善良的行为,它将使人拿卑劣的意图和不良的动机去解释善良的行为,使人不能不诬蔑那些真正高尚的美德”①。“卑贱的人啊,是你的糟糕的哲学把你弄得同野兽一个样子”②。

法国唯物主义企图从物质利益方面找到道德的源泉和基础,这是一大进步。但是他们不理解人们的生产实践和由此产生的生产关系才是人们物质利益的根据,资产阶级的眼界又使他们把一切人看成自私的动物,所以他们只把肉体感受性即个人利益当作人的一切思想行为的原动力,这样,他们所说的“公益原则”就悬空了。他们无法真正说明道德的基础。卢梭对此极不满意,但是他也没有找到道德的唯物主义基础。

那么,卢梭是怎样解决这个问题的呢?

“当我思索人的天性的时候,我认为我在人的天性中发现了两个截然不同的本原。”③一是自爱心,这是同法国唯物主义者基本相同的;另一个是怜悯心。前者使人关心他自己;后者使人同情他人的苦难,它是道德的源泉。“其中一个本原促使人去研究永恒的真理,去爱正义和美德 …… 而另一个本原则使人固步自封,受自己的感官的奴役,受欲念的奴役”,它妨碍前一种本原的作用。这两者矛盾冲突时,人怎么办呢? 卢梭说,这时我就可以对自己

---

① 卢梭:《爱弥儿》下卷,商务印书馆1978年版,第415页。

② 卢梭:《爱弥儿》下卷,商务印书馆1978年版,第396页。

③ 卢梭:《爱弥儿》下卷,商务印书馆1978年版,第397页。

说：“不，人的感受不是单独一方面的；我有意志，我又可以不行使我的意志，我既觉得我受到奴役，同时又觉得我很自由；我知道什么是苦，并且喜欢善，然而我又在做恶事；当我听从理智的时候，我便能够积极有为，当我受到欲念的支配的时候，我的行为便消极被动；当我屈服的时候，我最感到痛苦的是，我明知我有抵抗的能力，但是我没有抵抗。”① 我有一个身体，它同外界事物相关联，“但是我的意志是不受我的感官影响的，我可以赞同也可以反对，可以屈服也可以战胜…… 当我迷惑于各种引诱的时候，我就按照外界事物对我的刺激行事。当我责备我这个弱点的时候，我所服从的是我的意志；我之所以成为奴隶，是由于我的罪恶，我之所以自由，是因为我的良心的忏悔；只有在我自甘堕落，最后阻碍了灵魂的声音战胜肉体的本能倾向的时候，我心中才会消失这种自由的感觉。”②

由此卢梭作出结论说：“在我们灵魂深处生来就有一种正义和道德的原则”，“我把这个原则称为良心。”卢梭对之发出了最高的歌颂：“良心呀！良心！你是圣洁的本能，永不消逝的天国的声音。…… 是你使人天性善良和行为合乎道德。没有你，我就感觉不到我身上有优于禽兽的地方”。③

卢梭把道德自由看作人最可贵的本质，看作人类改造自身改造社会的根本原动力。卢梭认为靠了它，人才从根本上区别于禽兽，才能抵抗一切外力的诱惑、压迫与奴役，使人能战胜个人的私欲来为他人为大众去斗争，甘愿作出自我牺牲来高度发挥能动性，改革社会以恢复人类的自由和平等。这种道德自由意志和由此引

① 卢梭：《爱弥儿》下卷，商务印书馆1978年版，第398页。
② 卢梭：《爱弥儿》下卷，商务印书馆1978年版，第400页。
③ 卢梭：《爱弥儿》下卷，商务印书馆1978年版，第414、417页。

申出来的政治观点,成为鼓励法国人民起来投入大革命行动的巨大精神力量。

五、卢梭在批判法国唯物主义的机械必然性原则中,提出了自己的哲学原则——自由

卢梭关于人是自由主动者的看法,是在批判法国唯物主义的机械性中建立起来的。在这个过程中,他形成了自己哲学的根本原则,即自由的原则,同时他也就转入了唯心主义。他认为:“物理学能够在某种意义上解释感官的机械作用和观念的形成,但是在人的意志力或者勿宁说选择力方面以及对于这种力的意识方面,我们只能发现一些纯精神性的活动,这些活动都不能用力学的规律来解释。”① 这里所说的“物理学”,即法国唯物主义继承笛卡儿自然哲学而来的机械物质观。法国唯物主义企图从物质出发来说明一切,包括人的全部活动和思维在内,但是他们对物质和运动的机械了解并不足以说明高级的运动形式,尤其是不能阐明人的意志力的本质,相反,却只是把人的一切活动甚至最高级的精神活动都降低到动物的水平。卢梭认为这是绝对不行的。

法国唯物主义的机械性,在必然和自由的问题上得到了集中的表现。霍尔巴赫断言,整个宇宙只是一条硕大无比连续不断的自然物质因果链条,在这里一切都作为链条中的一环而被必然性所决定,人作为自然界的一部分也完全服从这个规律。他认为人

① 卢梭:《论人类不平等的起源和基础》,商务印书馆1962年版,第83页。

们以为自己的意志和行为是独立的看法是完全错误的,人的意志和感情其实毫无自主性可言,它完全是受自己肉体的气质、血液、骨骼、筋络等等,以及外界的温度、食物等物质的作用而被必然决定的,所以人谈不上有什么自由。“人在生存的每一个瞬间都是她在必然性掌握之中的一个被动的工具。”[①] 这就是他的结论。

机械唯物主义同人的自由形成了绝对的对立。卢梭并不否认人有受物质必然性制约的一面,但他尤为强调的是人的自由本性。为了论证这种自由本性,卢梭在哲学根本问题上走向了唯心主义:从肯定“纯粹精神性的活动”本原来寻求解答。这是因为他对物质的理解同样也没有超出机械的理解:差别只在于,一方坚持用机械的物质观来说明一切、否定自由,而卢梭则认为只能抛开物质,另从精神本原去求得对自由的说明。

卢梭认为:“没有意义的词,不是‘自由’这个词而是‘必然’这个词,要设想某种行为,某种结果,不是由能动的本原产生的,那等于是在设想没有原因的结果,等于是在恶性循环中打圈子。”[②] 机械论所谓的必然,就是前因后果的连锁。一个结果总有它的原因,但这个原因同样只不过是另一原因的结果,所以要追溯一个事物的原因,是不可穷尽的,我们所能知道的始终只是结果而不是原因,因而也就等于永远找不到它的原因。卢梭认为,只有能动的本原或自由的原则,自己决定自己的原则,才是能够真正说明一切的原因,才是真正的本原。它自己就是原因,因而也就无须再追溯它的原因了。因此,只有自由才是宇宙的根本原则。

卢梭认为自由这种能动原则不能来自物质。在他看来物质只

① 《十八世纪法国哲学》,商务印书馆1965年版,第612页。

② 卢梭:《爱弥儿》下卷,商务印书馆1978年版,第401页。

是被动的东西："运动的第一原因不存在于物质内部，物质接受运动和传送运动，然而它不产生运动。"他认为狄德罗关于物质是异质活分子的假设是不能成立的。但是我们通过意志来使我们的身体运动起来，并推动外物运动，却是一件明白的事实。所以他说，"我把这种意志看作动因"①。但是自然界并不是一个大动物，它的动因是什么呢？这就必须假定有一个意志作为日月星辰万事万物运动的第一原因。因此卢梭认为有上帝存在。

他还认为有灵魂实体的存在。人死后是否还有灵魂存在？卢梭认为这是不能知道也无法想象的，但是还应"假定它是不死的。既然这个假定能够给我以安慰……我为什么不愿接受它呢？"②在这个世界上坏人得意，好人受压，因此根据善的观念假定灵魂不死，就可以安慰好人，他们今生虽然备受苦难，来世可望补偿，而坏人是要受惩罚的。这对于道德是一种精神的安慰和保证。卢梭也认为这并不见得就是真的，所以强调说："如果最高的正义之神要报复的话，他就要在今生报复。"③

卢梭肯定上帝存在，假定灵魂不死，当然是唯心主义，是完全错误的。这些虽说是为了论证人的自由能动性而引申出来的观点，有其一定的理由，但也恰恰表现了卢梭所理解的自由，不过是小资产阶级的东西。他的自由主要是个人的自由，独立的小手工业者这类人所幻想的自由。这些人强烈反封建，对大资产者的剥削奴役也极为不满。但是小生产者所追求的独立自由，仍属资本主义的生产关系范畴，他们的目的即使在资本主义社会中也是无法实现的幻想。他们掌握不了自己的命运，也无法理解社会的真

① 卢梭：《爱弥儿》下卷，商务印书馆1978年版，第389页。

② 卢梭：《爱弥儿》下卷，商务印书馆1978年版，第405—406页。

③ 卢梭：《爱弥儿》下卷，商务印书馆1978年版，第407页。

正客观规律,因而最终只能求助于道德良心、善良意志等精神性的东西,求助于上帝以及灵魂不朽的精神慰藉。对于卢梭自由原则的这种小资产阶级本质和唯心主义性质,我们无疑地必须给予批判。

不过卢梭的唯心主义观点虽然形式上好像是宗教神学的再现,实质上根源上却有原则的区别,这也是我们应予注意的。在宗教神学中,上帝或不朽的灵魂是一种外在于人的、奴役人的力量,但在卢梭这里,则完全是为了论证和保证人的自由才有其意义的。不难看出,卢梭的这些看法,同后来康德哲学中对待道德意志、上帝和灵魂不朽的观点,有着深刻的内在一致性。卢梭断然拒绝在人类历史中引进上帝。上帝的作用只在于给万物以最初的推动,给人以自由的能动性,然后一切都由人类自己作主,不再干预。"既然人是主动的和自由的,他就能够按照他自己的意愿行事:他一切的自由行为都不能算作是上帝有系统地安排的,不能由上帝替他担负责任。"①

人是地球上万物的真正主宰,也是人类自身命运的创造者决定者,自由即人的能动本质是理解和改造现实世界的关键所在,是哲学的根本原则。这便是卢梭哲学的真谛。

六、人的自由能动原则和近代辩证法的开端

真正说来,没有能动性的原则或本原就谈不上真正的辩证法。因为辩证法乃是世界和事物自身运动、自身否定性或内在矛盾的原则,是一切生命的原则,是对于自身运动的能动发展过程的规定

① 卢梭:《爱弥儿》下卷,商务印书馆1978年版,第401页。

和陈述，而不是对事物的外在关联或两个固定点之间的运动的描写。这样，辩证法的前提或基础就必定是一种自身能动的主体、本体或本原。黑格尔的辩证哲学，就是从把斯宾诺莎的实体改造成为能动的“实体 — 主体”开始的。马克思的唯物辩证法，则是从把自然和人理解为自身能动的本原开始的。自然物质是充满内在矛盾的东西；而劳动和实践则是人区别于动物而具有高度能动性的根本标志，这种客观的能动本质是理解人所生活于其中的世界和人本身的钥匙。能动性和辩证法不可分，这种对于能动本原的探求是近代辩证法发展的基本线索，它在卢梭这里开始出现了。笛卡儿的“我思故我在”已经从思维的能动性出发了，但主要还只有一种理性主义认识论的意义。莱布尼茨提出了能动的单子理论，但是他没有突出人的能动性这种最重要的能动性的问题。到了卢梭，能动本原是自由主动者的人本身，是同整个历史与现实社会生活血肉相连的活生生的力量，能动性才获得了一种真正本体论的意义。所以，从卢梭开始，才出现了近代的真正意义的辩证法，这绝不是偶然的。

法国唯物主义虽然在某些方面有不少辩证法思想的猜测、萌芽和因素，但在总体上它是非常机械的和形而上学的，这同他们的机械力学的物质观，同他们的资产阶级本性有必然的联系。霍尔巴赫在自然观上就只肯定必然性而绝对否认偶然性。如果说形而上学观点在自然观方面还勉强可以说得过去的话，在人类社会历史领域就绝对行不通。对于人的能动性和自由，人们虽然可以作出不同的解释，它的存在总是不容否认的事实。但是法国唯物主义的机械性却使它绝对排斥了自由，宣布人只是自然必然性的被动工具。既然如此，改革社会环境的要求岂不也成为根本不可能了吗？所以法国唯物主义只好被逼得从一个极端跳到另一个极端，宣布“意见是支配人们的皇后”[①]。理性、良好的立法、教育成了决定一切的力量，幻想中的贤明君主的出现便成为救世主。可见，否定人的自由主动性的形而上学，其结果只能是无可奈何地从唯物主义转向比卢梭更加错误得多的唯心主义，因为卢梭的自由原则虽是唯心主义的，毕竟不是把改造社会的希望寄托于贤明君主，而是寄希望于人民的良心和行动。在历史领域，法国唯物主义哲学中形而上学和唯心主义缺陷和无能暴露得最充分，而同他们相反的卢梭却取得了很大的进步和成就。

在考察人类历史发展的时候，卢梭完全是从人自身的能动性出发的。人是“自由主动者”，具有“自我完善化的能力”，是他全部论述的根据。从这里卢梭展开了他的辩证法。他指出：“这种特殊而几乎无限的能力，正是人类一切不幸的源泉”。“正是这种能力，借助于时间的作用，使人类脱离了他曾在其中度过安宁而淳朴的岁月的原始状态；正是这种能力，在各个时代中，使人显示出他的智慧和谬误、邪恶和美德，终于使他成为人类自己的和自然界的暴君”[②]。人类在谋生活动中学会了各种知识和技能，发展了生产力，结成了社会关系，这是人类的进步，然而这种进步是对抗性的，同时又是一种退步，因为自然状态下的平等和自由变成了奴役和屈从。“冶金术和农业这两种技术的发明，引起了这一巨大的变革。使人文明起来，而使人类没落下去的东西，在诗人看来是金和银，而在哲学家看来是铁和谷物。”[③]人类的不平等正是人类自我发展的创造物，用后来哲学家的语言来说，这里论述的一切就叫作人类的“自我异化”，它的根源正是人自身的自我完善化的本性；

① 霍尔巴赫：《自然体系》，载《十八世纪法国哲学》，商务印书馆1965年版，第647页。

② 卢梭：《论人类不平等的起源和基础》，商务印书馆1962年版，第84页。

③ 卢梭：《论人类不平等的起源和基础》，商务印书馆1962年版，第121页。

所谓“自我完善”恰恰是通过否定自身的运动，通过使自己不完善的发展来实现的。

文明每前进一步，不平等也前进一步，最后达到了不平等的顶点。但是正是在这里不平等又走向了自己的否定。在极端不平等的专制制度下，又出现了平等：“这里是不平等的顶点，这是封闭一个圆圈的终极点，它和我们所由之出发的起点相遇。在这里一切个人之所以是平等的，正是因为他们都等于零。”除了君主的欲望以外，一切的法律和道德的原则都消失了，“因而也就是回到了一个新的自然状态。然而这种新的自然状态并不同于我们曾由之出发的那种自然状态。因为后者是纯洁的自然状态，而前者乃是过度腐化的结果。但是，这两种状态之间在其他方面的差别是那么小，而且政府契约已被专制政治破坏到这种程度，以致暴君只在他是最强者的时候，才是主子；当他被驱逐的时候，他是不能抱怨暴力的。…… 暴力支持他；暴力也推翻他。一切事物都是这样按照自然的顺序进行着 …… 任何人都不能抱怨别人的不公正”①。这样，不平等又重新回到了平等，但不是回到原始的平等，而是达到了更高级的社会契约的平等。

卢梭对历史发展所作的描述，在我们今天看来当然有许许多多的错误，可以加以指责批评，这并不奇怪。相反，在18世纪的思想家中就表现出了这样宏伟卓越的辩证法才华，对人类历史的内在发展有这样贯穿的洞察能力，整个论述有这样雄辩生动的逻辑力量，倒是令人惊叹的。恩格斯指出：“这是否定之否定。”“我们在卢梭那里不仅已经可以看到那种和马克思《资本论》中所遵循的完全相同的思想进程，而且还在他的详细叙述中可以看到马克思

① 卢梭：《论人类不平等的起源和基础》，商务印书馆1962年版，第145—146页。

所使用的整整一系列辩证的说法：按本性说是对抗的、包含着矛盾的过程，每个极端向它的反面的转化，最后，作为整个过程的核心的否定之否定。”① 由此可见，我们应该而且必须肯定在卢梭这里已经出现了近代的真正辩证法。大家知道，近代形式的辩证法，只是到了黑格尔，才以唯心主义的概念运动形式作出了系统明确的逻辑表述和规定。但是，它那种从能动本原出发的基本原则，以及整个辩证法过程以否定之否定为核心的基本轮廓和线索，在卢梭这里确乎已经形成，并表现出了强大的逻辑生命力。

卢梭哲学是近代辩证法的开端，这是我们认为它值得高度重视的一个重要理由。这也说明了为什么它是哲学从法国唯物主义向德国辩证唯心主义转变的重要环节。

七、卢梭哲学对后来哲学发展的影响

上面我们论述了卢梭同法国唯物主义的关系。卢梭哲学是对法国唯物主义的批判的超越，这一点已经是很清楚的了。现在我们要请德国古典哲学的大师们来作证，简略地讨论一下卢梭对以后哲学发展的意义。

康德深受卢梭的影响是哲学史上一个人所共知的事实。批判哲学的形成当然有着多方面因素的作用，只就思想方面的影响而言，在认识论上休谟对他的启发是很重要的，在理论的自然科学方面他以牛顿为导师，但是在哲学本体论上，只有卢梭才是他的导师。他认为卢梭是另一个牛顿，牛顿完成了外界自然的科学，卢梭

① 恩格斯：《反杜林论》，人民出版社1970年版，第138页。

完成了人的内在宇宙的科学：正像牛顿揭示了自然界的秩序和规律一样，卢梭则发现了人的内在本性。康德曾极其郑重和真挚地谈到卢梭对他的教导。他说，以前他总认为人的尊严就在于使知识不断前进，有所发明。因此他轻视缺乏知识的大众。卢梭纠正了他的这一思想，使他认识到如果自己的哲学工作不能为一切人恢复其为人的权利的话，那自己就远不如一个寻常的劳动者有用。通过卢梭，康德改变了自己对哲学的看法。在批判哲学中，道德实践的理性高于认识的理性。康德认为哲学决不是单纯的科学知识，只有人的善的自由意志才是宇宙间最高的东西、哲学中的真正本体；只有人的尊严和自由才是目的。

马克思指出康德哲学是“法国革命的德国理论”，深刻揭示了这两者之间的内在关联。就思想而言，法国革命的影响主要就是指卢梭。把卢梭那种带现实的革命实践意义的“自由”，变为纯思维的或叫作“实践理性”的“善良意志”，就是把法国革命的内容加以德国式的理论创造的集中表现。软弱无力的德国资产阶级既向往法国革命，又没有力量和勇气去行动，这样，卢梭的“自由”原则就化为纯思维纯道德的理性自由了。康德的理性自由的主体性原则，正是卢梭的自由主动原则的德国版，在高扬人的自由理性之中，卢梭那里已经具有的唯心主义观点，也就更加发展了，变成了唯心主义的严整体系。这种情形，黑格尔曾有过生动的描述。他说：“康德哲学所包含的真理在于把思维理解为本身具体的，自己规定自己的东西；因而它承认了自由。卢梭已经把自由提出来当作绝对的东西了。康德提出了同样的原则，不过主要是从理论方面提出来的；法国则从意志方面来掌握这个原则。法国人常说：‘他头脑发热’；意思是说，法国人具有现实感、实践的意志、把事情办成的决心，——在他们那里观念立刻就能转变成行动。因此人们都很实际地注重现实世界的事务。尽管自由本身是具体的，但自由在被他们应用到现实世界时却仍是未经发展的、带着抽象性的。要想把抽象的观念生硬地应用于现实，那就是破坏了现实。人民群众把自由抓到手里，所表现出来的狂诞情形实在可怕。在德国，同一个自由原则占据了意识的兴趣；但只是在理论方面得到了发挥。我们在头脑里面和头脑上面发生了各式各样的骚动；但是德国人的头脑，却仍然可以很安静地戴着睡帽，坐在那里，让思维自由地在内部进行活动。”①

我之所以不厌其详地全文抄录了黑格尔这一段话，因为它实在是一段精彩文字，一个理解法国的卢梭哲学和德国唯心主义哲学关联的文献。它不仅明白表现了二者的一致；还活画出了德国古典哲学家们不敢实践的庸人面貌，以及向思辨唯心主义发展的方向和道路的必然性；此外，它也表示了德国古典哲学对于卢梭的自由原则仍带抽象性的批判。德国古典哲学是对卢梭自由原则的进一步唯心主义化、在思辨中的具体化。这种加工过程是从康德开始的。

费希特在法国革命和卢梭的影响下，进一步把康德的主体能动原则发展为“自我意识”哲学。这种“自我意识”就是把人的能动性化为实体。谢林和黑格尔则把人的自我意识变成绝对精神的自我意识，把康德和费希特的以人的理性为中心的主观唯心主义（这同贝克莱主义以个人感觉为基础仍有原则的不同）加以客观唯心主义化。这一方面是克服了对自由的主观理解的局限，另一方面又是把人的理性、人的自由变成了超人的绝对精神这种“客观理

① 黑格尔：《哲学史讲演录》第4卷，商务印书馆1978年版，第256—267页。着重号是引者所加的。

性”的活动和自由，从而更加唯心主义神秘化了。但是，黑格尔又恰恰是由于他把整个宇宙加以精神化，赋予它自由的能动性，从而才建立起他那包罗整个宇宙的辩证法哲学体系来的。黑格尔哲学仍然是对卢梭自由原则的发展和改造。在黑格尔看来，这个改造只有到了他这里，才得到了完成。他说道，“自由恰恰就是思维本身：要是抛开思维来谈自由，就不知道自己说的是什么东西”，“意志只有作为思维的意志才是自由的”。[①] 康德和费希特那里的思维的自由，还只是人的，即主观性的，总有一个客观的外部世界或“非我”与之对立，所以还达不到真正的自由。谢林提出了绝对者的理念，转向客观唯心主义，才为实现思维和存在的统一开辟了道路。而只有到了他黑格尔这里，才确切地规定和表述了真正绝对自由的主体：它既不是卢梭所强调的个人自由，也不是人的自我意识，而是绝对精神这个“实体—主体”。绝对精神通过自身能动的发展，异化为对象世界，又通过自己继续的能动发展，扬弃这种异化，把一切收获物收回到绝对精神自身中来；这个能动的辩证过程既是必然的，又是自由的，因为它克服了思维和存在的对立，完成了绝对精神的自我发展和创造。这就是黑格尔对哲学基本问题和全部问题的答案。

这就是近代哲学史上对于思维和存在的对立的第二个综合统一，德国的辩证唯心主义的统一。它的唯心主义当然是完全错误的，但它仍然在哲学发展水平上远远高于法国唯物主义所作的第一个综合，这是因为它以能动的辩证法代替了消极被动的形而上学。它的基本原则来自卢梭，是卢梭哲学的能动性原则和辩证法的进一步抽象化思辨化，所以它既是前进，同时也是一种退步。费

---

① 黑格尔：《哲学史讲演录》第4卷，商务印书馆1978年版，第234页。

尔巴哈指出,黑格尔的绝对精神本身不过是感性的人的本质的异化,就是批判了这种退步。德国古典唯心主义对于思维和存在的统一,虽然说出了许多深刻的东西,但是它的基础完全是错误的。把能动性归结于精神性的本原,是不可能建立真正科学的辩证世界观的。它既不能科学地说明世界,更不能靠它来改造世界,它不能真正为人类在自然和社会中取得自由提供武器。只有在理解自然界自身的矛盾运动的基础上,特别是在理解人类社会的实践这种客观能动活动的基础上,才能真正说明自然,说明人同自然界的关系以及人们的社会关系,解决思维和存在的对立统一问题,解决必然和自由的对立统一问题。这就是马克思提出的唯物主义的能动原则,特别是实践这一哲学概念的意义。它又回到了法国唯物主义的原则——以物质为唯一本原的学说,但是本质上又完全不同。重新回到唯物主义,只有在肯定能动性和辩证法的基础上才有可能。物质自身的能动性原则,尤其是人在劳动和革命实践中对自然和社会的能动改造的原则,产生了科学的唯物辩证法以及科学的共产主义,为人类在实践中从必然达到自由,开辟了真正现实的道路。这是思维和存在的对立在近代哲学史上又一次综合统一,是前两次综合的否定之否定,第三次的综合统一。通过这一圆圈式的发展,创立了辩证唯物主义,实现了哲学上的根本变革。从这一哲学史的辩证发展过程,我们可以确定卢梭哲学的应有地位。

应当借鉴的一个重要方面①

——读两本关于青年马克思的书有感

最近几年来，我国理论界对马克思的《经济学—哲学手稿》和马克思主义的形成史开展了广泛的研究和讨论。我们中国人努力学习马克思主义，从“五四”算起，已经有六十多年的历史了，但是把这种学习深入它的创始人马克思本人的思想形成中去，真正说来到现在才刚刚开始。这是一个重要的发展。人们已经感觉到它对我们求得思想上进一步解放所具有的巨大意义。青年马克思在批判旧世界中发现新世界的那种深邃的思想探索，深深触动和启发着我们，我们熟知的真理仿佛注入了新的生命力，现成的结论生动活跃起来了，随着认识的深入，眼界大为开阔了。我们早就学过马克思主义，但是它所包含的内容实质，生气勃勃的内在创造力量，博大精深的科学价值，许多东西却好像只是第一次展现在我们面前一样。这真是一种奇妙的感觉：我们好像重新发现和认识了马克思，就像以前还没有好好认识他似的。这种情况一方面证明了马克思主义的真理并没有过时，相反，从根本上说，它所包含的真理性和价值还远远没有充分发挥出来；另一方面，这种情况的出现证明了我们现在生活的时代已经大大前进了，人民大为成熟

---

① 本篇原载《读书》1983年第3期。

了。因为只有中国和世界的新的时代的需要，才是我们进一步发掘和理解马克思的思想财富的现实基础和真正动力。而这在以前是不具备或不充分具备的，所以那时我们往往只以领会马克思主义的某些方面（尽管也是十分重要的）为满足。

在这种研究方面，我们同西方人和苏联人比起来显然晚了一大步。这当然是一个弱点和缺点，因此我们需要很好地学习和借鉴。但是这也毋宁说是我们的一个很大的优点，因为我们中国人在现在开始进行这种研究的时候，无论在思想上和实践上都有了一个新起点。这个新起点里包含着许多东西，有些是西方人和苏联人迄今还没有能够得到的。因此，我们的研究虽然晚了一些，却能够从一开始就表现出相当深入的思考力、不受他们的束缚而独立地创造性地从事这种研究的能力。中国人民在民主革命中已经显示过自己的这种创造性地学习马克思主义的卓越能力。我们有理由相信，在进一步掌握马克思主义的事业中，我们既能努力吸取外国人的长处，又能迅速赶上和超过他们。

在研究青年马克思的思想发展和形成的问题上，苏联人的成果和经验是我们应当注意借鉴的一个重要方面。由于苏联人在研究马克思主义方面，历史上曾长时间对我们发生过重要的影响，因而了解他们的发展对我们有着更切近的意义。两年来，人民出版社和三联书店接连出版了苏联学者尼·伊·拉宾的两本有关青年马克思的著作译本，出的正是时候，选出这两本来出版也是有眼力的，因为它相当集中地体现和概括了苏联学者这方面的多年研究成果，又比较新，从它的内容，我们可以了解到他们现在所已达到的水平。

《论西方对青年马克思思想的研究》（Борьба вокруг идейного аслодия молодого Маркса，直译为《围绕青年马克思的思想遗产的斗争》），是1962年在苏联出版的。它是苏联学术界转入大力研究《经济学—哲学手稿》,并取得了某些成果后的一个总结性的评述。作者给自己提出的主要任务,"是要阐明研究马克思早期著作和围绕这些著作而进行的思想斗争的基本规律性。"① 为此作者总结评述了苏联和国际共运中有关青年马克思的研究史,从梅林、普列汉诺夫起直至20世纪五六十年代之际止,这对于我们颇有参考价值。在这里拉宾特别强调了他所说的"列宁的研究原则"的意义。从他对"列宁原则"的理解中,我们可以知道苏联许多学者在研究中的思想水平。此外,全书约用了1/4篇幅专门批判了西方资产阶级学者的"马克思学"。

《马克思的青年时代》(Молодой Маркс,直译为《青年马克思》),是拉宾在前书的思想基础上又经过几年研究写出来的。此书1968年在苏联出版,1976年又出了第二版,在苏联东欧理论界受到高度重视。如果说拉宾的前一本书是通过评述以往的研究史而提出某些研究原则的话,那么后一著作则是力图把这些原则加以具体的体现,从观点和材料上都标志着苏联人的最新水平。

我在这里不打算详细分析这两本书的各部分具体内容,只想就其中几个重点方面谈谈自己的想法。

在《马克思的青年时代》中,拉宾说:"本书特别重视具有版本学性质的细节,广泛参阅了保存在苏共中央马克思列宁主义研究院党中央档案馆中的手稿影印件。不参阅这些手稿影印件,在许多情况下就不可能深入到马克思思想创造的内在活动中去。"② 这是拉宾这本书的特色,也是苏联学者研究的一种特殊优点和长处,值得我们注意。

---

① 尼·拉宾:《论西方对青年马克思思想的研究》,人民出版社1981年版,第4页。
② 尼·拉宾:《马克思的青年时代》,三联书店1982年版,第19页。

苏联人在研究马克思和恩格斯的思想特别是早期著作方面，一直比较重视原始资料的考证，这是有历史原因的。恩格斯逝世后，马克思和恩格斯的大量遗稿落到第二国际的机会主义领袖伯恩施坦这些人的手中，长期不能发表。列宁一直非常关注这件事。为了使这些宝贵的财富得到保存和发表，十月革命后，列宁和当时的苏联党和国家付出了巨大努力，才得以接触这些文献档案。这样，像马克思的《黑格尔法哲学批判》、《一八四四年经济学—哲学手稿》、《德意志意识形态》、《一八五七——一八五八年经济学手稿》和恩格斯的《自然辩证法手稿》等珍贵文献，才得以在苏联陆续出版，于20世纪二三十年代首次问世。在列宁和俄党的关怀指导下，当时的马克思恩格斯研究院组织了众多学者，认真收集、影印、鉴别、整理、编辑出版了这些著作，做了大量的科学工作。这是苏联学者们的一大历史功绩，值得人们尊敬。由于他们掌握了一大批珍贵的原始资料，有直接从事辨认字迹、查证细节的条件，又进行了翻译、注释和出版的工作，所以他们在这些方面无疑具有某种特别的优越地位（当然他们掌握的原始资料也决不是无遗漏的，就人们现在所知，目前在荷兰阿姆斯特丹国际社会史研究所，还收藏有很大一批马克思、恩格斯的未发表的手稿和读书笔记材料）。尼·拉宾在自己的著作中有意识地发挥了这种长处。

我们看到，拉宾在评述《黑格尔法哲学批判》（该书称之为《1843年手稿》）时，就考证了该作品的中断及其原因，从而把考察马克思在写作《黑格尔法哲学批判》的后半部分思想的发展，同他在《克罗茨纳赫笔记》中对各国历史所作的新研究的成果紧密结合起来。在评述《经济学—哲学手稿》时，他也考证了它同马克思当时所写的五本经济学摘要札记的关系，认为《手稿》中第一手稿同后两个手稿并不是一直写下来的，而可以分为两个阶段来考察。

这样一种比较细致的研究，对于人们理解马克思思想发展的具体进程有相当大的益处。同过去这类著作相比，这是本书的一个突出的引人注目之处。我们中国人在研究中目前还不具备这种条件，因此就更要注意和吸取他们的这种长处。拉宾说，不注意这一方面，在许多情况下就无法深入马克思思想创造的内在活动中去，这话确有一部分的真理性。不过，要真正深入“思想创造的内在活动中去”，主要还靠我们的思考力，而资料和考证只是必备的条件，而在这种真正关系到研究命脉的思考力方面，我们对于拉宾是不能满意的。我们可以明显地感觉到他时常在有意炫耀他的那些版本学知识，甚至达到无谓地卖弄的程度。例如他在谈到《手稿》中第一手稿前半部关于三个收入来源的时候，大谈从影印件所发现的原稿中三个正文并行排列的特点，提出所谓马克思的“并行分析的方法”，认为是“一种启发的方法”，“并行分析具有深刻的意义”①。人们自然期待作者能说出一番深刻的思想和道理来，可是却不免失望。

总的说来，拉宾的《马克思的青年时代》还是增添了不少材料，某些方面对科尔纽的《马克思恩格斯传》是一种补充，对《手稿》之前的马克思思想发展的叙述，吸取了一些有价值的成果，有些地方写得还不错，因此它还是一本有参考价值的著作。他在《手稿》的评述上，虽然写得很多，却因为受奥依则尔曼对马克思的异化概念所持的否定态度束缚，所以讲不清楚。从全书线索安排看，拉宾虽然力图找出某种方法论的原则和分期原因，但却是不成功的。他在书中提出，“按照列宁的分期原则，本书把青年马克思的思想发展分为三个主要阶段：一、对世界概念的最初探索（一八三七——一八四一年）；二、在向唯物主义和共产主义转变的过程中马克思

① 尼·拉宾：《马克思的青年时代》，三联书店1982年版，第238、239、241页。

观点的各个方面的相互影响(一八四二——一八四三年);三、完整的科学世界观开始形成(一八四三年底——一八四四年八月)。"[①]我们看到的只是空洞词句,并没有深刻的概念和逻辑上的关联。究竟什么叫"世界概念"?马克思一开始是从探索所谓"世界"这个概念出发的吗?"马克思观点的各个方面的相互影响"只是他在1842—1843年思想发展的特征吗?这些拉宾并没有想到过要作一点说明,他只是把这些词扔给读者。据他说,他这种分期方法是"按照列宁的分期原则"得出来的,可是也同样没有说明。这就不能不使人感到茫然。用空洞的词句代替真正深入的思索和研讨,是断然不能弄清楚马克思的思想发展的。遗憾的是,像这些缺乏思想性的情况,在相当一部分的苏联学者著作中常常如此,绝非只是拉宾一人。

苏联人民当然是伟大的,它过去产生过伟大的思想家、革命家,现在和将来还会这样。在对马克思主义的研究和创造发展上,列宁是我们永垂不朽的导师,杰出的马克思主义者普列汉诺夫也曾做出巨大的贡献,此外还出现过不少优秀的科学家。我们读过的像卢森贝(经济学和经济学说史家)和巴日特诺夫(哲学和美学家)的一些有关著作,都有相当的价值。这些方面拉宾也是引以为荣的,在《论西方对青年马克思思想的研究》中,他对此作了评述。在苏联的这些成就中有一点我觉得似乎对我们颇有参考价值,这就是苏联20世纪30年代研究中的一番争论。当时出现过一种"三阶段论"的观点,认为马克思最初是彻底的黑格尔主义者,后来变成彻底的费尔巴哈主义者,最后把二者综合,成为辩证唯物主义者;另一种观点则认为,马克思一开始就代表了无产阶级的利益,

① 尼·拉宾:《马克思的青年时代》,三联书店1982年版,第18页。

因而否认了马克思受黑格尔和费尔巴哈的影响以及由此产生的分阶段的发展。这两种观点都受到了批评和反驳，从而发展了研究的科学态度[①]。这一成果在拉宾的《马克思的青年时代》中有清晰的表现[②]。拉宾认为，马克思不同于大多数青年黑格尔派，他在1842年就已了解到费尔巴哈的唯物主义方法论的本质，同时在某些重要方面已经超过费尔巴哈。这种情况在马克思1842年2月“同费尔巴哈有些争论”中就已经表现出来了。马克思对费尔巴哈的不满，不只在于他指出了费尔巴哈不重视研究政治社会问题，也不在于填补这种不足，“而是对他的整个观点进行了系统的改革”[③]，从而超越了它的范围，向历史唯物主义迈进。关于马克思受费尔巴哈的影响究竟如何估计的问题，我在《马克思〈经济学—哲学手稿〉述评》（人民出版社，1982年）和《关于评价马克思〈一八四四年经济学哲学手稿〉的一些问题》（《中国社会科学》1981年第6期）中，谈过自己的一些意见。东德学者W.毕雅拉斯有一篇论文《论马克思和黑格尔、费尔巴哈的关系》也有一些值得注意的意见。现在，我们从拉宾的两本书中又得到了苏联人的研究考证性的看法。我想对我们当前的某些争论是有参考作用的。

最后，我想着重谈一谈拉宾所理解的“列宁的研究原则”这个问题。他在《论西方对青年马克思思想的研究》中曾专门论述了这个问题。但是，什么是他所理解的“列宁的研究原则”呢？“首先必须强调指出列宁研究这个问题的特点：利用一切与这个问题有关的资料。”[④]这么说来，利用一切有关资料这种科学上的一般原

① 尼·拉宾：《论西方对青年马克思思想的研究》，人民出版社1981年版，第56—63页。
② 尼·拉宾：《马克思的青年时代》，三联书店1982年版，第135-148页，特别是145—148页。
③ 尼·拉宾：《马克思的青年时代》，三联书店1982年版，第148页
④ 尼·拉宾：《论西方对青年马克思思想的研究》，人民出版社1981年版，第37页。

则，就提升为“列宁原则”了！接着，拉宾又来了一个“首先”：“列宁对马克思主义史的研究所作的伟大贡献，首先就在于他提出了一系列的关于马克思主义史的深刻的、概括性的思想”[①]，终于进入了正题。那么，这些“一系列”的“深刻的”、“概括性的思想”是什么呢？人们有理由希望拉宾告诉我们。可是除了在短短几页中我们读到拉宾写下来的有七八个之多的“追根溯源的原则”这个词而外，竟找不到任何有系统的分析和归纳。伟大的列宁在研究马克思思想发展中的真正是一系列的深刻的概括的论述，全被淹没在一大片的“追根溯源”这个词的海洋里去了。

如果说拉宾所说的列宁的“追根溯源的原则”，还有一些能为人们所理解的意思的话，那就是他认为，列宁是从“现代”的“迫切需要”“出发”来研究马克思的[②]。具体来说，如：“列宁在研究布尔什维克党的某个历史阶段上被客观地提到首要地位的马克思主义理论某个方面的同时，也就阐明了马克思主义这个方面形成和进一步发展的历史。”[③]又如：“列宁把（莱茵报时期的——引者注）马克思称为革命民主主义者。……列宁作出这种完全正确的评价，首先是因为他和其他一切马克思主义者不同，他深刻理解革命民主主义这种特殊的历史现象的本质。”[④]按照拉宾的说法，马克思之所以曾经是一个革命民主主义者，列宁作出这种判断，“首先是”因为俄国有过这种性质的革命。

从当前的需要（如果理解得正确的话）和实践任务（如果规定得正确的话）出发，来追溯马克思的思想，在为当前斗争服务中加

① 尼·拉宾：《论西方对青年马克思思想的研究》，人民出版社1981年版，第38页。
② 尼·拉宾：《论西方对青年马克思思想的研究》，人民出版社1981年版，第38、41页。
③ 尼·拉宾：《论西方对青年马克思思想的研究》，人民出版社1981年版，第38页。
④ 尼·拉宾：《论西方对青年马克思思想的研究》，人民出版社1981年版，第43页。

深对马克思主义的认识,这当然是一种研究方法,不可否认这种方法的意义。理论本是实践的总结和进一步指导实践的指南。但是这决不是说,应该把理论与实践相结合的原则,极其狭隘地理解为理论只为当前的某一实践服务,即使这一实践规定得正确也是如此,更不用说规定得不正确甚至是完全错误的情形了。事实上,列宁从来不是这种狭隘实践的理论家;他一再强调指出马克思主义是全面、深刻、丰富的科学理论,是人类全部历史和文化发展的总结性成果。既然如此,马克思的理论虽然对各种实践都有指导意义,却不能认为我们只要通过某一实践或某些实践(即使是正确规定了的),就可以理解全部的马克思主义和它的形成。只有全面的、深刻的、丰富的实践及其总和,只有对人类过去现在和未来的实践的历史有一种贯穿的系统理解,只有对理论本身作出严肃认真的探讨,才能为我们深刻理解马克思提供真正的基础。拉宾把列宁的思想作了这样一种曲解,是使人非常遗憾的。而这种曲解的原因,当然主要并不在于他个人。

在该书结语中,拉宾总结了研究的"规律性"。他强调说:"对马克思主义形成过程的态度,是对已经形成了的马克思主义的态度的表现,对马克思主义哲学产生的历史感到兴趣,首先是对现代的马克思主义哲学感到兴趣的表现。"研究者的立场,"都决定于他同时代的某一哲学的立场。"① 毋庸多言,拉宾所谓的"已经形成了的马克思主义"、"现代的马克思主义哲学",指的就是现今苏共所规定的理论和哲学。总之,研究马克思只能从这样一种需要和立场出发,这就是拉宾书中所主张的唯一正确的原则。既然如此,我们也就无法期待他给我们更多的东西了。这里谈一个小插曲也

① 尼·拉宾:《论西方对青年马克思思想的研究》,人民出版社1981年版,第136页。

是颇有意思的：拉宾在该书中说到第二国际的社会民主党人不能理解马克思的全部学说，把它只理解为一种政治学说和经济学说。这大体说来是对的。奇怪的是他把造成这种状况的原因主要归于当时“最重要的资料几乎完全没有发表”，所以他认为，“与其说”这是他们的“过错，不如说是他们的不幸”①。其实，拉宾完全清楚，当时这些“最重要的资料”正在伯恩施坦的手里，他自己在书里就谈到这一点。拉宾回避了当时德国社会民主党对马克思主义进行曲解的真正原因，正在于他们的机会主义的实践需要和他们一直不注意马克思理论的深刻性。看来拉宾这种评论是不妥的。

在读拉宾的这两本书的时候，我常常想起去年六月间王浩先生来北京大学给哲学系师生作讲演的时候所说的一些话。这位西南联大的老学长，到美国从事哲学研究已经三十多年了，成了一位著名的教授和学者，但是他并不满意，他深深感到西方社会和哲学的没落，认为只有祖国才是希望的所在。他说，20世纪的中国，从辛亥革命和五四运动以来，在六十多年中经历了同时期的世界其他任何地方都不曾有的如此剧烈深刻的革命和变动、前进和曲折，但也正因为如此，中国就是当今世界极有希望产生伟大思想和哲学的地方。他还认为，新的哲学可以以马克思的《手稿》为基架加以充实来形成。王浩教授的某些具体论断自然是可以商榷的，但是我觉得他的话具有一种比较深刻的历史眼光，有对祖国的无限信赖和理解，对马克思也有一定的认识。他这一番话常常引起我的沉思和共鸣。我想我们中国人是有理由相信自己的能力的，在重新学习马克思主义的事业上，我们是会得到成功的。

① 尼·拉宾：《论西方对青年马克思思想的研究》，人民出版社1981年版，第10页。

异化与对象化①

在讨论异化问题时，人们往往忽略了对象化的问题，对马克思关于异化和对象化关系问题上所作的那些至关紧要的论述未加注意，有时甚至把这两个概念混为一谈。这样讨论就不易深入，对马克思的观点区别于其他异化学说的实质所在就难于把握住，并且容易走岔路。马克在他的《1844年经济学哲学手稿》和后来许多重要著作里都着重地探讨过这一问题，一再地给予了分析。我想谈一点粗浅的认识，希望引起对这个问题的必要注意。

一、异化理论的基本问题

异化是一种社会现象，而它的形式总是主体同对象之间的一种特殊的对立。所以，它从一开始就关系到哲学的根本问题。

一谈到异化，人们就会想到这是指有一个对象同我们相对立。这种现象在卓别林的《摩登时代》里有过相当卓越的典型描写。一个在传送带旁工作的工人，不得不紧跟着迅速传来的一个一个物件而紧张不停地重复某一动作，以致他简直变成了一个机器人。这里表现的虽然只是20世纪前期美国工厂里的情景，实际上却概

① 本篇原载《马克思主义与人》，北京大学出版社1983年版。

括了一种相当普遍的带本质性的现象。今天在资本主义现代化大生产中也许不再需要让工人做那种机械的简单动作了，人们使用自动化机器和计算机了，但是，人们在生产和生活中受各种物的支配的状况并没有改变，而是更深刻更普遍化了。只要人成为对象的奴隶，丧失了自己支配物的能力和自主性，就是异化。因此，异化总是指一个对象对于人的支配和奴役，是主体同对象之间的一种对立。

但是，能不能说主体同对象之间的一切对立都是异化呢？这就值得研究了。

首先，一切对象性的东西，都有一种客观的本质和力量，人们如果同它打交道的时候不按它的性质和规律来行事，只凭主观愿望，或者从自己的个人私利、偏见或爱好出发，那就难免要碰钉子。比方说，过马路不看来往的汽车，就被车撞伤了。这是不能怪对象的，应当受责备的是自己。这种主客观的矛盾，是经常会在不同程度上发生的。客观存在的对象，对人有制约作用。但只要正确对待，人们就能通过自己的经验学会解决这种矛盾。如果这也算异化，那异化的研究就过于宽泛而没有什么意义了。异化显然不是泛指一切主客关系中的矛盾，而只指这样一种对象，它的本性就是专门同人作对，即使人们对它有了认识，它也还是那样。

再来看看各种对象的情形。我们所面对的客体或对象，首先就是自然界及其一切事物。但是像风火水电、大地山河、飞禽走兽这些自然对象，虽然有时也会伤害人，但是也有益于人，并且从根本上说，它们是人本身存在的不可缺少的基本条件。肺不能没有空气，眼不能没有光线，人体营养不能离开食物，大自然原是人类的母亲，是我们不可须臾与之分离的东西。人的行为若不符合自然规律，就会受到自然力的惩罚。但这并不能说自然物是异化的对象,因为它本身并没有专门同人作对和反对人奴役人的性质。自然形态的对象同人之间的关系不好说是一种异化的关系。因此,应该把这种对象即自然物或一切对象中的自然本质排除在异化之外,才是合理的。

但是一切对象,在排除了自然对象或对象中的自然本质之后,就只有人工造成的对象或对象中人们加上去的成分了。可是各种人工的产品和对象,如粮食、用品和生产工具等等,我们也很难说它们必定会有一种专门同人作对或奴役人的本性。恰恰相反,正是由于人们感到单纯的自然物质还不足以适合自己的需要,才对它们进行加工,把它们变成人工的产品的。自然界只有石块而没有石磨,只有树木而没有书桌,我们对石块和木材进行加工活动,使之成为符合人们需要的对象。人类的语言、思维、各种社会组织与制度,科学和艺术等东西,也是为了人们的需要才由人生产出来的对象。所以,这些人工的产品对象按其原初的本性来说,应该是比单纯的自然物质更同人们亲近和一致的对象,而不是同人相异化的对象。

一切对象,分析到最后,形成它们的无非就是这两个来源,两种因素:一是自然,一是人们的加工或人的活动在对象上的凝结。但是这两个方面都似乎无法回答异化对象的异化本性的根源问题。

然而事实上在阶级社会中,尤其在资本主义下,这些对象都变得同人作对了,连粮食、机器甚至自然界都同人疏远,要统治人奴役人了。人们的生产能力、改造自然的能力、科学技术水平达到了前所未有的高度,可是物统治人的状况也达到了前所未有的高度。劳动者尤其痛苦地深刻感受到这一点:劳动本是为了满足人的主体的需要的,但是现在他的产品却起来反对他;人们劳动得越多,这些对象产品就越加成为使他不堪忍受的枷锁。这是怎么一回事呢？人们发现，这是因为有剥削者压迫者存在，有私有财产和压迫他们的政权、宗教等存在的缘故，是这些东西使得一切对象都同人们异化。它们是奴役人的根源，于是人们就起来革压迫者剥削者的命。

但是老问题依然存在。剥削阶级和私有制也是对象性的存在，因而具有对象性（即客观性）的力量。那么，这些对象又是怎么形成的呢？它们的异化本性是从哪里发生的呢？异化对象作为对象，也只能来自自然和人的活动，此外更无别的来源。人们在无法解释时固然曾归诸天意神力，但科学终究要从客观方面找原因。这种对象的异化本性是来自自然的吗？有过这样的观点。封建思想家说君臣父子的关系就像天尊地卑一样是自然的法则，资产阶级经济学家说私有财产是最自然的存在，是由人的天性造成的；重商主义者甚至认为货币有神奇力量也是自然的，因为金银是贵金属。说异化对象来于自然，当然它就是永恒的不可改变的了。但是随着社会和科学的进步，人们逐渐认识到这种说法是不正确的。在原始社会里并没有私有财产，没有尊卑的阶级之分，也不知道金银的用处。一个资本家在他刚出生的时候同别的婴儿一样只是一个自然物，那时他决不是一个资本家。埋在地下的金银矿砂也决不是货币。可见，异化不是自然界提供的，异化对象中的自然基质不是对象的异化本性的本源。于是，异化对象的来源就只能从人的活动和加工方面去寻找。

客观对象中的一种客观本性——异化对象的异化性质有强制人服从它的力量，就表明它是客观的——要从主体方面来找它的原因，这在形而上学的唯物主义看来是无法理解的。但是人们逐渐认识到这是真理。当古典经济学家终于发现商品、货币和资本财富的本质只是人的劳动的凝结时，当近代资产阶级政治思想家发现政府以及法律制度是人们的政治活动建立起来的时候，这个真理就得到了确切的证明。这种情况在历史上由于形而上学唯物主义不能说明，便由强调能动性的唯心主义者从唯心主义方面来加以说明了。他们强调能动性反对机械性是对的，但是他们把能动性只了解为思想、精神的能动性。因此，承认不承认异己对象来自人的能动性，对这种能动性又如何理解，就成为异化理论中的重大哲学问题。

另一方面的问题是，在资产阶级的思想家看来，私有财产是正当的，他们的政权和制度也是好的，他们不认为这是异化，因此在把私有财产等归于人的活动时，他们不觉得这有什么重大的矛盾。但是无产阶级和人民群众则深深感到这些对象是压迫剥削自己的异化物。现在已经知道，私有财产是劳动造成的，政府等是人们自己建立的，那么，矛盾就突出出来了：为什么劳动者和人民创造的对象会奴役自己呢？人的能动活动应该是创造满足自己需要、同自己相一致的对象，怎么会恰好相反呢？所以，把异化的对象仅仅归于人的活动、归于主体的对象化，还不能解开异化之谜。于是异化问题就成为这样一个科学上有待研究的问题，这就是：谜底既必须从人的能动活动中去寻求，又不能简单笼统地归之于人的活动。

由此可见，异化的根本问题即它的本原问题，是一个相当复杂和深刻的哲学问题。一切异化理论是否正确，就要看它对这个本原问题如何解答而定。

在近代，有几位大思想家哲学家对这个问题进行了大量的艰苦的研究，产生了许多有价值的观点，同时也留下了许多问题。只有马克思在新的历史条件下批判地继承和改造了他们的学说，在唯物辩证法的基础上重新加以研究,才真正科学地回答了这个历史之谜。

为了有助于弄清马克思的观点,我在下面先简要地谈谈他以前的那些成果和问题,然后再较为系统地谈谈我对马克思的论点的理解。

二、马克思以前的几种异化理论对于异化本原的探求

(1)卢梭——异化的本原在于人有自我完善化的能力。人对自然和自身有能动的改造能力,它既是人类进步的源泉,又是人类不幸的源泉,同时又是人类克服自身异化的力量。

最早对异化问题给予了深刻思考和系统解释的人是卢梭,尽管他没有专门把异化作为一个主要的术语提出来。卢梭集中研究了人类不平等的起源和基础,就是研究了使人类受奴役的本原问题。他曾经同法国唯物主义者共同战斗过,但是后来发生了原则的分歧。这个分歧同他们对异化的看法不同有重要的关系。

18世纪的法国唯物主义者在反对封建专制制度和宗教的斗争中,鲜明地主张唯物主义和无神论,起过很革命的作用。他们的唯物主义是机械性的,把人看成机器,只是一种由自然物质的机械必然性所支配的被动的生物,只是环境的被动产物。这样一来,他们就无法说明恶劣的现状是怎么产生的,也找不到改变这种恶劣环境的办法。为了回答这个问题,他们不得不从一个极端跳到另一极端,从机械唯物主义转入历史唯心主义。他们说,恶劣的环境是坏人搞的,宗教是坏人为了自己的恶劣意图而捏造出来骗人的,所

以要改变这种环境,就要靠良好的教育和立法,就得寄希望于出现一位在王位上的圣贤。法国唯物主义的哲学缺少能动性的原则,由于否认了人的能动性,也就谈不上理解异化的本原,更找不到克服异化的途径。卢梭对此很不满意。

卢梭同那些代表上层资产阶级利益的思想家不同,他代表着小资产者群众的利益和要求。小资产阶级在当时不仅深受封建压迫和剥削,而且对资产者的作为也是不满的。所以,卢梭对社会异化现象的感受和认识,比起同时代的其他思想家要广泛深刻得多。他尤其不满意于他们没有揭示出异化现象的根源,因此他要全力以赴地去找出这种根源。他认为人类不平等的根源不是自然,在森林中漂泊的处于自然状态下的原始人就没有什么异化,那时人是自由而平等的。卢梭的最重要的论点是:人类不平等的根源恰恰来自人本身。他强烈地批判了法国唯物主义把人只看作被动生物的观点,指出人区别于动物就在于他是能动的。人作为“自由主动者”有一种“自我完善化的能力”,“这种特殊而几乎无限的能力,正是人类一切不幸的源泉。”人凭着这种能力改造自然,发展了生产和技术,建立起彼此间的社会联系,这是人类的进步,但同时又是一种退步。铁和谷物使人文明起来,也使人类没落下去。因为它产生了私有制,产生了人与人的不平等和奴役,把自然状态中人的自由和平等消灭了。从此,人类的每一步前进也就是不平等的演进,终于达到了不平等的顶点。但是在这个顶点上事情又向自己的反面转化。当全体人民被一个专制暴君所奴役的时候,所有的人由于都丧失了自己的权利而等于零,他们又平等化了。这时人类的自我完善化能力就表现为要对这种不平等状况进行根本的改造,用革命来推翻专制统治,在人们自愿的社会契约的基础上重建自己的比自然状态更高的自由和平等。可见,人的能动性是卢梭全部历史哲学和异化学说的根本出发点、基础和归宿，它展现为一个辩证否定的历史过程。异化的对象是人自己的能动活动造成的，也必然能在一定阶段上由人自己的能动活动来加以克服。恩格斯在《反杜林论》里高度评价了卢梭这种辩证法，指出它同马克思所遵循的思维进程完全相同。

卢梭的异化学说有重大价值，他不仅看出人的能动性是异化的本原，因而能够辩证地对待异化，而且他实际上接触到了物质生产和革命实践在历史上的作用。但是卢梭没有能科学地说明人的能动性是如何产生的。他不满意法国唯物主义的机械性，可是他自己也认为物质只是机械性的，因而认为人的能动本质不能从物质中而只能从精神中获得说明。这样他就只得假定有一个上帝，由他来赐予人以意识和自由的本性，这样他就开始转向了唯心主义。

此处，卢梭虽已大致描绘出异化的轮廓和人类否定之否定的辩证过程，但是还缺少具体和确切的规定。人的能动活动既产生了进步又同时产生了异化，但是对于这种双重化的机制他并没有说清楚；他对自然状态的赞美和对文明的谴责有强烈的批判精神，但又有着许多不确切的含混之处。并且，他虽然看到私有制是不平等中最基本的问题之一，可是作为小资产者的思想家，他又认为私有制还是必要的。这样，他的社会契约说虽然包含着人民主权的合理因素，实质上也不过是一种资产阶级民主共和国的方案，连他自己也感到，由于存在着财产不平等，就会使社会契约的平等变成虚假的东西，不能真正解决平等问题。这些缺点，是他的历史条件和阶级眼界所决定的。同时，他还只是异化的历史理论的开拓者，这些缺点也是难以避免的。

（2）黑格尔——异化的本原是客观精神。精神是唯一真正能动的东西，它创造出对象世界；自然界和人类社会是精神的产物，即精神自身的对象化。这些对象就其对象性的形式而言是被动的不自由的，所以它们又是精神的对立面和异化。对象化就是异化。不过对象就其本质来说仍然是精神。它们是异化了的精神，因此精神在其中感到不自由，就要扬弃自己的这种异化形式而恢复它自身，这就是克服对象和克服异化。精神通过自身的这种异化和扬弃异化（同时就扬弃对象化和对象）的否定之否定过程，就经过必然而实现了自身的全部发展，达到了真正的自由。人类社会中的异化是绝对精神的全部发展过程中的一些必要阶段和环节，所以也是在这个过程中发生和得到扬弃的。

从康德到黑格尔的德国古典唯心主义哲学，都以卢梭的能动原则作为自己的出发点。表现着德国资产阶级既想革命又不敢实践的特点，这几位哲学大师只是从纯思维来探讨异化。他们对卢梭的原则进行思辨的加工，一方面使之具体化，成为富于规定性的辩证法，另一方面则把卢梭能动性原则中开始发生的唯心主义倾向，发展成为庞大的唯心主义哲学体系。

康德发扬了人的主体能动性原则，但是卢梭那里的实际生动的人的活动已经变成了人的纯粹理性活动。费希特把这种活动变成实体，提出了以自我意识为本体的主观唯心主义体系。谢林和黑格尔更进一步，把人的自我意识变成了绝对精神，把人的理性自由变成了超人的宇宙客观理性的自由，提出了更加神秘化的客观唯心主义哲学。从康德到黑格尔都认为只有思维才是自由和能动的，不过在黑格尔看来，康德和费希特所理解的思维只是人的，在“自我”以外总还有一个“非我”与之对立，因而克服异化就始终只是人们主观性的努力、“应当”，缺乏客观的效力，不能真正解决思维和存在、主体和对象的矛盾。这样，思维还是达不到真正的自由。黑格尔便企图赋予思维以客观性来解决这个矛盾。为此,他提出了一个客观精神来作为宇宙的本体和能动性的源泉。他把一切自然的和社会的对象和人的主观思维都当作客观精神的产物,这样,人和自然、人和人、思维和存在的一切对立,就统统不过是客观精神自我发展的种种表现和过渡的环节。异化的对象是精神对象化的产物和环节,因而在精神的进一步能动发展中也必然能够得到扬弃。这样,必然和自由的问题就由精神的能动的自我发展,得到了唯心主义形式的解决。黑格尔在自己的哲学中,第一次明确提出了异化和对象化的哲学概念,赋予它们以重大的和丰富的意义。

马克思认为黑格尔把人的对象化和异化的活动变成为绝对精神的活动,是完全错误的;同时又认为黑格尔用精神的对象化和异化表达了人的能动活动的含义,是深刻的。人的本质和力量可以转化为对象、创造对象,对象化是主客体之间的对立化以至异化,人又通过扬弃这种对立和异化使对象合并于主体,来创造和发展人本身。这些辩证法的规定虽然是通过抽象精神的活动来表述的,实际上却相当深刻地反映了人类能动地客观地创造他自身的历史规律性。因而马克思指出,在黑格尔的思辨的神秘形态的辩证法中,潜伏着一切批判的因素。

马克思揭示了黑格尔的天才与谬误的根源,在于他理解了劳动的意义,而他所理解的劳动归根到底只是抽象的精神劳动。由于黑格尔认为只有精神才是能动的,物质只是僵死被动的,没有精神来推动它就不能自己运动,所以他认为人的能动性不能由物质的自然界和人来说明,相反,自然和物质的人必须由精神来说明。这样,他就把脱离了自然和人的精神及其活动当成了宇宙的唯一创造者。这个精神本来没有对象,没有与之对立的存在,它只是为了发展和认识它自己，使自己获得丰富具体的内容才需要对象，才从自身中把对象外化、异化出来，并且扬弃它们。

从这种唯心主义出发，黑格尔就把对象化神秘化了；并且把对象化同异化混淆起来。因为从无人身的精神看来，对象的存在就是同精神相异化。马克思指出，黑格尔这种错误，必然导致他的哲学的"无批判的实证主义和同样无批判的唯心主义"。从异化就是对象化，而对象化又是必要的而言，黑格尔必然把一切异化看作也是合理的环节而加以肯定，这就要为一切异化作保守的辩解。从扬弃异化只是回复到精神而言，扬弃异化就成为只是一种纯思维的运动而不是客观实践的革命活动。黑格尔把对象化看成是无须自然界和人身的纯精神活动，这是对人的劳动的唯心主义曲解。在这样的基础上，当然不能科学地解决历史和异化的问题。

但是黑格尔毕竟是第一个深入研究和规定了对象化和异化概念的伟大哲学家。他给历史和异化理论提供了重要的辩证法思想。对于他的批判，构成了马克思异化和对象化理论的哲学上的出发点。

(3)费尔巴哈——异化的真正主体不是抽象的精神而是感性的人。人和他的自然界才是世界和历史的本质。上帝是人的本质的对象化，又是人的本质的异化。把上帝还原于感性的人及其本质，就扬弃了宗教的异化；恢复人对人的爱，就扬弃了一切异化。

费尔巴哈的主要批判对象是宗教，他认为宗教的上帝是异化的集中表现。在批判宗教中，他看出黑格尔的绝对精神不过是一种思辨的上帝，也是一种异化的东西，因而也必须加以批判。他认为感性的自然和人才是世界和历史的真正本体或主体。不是上帝或绝对精神创造了对象世界和人，相反，是同自然界不可分的人创造了上帝和抽象的思维。被颠倒的必须重新颠倒过来。费尔巴哈恢复了唯物主义。

费尔巴哈非常重视对象化问题,对它作了唯物主义的说明。并以此作为自己的出发点。不过他对于对象化的观点是直观的而不是辩证的。他认为,一切事物都是在它的对象上表现其本质的。人也如此,人的存在离不开他的对象即自然界,因为人就是自然的存在物,他的本质就表现在他的对象上。这些对象不仅指人以外的自然界,更主要的还是其他的人这种感性的自然存在物。每个人都通过自然和别人获得自己的存在和本质,表现自己的本质,认识自己的本质。这就是主体的对象化。

费尔巴哈认为感性的直观是最直接可靠的,感性事物可以为直观所感觉到,所以它们的存在是绝对的;而黑格尔的精神是抽象思辨的,因此是虚幻的。他认为黑格尔尽管用思辨的辩证法来证明绝对精神的存在也是无用的,相反,正暴露出他的辩证法本身也是虚幻的,有血有肉的自然和人的存在就不需要这种辩证法来证明,它们本身的可以用感觉加以直观的性质,就证明了它们是绝对可靠的存在。在他看来,一个存在要用辩证法来说明,就说明它本身不是自明的可靠的真理,这就暴露出费尔巴哈不懂得辩证法的意义。他用直观反对思辨,固然有用唯物主义反对唯心主义的合理一面,但是他把自然界和人只当作直观中的现成存在的东西来看待,却是十分错误的。按照这种直观的唯物主义观点,人不过是一种比较高级的自然生物,人的本质只是理智、意志、心情这类东西。他完全不理解人和自然都是在人的劳动、工业和商业等社会活动中不断被改造着的存在,完全不理解人的本质是随着人的劳动与实践不断变化发展的,决不是什么固定的东西。他的哲学本体虽然本质是物质的自然和人,但是缺乏能动性,因而对人和自然都只能停留在静止固定的描述上。他所说的对象化,不是指在实践中主体和对象之间的能动的互相生产和转化，而只是主体在静态中把自己的本质反射到体现到对象上。

用这种直观唯物主义批判宗教时，费尔巴哈认为上帝这个对象是人的本质的集中表现或对象化，人把自己的本质如理智、意志和爱外化成为上帝。所以，人向上帝膜拜实际上不过是人向自己的本质膜拜。但是，人在把自己的本质对象化为上帝时他就异化了：人把一切奉献给上帝，他就丧失了自己的本质；他的上帝越是伟大崇高有力量，他自己就越是卑微而没有力量。宗教夺去了人自己的本质和力量，人就反而受奴役了。因此，应该揭穿这个秘密，把宗教从人那里夺走交给上帝的力量和本质交还给人自身，人才能获得解放。人是人自己的真正的上帝，人对人的自爱才是真正神圣的。宗教的本质原是人自己的本质，因此，异化的上帝的宗教应当否定，应当代之以人对自身的崇拜，人对人的爱应该成为真正的宗教的原则，这样人才能摆脱一切的异化。费尔巴哈对宗教的批判比起法国唯物主义的无神论要深刻，但是他并没能找到宗教的真正根源，他对异化的克服完全是唯心主义的。直观唯物主义必然还是要导致历史唯心主义。

马克思指出，费尔巴哈把宗教归结为它的世俗基础，但他不知道在做了这件事以后主要的事情还没有做。因为对象化并不就是异化，单用人的本质的对象化还没有说明为什么会产生异化，人把自己的本质异化为宗教这件事，只能用人的世俗基础本身发生了异化才能说明。费尔巴哈哲学只有直观性没有能动性，他不了解对象化是能动的过程，更不能理解人的对象化活动本身的分裂和异化，所以他不能理解人及其本质的社会历史性，不能说明异化从何而来，更无法为克服异化指出唯物主义的道路，而只能空谈抽象无物的人类之爱。他的唯物主义虽然表达了即将到来的德国资产阶级革命的某些要求，依然是软弱无能的德国市民资产者不敢实践的空谈。

三、马克思关于异化和对象化的观点

只有无产阶级的思想家才能用比资产阶级和小资产阶级思想家深刻正确得多的眼光，来重新观察异化问题。马克思是为了无产阶级和劳动者的彻底解放，研究人类历史及其异化的客观规律的。他在科学地探讨这一问题时，批判了前人的重要遗产，建立了既是唯物的又是辩证的世界观和异化理论。

（1）马克思异化理论的基点——劳动和劳动自身的异化。

马克思在《手稿》中，通过批判资产阶级的古典经济学提出了异化劳动的概念。他指出政治异化宗教异化等都是经济异化的表现形式，而经济的异化即私有财产则是异化劳动的产物或对象化。因此，一切异化的本质就是异化劳动。那么，异化劳动又是从何而来的呢？这就要从人类劳动的自身发展中去寻求。必须彻底探究人类的全部劳动史、生产史、活动史，考察人类最初的劳动是怎样的，它是怎样按照客观情况所形成的必然规律使自身发生异化而成为异化劳动的。这样，通过对异化劳动的根源的寻求，马克思就开辟出了一条通过人类生产和实践的历史活动来理解人类社会的全部发展和异化的道路，即历史唯物主义的道路。

（2）马克思关于对象化的观点——对于劳动必须作唯物辩证法的理解。

对劳动作本质的考察，可以发现它是一个对象化的过程。劳动，或从广义上说，人的一切工作和改造世界的活动，都是人的主体力量的对象化。它是主体力量能动地变成对象,又从对象返回主体的过程,因此它有一个辩证的结构。用这种对象化的过程和结构来考察劳动,才能对劳动的本质作出具体的规定,从而得到确切的理解。

让我们先从最直接的劳动形态说起。在自然界里本来存在着各种自然形态的物质,在人的劳动中它们变成了另一种东西。我们可以把黏土揉捏成一定的形状用火烧它,就出现了一个陶壶或陶罐,也可以变木材为一张书桌。陶罐和书桌不是自然界原有的,而是人工造成的对象。这种新的对象,它的基质如泥土、木材等是自然提供的,但是它的形式、用途等却不是自然提供的。在陶罐和书桌里,体现和凝结了人对于泥土的搓捏烧制,对木材的砍伐锯刨等体力上的支出,以及人的目的意图、计算设计等等脑力上的支出,有时在造型和装饰上还表现着人的审美的情感。正是人的这些力量和诸多本质对象化在产品身上,才使自然物变成了一种新的对象,如陶罐和书桌等东西。一切劳动产品都是人的主体本质的对象化。人的体力智力情感等,原来以潜伏的形式存在于主体之内,通过劳动外化了,发挥出来了,转移到对象上去了,主体的东西变成了对象性的东西,对象化了。

人的劳动都是有目的的,就是必须做成一个对象,使主观的目的变成一个合目的的现实。他用这个目的来控制和支配自己的一切体力智力的活动,规定劳动的动作和过程,直到产品制成,劳动过程才完成。可见,劳动不仅在内容、方式和过程都是主体的对象化,而且它的目的就是产生一个对象。如果陶罐没有制成就半途而废,那么这一劳动就失去了意义。劳动必须对象化。

通常把生产劳动或人的对象化活动只看作制成一个外在的对象。但是仔细看去,这个过程还没有完,对象化还待继续。

人为什么要辛勤地劳动呢？他为什么要做出一个个产品，把自己的力量外化呢？当然人们流汗不是为了这个产品本身，还是为了人自己。人们付出自己的劳动，生产粮食、衣着、房屋以及科学艺术产品，是为了再生产他自己的肉体的和精神的存在，并使之得到进一步的发展。通常被当作在生产和劳动之外的消费享受、欣赏等过程，实际上乃是人通过自己的产品对象来生产人本身的过程。人不像动物那样只靠自然界的直接赐予来生产自己，不满足于单纯的自然物质，而要加工使之成为更适合自己需要的对象来生产自己，只有这样他才同动物区别开来成为人，才算过着人的生活。

于是，人们在加工制作产品时付出的力量，现在就以外部对象的形式重新回到了人本身，又转化为主体的力量和本质。这才真正实现了劳动生产或对象化活动的全过程。然而这样一来我们就发现，劳动对象化归根到底还是对象化了人本身。人是自己生产他自己的，是凭借加工自然物质来进行自我创造的产物。

人是自己劳动的产物，但这决不是说每个人只是他个人劳动的产物。纯粹孤立的个人甚至根本不能成为人，而只是一个动物。鲁滨孙也不是单靠他自己的劳动来生存和过一种勉强可说是人的生活的。他在漂流荒岛时的劳动能力等等，是由在此以前他所受的教育和他带到岛上去的那些工具、用品所提供的，而这一切都是社会给他的。他的本质和能力还是由社会和历史生产出来的。一切个人当然都有他自己的能动性，但是这种能动性要靠社会和历史来加工陶铸，才能成为有现实意义的力量。个人总是社会历史的产物，是前辈和同时代人们的无数力量和本质的对象化。一个小孩刚出生时只是一种自然存在物，从最初教他说话，我们就是用历史上无数人的本质力量来加工这个自然存在物，因为语言这个东西就凝结着人们无数的历史活动。我们用各种衣食住行的物质产品养育他,用各种知识技能、道德习俗、科学艺术来教育和陶冶他,简言之,用凝结了社会历史的人的本质和力量的种种对象来加工他,这个孩子才能逐渐生长为一个真实意义上的人。人们就是这样通过生产对象而彼此相互地生产着他们本身,形成一个有机联系的社会和一部连续的历史,形成其中的每一个人的。社会创造着个人,无数个人的在社会历史中的相互交往的活动,又创造着新的社会和历史。这些总起来说就是:对象化不只是人把自己的本质力量外化为对象,而且还是通过自己所创造的对象来对象化他自身。外化的东西又转化为内在的东西。人是人自己的即社会的劳动的对象化。

人的劳动、工作、活动等等,既然归根到底是为了人本身,那么为什么要采取对象化的形式,"主体 — 对象 — 主体"的过程形式,而不采取直接的"主体 — 主体"的形式呢? 最简单明了的答复就是:人作为主体,他本身也是一个对象,是一个客观物质的即对象性的存在,而不是一个唯灵论的存在。所以人的主体离不开自然界的对象、加工过的对象、对象的别人和社会,他的存在必须靠这些对象,因此他的劳动和活动也必定是对象性的客观的劳动和活动。黑格尔已经看到了主体活动必须对象化以及对象化的辩证意义,但是他的唯心主义使他把人的主体活动抽象化为纯精神的、最初只是孤零零的、没有自然界和人身作为前提的唯一存在的活动,自然界和人反而要从这种精神的纯粹无对象的自我外化中产生出来,这就非常神秘而且完全是荒谬的臆造了。实际的人的劳动同黑格尔的绝对精神的劳作完全不同,它以自然界和人本身的物质存在为前提,是物质的人对于物质自然界的加工活动,是人体内实际存在的体力脑力的实际发挥,是一种客观的能动过程。

费尔巴哈批判了黑格尔的抽象思维这个唯心主义本体,强调只有感性的人及其自然界才是真实的本体,这是很对的。但是费尔巴哈却没有把人的感性存在看作是感性的劳动和实践活动的结果,因此他也不能理解人的对象化的真义。

所以,对于劳动或对象化,只有在(一)承认自然界的客观存在,(二)承认主体(人)也首先是自然存在物,从而(三)承认人的劳动或对象化活动本身是客观的能动活动的时候,也就是彻底承认唯物主义的时候,才能得到正确的符合实际的科学理解。

同时,对于劳动或对象化活动,也只有用辩证法才能加以确切的规定和理解。它是人和自然,人和人,主体和对象之间的不断推移和相互转化的过程。人的客观的主体本质和力量是这一过程的能动本原。在这一能动的过程中人和自然、主体和对象双方都同时得到了改造:自然成为人化的自然,它被不断赋予了人的本质和力量;而人通过劳动及其产品(包括人化了的自然和社会的他人两者在内),展开了潜伏于他身上的力量和本质,并在占有和享受产品对象(以及对象性的社会与他人对自己的作用)的过程中,改变和发展了他自身。从主体到对象是一个否定:主体力量的外化、支出和展开;对象的原来形态被改造。从对象回到主体是再否定或否定之否定:主体力量从外化返回自身,内化,收回;对象被主体占有、合并、扬弃,同时又改造着主体本身。劳动或对象化是不断发生永无止境的,无数小的圆圈又构成了越来越大的圆圈,不断由低到高,形成了无比复杂、丰富、曲折的世界历史。

这种对象化过程,从整个宇宙范围来说只是随着人类才出现的,从这个意义上说,它也是历史性的。但是,从人类来说,则是他们生存与发展的永恒条件,只要人类存在一天,它就不会终止。人类正是凭着劳动来不断发展和创造自己,从必然不断走向自由的。

(3)严格区分对象化和异化具有重要的理论和实践的意义。

马克思对于异化问题的探讨,在《手稿》中取得了决定性的突破,其标志就在于他得到了异化劳动的概念。资产阶级古典经济学把劳动当作财富和价值的唯一源泉,是一个重大的成就,马克思对此给予了高度的评价。同时马克思对它又进行了根本的批判。因为在资产阶级经济学看来,私有财产是天然合理的,他们不知道也不承认还有别的财产形态,所以他们把私有财产叫作"国民财富",抹杀了它的异化性质,这样,当然就谈不到去揭示私有财产异化性质的本原了。马克思揭示出私有财产这种对象产品同劳动者的异化,从而指出那产生它的劳动也决不是本来意义的劳动,而只能是异化的劳动。产品的异化性质既不能来自自然界,又不能来自劳动的原初本性(因为劳动原来是为了满足人的,是人类生存和发展的永恒条件,是使人得以从必然走向自由的根本条件);同时产品的异化性质又确实是在劳动中形成的。那么它只能来自劳动本身的异化性质,那么产生私有财产的劳动必定本身已经异化了。所以,私有财产的能动本原只能是异化劳动,而不是一般意义上的劳动。

这种严格区分,不仅成为马克思批判资产阶级经济学的根本出发点,也是马克思批判以往空想的改良的社会主义和共产主义学说的根本出发点。以往的社会主义共产主义是反对私有财产的异化的,但是他们没有弄清楚劳动和异化劳动的区别,所以他们反对异化的主张只停留在物这一方面,似乎只要取消私有财产而不触动资本主义的生产方式,劳动者及其劳动就可以得到解放。他们不知道私有财产的本质在于异化劳动,所以不知道若不消灭异化劳动就无法消灭私有制,反而认为靠现在的劳动(实质是异化劳动)就能要求劳动者的权利。马克思认为这种社会主义和共产主义只能是空想的、改良的,不会成功的。

马克思区分了劳动与异化劳动,因此他就能清楚地看出黑格尔把对象化混同于异化的严重错误,并给予深刻批判。对象化指的是劳动,它是人们生存和得到自由的正常的、必要的、永恒的活动,决不是异化。异化劳动虽然也是对象化,但只是对象化的一种特殊情况,其本性恰恰同对象化的原义相反,它是一种创造奴役人的对象的活动。因此,混淆二者的区别,把异化说成是一般的对象化,必定会掩盖和抹杀它的奴役人的性质,为它作保守性的辩护;而把对象化一概视为异化,在反对异化时连正常的对象化也加以反对,则会走向荒唐的唯心主义结论。马克思指出,这种混淆是由黑格尔的唯心主义所必然导致的原则错误,同时也是由于黑格尔的立场同资产阶级经济学的立场一致所造成的结果。

马克思关于严格区别异化和对象化的论点,至今也没有失去它的意义。在实际的资本主义生活中,对象化几乎都是异化,异化也都以对象化为基础和形式,人们很难把它们分开(如同商品的价值和使用价值,雇佣劳动同劳动很难分开一样),但是在科学上却必须将二者分别清楚。可是,这一点只有站在无产阶级的立场上,用唯物辩证法来仔细观察,进行科学的抽象,才能办到。现在世界上存在的某些资产阶级的异化哲学理论,是从资本主义下受压抑的小资产者或资产者个人的心理出发的,他们的异化哲学的本体不过是唯心主义的个人精神和心理感受状态。所以他们无法分清对象化和异化,常常把一切都当作异化来加以反抗,走向一种形式上极左的理论。他们既然把一切都当作异化,把一切对象和对象化活动都当作异化,因而又认为异化是永恒的永远消灭不了的现象,是人类永恒的命运,从而走向一种悲观的厌世的理论。他们还企图用个人的幻想来求得从异化中解脱,走向宗教和彻底的唯心主义。我们无产阶级和革命人民应该时刻注意同这些理论划清界限，同时在我们自己的思想行动中也要注意分清对象化和异化；我们要注意到扬弃异化是必要的，但不能否定劳动和对象化，在扬弃异化的对象和异化的劳动与对象化活动时，应该扬弃的不是其中的自然基质和其中包含着的人类劳动的有价值的成果，而只是扬弃其中的异化性质。例如，工人反对资本的奴役，不应是反对机器本身；我们在革命胜利后改造旧生产决不是要去拆毁铁路；我们对资本主义的科学技术要批判它的异化性质，同时要学习其中科学的成分；我们反对雇佣劳动，决不是要否定人类改造自然的勤劳；等等。当然在实际生活中二者往往结合为一体，并不容易分清。资产阶级总是利用这一点来混淆二者，他们总是用生产和科学等的必要和好处来掩盖异化的实质，这是我们必须时刻注意加以揭露的。但我们也要时刻注意，在反对异化现象和异化活动中，善于认识其中包含和积累的人类劳动成果的积极意义，而不应不加区别地一概加以反对，以致失去应该攻击的目标而导致自己的失败。

（4）马克思以及恩格斯关于异化在人类生产发展史中必然产生和必然消灭的理论。

把异化劳动同劳动区别开来，就引起了一个更深刻的问题，即劳动同异化劳动或对象化同异化的对象化活动之间的联系问题。

马克思在《手稿》中得到了异化劳动的概念之后，立刻就向自己提出了这个问题："现在要问，人如何达到自己的劳动的外化、异化？这种异化如何根源于人类发展的本质？我们已经把私有财产的起源问题归结为外化了的劳动同人类发展过程的关系问题，因而我们已经为解决这一问题得到了许多东西。……问题的这种新的提法就已经包含着问题的解决。”[①]

马克思认为把私有财产归结为异化劳动这个提法具有极大的意义，因为异化劳动是一种特殊的劳动，它是劳动的异化形式，这样，私有财产的起源问题就成为异化劳动是如何在人类劳动发展过程中产生的问题了。实际上，这个问题的提出，就为马克思唯物史观的产生指出了方向，开辟了道路。关于马克思和恩格斯的历史唯物主义的学说内容，在这里自然不必多说。只想谈谈马克思在《手稿》中的提法为什么是后来历史唯物主义科学理论的起点的问题，这也许还是比较有意义的。

为了理解马克思这一提法的实质，我觉得需要澄清某些误解。

例如，马克思曾着重指出在私有财产和异化劳动的关系上，后者是因前者是果，而决不是相反；然后，这二者才有互为因果的关系。这一观点，在我们不少同志看来是不好理解、难于接受的。他们认为：按照唯物主义观点，人们从事异化劳动，总是被迫的，这是因为有一种客观的强制力量迫使他不得不从事这种劳动，因此，只有把私有财产当作异化劳动的原因，才是合于情理的；要说人们首先把自己的劳动加以异化，这不仅无法理解，而且显得有些唯心主义的味道。并且，如果说异化劳动是因私有财产是果，那么在私有财产等出现之前的异化劳动究竟是个什么东西，岂不是一种想象出来的怪物吗？此外，说工人的异化劳动产生了私有财产，岂不是罪过在工人本身了吗？对于这些误解，我在拙作《马克思〈经济学—哲学手稿〉述评》中已经作了一些分析，现在我愿再补充一点说明，因为这种误解如不澄清，就无法继续深入讨论。

马克思关于异化劳动是因私有财产是果的论点，只是指明，私

① 马克思：《1844年经济学—哲学手稿》，人民出版社1979年版，第56页。

有财产作为对象,它只是人的活动造成的,而不是自然存在物。所以它作为对象所具有的异化本性也不是自然存在永恒存在的,只是由产生它的主体活动的异化本性造成的。这里,能动的方面总是产品的原因,而产品只是能动方面活动的结果。可见,马克思这里所说的因果关系并没有时间上的先后之分。因为对象化的活动和产品是同时发生同时完成的。但是,仍有因果之别。马克思认为正确规定这种因果关系是必要的。因为只有区别了这一点,才不致把我们的眼光只停留在私有财产的物的形态上,而可以从人的客观能动活动中去把握它的本质。但这决不是说我们在研究异化劳动时可以又跳到另一极端:只注意主体而扔掉对象。相反,从能动方面入手,正是把对象化活动同它的产物统一起来加以研究的根本方法。

因此,马克思关于从劳动的发展来研究异化劳动的起源的观点,决不是要我们撇开从人类一般财富到私有财产的发展来单纯观察劳动活动的自身发展,撇开对象的异化来单纯考察主体方面的异化。对象化活动总是同它所产生的对象同时存在相互规定的,问题只在于牢牢把握住人类劳动发展这条能动的主线。

大家知道,马克思和恩格斯在《德意志意识形态》中第一次提出了生产力和生产关系的概念,用这二者的矛盾发展说明了历史和私有制等等的产生。这些概念标志着科学的历史观即历史唯物主义基本上正式形成。那么,它同上述马克思的提法有没有联系呢? 我觉得是有深刻内在联系的,而不是如有些人认为的那样,这些概念只是在《德意志意识形态》里才突然产生,与以前《手稿》无关。我以为仔细加以研究,就可以发现,生产力和生产关系的概念,正是《手稿》中的客观能动原则即马克思的对象化理论的发展和进一步具体化的规定。只有从唯物辩证法的对象化理论来理解生产力和生产关系的概念，才能把握住这些概念的活的灵魂。否则对这些概念就只能作现象的了解，当作既成的东西加以罗列，外在地去寻求它们之间的联系，而不易真正按马克思和恩格斯的原意去理解它们。

什么是生产力呢？它总是人的生产力。生产力从主体方面说，原是人在生产中他的身体所具有的体力和脑力。但是存在于主体之内的生产力，还只是可能的生产力，而不是现实的生产力，必须加以运用、外化，使之转移到外部对象上去，它才是现实的生产力。在加工自然物时，人们学会了把自己主体的生产力本身也加以对象化。生产力从对象性的形式而言，就是生产工具等等，它们无非是人的主体生产能力本身的客体化，从原始的刀斧弓箭直到现代的计算机，无一不是人的主体生产能力的对象化凝结物。人把生产中获得的劳动经验、技能，对自然的认识等转化为物化的或对象性的生产手段，反过来又用这些对象提高和改造着自己主体中的体力脑力，这是一个无限转化的发展过程。于是人的生产能力就借工具而客观化了，形成能动的客观发展过程，即生产力不断提高的过程。人和劳动者就这样一代代地进步，生产工具和科学技术也就形成为一种历史。但是如果把双方孤立起来，离开人的能动活动，那么人和工具这二者就都不会有自己的发展史。生产力当然总要以人和工具作为自己的组成要素，但是这两个要素却不是外在结合起来的，相反，它们都是在人的生产活动中产生、形成和发展起来的，并且只有在能动的生产过程中才结合成活生生的客观的生产力。因此，我们的概念也应该表现这种运动的本质。

再看生产关系，它也不是现成的被我们放到生产中才同生产力发生相互作用的东西。生产关系同生产工具一样，也是人们主体能力的对象化产物,不过它不是在外部自然物质上的对象化,而是在主体的人们本身相互关系结构方面的对象化。最初从动物界走出来的原始人同动物群差不多,他们相互关系的客观结构基本上只是血缘关系,即肉体上互相生产的纯自然的生物群体结构。只是在共同的协作劳动中,为了协调彼此的生产动作,这种动物群式的关系才逐渐被改造成为社会性的关系。可见,生产关系归根到底也是人的主体能力(即生产力)在人本身方面所引起的对象化结果,它也是一种劳动产品,反过来又成为人们发挥其集体的生产力的形式。

这种生产关系形成,不仅表现在人们社会的主体方面,这个主体方面的生产关系也要对象化。从主体方面说,生产关系是主体(社会的人们)发挥其生产力时的内部结构。拿一种类似的比喻说,就像一个人在发挥自己内部的体力和智力的各种能力时,这些能力之间也得有一种内在的协调和结构一样(当然这只是一种比喻)。这是生产关系的主体的即能动的方面。它也要对象化,这就是生产的组织、机构等等,而最主要的则表现在社会财富的形态即所有制之中。财产所有的关系本来是在生产中形成的:产品原是自然地属于它的能动源泉即生产者的。因此人们主体方面活动的结构如何,他们对产品的占有结构也必定与之一致。

所有制等是人的生产关系的对象化产物和表现,而生产关系又是人们发挥其生产力时对于自身结构进行改造的对象化产物和表现。当这一切都已经从人类劳动的历史活动中产生出来并在生产中发生相互作用的时候,我们就可以说,社会财富是人们在一定的生产关系中使用一定的生产工具创造出来的一定形式的财富。但是,如果追根溯源,则所有这一切东西,无论是社会的人本身和他们的工具及他们的生产关系,都只是在劳动即对象化活动中人的主体力量的外化、对象化。我们只有在劳动即对象化中，才能辩证地理解它们，把它们真正统一起来，而不致把它们仅仅当作一堆死板的固定概念，外在地寻求它们之间的联系。劳动，就是人的内在生产能力的对象化，它总要同对象一起来进行。工具和社会生产的关系结构，是这些对象中十分重要的环节；而在人们创造出它们之后，它们便成为劳动生产中不可缺少的中介和内在的成分了。因此，马克思讲人类劳动的发展，指的就是把这一切（生产力、生产关系）都作为内在环节包括于自身之内的生产发展史过程，此外再没有什么抽象的劳动发展过程。

现在我们就可以回到本题，来讨论异化劳动是怎样从劳动自身中异化出来的问题了。马克思讲的劳动自身异化的过程，同我们通常所说的生产力与生产关系之间的矛盾发展过程，不是两个无关的概念，后者只不过是前者的具体化。

最初的人类生产力只是原始人群的简单协作力。从主体方面说，这些人群内部几乎没有什么有机的生产关系结构，因为这种人群中的各个成员还没有展开他们各自的潜能，只有最原始单纯的人的自然力分工即由性别、年龄所决定的分工和配合的形态，因此生产力是极端低下的。这种原始人群的生产能力要得到发展，一个重要的关键就在于展开其内部的潜能，变简单协作力为分工的生产力。然而分工也就是劳动的分化：从这里人们就能动地对象化出新的生产领域，新的工具，对象化出主体方面人群向新的社会性结构的转化，即产生出部门分工与交换的生产关系来；从这里就既产生出人类的进步，同时又产生出人类的退步。分工就孕育着异化，到一定发展阶段就表现为明白的异化。分化的劳动产生了异化的劳动。所以分工便成为马克思和恩格斯说明异化产生的枢纽点。

分工和私有制产生了交换关系，商品、货币，等等。马克思恩格斯还谈到了由此产生的城乡对立特别是体力劳动和脑力劳动的分工和对立。这样，分工的发展就使劳动达到了完全的异化。“分工不仅使物质活动和精神活动、享受和劳动、生产和消费由各种不同的人来分担这种情况成为可能，而且成为现实。”① 当人们学会只用思想即脑力活动来支配他人从事物质劳动，而自己享受果实时，就出现了阶级的对立。

最后，让我们引恩格斯在《反杜林论》中的一段精辟论述来结束本文。这里虽然没用异化这一术语，但是我们不难看出，成熟的马克思主义正是从《手稿》的思想中发展而来的。这段话就是：

> 当人们的劳动的生产率还非常低，除了必需的生活资料只能提供微少的剩余的时候，生产力的提高、交换的扩大、国家和法律的发展、艺术和科学的创立，都只有通过更大的分工才有可能，这种分工的基础是，从事单纯体力劳动的群众同管理劳动、经营商业和掌握国事以及后来从事艺术和科学的少数特权分子之间的大分工。这种分工的最简单的完全自发的形式，正是奴隶制。
>
> 当实际劳动的人口要为自己的必要劳动花费很多时间，以致没有多余的时间来从事社会的公共事务，例如劳动管理、国家事务、法律事务、艺术、科学等等的时候，必然有一个脱离实际劳动的特殊阶级来从事这些事务，而这个阶级为了它自己的利益，永远不会错过机会把愈来愈沉重的劳动负担加到劳动群众的肩上。只有通过大工业所达到的生产力的大大提高才有可能把劳动无例外地分配于一切社会成员，从而把每个人的劳动时间大大缩短，使一切人都有足够的自由时间来参加社会的理论和实际的公共事务。因此，只是在现在，任何统治阶级和剥削阶级才成为多余的。②

① 《马克思恩格斯全集》第3卷，人民出版社1960年版，第36页。

② 《马克思恩格斯选集》第3卷，人民出版社1972年版，第221页。

这就是马克思和恩格斯对异化的本原的探求和科学解决。异化这个历史之谜的真正答案就在于此。在这一探求中,他们创立了历史唯物主义和剩余价值学说,创立了科学共产主义学说。而马克思主义的辩证唯物主义,也正是在这一科学探讨中提出和发展起来的。其结果就引起了哲学和科学思想的伟大革命变革。

真理不是一块现成的铸币[①]

——浅议西方哲学史教学

学习西方哲学史，对于丰富哲学知识、训练思维能力和加深对马克思主义哲学的理解，都有重要关系。所以，提高这门课的教学质量是教学改革中一个相当重要的问题。不过这实在不是一件容易的事。

西方哲学史的教学内容，要涉及西方哲学中一些深奥复杂的思想体系，并且要对贯穿其中的内在辩证发展的线索有一个切实生动的理解。因而在学习它的时候，我们就需要了解西方的历史、文化、科学、宗教和语言等广泛领域的知识。而且光有知识还不行，更要有能够加以领会、消化和融会贯通的理解力和思考力，这就要求我们对马克思主义哲学的本质有相应的理解和运用能力，对于当代哲学的新进展也要有所了解。这就向教师和学生都提出了严格的要求。

哲学史是一部人类追求真理的英雄史诗，是理性思维在历史中不断深入到世界本质的生动画卷，它本身就有一种抓住人心的力量。而我们的学生大多都有一种年青人热爱真理的淳朴之心，只要我们教育得法，他们是会被吸引并培育出努力和刻苦的精神

① 本篇原载《教学与研究》1984年第4期。

来的。这个责任正在于我们这一方面。

问题在于我们当教师的水平如何。以其昏昏使人昭昭总是不行的。我在教学中时时痛感自己在知识和思想水平两方面的不足,许多同行也有此同感。中国人研究外国的学问已非易事,何况这是西方人最深刻的学问,还有我们这一代从事西方哲学教学研究的人,由于历史原因耽误了许多年的宝贵时光,更感自己水平的缺陷。为了讲清一个重要问题,哪怕只用两节课,我们往往要花几十乃至成百个小时去准备,而这还不包括为获得许多必要的基础知识所用的时间,个中甘苦常常是非当事者不易体会的。

不过这些都不能作为我们安慰自己的理由,因为我们还是有潜力的。最明显的是,我们的许多前辈在介绍、翻译和研究西方哲学上已经得到的许多成果,还没有被充分利用起来,还没有成为我们的普遍的财富。我们应该学习并继续研究,这对改进我们的教学是会大有裨益的。更重要的是我们有马克思主义哲学的指导,可学习现代哲学新进展中的科学成果,所以我们还可能在更高的水准上吸取国内外的科学研究成就并向前发展。自馁和停步不前是没有理由的。只要坚持努力,我们的科研和教学是可能创造出比较新的局面来的。

我们的教学和科研虽然问题很多,但我感到似乎不全是一些具体知识方面不足的问题,还有一些问题对我们的教学研究关系更大更直接。讨论一下这类基本问题,我想会有些益处,所以说点感想,希望能起点抛砖引玉的作用。

第一,如何回答“为什么要学习西方哲学史”的问题。

我们培养的学生是搞马克思主义哲学的,学生在一年级已学了马克思主义哲学原理,以后还要学些马克思主义哲学的经典著作。在很多人心目中马列主义哲学已尽在其中了,为什么还要学哲学史呢？尤其是哲学史把我们带到了历史上许多特殊形态的哲学派别和观点中去，有些非常繁难，从马克思主义哲学观点看它们又谬误重重，这样问题就更突出了：我们为什么要花费那么大的气力去钻研这些已成为陈迹的错误的思想呢？有这种必要吗？

对这个问题的回答是多种多样的。实际上，有的就是认为学它没有什么必要，无须花这份工夫。有的说学了还是有点用，可以听点故事，知道一点梗概，不过花大力似乎也不必。有的认为学点哲学史尤其是西方哲学史还是必要的，马克思主义哲学既然是批判继承前人成果而来的，经典作家著作又常常涉及这些问题，不知道哲学史就不容易读懂马列著作。后面这种看法比前两种进了一步，抱有这种看法的学习积极性也进了一步。不过这里面也还有区别，其中不少人实际上是把学哲学史当作学马克思主义哲学著作和原理的注脚来看的。把学习哲学史只看成是对学习马克思主义哲学的注解，从形式上看似乎重视了马克思主义哲学，同时也考虑到了学习哲学史的意义。但是抱着这样的观点能不能真正学好哲学史，真正有助于理解马克思主义的实质呢？我以为也不可能。按照这种看法，学哲学史知道一些过去哲学观点的结论以及它们同马克思主义哲学观点的直接对比也就足够了。因此它并不能推动人们深入到哲学史发展的内在生命中去。照这种认识来观察哲学史，它依然是一堆僵死的错误意见的堆积。

对于这个问题，有一种正确深刻的答案。它是黑格尔提出来，并为马克思主义经典作家所一再提倡的。

按照历史和逻辑统一的观点，哲学与哲学史在本质上是一个东西。因此，对于为什么要学哲学史这个问题最简要的答复就是：哲学离不开哲学史，或者可以说，哲学在其本质上说就是哲学史。当然反过来说也一样，这一点后面再说。哲学为什么本质上是哲学史呢？ 因为哲学作为人类寻求真理的思维，并不只是结果、结论，而是结论连同其产生发展的历史过程，它的生命就在人类思想史哲学史的发展之中。离开哲学史，离开活生生的思维发展过程，就没有真正的哲学，哲学就没有灵魂了。一切哲学，都是在这个生动的思维江河中的一些阶段或方面。马克思主义哲学之所以具有真理性，并不是离开了人类文明的大道，恰恰是以往发展基础上的一个崭新阶段，是对过去历史的批判总结，并且仍然要在人类历史和思维的继续发展中受检验、求进步，以永葆其生命力。

马克思主义经典作家一再强调他们的学说不是教条，不是现成的结论。黑格尔说：真理不是一块现成的铸币。真理从来不是什么现成存在的东西，不是人们一伸手就可以拿到加以使用的东西，它是历史的产物，它的根据深藏于历史上无数连续的劳作之中。

哲学的理论思维作为历史的产物，主要有两方面的含义，其一是说，每一时代的哲学都是它那个时代现实生活和精神生活的集中表现，所以被称为“时代精神的精华”，因此，随着时代的发展，哲学也要不断得到改造和发展。其二是说，哲学一经产生之后，它的每一步发展固然以现实的社会发展作为其客观基础，但它又有自己相对的独立性格。因为每一时代的哲学并不能单纯地从现实的社会生活中直接生长出来，它必须从前人的哲学思维已有成果出发。新哲学只能以新的时代精华对旧哲学加以改造的形式，才能产生和存在。这样就形成了与现实历史大致相应的哲学自身的历史，形成了哲学概念和思维方式的内在必然的发展线索。这就是我们考察任何一种哲学，包括马克思主义哲学在内，都必须具有的一种历史观点。哲学（以逻辑形式表达的）的本质就在历史之中。即使极有生命力的哲学，如果我们脱离历史去看它，它就只会对我们呈现为一种现成的、不知其来源、不知其内在丰富的规定性结构的抽象教条,一堆无生命的骨架。我们对它的活生生的生命就会视而不见,就像听音乐只知道一个个音符而不知其旋律一样。我们在理解和运用它时就一定会肢解它甚至曲解它,把它们变成一种人人讨厌的枯燥乏味的东西。其实罪责往往正在我们自己。哲学本来存在于历史和哲学史的生动运动之中,此外更无什么真正的哲学。哲学和哲学史并不是两个东西,本质上是一个东西,区别只在于哲学扬弃了哲学史的外在的、偶然的形态,在思维概念的系统中再现了哲学史。但是逻辑上再现的原本乃是哲学史,历史的东西比起逻辑的东西来是更根本的或第一性的。所以学哲学原理固然重要,但是只有把它放回到历史和哲学史里去,才能真正理解它们。

西方哲学史之所以重要,主要是因为它是人类哲学思维发展到今天为止的一部最完整的历史,是马克思主义哲学产生的来源。我们完全不同意资本主义帝国主义的西方中心论的偏见,事实上,中国人和印度人都独立地发展了自己的高度文化和哲学思维。尤其是我们中国人,在直到近代以前的历史里,文化发展一直处于世界的前列,表现了高度的创造才能和理性思维能力,中国哲学也内容丰富深刻,有许多光辉的篇章。我们中国人要重新走到世界前列仍然离不开我们自己的历史成果。所以我们一定要批判西方文化中心论。但是这决不等于故步自封,相反,为了发扬自己民族的长处,我们更应虚心学习外国。因为中国人固然有优于西方人之处,也确有不如西方人之处,这些地方并不是无关紧要的。我们应正视现实。清末洋务派有所谓“中学为体、西学为用”的口号,只要学船坚炮利,至于根本的学问、理论、章法那还是老祖宗的成法好。结果他们失败了。孙中山学了西方资产阶级革命理论,才有辛亥革命的成就。中国共产党人则学到了马克思列宁主义,使之与中国实际结合,才取得了中国革命的伟大胜利。马列主义是我们的指导思想,当然是"体",而它就是从西方传来的。"中学为体、西学为用"的破产,证明人类历史和思想的财富具有普遍性,我们应当打破狭隘性,将中西的学问真正科学地综合起来,使之成为我们的财富。因此,在学习马克思主义哲学、发展我们中国人自己的哲学思维的艰巨工作中,认真学好西方哲学史,实在是一项必不可少的根本性的任务。

第二,如何对待和处理哲学史上的种种观点和材料?

哲学史面对的是无数纷繁的材料,在漫长的历史里出现的许多哲学家、哲学派别的思想材料。要研究哲学史首先就要占有这些材料、弄清这些材料。许多哲学史家做了大量工作,搜集它们,进行考证辨伪、文字训诂。这种基础性的工作是很重要的。我们搞教学要时时注意这一方面。不过这还不是哲学史本身。哲学史更重要的事情是要理解这些材料,探求思想的来龙去脉、内在关联和必然发展的线索。而这就需要有一种足以贯穿地理解它们的概念,即需要一种哲学史观,否则,哲学史就会成为一种单纯记述性的东西。黑格尔曾相当深刻地指出过这一点。他说,哲学史不是历史上各种哲学意见和观点的偶然的堆积,真理和错误的简单陈列,这种哲学史只能使人感到空疏无聊,缺乏兴味。他主张"只有真的哲学概念,才能使我们理解那些根据哲学真概念从事哲学工作的哲学家的著作"。他所说的哲学真概念,是一种辩证的客观唯心主义的精神。他认为这种客观精神及其自我发展和自我认识,是哲学史上各种哲学所以如此的内在命脉。他的唯心主义看法当然是错的,不过也有深刻之处。他认为哲学史是真理按其自身的辩证本性在历史中表现和发展的过程,只有把握住这个理念才能理解纷繁相继的哲学史上各种观点材料的内在生命。黑格尔用这种观点写出他那部著名的哲学史,其深刻性受到马克思的高度评价,至今仍然具有很高的价值。但是它和黑格尔其余哲学著作一样都是唯心的。

黑格尔的哲学史成就告诉我们,固然研究哲学离不开哲学史,同样,研究哲学史也离不开一定的哲学观点,哲学史的本质是哲学。事实上任何人研究哲学史及其资料,都必须有一种哲学观点,也必定有一种观点,问题只在于这种观点是否正确,是否真正符合哲学史的客观过程。各个哲学家都按自己的哲学思想来理解和整理哲学史,那本是十分自然的。黑格尔不会写出罗素的那种哲学史,罗素也不会写出黑格尔那样的哲学史来。各种哲学史的价值高下,不仅要看它对资料的掌握如何,尤其要看写它的人的哲学水平如何。这样说来,用马克思主义哲学观点来研究哲学史,讲述哲学史,便是唯一正确的方法。

马克思主义经典作家都曾用唯物辩证法考察过哲学史,有过不少论述,对我们有重大的指导意义。但是他们都没有来得及自己写出一本系统的哲学史著作来。一百多年来,许多人力图用马克思主义观点重新研究哲学史,产生了不少重要成果。但是,必须看到,在这个至关重要的领域还有许多工作要做。

在哲学史的工作中,最简便省事的办法莫过于用现成的结论去衡量前人,用固定的尺寸去要求别人的脚,这本来是一种外在的、形而上学的方法。其实它并不深入到对象的本质里去,就不是唯物的,它更不去探究历史上的哲学形态内在的矛盾和必然演变,就不是辩证的。它研究的是历史,但是并没有真正的历史观点。黑格尔也知道这是不对的。他说:不要动辄责备过去的一些哲学家,如果我们在他们的哲学思想里找不到在他们文化水平里还没有出现的思想。同时不要妄加一些结论和论断给他们,虽然我们可以正确地从他们哲学中推演出来,但那些结论和论断他们自己没有做过,也从没有想到过。“我们只须忠于历史去进行工作,对于过去的哲学我们只应归给它那些直接给予我们的材料。大多数哲学史都在这一点上犯了错误”,“太容易倾向于拿我们的思想方式去改铸古代哲学家。”黑格尔所批评的这种用我们的结论去改铸古代哲学家的错误,不是我们常常见到的吗? 在哲学史观上,唯心主义者黑格尔向我们讲了一堂唯物主义课,这并不是笑话。

人们所厌恶的贴标签的教条主义,不仅糟蹋了哲学史,而且根本就玷污了马克思主义哲学本身。马克思主义哲学同科学的哲学史本来是一致的,它们都是活生生的关于思维发展的真实过程。马克思主义哲学是人类思维史哲学史发展的必然结果,同时能给我们科学地理解全部哲学史以钥匙和方法。它不只是些现成的结论,不是一块现成的铸币,而是生动深刻的具有洞察力创造力的高级思维方式,是唯物辩证的历史主义的思维方式。如果有的人学了一辈子马克思主义哲学,只会背诵一些结论,而始终缺乏这种创造性的科学的哲学思维能力,那是很可悲的。好好学习哲学史,是医治这种毛病的一个良方。

马克思、恩格斯之所以非常强调学习哲学和哲学史,正是为了改进人们的思维能力,使人们懂得唯物辩证的思维。所以恩格斯说:“一个民族想要站在科学的最高峰,就一刻也不能没有理论思维。”

我们现在不是要振兴中华、提倡建设社会主义的高度精神文明、攀登科学现代化的高峰吗? 所以学好哲学(主要是马列主义哲学)是一个关键。不过实在不应再搞那种窒息思想和真理的教条主义,而应学会真正生动活泼的马克思主义的哲学思维。

这种马克思主义的哲学思维，并不只是现成的只需背诵就可到处搬用的真理。真理从来都不只是结论，而是过程。真理作为过程，就是人类理论思维在历史上久经锻炼的过程，集中在哲学中，就是哲学史的过程。恩格斯正是在这个深刻的意义上强调学习哲学史的重要。他说，人们都有可以进行理论思维的能力，但是，“这种能力必须加以发展和锻炼，而为了进行这种锻炼，除了学习以往的哲学，直到现在还没有别的手段。”他指明了我们学习哲学史，开设哲学史课程的最根本的目的所在。

因此，我觉得提高和改进我们对于西方哲学史这门科学和课程的认识，弄清它的本质，才能搞清学习它的真正目的，方法也就随之会得到改进了。这也许会有助于提高我们的教学和研究的水平。当然这是不容易的，需要做长期艰苦的工作，有待我们努力。

费尔巴哈唯物主义的根本特点以及它在近代哲学发展中的地位[①]

近代西方哲学经过从康德到黑格尔的重大发展之后,从唯心主义转向了唯物主义。费尔巴哈在这个转折中起了重要作用,对于马克思主义哲学的产生有过重大的影响。所以,研究费尔巴哈的哲学,是一项很有意义的哲学史工作。人们谈论费尔巴哈已经很久了,但是有些重要问题看来还需要作认真的研讨。

一

费尔巴哈的哲学是唯物主义,这一点是人们公认而没有争议的。但是它和历史上的一切科学和哲学的成果一样,都是历史的具体的,都是个性与共性的统一。马克思以前的唯物论都属于旧唯物论的范畴,但它们仍有非常之多的形态,决不是一样的。我们不能满足于仅仅说它是唯物主义或旧唯物主义,还必须抓住它之所以作为它、它区别于它以前的那些唯物主义形态的特殊性,才能算是抓住了它本身。

① 本篇原载《外国哲学》第6辑,商务印书馆1985年版。

普列汉诺夫虽然是一位卓越的哲学史家和马克思主义理论家,但是他对费尔巴哈的看法却不能令人满意。例如,费尔巴哈表示他的哲学并不是从法国唯物论那里直接引申出来的,这个看法本来是值得人们注意的,可是普列汉诺夫却大不以为然。他评论说:"然而他自己却是一双脚都是站在法国唯物主义立场上的","费尔巴哈不知道,他是十八世纪的唯物主义在十九世纪的真正恢复者;他是这一唯物主义的一切长处和一切短处的代表。"[①]说的真是够绝的:"一双脚都站在……"这就是说费尔巴哈连一只脚也没有迈出法国唯物论的范围;他的一切优点缺点都同法国唯物论一样,没有什么真正比法国唯物论优越之处。简言之,不过是它的翻版罢了。无怪普列汉诺夫在他的那些专门阐述唯物史观的哲学史前提的重要著作里,例如在《论一元论历史观的发展》和《唯物主义史论丛》里,尽管对法国唯物论和黑格尔辩证法作了许多详细的有价值的分析讨论,却竟然几乎完全忽略了费尔巴哈。这当然不是因为他不知道费尔巴哈对马克思有过重要的影响,他对此本是十分熟悉的,例如他说过:"马克思最初是一个黑格尔主义者,后来才转到费尔巴哈的观点。他从黑格尔承袭了辩证方法,而从费尔巴哈承袭了唯物主义。"[②]我们现在不来讨论他的这个说法本身,但可以看出,他是把费尔巴哈的唯物主义看作马克思的唯物主义(主要是唯物史观)的一个重要理论来源的。既然如此,他为什么在专门研究马克思的唯物史观的哲学史前提时却完全无视费尔巴哈呢? 我想这同他上面所说的观点有关,他既然把费尔巴哈只看成法国唯物论的翻版,所以他自然要直接去追溯原本,而无须在

---

① 普列汉诺夫:《反对哲学中的修正主义》,人民出版社1957年版,第17、19页。

② 《普列汉诺夫哲学著作选集》第2卷,三联书店1961年版,第760页。

翻版上多下功夫、打交道了。普列汉诺夫虽然在形式上对费尔巴哈的哲学的意义估计较高，因为他肯定费尔巴哈唯物主义是马克思主义的一个重要来源；但是在实质上却评价很低。他漠视费尔巴哈，是因为他根本看不到费尔巴哈的唯物主义有什么特殊的意义，它比法国唯物论有什么新的贡献。普列汉诺夫的这种观点实际上影响到后来，以致直到现在还在很大程度上支配着我们许多人的见解。

那么，费尔巴哈的唯物主义究竟有没有自己的特点呢？有的。这就是他的唯物主义是人本主义的唯物主义。正是这个特点，使它区别于它以前的包括法国唯物论在内的那些唯物主义的形态，使费尔巴哈在哲学史上享有重要的地位和特殊的价值。可是普列汉诺夫却没有很好地注意这一点，我们长期以来也没有对此给予认真的研究。按照我们长期以来形成的一种观点，费尔巴哈的人本主义只是一个应予否定的东西。因而我们以为费尔巴哈哲学里合理的东西只是那些在自然观和认识论等方面的唯物主义观点，即可以抛开他的人本主义来看的唯物主义。这种看法使得我们很难把握住费尔巴哈唯物主义的根本特点和它的特殊贡献。

我们首先应当肯定，费尔巴哈的人本主义虽然是唯物主义的一种发展，但毕竟是旧唯物主义，它在历史观上依然是唯心主义的，它是一种资产阶级的人性论或人道主义；因此，它同马克思主义哲学特别是唯物主义的历史观有原则的区别，绝对不应混淆起来。我们必须批判它，同它划清界限。在这方面，马克思、恩格斯为我们作出了典范。他们在创立自己的新世界观时，就集中批判了费尔巴哈唯物主义的直观性，强调指出他不理解革命实践的意义，并着重批判了他的人本主义实际上是从抽象的人及其抽象的本质出发的唯心史观，并以自己的唯物史观与之根本对立。后来恩格斯在《费尔巴哈论》中,在肯定了费尔巴哈的历史功绩的同时,又一次深刻地批判了他的抽象的人的学说,揭示了这种学说的唯心主义的和资产阶级的性质,以及由此产生的种种错误和危害。这些批判是完全正确的:不彻底批判费尔巴哈的抽象的人本主义唯物主义,与之划清界限,就不能坚持马克思主义,特别是马克思主义的历史唯物主义。

因此,我们过去批判费尔巴哈的人本主义是必要的,现在和今后还必须坚持这样的批判。但是,真理总是具体的,也就是说,真理总有它适用的限度和范围。如果我们的批判超过了它应有的限度,搞得过于简单和绝对化,那么它的正确性也会向谬误转化。如上所述,马克思、恩格斯坚决批判了费尔巴哈的人本主义,但是他们是否认为它就一无是处呢? 情况全然不是这样的。他们只是在批判地超出费尔巴哈的范围时才同他根本对立,同他的人本主义根本对立;而在这种超出所由以出发的哲学基地方面,则高度评价了费尔巴哈的贡献。当然,马克思主义哲学之所以作为马克思主义的哲学,不仅在于前人——在哲学上主要是黑格尔和费尔巴哈——所提供的理论成果对他们的影响,更重要而关键的,正在于超出并批判了前人。因而马克思和恩格斯在确立和阐明自己的新哲学时,自然重点在于强调这种对立和否定。但即使这时他们也从没有全盘否定或一笔抹杀费尔巴哈人本主义的意义和重大功绩。可是人们却往往在注意前一方面时把后一方面全然忽视了。这种情况虽说是可以理解的,但毕竟是片面的,非历史的。这种片面性的弊病,造成了理解费尔巴哈哲学意义的巨大困难:既然认为费尔巴哈的人本主义完全要不得,又需承认费尔巴哈对马克思主义的形成有过重要的而且是必要的影响,那么就只能抽象地承认他的唯物主义是有合理内核的。所谓抽象地,也就是说,把它的唯物主义从人本主义分离出来，当作排除了它的人本主义来看的唯物主义，即单纯自然的唯物主义。然而这样一来，还有什么本来意义上的费尔巴哈唯物主义呢？没有了。还有什么费尔巴哈在哲学上的特殊贡献呢？也没有了。因为费尔巴哈之所以是费尔巴哈，而不是法国唯物论者或其他以前的唯物论者，恰恰只在于他的哲学是人本主义的唯物主义。真正说来，去掉了他的人本主义的费尔巴哈唯物主义，也就不成其为费尔巴哈唯物主义了。

同普列汉诺夫的说法不同，马克思、恩格斯即使在他们专门清算费尔巴哈的错误时，也指出了费尔巴哈哲学的人本主义的意义。例如在《德意志意识形态》中就讲过这样的话："诚然，费尔巴哈比'纯粹的'唯物主义者有巨大的优越性：他也承认人是'感性的对象'。"① 这就表明，他们在全力批判他的人本主义的唯心史观错误时，也仍然承认它比一般"纯粹的"唯物主义要优越得多，这种优越性就在于，费尔巴哈的唯物主义主要是关于人的，而不是关于自然的。

在《费尔巴哈论》里，恩格斯又一次提到这一点："费尔巴哈说，纯粹自然科学的唯物主义虽然'是人类知识大厦的基础，但是，不是大厦本身'，这是完全正确的"。② 恩格斯认为，费尔巴哈把关于自然的唯物主义学说只当作哲学大厦借以建立的基础，而大厦本身则应当是关于人类自身的唯物主义的科学知识，费尔巴哈这样看，他也力图达到这一点，这是完全正确的。问题在于费尔巴哈实际上做不到这一点。"费尔巴哈所提供的强大推动力怎么能对他本人也毫无结果呢？理由很简单，因为费尔巴哈不能找到从他

① 《马克思恩格斯全集》第3卷，人民出版社1960年版，第50页。

② 《马克思恩格斯选集》第4卷，人民出版社1972年版，第226页。

自己所极端憎恶的抽象王国通向活生生的现实世界的道路。……要从费尔巴哈的抽象的人转到现实的活生生的人,就必须把这些人当作在历史中行动的人去研究。”恩格斯认为阻碍费尔巴哈把自己的人本主义进一步推进到现实的人的科学的,“主要又要归咎于德国的状况,这种状况使他落得这种可怜的结局。”“但是费尔巴哈所没有走的一步,终究是有人要走的。…… 这个超出费尔巴哈而进一步发展费尔巴哈观点的工作,是由马克思于1845年在《神圣家族》中开始的。”①

恩格斯这些话写于1886年。应该承认它是成熟了的马克思主义的观点。他在严肃犀利地批判费尔巴哈的人本主义时,并没有否认它的功绩和意义,指出费尔巴哈的问题在于他虽然明确提出了唯物主义地理解人的任务,并且联系到自然唯物主义给这一任务的实现提供了“基础”,而且他也试图理解人的社会现实性,但是他终究找不到一条抓住现实的人和自然的道路,因而没有能完成他自己提出来的任务。这个决定性的一步只是由马克思来实现的,从而创立了唯物史观。可见,马克思的唯物史观尽管同费尔巴哈人本主义根本对立,却只是在批判地超出它时才有这种根本对立;因为它正是从费尔巴哈出发的“超出”和“进一步发展”,而不是凭空的,也不是抛开费尔巴哈的人本主义唯物主义而径直从法国唯物主义的“超出”和“进一步发展”。恩格斯这种辩证的分析是符合哲学史发展的实际历史过程的。

恩格斯这一看法,对于有些同志来说却似乎不那么好理解,因为,人们只习惯于说马克思的唯物主义以费尔巴哈的唯物主义作为一个重要的理论来源,却不习惯于说马克思主义的唯物史观以

① 《马克思恩格斯选集》第4卷,人民出版社1972年版,第236—237页。

费尔巴哈的人本主义为其理论来源。但是实际上马克思的唯物主义主要的正是唯物史观，而费尔巴哈的唯物主义正是人本主义的唯物主义。我们上边引述的恩格斯的论断，说的正是马克思的唯物主义与费尔巴哈的唯物主义之间的最本质的联系和区别。

本文主要讨论的是费尔巴哈哲学本身的特点和评价问题，所以不打算过多涉及它同马克思主义的关系。以上所说，只是想指出如下一点，即我们在研究和评价费尔巴哈的唯物主义时，决不应同它的人本主义机械地割裂开来，因为这种唯物主义的根本特点正在于它是人本主义的，而费尔巴哈的人本主义就是他的唯物主义。不明确这一点，我们实际上就无法对费尔巴哈唯物主义进行科学的研究。

二

要研究一种思想，必须知道它的时代和人。费尔巴哈唯物主义的意义，它的一切长处和短处，只有从费尔巴哈生活的具体历史条件和由此决定的他本人的主要活动中，才能得到切实的理解。

费尔巴哈在理论上发生重要影响主要在19世纪的三四十年代。这正是德国1848年资产阶级革命的准备时期，当时抱有革命情绪的先进知识分子的主要批判对象有两个，就是宗教和政治。宗教是当时封建专制的主要精神支柱，因此宗教批判也是政治批判的一个重要部分，而且是它的第一步和思想上的必要条件。只是到了40年代，人们才越来越公开直接地转入政治批判。费尔巴哈在宗教批判方面建立了巨大功绩，他从1830年就公开向宗教开火，并因此遭到迫害被逐出大学讲台，此后他被迫长期过着乡居生活，但他仍坚持并越来越深入地从事了批判宗教的理论斗争，并达到了唯物主义。不过这种条件也使得他远离了斗争中心，使他脱离了政治斗争，只能从理论上专注于宗教的批判。费尔巴哈哲学上的种种特点，与这种情况有着深刻的联系。

1848年末，他在关于宗教本质的讲演中总结他的思想时说："我的著作可以分为两部分，一部分以一般哲学为对象，另一部分则主要地探讨宗教和宗教哲学。……尽管我的著作这样分成两部分，但严格说来它们却都只有一个目的、一个意志和思想、一个主题。这个主题正是宗教和神学，以及与之有关的一切东西。我属于这样一种人，他宁愿有成效地专攻一方面，而不愿无成效地、无用场地驰骛于多方面并写出许多东西；我属于这样一种人，他毕生只追求一个目的，把一切都集中在这个目的上面；他虽然刻苦钻研和不断学习，但只教诲人一件事情，只写作一个问题，确信只有这种专一性才是把某件事情探究清楚并加以实现的必要条件。因此，我在我的一切著作里面从来没有放过宗教问题和神学问题；它们一直是我的思想和我的生命的主要对象。"① 费尔巴哈毕生只专注于宗教批判，这是他的优点所在，也是他的根本局限所在。他的全部哲学都是为他的批判宗教的目的服务的，也是从这种批判中提炼形成的。离开这一点就不能理解他的哲学。

德国人对宗教的批判，同18世纪法国的启蒙思想家和唯物主义者对宗教的批判，在政治的含义上是一样的，但有自己的特点，在水平上也显然大大前进了一步。18世纪的法国无神论是特别鲜明而富有战斗性的，但是它们把宗教只看成由于人们愚昧无知和统治者为了欺骗群众而捏造出来的东西，只是简单地否定它；

① 《费尔巴哈哲学著作选集》下卷，三联书店1962年版，第507—508页。

而德国人则深入到宗教本身之中对它的历史和本质进行解剖和批判。前者只是外在的批判,后者则力图从宗教自身的本质矛盾中来揭露和否定。因此德国人的批判,甚至像施特劳斯尤其是布·鲍威尔的宗教批判,虽然还停留在唯心主义的立场上,仍然在深度上远远超过了法国人,从而在对宗教的科学理解和批判研究上建立了更大的功绩,更不必说费尔巴哈站在唯物主义立场上的这种批判了。这种情况的产生是有原因的,至少有两点值得注意。

首先,德国是路德宗教改革的故乡。这场伟大的宗教改革是震撼当时的德国以至全欧的资产阶级革命的最初重要表现,也是宗教自身发展中的一次重大变革,它的巨大影响和其中包含着的相当深刻的思想批判因素,在德国一直保持下来,并形成为思想理论的传统。费尔巴哈的宗教批判和他的唯物主义哲学的第一个思想来源就来自于此。所以,费尔巴哈并不是直接地以18世纪法国唯物主义,而是以宗教改革作为自己的唯物主义无神论的起源的。他说:“有人认为德国唯物主义是从《自然体系》中引申出来的,甚至是从拉·美特利的麦蕈馅饼中引申出来的。再没有比这种看法更错误的了。德国唯物主义具有宗教的根源;它起源于宗教改革;它是上帝爱人的结果”,“宗教改革的功绩在于……它把人性赋予上帝的爱,并且实现了上帝的爱……这个上帝也就是唯物主义之父。”[①] 费尔巴哈的这些为普列汉诺夫所不加理睬和蔑视的话,虽然听起来有些怪,实际上仍然包含着深刻的东西:路德的新教改革,批判了天主教中与现实的人全然对立和外在于人的上帝的观念,使之变为一个同现实的人相亲近的,在人心中可以达到的,爱现世的人的上帝;这种思想表现了资产阶级的新的时代的

① 《费尔巴哈哲学著作选集》上卷,三联书店1959年版,第470—471页。

精神，它使彼岸的上帝返回人间与现实的人们同在。虽然新教仍然在宗教形式中完全保留着彼岸上帝的存在，但毕竟强调了现实的人及其生活的中心地位，要求从现实的人世来理解上帝和它的本质，这是有深刻意义的。

第二，更重要的一点，在于19世纪的德国人的无神论同18世纪的法国无神论相比，多了一整个从康德到黑格尔的哲学发展时期，以及科学文化的发展时期。从康德到黑格尔，德国哲学虽然一直沿着唯心主义的道路在发展，它仍然是德国资产阶级的一场伟大的思想和理论上的革命，它日益深刻地用辩证法表现了时代和历史的矛盾和本质，并以或隐或显的形式锻铸着资产阶级反封建革命斗争的精神武器，这种批判精神也一直贯穿在对宗教的看法之中。费尔巴哈并不是白白地经历了这所学校的。

费尔巴哈曾用最概括的语言说明了他的思想发展："我的第一个思想是上帝，第二个是理性，第三个也是最后一个是人。神的主体是理性，而理性的主体是人。"[①] 这第二个环节"理性"，指的就是哲学，而且主要的是德国古典哲学中的黑格尔哲学。费尔巴哈是通过德国古典哲学，特别是黑格尔走向他的人本主义的唯物主义的。

费尔巴哈上大学最初是专攻神学的。由于对它感到失望，1824年转入柏林大学，成为黑格尔的学生，这对他的生活和思想是一次重大的转变。他到柏林不久就写道："虽然我不过才听了四个星期的课，但收益却已经多得无可估量。…… 来到黑格尔这里，在听了几课之后，就感到他的思想的渊博和深邃的强有力的影响。""本来在我身上仅仅像火绒一般微微燃烧着的东西，现在却觉

① 《费尔巴哈哲学著作选集》上卷，三联书店1959年版，第247页。

得很快就要燃起熊熊的火焰。”到了第二年他就明确宣称他“放弃了神学”，“从神学转到哲学”。因为——他说——“我的精神到底还是不能就范于圣地那蕞尔小国的偏狭疆界以内，我的心灵向往着辽阔的大世界。……我要把大自然，我要把人，就是说把完整无缺的人拥抱在我的怀里。”[①]他庆幸康德和黑格尔这些伟大的哲学使他摆脱了神学，开始了一种新的生活和新的时代，使他走向了广阔的现实世界。费尔巴哈极其热情认真地听完了黑格尔讲授的几乎全部课程，《逻辑学》甚至听了两遍。他不仅注意到黑格尔的那些思辨的原理，也很重视掌握他的方法。

黑格尔哲学在唯心主义的颠倒形式中，包含了深刻的唯物主义的内容。这种辩证的理性哲学帮助费尔巴哈从神学转到现实世界，但黑格尔的唯心主义毕竟是同现实不能相容的，因而费尔巴哈在学习和研究的进一步发展中就同黑格尔发生了分歧对立。他在大学毕业前已经明确表示对黑格尔唯心主义的怀疑，郑重地提出了如下问题：“思维对存在的关系怎么样？是不是如同逻辑对自然的关系呢？凭什么理由可以从逻辑的范围转到自然的范围呢？……假如没有自然，逻辑这个童贞的处女永不能生出它来。”[②]这个唯物主义思想的萌芽，后来逐步发展为他对宗教和黑格尔哲学的彻底批判，终于产生了费尔巴哈自己的人本主义的唯物主义。

可见，费尔巴哈唯物主义的第二个重要思想来源，正是黑格尔哲学。人们常常简单地认为费尔巴哈只是批判了黑格尔的唯心主义，特别是因为费尔巴哈对黑格尔的辩证法不够重视，所以觉得他

---

① 《费尔巴哈哲学著作选集》上卷，三联书店1959年版，第221—224页。

② 《费尔巴哈哲学著作选集》上卷，三联书店1959年版，第224—225页。

似乎同黑格尔没有什么继承的关系。我觉得这种看法过于简单化。不错,费尔巴哈确实没有好好继承与发展黑格尔的辩证法以及其中许多深刻的东西,这是很大的缺陷。他在批判黑格尔唯心主义时,因为黑格尔的辩证法是唯心主义的,因而也一起否定了。不过,在实际上他对黑格尔的辩证法和某些深刻之处仍然是有继承的,例如关于对象化和异化的根本观点上就是如此。大家知道,如果没有对象化和异化的辩证法,那么费尔巴哈对宗教和黑格尔哲学的那种批判是不可想象的,而这个武器正来自黑格尔哲学本身,它正是黑格尔全部辩证哲学的核心。区别只在于黑格尔讲的是绝对精神自身的异化,费尔巴哈讲的是物质的人的异化。而两者又是相通的,黑格尔所讲的绝对精神,其实不过是对现实的人的历史和思想的唯心主义的表达。忽视了黑格尔哲学对费尔巴哈的巨大影响,也不能真正了解费尔巴哈的唯物主义及其特点。

在谈过费尔巴哈哲学的思想理论来源之后,现在我们来谈谈他的哲学本身。

费尔巴哈把自己的哲学叫作人本学或人本主义,他以物质的感性的人,或如他自己所说的(实际上是他力图达到而又未能真正抓住的)现实的人作为他的全部哲学的中心,这绝不是偶然的。

大家知道,费尔巴哈哲学的基础和出发点是自然界和人。他自己明确说过:“我的学说或观点可以用两个词来概括,这就是自然界和人。”[①] 那么,为什么他把自己的哲学概括地称作人本主义而不是自然主义,把人作为中心而不是把自然界作为中心呢?他的哲学无疑包含自然的唯物主义,他关于人的学说其基础也还是自然,但是他还是突出了人,而不是自然,这是为什么呢?

---

① 《费尔巴哈哲学著作选集》下卷,三联书店1962年版,第523页。

费尔巴哈自己有两方面的说明。

第一点,是他关于自然界和人的关系上所作的理论说明。他说:“从我的观点看来,自然界这个无意识的实体,是非发生的永恒的实体,是第一性的实体,不过是时间上的第一性,而不是地位上的第一性,是物理上的第一性,而不是道德上的第一性;有意识的、属人的实体,则在其发生的时间上是第二性的,但在地位上说来则是第一性的。”[①] 应该说费尔巴哈的这个思想比单纯自然的唯物主义深刻细致,前进了一大步。费尔巴哈用这种观点一方面批判了唯心主义,因为唯心主义哲学的一个重要理由或思想根源就在于脱离物质的自然界来强调人的有意识的能动性或道德的性质,而费尔巴哈则指出人是从自然界发展出来的,乃是自然的一部分,决不是唯灵论的存在;另一方面,他又用这个观点批评了以往的唯物主义,他们强调自然界及其规律的第一性虽然是对的,但是没有对此加以必要的限定,没有同时指出人在自然中的第一重要的地位,没有强调作为自然界最高存在物的人有自己特殊高级的本质特点。因此他们在谈到人间的生活和事物及其规律时,只用自然的规律来说明,把人贬为单纯的自然物、动物甚至“机器”,让人只服从单纯的自然律,结果不得不陷于失败的境地。费尔巴哈承认自然主义的唯物主义,但认为它只能作为人类知识大厦的基础,而不承认它就是大厦本身。他认为真正的唯物主义的主体必须是关于人及其本质和规律的学说,它必须同自然的唯物主义相一致;但是却不能归结为自然的唯物主义,而只能归结为关于人类本身的唯物主义,即人本主义的唯物主义。费尔巴哈的这一思想,实际上是近代哲学特别是从康德以来的德国哲学发展的一个

① 《费尔巴哈哲学著作选集》下卷,三联书店1962年版,第523页。

重要成果的总结。

的确，在经过从康德到黑格尔的发展之后，哲学重新向唯物主义的转变，已经不可能再简单地回到18世纪法国唯物论那种理论上只以自然为中心的唯物主义立场上去了。费尔巴哈在回答人们责难时写道："'你径直地由人出发'。——这一点你有什么权利来责备我呢？遗憾的是，我只通过否定人才达到人。只有在我知道了而且证实了那与自然有别的，被设想为人的根源的本质终究还原于一种以人自身为其根源和前提的东西之后，我才由人出发的；因之，我对人的断定绝不是确言判断，而是由'否定的否定'间接地引申出来的。"① 这里所谓"通过否定人"中的"否定人"，指的就是宗教和黑格尔哲学（其上帝或绝对精神）。费尔巴哈认为，他是在看出并证明了所谓上帝或绝对精神终究不过是以否定的形式所表现出来的人自身的本质时，才否定了这种否定，达到对人的确认的，换言之，他以人为出发点，乃是对宗教和黑格尔哲学的内在本质所作批判的必然结论。

第二点，同上述这一点直接相关，是费尔巴哈对自己批判宗教的发展过程的说明。

费尔巴哈说："我的这个学说用几个字来表明，这便是：神学就是人本学"。"这个学说，我首先在《基督教的本质》一书中加以发挥"，但是——他说——这本书有"一个很大的缺陷"，这就是"把自然界撇开不谈，漠视了自然界。"为什么如此呢？费尔巴哈指出，这是由批判的对象即基督教本身所造成的："我在《基督教的本质》中只是论到人的本质，并且直接从人的本质开始我的著作，而这正是由于基督教不是拿日、月、星、火、地、风，而是拿同自

① 《费尔巴哈哲学著作选集》上卷，三联书店1959年版，第248页。

然界对立的、作为人的本质的基础的力量,即意志、理性和意识,当作属神的力量和本质。”① 这就是说,基督教的本质并不在于把纯粹自然力加以异化,而在于把同自然界相对立的人的本质力量加以异化;既然如此,对它的揭露和批判,也就必须把它归结于人的本质,把基督教神学还原于人本学,才算抓住了要害。

不过尽管如此,费尔巴哈认为这还是一个缺陷,因为人也是有前提的。那个作为人的前提的实体,不是别的,正是自然界。因此费尔巴哈在后来作了弥补:“如果我以前拿‘神学就是人本学’这个公式来概括我的学说,那么现在为了全面起见,我必须做如下的补充:‘神学就是人本学和自然学’。”②

这是很明显的:由于费尔巴哈关注的是宗教而且主要是基督教的本质,这就决定了他的哲学首先而且始终要以人的本质为中心;只是在为了给人这个出发点以唯物主义的说明时,为了对宗教唯心主义的批判追溯到底时,他才补充地强调了自然界是最终的出发点。这是费尔巴哈哲学包括了自然的唯物主义而又不归结为自然的唯物主义的最重要的原因之一。

三

费尔巴哈唯物主义的人本主义,是在他为了批判宗教而深入到批判黑格尔唯心主义时,才获得明确的哲学理论形式的。

费尔巴哈从反宗教的角度研究了整个近代哲学的发展。他认

---

① 《费尔巴哈哲学著作选集》下卷,三联书店1962年版,第521页。

② 《费尔巴哈哲学著作选集》下卷,三联书店1962年版,第523页。

为，“近代人”的“主要趋向乃是一种反基督教的，反神学的趋向，亦即人本学的，宇宙论的，实在论的，唯物论的趋向”。[①] 这种趋向表现为把上帝人化。它的宗教方式或实践的方式是新教改革，“新教不像旧教那样关心什么是上帝自身这个问题，它所关心的问题仅仅是对于人来说上帝是什么”。[②] 费尔巴哈认为这是对“自在的上帝”的否定，因为上帝的存在只在于它对人有意义。不过这只是从实践上来说的，而在理论方面，新教还是承认上帝自身的存在的，它依然是一个彼岸的实体，人只有到了天国才能同它在一起。近代思辨哲学则进了一步，它的作用在于它把那在宗教彼岸世界的上帝引向此岸，使它现实化。这是通过把上帝加以理性化来实现的。

费尔巴哈指出近代思辨哲学用泛神论的方式，撇开了或否定了有人格的上帝，把它变为一种抽象的理性实体，而这种理性实体实际上不过是人类的理性本质自身；这样天国和人间，彼岸和此岸，上帝和人之间的鸿沟就实际上被取消了。所以泛神论既是有神论，又是对神学的否定，例如宗教要从上帝推演出物质来，但始终无法解释这种创造。而斯宾诺莎则以泛神论的形式提出了他那合于理性的上帝概念来，他宣称上帝是一种广袤的实体，即自然本身。“上帝自身就是唯物论者。”[③] 这样，斯宾诺莎虽然没有否认宗教和上帝，实际上他由于把上帝自己变成了物质的自然，就通过上帝自己宣扬了唯物论，反对了神学彼岸的上帝。

费尔巴哈认为近代经验论虽然不否认上帝的存在，但否定了上帝的特性，并且从经验的事物出发，逐步排除了上帝在各个领域

① 费尔巴哈：《未来哲学原理》，三联书店1955年版，第24页。
② 费尔巴哈：《未来哲学原理》，三联书店1955年版，第3页。
③ 费尔巴哈：《未来哲学原理》，三联书店1955年版，第24页。

里的统治。

他认为康德和费希特的唯心论更进了一步，把上帝这个理性的对象进一步看作只是“自我”的对象。泛神论还是站在客观的立场来说上帝是个理性实体的，上帝还被看作在人之外的对象，但是康德、费希特的这种唯心论则把上帝和一切事物的本质都建立于人的“自我”之中，归结到人的“实践理性”的假设里去了。

费尔巴哈认为黑格尔是近代思辨哲学的真正完成者。黑格尔把康德和费希特的思维的自我放到自我之外，把它变成了非人的绝对精神即上帝而予以对象化。上帝就是人的思维或理性，现在成了一种独立的抽象的存在，成了绝对精神。在黑格尔的哲学中，上帝是能动的逻辑思维，正如在宗教里世上一切事物都是上帝的创造和表现那样，现实的自然界和人都成为黑格尔的逻辑精神的产物。神学是在人以外的人的本质，而黑格尔的逻辑学则是在人以外的人的思维。因此，费尔巴哈尖锐地批判说：“黑格尔的逻辑学，是理性化和现代化了的神学，是化为逻辑学的神学。”① 因此，必须像扬弃宗教那样扬弃黑格尔的哲学。

而由于黑格尔哲学正是理性化了的神学，因而对他的绝对精神的扬弃也必须是理性的哲学的，因而这种扬弃绝对精神而回复到人本身，就确立了哲学的人本主义。

黑格尔十分自觉地把近代全部哲学的基本问题规定为思维同存在的关系问题。他以精神（即客观的逻辑的思维范畴）作为本原和主体，这个客观精神异化出自然界和人，然后又通过人复归于精神。这种精神异化的辩证法，只不过是在思维的范围内来实现思维和存在的统一的；但它仍然包含着能动的原则，异化或否定性

① 《十八世纪末—十九世纪初德国哲学》，商务印书馆1975年版，第587页。

的辩证发展的原则，使思维和存在的统一成为可能的原则，而这种来自“绝对精神”的原则其实不过是对人的能动性的唯心主义表述。现在费尔巴哈揭示了黑格尔的“绝对精神”其实不过就是人自己的本质和思维，所以他认为黑格尔的哲学必须颠倒过来。应该从真正感性存在着的人出发，而把宗教的上帝和黑格尔的精神本身当作人的本质的异化来加以扬弃，才能使人从宗教异化中、从黑格尔唯心主义的异化中解放出来。这样，费尔巴哈就得到了如下唯物主义的哲学基本原理。

“思维和存在的真正关系只能是这样的：存在是主体，思维是宾词。思维是从存在来的，然而存在并不来自思维。……存在的根据在它自身之中。”[①] 毫无疑问，这已是明确的唯物主义原理了，但是并不止于此，费尔巴哈唯物主义的特点在于，他并没有主张和论证一切自然物质都有感觉能力，没有像法国唯物论那样企图直接地用自然界的第一性来解决思维和存在的统一性问题，而是径直以人为依据。当然，费尔巴哈也同时强调指出，人乃是地球上自然物质长期演化的结果，但是，自然界只是在发展到产生出人的时候，才有思维，因而才有思维和存在的对立和统一。所以费尔巴哈主张新哲学的原则是“思维的人自己。这个人是存在的，并且知道自己是自觉的自然本质，是历史的本质，是国家的本质，是宗教的本质。这个人是存在的，并且知道自己是一切对立的矛盾、一切主动的和被动的东西、精神的东西和感性的东西、政治的和社会的东西的实际上的（并非想象中的）绝对同一”[②]。

正是由于这种思考，费尔巴哈又以他特有的语言表述了一

① 《十八世纪末—十九世纪初德国哲学》，商务印书馆1975年版，第599页。

② 《十八世纪末—十九世纪初德国哲学》，商务印书馆1975年版，第600页。

遍上面提到的关于思维和存在的关系的原理："思维和存在的统一，只有将人理解为这个统一的基础和主体时，才有意义，才是真理。"①

如果说他的前一个表述，在表面上还看不出同法国唯物主义有什么区别的话，那么后一个表述就明白地把这种区别显现出来了。但实际上在费尔巴哈那里是一回事。区别在于，18世纪的法国唯物主义是只以自然界的第一性来解决思维和存在的关系问题的，这虽然本质上是对的，却是不够的。例如法国唯物主义在对人的理解上，只让人从属于自然律，就不得不否定人的特殊的能动本质，因而也就不能够合理地说明思维与存在的关系。费尔巴哈同样主张自然界的存在是最终的本原，但更强调在自然界及其规律的基础之上的人对于其余自然物的优越性，在地位上的第一性，强调人这种自然还有自己特殊的本质和规律。人不是单纯服从自然物和自然律的，相反，其余的自然还必须服从人这个最高的自然。因此，费尔巴哈观点的重点在于，要了解思维同存在的统一的秘密，不能单纯地诉诸自然，而主要地应当诉诸人本身。这显然要比法国唯物论深刻，包含着更丰富的更具体得多的内容和规定。它同马克思主义哲学以实践的人或人的实践作为理解全部哲学问题，特别是解决思维和存在的关系的基础的观点，只差一步了，虽然这一步仍然是决定性的一步：费尔巴哈只达到把人看作是感性的对象，但是人在本质上乃是感性的活动，即人们是从事实际的劳动和革命实践的，也只有在这些感性的劳动和实践活动中，才形成他们的社会关系的本质。所以，费尔巴哈根本没有能达到对人的真正唯物主义的理解，没有达到唯物史观。但是他的唯物主义毕

① 费尔巴哈：《未来哲学原理》，三联书店1955年版，第74页。

竟比法国唯物主义更接近于唯物史观的大门。这就是费尔巴哈的人本主义的唯物主义形式的历史功绩,可是普列汉诺夫却没有加以注意。

由于费尔巴哈力图抓住现实的人并给予唯物主义的说明,他甚至常常表现出要向唯物史观前进的趋向。例如他说过这样一些话:"皇宫中的人所想的,和茅屋中的人所想的是不同的。"①

"直接从自然界产生的人,只是纯粹自然的本质,而不是人。人是人的作品,是文化、历史的产物。许多植物,甚至动物在人的培育之下发生了如许的变化,以致在自然界根本找不到它的原形了。那么你想在要解释它们起源的时候,还要求助于神力吗?"②

"孤立的、个别的人,不管是作为道德实体或作为思维实体,都未具备人的本质。人的本质只是包含在团体之中,包含在人与人的统一之中。"③

"人与人的交往,乃是真理性和普遍性最基本的原则和标准。"④

"哲学最高和最后的原则,因此就是人与人的统一。"⑤

这些说法,包含着费尔巴哈企图在人的劳动和历史的活动中,在人们的社会关系中去理解人的本质,以至理解被人所改造了的自然等这类可贵的思想萌芽。但是遗憾的是,这些也仅仅是一些一闪而过的火花,一些不能结果的萌芽,对于他来说,始终只不过是一些空话。

---

① 《费尔巴哈哲学著作选集》上卷,三联书店1959年版,第205页。

② 《费尔巴哈哲学著作选集》上卷,三联书店1959年版,第247—248页。

③ 费尔巴哈:《未来哲学原理》,三联书店1955年版,第79页。

④ 费尔巴哈:《未来哲学原理》,三联书店1955年版,第65页。

⑤ 费尔巴哈:《未来哲学原理》,三联书店1955年版,第80页。

为什么他会有这样一些思想的萌芽呢？又为什么这些思想萌芽终究只是一些空话呢？这还是由他生活的条件和他的活动所决定的。他作为一个德国资产阶级革命的思想家，内心深处是向往实际的政治革命的，并且天真地希望靠他的理论原则能够给人类带来普遍的社会幸福。他要求哲学“下降到多灾多难的现实人间”①，成为使人们摆脱苦难的精神武器。在1848年的革命发生后，他在演说中深深地透露自己的心情：“我们从事于并满足于谈论和书写已经够久了；现在我们要求语言终于能变成血肉，精神终能变成物质；我们既餍足了哲学的唯心主义，也餍足了政治的唯心主义；我们现在想要成为政治的唯物主义者。”②

但是，费尔巴哈终究只是停留在宗教批判中，终究只是从事于并满足于谈论和书写，即纯理论的批判活动；尽管马克思曾热情地想要影响他，但没有奏效。这当然有费尔巴哈自己的原因，然而从根本上说，正如恩格斯指出的，“主要应归咎于德国的状况”。当马克思通过积极的政治的斗争和批判深入到人们的经济关系之中，越来越深刻、具体、历史地理解人们的社会关系，从而迅速地向唯物史观前进的时候，费尔巴哈却一直隐居乡间，只能以宗教批判的著述为满足。所以，他虽然在理论的范围里达到了唯物主义的人本主义，他的“人”始终只能是宗教里的和哲学太空里的人，而不可能是真正现实的社会经济和政治生活中的人，不可能是现实阶级关系中的人。他所谓要使人们解脱苦难，只不过是想使人从思想上摆脱宗教的压迫而已；但是人间的苦难主要并不是由于思想造成的，并且宗教造成的苦难其根源也并不在宗教中，宗教本身

---

① 费尔巴哈：《未来哲学原理》，三联书店1955年版，第1页。

② 《费尔巴哈哲学著作选集》下卷，三联书店1962年版，第503—504页。

不过是现实社会的矛盾的思想表现。可是这些都处于他的视野之外。

费尔巴哈终于不能越出唯心主义的历史观。但是他毕竟为马克思主义的唯物主义的创立准备了重要的哲学前提。这是我们不可抹杀和遗忘的。

四

以上我们对费尔巴哈哲学本身作了一些分析。如上所述,费尔巴哈唯物主义的最基本的原理就是:思维和存在的统一就在人自身,或者说,人是理解这个统一的基础和主体。这个命题看上去好像很简单,实际上却包含着近代哲学的一段十分重要而又十分曲折的发展。所以下面我想扼要地作一点历史的回顾,希望能有助于我们理解和评价费尔巴哈哲学在历史上的地位和意义。

思维和存在的关系问题是哲学的基本问题,但是真正自觉到这一点并以明确的形式陈述出来,还是从近代才开始的。在古代直到中世纪,哲学讨论世界的本原时,争论的是哪种具体形态的东西(水、气、火、数、种子、原子等)是本原,或个别还是一般哪个更根本的问题。近代哲学才把世界上的一切事物明确划分为思维和存在、精神和物质两大类,讨论这二者谁是本原的问题。思维和存在的对立和统一的概念,是近代的时代精神的产物,并不是一个单纯的抽象哲学概念。它关系到诸如主观认识和客观真理(在认识中)、肉体和灵魂、上帝和人世(在宗教的改革与批判中,在生命科学中)、自由与必然(在人对自然的关系中,尤其是在社会生活和历史变革中)等等这样一系列的最深刻而迫切的生活与科学的全盘问题,因而是包含着极其丰富的历史内容的具体概念。这样一种深刻具体的概念,自然需要经历一种长期曲折的发展过程。

当笛卡儿把“我思故我在”作为他的哲学的第一条原则提出来时,西方的近代哲学就正式开始了。从他起,哲学才把人的思维当作一个最重要的东西,从其余事物里分离和独立出来。他把思维同广延(物质)并列,当作两个独立的实体。思维与存在的关系成为哲学的中心问题,首先是以两者绝对对立的形态被揭示出来提到人们面前的。笛卡儿不能解决二者的统一而陷于二元论,这是毫不足怪的。他把这个根本性的大问题以尖锐明确的形式提出来,这本身就是一大功劳。他让后人不断地去思考、解答这个大问题。

这是个认识论的问题,但根本上说还是一个本体论的问题。在近代哲学发展的前期,无论是英国的经验主义还是欧洲大陆的理性主义,虽然也涉及这个问题的本体论方面,主要关注的却是认识论问题。所以那时对它的讨论还没有真正达到核心所在。

第一次最鲜明地试图回答这个思维和存在的统一性问题的,是18世纪的法国唯物主义。它坚决而且毫不含糊地宣布:只有物质才是世界的唯一本原。它在大半个世纪里进行了大量的科学和哲学的研究工作,努力地尝试着只从物质的本性出发来说明全部自然的社会的和人类认识与精神的现象,取得了丰富的成果。

法国唯物主义在近代哲学史上提出了解决思维与存在的对立如何统一的问题的第一个答案,而且是明确的唯物主义的答案,这是它的伟大历史功勋。但是它有致命的缺点,这就是他们据以说明一切的物质,只是他们在机械力学中至多是在当时的化学水平中所能理解的自然物质。因此,尽管他们极力试图从物质本身引出运动来,却找不到真正的说明,因为他们始终没有达到事物内在矛盾的概念。在如何理解和说明生命,特别是人的活动和思维这个重大问题上,他们就更感困难了。他们只能用自然的因果必然性或机械的因果锁链来加以说明;结果就把人看成只是一架精巧的机器,一种只是受自然必然性支配的被动的生物。他们的物质观太窄小了,容纳不了任何真正的自己运动的观念,更容纳不下关于人有自由意志和能动作用的概念。这是法国唯物主义的一个最突出的错误,并且同近代的生产和社会变革的历史事实与要求全然相违背。按照他们的学说,人只是自然界和现实社会的因果律中的一个被动的东西,这就谈不上有什么改造世界的能动作用与争取自由的可能性了;但是他们又要求推翻现存的在他们看来是全然不合理的封建制度,为此他们不得不跳到另一极端,主张理性和意见决定世界,靠贤明的君主和立法者可以改变现存的罪恶。这实际上是接受了同自己哲学的根本原则完全相反的唯心主义。抓不住能动性的原则,使法国唯物主义陷入二律背反之中,找不到出路。

卢梭打破了这种哲学。他从现实生活和法国人民的革命要求出发,直截了当地提出了考察人的能动性的问题。他认为人作为自由主动者和具有自我完善化的能力是一个不容置疑的事实,并从这一点出发讨论了全部历史,讨论了人类在劳动中改造自然成为自然的主人,同时又产生了私有制和不平等,然后又必定要以自由的意志和行动来否定这种不平等的历史辩证法问题。在认识论中他也在承认人有感觉经验能力之上,提出人有主动的判断力的问题。他在研究这些问题时注重实际经验,毫不怀疑物质自然和物质的人的存在,在这方面他并不反对法国唯物论。但是他认为唯物主义者无法说明像人的能动性和自由意志这样一些最重要的东西的来源,因而卢梭在这一点上转向了唯心主义。

法国唯物主义由于不承认人的能动性,因而在思维和存在的统一的关键之点上归于失败。这当然并不能怪罪于唯物主义,而只能归咎于这种唯物主义是只讲自然律的,而且是只讲机械的自然律的唯物主义形态。但是要真正科学地理解能动性和建立更高的唯物主义,这在当时还是办不到的,于是代之而起的便是主张高度发挥人的能动性的唯心主义哲学。卢梭开了一个头,德国人则大大加以发展了。由于对能动性的研究借唯心主义为其形式,因而这种研究越深入,唯心主义也越发展,形成了从康德到黑格尔的德国古典唯心论的前进运动。

德国古典唯心论的发展有两大阶段:康德和费希特是直接从人的主体能动性和自由意志出发的;而谢林和黑格尔则从客观精神出发。

康德从人的主体的能动性中考察理性能力与客观对象的关系。在认识论方面他用人的先天直观形式,特别是用先天的自我意识的原始统觉及其范畴,统摄经验杂多,以达到关于对象的客观普遍必然性的知识。但是人的这些先天认识能力毕竟是主观的,所以它所能达到的客观知识仍然在主观的范围之内,因而人所能认识的只是现象,还不是物自身。在社会生活领域中人有实践理性即自由自律的善的意志,这是康德哲学的中心点和真正绝对的本体,人们可以在道德实践中达到它。不过这也还是主观方面的东西,善的意志和人在现世的幸福这两者之间仍然隔着一道鸿沟,只有假设上帝存在并靠它的力量才能希望实现它们的统一。

费希特不甘于这种局限而力图排除这种矛盾。他认为问题在于康德的主观唯心论还发挥得不够,因而人的理性的能动作用发挥不够,所以克服不了思维和存在之间的对立和鸿沟。所以他干脆取消了康德的物自体这个还保留下来的唯物主义方面,只从人的自我出发来推演出非我即客观世界来,他认为这就把矛盾解决了。费希特从自我而且只从自我开始,靠自我的能动作用来逻辑地推演出客观世界、推演出主客观的对立和统一的关系来,这一套唯心主义的能动逻辑,对谢林和黑格尔产生了重要影响。

但是谢林和黑格尔认为费希特还是没有真正解决思维和存在的统一问题。因为费希特和康德一样,他讲的能动性还没有超出人的范围即主观的范围,因而还是达不到真正的客观。他们主张的人对真理的认识要求、实现自由意志的要求,仍然只是一个主观的"应该"而没有客观的效力:我应该认识物自身,但只能认识现象;我应该克服非我以实现自我的自由,但这只是一个理想,因为现实的非我仍然在自我之外,与自我相对立并处于彼岸。为了解决这个矛盾,谢林和黑格尔提出了客观唯心主义。

在黑格尔这里,思维或理性的能动性成了整个宇宙的本质。它还是思想和精神,但已超越于人的主观范围变成了世界的"客观精神"。这样,黑格尔就可以在思辨中从这个精神的自身能动性出发,来产生出整个自然、社会和人的思维来,并把精神说成是支配这一切的真正灵魂。客观精神是法力无边的能动性,一切存在和思维的事物莫不包摄在它之中,当然它们的一切对立也就可以统一了。

黑格尔借助于客观精神这一绝对本体或主体,把能动性的原则唯心主义地发挥到了极端。他既有宏伟的历史感,又富于深刻具体的规定,从而把能动性的原则发展成为一整套近代的高级形态的辩证法。他之所以能做到这一点,除了近代自然科学的发展(康德已经高度注意对有机生命中的自我发展的原理的研究了)外,主要的是由于黑格尔深入地研究过法国大革命和英国的产业革命,研究过人类历史,对人类的劳动以及各种政治的文化的历史活动都作过认真的哲学分析,从而找到了主客观对立统一的种种具体的发展形式。所以,黑格尔哲学虽然形式上最唯心,实际上却是对于人类能动地改造自然、改造自己的社会关系、改造自己的精神和思维方式的长期巨大的历史运动的总结。黑格尔已经企图对人的主观能动性作客观的具体历史的考察了。所以黑格尔哲学能够在唯心主义的颠倒形式中,包含丰富的唯物主义的内容。

黑格尔用客观精神的能动性 —— 用哲学的概念来表述,就是异化或否定性的辩证法 —— 把思维和存在、自由与必然统一起来,这就是近代哲学史上第二个对思维与存在统一问题的答案,辩证唯心主义的答案。它的唯心主义当然是错误的,但在哲学水平上仍远远超出于法国唯物主义的答案之上。这关键之点就在于它用能动的辩证法代替了消极被动的形而上学。

这是一个进步,但同时也是一个退步。黑格尔对思维和存在的统一虽然发表了许多深刻正确的论述,它的基础却完全是错误的。把能动性归结于精神的本原,甚至是脱离了人的思维的所谓客观思维,就使这种统一的基础成为完全神秘的东西,它不过是一个逻辑的上帝罢了。在这样的基础上当然不可能科学地说明世界,更不可能用这种思想武器去实际地改造世界。随着科学的前进,特别是德国资产阶级革命的日益临近,这种唯心主义的形式,就从对研究和发挥人的能动性起过重要作用的形式,日益成为它的桎梏了。

于是哲学史就到了它的又一重大的转折点。必须抛弃唯心主义,返回唯物主义,才能求得思维对存在、自由和必然的真正现实的统一,达到科学地说明世界和改造世界的目的。但是这一次返回唯物主义,再也不能退回到18世纪的法国唯物论的水平上去了。只有把从康德到黑格尔的全部发展中的那个最重要的成果,即关于能动性和辩证法的成果继承下来,给予科学的改造,才能建立起更高形态的唯物主义。这个任务是马克思实现的,但是马克思在实现这一任务的过程中就吸取了费尔巴哈的贡献。费尔巴哈是德国古典唯心主义向现代唯物主义转变中的一个重要方面和中间环节。

如前所述,费尔巴哈的唯物主义尽管也没有超出旧唯物论,但它决不是法国唯物主义的简单复活。如果说卢梭的伟大之处是他提出了人的能动性的原则,从而给哲学的发展以重大的推动力,促使了哲学从比较低级的法国唯物论向比较高级的德国唯心论的转变;那么费尔巴哈的伟大之处则是他提出了能动的人的原则(这个人是自然界的最高产物,因而既是物质的感性的人,又在对整个自然界的关系上具有从重要性上来说的"第一性"的地位),从而也给了哲学的发展以巨大的推动力,促使了哲学从德国唯心论向更高级的马克思的唯物主义的转变。

费尔巴哈拿自然界和人作为出发点,自然界是永恒的非发生的实体,是物理上的第一性的存在,而人是自然的产物;不过人在地位上则高于其余的自然界,具有地位上的第一性。所以费尔巴哈不停留在纯粹自然的唯物主义,而提出了以人为中心的人本主义唯物主义。这并不是他的过错,而恰恰是他的功绩。他指出了一条通过研究人来理解与人相关的现实的自然界、社会历史和人的思维,以及思维和存在的统一的理论道路,指出了一条超出德国古典唯心论而向更高的唯物主义发展的道路。但是正是在对人的理解这个关键问题上,他犯了根本性的错误。他把人只看作感性的对象,而没有看作感性的活动。换句话说,他虽然抓住了物质的能动的人,却没有抓住人的物质的能动活动。他不理解实践活动的意义,没有在真正现实的历史活动中去考察人本身。但是人和人的本质正是在人的劳动和实践的历史活动中形成的，人的本质乃是社会关系的总和，因为人本身也总是具体的历史的，在阶级社会中总是分为阶级的。所以费尔巴哈所谓的“人自身”仍然只是哲学太空里的抽象的人，而不是真正客观现实世界里的具体的人。

费尔巴哈反对从康德到黑格尔对能动性所作的唯心主义解释，可是他自己又还不能真正理解实践的意义，找不到对能动性作真正唯物主义理解的道路。这就注定了他的唯物主义缺乏能动性的原则，注定了他不能完成建立真正的更高级的唯物主义哲学的任务。他甚至在批判黑格尔的唯心主义时连他的辩证法也一并抛弃了，这种对辩证法完全缺乏自觉的原因，也还是他对能动性原则缺乏自觉。费尔巴哈哲学中所吸取的辩证法是关于对象化和异化的原则，这虽然在他批判宗教和黑格尔哲学中起了重大作用，但是认真说来也是缺乏过程的。例如在他的学说中，对象化只是人把自己的本质直接反映和集中到上帝这个对象上去，至于这种对象化为什么同时又是异化，他也只有直观的说明而缺乏内在的深刻的阐述。马克思针对这一点指出：“他致力于把宗教世界归结为它的世俗基础。他没有注意到，在做完这一工作之后，主要的事情还没有做哪。因为，世俗的基础使自己和自己本身分离，并使自己转入云霄，成为一个独立王国，这一事实，只能用这个世俗基础的自我分裂和自我矛盾来说明。因此，对于世俗基础本身首先应当从它的矛盾中去理解，然后用排除这种矛盾的方法在实践中使之革命化。”[①] 宗教的异化从根本上说只是现实的世俗生活异化的表现和产物，而世俗生活的异化乃是人类自身能动的物质和精神的历史活动的产物，所以现实的和宗教的异化也只有在改变现实的

① 《马克思恩格斯选集》第1卷，人民出版社1972年版，第17页。

基础的革命实践中才能解决。这一系列的唯物辩证过程都是在人的实践的能动活动中展开和解决的。但是费尔巴哈全然不能理解这一切丰富深刻的过程,所以他的唯物主义的直观性的缺点是不可避免的。费尔巴哈的唯物主义只是直观的唯物主义,直观的关于人的唯物主义;而马克思主义的唯物主义则是实践的唯物主义,关于人的实践的唯物主义。只有实践的唯物主义把人的能动地变革现实的活动提到了哲学的首位,才能唯物主义地科学地说明和高度发挥人的能动性,真正解决思维和存在、自由和必然之间的对立,使之在实践中不断地统一。

马克思之所以能抓住人的能动性给予真正唯物主义的阐明,除了理论上的努力而外,还是他那个时代无产阶级掀起了伟大斗争的结果。占人类大多数的劳动者,特别是现代无产阶级的生产实践和革命实践,鲜明地表现出在人类历史中起决定作用的能动活动的伟大意义。这种能动性本身的客观性也是明显的,并且完全可以对它作科学的考察。马克思对它作了深刻的科学的研究和分析,使他把握住了解答人类历史之谜的钥匙,因而也使他获得了批判地超出德国唯心论所讲的能动性和辩证法的钥匙。这是费尔巴哈所达不到的。马克思用实践的原则解决了思维和存在、自由和必然的矛盾,这是近代哲学史上第三个对于思维和存在的统一性的答案,它从理论上说正是前两个答案的否定之否定。通过这一圆圈式的曲折上升的发展,终于创立了辩证唯物主义和历史唯物主义,实现了哲学上的根本变革。费尔巴哈的人本主义唯物主义是这个转变中的一个理论环节,它的所谓"思维和存在的统一在于人本身"虽然有其历史功绩,从全局来看终究只是抽象片面的真理。它有助于这个转变,但本身毕竟远远没有达到这个转变,这就是我们对于费尔巴哈唯物主义历史地位的评价。

马克思最初的关于唯物主义本体论证明的观点[①]

—— 评价《经济学—哲学手稿》的一个例证

对马克思《1844年经济学—哲学手稿》(以下简称《手稿》)的评价,人们已经写了不少的文章和论著,我不久前也曾在一些地方发表过自己的意见。[②] 由于在那里已经比较详细地讨论过这一问题,这里就不重复了。本文只集中分析一下《手稿》里一段话的思想,也算是解剖麻雀吧。用这种方式谈谈同一主题,便于"单刀直入",也许更容易触及问题的实质。

为了讨论分析的方便,先把这段原文全部抄录出来:

> 如果人的感觉、激情等等不仅是在[狭隘]意义上的人类学的规定,而且是真正**本体论**的本质(自然)肯定;如果感觉、激情等等仅仅通过它们的**对象**对它们**感性地**存在这一事实而真正肯定自己,那么,不言而喻的是:(1)它们的肯定的方式决不是同样的,相反,不同的肯定方式构成它们的存在、它们的生命的特殊性;对象

① 本篇原载《若干马克思主义哲学原著的历史地位》,贵州人民出版社1985年版。

② 参见:《关于评价马克思〈一八四四年经济学哲学手稿〉的一些问题》,《中国社会科学》1981年第6期;《马克思〈经济学—哲学手稿〉述评》,人民出版社1982年版。

> 以怎样的方式对它们存在，这就是它们的享受的特有方式；(2)如果感性的肯定是对采取独立形态的对象的直接扬弃(如吃、喝、对象的加工，等等)，那么这也就是对象的肯定；(3)只要人是**人的**，因而他的感觉等等也是**人的**，那么对象为他人所肯定，这同样是他自己的享受；(4)只有通过发达的工业，也就是以私有财产为中介，人的激情的本体论本质才能在总体上、合乎人性地实现；因此，关于人的科学本身是人在实践上的自我实现的产物；(5)如果撇开私有财产的异化，那么私有财产的意义就在于**本质的对象**——既作为享受的对象，又作为活动的对象——对人的**存在**。[①]

这段话见于《手稿》中的一个很不引人注意的地方，放在[货币]这样一个标题之下(这个标题并不是马克思本人写的，而是苏联马克思恩格斯列宁研究院在1932年整理出版《手稿》时，由编者所加的)，同这一标题下的其他内容也没有多少密切的联系。然而，即使是这样一小段常常被人忽视的论述，对于我们了解马克思主义哲学的基础是如何建立起来的问题，也有十分重要的意义。它也许有助于说明《手稿》这个马克思的思想宝藏是多么丰富，而且远没有被我们充分发掘和研究。我想，对于打算认真地研究马克思主义哲学及其发展史的人们，在经过仔细努力之后，也是会有同感的。

"本体论"这个词，我们现在不大使用了，因而见了觉得不习惯。其实我们对它所包含的内容并不生疏。"本体论"(Ontology)本来指的是研究关于"存在"(希腊文 ὀν 即英文词头 on-)的学问。在古希腊，哲学主要就是研究"存在"的，即研究本体的学说。亚里士多德第一次明确提出了关于"本体"的概念，这就是"作为存在的存在"(Being as being)。他认为在他之前的那些早期哲学家在

① 《马克思恩格斯全集》第42卷，人民出版社1979年版，第150页。

谈“存在”时,概念还不明确,常常把事物的数量、性质以至相互关系等当成根本的东西,这样来理解事物和世界就会发生错误。他认为,本体的存在同附着于本体的那些数量、性质、关系等的存在不同。后者虽然也是存在着的,却不是根本的;只有本体才是其他种种存在的基质、中心、主体和基础,才是哲学研究的根本对象。它乃是“作为存在的存在”。因此,从亚里士多德起,哲学才明确地同其他各种学科划分开来,成为一门独立的学问。事物的数量、性质、关系等是由其他各门学科加以研究的对象(如“物理学”,Physics,即自然科学,等等),唯有这个“本体”才是哲学或“第一哲学”的对象。所以,在古希腊人那里,哲学就是关于本体的理论和学说,这两者乃是同义语。哲学作为认识论,在那时只产生了某些成分和因素,附属在本体论之中,并没有像在近代哲学中那样独立出来。

但是,哲学作为本体论的含义和其中的主要问题,在后来发生了巨大的变化。哲学本体论的基本问题,是唯物主义同唯心主义的对立,这在古希腊哲学中早就出现了。但是,由于那时思维和精神等还没有从客观存在中完全分离和独立出来,只被看作是存在着的万有中的一部分,所以当时哲学上两大阵营的斗争的形式同近代有所不同。柏拉图的“理念”其本义并非指主观的思想,而是指一种客观存在的“共相”。亚里士多德对柏拉图派“理念论”的批判,是唯物主义反对唯心主义的斗争,但并不直接表现为主张物质第一性,反对精神第一性,而是关于世界本体是个别事物还是共相的争论。亚里士多德自己在哲学上的动摇,也只是以第一本体究竟是具体事物中的形式还是它的质料的形式出现的。本体论的问题到了近代,主要地就成为思维同存在、精神同物质谁是世界的本原,谁是第一性的存在的问题。因为只是到了近代,随着生产和社会的迅速发展，人的能动性突出出来，哲学才把思维等主观性的东西从客观存在中分离独立出来，作为同客观存在的物质世界相对立的根本性的对象来加以研究。从此，唯物主义和唯心主义的斗争，才以最明确的形式表现出来和发展起来。这也就是我们通常所讲的哲学的基本问题或最高问题："什么是本原的，是精神，还是自然界？…… 哲学家依照他们如何回答这个问题而分成了两大阵营。"① 恩格斯所概括和总结出来的这个哲学的基本问题，用传统的哲学术语来说，也就是"世界的本体究竟是精神还是物质"这样一个由近代哲学更明确地提出来的哲学本体论的问题。

马克思前面所引的那段话里所讨论的，是对于唯物主义的哲学本体论的观点应当如何加以证明的问题。

马克思完全同意费尔巴哈关于世界的本体、本原是物质自然界的唯物主义观点。这种唯物主义的本体论应当如何加以证明呢？费尔巴哈诉之于感觉和直观。他在批判黑格尔把绝对精神看成世界本体的唯心主义时指出，黑格尔是从抽象思维来论证绝对精神作为世界本体的存在的。黑格尔否认了感性存在的可靠性，因而只能用抽象的精神和思维自身的异化的辩证发展，来让它自己证明自己的存在，自己肯定自己的绝对性。但是这并不能解决问题，因为不管绝对精神自己怎样辩证地发展，它总还只是在它自身里面兜圈子，在正常的人和唯物主义者看来，它依然是个虚无的东西。费尔巴哈认为，哲学决不应当像黑格尔那样从抽象思维的"存在"概念开始，而必须从存在本身即现实的存在开始。这就是实际存在着的物质自然界和自然物质的人，它们最根本的特点就在于它们是感性的个别的存在，在于我们可以直接感觉到它们的

① 《马克思恩格斯选集》第4卷，人民出版社1972年版，第220页。

存在,即它们的感性性质。"感性的、个别的存在的实在性,对于我们来说,是一个用我们的鲜血来打图章担保的真理"[①]。费尔巴哈把感性存在的自然界和人作为哲学的基础和本体,这是正确的,是唯物主义。但是,马克思不同意费尔巴哈完全忽视黑格尔辩证法中所包含的深刻合理内容的那种直观的形而上学观点。马克思指出,黑格尔辩证法的伟大之处在于他实际上理解了劳动,从而理解了人和历史是人在劳动中的自我创造;不过黑格尔所理解的劳动归根到底又只是抽象的精神劳动,从而他把人的现实的能动活动抽象成为脱离了自然和人的绝对精神的自我动作,陷入了神秘和荒谬之中。费尔巴哈重新回到了物质的人和自然本身,这是有巨大功绩的,但是他的唯物主义哲学中的本体,即人和自然,是离开劳动和实践的,因此他不能理解辩证法的意义。马克思在《手稿》的最后一章中对于这一点进行了深入的分析考察。

从上所述我们可以看到,认为世界的本体是什么,是精神还是物质,这是一回事;而如何给予证明,这又是一回事。因为无论物质和精神,都无法自行宣布和证明它自己是否是本体。所以,要证明何者是本体,就离不开认识它们的主体,即我们人本身这个方面。但是旧哲学在这个问题上,只能求之于人的认识能力:思维或感觉。费尔巴哈反对黑格尔用人的抽象思维能力来论证绝对精神,认为这个本体论的问题只能靠人的感觉和直观来解决。"只有通过感觉,一个对象才能在真实的意义下存在——并不是通过思维本身。""在感觉里面,尤其是在日常的感觉里面,隐藏了最高深的真理。因此爱就是有一个对象在我们头脑之外存在的,真正的本体论证明——除了爱,除了一般感觉之外,再没有别的对存

① 《十八世纪末—十九世纪初德国哲学》,商务印书馆1975年版,第531页。

在的证明了。”[①] 一个人对于自己所钟情的爱人的存在,对于自己需要的或有所爱憎的对象的存在,是不可能有任何怀疑的,这就是费尔巴哈对唯物主义本体论的唯一证明。他把生活的感觉、爱、欲望、情感等等,都纳入感觉这个概念之下,包含了某种生活实践的意义,但是他不懂得劳动和革命实践即实际地改造世界的活动的意义;所以从基本上讲,他所说的感觉仍然只是一个认识的范畴,并没有达到真正的实践概念。

马克思这段文中所说的:“如果人的感觉、激情等等不仅是在[狭隘]意义上的人类学的规定,而且是真正**本体论的**本质(自然)肯定;如果感觉、激情等等仅仅通过它们的**对象**对它们**感性地**存在这一事实而真正肯定自己……”[②] 这指的就是费尔巴哈的上述观点,即用感觉和爱来作为唯物主义本体论证明的观点。顺便提一点译文问题。文中“本质”一词德文是 Wesen,在这里应译为“存在”(英语的 Being)才妥,这从括弧里注明指的是“自然”就可以看得清楚。马克思概括了费尔巴哈的说法,即费尔巴哈不仅把感觉等当作人的本质或属性,而且当作人对存在即自然界的本体论的证明;并且,人具有感觉等等的本质,正是通过外部对象对自己是感性存在的这一事实才得到确立的。所以人的感觉的存在本身,就包含着它能够证明外部对象存在的意义。

马克思在引述了费尔巴哈的观点之后,就从“那么”开始,转入用自己的论点来对它加以补充和修正。他认为费尔巴哈用感性来证明世界的物质客观存在性是有道理的,但马克思把感性不仅理解为感觉和直观,而且理解为人的实际的感性活动,理解为生活、

---

① 费尔巴哈:《未来哲学原理》,三联书店1955年版,第56、58页。

② 《马克思恩格斯全集》第42卷,人民出版社1979年版,第150页。

劳动和革命的实践,并且显然把后者放到主要地位。马克思虽然把劳动和实践活动也叫作感性的活动,可是,这同费尔巴哈的单纯的感觉有本质的不同。当然,实践之所以叫作感性的活动,也包含着它同人的感觉不可分的意思,所以费尔巴哈的观点也还是有合理内核的。但又正如马克思在《手稿》中另一处所说,"五官感觉的形成是以往全部世界历史的产物"。[①] 感觉是在实践中产生、发展的,所以它才能作为人的现实活动的本质因素而起作用。马克思在这里用劳动、实践这种人的感性活动来补充、发展和代替费尔巴哈只单纯诉之于感觉的观点,从而完成了费尔巴哈力图达到而没有能够真正达到的对唯物主义本体论的证明。这是哲学的一个重大发展和变革。

马克思指出,人们用感性来肯定对象的存在方式是多种多样的,这要看对象同我们之间的种种关系而定。他特别指出"对采取独立形态的对象的直接扬弃"这种感性的肯定方式,如吃、喝、加工对象等的意义。人们在吃喝东西,加工对象的活动中,原来独立地存在于我们之外的对象,或者消失了(被吃掉、喝掉),或者改变了形态(如在纺纱中,棉花这种形态的物质消失了,变成了棉纱这种形态的对象),这就是对于对象的"直接扬弃"。而正是这种人的"直接扬弃"对象的活动,是"对于对象的肯定"。这是马克思的重要思想。黑格尔也曾见到人作为主体有能够扬弃对象的能动作用,见到主客体之间的这种辩证法关系,但是他却把现实的主体对于对象的这种能动的扬弃活动,只看作精神的东西可以扬弃和吞并物质的东西,作了唯心主义的解释。马克思认为这种扬弃恰恰证明了对象的客观存在,因为如果没有对象首先在主体之外独立

① 马克思:《1844年经济学—哲学手稿》,人民出版社1979年版,第79页。

存在，就不可能去扬弃它；并且，这也证明人这个主体本身并不是幽灵般的纯精神的存在，而首先也是一个客观的自然的存在物，否则他就无法实际地去吃、喝和加工那些客观存在的对象，无法“直接扬弃”这些对象。这种直接扬弃对象的活动，作为感性的活动，当然已不只是单纯的直观和感觉活动，而是人的生活和劳动这些实践的活动。马克思把直接扬弃对象的实践活动当作是“对对象的肯定”，也就是把它当作了物质第一性这个唯物主义本体论真理的真正的证明。这就清楚地表明了马克思对于费尔巴哈哲学的超出。此后不久，马克思在《关于费尔巴哈的提纲》中更明确地指出：“费尔巴哈不满意**抽象的思维**而诉诸感性的**直观**；但是他把感性不是看作实践的、人类的感性活动。”[①] 我们看到，这一批判的内容，在《手稿》里已经包含了。

如果说马克思上面的话把“加工对象”和“吃、喝”并提，在实践的概念上还不够明确的话，那么，马克思接着指出了工业的意义，就更进了一层。他说：“只有通过发达的工业…… 人的激情的本体论本质才能在总体上、合乎人性地实现。”[②] 人有一种肯定外部物质世界独立存在着（即它们是“本体”）的本质，费尔巴哈认为这就是人的情欲、感觉。在费尔巴哈看来，人的感觉和情欲本身就是以对象和人本身的感性存在为前提的，人离不开对象才有情欲，所以情欲，感觉就是本体论的证明者。马克思认为，即使费尔巴哈所说的人的情欲是一种本体论的本质，它也只有在工业即生产中才能实现，否则它是一天也不能存在的。所以人的这种本体论的本质，即能够证明外部对象客观存在的主体本质，它本身是依

---

① 《马克思恩格斯选集》第1卷，人民出版社1972年版，第17页。

② 《马克思恩格斯全集》第42卷，人民出版社1979年版，第150页。

赖于生产实践的。马克思指出，只有靠发达的工业生产，人才能充分展现和实现自己的本性、自己的客观力量，才能感知、改造、占有从而认识一切自然物质，满足自己各种客观的需要，使自己的主体感觉、情欲等得以存在，使人自己的本质得到充分的发展。“所以，关于人的科学本身是人在实践上的自我实现的产物。”费尔巴哈在本体论证明上求助于人的感觉和情欲的本质，但是，要了解人的这些本质本身，就必须通过工业、通过生产劳动、通过在实践上自我实现的活动。人不是一种只进行直观的主体，而是实践的存在物。工业亦即劳动生产的实践活动，实际上产生着人这个主体本身及其本质，同时产生着符合人的需要的，即经过改造的自然对象。因此，通过实践和工业，人就理所当然地能够认识和证明外部对象和自身的客观存在及其本性，因为主客体两方面本来就是在生产中被改造和创造出来的。

马克思的这一观点，在后来的《德意志意识形态》中得到了更明确的表述。“费尔巴哈对感性世界的‘理解’一方面仅仅局限于对这一世界的单纯的直观，另一方面仅仅局限于单纯的感觉：费尔巴哈谈到的是‘人自身’，而不是‘现实的历史的人’。……他没有看到，他周围的感性世界决不是某种开天辟地以来就已经存在的、始终如一的东西，而是工业和社会状况的产物，是历史的产物”，“他把人只看做是‘感性的对象’，而不是‘感性的活动’，因为他在这里也仍然停留在理论的领域内，即没有从人们现有的社会联系，从那些使人们成为现在这种样子的周围生活条件来观察人们；因此毋庸讳言，费尔巴哈从来没有看到真实存在着的、活动的人，而是停留在抽象的‘人’上”[①]。恩格斯在《费尔巴哈论》中重

① 《马克思恩格斯全集》第3卷，人民出版社1960年版，第48、50页。

申了这一观点，并且在谈到休谟和康德的关于世界本体不可知的观点时，指出费尔巴哈驳斥这种论点时提出的看法，只是机智的而不是深刻的，也就是说并没有能解决问题。他强调："对这些以及其他一切哲学上的怪论的最令人信服的驳斥是实践，即实验和工业。"① 我们追溯马克思主义哲学的发展史，可以清楚地发现这一思想在《手稿》中已经有了明确的开端。

不仅如此，在《手稿》的这段话里，马克思还把作为对本体论根本证明的实践概念，引向了更深广的社会历史范围。在资本主义制度下，工业是异化的。全部《手稿》都反复讨论了异化劳动所引起的人同自然、同别人的关系的异化，它使人同自然界对象、同自己的产品对象异化，使每个人同他人、同社会、同自己作为人的应该具有的诸多本质的全面的异化。这种异化的劳动和产品（私有财产、资本主义的工业和科学等都在内），使人们的感觉变得极其片面、狭隘和愚蠢，以致人们对于自己面对的全部外部世界达到了完全敌对的地步。这种敌对、疏远化、异化，就是丧失对象，它必然使人们对于对象世界的可靠性、客观存在的绝对性发生怀疑和虚无的态度。所以，工业等固然一方面是人的本性的展现，是对唯物主义本体论的权威性的论证，但是，只要工业还是私有财产，还是同人们对立的异化物和异化的活动，又必定会导致相反的结果和认识。所以马克思又指出，只有私有财产从它的异化状态中解脱出来，那么私有财产的意义就是本质的对象对人说来的存在。这就是说，只有扬弃了异化，工业等才能成为真正"合乎人的本性的"活动，这种活动的对象产品才真正证明着外部对象对于人是确实存在的。在扬弃了异化和私有制的条件下，人和人之间那种通过

---

① 《马克思恩格斯选集》第4卷，人民出版社1972年版，第221页。

生产对象性产品而彼此相互生产和相互创造的社会性关系，得到了恢复和发展。人与人、人与自然之间（即主体和一切对象之间）的正常的生动密切的联系畅通无阻，每个人才能在自己的活动中享有整个的对象世界，从而使人的感觉和一切感性活动感性本质得到充分的发展，达到“其他人对某一对象的肯定，同时也是他自己本身的享受”。这在私有制下是不可能的。在那里，富有者不劳动就能占有全部对象世界，而劳动者拼命劳动却一无所有。人们对于对象世界的关系截然不同，他们的感觉和本质就不能不异化，对于对象的肯定和确认就不能不产生截然不同的态度。只有在共产主义制度下，别人对于对象世界的肯定才能成为我（每一个人）的财富。从而人们对于唯物主义本体论的肯定才不再受到阻碍与歪曲，只有到了那时，那种认为世界的本体不是客观存在的对象，而是什么精神上帝之类的虚幻东西的观点，或认为世界本体是人们不可认识的、永远达不到的观点，才会失去根据而归于消灭；因为，这些看法都无非是以人类的异化和私有财产这个历史阶段的状况作为真正基础的。一旦这种历史的社会基础消失了，人类就能借助于共产主义的大生产（工业等等）和其他种种自由的实践活动，来充分地占有和改造整个对象世界（包括我们所面对的整个自然界和人类社会本身），从而发展和占有人自身的全面的本质。那么，关于唯物主义本体论还会有什么疑问呢？不会再有了。

马克思的这个观点，显然是更为深刻的。它深入到劳动和实践在历史中的发展和异化，揭示了一切对象性的存在在实际上同人的分离和异化是唯心主义本体论错误的真正原因；指出了所谓本体论的证明问题，并不单单是一个理论问题，而是一个现实问题；并且它不单单是一个靠生产实践可以解决的问题，而且是一个必须革命地变革异化劳动所形成的私有财产的对象世界的问题。只有共产主义的实践,扬弃劳动的异化,变私有财产下的工业为真正发达的共产主义工业,从而不仅改造自然,也革命地改造社会和人本身,才能解放社会、解放人、解放人同整个自然界的关系,才能为唯物主义的证明提供无可怀疑的基础。唯物主义本体论的最终证明,只能是共产主义的实践。

我们在上面讨论了《手稿》中这一段话的思想。这个例子告诉我们,马克思在哲学唯物主义方面的基本立场和观点的形成,固然同费尔巴哈哲学有密切关系,但是又如何地具有他自己的鲜明特点,同它有原则的差别而超出它的。人们常常说,《手稿》中的马克思思想带有浓厚的费尔巴哈遗迹,甚至说当时马克思基本上仍处于费尔巴哈的影响之下。他们举出的理由并非全无根据。的确,当时马克思仍然非常尊敬费尔巴哈,有时甚至对他的哲学的价值估计过高。特别是还没有尖锐地批评费尔巴哈,没有明确同他划清界限,只是到1845年春(即《手稿》写成半年之后)在《关于费尔巴哈的提纲》中,马克思才明确地做了这件事。但是我认为这些理由并不足以证明上述论断。只要我们不停留在《手稿》的某些词句上,而是深入到它的内容和实质中去看问题,就不能不承认马克思的哲学观点实际上同费尔巴哈已经有了本质的区别。费尔巴哈唯物主义的基础和根据只是感觉和直观,而《手稿》中马克思所说的唯物主义,其基础和根据已是实践,是劳动和历史的辩证发展,是工业和共产主义的革命的实践活动。这种区别在《手稿》的论述中已经奠定,是不容怀疑的。正因为如此,马克思才能在往后仅仅半年左右就写出了《关于费尔巴哈的提纲》来,接着又写了《德意志意识形态》,对费尔巴哈展开了深入的分析批判,论述了自己的辩证唯物的历史观。在《德意志意识形态》中,马克思和恩格斯把自己称为“实践的唯物主义者即共产主义者”,标志了同一切旧哲学全然不同的崭新的唯物主义哲学的出现。在“实践的唯物主义”这一概念中,既体现了辩证唯物主义,又体现了历史唯物主义,正是“一块整钢”的原来本义。马克思、恩格斯郑重宣告:“实际上和对实践的唯物主义者,即共产主义者说来,全部问题都在于使现存世界革命化,实际地反对和改变事物的现状。”① 这是对马克思主义的唯物主义哲学的本质作出的真正科学概括。很清楚,这一观点正是由《手稿》所准备起来的,否则,马克思的十一条论纲和《德意志意识形态》的出现就成为突然产生的、不可理解的了。所以,我以为那种过分夸大费尔巴哈对《手稿》的影响,从而过低估计《手稿》价值的看法,实在是值得讨论的。我认为《手稿》是马克思主义哲学的真正诞生地,这里所说的,也算是一个例证吧。

---

① 《马克思恩格斯全集》第3卷,人民出版社1960年版,第48页。

西方哲学的开端问题[①]

在哲学史研究中，我们首先要碰到的一个问题就是如何确定它的开端。这对往后的理解和阐述具有十分重要的意义，所以绝不是一件可以随便处理的小事。

关于西方哲学的开端究竟何在的问题，历来的看法大约有两种。大多数人的意见以泰勒斯作为开端，这是一种传统的以经验事实为依据的看法。另一种是黑格尔的看法，他不满意于上边大多数人的经验论的说法，认为真正的开端应该是巴门尼德。

在对希腊哲学的研究中，我感到上述两种看法都是有缺点的，并形成了另一种意见。现在把它提出来供有兴趣的同事们讨论，希望能有助于我们的哲学史研究工作。

我的看法是，应该以米利都派、毕达哥拉斯及其学派、赫拉克利特这三派合起来作为开端，即不应只以哪一派为开端，而应以这三派的发展整体为开端。这个看法的主要理由可以概述如下：上述三派哲学是希腊历史进入文明后向它的古典时代转变时期的精神产儿，表现了哲学思想最初从原始思维和神话里挣脱和分离出来的诞生运动过程，同时仍与之保持着原初的联系。这三派哲学各有自己特点并彼此对立，然而这些区别和对立又恰恰表现了最

① 本篇原载《北京大学学报》（哲学社会科学版）1987年第1期。

初哲学的内在辩证本性，使它们形成一个相当完整的发展圆圈，因而可以把它们看作一个有机的整体。这个圆圈或总体有同往后哲学发展相区别的显著特点即原始素朴性质，因而可以单独划分出来作为一个重要阶段。这个阶段即是希腊哲学以至全部西方哲学发展的原始出发点或开端。对于这个原点或开端，我想用"原始素朴哲学"一词来加以规定和表述。

现在我就来论证和阐明这种看法。

一、哲学史"开端"的含义和确定

我的这种看法可能会使人感到有些奇怪，而且很容易引起疑问和质难。例如，西方人从泰勒斯起就有了哲学，那么，西方哲学史的开端很自然地就是泰勒斯，或至多是米利都学派，为什么要扯到毕达哥拉斯和赫拉克利特呢？又，如果算到赫拉克利特，为什么就到他为止呢？再者，用"素朴性"来规定这三派哲学也是有问题的，因为古代哲学几乎都有某种素朴性，例如列宁在评论到亚里士多德哲学时，就指出这里也有"绝顶天真"、"陷入稚气的混乱状态"与"素朴的"特点和性质[①]。连亚里士多德都如此，我们凭什么可以用"素朴性"做标志来把这三派单独划分出来做一个阶段呢？还有，我们如实地一个一个哲学讲下去不是很好吗？把这三派说成是一个圆圈甚至一个原点，有什么必要呢？这是不是有意地想模仿一下黑格尔的三段式，把这种模式强加于哲学史呢？

我想必须回答这样一些疑问和驳难，然后才好正面来说说我

① 列宁：《哲学笔记》，人民出版社1958年版，第416、420页。

的分析。让我们先从“开端”的含义谈起，因为问题是由此引起的。

对于哲学史的“开端”这个概念，人们通常只把它当作一个经验事实的陈述来看待，因此那在时间上的第一个就被认作开端。但是黑格尔提出了另一种看法，他认为“要找出哲学中的开端，是一桩困难的事”，并不像初看上去那么容易。因为开端必须是“本原”的东西，“那对于思维是首要的东西，对于思维过程也应当是最初的东西。”他还论证说，由于哲学“科学的整体本身是一个圆圈，在这个圆圈中，最初的也将是最后的东西，最后的也将是最初的东西”，所以，“最初的东西又同样是根据”。“所以哲学的开端，在一切后继的发展中，都是当前现在的、自己保持的基础，是完全长留在以后规定的内部的东西。”当然，“开端的规定性，是一般直接的和抽象的东西”，“那个造成开端的东西，因为它在那里还是未发展的、无内容的东西，在开端中将不会被真正认识到，只有在完全发展了的科学中，才有对它的完成了的、有内容的认识，并且那才是真正有了根据的认识。”① 黑格尔对哲学“开端”的看法，完全是从他的唯心辩证法出发的，哲学被看作纯精神纯概念自身的辩证发展，因此开端必须是抽象的原始纯概念“纯有”，以便同终点“绝对理念”相呼应。而按照他的历史必定要与逻辑一致、哲学史必定要同哲学一致的原则，哲学史的真正开端，就被他确定在巴门尼德那里。

这两种对于开端的看法究竟谁对谁错？黑格尔强使历史适应他的唯心主义逻辑，公然违背事实，就此而论他是很错误的，而前一种观点就显得比较正确。但是他的观点却也有比前者深刻合理之处。他似乎是对于开端问题作过认真思考的极少数思想家之

---

① 黑格尔：《逻辑学》，商务印书馆1974年版，第51、62、56—57页。

一。他认为,不应当把开端只当作一个经验的事实来描述,而应当理解开端之作为开端的真义所在,应当从哲学和哲学史的全体来考察和规定“开端”:那能够成为开端的东西不仅应是最初的东西,还应同时是哲学思维中“首要的”东西,可以成为以后全部发展的“根据”与“基础”的东西,虽说在最初时它的意义还没有得到展开。因此,开端的东西必定要贯穿于后继的发展中,在后来哲学中得到发挥和进一步的规定,并在哲学更大圆圈的终点上再现它自身。按照这种看法,“开端”就有了一种比较深刻的思想内容和含义。我觉得这是比单纯经验式的描述要高明得多的地方,值得我们吸取。如果我们研究哲学史,只是从泰勒斯起一个一个地讲下去,虽然看来很合乎事实,但那至多只是现象陈列,其实并没能进入史实的本质和生命中去,并不能算作真正理解了哲学的历史事实;这样陈述出来的“开端”,只是个空名,并没有多大思想意义。

当然,黑格尔也不能算是真正理解了事实,他明显违反了经验事实只不过是一种外在的表现。根本问题还在于他的哲学立场是客观唯心主义的,因而不可能做到实事求是。对于我们来说,则应按照历史唯物主义即唯物辩证法的观点来重新思考“开端”的问题,应该把经验事实同思想内容统一起来,从客观存在的事实出发,探究哲学思维运动的逻辑和这种逻辑的起点,使历史与逻辑相一致:讲史不能只罗列现象,而要把最早出现的哲学作为全部哲学史开端的真正意义阐发出来;讲逻辑不能违背史实,因为它只不过是哲学史事实本身里所具有的思想意义。

事实上,人类对世界的整个认识过程是这样的:最初,世界对人只呈现为一个感性的具体的整体,或“一个混沌的关于整体的表象”;然后通过不断的分析即区别和分离的认识活动,达到越来越抽象的一般规定,从感性的了解越来越深入到本质;然后认识的行程又得回过头来,直至最后回到最初的出发点即那个现实的感性具体的整体。但这时,它已不再是一个混沌的关于整体的表象,而是一个用许多规定和关系来再现的那个现实的感性具体的整体了。“在第一条道路上,完整的表象蒸发为抽象的规定;在第二条道路上,抽象的规定在思维行程中导致具体的再现。”[①] 因而认识就形成为一个大圆圈,通过这种圆圈式的辩证发展,完成认识世界的任务。

马克思所指出的这个科学认识的圆圈,同黑格尔的有关而又本质不同。这是一种完全符合事实的唯物辩证法的认识论观点,对我们理解和研究整个认识史、科学史、哲学史,都有指导意义。

思维史的事实表明,人类把握世界的认识方式必然要从原始的感性思维和神话形式开始,然后进到哲学的和科学的抽象思维,达到对现实世界的理论把握和实际改造。这种发展的规律性在哲学和科学本身的发展里也必定会表现出来。

哲学的出现,本身就是对最原始的思维方式和神话世界观的否定性突破和变革,所以,即使是最初的哲学也已经包含了科学抽象的基本要素(因此,我想在这里说明,我所说的“原始素朴哲学”一词中的“原始”,已经不同于原始人的思维和神话里的那种原始性质。这里有质的区别。我所指的只是在哲学思维的范围之内的原始性质)。这是我们应当注意的。但我们也要看到,由于最初的哲学还没有能从原始思维和原始神话里完全挣脱出来,毋宁说还

---

① 马克思:《政治经济学批判导言》,《马克思恩格斯选集》第2卷,人民出版社1972年版,第103页。马克思在这里谈到政治经济学的研究方法,并批判了黑格尔的哲学幻想。我以为对我们研究哲学史从基本精神上说是完全适用的。但很明显,这两者不能简单类比或等同。限于篇幅,我省去了本来应有的比较和说明,这是要请读者原谅和留意的。

是在这个基地上活动着,同它们仍保持着密切的甚至是最直接的关联,因此这些哲学又确实还是非常原始素朴的。它虽然已经是一种对世界统一性乃至对世界的本质的认识,但仍处于感性表象式的思维范围里。哲学和哲学史必须从这里开始,以原始素朴的哲学作为开端,而不能一开始就达到抽象的逻辑规定的概念思维。黑格尔以巴门尼德的“纯有”为开端不仅不合事实,也违反了人类认识世界的总规律,违反了哲学思维发展的总规律。实际上巴门尼德只能是下一阶段哲学发展的开端,不能作为整个西方哲学史的开端。

至于说到古代哲学都带素朴性,那是事实,不过素朴性也是大有区别的。我们这里所说的三派哲学的素朴性,我称之为原始的素朴性,它同巴门尼德及其往后哲学的素朴性是不同的。这两者在素朴性上的差别,同两者在抽象性程度上的差别一样大。

米利都派的“本原”或“始基”已经带有很大的抽象概括性了。要从感性万物里寻求一个统一的本原,这难道还不是概括与抽象吗? 但米利都派的“本原”还只是直接感性的东西,如水、气等等,阿那克西曼德的“无规定者”也仍是感性的物质东西,在他们那里概括抽象实际上同感性具体还完全等同着,没有分开。毕达哥拉斯的“数”超出了直接感觉的东西,是对世界万物更明显的抽象规定,并对后来哲学与科学向抽象思维的发展给予重要的推动,但是“数”还不是对世界万物的本质所作的抽象,只是它的外部的、现象的抽象规定,巴门尼德的“有”才第一次达到了对本质的最一般的抽象规定,所以毕达哥拉斯的“数”还不足以使哲学思维进到对世界作逻辑思考的阶段,与之相应,我们看到他的“数”本身实际上还不得不沉浸在感性的质的观念中,他甚至认为数就是感性的事物、质料,而巴门尼德却能借助于“有”这个本质性的规定或概念,把一切感性东西统统抛开,把感性的知识和思维方式统统斥之为“意见”,认定真理只在于对“有”这个本质作抽象和逻辑方式的把握。

最后,我们看到赫拉克利特是更深刻的。他强调思想才能把握逻各斯,这是世界万物的真正本质所在,即对立统一规律。但是他所说的思想、逻各斯是不是达到了真正抽象的逻辑思维、逻辑规定了呢? 没有,他的逻各斯还在感性的“火”与万物的感性运动形式里,他的思维还在感性表象中转动,打比方。他所说的“一”和“一切”仍然直接就是感性具体的世界总体及其感性的分殊,而巴门尼德的“一”才是同感性东西完全分离了的“有”,抽象的“一”。

可见,我们这里所说的这三派哲学虽然已经有了重要的抽象因素,但这些因素仍然沉没在感性思维里,在这里面活动,还没有从这里面独立出来,他们还没有达到真正的逻辑思维。反之,巴门尼德和他之后的哲学,虽然还不同程度地拖着一条感性素朴思维方式的长尾巴,但抽象的逻辑规定和逻辑思维方式已经成为主要的决定性的东西。因此面貌自然大不相同。我们说这三派哲学是“原始素朴”的,指的当然不是仅仅作为尾巴或残余的这类性质,而是指感性表象式的思维还是它们的基本特征。这“素朴”是最初的哲学的本性即原始性决定的,必然如此的。

基于这种考察和分析,我们就用“原始素朴哲学”来称呼这三派哲学,并把它们划分出来作为一个阶段:哲学史的最初阶段。现在我们就来探讨一下这个阶段作为哲学史“开端”的意义和基本规定性。

二、原始素朴哲学作为哲学史的开端，是一个在内容与形式的矛盾发展中形成的有机总体

实际上，哲学史的开端并不只是一次的动作，它也是一个过程。在这个过程里它辩证地展示为一种有机的结构，从而才能成为后来哲学由之发展的总的起点，或原始出发点。因此，只有研究这个过程和结构，才能使我们对它作为哲学史开端的含义获得一个比较明确清楚的了解。

那使原始素朴哲学得以辩证发展的内在原因，是它的思想内容与形式之间的矛盾。

（1）“哲学”与“本原”（ἀρχὴ）。

西方哲学的第一个有决定意义的概念是“本原”，对世界和万物用“本原”给以统一的规定，根本的说明。这是从泰勒斯开始的，从此，对本原的探求就贯穿在全部哲学史中。我们周围的世界和万物，包括我们自己的存在、社会关系和思想，包括我们同外部世界的关系，等等，这一切的根本原因是什么？应该如何加以说明和规定？用什么方式才能认识和规定？可以说，全部哲学都是探讨这些问题的，这探求的过程就是哲学史的全部历程。这一切的核心便是“本原”：万象世界里最普遍的、最原始的、最终的、最基础的原因。可见，“本原”这个观念或思想规定的出现，确实是哲学里“首要的”、“基础的”、作为一切发展的“根据”的东西。西方哲学就是从这里开始的，我们可以说离开了这个规定或概念，就没有西方哲学，西方哲学就无从发端。

最初的“本原”观念虽然一直贯穿下来，但它同后来的这个概

念十分不同，只是最原始素朴的观念。正因为如此，它在自身的一步步规定中引起了一系列的哲学思想的矛盾运动，并且首先在原始素朴哲学的范围内引起了一系列的这种运动。所以我们的研究必须从这里开始。

（2）“本原”和哲学的对象（自然界与人类自己的生活）的关系。哲学与神话宗教世界观的关系。

甲、用哲学的“本原”观念代替古老的创世的“神”的观念，是哲学同神话宗教世界观相分离，使自己得以产生的起点。

当泰勒斯提出以水为万物的本原时，他没有想到这就开始了一场世界观上的深刻革命。

最原始的人们没有“原因”观念，一切都被看作是感性事物的神秘的互渗作用造成的。所谓互渗，本身就是由事物因果关系引起的意识，但原始人停留在直接的感觉状态里，分不清因与果，也不去分辨它们，因而一切都显得是混沌的、混乱的和神秘的。他们毫无因果观念，并处处同因果观念相反地在思维着。

后来发生了神话和原始的宗教，出现了“神”的观念，这是一大进步，因为，所谓“神”就是人类最早产生的对因果关系或原因的意识形式。他们开始感到事物似乎必有某种来源或原因，但又根本不知道也无从探求这个原因是什么，便以自己的行为、能力与意识来揣度，把自己的作用（如祖先能产生后代）投射到自然对象上去给予拟人化的解释，这就产生了自然事物源于神的创造即以神为原因的观念。但是“神”显然并非对事物和世界的原因的真正明白的意识，相反，原因的意识还只是潜藏在“神”的神秘之中，在拟人化的束缚之中。我们至多只能说在他们的“神”的观念里孕育着对原因或万物本原的认识要求或因素，科学的因果观念在这里面是不能真正产生和形成的。

泰勒斯第一次提出了水是万物的本原的思想。他摆脱了“神”的创世观念，以一种人可以明白认识和理解的东西（最初只能是自然的经验事物）作为万物的根本原因。所以他提出的“本原”观念是西方人类思想中第一个真正的原因观念，而且是万物与世界总体的根本原因的观念。这就突破了神话世界观，使哲学与科学从此开始。

乙、“本原”最初只是“自然”，这既是原始素朴哲学得以同宗教分离的条件，又是原始素朴哲学要一再地回到宗教的条件。

人类要产生因果观念或“本原”观念这种科学思维的要素，第一步必须把人和自然分离开来，使自然摆脱拟人化的观念迷雾，就自然本身来考察自然。“自然”这个词，无论中外，本来都是同“人为”、“人工”相对立的意思，即通常所谓“自然而然”、自己使然、自己有自己的存在和原因的意思，它表示出人们素朴地意识到事物有一种不受人的支配而独立的存在或本性（西文中“本性”与“自然”原是同一个词）。“自然”这个词或观念是怎样产生的，是个很值得语言史家思想史家考察的问题。就我们这里的研究来说，泰勒斯和米利都派其中两位哲学家已经用哲学表达了这个观念是没有疑问的，因此亚里士多德称他们是希腊最早的“自然哲学家”。

显然，不同于“神”的本原观念，只能在摆脱拟人观，就自然来说明自然中才能产生。但是人们所关心的对象并不是单纯的外部自然界，主要还是人自身，他自己的生活，所以“本原”就不应只指外部自然界的本原，还应是人自身及其生活和种种社会事物的本原，人与自然的关系的本原，这才称得上是真正普遍的万物的本原。实际上，米利都派以至直到智者之前的希腊哲学家们所说的“自然”，都不仅指外部自然界，而且也不同程度上包括着人事（因为希腊人只是到了古典时代彻底消灭了氏族制的自然血缘关系时,他们才明白地把人同自然划分清楚)。但是米利都派所说的哲学,毕竟是自然哲学,是努力摆脱拟人观的自然哲学,因而他们的哲学对象毕竟主要是指人之外的自然界而不是人类生活本身,这对于刚刚出世的哲学是必要的。正因如此,他们的“本原”观念不能不带有片面的性质。与之相比,宗教神话里的“神”的观念倒是全面的,因为它回答了一切事物的根据,虽然它是神秘的。

这种情况,决定着“本原”观念要发展,要从探究自然的本原进而探究人事的本原;同时也决定着原初的哲学不能不同神话宗教既对立又保持着本来的密切关系。

丙、“本原”观念在最初的辩证发展。哲学的“神”或“神”的哲学化。哲学独立于宗教的地位的最初确立。

泰勒斯要寻求唯一的智慧。他认为这就在于认识到自然万物的本原是水。他的学生认为这是“无规定者”,是“气”。毕达哥拉斯对此大不以为然,认为真正的智慧在于使人过一种理想的生活方式,在于人的灵魂的净化,这才是值得人们倾注全力加以热爱和追求的智慧。所以从他开始,希腊才开始出现“哲学”和“哲学家”(“爱智慧的人”)这个观念或名词。这表明哲学的本质是不能脱离主体的人本身的,哲学决不是单纯的关于外部自然的学问。毕达哥拉斯派偏重于人事来探寻自然的本原,他们对哲学对象的了解比米利都派前进、深入、全面了。从这个意义上我们可以说,哲学的开端不仅是泰勒斯和米利都派,也是毕达哥拉斯。

但是人们对自己的生活和心理的科学研究还有待于从头开始。当时有的只是实际的社会生活事实,古老的伦理习俗和传统,史诗的记载,梭伦的政治改革和理想,以及奥尔菲派的神秘的灵魂观念,等等,而这一切都笼罩在宗教的意识形态在中,或与之密不可分。哲学要从这里开始研究,于是刚刚从宗教里分离出来的哲学便又很自然地转向了宗教。毕达哥拉斯派的活动和思想十分明白地表现出这种特点。这不单纯是消极的倒退行为,也是积极的,因为它需要从宗教里吸取动力和思想材料,才能使自己建立和发展起来。

赫拉克利特在原始素朴哲学的范围内完成了这一发展。他把自然和人事,自然大宇宙的本原"火"与人这个小宇宙的本原"灵魂"统一了起来,强调在认识外部世界的同时"认识自己"。与之相应,他把哲学的"本原"(火)同宗教的"神"统一起来:要理解哲学的智慧就应从宗教里吸取那"响彻千年"的古老智慧;而要知道什么是真正的"神"则必须对它作哲学的解释,"神"原来只不过是自然物质的"火"及其逻各斯,是万物"本原"的别名。

这样,从原始的神话世界观里分离出来的哲学,在它最初的发展和形成中却表现为向宗教神话世界观的返回。这看上去仿佛是倒退,但实际上是前进:因为神话里的"神"的观念虽然是神秘的却有原始的丰满性,这种神秘的形式从内容上看乃是混沌的、把自然拟人化的结果;哲学从分别自然与人为、使自然摆脱拟人观起,也就使潜伏在"神"的观念中的原因或本原观念得以分离和明白诞生出来;然而这刚出现的"本原"观念又是那样幼稚,并带有片面的自然性质,所以它要成长到能具有与原先神话的"神"相应的全面性,就不能不回到宗教神话里去吸取营养成分(因为这时科学也才刚刚萌发,并且只是哲学的一个成分,还无法给哲学以多大的支持)。哲学中的"本原"观念,正是通过自身这种否定性发展,解决了哲学的对象问题,使自己真正建立起来,成为比宗教要优越的意识形态和世界观形式。这一点在赫拉克利特那里显现得也很清楚。他的哲学虽然带有泛神论形式,但是他庄严宣告这个世界及其秩序不是任何神或人创造的,而是一团永恒的活火,又表明他的真正立场绝不是神学的而是哲学的。在泰勒斯和米利都派那里还没有明白说出来的哲学同宗教的分离和哲学的独立存在,到赫拉克利特这里才宣告出来。

由此可见,哲学的开端,作为哲学最基本的核心观念“本原”及其对象的确立,是一个过程,它不是单靠泰勒斯和米利都派完成的,而是靠这三派的辩证发展共同完成的。这里所说的完成,当然只是在十分初步的相对的意义上讲的,因为这三派毕竟只是原始素朴性的哲学,他们的思想还那么依恋着神话宗教,在它的基地与怀抱中生长,就证明着哲学在这里的独立性还只是非常原始性的。(真正说来,哲学要完全扬弃神学,还要走极其漫长的道路,这任务直到近代才又向前迈出一大步,但还未终结。)

下面我们来具体讨论一下“本原”自身的规定过程。原始素朴哲学对“本原”的具体规定,是抽象思维的因素在原始感性思维里孕育、发展、与之作斗争的过程,但终于还没有从中真正分离独立出来,并始终还是借助于感性思维来活动。这是原始素朴哲学的根本缺陷所在,但也正是它能在某种意义上比后来的哲学全面、丰富和深刻(在感性的形态里,或胚胎的形态里)的秘密所在。

(3)对“本原”自身的探求、理解和规定,是对世界万物的根本原因由浅入深的认识过程。这里有两个彼此交错的圆圈。

第一个圆圈是“质—量—度”。第二个圆圈是“直接性的规定(质、量和度)——间接性的规定(内在本质或‘隐藏的逻各斯’即对立统一规律)——直接性规定和间接性规定的统一(上述两个规律的统一,或感性物质世界及其本原中的逻各斯)”。

甲、“本原”是感性事物和它的感性的质。

开始哲学只能从最直接的感性东西出发来寻求和规定本原。米利都派企图在自然中找出自然万物的统一本原,但自然对他们来说只是具有感性的质的东西，即对认识说最直接表面的东西，因此他们对本原的寻求、理解和规定只能从质开始。这是原始素朴哲学对本原的第一个规定。

但是质恰好是建立在事物的感性区别之上的，质就是事物的感性个别性，差异性，它是把感性事物区别开来而不是把它们统一起来的规定性，因而同"本原"的本性正好相反：因为本原的意义就在于说明万物的统一性。这是一个极大的矛盾。这个矛盾推动着米利都派哲学的自身否定性的发展，迫使它自己否定自己。

哲学的第一个命题：本原是水。这里主项和谓项用一个"是"字联结成为统一的东西，表明泰勒斯只能用一个感性事物来规定本原，用水的潮湿性这一特定的质来说明其他质的事物。但是水和它的潮湿性如何能说明火和干燥的事物及其性质呢？可见这里的主项与谓项两端是不相称的，对立的，其实无法统一或同一。所以这个"是"字就转化为"不是"，第一个命题就否定了。第二个命题：本原是无规定者，就说出了这个意思：本原不能是特定的物质或特定的质。但是阿那克西曼德的无规定者本身仍然被认作一种感性物质的东西，他仍然只能在直接的感性东西中寻求本原。不过他发现不能用特定的质来做本原，因而提出要用无定质无特质的感性东西做本原才合适。可是一种感性物质的东西，竟然成为无定质的东西，这本身是一个绝大的矛盾，是难于理解的，而且同"本原"必须是有规定的这一根本要求相矛盾。所以，第二个命题只不过是暴露了用质来规定本原的矛盾，它只是一个否定性的命题，矛盾并没有解决，还发生了新矛盾。这样，就出现了第三个命题：本原是无规定的气。它企图调解矛盾，回到有定质的东西同时又使之具有无定质的特点，"气"这种感性东西似乎最能适合这一要求，它不像水那样定质，又不失为一种有感性性质的东西。但这只是一种似是而非的解决,因为它仍然是在用质来规定本原的范围内来回兜圈子,实际上对这个根本矛盾没有解决任何问题。

只有打破和超出这个直接的质的范围才能解决这个矛盾。米利都派虽然没有完成这一突破,但他们的后两位哲学家既然把本原的质的规定变成了无规定,也就为新的探求开辟了道路。首先,“无规定者”虽然本身不显现为任何特质,但为了能生成具有各种特质的万物,它内部必须蕴含能生成各种特质的对立:干和湿、冷和热;必定有对立的运动:结合与分离,等等。这就为认识从直接的感性的质进到内部的对立统一这个本质,准备了思维的要素,赫拉克利特哲学主要是沿着这条思路发展的。其次,由于“无规定者”或无规定的“气”,把本原中的特质否定了或使之变得非常模糊,那么用它们的数量上的变化来统一地说明万物的生成和特质,也就比较容易设想了。事实上,阿那克西美尼也已经提出了用“气”的稀化或浓缩来生成万物的思想,稀与浓讲的已是量变的意思。这就为毕达哥拉斯派哲学做了准备。

乙、“本原”是数。

于是毕达哥拉斯提出了数的哲学。本原是数,不再在质的范围里兜圈子了。数和量就其本身来说是没有质的差别的同一的东西,是真正的无特质的“无规定者”;然而它又有另一种明确的规定,即数量本身的严格的规定性,这就解决了困惑着米利都派哲学家的那个无法解决的矛盾。

数量本身是同一的、有规定的,在这一点上它比质要符合做本原的要求。在“本原是数”的命题中,主谓两端的统一性提高了一步。借助于数,认识在由感性上升到抽象的道路上找到了一个立足点,把抽象固定下来成为事实。这表明,要解释万物的统一,必须有思维的抽象。毕达哥拉斯派的数论哲学,开辟了哲学思维沿抽象上升的道路,对后来哲学的发展起了重要作用。

不过“数”还不是对世界和万物的本质的抽象,只是感性事物外在规定的抽象,仍然停留在直接的现象认识范围里面,因为它是紧紧依附于感性事物的感性形象的一种规定。所以毕达哥拉斯派哲学只是走向本质抽象的一个跳板,还没有实现本质抽象,并且还有更尖锐的矛盾。

“本原”的本义是感性世界万物的根本原因或统一根源;因此必须用数来说明感性事物的生成,用量说明质。这方面毕达哥拉斯派只能有部分的成功,根本说来是不行的,牵强附会的。数怎么能成为感性事物呢? 只好把数本身变成感性存在物,说成是质料。数怎么能从单一性的无特质的东西生出有各种特质的东西呢? 只好把数本身变成许多包含质的和本质的对立面。数作为本原看起来似乎很明确而有规定性,进一步考察,它又变得非常含糊不清了。还有,数是静止的,怎么能说明感性世界万物的生灭运动呢? 他们给不出解答来。可见,这里根本问题还是数并不符合“本原”的本性。所以,在“数是本原”这个命题中的“是”,也同样转化成了“不是”,数和“本原”之间的统一,又被它们之间的不相称或矛盾瓦解了。

把本原规定为质和量都不合适,然而对世界万物的直接认识和把握,也只有质、量以及两者的关系“尺度”。因而表明,本原必定在世界和事物的内在本质里,必须超出直接性的规定,深入到内在的、背后的东西里才能解决问题,即进入间接性的规定。米利都派和毕达哥拉斯派也已经接触到这个问题,他们在遇到困难时常常不得不求助于蕴含在质的或数的本原里面的对立作用,甚至说“对立是本原”,就是证明。可是他们还没有真正给予理解和阐明。

丙、“本原”是自身对立统一的原始物质。

唯有赫拉克利特的哲学才达到了本质。感性世界殊异万物凭对立面的转化达到了真正的统一，其根本原因在于本原"火"自身中的对立统一。他的哲学命题是：本原是火。但这个"火"决不是如泰勒斯的"水"那样仅仅是一个感性的质的东西。"火"是质和本质的统一，这就是说，它既是一种感性物质性的东西，有干燥、燃烧等感性的质，又不是单纯的质，因为它本质上是自身对立（又有熄灭的本性），并由于这种对立而有自身否定性，必然成为水，成为有潮湿性的东西，等等。这样，事物的感性的质在表面上看来彼此坚持着的对立、区别、差异就消解了，在对立统一和自身否定中就彼此转化而生动地统一了。感性世界万物的多样的质不再是彼此外在的杂多，成为统一物（火）的对立转化的结果和表现形式。米利都派遇到的不可克服的矛盾，毕达哥拉斯派并没有真正解决，现在由赫拉克利特在本质的高度上解决了。

赫拉克利特达到了事物内部"隐藏"着的本质，但他并没有使本质同感性事物（及其质）相分离。他反对毕达哥拉斯把数量抽出来做本原的牵强附会，因为数量规定绝不是感性世界本身。他坚持从感性世界本身出发，从质的规定开始，所以他回到了原始素朴哲学的最初起点，不过他要求把质只理解为世界和事物的内在对立运动和转化的表现。他反对以数为本原，但在火与万物的对立转化即质变里，仍然吸取了毕达哥拉斯派的发现和有价值的成果，并且进行了本质的改造。

毕达哥拉斯提出"数"做本原的目的，是想说明"和谐"、"限度"、"尺度"。他已经从数量关系来规定事物与质的尺度，因此，质、量、度的观念或规定在他这里已经出现了。但是，他是在数量的基础上来建立质的界限或度的，所以关系是颠倒的。赫拉克利特则相反，他在质变（事物向对主面转化）中来考察量变的尺度，用以作为质变本身的标志和规定。换言之,是在对立统一规律的基础上来说明质变,而把量变的尺度仅仅视为对立转化或质变的一个环节。因而毕达哥拉斯派的那个本身只能是静止的量,在赫拉克利特那里就随着整个的本质运动及其外部表现质的变动,而成为能运动的规定了。所以,真正说来,“质变 — 量变 — 尺度”的辩证法,也是在他这里才建立的。这种质变量变的辩证法还是表面现象领域里的辩证法,只有在本质的辩证法即对立统一规律被发现之后,它才能得到说明并取得一个恰当的地位。

所以原始素朴哲学从(甲)本原是感性事物或质,到(乙)本原是数和量,到(丙)本原是对立统一的“火”,这是两个发展圆圈的交错完成。第一个圆圈是“质 — 量 — 度”;它又作为直接性的规定被纳入另一个圆圈:“直接性的规定 —— 间接性的规定 —— 直接性和间接性规定的统一”。终于达到了质和本质的统一,世界万物的质变量变规律(尺度)和对立统一规律(自身否定性)的统一。后一个圆圈是主圆圈,在终点上它也同时完成了第一个圆圈。这两个圆圈就重合了。这都是在赫拉克利特那里完成的:他继承了米利都派和毕达哥拉斯派的成果,同时又扬弃了他们,这是一个否定之否定的过程,他在更高水平上回到了米利都派的出发点,返回于素朴唯物主义,然而又不同,他的哲学乃是有深刻辩证法的、达到了本质规定的素朴唯物主义。

三、从整个西方哲学史发展来看原始素朴哲学作为“开端”的意义和局限

如上所述,这三派哲学的贡献在于提出了“本原”的观念;初

步解决了哲学研究的对象,即它不仅是外部自然宇宙,而且是人自己这个小宇宙。它不仅指自然的物质现象,而且包括社会现象和人的生命与心理现象(灵魂);它初步发现和表述了质量互变规律和对立统一规律,由现象达到了世界本质的把握。这些成果是伟大的,奠定了全部哲学往后发展的基础和中心思想,贯穿在全部发展过程中;这些成果本质上又是全面的正确的,以致那些否定它的后人虽然在这方面或那方面远远超过了它,却常常在总体上又不如它。例如赫拉克利特所发现的世界和事物内在的对立统一规律,自身否定和自身转化,以及内在的斗争性有绝对意义,等等,就成了响彻千年的绝唱。这种素朴唯物主义的辩证法的意义,一直要到马克思主义哲学出现才足以完全扬弃它。从这个角度看,它岂不是整个哲学史大圆圈发展的真正起点吗?

因此这三派哲学是开端。但不是这三派中单独的一个或一个片面的规定是开端,而是:它们的辩证发展所形成的整体是开端。全部哲学史的真正开端就在这里。

但是开端毕竟也只是开端。能够说明它仅仅是哲学和哲学史开端的依据和标志,就是它的原始素朴性。它还沉浸在感性思维之中。赫拉克利特达到了本质的深刻辩证法的思维,但这思维并不是什么纯概念的思维,不是抽象一般规定的逻辑思维,恰恰相反,它只是关于感性世界及其生灭运动的直观的洞见和领悟。他的逻各斯还不是逻辑,他所说的对立和统一,生动转化,永恒的生灭变动,尺度,规律……这一切只是在感性的"火"的形象中,在生与死、日和夜、河水的流逝里直接地表现着,甚至那内部"隐藏"着的本质规律也只能借助于弓和竖琴来让人领悟。他的哲学充满着暗示和比喻,并不像后人有意地给思想穿上形象的外衣那样,而是他本来还没有达到纯抽象思维的必然表现。他还只能在图画式的感性思维形式里发展带抽象性的思维内容。这正是他的优点——因为他的思维不脱离感性物质世界,所以是素朴唯物主义,并且是素朴的辩证法,能从总体上生动地表现自然、人生和整个世界的画面。同时,这也正是他的根本弱点——因为他的思维同感性东西还没有分开,没有形成逻辑抽象的思维,因而还不能对本质作出抽象一般的概念规定,他的唯物辩证法就只能是极其素朴的,缺乏理论思维的确定性,只是一幅笼统直观的感性世界运动图画,从而必然要被哲学的进一步发展所否定。不过,这种否定的因素——抽象思维的因素——也还是由原始素朴哲学准备起来的,比如,在差异中寻求"统一"或"本原",还有毕达哥拉斯派的"数",赫拉克利特所要求的高于经验的"思想"智慧,"逻各斯",等等,便是这种因素。当抽象思维终于从感性思维里分离和独立出来时,哲学就进入了下一个阶段。这下一个阶段的开端就是巴门尼德的哲学。

正像古希腊的神话和艺术具有一种永远为后人所喜爱而又无法模仿的魅力那样,古希腊的最初这三派哲学,尤其是赫拉克利特的学说也有一种原始素朴的完满性和永恒魅力。不过哲学毕竟是思维,简单的模仿既不可能也无必要,但在科学地达到现代唯物辩证法时,却可以在无可比拟的新高度上重新回复于它。

对赫拉克利特的再认识[①]

——古希腊原始素朴哲学的光辉顶点

一、研究赫拉克利特的意义和特殊困难

赫拉克利特哲学出现于西方哲学的发轫时期，在古代就享有盛名。它在哲学思想的发展中有重大而深远的影响：巴门尼德和爱利派哲学是作为它的对立面产生的，尔后它又曾有力地影响于柏拉图哲学。柏拉图高度重视他的对立统一学说和“一切皆流逝”的观点，亚里士多德认为他属于主张以物质元素为本原的自然哲学家，他们抓住了他的素朴辩证法和素朴唯物主义的实质。后来斯多亚派非常尊崇他，同时把他的学说唯心主义化。这表明他在古代哲学思想发展中有重要的地位。

在近代辩证法复兴时，他的学说重新受到了人们的特殊注意。黑格尔极为赞赏他的辩证法，说：“没有一个赫拉克利特的命题，我没有纳入我的逻辑学中。”[②] 不过他是从客观唯心主义来看待赫拉克利特的，这就产生了严重的歪曲。拉萨尔写了一本书专门评论赫拉克利特哲学，由于重复和恶性发展了黑格尔的歪曲，把他说

---

① 本篇原载《外国哲学》第9辑，商务印书馆1987年版。

② 黑格尔：《哲学史讲演录》第1卷，三联书店1956年版，第295页。

成是一个十足的客观唯心论者。

赫拉克利特学说的命运，不仅同它本身的伟大和缺陷有关，也同后来的那些评论者的立场观点和哲学水平有关。只有到了科学的唯物辩证法哲学产生以后，才有可能对它作出真正合乎实际的评价。

哲学在经历了两千多年的漫长曲折之后，终于又重新发现了唯物辩证法的世界观。当然这已经不再是素朴的，而是现代科学的唯物辩证法，这就是马克思主义的哲学。这是一个包含许多小圆圈的大圆圈的发展终点，在总结了以往全部思想发展成果的同时，开辟了哲学进一步发展的新时代。于是，它在更高的水平上又重新回到了起点，在这里终点和起点相遇了。

我们看到恩格斯在论述现代唯物辩证法的理论渊源时，就一直追溯到了赫拉克利特。他指出，原始的素朴的但实质上是正确的世界观，是由赫拉克利特第一次明白表述出来的，[①] 这就是他的原始素朴的唯物辩证法。

列宁对赫拉克利特哲学的高度评价，集中表现在对他的一个重要命题的评语中："这是对辩证唯物主义原则的绝妙的说明。"[②] 列宁对黑格尔和拉萨尔的歪曲十分厌恶，给予了严厉的鞭挞和批判。

赫拉克利特的哲学不仅在古代"响彻千年"，而且在近代受到高度评价这些事实表明它具有很高的地位和价值。他作为第一流的哲学家是当之无愧的。他的哲学由于原始的幼稚和素朴性质，必然为后来的哲学所否定和代替；但它是唯物辩证的，因而在总

① 恩格斯：《反杜林论》，人民出版社1970年版，第18页。

② 列宁：《哲学笔记》，人民出版社1958年版，第395页。

体上又高于后来的各种哲学,直至现代唯物辩证法产生为止。这是它的极其特殊之处。不理解和抓住这一点,我们就不能恰当地理解和说明它的全部意义,也不能恰当地处理它在整个哲学史中的地位。

马克思主义经典作家对他的评价是正确的,但要把这种原则性的评价变成具体的了解,还需要做非常艰巨的研究工作。

研究赫拉克利特的思想是特别困难的。关于他的生平和有关环境的具体资料极少;他的残篇是从各种不同的文献里辑佚而来的,零碎的,原书的次序和各残篇之间的原来联系已无法了解;而最困难的还在于他的思想和表述本身,他在感性图画式的形象里,或常常爱在谜一样的格言乃至神谕式的语句里表现他那些深刻的思想,双关、暗示、隐喻的手法所在多有,因此他在古代就以"晦涩的哲学家"闻名。这些思维方式和表述方法对于我们近现代的人来说尤其觉得不习惯。若不突破这重重难关,人们就难于在浓雾中窥见其真面目。

靠着现代学者们的辛勤劳动,这些困难有相当大的部分已经有所解决,应该说一百多年来这种进展是比较迅速的。第尔斯最早整理考订了他的所有残篇,为研究提供了资料上的初步的科学依据。不过他认为赫拉克利特的这些残篇类似古代贤哲的格言,不会有什么严格的次序结构,所以他只按残篇的文献出处的字母顺序来编排它,这样,它们就成为杂乱的一堆了。基尔克在他的《赫拉克利特宇宙论残篇》中对残篇的一部分按思想内容分为十二组,进行了大量的文字考证和意义诠释工作,又进了一大步。在上述两人的成果基础上,格思里对赫拉克利特的哲学思想进行了深入研究,取得了比前人要深入得多的成就。但是比较起来,卡恩的新著《赫拉克利特的艺术和思想》似乎标志着研究的一个新的更有意义的进展。他大胆地提出一个想法，即应当把这些残篇尽可能恢复为一种原来可能的整体形式结构，从而使它们构成为一个有联系的整体，这样它们的意义就可能读通与理解，并成为有机总体的思想。这当然是不容易的，为此他更仔细全面地研究了广泛的古代希腊的文化背景，从语源学、语义学和思想文化的错综联系的角度逐条探讨了残篇的语言艺术特点和思想结构。他的这些考证诠释显得比以前的更进了一步，因而也使人感到更加切实可信些。这个研究的主要成果之一，是对残篇进行了重新编排和英译，使它们成为一部有引导性的序言和大致分为三部分的正文这样结构的哲学诗篇。卡恩的这一尝试是初步的，不免有种种缺点错误，不过这比第尔斯以来只零碎孤立地考察和研究残篇各条总是一大进展，想法是合理的。所以我在这里将主要利用卡恩的成果，同时也参照其他人。我们不靠他们的具体研究成果就不能前进；但我们是要按马克思主义的科学来运用这些材料的，当然不能对他们的成果盲目听从。

二、赫拉克利特的“逻各斯”的含义

残篇第一条就提出了“逻各斯”的问题。亚里士多德和塞克斯都都说这一条是赫拉克利特的书的开头：①

> 这个“逻各斯”虽然常在，人们在听说它以前和听到它时却老是不能理解。一切事物都按这个“逻各斯”发生着，但是我在分别每一事物的本性并说明它如何如此的那些话语和举止，人们在加

① 亚里士多德：《修辞学》1407^b16，塞克斯都：《反数学家》VII，132。

以尝试时却显得没有体验。另一些人对他们醒时所做的茫然，就像忘了他们在睡梦中所做的那样。（K1、D1）[①]

理解和翻译古希腊词 λόγος 是困难的，“逻各斯”只是音译罢了。格思里、基尔克和卡恩等人对它都作过考证研究，发现它有多种用法和含义。格思里从大量希腊古文献中把它的含义归纳出十一种，基尔克和卡恩的考证大体不出这个范围，理解上大同小异。他们指出“逻各斯”是含义丰富的多义词，可以理解为：说、言辞、叙述表达、说明、理由、原理；尊敬、声誉；采集、点数、比例、量度或尺度；等等。在运用到理解赫拉克利特时，他们三人的看法也有些差别。格思里认为这里“逻各斯”的主要含义是：（1）人们听到的（这是最一般的含义）；（2）规整万物的，类似于某种普遍的规律；（3）它有一种独立于表述它的人的存在。[②] 这一概括强调了逻各斯作为“言辞”，特别是作为客观“规律”的意思。基尔克说 λόγος 由词根 λεγ 的基本意义“挑出”、“选择”转化而来，指“计数”、“尺度”、“比例”，这方面的含义其原初性质不亚于“表述”、“说明”的含义，并由此进而产生了“系统的公式”以至“规律”的意义。[③] 基尔克这一考察，着重指出“逻各斯”同“尺度”之间的一致，对研读赫拉克利特是有重要帮助的。卡恩则认为

---

① 这里中译文是我根据卡恩的《赫拉克利特的艺术和思想》（*The Art and Thought of Heraclitus*）中的英译文译来的。见该书（以下缩写为 A.T.H.）第28—29页。“K1”是条。“D1”是指第尔斯（Diels）编排的第1条。两种编号都注明，目的是帮助读者自己查考。

② 格思里：《希腊哲学史》第1卷，Guthrie，*History of Greek Philosophy*，Cambrige，1978，第425页。

③ 基尔克：《赫拉克利特宇宙论残篇》，Kirk，*Heraclitus The Cosmic Fragements*，Cambrige，1954，第38页。

要注意赫拉克利特用这词时有意的语义双关性,他在表述展开中使之获得多方面的意义,因此我们需要在研究他的全部内容中有机地把握它的主要意义。这种意见似乎要辩证些,更值得我们注意。

残篇第一条既是赫拉克利特书的开头,对照那时的希腊古典诗篇格式,我们可以把它看成是赫拉克利特的哲学诗的开场白。开场白通常都要说:"我现在要对你们讲述的是……"因此,这里的"逻各斯"直译只能是"话语"、"叙述"、"报告"等等,它同"听"众相关。但它又是双关的,因为这"话语(逻各斯)"是常在的,就不仅关系到"听"而且关系到"理解",不仅是"听"的对象(话语)而且成了"理解"的对象:一切事物就按它来发生和进行,这就显示出它是同人们不完善的理解力(主观的)相对立的某种普遍真理性(客观的)的东西了。于是,逻各斯的含义就转化了,由主观的言辞变为客观的万事万物的规律,但这两种含义仍然保持着原始的统一性。只是到了残篇 K36(D45)(按卡恩的整理,这一条放在导言性的序篇的结尾),赫拉克利特说:"不要听从我而要听从逻各斯……"这时逻各斯作为客观规律的含义才明白地同"言辞"的含义分开,虽然他并没有使用"客观规律"这样的科学术语。

在这里对照一下《老子》的用语是很有意思的,《老子》也是古代的哲学诗,它一开头是:"道可道,非常道"。如译成现代汉语,这第一个"道"字就显然是双关的,第二个"道"字只能译为"说话","说出来",这第三个"道"字,作为"常道",含义就明显地向客观的道理或规律转去了。而这后一含义,在往后表述中越来越清楚,并不断充实得到丰富的含义。这种表述方式同赫拉克利特有惊人的相似之处,并不是偶然的巧合。古代人最素朴的想法,常常把神圣智慧的语言同客观的规律浑然不分,但同时又感到二者毕竟不同,极力想表现这种双重性,于是出现了语言中多义相关的情况,这类情况是值得注意和留心的。

让我们接着来研究这逻各斯的含义。

赫拉克利特用许多话展示了人们的理解与逻各斯之间的矛盾,从中进一步显示了逻各斯的意义:

> 不理解,他们听了像聋子。关于他们有俗话为证:在场如不在。(K2、D34)
>
> 虽然逻各斯是大家共有的,多数人生活着就像他们的思想是一种个人所有的东西。(K3、D2)
>
> 多数人对他们所遇到的事物不加思考,对他们经验到的也不认识,只相信他们自己的意见。(K41、D17)
>
> 人们忘了道路通向哪里……对于他们片刻不能离的,他们格格不入。对于他们每天遇到的东西,他们显得生疏……我们不该像人们睡梦时那样去行动和说话。(K5、D71-73)
>
> 世界对于醒着的人们是一个和共同的,而对睡着的人们来说每个人就转入了他个人的世界。(K6、D89)

逻各斯是人人随时实际遇到的、不能离开的、大家共有的,这就表示它指的是世界万物的一种普遍客观的规律。只有认识它,按它行动的人才是清醒的,所以他说多数人对它视而不见、听而不闻、不加思考,就像聋子和睡梦中的人一样,因为睡梦中的人脱离了现实世界这个共同的东西,只知道个人的主观的梦。

因此问题就引导到如何认识和把握这个逻各斯。赫拉克特认为这不容易,因为“自然喜欢隐藏起来”,“它是难以追寻和探究的”。

赫拉克利特认为单靠感觉知识和多闻博见不足以认识逻各斯。他承认“从经验中看到、听到和学到的东西,是我所喜爱的”,“爱智慧的人必须真正好好探究许多事物”。但是,“如果人们的灵魂粗鄙,眼睛和耳朵对他们来说就是不好的见证。”同样,正如“寻找金子的人挖土很多而所获甚少”,“学到很多东西并不能教人以理解”,——说到这里他就对前人进行了批评——他说,如果博学就是智慧的话,那么它就教给赫西阿德、毕达哥拉斯、塞诺芬尼和赫卡泰以智慧了。这口气是嘲笑和蔑视的。

他认为荷马作为全希腊最有智慧的人,也同别人一样被明显东西的认知所欺骗了。荷马在临死的时候猜不中抓虱子的小孩们说的谜语:什么是我们看见、抓到而又扔掉的东西?什么是我们没有看见、没有抓到而又带着的东西。赫拉克利特在这里说了一个隐喻:人们看见和抓住了显现的东西,却扔掉了而没有去理解;但同时那没被看见和抓住的逻各斯,却仍然时时与我们在一起。荷马虽然博识多闻,却没有理解逻各斯,所以这个被认为最智慧的人其实并不智慧。关于赫西阿德,赫拉克利特说,多数人以他为师,认为他知道的最多,但他却认识不到白天和黑夜是同一个东西。这也是只知其多(现象)而不知其统一(逻各斯)的一例。又说,毕达哥拉斯进行探究胜过其他人,并从一些组合事物(例如音乐和事物结构等等)中选择合于他胃口的东西造成他特有的智慧:懂得很多却牵强附会。

从全部残篇来看他似乎只对两个人感到满意,赫尔谟多罗是最优秀的人,普列尼的比亚士是最有荣誉的人。他没有谈到米利都的三位哲学家。而对于其他的被古代称为最有智慧的人们,从荷马直到毕达哥拉斯他都不满意。“我所听到的所有这些人的话语，[①] 没有一个能认识到同一切有别的 [②] 智慧是什么。”

> 在赫拉克利特看来，真正的智慧只有一个标准，这就是认识逻各斯并按它行动：

> 不是听从我而听从逻各斯，同意一切事物是一，这就是智慧。

> 要达到智慧，认识逻各斯，虽然需要知道许多事物，但主要地要靠思想：

> 好好思考(thinking well，sound thinking)是最大的美德和智慧：照真理行事和说话，照事物的本性去认识它们。

> 智慧是这样一件事，懂得那驾驭一切事物通过一切的洞见。

赫拉克利特认为单有感性经验和多闻博识还不足以认识真理和事物的规律性，必须有思想的作用。他从认识上区分了二者，并把思想当作主要的决定的东西，这是一个贡献。但是他对思维的本质和特点还了解很少；对思想怎么就能认识逻各斯也没有什么说明。往后我们会看到，他所说的思想作用只是一种直观的洞察，并因此常常同所谓“神”的智慧混在一起。这是深刻而又原始素朴

---

① “话语”这个词原文也是“逻各斯”，这里只能理解和译作“言辞”、“话语”。这是该词语义含混的又一例。

② “同一切有别”(set apart from all)，这个“一切”(all)既可指人，也可指事物。这里可能是说，智慧不是一般人所理解或具有的，也可能是说，智慧是神圣的原理，与一般个别的事物、现象不同，与感性知识、多见博识不同。

的思维方式所难以避免的缺点。

在谈过对逻各斯的认识方式之后，我们回过头来仍来看他的逻各斯。这唯有思想才能达到的逻各斯究竟是什么呢，或者说，逻各斯作为普遍的客观的规律是什么呢，赫拉克利特自己把它理解和概括为什么呢？

他明白地说，“逻各斯”就是“一切事物是一”。这是一个最最简要的表述。

另一条残篇概括地表述了同一意思：

> 要抓住：整体的东西和非整体的东西，接近的和分离的，和谐的和不和谐的，从一切事物而有一（个事物）和从一个事物而有一切（事物）（from all things one and from one thing all）。①

这是一种统一的世界观。赫拉克利特的逻各斯可以简要地概括为“从一切事物而有一（个事物），从一个事物而有一切（事物）”。要具体了解它的内容和深意，我们就需要考察他的宇宙论（自然观），关于人事人生的学说与关于宗教和神的看法。但是这里有一点要紧之处是现在就应提出加以注意的：他所说的“一”和“一切”，不是数的概念（毕达哥拉斯），也不是事物的抽象共同点和差异点，而是宇宙的“整体”和各事物的“整体”与其“非整体的东西”的概念。从他的原话也可以明白，他所说的“整体”（“一”），乃是非整体东西的接近与和谐，即统一和转化；他所说的“非整体”（“一切”），乃是整体东西里的分离、不和谐即区别和对立。因此

---

① 参看 A.T.H. 第85页。卡恩把这一条看成赫拉克利特全部思想的最后总结，编在最后，而把 K36 编在导言性的序的最后，他认为这是赫拉克利特自述的圆圈（起点和终点在圆圈上重合）的体现。

"一"同"一切"才是一致的,生动转化统一的,否则 —— 如果只是抽象的数、共同点或差异点 —— 就无法统一起来。这里已经包含了他的全部的辩证法观点。下面就来分别考察他的学说的具体内容。

三、世界秩序:一团永恒的活火

残篇 K 37 (D 30)是赫拉克利特最著名的一段话。列宁评之为"对辩证唯物主义原则的绝妙的说明"。基尔克说它是一篇庄严的、精心推敲过的、令人肃然起敬的宣言,它以英雄史诗般的语言显示出它的来历不凡,这种纪念碑式的风格表示它很可能被赫拉克利特视为自己最重要观点的表达。[①] 我们就从这里来开始讨论:

> 这个对一切都是同样的世界 — 秩序(κόσμον, κοςμος)[②],不是神也不是人创造的,而是过去、现在、将来永远存在的。它是一团永恒的活火,在一定的分寸上燃烧,在一定的分寸上熄灭。[③]

κοςμος 一词,以前人们把它理解和翻译成"世界"(world)。但查考各种古希腊文献发现这是不妥的,它的本义是"秩序"、"安排"。从荷马、赫西阿德直到德谟克里特都把这个词用于军队、政

---

① 基尔克:《赫拉克利特宇宙论残篇》, Kirk, *Heraclitus The Cosmic Fragements*, Cambrige, 1954, 第 311 页。

② κοςμος,基尔克、格思里和卡恩都详加考证,认为其本来含义是"秩序"或"世界 — 秩序"(order 或 world-order)。见基尔克:《赫拉克利特宇宙论残篇》第 311—314 页,格思里:《希腊哲学史》第 1 卷第 455 页, A.T.H. 第 132—133 页。

③ 这里主要依据格思里《希腊哲学史》第 1 卷第 454 页上的英译文,基尔克与卡恩的英译文大同小异。

治、音乐这些方面；恩培多克勒用这个词才有“世界秩序”的含义，明确指“世界”则是较晚的事。因此，在公元前5世纪里用它，只能理解为“秩序”或“世界秩序”。不过基尔克对勘文本时，认为辛普里丘和普鲁塔克的引文，比起该条正式出处所据的克里门特所录，在 κοςμος 之后多了一个词 τόνδε 是重要的。因为这样就限定了 κοςμος 是人们经验到的，联系到它是“活火”来看，基尔克认为这里的 κοςμος τόνδε 的含义就不只是指事物的“秩序”，而是“事物 + 秩序”，自然的世界及其中的秩序（逻各斯）是一团永恒的活火。[①] 格思里与卡恩的看法也大体如此。

因此，在这里“一团永恒的活火”就有了较多的含义，我们可以理解为世界的元素，也可以理解为形成整个世界统一体的秩序的原初力量。[②] 人们对此有些争论，但我觉得两者是可以统一的。这两种意义的并存，一方面表现了赫拉克利特对米利都派素朴唯物主义的继承，同时也显示了他的新思想。无论如何，这段话说明他所主张的“一切是一”和“一是一切”中的“一”就是火，“一切”就是万物，这一点是明白的。而这一点对于我们确立他的哲学的素朴唯物主义性质是重要的。

亚里士多德把他的“火”同泰勒斯的“水”，阿那克西美尼的“气”并提，认为他主张万物由火这种物质元素所生，是自然哲学家。亚里士多德的门人台奥弗拉斯特则更明确地解释说：赫拉克利特用火的稀浓来产生万物，又消解它们复归于火，主张火是万物的基质或实体，因为他说过万物与火交换。他们都认为赫拉克利特的“火”，是同水、气、土一样的物质元素或始基。

---

① 基尔克：《赫拉克利特宇宙论残篇》，Kirk，*Heraclitus The Cosmic Fragements*，Cambrige，1954，第317页。

② 参见 A.T.H. 第134页卡恩的见解。

这种看法基本上是对的。赫拉克利特另有几条残篇可以为证：

> 火的转化：首先是海；由海的一半有土，另一半有电火的暴风。（K38、D31A）
>
> 海（由土）消解而生，按它以前变成土的同样的逻各斯的分寸。（K39、D31B）
>
> 万物换成火，火换成万物；犹如货物换成黄金，黄金换成货物。（K40、D90）

我们从这几条来看，赫拉克利特把“火”看作实际存在的、实际地转化为万物的物质元素或始基，这一点是不能否认的。并且应该指出，他对“火”与“逻各斯”或“分寸”也作了某种区分，不能完全混同：逻各斯（包括“分寸”）是火运动变化所遵循的内在本性或原则，并非“火”或万物本身。万物是由火转化而生的，并不是“逻各斯”、“分寸”自己变成了万物。这种情形，也像阿那克西美尼用气的“稀浓”来生成万物，不能说成是“稀浓”自己就是万物的始基一样。总之我们可以认为，赫拉克利特的“火”是物质性的始基，他是继承了米利都的素朴唯物主义传统的。

但是他又同米利都哲学很不一样。在这一点上台奥弗拉斯特的解释是不妥当的，因为他说赫拉克利特是用火的稀浓来产生万物。我们在残篇中找不到讲火的“稀化”、“浓化”的根据。实际上这也是不可能的，因为赫拉克利特讲的生成转化完全不是稀浓之类的数量变化而是对立面的否定的转化。他在讲火生成万物时用的是“交换”、τροπαί、“生”和“死”这些词和概念。τροπαί 一词，在从荷马到希罗多德那里有两种意义，一指战争中的败北，一指一年中太阳运行的转折点，如夏至冬至，因此卡恩把它译作 reversal，即转折点、反转、颠倒等义。在赫拉克利特看来，火生万物不是量的变化，而是“火”自身的否定即“熄灭”、“死亡”的结果，是向对立面的转换。（至于量变的作用他并没有否认，而是在对立面转化中作为一个必要的成分保持着，这就是“分寸”的概念，这一点下一节再说。）不仅火与万物之间如此，万物之间的一切相互转化生灭也是如此。这是赫拉克利特的特殊之处，也是他的卓越之处。

说到这里，我们顺带谈谈在 K37（D30）中的一个问题。那里不仅讲到火的燃烧，还说到火的熄灭。这不是矛盾吗，火的“熄灭”怎能同火的永恒性并容呢？ 然而这正是他的辩证法：

> 不死的是有死的，有死的是不死的；活是它者的死，死在它者的活中。（K92、D75）
>
> 这是同一的……：生与死、醒与睡，年少与年老。因为前者调换（transposed，或译颠倒）为后者，而后者调换又是前者。（K93、D83）[①]

“火”的永恒存在，正存在于它的生灭即燃烧和熄灭的永恒变换之中。它变成了水、土、气和万物时，它熄灭了、死了；然而，它也就在水、土、气和万物的存在和生命中得到了存在和保持；随着万物重新回到火，火的永恒存在又得到了明白的表现。

这就是为什么赫拉克利特的火首先变成海（或水）的原因。如果按稀浓的解释，火就只能首先浓缩为气，然后才能成为水。但是他是按对立转化来看问题的，水是火的对立物，所以必须如此。可见，赫拉克利特虽然同米利都派一样都是素朴的唯物主义，但在运

① A.T.H. 第 71 页。

动发展观上却又有明显的重大区别,不可忽视。

小结一下赫拉克利特的整个宇宙观(这里首先是自然观),可以认为:整个世界作为"一"(总体及其始基)是物质元素"火"。向自身对立面转化而成万物,所以"一是一切";反过来万物又转化为火,所以"一切是一"。这"一"不是毕达哥拉斯斯的抽象的数目的"一"(单位),而是同米利都派看法一致的物质始基;同时,它也不是米利都派的"水"(显得过于执着于某一特质)、"无规定者"(在质上过于模糊)、"气"(只从稀浓上解释万物生成)那样的东西,而是一种既有某种质的规定性(有感性具体的存在和形象),又有不停地变动性(这种质不是那么固定执着的),并能较明白显示出在自身生灭中向对立面转化的(火自己有燃烧和熄灭的对立性质)东西,这就是"火"。赫拉克利特的逻各斯不是无可依凭的抽象的东西,而是"火"的逻各斯,因而也就是火与万物的本性;反之,他选中"火"而不是别的东西作为世界万物及其秩序的始基,也是因为火比其他一切东西似乎能更鲜明地体现这个逻各斯(其他事物中的逻各斯往往是不清晰的)。这样,通过火,赫拉克利特哲学就把素朴的唯物主义和素朴的辩证法内在地结合起来了。

四、对立统一是世界的普遍规律

在讨论了他的素朴辩证法的唯物主义之后,就该重点地研究一下他的素朴唯物主义的辩证法了。这就是火与万物的逻各斯本身。赫拉克利特哲学的深邃和精华集中表现在这里。

1. 对立统一是普遍的

赫拉克利特在历史上一直以主张"一切皆流"的哲学家闻名。人不能两次踏入同一条河；踏入同一条河的人不断遇到新的水流；太阳每天都是新的[①]；这些名言脍炙人口。他的世界统一观，具有鲜明的流动性，同孤立静止的抽象的统一观全然不同。柏拉图和亚里士多德都强调指出他的这一特点。黑格尔说他的贡献就在于提出了"变"的范畴来表示"绝对"。[②]罗素也说，"他所以扬名于古代主要是由于他的学说，即万物都处于流变的状态"。[③]

"一切皆流"就是一切都对立统一的表现。整个世界是燃烧又熄灭的永恒的活火、生动的变化过程。自然界如此，人的生活也如此：生和死、醒和睡、年少和年老、上升和下降、曲和直都在流动转化中，这些是他常举的例子。对立面向自己反面转化，流变的统一，是宇宙和人生时刻遇见的、不可须臾与之分离的事实，是普遍的真理和规律。

2. 事物向自己的反面（对立面）转化有"尺度"的规定性

上面我们已经遇到了"分寸"这个概念。"分寸"，希腊文 μέτρον，英译为 measure，就是量度、尺度的意思，所以又译作"尺度"。"火"是按"尺度"来燃烧或熄灭的，也就是按"尺度"向自己

① K51（D91），K50（D12），K48A（D6）。A.T.H. 第51—53页。

② 黑格尔：《哲学史讲演录》第1卷，三联书店1956年版，第303页。

③ 罗素：《西方哲学史》（上卷），商务印书馆1982年版，第68页。

的反面变去,万物的转化也必须遵循这个“尺度”。

赫拉克利特的“尺度”的含义,在这几条残篇里说得最明白：

> 太阳不会超出它的尺度,否则正义之神的女使爱林尼就会把它查出来。①
>
> 黎明和黄昏的界限是大熊星,大熊星的对面是光辉的宙斯的警卫者。②

另一条也很有关,原话不全,按普鲁塔克所转述的意思摘引如下：

> …… 时间是在一种秩序中的运动,它有尺度、界限和周期。太阳是这些周期的管理者和监守者,规定、裁断、揭示和照耀着变化并“带来万物的季节”,如赫拉克利特所说。③

在古代文明初期,人们通过长期观测积累了大量有关天象、气候和季节运动变换的知识,它同最初的几何学数学的知识不可分。毕达哥拉斯斯从这里吸取了智慧的源泉,但把数量关系片面夸大为根本的东西。赫拉克利特也认为这种数量关系是极其重要的,但这种重要性只在于它是对于事物向对立面转化运动的一种规定。日和夜,冬和夏彼此转化而成为同一的东西,而这种转化都有分明的转折点、界限,如方位,如夏至冬至的时间空间点(可以星辰

① A.T.H. 第49页。

② 卡恩注说,黎明指东方,黄昏指西方,大熊星是天极(北方),与之相对的守卫者只能指大角星。在赫西阿德的《工作和时令》里已把大角星当作季节的标志,并限定黎明和黄昏。见 A.T.H. 第51、162页。

③ 基尔克:《赫拉克利特宇宙论残篇》,Kirk, *Heraclitus The Cosmic Fragements*, Cambrige, 1954, 第294页。

为标志）。当着事物运动尚未达到一定的数量（时定距离）即转折点之前，它就不能变成自己的反面，它就仍然是它，具有原来特质的东西；而一旦一定质的事物在量变中达到这个界限，它就必定要成为自己的对立物。因此赫拉克利特十分重视“尺度”的意义，它是对立物彼此区别的规定者，又是它们彼此同一的联结者，相互转化的标志者，所以他称之为一切运动变化秩序的管理者和监守者。

前面已说过逻各斯的一种重要含义就是尺度或比例。从我们刚刚讨论到的，就可以理解赫拉克利特为什么把“尺度”作为他的逻各斯的含义之一，但是如果认为他的逻各斯就等于“尺度”，或主要地就指“尺度”，我觉得还是不大妥当的。因为这样看就会冲淡、模糊甚至取消了逻各斯主要作为对立统一的意义。

关于事物的质和量的关系问题，毕达哥拉斯斯和他的学派已作过研究，有重要发现，他们甚至想到了对立面和数的关系。但是他们把数量当作本原，把事物的质和对立的规定性、界限都归结、消解为数和量，而这种抽象的数量自身是不能运动变化的，只是一些静止的规定，因此，他们企图在数的基础上重建的有特质有对立的世界也就不能运动了。所以赫拉克利特说毕达哥拉斯的智慧是牵强附会的。赫拉克利特返回到现实的感性世界，万物都有质的规定，同时他强调地揭示了万物的质的多样性在本质上只是对立（“火”向反面转化而生的万物，彼此也在向反面转化中产生），这种对立既使万物相互区别，又使它们联系而在运动中统一。只是在这个基础上他吸取了毕达哥拉斯学说里有意义的东西，即量和质的关联，但这也是颠倒过来吸取的：毕达哥拉斯要在数（抽象静止的）的基础上建立质和对立；赫拉克利特则在有质的事物（有质即有对立面）的运动的基础上吸取量的规定性，把量变看作质变自身的一种规定。质变(向对立面转化)包含量变,不到一定的程度,质变也不能实现。

“尺度”是质变和量变的统一,对规定事物变化十分重要,赫拉克利特看到了这一点,所以它是逻各斯的一个必要的有意义的成分。但是,它毕竟只是对立统一规律的一个有机成分,而不是逻各斯的最本质的部分或中心。

3.逻各斯最本质的含义是指隐藏在事物内部的对立和斗争

对立着的事物,日与夜、醒与睡、生与死,等等,这是人人每天都见到的,但是人们却不能理解它们是同一的,人们看到的只是杂多,不能认识它们的逻各斯。人们也看到过它们转化为反面时的尺度即质和量的关系,还是不能理解逻各斯。逻各斯靠多闻博识是理解不到的,它的本质不在上述外在现象之中,我们所能看到只是它的外在表现。它是隐藏着的,所以只能靠思想来发现。“自然喜欢隐藏起来。”所以赫拉克利特说:

> 隐藏着的和谐,比明显的和谐更好。[①]

这隐藏着的和谐是什么呢?

> 他们不理解一个事物如何在不和中同自身一致;这是返回自身的和谐,如弓和竖琴中的情形那样。(K7、D51)[②]

① A.T.H. 第65页。

② A.T.H. 第65页。

这里赫拉克利特用弓和竖琴表示事物中一种内在的统一、同一或和谐。一张弓看上去是安安静静的一个统一的事物整体，但实际上它是由内在的对立、紧张和斗争所造成的统一。如果弓弦力量不够或过大，这种内在的对立就显现出来，弓立刻就被破坏而不成其为弓这样一个统一和谐的事物了。竖琴也是如此，它里面的琴弦绷紧着，它才是琴。[①] 宇宙万物都是这样，由于内在的不和而成为和谐的统一体，由于内在的区分、对立和对立产生的紧张与斗争而形成它们自身。这种对立统一是内在的、外表看不见的：是统一物自身中的对立，又由这对立返回自身，造成这事物自身。赫拉克利特认为这才是更本质的，才是思想应去理解的逻各斯。

粗粗看来，这种内在的对立统一，同前面所说的那种事物之间的对立统一似乎没有什么不同，但实际上却有极大的区别。因为事物之间的区别和对立，我们可以把它看作只是外在关系，这样，它们的转化和统一，以及彼此的斗争，就可能只是偶然的，即使我们看见了这种关系也很难加以理解和说明。但是，发生在一个事物本身里的内部对立和统一，就把这种关系的必然性揭示了：弓的存在和本性只在于弓背和弓弦的力的对立统一之中。一分为二是不可避免的，"一"就在"二"中，"二"就在"一"中，须臾不可分离。在这里，对立双方不是彼此独立的事物（同外在事物的对立现象不同），它们只能在彼此统一中存在；它们既然不能像外在事物那样彼此互不理睬，同时本性又正好相反，那么它们的统一或联结就必然充满着、贯穿着斗争。在和谐的后面是紧张、不和谐。

可见，赫拉克利特着重要求认识这"隐藏"的真理是多么重要。只有深入到内在的对立统一中去，对立统一的必然性才能被揭示

① 参见格思里《希腊哲学史》第1卷第440页中的论述。

出来，“斗争”的必然性和作为事物发展真正动力的意义才能显示出来。

残篇 K 77（D 125）从反面说明了这个道理：“混合的饮料如果不加搅动就会分离开来”。这个例子是有毛病的，但赫拉克利特想说的意思还是明白的。这就是说，如果一个事物里面的区别或对立没有运动、没有内在的紧张和斗争，它就会瓦解而不成其为该事物。

因此，“斗争”在赫拉克利特哲学中成为最高的东西。

> 对立冲突产生结合，从不一致的音调里产生出完美的和谐，一切事物都是通过斗争产生的。（K 75、D 8）
>
> 应该领悟：战争是普遍的，斗争就是正义，一切事物都是由斗争产生的。（K 82、D 80）
>
> 战争是一切之父和一切之王。它使一些人成为神，另一些成为人；它使一些人成为奴隶，另一些成为自由人。（K 83、D 27）

赫拉克利特把斗争或战争称作一切之父，在用语上很类似于荷马，因为荷马把宙斯称作“人和神之父”。可是荷马却完全不理解斗争的意义，赫拉克利特为此明确地批评了他：“荷马是错误的，说‘要是斗争从诸神和人们中间消失掉就好了！’[①] 因为，没有高音和低音就不会有音乐的和谐，没有雄和雌就不会有动物，它们都是有对立面的。”（K 81、D 22）他还说应该把荷马从赛会上赶走并加以鞭打，可见他认为荷马的错误是多么大。他把战争或斗争称作一切之父、一切之王，代替了荷马以来传统中宙斯的地位（或把它等同于宙斯，即用自己的哲学重新解释了宙斯——见第六节），

① 《伊利亚特》18章107。

充分表明他把对立的斗争看得何等至高无上。并且我还感到他所说的“斗争”并非什么孤立绝对的神物，而是统一物内在对立所引起的必然关系，所以它的绝对性并没有脱离事物和事物中的统一性。他用原始素朴的思想语言，阐述了斗争是对立统一中的绝对，是万物得以存在、运动、转化和统一的真正动力。这是他在哲学上的伟大贡献。

五、赫拉克利特论生死和灵魂

上面我们讨论了赫拉克利特那些表述得比较明白的素朴唯物主义（“火”与万物）和素朴辩证法（逻各斯）的思想。但是只研究这方面是不够的，他还谈到“灵魂”和“神”，这在残篇中为数不少并相当突出。如果不考察这一方面，我们上面所得到的结论就会是不牢固的，在许多地方我们就仍然处于神秘的雾里；特别是后来一些唯心主义哲学家在这方面做了不少文章，这一考察就更显得必要了：它涉及对赫拉克利特哲学的全面认识和基本性质的评价问题。

这些问题不能孤立地加以讨论，它不仅关系到赫拉克利特的自然观，更特别地关系到他对人的生活的看法：人的生死观和伦理道德观。古希腊就有人认为他的书主要是讲人的社会生活而不是关于自然的。第尔斯认为赫拉克利特对自然学说的兴趣只在最一般的方面，他真正的出发点是“寻找自己”，要在人自身的小宇宙里发现同外部宇宙同样的规律。卡恩对这个意见深表赞同。这个看法是有一定道理的。我们若仔细检查他的全部残篇和思想，就会感到他之所以那样强调他的逻各斯，同他对当时人们的生活、习俗、道德、信仰等等不满和持批判态度有深切的联系。所以不应把他只看作自然哲学家，而应从更广泛的社会生活角度理解他的哲学。

这一节我们先来讨论他的"灵魂"概念。他没有对"灵魂"作出解说，我们只能从他的运用中来考察他的看法。

他说："如果人们的灵魂粗鄙的话，眼睛和耳朵对他们就是不好的见证。"（K16、D107）从这里的运用来看，"灵魂"就不仅具有生命标志的含义，而且具有一种较高的意义，如有思想、有智慧、有道德等等。这两种意义是并存的，我觉得在研究时应注意它们的联系和区分。作为前一种一般的含义，我们应从他论人的生死问题中来考察；作为后一种含义，我们还需要联系到他的道德观、智慧观来考察。让我们先从前一种含义谈起。

1.生与死的辩证法

对于人的死亡现象，赫拉克利特是这样说的：

> 死是我们醒时所见到的一切事物，我们睡时所见到的一切是睡（梦）。（K89、D21）

这句话很难懂，"死"怎么是人们醒时见到的一切事物呢？他有一条残篇似乎可以作为答案。不过我们还是先来研究一下他把生死与醒睡联系在一起比较的想法，才便于真正理解这种说法的意义。在他看来，人的生死与醒睡有许多地方是类似相通的。在第二节里我们已经提到他的一个说法，他把不理解逻各斯的人常常比作睡梦中的人，因为对于醒着的人来说他们有一个共同的世界，在睡梦中的人就脱离了这个共同的世界而只有各人的世界（梦）了。生与死虽然不同于醒和睡，却有许多可以类比之处：

> 人在黑夜里为自己燃起一个光亮，这时他的视力熄灭了。活着，他在他的睡梦中接触到死；醒着，他接触到睡者。（K90、D26）

人醒时可以知道自己原来是睡过的（“醒着，他接触到睡者”），醒不是睡，可以转化为睡。同样生不是死，但也转化。死看来很神秘，但赫拉克利特认为，人活着的时候的醒与睡也类似于生与死的对立和转化（或者说，就是活着的状态之中的生死对立因素），因此他才说活着的人可以通过自己的睡来了解什么是死（“活着，他在他的睡梦中接触到死”），所以死并不神秘。

“人在黑夜中为自己燃起一个光亮，这时他的视力就熄灭了。”我们联系到下文，可以认为这既指醒变为睡，也指生变成死那种状态的描述，因为在赫拉克利特的哲学中，黑夜的生就是白天的死，黑夜通常象征着睡眠，特别象征着死亡。人进入黑夜睡着了的时候，他醒时的意识或灵魂“熄灭”了（死了），但同时另一种光亮（或灵魂状态）又“燃起”了（运动着，“活”着），这就是睡梦状态。人由活着进入死亡，也当是如此。赫拉克利特在这里有意地用了“燃烧”与“熄灭”光亮的比方，显然是要暗示人的生死醒睡变化同宇宙“火”的运动秩序是一致的。我们知道在他的学说里，火的活的状态就是它的燃烧，熄灭就是火的死；但火死生水，在水和万物中，火自身的燃烧虽然看不见了，可是水和万物仍在运动变化，这也同“燃起”另一种光亮一样，因此万物才能复归于火。醒睡与之类似。人的生死也不能违反这个规律。

当然，生与死同醒与睡毕竟不同。人们感到神秘的是人原来的意识状态变成什么了，或灵魂怎样了。而赫拉克利特认为人在睡时原来的意识状态就“熄灭”了，变成它的反面即无意识的自然物状态了——当然，睡的人还有梦，因为他毕竟还是活人，不是死人——，了解到这一点，对于了解真正的死亡的含义是重要的。他说：

> 睡着的人们是发生于世界中的事件的工作者和合作者。（K91、D75）

睡着的人们自己不会行动，只能被看作同其他自然物对象一样的东西在参与世界的运动。人死了更是如此。他说过这样的话：

> 应当把尸体比粪便更快地扔掉。（K88、D96）

他的这句话在古代引起了激烈的反应。大家知道古人对人的死亡和尸体看得多么重，在古希腊人那里安葬亲人的尸体是十分神圣的事情，这一点我们从索福克勒斯的悲剧《安提贡尼》中可以知道。赫拉克利特这句话，是对古代宗教和人民风俗中神圣传统的公然反对和轻蔑，以致后来人们在传说中带攻击性地说他死的时候身上盖着牛粪。但是其实赫拉克利特并不一定是攻击死人、蔑视死人的意思。他不过是说，人死之后就成为自然物，投入到整个世界秩序的生化中去了，——这就说不上是什么轻蔑与攻击，人死和人生本来不过是运动着的物质的对立统一中的不同状态。

为什么他说“死是我们醒时所见到的一切事物”呢？我们可

以认为这就是答案：人死了，他活时的燃烧着的火或灵魂就熄灭了，于是他成为尸体或粪土，成为各种自然物（这时它又为自己燃起了另一种光亮，即作为自然物中的运动变化）——这就是我们醒着所见到的东西。所谓“醒时所见到的一切事物”，那分明是指现实的、感性的万物，而人死了正是成为这些东西。

这种生死转化观同毕达哥拉斯的灵魂轮回说完全不同。所谓轮回说，实质在于把灵魂看作同身体全然不同和可以分开的东西，身体可以死和生，而灵魂则始终如一，所以实际上灵魂没有生死变化，只不过是它寄住的躯壳在变化，这种灵魂自然就是很神秘的存在了。但是在赫拉克利特这里，根本不存在任何不变的东西，“火”都有生死，灵魂当然也有生死——它就是人的活火的燃烧与熄灭——，而生向死的转化是它自己的否定。所以那种不死的“灵魂”观是同赫拉克利特格格不入的，他不可能承认有什么不死的灵魂。这是辩证的生死观或灵魂观同形而上学的观点的根本区别所在。

2. 灵魂就是火或“火气”

残篇 K102（D36）说明，赫拉克利特所说的灵魂确实是有生死的，而且是一种物质性的东西。

> 对于灵魂来说，死就是成为水，对于水来说，死就是成为土；水由土生，灵魂由水生。

现代哲学史家拿这一条同 D31A 讲火的转化对比（火首先转化为海，再由海变为土），发现二者十分相似，因此一般都认为赫拉克利特的"灵魂"就是"火"或一种"火气"。卡恩争论说,它不是"火"而是"气",但也认为是一种干的热的气,或带着闪电的风(lightning storm)之类的气。我在这里不想讨论这个争论,卡恩正面的看法有些道理,但否定前者则不足,实际上这两种看法是可以并容的。可以说,他们都认为赫拉克利特讲的"灵魂"是一种物质性的东西:火或火气。这一点残篇中以下几条也可证明:

> 一个人在喝醉酒时,被一个乳臭未干的孩子领着,跌跌撞撞,不知道自己往哪里走,因为他的灵魂是潮湿的。(K106、D17)
>
> 灵魂变潮湿时是愉快的而不是死。(K108、D77)
>
> 一道光亮[①]是干燥的灵魂,它是最智慧的和最好的灵魂。(Kl09、D118)

会潮湿和干燥的东西,只能是感性的物质性的东西。最好的灵魂是干燥的,潮湿了就糊涂了。可见灵魂的本性应是干的、热的火气,受潮就向反面转化。

亚里士多德早就指出赫拉克利特的"灵魂"同他的始基是同一的。他写道:"(许多早期思想家,首先是那些思考灵魂的认识能力的人,都把它同他们的第一本原或始基等同起来。)赫拉克利特也说第一本原是〈如同〉灵魂,因为他把灵魂等同于exhalation,由此他得到其余的一切。〈他说这是〉最无形体的和永远流动的。"[②]关于exhalation,希腊文是ἀναθυμίασιν,通常译作"呼气"、"嘘气",卡恩认为这个意义是卢克莱修和西塞罗用拉丁文翻译这个希腊词

① 一道光亮(a gleam of light),指阳光的光线、火焰的光芒等,同K90(D26)中说的在黑夜中点起的光亮显然不同。

② 亚里士多德:《论灵魂》404b-405a。这里是按A.T.H.第259页卡恩英译文(包括上下文)译来的。

时带来的，实际上这个希腊词的原义应指涌起的云烟或蒸汽。卡恩的这一考证对说明亚里士多德的意思是有帮助的。从亚里士多德的论述来看，赫拉克利特的“灵魂”也就是始基“火”，一种干热上升的火气，它最无形体，又永远流动，所以具有思维认识的能力，并能转化为其余的一切（万物）。

所以，我们可以认为赫拉克利特的“灵魂”是一种物质性的东西，不过它是“火”或“火气”。在他看来，人之所以活着有灵魂，这同说人活着时身体里有“火”或“火气”，乃是一回事。这是他的素朴唯物主义的“灵魂”观。

因此，灵魂有生死，人有生死，不过是人这个小宇宙中的火的转化，并与大宇宙中“火”与万物的转化相通一致。这种说法当然是极端幼稚的，却卓越地坚持了素朴唯物辩证法的一元论世界观。

3. 关于最优秀的人死后“升天”的问题

但是问题还没有完结。残篇 K110（D63）谈到人死后“升天”，我们还得考察一下。这条残篇的句子是残缺不全的。

> …… 升天（？）并成为活着的人们和死人的警惕的守卫者。

这里的语言同赫西阿德在《工作与时令》中的一段相似。赫西阿德说，由金子造成的人们活着像神，死了像睡着了那样，宙斯使他们成为地上高贵的神一般的人，成为会死的人们的守卫者，让他们在大地上到处周游，监督着正义与罪恶的行为。从这种对照，我们可以认为赫拉克利特在这里所说的，是指那些优秀的人的死后生活,他们同一般人死了成为粪土一类东西有明显的不同,这就涉及他的道德观念了。

确实,他明显地把人分成一般的和最优秀的人。他说过这样的话:"一个人抵得上一万人,如果他是最优秀的话。"(K63、D49)这种最优秀的人的标志至少有两个:一是智慧,因为知道一切而享有荣誉。(K85、D28A)另一是他的战斗,"神和人都崇敬在战斗中倒下的人"。(K100、D24)这是符合古希腊历来对"光荣"的传统看法的:在言语思想上最有智慧的和在行动上最勇敢的,是最受人尊敬的人。同时也完全符合赫拉克利特的哲学:认识逻各斯和进行斗争(战争)是最重要的事。因此,赫拉克利特的道德观自然要特别推崇这样的英雄。

人的生死不仅是一件自然物的转化,而且涉及对人们一生的道德评价。在古人看来,人在死后的命运,是正义(之神)对他们活着时候的言行的奖赏和惩罚,那是不以他们自己的愿望为转移的:

> 那在人们死的时候等待着他们的,是他们不曾期待或想象过的。(K84、D27)

对于一般人来说,他们的死就是变成了自然物了。但是对于那些英雄则应有所不同:

> 更伟大的死被指定有更伟大的命运。(K94、D25)

这一残篇印证着"升天"之说。英雄的死,虽死犹生,他们变成了人间正义的警惕守卫者。残篇D94、D120提到有监守太阳运行的"尺度"的正义之神的女使,或大熊星、大角星。看来英雄们死后

“升天”所变成的也应是类似的神或天上的星辰。

这似乎是一种永生的精神性的“灵魂”了。能不能作这个结论？我们还是对他的关于宗教和神的看法进行研究之后，一并来作出判断为好。

六、赫拉克利特论宗教和神

赫拉克利特对当时流行的各种宗教派别和仪式采取批判和敌视的态度，这一点是人们公认的。克里门特写道：“赫拉克利特向谁作预言？夜游巫士、酒神祭司、酒神女侍、传授秘密教的人。”下面接下去的一句话是赫拉克利特原话的引述。

> 在人们中间流行的神秘教向他们传授不虔诚。（K115、D14）[①]

另一条残篇也是类似的态度。

> 人们用为祭神而宰杀的牺牲的血涂在身上来使自己纯洁是徒劳的，这正像一个人掉进污泥坑想用污泥来洗净自己一样。任何留意到他这样做的人都会认为他发了疯。他们向神像祈祷，就像对房子讲话一样，不知道什么是神或英雄。（K117、D5）

他反对流行的神秘教派、祭仪和偶像崇拜，但似乎并没有否认神的存在，只是认为人们并没认识到什么是神，因而种种做法不

---

① A.T.H. 第81页及注。在这段残篇前的话可能是克里门特（Clement）自己加的，也可能是赫拉克利特的原文。见 A.T.H. 第262页。

虔诚。

有些残篇谈人和神的区别，似乎更肯定地表明他认为有神存在：

> 人的习性没有洞见，神有洞见。（K55、D78）
>
> 在神看来人是愚蠢的，就像在成人看来儿童是愚蠢的那样。（K57、D79）
>
> 对于神，一切事物都是美的、善的和公正的，但是人们认为有些不公正，有些公正。（K68、D102）

可见，神区别于人就在于他有智慧，在智慧上超过一般人。在人们只见到差别和对立的地方，神见到对立的统一或逻各斯。显然，赫拉克利特关于神代表智慧的想法，同他从古代神话宗教里吸取某种智慧有深刻关系。例如他说过这样的话：

> 我寻找过我自己。（K28、D101）
>
> 认识自己，好好思想，这是属于一切人的。（K29、D116）

赫拉克利特的这一思想，显然来自德尔斐神庙中的箴言："认识你自己！"我们知道后来苏格拉底曾从多方面理解和发挥了它的含义：关心人事，人应反省他自己，自知其无知，等等。赫拉克利特如何理解和发挥它的含义，我们不很清楚，但他无疑是十分重视这一箴言的。从其他残篇看，他也有一些类似于苏格拉底的理解的成分，这是值得注意的。他对这些所谓"神"的智慧的重视和悉心领会的态度，在以下残篇中有明白的表示。

在德尔斐传神谕的主神[①]不明说也不隐藏,只是暗示。(K33、D93)

女巫用狂言谵语的嘴说出一些严肃的、朴质无华的话语,她的声音响彻千年,因为神通过她来说话。(K34、D92)

智慧者唯有一个,既不愿意又愿意被称作宙斯之名。(K118、D32)

智慧来自神,智慧者就是神,至于是否叫作宙斯,那是没有什么要紧的。如此说来,他似乎肯定有超人的至高无上的神灵。

但是,赫拉克利特又认为人和神可以相互转化。

在古希腊宗教和人们流行的见解中,神和人的根本区别之一是:神是不死的。神就是不死的存在的代名词,反之,“不死的”也就是神的代名词。偶尔涉及某个神灵之死时必须极端秘密,谁若是公然讲出来,就立刻会被看成是极大的不敬和犯罪。但是,赫拉克利特却明白地宣称:

不死的是有死的,有死的是不死的;此生则彼死,此死则彼生。(K92、D62)

简单地说,这就是认为:神是会死的;人也能成为不朽的神。它们也是可以转化的对立面。

关于人也可以成为不死的神,我们在上一节已经谈到他这方面的说法。神与人的区别既然在于有没有智慧,这样人就有了转化为神的可能。虽然多数人达不到,但是少数人若能认识到逻各斯成为有智慧的,以及在行动中符合逻各斯(在战争中英勇牺牲的

① 指阿波罗,即太阳神。

人),也就同神接近或一致了。他们的智慧和英勇的英雄业绩是不朽的,他们的死就成为不死的,由人成为神。这些看法同传统没有重大分歧。问题在于另一方面:神是有死的。它同传统看法和宗教就难以相容了。这是怎么可能的?这就与神作为存在物到底是个什么东西紧密相关了。

问题到了这里进入了关键之处。

下面这一条,几乎是对神下了一个定义:

> 神:日和夜、冬和夏、战争与和平,满足与渴求。它经历着变化,如火同各种香料混合时按照每一种香料的气味而得到不同的名称。(K123、D67)①

这里赫拉克利特要表达的意思是明白的,虽然在这里用火"混合"各种香料时的情况作比方不适当并相当笨拙。第一点,"神"并不神秘,它就是我们看见的各种感性事物和现象:日与夜、冬与夏、战争与和平、满足和需求。前两组对立物是关于自然事物的,后两组直接关系到人,表示"神"是自然和人类生活中的一切事物;第二点,"神"就是这些事物(对立)的统一,万象中的流动,逻各斯;第三点,"神"就是万象的全体,全部世界秩序的总体。作为一切分支,它像火与香料混合燃烧时得到不同的气味和名称一样。这个地方就暗示着分支和总体的统一性质,并且暗示着"神"也就是"火"。

这种分析是否恰当?以下几条残篇可以印证。

---

① A.T.H. 第85页。这里按基尔克《赫拉克利特宇宙论残篇》一书第184页的考证和英译文修订了后半部分的译文。

雷霆驾驭着万物。(K119、D64)
火是满足和需求。(K120、D65)
推动万物的火将辨别和抓住万物。(K121、D66)

看来"火"不仅是能动的物质东西,也有欲求和能"驾驭","辨别"万物的精神作用。对"火"的这类描述,同对"神"的描述是很类似或一致的。所以,从这些残篇以及前面所述的他的其他残篇,我们可以在以上列出的三点之外再明确加上两点,即第四点,"神"就是"火";以及第五点,"神"也是智慧。它既是我们见到的万事万物及其中的逻各斯,也是那能认识逻各斯的思想,即智慧本身。

简言之,"神"是万物,是逻各斯,是火,是智慧。于是,在对"神"的最高看法上,我们又回到了他的全部哲学上来了。他所说的神,其实并不是传统宗教中的神秘的神灵,而是经过他的哲学重新加以解释和改造过的神,哲学的神。然而这万物、火、逻各斯不过就是我们见到的感性物质世界和其中的客观规律,这智慧就是对它们的正确认识和理解。

从这里我们可以得出什么结论来呢?

第一,我觉得应当承认,他把物质世界及其辩证规律和对它们的认识统统称之为神是一种原始的泛神论思想。这样,他在把"神"唯物主义化的同时,也把客观世界及其规律和认识神化了。我们不能认为他对宗教的批判是彻底的。他没有达到无神论,不过用自己的哲学重新解释和改造了神学,这同他看重神话宗教中的智慧并加以吸取有重要关系。但他这样做时,也就把自己的哲学原则同"神"混为一谈了。

第二,但是能不能由此证明他是一个神学家、宗教家呢? 罗素就说过他“有他自己的宗教”，“他或许会是一位宗教家”。[①] 我以为这也还是不能成立的。首先,大家都知道,他是一位地地道道的哲学家,他用自己的哲学来解释“神”和神话宗教中的某些智慧,而不是用神秘不可解的东西来解释他的哲学(他用“暗示”,形式上类似宗教神话,实质上仍是哲学的)。其次,这种哲学的解释,从根本上来说是唯物主义和辩证法的,虽然由于非常原始朴素,带有猜测、直观甚至神秘的气味。再次,有一点是十分重要的,就是他斩钉截铁地否定了神创世界的观点。

赫拉克利特明白地说,世界及其秩序不是任何神所创造的,而是一团永恒的活火。火凭自身的燃烧和熄灭的客观规律,通过内在的对立统一和斗争,转化为万物,并推动万物永远地运动。战争或斗争是创造一切之父,决定一切之王。他还说战争创造了神和人。我们知道,“神创世界”乃是一切宗教和神学的核心观念和命脉,但是现在他否定了,并且是用最庄严的语言断然宣告出来的。

可见,他虽然在许多地方把客观世界及其规律同神混淆不清,但在决定性的地方仍毫不迟疑地否定了神的这种创世的意义。他唯一毫不含糊地加以肯定的东西只是永恒的活火及其逻各斯。所谓神,至多就是这个“火”和逻各斯本身,世界秩序本身,而决不能在此之外存在并作为它的创造者。

人们注意到这一点就不难看到,赫拉克利特的哲学虽然素朴,却有一个深刻完整的说明体系,它不用神也完全可以说明他要说明的一切。“神”在这里可以说只是一个哲学的代名词,为他的哲学增添并覆盖着一层神圣的光彩,并无多少实质的意义。不错,他讲神很多,也许比米利都哲学家讲得还要多,但是米利都派虽然实

① 罗素:《西方哲学史》(上卷),商务印书馆1982年版,第70、71页。

际上已经提出了同神创世界说不同的世界观，却并没有直接触动它。赫拉克利特却与之公然决裂，这在古代思想史上还是第一次，不能不说这在当时是一次勇敢的行动。

因此，我想我们虽然要看到赫拉克利特有神学的杂质，但还是应当承认他是一位伟大的哲学家，一位伟大的素朴唯物主义辩证法家，而不是一个宗教家或神学家。

在了解他对神的看法之后，我们回过头来再谈谈他的"灵魂"观，我想有些疑难也可以随之解决了。灵魂是人里面的"火"或"火气"，因此它有干湿升降的内在对立。它的存在状态就是燃烧，这时人是活的、有生命的。而由于"火气"的干湿状态不同，人的灵魂状态也就显示出区别来。人喝醉了酒变得神志不清，在赫拉克利特看来，就是灵魂—火气潮湿状态的很好例证。从他的各种表述可以认为他把醒与睡也看作灵魂干湿状态的对立和转化，而生与死也是如此，只是程度（"尺度"、"分寸"）有所不同，因此醒着的人便可从自己的睡来了解什么叫作死。当着灵魂—火气完全湿了、熄灭了转化为水时，它就死了，自然身体也死了。这时人就成了尸体，"灵魂—火气"作为它的对立面的水便同死了的肉体一起成为粪土，参加到自然界的其他变化中去。

智慧和愚昧、英勇和怯懦这些人们的思想道德方面的差别，在他看来是灵魂状态的重要区别。他也极其素朴地把这种对立说成是"灵魂—火气"的干湿状态不同：那最优秀的人，最有智慧和最勇敢的英雄们有最好的灵魂，他们的灵魂—火气最干燥明亮，接近于纯粹的火，所以接近于神而能同逻各斯一致；而一般人则不那么干燥，所以不能理解逻各斯，即使看起来是醒着其实同睡梦中的状态差不多。所以，大多数人由于灵魂—火气中潮湿的成分多，就向下沉，向水转化，这样来结束他们的生命。反之，那些最优秀的英雄的"灵魂—火气"既然最干燥,就能向上转化,上升为完全纯净的"火",所以他们的死,身体虽也是尸体,灵魂却能上升、"升天",因为天上正是太阳、星辰、光芒等最纯粹的宇宙火居住的地方,这些火也就是神。因此,英雄们的伟大的死就得到了另一种命运,与这些天上的火或神在一起,成为他们之中的一员。

我在这里根据赫拉克利特残篇的思想和某些证据描绘的"复原图",恐怕不免有主观的成分,目的只在于提供一种可理解的画面,希望不致离本来面目过远。我觉得赫拉克利特的灵魂"升天"为神的说法,无论如何解释也仍是带神秘色彩的;但是这种带神秘性的"升天"又是物理形象的,"灵魂—火气"因干燥和热气自然要上升,所转化而成的神又无非是天上纯净的"火"(天体)。所以这一点又竟然得到朴素唯物辩证法的说明!这也就为赫拉克利特赞颂智慧和英雄的道德观念找到了一种表现形式。在这里,我们又一次看到了原始朴素哲学的奇妙特色。素朴的原始唯物主义同近代科学的唯物主义有极大的区别,它包含着无数的天真稚气和幻想,许多在我们看来绝对不能容许的矛盾在他们看来不但可以容许,而且它正是由这样的矛盾浑然交织在一起的图画。不注意和研究这种特色,我们就不能真正理解它的本性,就常常容易用现代人的想法粗暴地对待它,或给予曲解。

黑格尔对赫拉克利特的曲解便是例子。他虽然再三地要求忠于历史,但是并没有做到这一点。黑格尔认为赫拉克利特思想深刻,已达到了比巴门尼德的"有"更高的概念"变",掌握住"有"、"无"、"变"的纯概念的辩证法了。因此,他说,"火"的学说"是不能以粗糙的感性的意义来了解的";[①] 他还把赫拉克利特的火是灵

---

① 黑格尔:《哲学史讲演录》第1卷,三联书店1956年版,第307页。

魂的说法当作证明赫拉克利特哲学是客观唯心主义的根据。从这里我们可以看到黑格尔至少有几点对赫拉克利特不理解和歪曲：（1）他不理解原始素朴哲学中深刻思想同对感性世界的图画式的意识正是浑然不分的，因而把赫拉克利特的深刻思想理解为“纯概念”的东西，作了客观唯心主义的曲解。（2）他也不理解原始素朴唯物主义对灵魂与物质始基浑然不分的理解，即唯物的解释。他只知道后来人对“灵魂”的纯精神性的观念，用以理解赫拉克利特的“灵魂”观念，并进而把“火”也加以精神化。（3）他颠倒了赫拉克利特同巴门尼德在哲学史上出现的前后顺序，这种违背史实的做法，根本在于他对赫拉克利特所作的上述客观唯心主义的歪曲。所以，黑格尔的曲解，有他自己立场的根源，也有对原始哲学朴素性并没有充分理解的原因。从黑格尔（以及追随他的拉萨尔）对赫拉克利特的歪曲，人们应当得到教训，这对我们科学地研究哲学史会是有益的。

马克思的人类学笔记和我们今天[①]

一、研究的现状和问题

马克思的人类学笔记引起国际上某些学者注意不过才十多年时间，与之相比，我们中国学者的研究起步不算晚，而且有自己的特色和思想深度。1986年12月在福州召开的全国首届马克思人类学笔记学术讨论会和在此前后发表的杜章智、潘叔明、荣剑、俞吾金等同志的文章，从各个角度探讨了马克思晚年这一新研究的理论价值、思想动机和对我们今天的启示，使人感到鼓舞，感到这一研讨对于马克思主义的命运，对于中国和世界的发展前途有意义，可能会提供理论上突破的方式。杜章智同志说，“马克思的这些论述无疑会使我们至今认为当然的所谓五种生产方式说（社会发展五阶段论）成为疑问，也可能成为对中国社会性质进行重新思考的根据”，就是其中一个很有见解的提法。我们相信这种研究是会产生出重要结果来的。

不过我们也应承认，这项研讨无论在国际国内都还处于刚刚开始的阶段，最能表现这种状况的是，它还远未受到马克思主义理论工作者和人类学家们的广泛充分重视，在其他领域中的影响更

① 本篇原载《史学理论》1988年第4期。

是微乎其微。在这种情况下我们的研究是难于取得重要进展的，所以我们应当分析这种情况。

按说从事马克思主义理论工作的同志最应当关心这项研究，但是人们长期以来重视和熟悉的只是马克思和恩格斯那些所谓成熟时期的著作和理论，即以《资本论》为中心和代表的那部分思想，而对他们早年和晚年的探索却不熟悉，并以不成熟或不成体系为理由把它们忽视了。可是马克思的思想和理论实际上也是个生动具体的发展过程。成熟的东西总是从不成熟的发展过来的，要继续前进又得再经历不成熟的阶段，这本是一切思想和事物发展的规律性，也是我们正确理解它们的途径，割裂开来就会出教条主义和各种曲解。前几年我们曾抱着很大热情注意到马克思1844年的《手稿》，那里面包含的生动深刻的思想使我们大开眼界，加深了我们对马克思主义的认识。遗憾的是那个研究刚开展起来就被一闷棍打下去了，其后果是不好的.许多青年中重新唤起的对马克思主义的热情和信心，又一次受到严重损伤，这个教训值得深思。我们现在要来研究马克思晚年的思想，其命运能否比那一次好些，还要拭目以待。我们希望那些以马克思主义理论权威自居的人不要再重复错误的做法，不要再过于近视和以傲慢态度对待他们并不清楚的那些所谓“不成熟”的马克思的生动思想，学得稍微谦虚一些。不错，马克思晚年的新探索由于远未完成，不能形成像《资本论》等那样严密的体系，但事情的实质在于：他晚年面临新的重大革命实践问题，并清楚地看到他原先所形成的理论只有一定的适用范围，不能解决新问题，才以极大努力转入新探索，所以这些探索尽管很不成熟，但却又特别有意义。它对我们今天尤其有意义，因为我们今天面对的问题正是当年马克思面对的问题的新发展，这就要求我们把他开始的这一探索大大加以推进，形成比那时要完备的理论。现在人人都在讲改革开放、建设有中国特色的社会主义，必须在坚持马克思主义的同时着重强调对它的发展，可是从哪里起发展呢？我以为正是马克思晚年的新探索可以成为这种发展的出发点。为此不少同志已经做了宣传和启蒙的工作，但是看来还不够，还需大力去做。

其次，马克思的“笔记”既然是关于人类学的，理应受到人类学家的足够注意，但至今还没有得到应有的尊重，我想这也是值得分析的。无可讳言，西方人类学家中许多人对马克思主义不大重视和熟悉，甚或抱有偏见；不过我以为同样无可讳言，马克思对人类学的探索后来没有得到重大发展，是造成目前状况的更主要的原因。

人类学作为一门独立的、以经验事实为基础的理论学科，是西方学者在19世纪里才建立起来的。从那时起它发展得非常迅速，学派迭起，成果很多，日益在广泛的社会历史与文化研究领域中显示其重要作用；相比之下，马克思主义者对它所做的贡献却不显著。许多人类学者不重视马克思和恩格斯的有关成果，有一种狭隘性，因为在他们看来，那些论述所依据的资料许多已经陈旧过时，何况马恩未能从事人类学的田野工作，没有亲身得来的第一手材料，所以他们甚至没有把马恩视为真正的人类学家。但这样一来也就妨碍了他们理解马恩在这一领域研究中比他们要深刻高明的观点。他们本来是可以从中得到很大益处的。

但我们不能责备这些人类学家，他们毕竟做出了许多新贡献。问题主要是我们自己所做的工作太少。长期以来我们甚至很少认真想过这样一个问题：马克思晚年为什么会放下《资本论》这样重要著作的写作，把科学研究的重点从经济学转向了人类学。我们不理解他的这一转变，不理解人类学研究对我们今天革命实践和理论发展的科学支柱的意义，所以没有继续马克思的这一研究，更谈不上有多大的切实发展。在这种情况下,自然没有资格指摘西方人类学家不理解马克思。

再来谈谈其他领域的同志特别是实践家们同这项研究的关系。对马克思人类学笔记的初步研讨告诉我们,他之所以转入这种研究完全是出于对俄国革命和对东方以至世界革命前途的深刻考虑。任何民族的革命和建设必须从该国的国情出发,这是我们都熟悉的道理。但是要想真正批判地弄清所谓国情却是不容易的事,这需要理论,更需要人类学的实证的历史研究与之一致。在以往的革命过程里我们早已遇到了本国历史传统的问题,但只是到最近时期,在又一次中西强烈对比的刺激和冲击下,搞改革、开放,才越来越意识到,原来传统对于社会主义建设事业具有多么大的影响作用,于是出现了新的中西文化比较研究的热潮,文化人类学问题也就提到日程上来开始为人们注意。这一切告诉我们,沿着马克思的人类学研究的道路大大前进一步,对我们今天是何等的迫切需要。这决不是个单纯的学术工作,而是实践的各项事业不可少的。可是包括一些做领导工作的人在内,却以为人类学不过是些关于古代悠远事情的谈论而已,只要几个专家学者去搞搞就行了,自己只需关心眼前的事变。他们中多数甚至连马克思晚年有过一种新探索这件事都不知道,也不想过问。这实际上是近视眼,其结果是并不能真正理解今天的稍微深层一点的事情。不错,专门的人类学研究或马克思理论的研究只能由少数学者去做。但是如果我们不能充分认识这项学术研究对今天改革实践的意义,那么这二者都将同样受到损害,马克思主义在中国的发展也可能成为一句不能落实的空话。

所以我们认为分析上述情况,寻求改正办法,在当前是特别重要的。在各种人里我们以为首先有可能取得进展的是马克思主义理论家,他们有责任多做工作,用自己的新理解和切实成就吸引其他人一道前进。不过搞理论的人固然有其优点,也容易只在理论上谈谈,而对这种理论研究同现实的关系往往思考不够,并且在人类学本身也下功夫不够,所以还是做不成事业。我们也需明白自己的不足,才能知道如何努力。

本文愿意从这种考虑出发,谈谈对马克思人类学笔记的理解,以及它同我们今天的关系,以便促成这项研究。

二、马克思转入人类学的动因

许多同志已经指出马克思晚年转入人类学的研究不是孤立的现象,有其深刻的背景和思想动机。有人认为这个动机是他早年从事哲学人类学探求的继续或回复,他从哲学人类学进到经验实证的人类学是同一主题的发展,证明他毕生关注的是人类学问题。有的认为这个动机是他要完善唯物史观,更进一步是为了突破与超越他原来形成的唯物史观。这些意见都有道理。不过科学或理论的完善与发展固然有自身的独立性,终究是以现实问题做根本动力的。对马克思这样的革命家而言尤其如此。我认为要理解他一生的理论工作,必须注意同他经历的欧洲两次革命的关系,这就是1848年的德国与欧洲各国革命,1871年巴黎公社革命。

马克思的世界观和理论观点,大体孕育形成于1848年革命的准备时期。这场革命虽然还是资本主义性质的,但是种种历史条件的变化(英法资产阶级革命后带来的社会发展和矛盾冲突、德国资产者的软弱无能等),竟然使投身于这一革命的青年马克思变成了一位无产阶级的革命家。革命爆发前夕发表的《共产党宣言》明白标志着这一转变。他开始了一种人类思想史上全新的工作,要批判地剖析资本主义,寻求人类的共产主义前途。

1848年以后,资本主义在西欧各国迅速发展并比较稳定。马克思在这期间致力于从理论上解剖资本主义社会的经济与全部结构,宣传组织国际工人运动,准备无产阶级革命时机的来临。这是他的唯物史观得到科学表述与系统形成的时期,《资本论》的创作及其第一卷问世标志着他在这一时期的主要理论成果。

他期待已久的无产阶级革命终于在1871年爆发了。但是巴黎公社很快失败,接着而来的是遍及欧洲各国的对革命工人的镇压与反动。资本主义继续得到发展,西欧的共产主义运动进入低落时期。在这种情势下马克思一面对巴黎公社的伟大创举进行分析总结,发展和改进他的无产阶级革命学说,另一方面则转向考察更广泛范围的世界革命问题。因为他看到在巴黎工人失败后的相当长时间里,西欧再次发生革命的前景几乎不存在,他还意识到由于资本主义的发展把欧美同世界各地日益紧密地联系起来,像以前那样只从西欧范围来考察共产主义问题是绝对不够的。这时俄国的革命问题和它的前途问题出现了,并且要求得到马克思的帮助和指导,于是他的注意中心就越出了原来关注的范围而转向俄国,转向东方和世界上那些仍然比较落后、迫切要求变革的地区。

对俄国问题的深切关怀,是马克思1871年以后在理论上发生新转折和从事新探索的真正动因所在。要理解他研究人类学的思想动机和线索,必须从这里入手。

三、马克思新探索的思想进程

马克思在组织国际共运和写作《资本论》过程中,同俄国的革命家与学者早有交往,1872年俄文版《资本论》在彼得堡出版后引起的重大反响更加强了这种联系。如果说这种联系先前主要同《资本论》有关,后来则发生了重大变化,它是由俄国革命的问题及其争论引起的。突出表观这种变化以及马克思在理论上新思考的文献是,(1)他在1877年11月间给《祖国纪事》杂志编辑部的一封信;(2)1881年2月“劳动解放社”主要成员之一维·伊·查苏利奇给马克思的一封信和马克思3月初给她的复信以及这封复信的三个草稿。[①] 许多同志在谈到马克思人类学笔记时已经注意到这些文献,但我想由于它们的重要性,一般提到是不够的,还应精细地加以分析考虑。限于篇幅,我在这里不能对此作详细的讨论。有几点我想着重提出来,因为这对我们了解马克思的转变进程是很有意义的。

第一点,在1877年信里,马克思郑重引述了车尔尼雪夫斯基对俄国前途问题的提法,并说自己在《资本论》第二版跋里就曾非常重视地提到了这位“伟大的俄国学者和批评家”,他在一篇“出色的文章中研究了这个问题”。从这里可以知道,马克思约在1873年之前就注意到了车尔尼雪夫斯基的问题,开始认真思考俄国的革命前途了。

车尔尼雪夫斯基提出的问题是:

“俄国是应当像它的自由派经济学家们所希望的那样,首先摧

① 以下引自这些文献的引文,均见《马克思恩格斯全集》第19卷,人民出版社1963年版,就不一一注明出处了。

毁农村公社以过渡到资本主义制度呢,还是与此相反,发展它所持有的历史条件,就可以不经受资本主义制度的一切苦难而取得它的全部成果。”

车尔尼雪夫斯基表示赞成后一种解决办法。马克思尊重这一看法,不过直到1877年以前并没有对这个问题表态。这固然是由于情况还未发展到必须表态的地步,也是因为马克思认为自己缺少研究。但正是这个问题推动了他的新工作,如他自己所说 :“为了能够对俄国的经济发展作出准确的判断,我学习了俄文,后来又在许多年里研究了和这个问题有关的官方发表的和其他方面发表的材料。”

这证明马克思的新探索是在巴黎公社失败后不久就开始了的,这种紧张的努力使他从1877年起达到了能够开始发表自己意见的程度。

第二点, 1877年以后上述问题以日益尖锐的争论形式提上日程,它涉及《资本论》中的基本论述,而且俄国革命者们迫切地和直接地要求马克思本人出来发表意见。这些情况是推动他的新探索加紧进行的巨大动力。

1877年的争论还只是一个前哨战。马克思之所以要给《祖国纪事》杂志写信,是因为他发现该杂志新近发表的尼 · 康 · 米海洛夫斯基的文章,把《资本论》一处对赫尔岑的泛斯拉夫主义倾向的批判引申为马克思不同意赫尔岑的另一观点,即赫尔岑主张俄国人应当为自己的祖国寻求一条不同于西欧资本主义发展的道路。马克思认为这是对他的严重曲解,由于涉及极其重大的原则问题,就必须出来表明自己的态度。

米海洛夫斯基文章涉及三个相关的原则问题 :(1)俄国究竟应该走哪条发展道路? (2)《资本论》所表述的资本主义发展的历

史规律是否适用于俄国,或它是不是一切民族必定要走的道路?(3)对俄国的农村公社究竟该如何认识?可是米海洛夫斯基并没有以明确的方式把问题提出来,而是相当暧昧含混的。马克思便以车尔尼雪夫斯基的提法把第一个问题明确起来,提到原则高度来讨论,这里也包含了第三个问题;同时对于第二个问题表明了自己的原则立场。

如果说1877年米海洛夫斯基的挑战还是比较含糊其词的,而且不是直接向马克思本人提出来的,因而马克思还无须过分认真对待,那么1881年的情况就大不相同了。在俄国革命者中间争论的迅速发展和困惑,使问题尖锐起来。先是俄国民意党中央,接着是俄国最初的马克思主义政党"劳动解放社"的主要成员查苏利奇直接向马克思写信,要求他阐明意见,尤其是对俄国农村公社的问题发表意见。查苏利奇在信里是这样提出问题和要求的:

"你比谁都清楚,这个问题在俄国是多么为人注意……特别是为我们社会主义党所注意……最近我们经常可以听到这样的见解,认为农村公社是一种古老的形式,历史、科学社会主义——总之,一切不容争辩的东西——使它注定要灭亡。鼓吹这一点的人都自称是你的真正的学生,'马克思主义者'","因此,你会明白,你对这个问题的见解是多么引起我们的注意,假如你能说明你对我国农村公社可能的命运的看法和对世界各国由于历史的必然性都应经过资本主义生产阶段的理论的看法,给我们的帮助会是多么大。"

显然,面对着这样的问题,马克思的任何回答都不仅仅是个理论上的事情,而会直接深刻地影响俄国革命家的思想和行为,从而影响到俄国的未来。意识到自己所负责任的重大,他下了很大功夫来写复信,共起草过四稿。从前三稿看,他本想总结多年来的研究收获，在重点讨论农村公社问题的基础上，对涉及俄国前途的几个重要方面作出比较全面的分析和论断。但是最后他改变了这种考虑，决定只以一种极其简要的方式做答复。

第三点，由这情况我们可以判定，他转入人类学研究，是由考察俄国问题引起的。其间的联系在于：（1）他发现自己原来的理论不能适用于俄国，这个否定性的结论引导他作新研究，寻求新理论；（2）要研究俄国的未来，就必须研究它本身的特点和它所面对的欧美资本主义发展的历史环境这两个方面及其关系；（3）在这两方面和彼此的关联中，那使俄国区别于西欧类型各国的独特之处就突出为有待研究的重点了。按照那时许多俄国人和马克思的看法，俄国的特点就在于它那时在全国范围内还保存着农村公社制度，而且“几乎是作为巨大帝国疆土上人民生活的统治形式保存下来的”，具有原始公有制和集体生产的性质，这种特点是在欧洲独一无二的。因而俄国既有走资本主义道路的可能性，也具有通过改造其农村公社的原始特点从而走向社会主义发展道路的可能性。问题的焦点就落到弄清俄国的农村公社上面来。

要弄清俄国的农村公社究竟为何物，就必须比较分析人类各民族远古以来的和现今世界上尚存的各种公社形式，研究它们的起源、性质、结构以及它们在不同条件下的遭遇和命运才行。而这只能靠人类学的帮助。

我们发现，马克思在1877年信中已经注意到了这一点，但这封信还不能对这个问题发表意见。所以他在这之后就对科瓦列夫斯基的《公社土地所有制，其解体原因、进程和结果》一书作了认真的阅读，写下了详细笔记。1881年回信草稿中马克思已能对农村公社问题发表重要看法是与此相关的，此外还涉及摩尔根、毛勒和梅恩的有关观点，但显然，他认识到自己知识不够，如他说：“各种原始公社（把所有的原始公社混为一谈是错误的；正像地质的形成一样，在这些历史的形成中，有一系列原生的、次生的再生的等等类型）的解体的历史，还有待于撰述。”“关于这些变化，我们还什么都不了解。”所以他在信稿中虽然从自己当时具有的知识出发，提出了一些论断，终究感到不是很有把握（的确如此，我认为信稿中的某些结论包含一些成问题的或错误的东西，关于这一点下面再谈），因而在正式复信中把那些关于农村公社的具体论述全部略去了。由此我们便能理解他为什么在1881年后更深入抓紧人类学研究的原因。事实上，他对摩尔根的《古代社会》以及梅恩、拉伯克等人著作的读书笔记就是在这以后做的。了解这一过程，对我们探讨他的这些笔记带有本质性意义。

四、新探索在理论上的转折点

如上所述，马克思晚年的新探索是在巴黎公社后俄国问题急速提出的情况下发生的。由于种种原因，如问题重大复杂，当时人类学处于刚刚形成的阶段，马克思肩负着许多方面的任务，健康状况又日益下降，他的紧张工作只维持十年左右就因逝世而中断，所以他的新探索尽管有十分伟大的开创意义，却不可能是成熟的。他留下了大量的问题给恩格斯和后人以及历史的进一步发展去解决。因此我们对他的这些成果应该也只能取分析批判的态度，我认为这也是马克思本人所希望和要求我们对他采取的正确态度。

对于俄国问题的几个有关之点，马克思在上述两封信中回答的情况各不相同。但有一点是最明白无误的，这就是他一再申明《资本论》中的理论阐述只适用于西欧各国，绝不能无条件地适用于俄国和其他地方。

针对米海洛夫斯基之流对《资本论》的曲解，他指出：

“他一定要把我关于西欧资本主义起源的历史概述彻底变成一般发展道路的历史哲学理论，一切民族，不管他们所处的历史环境如何，都注定要走这条道路……他这样做，会给我过多的荣誉，同时也会给我过多的侮辱。”

什么叫“过多的荣誉”也即“过多的侮辱”？这就是不实事求是，强使马克思的某种理论去为与之不相适应的问题作解答。

1881年的信及其三个草稿都在一开头反复强调了这一点，并且更简洁明白：

“我明确地把这一运动的‘历史必然性’限于西欧各国。”说得斩钉截铁，没有任何含混之处。他之所以这样宣布，是因为他认为只有如此，才谈得上真正认真地研究与西欧不同的俄国问题和其他民族的发展问题。不同的问题，只有不同的理论才能回答。搬用是违反科学态度的；因此应该有新探索、新方法。他说：

“极为相似的事情，但在不同的历史环境中出现就引起了完全不同的结果。如果把这些发展过程中的每一个都分别加以研究，然后再把它们加以比较，我们就会很容易地找到理解这种现象的钥匙；但是使用一般历史哲学理论这一把万能钥匙，那是永远达不到这种目的的，这种历史哲学理论的最大长处就在于它是超历史的。”

我认为这段话具有极重要的方法论意义，有破有立。他破的正是人们对他自己的理论的教条主义；在这里他不仅不同意人们把《资本论》中的某些论述当作教条，而且根本不赞成有任何可作为万能钥匙的“一般历史哲学理论”，即不赞成人们把他的唯物史观当成这样的“超历史的”学说；因为这样做将永远不能说明不同的历史现象。与之相反,他强调研究任何现象都必须考察其具体历史条件,正确的方法应是对不同民族在历史发展上的差异先作分别研究,然后再加以比较;这才是理解它们的钥匙。

我赞同杜章智同志的提法,就是因为在我看来,它是符合马克思这里所提出的原则与方法的。长期以来,许多人把马克思的唯物史观当作可以不管各民族具体条件的万能公式到处简单照套,甚至把五种生产方式说曲解为一切民族或每个民族都必经的“历史必然性”。实际上正是马克思这里批判的“超历史”方法。其实五种生产方式的更替只是马克思对西欧所作的一种历史概述;并且我们知道,所谓西欧史从来也不是某一单个民族的历史和文化发展的结果,而是希腊、闪族、罗马和日耳曼等诸民族在不同历史条件下先后发展和彼此冲突取代所综合形成的一部历史。举例来说,日耳曼民族就不曾有过它的奴隶制社会的发展阶段,反之,说古希腊人或罗马人要是没有日耳曼人的入侵也会缓慢地进入封建社会,我们对此没有看到充分的证据;实际上西欧的封建制社会是在上述两种力量冲突融合中生长出来的。马克思、恩格斯曾一再说明过。马克思在《摩尔根〈古代社会〉一书摘要》中有一个论点指示了为什么本来情况相似的不同民族在进入文明时代会出现不同情况的原因。他在谈到原始社会后期父权制家族时引用了摩尔根的如下论述:拉丁诸部落中的家族(familia)一词,原义与成婚配的一对男女或其子女无关。而是指在家族之父(pater familias)权力之下从事劳役以维持家族的奴隶及仆役的集团,即指“一种新的组织体,这种组织体的首领拥有其妻室儿女及在父权之下的从属人们的集团”①。然后马克思评论说:“傅立叶认为专偶婚制

① 摩尔根:《古代社会》,商务印书馆1971年版,第816—817页。

和土地私有制是文明时代的特征。现代家庭在萌芽时,不仅包含着 Servitus(奴隶制),而且也包含着农奴制。因为它从一开始就是同田野耕作的劳役有关的。它以缩影的形式包含了一切看来在社会及其国家中广泛发展起来的对立”。[①] 后来恩格斯在《起源》一书里运用了马克思这一论点,说明古希腊、罗马、日耳曼人是如何从这种父权家族公社制进入他们各自的文明状态的。日耳曼人在罗马时代的塔西佗描述中还处于父权制公社阶段,而在征服罗马的过程中使自己和西欧社会演变为封建的农奴制社会。[②] 从这里可以证明,由于父权制家族公社本来就包含着奴隶制和农奴制的萌芽,因此不同民族进入文明时代会产生怎样的情况要看具体历史环境而定,二者都是可能的,并没有什么严格的“历史必然性”或固定顺序。所以在马克思看来,在西欧已经发展了资本主义并发生危机的时候,俄国在广大国土上还保存着农村公社,而它的古代集体所有制仍是人民生产生活的传统形式。在这样的历史条件下,俄国是否也必须走资本主义的发展道路,并不是可以用什么简单的“历史必然性”加以判定的事情;它也可能通过发展它的农村公社,不经历资本主义的苦难而吸取其肯定成果而走向社会主义。马克思关于后一种可能性的判断本身,就是同把“五种生产方式说”当作所谓“历史必然性”的理论相对立的。他根本不赞成把他的这类“概述”变成什么一般历史哲学理论。那么,中国问题如何呢? 中国比俄国更有其不同于西欧的独特历史发展特征,它是一个历史非常悠久、在近代之前文化获得高度发展而一直处于世界领先地位的大民族,对于中国的历史和今天的发展问题就更不应

---

① 《马克思恩格斯全集》第45卷,人民出版社1985年版,第366页。

② 见《马克思恩格斯选集》第4卷,人民出版社1972年版,第53页及往后诸页和第143—153页。

简单套用“历史发展五阶段论”。马克思认为要解决俄国问题必须跳出西欧模式重新研究它本身的历史特征,正是从这点出发他才在晚年开始新探索的,我们今天岂不是更需要这样做吗?

马克思断然否认他原先理论的无条件的适用性,为新的探求开辟了广阔道路。其巨大意义已如上述。但这当然不意味这些理论与新探索无关,因为欧美资本主义的发展毕竟是世界史中最重要的一部分,它不仅在近现代强有力地影响和改变着整个世界的面貌,同其他民族和国家发生紧密关系,而且从它的矛盾发展里显示出来的社会主义未来方向,也是全人类都要求和向往的共同方向。从这些方面看,马克思对西欧资本主义的剖析批判和由此得到的社会主义共产主义学说,对俄国、中国以及其他民族的发展仍然具有根本性的意义。马克思认为俄国有可能避免资本主义而走向社会主义的论点,除了强调要研究俄国本身的国情而外,也是同他的原来的全部理论相关的。

应该着重指出的是,新探索引起了他原来的社会主义学说的极大变化或发展。因为本来意义上的马克思社会主义理论是从对西欧类型资本主义社会进行剖析批判得来,现在扩展到其他民族了,这些民族还没有达到资本主义的发展阶段和水平,凭什么能发展到社会主义? 这里提出了一种新的社会主义即落后国家的社会主义问题。它有什么历史依据? 能否符合科学的社会主义概念的要求?

马克思新探索的真正重大意义就在于此。正是这个问题把他的新探索和往后的俄国、中国等社会主义革命和建设的一切重大实践联系在一起,一直影响到今天。人类学研究只是这个问题的一个方面,不过又是其中带根本性的诸方面之一。所以我们得从这个高度来理解并根据迄今为止的实践经验来分析批判马克思当年对俄国问题的具体论述。

五、落后国家的社会主义学说根据何在

本来意义上的科学社会主义指的是资本主义高度发展之后的历史新阶段,马克思在提出俄国可能避免资本主义发展而走向社会主义时,就开始接触到这样一个问题:这一可能性的根据是什么? 更一般的问题则是:对落后国家的社会主义前途的研究能否成为一种科学的学说? 或者说,从这些国家中发展出来的社会主义能否是科学意义上的社会主义?

自从马克思提出他的科学社会主义理论和在晚年又提出像俄国这样的落后国家有走社会主义道路的可能性学说以来,世界史在其影响下走着一种奇特的曲折之路。一百多年来西欧、北美和日本等发达资本主义国家至今没发生社会主义革命,而像俄国和中国这些比较落后的国家却进行了这种革命。后面这种情况好像证实了马克思晚年的预见和期望,但是迄今为止这些国家中的发展究竟在什么程度和意义上真正达到了社会主义,却一直是个悬而未决十分困扰人的巨大疑问,留待我们今人去继续探索。

实践表明马克思当年的探索既有伟大意义又是极不完善的。

他在1881年肯定俄国有避免资本主义而直接走向社会主义的可能性。其客观的历史根据有内外两方面。

(1)国情。“在俄国,由于各种情况的特殊凑合,至今还在全国范围内存在着的农村公社能够逐步摆脱其原始特征,并直接作为集体生产的因素在全国发展起来。”这里说,俄国本身保存着广泛的古代原始公有制的因素。它同社会主义有某种同一性。但是它

如何能避免瓦解为资本主义,并得到改造而走向现代的社会主义,就有赖于下面这个世界环境了,这就是:

(2)"正因为它和资本主义生产是同时代的东西",而"资本主义制度正经历着危机,这种危机只能随着资本主义的消灭、现代社会的回复到'古代'类型的集体所有制和集体生产的最高形式而结束",因此,俄国及其古代遗存至今的农村公社有可能获得新生或复兴,有可能"不通过资本主义生产的一切可怕的波折而吸收它的一切肯定的成就",直接发展出社会主义。

当然这些条件只能给俄国前途提供一种可能性,同时还存在着走资本主义道路的更加现实的可能性。马克思认为由于俄国是一个独立主权国家而不是像东印度那样的资本主义国家的殖民地,同时又不是一种闭关自守的脱离现代世界而孤立生存的国家。就能够自主选择其发展道路。但是要选择社会主义的前途,没有革命是不行的。"要挽救俄国公社,就必须有俄国革命。"

这种对历史条件和前景的分析,有方向性的指导意义,可是还过于笼统粗疏,缺乏具体的规定性,并且明显地包含着片面性和错误。

就俄国的国情分析而论,后来俄国革命的实践表明,由于农村公社在革命前早已解体走上了资本主义的发展道路,它并没有成为对社会主义革命和建设起支柱作用的因素。另外,马克思对这种古代遗存物的积极意义估计显然过高,而对消除它的落后影响这一任务的艰巨性又估计过低。当时他非常强调"原始公社的生命力",甚至说它比"现代资本主义的生命力要强得多",这是缺乏具体历史分析的不妥的说法;同时他又说,俄国农村公社的孤立性软弱性造成了矗立于它们之上的专制制度,不过"在今天,这一缺点是很容易消除的"。事实证明这种传统习惯势力极其顽强地持续到现在。有时还变本加厉地在新的外衣或形式下达到极其可怕的程变。关于问题的这些方面,看来恩格斯已经看得现实得多,列宁更加如此,而我们今天则体验更深了。

关于落后国家的社会主义前途同西方资本主义发展的关系,马克思的看法从总的历史方向上说当然是高屋建瓴的,但也是过于简单的。因为,要使落后国家“不通过资本主义制度的卡夫丁峡谷,而享用资本主义制度的一切肯定成果”这种理想不成为空想,就不仅需要本国的革命,还需要解决同欧美这类资本主义国家的关系。那里的无产阶级和人民是同情和支持落后国家的社会主义革命与建设的,但是只要那里还没有实现社会主义革命,这种援助就只能限于道义方面,没有多少物质的力量;国际资产阶级总是极力要反对和扼杀落后国家的社会主义革命的,落后国家搞社会主义建设时要想获得资本主义生产的一切肯定成果更是同它们的一场复杂艰苦的斗争。

后来恩格斯对问题的观察分析就显得现实得多。他对公社的落后性一面看得比马克思要深切,如他在1884年2月给考茨基的信中,说到荷兰殖民者如何利用当地的古代村社共产主义把人民保持在原始愚昧状态以进行剥削统治时指出:这“附带也证明了,那里的原始共产主义,像在印度和俄国一样,今天正在给剥削和专制制度提供最好的、最广阔的基础”①。1893年他在给丹尼尔逊的信中根据新的事变发展更明确地说:“在俄国,也像任何其他地方一样,要从原始的共产主义中发展出更高的社会形态来是不可能的,除非这个更高的社会形态已经存在于其他国家,从而可以用来作

① 《马克思恩格斯书信选集》,人民出版社1962年版,第408页。

榜样。"[①] 最后,他在《论俄国的社会问题》一文中更确切地表示了他的看法:

"然而,不仅可能而且无庸置疑的是,当西欧人民的无产阶级取得胜利和生产资料转归公有之后,那些刚刚踏上资本主义生产道路而仍然保存了氏族制度或氏族制度残余的国家,可以利用这些公社所有制的残余和与之相适应的人民风尚作为强大的手段,来大大缩短自己向社会主义社会发展的过程,并且可以避免我们在西欧开辟道路时所不得不经历的大部分苦难和斗争。但这方面必不可少的条件是:由目前还是资本主义的西方做出榜样和积极支持。只有当资本主义经济在自己故乡和在它达到繁荣昌盛的国家里被战胜时,只有当落后国家从这个实例中看到'这是怎么回事',看到怎样把现代工业的生产力作为社会财产来为整个社会服务的时候——只有到那个时候,这些落后的国家才能走上这种缩短的发展过程的道路。然而那时它们的成功则是有保证的。这不仅适用于俄国,而且适用于处在资本主义以前的发展阶段的一切国家。"[②]

恩格斯的这一论断对马克思1881年的论点作了很大修正。他对落后国家中氏族制残余和与之相适应的人民风尚持比较严峻的态度,否认它凭自身就能发展成新的社会主义因素。它至多是一些可以利用的辅助手段;因此他认为落后国家得以发展社会主义的主要条件只能是要有西方的榜样,而这又只能靠现在还是资本主义的西方实现社会主义革命;并且还认为落后国家在这种榜样的作用下所能达到的只是大大缩短向社会主义发展的过程和避免

① 《马克思恩格斯书信选集》,人民出版社1962年版,第514页,并参见上下文论述。

② 《马克思恩格斯全集》第22卷,人民出版社1965年版,第502—503页。

西欧所经历的大部分苦难，而不是如马克思所设想的那样，能够避免这种苦难而径直走向社会主义。

这个论断要具体实际些，但也有很大毛病。因为照他的说法，只要西方还没有发生社会主义的革命，落后国家的人民除了等待就没有可能走向社会主义。他太看重资本主义生产力成就对落后国家的榜样作用，却忽视了事情的另一方面，即马克思强调的并为后来实践所证明的另一论点的意义：资本主义已经处在危机之中。这对落后国家人民选择自己的未来必定会起反面教员的作用，使他们努力避免再走资本主义的痛苦道路而选择社会主义前途。这样，他也就忽视了落后国家人民所具有的创造自己历史的主动性。这是一个为往后实践证明其为错误的论点。

苏联和中国的革命发展成社会主义革命不是偶然的，历史表明这主要的是同20世纪前半期资本主义世界中发生的极其深重的经济政治危机有关。两次世界大战充分暴露出资本帝国主义体系的深刻矛盾和极其丑恶的方面，列强对落后国家与地区的疯狂侵略扩张和沉重剥削压迫，威胁着这些民族的生存，这就激起了他们的奋起反抗斗争，并使他们中的先进分子选择了社会主义作为自己祖国的唯一光明前途。

但是革命只不过为这些国家发展社会主义开辟道路，并不等于这种可能性一定会变为事实，20世纪60年代以后资本主义世界又进入一轮新的繁荣发展时期，相形之下，我们这些国家的社会主义建设却进展缓慢，困难重重，步履艰难，于是落后国家究竟能否真的达到社念主义这个老问题又以新的迫切性再一次摆到了我们面前。

看来在这个问题上我们现有的理论是远不完善的，虽说它给我们指出了大方向，能帮助我们坚持向社会主义前进的实践。值得庆幸的是人们终于认识到了这一点,因而现实在实践中创造了许多前人所不曾想到过的新办法、新途径来解决我们面临的问题。开放和改革已成为我们时代比较落后的国家建设社会主义的新潮流。这就为进一步探索和发展"落后国家的社会主义"理论提供了新源泉。我们已经开始学会如何同西方资本主义国家打交道,用开放这种斗争方式吸取它的一切先进的肯定性成就,这是我们能够走向社会主义的一个重点。也是比恩格斯当年论断要强的一种发展。另一个重点则是用改革的精神来批判考察自己的国情。其中最基础和最困难的是如何对待我们原有的文化传统。在这方面我们以前虽做了许多工作,但在新形势下就显得很不深透,思想性不高。中国和苏联几十年来的历史曲折的经验反复告诉我们,今天的实践更强烈地处处提醒我们,古老的遗存的确还有其深厚的"生命力",不过由于它本来既不是资本主义的,更不是社会主义的,而是前资本主义的,所以它的这种生命力不仅有可以利用之处,更多的却表现为严重阻碍我们前进的巨大势力,经常以变化了的形式对现实的一切方面起作用。近年来我国知识界兴起的中西文化比较的热潮,表示着对这个问题的注意。电视片《河殇》突出显示了这种自觉探索的强烈而迫切的心情。但它在理论上还远没有弄清问题。而不弄清这一方面,像我们这样的国家要建设成社会主义是断然不可能成功的。这是"落后国家的社会主义"和原来意义上的即从高度发展了的资本主义社会转变成的社会主义根本区别的主要所在,因而也是我们理论工作的真正重点所在。

因此,我们的话题又回到了人类学。

六、关于沿着马克思的方向发展人类学研究的一些想法

上面我们说明了马克思晚年在理论上的转变和探索是由他所面临的新的革命问题引起的,现在我想再简要讨论一下,为什么他在这种新探索中必须着重求助于人类学的问题,这对于我们考虑今天的工作更有切近的意义。

当马克思说俄国及其公社绝非注定只有一条路可走,在现代条件下它有两种发展的可能性时,不少人觉得惊异和困惑。这种新观点有什么根据呢? 首先是他对原始公社所作的研究,使他能指出农村公社这种原始社会的最后形式具有二重性,因而它在后来的历史环境中的演变会采取不同的形态和道路。非常相似的东西在不同条件下有不同的发展可能性,这并不是奇怪的现象,而是人类历史中极其正常的事情,已被人类学的大量事实所证明。那么,现在考察俄国及其公社的前途时,我们也应分析它所面对的现代资本主义及其危机的条件,指出它有两种可能性。其次,在方法论上,马克思反对用抽象的"一般历史哲学理论"当作"万能钥匙",因为这样做永远说明不了历史上生动曲折的现象,正确的方法是对历史作具体分析,尤其是强调"如果把这些发展过程中的每一个都分别加以研究,然后再把它们加以比较,我们就会很容易地找到理解这些现象的钥匙"。大家知道,马克思的方法是唯物辩证法,包含着非常深刻丰富的内容和规定,比较的方法只是从属于这个整体的一个因素。但是这里他特别加以强调,放在首位,这也决不是偶然的,因为它对新探索特别有意义。以上两方面都同人类学有密切关系。

正是这门在19世纪里兴起的新科学,由于它的重点是对人类史前史和对世界各地现今尚存的野蛮和落后部落民族作实地的考察研究,就大大扩展了人们的眼界和知识,为研究和理解人类社会与种种文化的起源提供了可能;也为在时间和地域的前所未有的巨大跨度上,对人类全部发展中出现的各种事情“分别地加以研究,然后再把它们加以比较”提供了可能。人类学用这些新内容新方法展现出历史现象的巨大差异性、错综复杂性、多种多样变异的可能性,并为人们理解历史发展中真实而具体的规律性提供线索和钥匙。在这门新科学看来,人类发展的规律性不再是单靠对人性作抽象思辨就能找到的东西(如以前的许多哲学家所想的那样),也不再是生活在某种或多或少狭窄范围里的人们仅仅根据自己所能知道的就得出的一般结论(如以往的西欧或中国的传统人论或历史学那样),它必须同我们所能发现的包括全部人类活动在内的、在经验可以实证的基本事实相一致。

马克思和恩格斯的时代是这种崭新的人类学刚刚形成的时代,但是上述主要特征已经有力地显示出来。经过一个世纪以来的迅速发展,它无论在提供新的实际知识和见解上都有了重大进展。所以,如果说当年它已经给马克思等哲学家以关键性的帮助,那么它在今天更是我们应当特别关注的、能帮助我们理解复杂历史现象的钥匙。

总结本文的上述全部论述,可以归结到一点上来,这就是,我们今天的一项重要任务,就是沿着马克思的方向,大力发展人类学的研究,尤其是要建立和发展对中国各民族的社会、文化和历史的人类学研究。这是发展马克思主义的唯物史观和科学社会主义理论的需要,更是今天中国社会主义改革和建设实践的需要。

我们认为进行这项工作必须解决以下几方面的关系问题。

（1）对马克思的人类学研究取继承和批判的双重态度。这是我们从事人类学研究的思想前提。

很显然，鲜明的革命实践目的性和与之相应的发展唯物史观和科学社会主义理论的考虑，是马克思人类学研究中的指导思想。这是我们应当继承和大力发扬的。

但是对于他的具体论断应持批判的分析态度。A. 当时他所依据的人类学成果，包括摩尔根的重要成果在内，从今天看已显得很不完善或过时，其中倾向于单线进化论的若干论点也证明为不够准确，必须用新成就加以修正补充，有的必须否定。当然马克思是从自己的立场观点出发批判利用那时的成果的，两者之间并不等同，应当区别开来，不过既然主要依据那些成果，就会受到影响，因此对由此而来的马克思的不妥当的论断也应持批判态度。B. 他当时注意的中心是俄国的农村公社问题，因此他对人类学研究的重点也主要在经济的历史结构方面，对俄国和落后国家史前和后来的政治、思想、语言、习俗、宗教等文化的诸多方面及其错综统一的发展研究不多。马克思的唯物史观本来要求在研究任何历史问题时注意到这些方面，但他时间精力不够，当时的人类学发展也不够，使他受到限制。我们要看到这种局限和可能由此产生的简单化缺陷，就能从今天人类学新成果里得到更多的东西，搞得更丰富具体和准确些。C. 毫无疑问，中国文化是世界史上历史最悠久的一种文化，中国人口最多，发展也最富于同西方不同的独特特征，并且它本身也是一个具有众多民族的世界，因此任何人类学如果缺少这一大部分都不可能是完善的。但是马克思当年对中国的了解很少，甚至迄今西方人类学者在谈到中国时仍相当皮毛，不能不说是很大的缺陷。我们有责任把这部分工作担当起来，并且根据这一点对包括马克思本人在内的一切现有的西方人类学成就给予评判,不宜把他们的成果简单照搬到我们的研究里来,作生硬的类比。

上述对马克思有关研究的态度,我想也大体可适用于对待恩格斯和其他马克思主义者的有关著作,就不多说了。

(2)对西方人类学的一切重要成果必须努力学习研究并作出自己的分析批判。这是建立和发展我们的人类学研究的知识基础。

人类学这门科学原是西方学者建立起来的。所以不努力学习研究它,我们要建立和发展中国的人类学研究就无从谈起,这就如同数学、物理学等方面的情形一样。

它作为一门新的科学现在已经积累了大量丰富的资料,并且有许多学派提出了种种有益的观点供我们思考,这是我们着重要吸取和跟上的。

但是近来有些人对待西方新学术往往采取简单贩运的态度和方法,我们以为那是不能深入学到真东西的,对建设我们自己的人类学不会有很大益处。

西方的人类学不是一门孤立的学问。它有源远流长的前史,其核心是哲学人本学的传统,包含着对人类本性的极其深刻的理论思考;同时也有注重经验和知识的传统,从古希腊希罗多德的《历史》记述直到近代无数开拓殖民的人们带来的世界各民族社会文化生活的见闻资料。如果对西方的哲学和历史学无知,我们就不能真正理解他们今天的人类学成就。还有,它同许多自然科学特别是全部社会科学关系密切,彼此交叉结合甚至相互包含,因此既能得到各门学科的有力支持,又能给它们以重大影响。如果我们不认识这些关系并且也这样做,那也无法建立起有科学根据和能起重要影响作用的中国人类学。

虽然西方人类学是我们现在要学习的主要对象,但是它也有些难以避免的缺陷,西方那些学者自己也不同程度地有所意识。例如他们发现,由于生活方式和思想文化上的巨大差别,在田野工作中同落后部落中的人们打交道和获得真实的资料是极其困难的,受骗或曲解之类的事情是经常发生的,即使在那里生活多年彼此有很高程度信任也不能避免这类情况。

在我们看来这是自然的。因为人类学归根到底是全体人类——包括世界上的所有的和每一个民族、它们的整体和个人在内——真实地认识自己,并能帮助人类从现阶段各自所处的社会状态下,通过相互联系和影响,获得各自和共同的解放、改造与发展,从而达到世界大同的一门科学。所以西方的人类学不论成就多大,终究只是这门科学的一部分,有其眼界的局限;此外,他们许多人虽能在某些领域作出重要成就,但在思想的总体水平上,却很少有人能具有如同马克思那样的对人类解放事业的广阔胸怀和理论洞见,这也是不能使人满意的。我们以为在着重于学习他们的时候也看到他们的不足和缺陷,才能取正确的批判态度,这对我们是更有益的。

(3)在以上两个前提下,从今天中国的社会主义改革实践的迫切需要和面临的问题出发,大力开展对中国的史前史和民族学的研究,弄清中国传统文化的起源(从这里起才能弄清往后的发展),是我们从事人类学研究的重点和落实处。我们能否真正建立起沿着马克思的方向发展的,与西方人类学并驾齐驱的中国人类学。主要就看这一工作的进展而定。

在民族危亡的推动和西方科学文化的影响下,中国人从"五四"时起掀起了批判传统文化的伟大新文化运动,它具有伟大历史功绩。以后在对中国历史和史前史的研究中也取得不少成就,这主要是一些马克思主义的史学家做的。新中国成立以后,在马克思主义唯物史观的指导下,对少数民族的调查研究也取得了不少令人瞩目的成绩。但是从今天我们所面临的任务来看,又是很不够的,有许多重大缺点。这些成就和不足,在近年来人们对于中国传统文化所开展的又一次批判研究热潮中,或所谓中西文化比较的热潮中,都表现出来了。

这是中国近现代史上又一次新文化运动,在讨论的主题上,在引起这种讨论的民族落后危机感上都同五四运动相似。这场讨论已经起到了重要的新启蒙作用,但是它究竟能不能不仅是热闹一场而是可以取得大大超过"五四"时水平的、适合我们今天需要的成果,还是一个大问题。经常的情况是讨论各方各执一词,在使用的知识材料上各有偏爱,在观点上或者抱住中国传统的某些学说甚至一家之言,或者搬来现代西方的众多理论各树一帜。这种情况并不是坏事,它很自然,而且对我们解放思想丰富知识很有好处。但是其中一个共同的不足,就是停留在现象上,找不到足以说明种种差异对比的根本所在。即使有些人以为深入到本质了,例如他们把种种具体特殊的中西差异归结到中西文化的根本理论(尤其是所谓中西的人文主义精神或人论以及与之相关的科学观、宗教观和整个宇宙观)不同,或甚至把中西的全部对比,包括整个理论和历史实践的不同在内都归结为所谓大陆黄色文明与海洋蓝色文明的区别,也仍然是如此。因为根本不同的东西是不可能相通和彼此转化的。但是中西发展的历史和现状表明,尽管它们彼此相通转化十分困难艰巨,并不是原则上不可能的事,今天的中国正在走向世界和人类共同的未来这个事实,就否定着"根本不同"之说。这就要求我们进一步研究中西人类的共同性方面,不过这不能只靠抽象人性的研究来解决,而必须研究实际的中西历史尤其是史前史来寻求答案。人类在起源和最早的发展阶段虽然也有种种地域上、种族上的区别，却确实存在着更多的相似性和共同性，到进入文明时代之后才日益明显地发展彼此的巨大差别。

所以我认为只有把我们的问题放到人类学的范围内，用发展了的唯物史观来加以研究，才有可能真正从现象进入本质，搞清楚中西文化的差别和转化的性质与种种条件，搞清楚中国传统文化的起源和后来演进的实质，以及批判改造它的途径。

我们认为把以上三方面的批判工作做好，就有可能取得新的突破和发展，前景是好的，我们应当为它多做切实的工作。

中国传统文化新解[①]

如何批判继承我国传统文化，是一个重大课题。但长期以来人们对传统文化的性质与优缺点，在看法上聚讼纷纭，难以解决。笔者认为，这种研讨不应停留在文化的思想形式本身。中国传统文化的秘密和焦点在其宗法人伦的特殊结构中。认识这一点是解开种种扑朔迷离、错综复杂的文化现象的一把钥匙。

一

不少人强调中国传统文化富有“人文精神”，是“人道主义”的。不错，它的确一贯重视人文，而就“人道”一词的词义——指关于人和人事的道理而论，也确是富于“人道”的文化。不过中国文化的人道同西方的并不相同，因为中西的“人”和“人道”都是具体的，各有自己的历史情况。中国传统文化所重视的“人”究竟是怎样的“人”呢？

从周秦以来直到中华人民共和国成立前的三千年间，中国文化传统的看法一直是：人之所以为人，主要在于人具有人伦关系。

① 本篇原载《学术月刊》1990年第8期。

所谓“人”，是由人伦形成的家庭、家族、民族和国家整体，以及在这些人伦之网中被规定的一切个人。把种种人伦关系确定下来并运用到人们全部活动中去的规范，叫作“礼”；而把贯穿其中的精神加以提炼而成的思想原理，叫作“仁”。所以古人把不合中国人伦之道的异族视为与鸟兽相近的野蛮人，而凡违背这人伦之道即非礼不仁的个人就被看作禽兽之人，枉为人。

中国传统文化中的人伦不仅具有人伦一般性，还具有特殊的规定性。老子就有这样的议论：“大道废，有仁义；智慧出，有大伪；六亲不和有孝慈，国家昏乱有忠臣。”他指出讲仁义忠孝的人伦，同合乎“大道”的六亲和睦的人伦，不仅有区别，而且是对立的。他还说：“天之道，损有余而补不足，人之道则不然，损不足以奉有余。”可见天道自然的人伦同儒家所主张的人伦相反。他认为周公、孔子所讲的“人道”破坏了人与人的平等和谐，制造纷争祸乱，其中有剥削压迫，乃是“大道”被“废”除了的结果。

其实孔子心里也明白这种区别，这可从他不时流露出的许多感叹和思古情绪中体认出来。《论语·雍也》中说：“子贡曰：如有博施于民而能济众，何如？可谓仁乎？子曰：何事于仁！必也圣乎！尧舜其犹病诸？”人们通常以为“仁”是孔子的最高理想，然而从上面的话可知道这并不确切。孔子内心中还有个比较，认为能够做到“博施于民而能济众”才是最高的圣人境界，它不同于“仁”，唯有尧舜才谈得上，但也不能完全做到。这境界是人与人平等和谐的人伦世界，即大同之世，在远古氏族制时代有过它的踪迹。而“仁”讲的乃是“君君臣臣父父子子”的人伦关系，它不再是平等的，而是等级制的、“损不足以奉有余”的时代的人伦道德状态。不过孔子是“圣之时者”，他看到只能以讲“仁”作为对他那个时代的人的最高要求，很难奢求人们站到更高的境界了。

因此,在儒家经典中虽然全力讲“礼”与“仁”,有时也谈到两种人伦文化的重大区别。《礼记·礼运》篇关于“大同”和“小康”的论述,便是一个非常著名的文献。

大同之世的特点是“天下为公”,这是一个“讲信修睦”的、“大道之行”的人伦世界。而小康之世是“大道既隐”的产物,其特点是“天下为家”,“各亲其亲,各子其子,货力为己,大人世及(父子相继承为‘世’,兄弟继承为‘及’——注)以为礼,城郭沟池以为固,礼义以为纪;以正君臣,以笃父子,以睦兄弟,以和夫妇。”这里也讲人伦,却是与“大同”全然不同的另一种人伦世界。

《礼运》还指出,小康之世是由“禹、汤、文、武、成王、周公”这“六君子”所创立的。可见中国传统文化,即从西周到清代的三千多年文化,乃是在小康中的文化演进。它所据以建立其文化的基础,是家族私有制的人伦关系。因此,说中国传统文化的特点,固然要强调它的人伦性,尤其要强调它不同于“大道”人伦的特点,否则混淆二者,难于确切定性。我们认为,只有把它规定为“宗法人伦”或“宗法等级人伦”才比较恰当。

二

要了解中国传统文化的实质,首先离不开它对人与人关系的具体形式规定。王国维在其《观堂集林·殷周制度论》中说:

> 中国政治与文化之变革,莫剧于殷周之际。
>
> 殷周间之大变革,自其表言之,不过一姓一家之兴亡与都邑之转移,自其里言之,则旧制度废而新制度兴,旧文化废而新文化兴。

> 周人制度之大异于商者,一曰立子立嫡之制,由是而生宗法及丧服之制,并由是而有封建子弟之制,君天下臣诸侯之制。二曰庙数之制。三曰同姓不婚之制。此数者皆周之所以纲纪天下,其旨则在纳上下于道德,而合天子诸侯卿大夫士庶民以成一道德之团体。

王氏这个看法指出了西周文化在中国传统文化中的开创和奠基作用,并指出了一些要点。但有若干不确切处,如同姓不婚之制,我们现在知道它是人类形成氏族制度的基本依据,必定早就存在了;此外,另二制度在夏商二代也已开始有了;这都不好说只是周人的创造。尤其重要的是,“一姓一家之兴亡”即家天下制度,决不是表面的现象,而是小康之世的基本特点。所以殷周之际的变革虽意义重大,但“新”“旧”制度与文化的区别,仍属“天下为家”之中的演进;后来秦汉的新变革也未超出这个范围。其意义没有从大同到小康的那个变革大。

用人的创造性贡献在把夏商家天下的制度与文化,从其兴亡中总结经验教训,使之系统、严密和完备。这工作做得非常自觉,在思想上表现为从盲目崇拜天神转到重点在人事的礼治德政上来。从而开创了文化上的新局面。

王氏提到的三种制度到周人手里系统化了,成为维护其统治秩序的形式。其中嫡长子继承制是最核心的一条,“宗法等级制”就来于此。它以嫡长子继承建立周王世系,是为大宗,其余诸子分封为诸侯,为小宗;大小宗是上下君臣的等级隶属关系,周王便成为天下共主。诸侯对周王是小宗,但在所封国内又是大宗,叔伯诸弟是他的小宗,做他的卿大夫,又是上下君臣关系。卿大夫亦复如此。于是周天下便依据宗法等级建立了政治、经济地位权力和身份的等级制,组成一个金字塔式的等级社会秩序。庙数之制安排与上述制度相一致的祖宗神的地位和秩序,是为之服务的宗教形式。同姓不婚之制保持宗族血缘纯洁性,是宗法制的必要条件;也为同异姓贵族联姻结成甥舅关系,形成整个统治阶层的联盟,提供了纽带。

把宗法制做轴心,周人创制出一整套包括政治、道德、宗教、礼仪、经济和习俗生活在内的文化,其系统与详尽的规定就是周礼。

宗法等级制是有压迫和剥削的统治制度,但同时它又是借家族的宗法人伦关系建立的。它是一种对立统一体。

"等级"是人与人之间的不平等,是支配与服从的关系;而"人伦"原是人与人之间的自然亲密关系,其本义是没有压迫和剥削的。但宗法制却把这两种彼此不同和对立的关系结合成一个东西:宗法中的等级要借人伦来建立,反之,宗法中的人伦要用上下尊卑等级关系来确定。因而,宗法制及其文化是双重性的东西,既是等级性的又是人伦性的。随之而来的结果是:人伦被改造为宗法的人伦,不再是天道自然的人伦了;同时这里的等级秩序也具有一种特殊的本质特征,它作为一种伦常秩序,浸透和充满着人伦性质。人们时常抽象地说这是人伦的关系和情理,但真正说来,只是宗法人伦。这一点在中国传统文化上把君臣关系当作人伦关系,并且列在首位,就很清楚。实际上按宗法人伦,夫妇、父子、兄长之间也变成君臣关系,即支配与顺从的关系。

所以"宗法人伦"本身就是对立物的统一。人伦具自然性,宗法是人为的,宗法人伦便是自然与人为的对立统一。中国传统文化的许多秘密都包含在宗法人伦这个对立统一的特殊而深刻的结构里。例如:

种种不平等的支配和服从,压迫和剥削,都凭人伦建立,包裹在重重温情脉脉的人伦情感之中，并且由无数人伦日用的生活经验得到支持和维护，因而这不平等就易于为人们接受和容忍，并能说成是最自然不过的天经地义。

在传统文化中，国是以统治者家族的宗法关系做主干来建立的，所以国便是家，家就是国。家天下是中国传统文化中的国家形态。

政治与道德互为表里，成为一而二，二而一的东西。因为政治和国家制度是靠宗法人伦关系建立的，所以那约束家族的上下尊卑关系的宗法人伦道德，就成为政治治理的根本大法。

又如，这种不平等的政治压迫和经济剥削，因为靠宗法人伦建立和维系，它也就必定要受其制约。尽管君父至尊无上，他终究必须关照到家族和国人的生存和利益，否则他的统治理由也不能存在和维持。他得像个家长的样子，不管是真心诚意或是做做样子给子民看，其标准都是宗法人伦，即按名分上下使各种人各得其所。所以他的统治就有了一个好坏的评价法则。他所能进行的压迫和剥削，也就有一个合乎宗法人伦情理的限度。在此限度内，家国能安定太平，过分，就会导致危机和重新改组以至改朝换代。

如此等等。

这些对立统一的结构和内容，都包括在周礼的形式规定里，所以周公所创制的礼文化，成为三千年来中国传统文化的源头。而后来中国文化与历史的发展，无不与它的基础宗法人伦的内在矛盾有关。这些矛盾不断推动宗法人伦文化的自身发展，形成许多新的形态，新的统一，并区别出阶段来。但由于宗法人伦这种对立统一物相当牢固，具有很大的张力，能在很大程度上自我调节，因而直到近代西方文化入侵之前，它仍然根深蒂固地持存，其秘密也在宗法人伦的特殊结构之中。

三

“礼”文化既然是以宗法人伦做基础的东西,它里面就包含了道德和审美意识的规定性,也包含了对人的客观与主观世界如何认识的规定性,不过这只是中国传统文化中对真善美观念和言行的规定性。它在发展中会分化出对这些方面的具体深入的学问和文化。

中国人常把“礼”文化又叫作“礼乐”文化。在“礼乐”这个提法中,二者好像是不同的两个东西。实际上“礼”本身就包含“乐”,人们在宗庙祭祀、君臣上下和宗族生活中行礼,此礼中原有情,即宗法人伦之道中就有宗法人伦之情,其根源仍在宗法制与人伦不可分;所以行礼就要发自情,有诗有音乐有舞蹈。“诗言志”,表达对祖先和君父的颂扬赞美,表达宗族和睦上下相安,表达感恩,也用委婉的讥刺表达希望宗法人伦不被破坏而能改善的心愿。但由于礼最主要的任务在强调宗法人伦中等级森严的一面,就需要突出一下乐,以强调宗法人伦中的人伦情感一面,这样,礼乐就成为两种文化形式了。范文澜先生说:

> 礼用以辨异,分别贵贱的等级;乐用以求同,缓和上下的矛盾。礼使人尊敬,乐要人亲爱。…… 礼有乐作配,礼的作用更增强了。[①]

这是很对的。单说等级制森严如何合理是难以被卑贱者接受的,用乐突出此等级中有人伦情感关系的一面,把宗法制同它结合

---

① 范文澜:《中国通史简编》(修订本)第1编,人民出版社1953年版,第306页。

起来，就显得富有人情味。所以礼乐的区分，是宗法人伦制内在对立统一的展现形式。它们是互补的，区分正是为了互补。

但因此这“乐”也就是为礼所节制限定的东西。中国传统的“乐”文化，或文学艺术，也是宗法人伦性的。它始于《诗》。孔子说：“《诗》三百，一言以蔽之，曰思无邪。”这里区分人的思想情感正与邪的标准便是礼，“乐”中深刻贯穿和浸透着礼，礼通过“乐”把宗法人伦之道渗入人们的内心感情，得到了更好的维护。所以孔子提倡“乐而不淫，哀而不伤”。中国传统文学艺术里充满着缠绵悱恻的哀怨之情和人伦之爱，那是非常深沉、委婉和曲折动人的，或用时下的话来说，是极富“人性”和“人情”的。但这人伦情爱是不是对人类真正自然的感情的表达？这是值得仔细分析玩味的。中国传统文化里的诗歌音乐舞蹈、戏曲，重于含蓄凝重、温柔敦厚，时时流露出在重重重压和羁绊下无可奈何的心声，难以有奔放的激情和无所顾忌的反抗精神，不能不说它所表达的人伦情爱在性质上是有限制的。它同礼一样，都是有正负两面的复杂对立统一物，其原因也在宗法人伦的特殊结构之中。

四

中国传统文化中的道德方面或道德伦理哲学，即“仁”文化。它是中国传统文化中更为突出的东西。

周公制礼作乐，用这套新文化把西周宗法制王朝巩固下来，开辟了中国古史新局面。但这种局面未能维持长久，平王东迁后王室衰微了，从此东周历史的特点便是“礼崩乐坏”。它有许多因素，也有分封制这种早期宗法制度形式本身的缺陷。关于这些，可以另文讨论。这里只谈思想方面的原因。深刻见到这一方面并着力加以改进的是孔子,为此他创造出了比礼乐更深层的"仁"文化。

孔子重视礼乐,但他看出光讲礼乐还不行。他自己说得明白:

> 礼云礼云,玉帛云乎哉?乐云乐云,钟鼓云乎哉?(《论语·阳货》)
>
> 人而不仁,如礼何?人而不仁,如乐何?(《论语·八佾》)

礼乐是为西周的政治统治和社会秩序服务的文化形式,其实质在宗法人伦,所以它有一种精神在里面。孔子认为,礼乐若没有深刻的思想加以灌注,就容易流于单纯的表面的形式,就会脱离宗法人伦这个实质,从而毁掉它自身,这是造成礼崩乐坏天下大乱的根本原因。所以,孔子想用一种能够更准确深入地提炼了的思想学说,来把握宗法人伦的精神实质,把它重新灌注到礼乐中去,使之名实相副更有生气,达到恢复天下平治的目的。

这在中国思想史上有着划时代的意义。可以说,没有孔孟的仁学就没有中国的儒家,也没有各家各派的争论研讨和发展,往后中国传统的文化和思想学说都围绕着这个"仁"字在旋转。它赋予礼乐文化以新的生命力,共同构建了中华民族文化传统的主流。

孔子讲仁,涉及许多方面,有人认为很难给予定义。其实它们都是围绕着一个核心的。从研究"仁"与宗法人伦的关系入手,就不难看出它们的联系和一致。

《论语》的第二条就讲到"仁之本":

> 有子曰:其为人也孝弟(悌),而好犯上者,鲜矣;不好犯上,而好作乱者,未之有也。君子务本,本立而道生。孝弟也者,其为

人之本欤？

在宗法制社会里，无论一家一国，其尊长者和愿意安全者最不愿意见到和最要防范的，无过于有人犯上作乱。一部周礼，就是维护宗法等级制的法典，防止犯上作乱的一切言行举止的规定。但怎样才能使在下者乐于接受这不平等的现实，遵守这个礼呢？孔子认为礼乐虽然好，治人心尤其要紧，造成礼崩乐坏的根本原因是思想方面的工作做得不深不透，所以必须讲出一番能深入人心的大道理，这道理还须有深厚的经验基础和富于感染人的情感力量，才能奏效。这番道理就是“仁”，其着手处还在人伦，因为它是最自然的，人人都有的，不可或缺的人类本性，人的经验和人事的各种道理原离不开它，又是富有情感的；从人伦讲起，然后再论证顺从有理，犯上无理，就比较容易说到人们心里去为人接受。

为什么在人伦中只以孝悌为本呢？在宗法人伦这个特定的人伦中，一般人伦都发生了改变，成为有上下尊卑之别的关系，而且添上了君臣关系。现在的任务，就是要把一般人伦关系都同君臣上下关系联系起来，把君臣上下关系理解成最自然的人伦情理关系。在孔子看来，父子兄弟关系是轴心和基础，是把宗法等级人伦说成是最自然最合情理的人伦的关键。

首先，亲子关系有最久远的历史渊源，远古以来的氏族制早已演变成父权家族制，又变成宗族制和贵族宗法制，嫡长子继承制，父子一系是其枢纽所在，所以从父子关系讲人伦就可以把这一系列的发展联系起来，把这些深厚的历史所造成的传统习俗都调动起来，为论证宗法制提供根本的依据。百行孝为先。父子之道是“孝”，有了它，家族中尊敬父亲和祖宗的权威就有了可靠的基础，由此引申，既然宗法制的国家是贵族的家天下，孝道也就能为天子要求诸侯、诸侯要求卿大夫直至士与庶民的一系列等级服从的关系提供根本理由,因而也就成为论证君臣关系的理由。

再者,兄弟之道为“悌”,弟要尊敬兄长,原来也具自然的性质,现在加以强调,就变成了维护嫡长子继承制的重要成分,据此分出大宗与小宗之间的等级名分。

这个孝悌之道,也同长幼之道相通,顺带也就维护了长幼之道。后者虽非核心,对维护家国中的宗法等级关系也很有利。

所以,“孝悌”就被当作了“仁之本”。在这上边下功夫,其他诸方面的宗法人伦之道便能贯通,“礼”的合理性也就得以深入阐发,这就是所谓“本立而道生”。

孔门儒家讲孝悌,首先总是讲相互的态度,父慈子孝,兄友弟恭,这就调和了上下尊卑对立,好像纯然一片天伦之情。然后在其中突出子弟对父兄的孝悌一面,这中间包含的顺从就显得比较自然了。孔子抓的是人有没有爱心,内心安与不安的问题,子女对父母的慈爱恩情有没有相应的感受报答的问题。这有谁能反驳呢?

其实宗法私有制下的人伦,整个就是天道人伦的改变和颠倒。但就等级制还是借人伦来铸成言,它便同家族中的自然亲密关系联系着。因而孔子能借此把这颠倒了的、不平等不公正的制度和道德,说成是一片仿佛纯真的至情至理。一个人在家纯孝,出来从政自然就是忠臣,其道理从根本上并无二致。深通此理的儒家和后代帝王几乎都特别崇尚这个孝字,就是为此。

“仁”的实质还是宗法人伦。说“仁”是“人道主义”,可以;说“仁”是人伦之道,进了一步;但“仁”在骨子里只是宗法等级性的人伦之道,这才道出了它的特点和本质所在。

“仁”不是像礼、乐和一般习俗形态的道德,表现的是宗法人伦的形式,而是对宗法人伦的精神所作的精深研究和提炼概括,讲出了一篇相当合乎情理的根本原理,因而能贯穿全部其他的宗法人伦文化形式,囊括它们,赋予它们以精神活力。这是“仁”何以能作为宗法人伦文化的最高原理的原因。

“仁”文化使中国人成为世界上最讲道德教养的一个民族。其可贵处在于中国人高度珍重人伦;不过这人伦只是宗法等级人伦,它也带有深刻的负面性。在今天的新时代,我们必须对它批判。但这批判只是为了扬弃它那维护不平等的压迫人的性质,不能否定人伦的价值,相反,否定宗法人伦正是为了发扬人伦本来意义上的崇高价值。这批判要有效,就应建立在对宗法人伦内在对立统一结构的反复深入研究之上。我们不赞成把中国传统文化笼统地说成人伦文化,也不赞成只说它是等级主义文化,原因就在于这两种说法都只强调它的一个方面,忽视了它们的矛盾统一性特点。

五

最后,中国传统文化的智慧或宇宙观部分,它是很有特色的。天人合一和阴阳辩证法是其主要成果。它也离不开天道人伦和宗法人伦的对立,离不开宗法人伦本身中所包含的对立统一。

老庄是讲天道与人道对立最力的学派。《庄子·秋水》云:“何谓天,何谓人? 北海若曰:牛马四足是谓天,落(同“络”)马首,穿牛鼻是谓人。”牛马有四足纯属天然,给它套上羁索是人为。庄子同老子一样,反对人为,实质是反对宗法人伦之道,主张复归于人的纯真状态即天道人伦。荀子在《天论》中同样认为“天”指自然的状态和运行规律,“人”指人有作为。但他强调人为使人“日进”,崇天则使人“日退”,这是主张礼治即宗法人伦制度的合理性。所以他们之间的“天”“人”之争,其实仍在人本身的两种人伦之争。

进一步说,宗法人伦本身也有天人关系,因为它是人伦的自然亲属性同宗法等级的人为性二者的对立统一物。就前者言,人伦就是“天伦”,就后者言,等级制是人为的,可是这对立物在宗法人伦里已变得难解难分,融而为一,彼此渗透,这就造成了天人虽有分别终究又是合一的特殊状态。“天”即人伦似乎本来就分尊卑上下,而“人”即宗法等级文化似乎本来合乎天道,二者一致,宗法人伦就成了天经地义。

所以中国传统文化重天人合一,实在是由现实生活以宗法人伦做基础来决定的。宗法人伦本身是人为与自然的对立统一,因而人们在思想上就认天人合一为最高的道理。在诸子百家中,儒家最能把握宗法人伦这个中心与本质,老庄道家和后来法家则过于强调自然的人伦或人为的宗法一面,被认为有所偏蔽。相比之下,儒家显得中正协调,便成为中国哲学和智慧的主流,它也吸取了道法之长而有所消化而发展。

思孟已谈到天人合一。《中庸》说:“天命之谓性,率性之谓教,修教之谓道。”这是说人道来自人性,人性来自天授,归根到底天道是人道的本原。反之,人中亦有天,《孟子·尽心上》说:“尽其心者,知其性也,知其性则知天矣。”他认为恻隐、羞恶、辞让、是非之心,这人伦之心乃天授天生,凡人皆有,尽此心就能明白人皆有仁义礼智伦常之性,明此性也就知道天道亦如此。所以要知天,从人心人性入手即可,这是知天的基本方法。

中国传统智慧是阴阳辩证法,这个宇宙观方法论,主要是在《易传》中奠定的。儒家在礼崩乐坏时代想用仁学恢复天下平治,就发扬文王演易的精神,搞出一套更系统深入的天人观,是为《易传》。

《周易》八卦和各爻的排列组合都是由阴阳两种势力为基础的。《易传》据此发挥而成的天道现便是阴阳辩证法。《系辞》说,“天地之大德曰生”,“生生之谓易”,这生生之道即“一阴一阳之谓道”。《说卦》云:“昔者圣人之作易也,将以顺性命之理,是以立天之道曰阴与阳,立地之道曰柔与刚,立人之道曰仁与义。”天、地、人的生生之道,其根据都在阴阳的相互结合、感应、既对立又统一的彼此推移的变易之中。

这里阐发的阴阳之道,是中国传统世界观和智慧的最高哲学概括。但在阴阳辩证法中,对立双方并不具有独立平等的性格,而是同宗法人伦中上下尊卑之分一样的关系;其区分正是为说明阴顺从阳的合一的合理性,所以说些“天尊地卑”的话。由此我们可以发现,《易传》说的“天道”阴阳其实是宗法人伦的一个哲学之镜,或最抽象的概括,它并没有脱离宗法人伦这个基础。

因此,中国传统文化里的“天人合一”思想,并非纯抽象的“天”和“人”及其纯抽象的“合一”,它们都是按宗法人伦的精神改造过了的东西。“天”指宗法性的天伦,“人”指宗法人伦中的宗法等级人文。这样天人当然就合一,一致起来了。钱穆先生说:“通天人合内外六字,是中国思想的大总纲,是归本回源的大问题。”①此话诚然符合事实,只是他并没有指明这思想总纲的宗法人伦实质,更没有给予剖析,仅当作一个事实来加以颂扬,这是我们不能完全赞同之处。

简言之,中国传统的所谓“天道”观,同道德观、审美观一样,都同宗法人伦相关。中国传统文化不注重对独立于人的自然界作科学研究,也没有发展出深入系统的宗教神学体系,与此有重大关联。

---

① 钱穆:《从中国历史来看中国民族性及中国文化》,香港中文大学出版社1982年版。

略说哲学史研究方法[①]

——读《陈康：论希腊哲学》

期待已久的陈康先生论文集终于收集译编齐全，以《陈康：论希腊哲学》为书名出版问世了。

对于陈康先生我仰慕甚深，他所译注的《柏拉图巴曼尼得斯篇》是我在当一名哲学学徒时读到的，给我以深刻的印象。从那时到现在30年过去了。但这本研究著作给予我的影响一直在持续和增长，可以说，它是我学会做研究的第一本真正的入门书。后来我从汪子嵩、王太庆两位老师那里知道了若干陈先生的情况，也知道了他们想编译陈先生论文集的打算和工作，便期待它早点问世。所以在拿到这本书时，心情自然很兴奋。

这部论文集对我们认识陈康先生的学术研究，有两方面的重要意义。首先，是在他的学术成果方面。我们知道，他对希腊哲学有精深的研讨，集中表现在他的三本专著上，两本是关于亚里士多德的，一本是关于柏拉图的。可是只有后一本用中文写成并在国内出版，它就是1944年在重庆印行，1982年又在北京重印的《柏拉图巴曼尼得斯篇》；而另两本专论亚里士多德哲学问题的书，却由于是用德文和英文写作并在德国、美国出版，至今未有中译。加之

① 本篇原载《哲学研究》1991年第4期。

外文本现亦极难见到，因而国内学者不大了解陈先生的亚里士多德研究。但实在说来陈先生学术研究的最深入处正在此，其分量超过了他的柏拉图研究。此一缺憾现在由于论文集的出版，便能在一定程度上有所弥补了。因为他的论文各篇里就包括有上述专著的提要以及有关重点的论述，从中我们就可以基本上知道他的这些成果是些什么。

关于第二个方面，我想说的是陈先生的研究方法。它是贯穿在他的研究过程和成果中的命脉，陈先生自己明白地反复申言，那比成果中的内容更值得人注意。这一点在论文集中表示得非常突出，不仅渗透于各种哲学问题的内容里，时时点出，而且有若干专门论及学习与研究哲学与哲学史的方法的文章，深入到治学态度、严格的训练、必要的准备等方面。

以上两方面，即学术的内容与方法当然是彼此紧密联系的。我们要评判一个人的学术成果，首先的或中心的是内容而不是他的方法，然而内容正是由方法求得的；而注意其方法时，自然不是什么一般的抽象的方法，它总是为了探求一定的问题或内容而锻炼出来的。但是二者还是有分别：内容是论述、结论；而态度和方法，则是论述和结论得以产生的生动过程中的真正灵魂。所以陈先生说：他写的著作会随时间与进展而变更，“内容是有变动的，也就不是主要的。主要的是构思和写作的方法。…… 如若读者留意这本小册子里的方法过于其中的内容，那即是适合下怀了。”[①] 这一强调不仅对人了解他的内容论述有意义，而且让人注意考察方法本身，对我们学会辨别正确与错误的方法，求得一种科学的方法有意义。

---

① 《陈康哲学论文集》中的《自序》，台湾联经出版事业公司1985年版。

陈康先生是专门的学者,又是学生们的老师。老师总要开专门的课程,教学生学习某一内容的知识,但只教学生得到某种知识的老师绝不是好老师。好老师是在自己研究的领域里有一番艰苦经历,从而练就一种为人与治学的品德、态度、学习和思考的方法的人;他要在教学生内容的同时,把这些气质与方法感染和传授给学生。好老师也有各种各样的,有层次之别。就我的感受而言,要想使自己成为一名能真正承担起研究哲学和哲学史任务的学者的人,就必须以陈先生这样的老师为老师。他以身作则,以严于要求自己作榜样,谆谆地严格要求学生,训练学生。进入真理的门是"窄门",它是极严格的。

我和我的同辈没有机会亲聆陈先生的教诲,不过我也有一些亲身体验。我从上高中时就对哲学产生了浓厚兴趣,后来参加工作,仍不断自学了一些哲学理论的书籍,几年之后,领导看中了我,让我上了半年的哲学班去进修,出来我居然当上了理论教员,真像赶鸭子上架。可我那时倒是有股子热情,见好书就读,拼命努力去理解、去想问题。这期间我在旧书店买过不少书,陈先生的《柏拉图巴曼尼得斯篇》即其中之一,可那时还读不懂。后来我终于考进了北大哲学系,想好好念些书,打个较扎实的基础,而政治运动多并未如愿。直到20世纪60年代初才有了几年安心学习的条件,那时我已留校当教师了。对念书我是相当认真的,因为认真也就很苦。记得念康德《纯粹理性批判》时,有一段不足一页,竟用了大约一星期的时间才算大体搞明白,心里很高兴。这时我感到虽渐渐增多了些哲学与哲学史的知识,仍不扎实,研究没有门径,于是翻出陈先生的《柏拉图巴曼尼得斯篇》来重看。(那是第一次仔细读)陈先生译文并不算流畅,读来不少别扭之处,但"序"和"绪论"以明确深刻的问题提法和思考吸引了我,我也明白了陈先生若干译法的苦心所在，便一直念下去了。以前人们讲柏拉图的哲学，用的是“理念论”这一提法，陈先生译之为“相论”。在注35里，他从希腊文 εἶδος，ἰδέα 的原义，从柏拉图对它的用法和所给予的含义，阐明了为什么译成“概念”、“理念”、“理型”、“观念”等等是错误的，为什么这样译会使人误解柏拉图的基本思想，并说明他为什么要译为“相”的理由。他说：“这样的翻译表面上看起来有一毛病，即是生硬不能让人望文生义。然而仔细考究起来，这点正是它的特长。因为人不能望文生义，必就这术语每一出处的上下文考求它的所指。…… 这生硬的译词却正逼人走这应当走的路。”[①] 这是一例。另一例就是对希腊哲学乃至整个西方哲学的最基本概念 ἔστιν（希腊文），即 is（英文），Sein（德文）的译法，通常中译为“存在”或“有”，而陈先生译之为“是”。译为“是”，在中文中常常使人感到非常别扭，不习惯，但是，正是陈先生这种译法，才第一次使我意识到中西哲学及其思维方式的重大差异，促使我对西方哲学本身作深入考察。通过研习陈先生这一译注，我不仅对柏拉图哲学有了一个比较切实的理解，而且对于弄清哲学史上前人的思想必须有的种种条件和方法上的训练，有了一些认识。例如陈康译注中涉及到的希腊文化背景，他们的数学知识及其历史发展，涉及的古文字学的考证研讨，翻译时的“信、达、雅”的关系，等等，都给我以深刻印象。我才明白学习和研究必须从原著出发，从第一手依据出发，弄清楚严格推理的思考方式的重要。还有借这本译注的眼光仔细读柏拉图，我才第一次弄明白柏拉图哲学思想也有一个重大转折的发展过程，并懂得通过仔细阅读原著，注意考察哲学思想的前后发展线索乃是哲学史研究中的命脉所在，如柏拉图同亚

① 陈康：《柏拉图巴曼尼得斯篇》序，商务印书馆1981年版，第41页。

里士多德的关联,从巴门尼德到这两位大哲,一直到后来的康德和黑格尔的演变,等等。最后,我还反复读过该书附录的《“少年苏格拉底”的“相论”考》。在文中陈先生提出了研究哲学史必备的两条条件,即系统的哲学训练和客观的态度,都给我以重要指导。我开始按陈先生的示范和提示来学习、思考、研究,直到如今。陈先生还指出应有第三个条件,即古文字学方面的预备工作。这一点,我从陈先生的研究和译注中已深知其要紧。不过我已难于做到,后来只略学了一点儿希腊文、拉丁文的最起码知识,必要时能知道如何查考其义,而把能读英文以及德文本的西方原著标准本作为我的研究依据。这在不少情况下还是凑合,不能心安,但我也借此明白,自己要谨慎些虚心些,因为我知道自己这方面不足。

从那时到现在30年过去了,我也成为一名研究者和大学生研究生的老师了。回顾我和我们这一辈的经历,真是磨难重重。我能认真读些书,思考研究些问题,主要是最近十多年的事,而我能有些进展,还是因为有陈康先生治学的这面镜子,他时时在促我努力,严格要求我的工作。我明白自己还有那么多的知识缺陷,有些大概永远赶不上我的老师辈了,同时也赶不上我的学生们,因为他们还年青,有条件学到更多的知识、外文和接受较严格的训练,有各种可能大大超过我们。但我也不自馁,我也能做不少我所应做的事,因为我有自己面临的时代和问题,有自己的生活经验和思考,有自己因吸收前人成果而形成的特殊体会,所以也有些自己的某些长处。其中便有我一直消化陈先生教诲获来的东西。

五年前我也写出了一部讲希腊哲学(到亚里士多德止)的书:《哲学的童年:西方哲学发展线索研究第一卷》(中国社会科学出版社,1987年)。在那本书里,我不仅在论点上吸取了陈先生的成果,如对柏拉图哲学我采用了“相”的译法和说明,对希腊哲学中

的 ἔστιν（is, ist）我虽未采用陈先生译之为“是”的办法，仍译为“存在”，但却对它所具有的“是”的含义，作了必要的与相当充分的阐明和运用。同时读者不难从全部论述中看出我对陈先生提倡的方法有相当自觉的吸取贯彻，它比较集中地表述在该书“前言”里我给自己的研究所规定的几条中。我之所以还能做这些事，实在同陈先生有深切关系。

因此，我现在读到陈先生这部论文集时，有许多感想交集。的确，做学问最要紧的还是志趣、品德、态度和方法，或如陈先生简要说的，就是“方法”二字。他主张：每一结论皆从论证推来，论证不得跳跃必循步骤，分析务求精详，一切讨论皆以对象为归依，方法皆有其客观基础，不作空洞玄谈，研究前人思想时一切皆以原著为依据，不凭己意与后人见解加以曲说，研究问题时以事物实况为准而不必顾及所谓权威，总之，人我不混、物我分清，一切取决于研究的对象，不自作聪明随意论断。一言以蔽之，“做实事求是的探讨”，乃是这所有方法的本质。“实事求是”人人都在讲，问题在切实去做。方法不是徒供人讲说的，它的目的全在于应用。陈先生是做到了再说，而不少人却只说说而已。他的批评至今仍然有效，而且将永远有意义。这里一个关键，是做学问的人必须经过一番严格训练。有些人搞哲学史，虽然天天也讲实事求是，却不愿下一番艰苦的自我反省和严格训练自己的功夫，学了些皮毛就浅尝辄止，写起文章来才子气十足，还以此吓唬不知底细的青年。这类学风如不批评，学术就不会有真正的进步。我们这些当人家老师的人，需要带个好的头，就更应严格要求自己，并严格要求自己教的学生。我常常想，像陈先生这样的治学精神和方法，能不能继续下去并得到发扬？或者在我们这一代手里变得暗淡褪色甚至中断？想到这些，我的心里是很难安定的。

我诚挚地希望我的学生在将来学术上远远超过我自己，但是千万不要浮夸，只有循陈先生所提倡的这类方法之路才实在。因此我在得到陈先生这本论文集时，就让他们先读其中《哲学——学习的问题》这篇文章，它着重讲到初学研究的人所需的训练问题。许多人以为学哲学可以无须训练，陈先生指出："决不，学哲学的人也需要训练，也只有从训练里学习哲学。"[①] 这情形同数学之类的严格科学是一样的。那么哲学该怎样训练呢？

> 解答这一问题，我们须先问我们学哲学究竟要学些什么？答：不只是要学得已成的学说，那是比较不重要的；主要的是：学习如何自己单独作哲学思考。这个意见毫不新奇，反之，它是极其平凡——平凡得和吕纯阳神话里的农夫的意见一样。那农夫指着当前一块由石点成的黄金，对吕纯阳说："我不要这块金子，请你将你的点金手指给我。"哲学思考中的主要成分是现象、问题、讨论、解答。现象是问题的泉源，问题的讨论和解答是论证。因此，问题是哲学的中心，论证是哲学的精髓。我们所要学者在此。学哲学的人必需训练自己怎样分析现象，怎样陈述问题，怎样讨论问题，和怎样解答问题。[②]

这一段话提纲挈领，点出了学哲学的人要学的是什么和要学的哲学思考中四个主要成分及其关联中的中心和精髓所在。接着陈先生指出了这训练的严格之处和基本方式：

> 这样的训练唯有就着哲学中的标准著作去做。…… 我们先取一种标准著作仔细地读，纯客观地读。所谓仔细地读，指一字一字

---

① 《陈康：论希腊哲学》，商务印书馆1990年版，第534页。

② 《陈康：论希腊哲学》，商务印书馆1990年版，第534页。

> 地读,一句一句地读…… 逐步分析其中的思想,以求了解著者思想的运行。所谓纯客观地读,指不掺杂己见于其中。最容易渗入的乃是自己对书中思想的评论,思想未经训练的人读书往往人我不分(他们的言论和文章使人不知其为叙述哲学史还是讨论哲学问题)。这一点我们必须避免。当我们训练自己时,最重要的是认知作者如何思想,思想些什么;至于评论其思想之是非,那乃是次一步的事,此时必须抛开,以免混乱自己的思路。当我们这样一步一步地做时,我们的思想也就一步一步地随着著者的思想移动。这样我们训练我们自己如何分析现象,如何陈述问题,如何讨论问题,如何解答问题。①

这里所谓的标准著作,主要是指哲学史上那些重要哲学家,尤其是像柏拉图、亚里士多德、康德、黑格尔之类人物的典范性的原著,当然也包括其他的以及当代的被人认为是典范性的著作。"一种著作读完以后,另读一种。…… 为了避免局限于一隅,最好取一种性质很不同的著作,如前细读。这样,穷年累月地做去以训练我们的思想。"

有些人认为这办法太慢太笨,总想走捷径;有聪明才智的某些人更不耐烦这样做,总爱驰骋其玄思,或在读书时只摘其所喜爱的大加发挥,或马上就发现了前人说的他以为不对处痛加斥责(因为古人总有许多不如今人之处)。总之,他们不大愿意受这种人我不混、物我分清的训练,不大喜欢这种仔细地读书、纯客观地读书的训练。然而这样的才子,也将永远不能入哲学和哲学史的大门。这道理陈先生也说了:

> 当一人开始学哲学时,他在哲学方面的智慧年龄也不稍长于

① 《陈康:论希腊哲学》,商务印书馆1990年版,第535页。

> 孩提之童；他必须学习如何作哲学思想，然后始可自作哲学思想。而且这种学习必须是有所遵循（注意：指方法，非指内容）的学习，和孩子初学走路必须仿效成人的步法一样；否则我们可立待其摔倒。[①]

我在领着学生们一起讨论陈先生的这些教诲时，谈了自己的曲折和经验，希望他们比我强，一开头就比我更自觉。我很欣喜地发现他们已受到陈先生教导的感染，对自己以前的学习和思考有所反思。我对研究生的学习是要求比较严的，不免常常要指出他们的毛病与不足。他们也就不免在情绪上有些波动，有时紧张，过了一段又高涨起来，就让他们念陈先生文章，目的是想让他们通过学习实践，进一步理解我们研究哲学史所应当遵循的方法。有一位学生在总结时写道，"自己在读书、写作业和问题思考中，之所以常常出错误，除了学力上不到火候等因素外，最大的原因，怕是在我们年轻人的自作聪明上"，"对比陈先生讲他的'理想'正是受人指责为'笨拙得可怜'或'智力卑劣'，我们的确要好好深思。"陈先生关于学就要学"吕纯阳点金的手"，就要学人我、物我分清的客观方法，给他们以深刻的印象。这些且只是开始，我想，它一定能产生持久的作用。那么，我们的学术事业就有希望继续发展弘扬。

是的，在学术的道路上没有取巧的余地。那严于训练自己的人，他的辛劳是会有报偿的。我愿永远照陈先生的话努力，并希望更多的人，希望有志向的哲学学生们都也来照陈先生的话去做，彼此共勉。在《陈康：论希腊哲学》出版之际，我想就说这些我的心里话。

---

① 《陈康：论希腊哲学》，商务印书馆1990年版，第535页。

"主体性原则不能成立"说不能成立[①]

陈中立同志最近在《人文杂志》1992年第1期上发了题为《"主体性原则"能成立吗?》一文,同时在《光明日报》(1992年1月27日)又发了对该文作了压缩的《"主体性原则"不能成立》一文。这文章虽是具体地针对陈志良的看法写的,但是无论所提的问题(如前文标题所说),得出的结论(如后文标题所说),都涉及哲学上一个带普遍性的重大问题,对如何了解马克思主义哲学尤其重要,所以需要弄清。我认为他的论点有合理的东西,但完全不能导致那个结论。这个结论无论如何是站不住的。

看看一些主要论点:

"主体性原则是把主体和'只从主体需要出发'看作高于一切的原则,它只强调主体的主导作用一面,实际主张的是:只从自己的需要出发去占有客体、掠夺客体,强迫客体为主体服务。"

"强调主客体关系中主体地位的重要,强调正确发挥主体性的积极能动作用,也不等于就是主体性原则。因为,主体性原则的'特定内涵就是,人类是主体存在物……人类只是从自己的内在需要、内在尺度来把握和占有物……把这一根本特点贯穿到一切领域、一切方面。'那么,作为主体的人'只从自己的内在需要'

① 本篇原载《人文杂志》1992年第6期。

出发占有物,这意味着什么呢? 意味着不从和不需要从客体方面考虑,意味着这里说的人的‘内在需要’是不受客体限制和制约的‘内在需要’,是一种纯主体性的‘内在需要’;而从这种纯主体性的‘内在需要’出发占有物,则又意味着对物、对客体的轻视和敌视,意味着对物的贪婪式的掠夺。”——结论:“我对具有‘特定内涵’的主体性原则,不能赞同;因为它不能成立。至于说什么‘主体性原则是马克思主义哲学内在的根本原则之一,它在马克思主义哲学中占有最重要的地位和作用’,甚至说,‘若没有主体性原则便没有马克思主义哲学的新的唯物主义形态’云云,那就更加难以成立了。”①

有两件事应分别清楚。首先是在哲学史上是否存在着主体性原则,马克思哲学有没有主体性原则? 我们研究哲学的人,应当承认这是一个肯定的事实。许多哲学家提出了发展了主体性哲学原理,并把它加以运用,作为一个方法论原则,得到了重要成就。马克思强调主体性原理和原则的意义更是一个突出的事实。《关天费尔巴哈的提纲》的整个精神尤其是第一条,还有《1844年经济学—哲学手稿》特别是它专门批判黑格尔的那一章,已经说得很清楚。因此,要讨论主体性原则能否成立的问题,就不能只盯着某个人所表述的“特定内涵”来评判。而应直接面对马克思本人的系统论述来评判它在马克思主义哲学中的地位和如何理解;应直接面对哲学史上的重要人物的系统论述来分析讨论。否则全部讨论就没有真正坚实的基础,就得不到任何可信的结论。的确,即使退一步说,你批评某个人赋予主体性原则的“特定内涵”都对,从否定特殊里也决不能得出对主体性原则本身的全称否定的结论。所

① 《人文杂志》1992年第1期,第6、7页。

以,这个论断无论在内容和逻辑上都不妥。

原则和原理有所不同。原则是对于我们研究所得到的原理的运用,而原理是对事情的规律性的认识。主体性原则来自哲学家对主体性规律亦即原理的发现和认识。他们认为这个规律十分重要,应当运用贯彻,就有了这种原则。所以要问有没有主体性原则,就要了解哲学家对主体性及其规律有没有认识,如果后者是肯定的,那前者不言而喻也是肯定的。

成为“原则”并不是就只有这一个原则。因为某一原则总是以对某一类事物的规律性认识作基础的,而一事物及其规律总要受到别的事物规律性的制约,在理论上就表现为不同原则的相互制约。我认为马克思的主体性原则正确,是因为马克思所说的主体不是黑格尔的纯精神,而是有血有肉的、同周围自然相通相连不断进行物质交换的、劳动的、社会性的人,所以人的主体性本来就建立在自然物质的基础上,受自然律的制约,同时又有着能够在利用自然律的基础上改造已有自然使它合乎人的需要和进一步需要的特点。这就是说,马克思所主张的主体性原则,本来就是以唯物主义做前提和基础的原则,它与自然对人、物质对意识有第一性的意义的原则不仅不是对立的东西,恰恰相反,无论主体性原则的外部还是内部都承认了贯彻了唯物原则和辩证法原则。用马克思自己的话说,主体是现实的人,“人直接是自然存在物”,不仅如此,“而且是人的自然存在物”,即自为的通过自己的劳动等活动把自己作为人创造出来的存在物。套用中国人的用语,即是人中有天,天中有人。因此,主体性也就是这样的人的性能的自然发挥,如人的劳动和创造活动。而所谓主体性原理就是探索这样的主体性能的发展发挥的规律。这难道不可以,不重要? 这样的规律性不能成立吗? 为什么当人们一谈到主体性原则时,就要认为是轻视敌视了客体和客观性原则,主张了“纯主体”呢？我认为这个误解应当通过学习马克思的本来论述得到解决。我们应当在肯定和充分理解马克思提出的主体性原理原则的基础上,纠正或适当提醒注意可能发生的认识上和运用上的偏差,但是首要的是积极地去发挥这个原理的伟大意义和作用,并努力争取在新的历史条件下给予理论上的新的总结,使之更加发展和完善。如果主要的东西抓不住,老在理论上已经解决了的地方(虽然实际上还会不断重复唯心的对主体和主体性的曲解,那是不可能有一天完全消除的)来回拉锯,我们在理论上就不可能有较大的进步。

其次,即使是唯心主义主张的主体性原则,我们也不能简单地否定,说它就“不能成立”。事实上,对马克思主义哲学的形成影响最重大的一个哲学来源,就是黑格尔的主体性原理和原则(关于康德的主体性原理的伟大发现,我们也应以高度尊重的态度来批判继承,限于篇幅这里不谈了)。马克思指出,黑格尔哲学的最后成果——作为推动原则和创造原则的否定性辩证法,是十分伟大的,因为他对人类的整个历史作了一个深刻的同时是抽象的、逻辑的、思辨的表达。这种否定性辩证法表述的是什么呢？就是人是靠人自己的劳动创造出来的,这是一个伟大的过程,其要点是：人作为主体要把自己的本质和力量对象化、外化,改造和创造外部对象世界；这样做是人为了实现自己的目的,但是对象化了的东西同主体的人又是对立的有矛盾的,所以人还要克服这个矛盾,使人所创造的对象(劳动成果)重新为人所占有,扬弃外化(=内化),从而实现主体原定的目的,使人本身得以生存和发展。并且,黑格尔深入考察了这种过程的社会矛盾和它的从经济到政治、法律、宗教、审美的各个方面,以及各个历史阶段,得到了极其深刻的许多发现。所以列宁说黑格尔在某种意义上唯心主义最少唯物主义最多。我这里说的是一个我们大家都应会同意的基本哲学史事实。这岂不也就说明了主体性原理原则不可与唯心主义画等号吗？如果画了等号，马克思、列宁为什么还要说应清洗、救出黑格尔唯心主义哲学里的合理内核？主体性原则就是合理内核，尽管它在康德黑格尔等人那里是唯心的东西。由此可以得出的结论是：即使唯心主义的主体性原则，也有它能够成立的理由，虽说其内涵有唯心主义的不科学的重大缺陷，但是若没有它们的这种贡献，正确的唯物辩证的主体性原则也不可能成立起来。人类的认识发展规律是要在曲折中前进的。

发现和研究主体性的规律，本是近代哲学的一大特征。唯物唯心两派都致力于此，可以说它们争论的一大焦点就是围绕着这个问题展开的。这也说明了它的意义重要。因为近代的哲学若不能在主体性的规律上有所发现有所前进，就不可能有生命力。近代哲学的开创人培根和笛卡儿就是如此。培根批判亚里士多德的自然目的因（第一推动者）观点，把能动原则里“目的”这个最核心的方面从外在的自然和上帝那里夺回来归还给人；进一步分清了人和自然，为发挥人对自然的能动性开辟了科学的道路。他主张认识自然才能利用改造自然，为人类谋越来越多的福利。在方法论上他提出了能动的实验和归纳法，具有极其重要的科学价值。例如他特别指出，实验要比静止的观察优越得多，因为自然的真相常常要在人的主动干预下才会显露出来，而实验又只有在理论和假设的指导下，在周密的计划安排和精心设计的检验下，才能获得切实的收获。这是一种唯物主义经验论的主体能动性的认识论原则。和他不同，笛卡儿提出了人的理性思维的主体性原理，奠定了近代唯理论的基础。后来法国唯物主义哲学家狄德罗提出了“拷问自然”的认识论观点，也是一种主体性的认识论原则，是对近代自然科学的能动的方法论原则的哲学总结。康德的主体性原理的认识论层次就吸取了这个成果。另外,在社会科学方面,唯物主义者霍布斯从人的本性和自然权利出发研究国家的本质,从而否定了神学的国家观,使人们对国家的本质的研究开始走上了科学的道路。在经济学里的一次伟大变革特别显著地说明主体性原理的科学意义:以前的经济学如重商主义者认为财富就是金银,交换价值只存在于物的形态里,到了亚当·斯密等古典经济学家那里,才弄明白价值的实体是人的劳动的凝结,这是一个划时代的科学发现。人的劳动当然是人的主体活动,这种主体东西恰恰构成商品、货币、资本等对象性东西的真正本质和实体,除此而外就不可能再有别的什么可做它们的实体。这难道不是对哲学中的主体性原理的最好证明吗？ 还有唯物主义者费尔巴哈在宗教的本质上也作出了科学性的重大发现:神这个对象不是自存的,它不过是人把人自己的本质外化、对象化的结果,所以他说神学的秘密在人学,主体是人本身,黑格尔的绝对精神也同样不过是实际的人的精神的外化。这些重要见解是费尔巴哈运用他的唯物主义主体性原理观察宗教和黑格尔哲学所得的收获。

从这些事实,我们说,主体性原理、原则不仅不能归结为唯心主义错误及其来源,或认为二者必然相连,恰好相反,它是近代以来许多伟大科学发现的基本指导原则,是马克思革命地改造社会改造世界的理论与实践的一个重大指导原则。那么多唯物主义哲学家、科学家,直到马克思、列宁、毛泽东等,都强调在唯物辩证法的基础上充分发扬人的能动性主体性,这就证明主体性原理原则不仅能成立,而且极为重要。

说人的主体性有好有坏,发挥了有正效应也有负效应,当然是如此。这也不能成为否认主体性原则的理由。因为主体性原则以对主体性作科学研究达到对它的规律性的认识作为依据。而对主体和主体性的规律性认识,就包括了对人类历史的种种主体活动的深入研究,其中错误和正确的矛盾,善与恶的斗争,都在其列,都有规律可循。何以能认为主张主体性原则就是不分青红皂白地乱来一气呢? 这实在是对主体性原则的一种太简单化的了解。难道不认真研究主体性原理反而能避免犯错误? 这就像说不研究人体和医学,人就可以不生病那样荒唐。

本文目的只在说明主体性原理和原则的存在是一个事实,它有极其伟大的意义,并且完全可以与其他正确的基本原则原理并存贯通,不存在彼此根本不能并容的问题。所以,说"主体性原则不能成立"的话,本身不能成立。至于这个原则在马克思主义哲学中处于怎样的地位,那是另一个重要的问题,需要专门讨论,这里就暂不涉及了。

“友谊”（friendship）观念的中西差异[①]

一、从如何翻译 friendship 的问题说起

今年一月里，我去人民大学林园看望苗力田先生，苗先生虽然年事已高，又生病出院不久，精神仍十分矍铄，谈兴很好。我送给他一本新出版的拙作《中西人论的冲突》，便从其中的一个论点说到对亚里士多德《尼各马可伦理学》中所使用的 friendship 一词怎样翻译和理解才合适的问题（我读的是英文本子 The Complete Works of Aristotle，The Revised Oxford Translation，Princeton，1985，后面涉及时简称“全集本”）。这个问题实在是在我脑子里已经转了许久，见了苗先生就是得着了一个极好的求教机会，自然不想错过。确实如此，苗先生也很兴奋，他说他在译亚里士多德这本名著时也为如何译这个词费了许多心力。他是由希腊文译的。英语中 friendship 和德语里 die Freundschaft 在希腊文是 philia，中文通常译作“友谊”。但是在希腊文里，它原是从动词 phileo（爱）变化来的，所以本来有着“爱”的意思。因“爱”，人们才成为“朋友”，于是 philos（由动词变来的形容词或动名词）既是“爱”也是“成为朋友”的意思。因此苗先生认为，对于我们通常译为“友谊”的 philia

① 本篇原载《北京大学学报》（哲学社会科学版）1993年第1期。

(friendship, die Freundschaft), 还是译成"友爱"要更合适一些, 可以把其中的"爱"的意思表达出来。那天他还很高兴地把他这本重要译著赠我一本, 我得到了这许多收获, 心里真是愉快。

我们这些研究哲学史和文化问题的人, 时常都要遇到一些中西互译的困难问题。例如我就觉得汉语里的"人伦"一词是很难译成英文词的; 往深里想, 儒家的"仁"字也没有很恰当的西文词可译。反过来, 西文里的好些重要的词, 现在的中文译法只能表达它的某个方面, 不能表达它的另外方面; 而这另一面, 和两个方面的联系, 往往是词义的关键。比方 Being(德文 Sein)既有"是"又有"有"即"存在"的含义, 中文就找不到一个能兼顾这两者的词。有些重要的西方名著的中译, 读起来表面还流利, 细想却很不通, 有一部分原因是由此引起的。所以陈康先生在译柏拉图的《巴门尼德篇》时, 宁可一反通常把这个词当作"存在"来理解和翻译的办法, 把它译为"是"。这样一来, 译文几乎难以卒读。人要想懂就只能被逼着去了解希腊人用这个词的原意。陈先生说, 这就正中下怀了; 只有如此, 我们才算走上了理解之路, 否则, 虽然读来舒服, 而且自以为很懂时, 其实没有懂。因为关键的地方失之毫厘, 整个说来就会谬以千里。我以为陈康先生的意思, 不仅极对, 今天做学问的人尤其应当提倡和实行。方法不一定是陈先生译《巴门尼德篇》式的, 但一定要尽量在自己弄清楚的基础上, 设法使读你译文的人能注意、能思考、能理解原作者的原意。不要打马虎眼, 糊弄自己, 那也就糊弄了不知内里的读者。

把话题拉回来, 再说对 friendship 的翻译与理解的问题。再好的翻译也只能解决一部分问题。苗先生把这个词译作"友爱"比别的译法强调了其中有个"爱"的本义。但是不等于不能译成别的, 实际上按不同行文, 苗先生又有时译作"友谊"或"友情"。并且,不等于译文合适些,就可全部解决正确理解原义的问题。那是谁也做不到的。例如下面的几句译文,中国读者读来要是不感到惊讶那反倒是奇怪的:

“另一类友爱是从属关系的友爱,例如父母与儿女的,整个说来,老年人与青年人的,男子与妇女的,统治者与属民的。……如若子女对待父母,能像父母对待初生的子女那样,那么,他们的这种友爱就是持久的和最优秀的。”①

“大家公认友爱更多地是在爱之中,而不是在被爱之中,其证明就是,母亲总是以爱为喜悦。”母亲爱孩子而不索取回报,甚至有的子女因为不了解内情,连母亲都不认得,不把她们当母亲看待,“她们还是照样地爱他们。所以友谊更多地是在爱中,那些爱朋友的人受到人们的赞扬”。②

中国人从来不会想到把诸如母爱等说成是友爱,把母子关系等说成是朋友关系。如果有人称自己的父母为“朋友”,把父母的“慈爱”和子女对父母的“孝顺”归到朋友关系的情感中去,大家一定会目瞪口呆,觉得这人神经错乱。但是这种对中国人说来完全不可思议的说法,西方人却习以为常。亚里士多德的上述讲法是希腊人的习俗思想。还有马其顿和罗马帝国时期的伊壁鸠鲁派和斯多亚派如塞内卡等所特别重视的友谊,还有基督教提倡的人与人相爱,都是最广泛的友爱,都有把一切人类之爱通称为“友爱”的特点。这是为什么,又是怎么一回事呢?我想,这正是最能启发人学到东西的地方。因为碰到这种情形只靠翻译是没有办法解决

① 亚里士多德:《尼各马可伦理学》,中国社会科学出版社1990年版,第173页。原文1158b12-24。

② 亚里士多德:《尼各马可伦理学》,中国社会科学出版社1990年版,第175页。原文1159a27-36。

的,这里涉及中西文化上的非常深刻的差别。我们借着这惊奇觉察到了这种差别,也就启发了我们去注意研究和理解这种差别,使我们得到重大的收获。

二、友爱或友道在中国和西方文化中所处的地位很不相同

用“友爱”来表达西方的friendship,长处是努力把西方讲朋友之道包含着爱的意思表现出来。“友谊”的“谊”,本义为“义”或“宜”,后转有情义的意思。所以其中所包含的爱的意思,确实不如“友爱”突出。不过用“友爱”也有点问题。因为中国人说“友爱”这个词时,原来指的并不是朋友之间的感情,而是对兄弟之间“兄友弟恭”关系和相互关怀的简称。所以我们若用来译指最宽泛的朋友之道,实际上也有些指称的转换。

我们还是分别来看看“朋友”之道在中西传统文化里的地位和作用,它们本来的意义是怎样的。

中国文化里讲爱,有一个基本的概念,就是孔子所说的“仁”。通过这个中心概念,发展为一整套孔孟儒家的仁学。樊迟问仁,子曰“爱人”。如何爱人? “亲亲为大”。“君子笃于亲,则民兴于仁。”《论语》还特别记录有子的话说:“君子务本,本立而道生。孝弟也者,其为人之本欤?”可见孔门教导的“仁”原是从亲情来的。这亲情,主要是亲子之爱和兄弟之爱两条,其中又以亲子之爱最重要。不过与之同时,孔子还特别讲“君君臣臣父父子子”,把君臣关系也列入仁爱关系的一种,并且放到与父子关系并列的地位,甚至更要紧些。此外他也谈到了别的关系中的情和义,即宽泛的仁

和礼的各方面。到了孟子,就把这些关系进一步归纳为五种,即父子、君臣、夫妇、长幼、朋友。孟子认为,仁爱和礼义就存在于这五种关系里,是对这五伦的自觉。他说:“人之所以异于禽兽者几希？庶民去之,君子存之。舜明于庶物,察于人伦。由仁义行,非行仁义也。”(《孟子·离娄下》)又说:“人之有道也,饱食暖衣,逸居而无教,则近于禽兽。圣人有忧之,使契为司徒,教以人伦:父子有亲,君臣有义,夫妇有别,长幼有序,朋友有信。”(《孟子·滕文公上》)这五伦的排列次序和我们上面提到的孔子思想完全一致。由于概括得当,又说到人道的根本,说到人伦和其中的仁义有久远的历史传统,所以孟子的这段教导在中国文化史上一直起着指导作用。

按照这个观点,中国人对朋友间的情谊虽然是重视的(因为非亲非故也列入了人伦,为五伦之一),但只能处于末位。《三国演义》里刘关张就是好朋友的情义的典范。中国老百姓里很有些人讲朋友义气,甚至达到生死与共的程度。但是很有趣的一点是,在许多情况下,好朋友都要结拜为把兄弟,才算真有手足情。如果年龄相差很大,还有结为义父子的。刘关张本是朋友,由于结拜为兄弟,又形成了君臣关系,所以他们三位的“友谊”才那么牢不可破。在人们心里,这已不再是什么“友谊”所能表达的关系,而是最深的兄弟手足情义关系。以朋友关系而能达到如亲兄弟关系水准,故特别难能可贵。这种心理恰恰从另一角度说明中国人的亲亲为大的观念是何等强烈。所以总起来说,在中国文化传统里朋友只能列为最后一伦,友谊只能排在“仁”爱之末。

但是西方人却不是如此。他们看重 friendship 几乎胜于人间的其他一切。亚里士多德说,友谊是生活最必需的,“因为人若没有朋友就不愿选取生活,纵然他其余的都应有尽有。(For without friends no one would choose to live, though he had all other goods.)" [①] 伊壁鸠鲁说:"在智慧提供给整个人生的一切幸福之中,以获得友谊为最重要。(Of all the things which wisdom acquires to produce the blessedness of the complete life far the greatest is the possession of friendship.)" [②]

本文开头处已经说到,希腊人把亲子之爱,长幼之爱,统治者与被统治者的爱都归到友爱里面的一类。这大约也是他们把友爱视为生活最必需的原因之一。他们所说的friendship,几乎涵盖了我们"五伦"的全部范围,就此(外延)而言,可以作为中国人所说的"人伦之爱"这总称的替换词。其实,如我开头所说,希腊词 philia(友谊)和 philos(爱,成为朋友)都源于 phileo(爱),所以西文中的 philia 和 friendship 本来就是人与人相爱、有情谊的意思。确实和中国人说的人伦之爱同义。

问题在于西方文化里的各种人间情爱及其相互之间的关系和位置,和中国的并不相同。我们要弄明白的是,那与中国文化中的第五伦相当的即严格意义上的朋友情谊,在西方的各种不同的爱里处于怎样的地位?

同友谊在中国五伦之爱中处于末位相反,西方人把它置于比亲属之爱还要重要的地位。中国文化传统以亲亲做根本原则,由近及远地以等差递减方式排列五伦,推而广之。西方则以平等作为根本原则,从朋友之道出发,来看待和处理各种情爱的关系,包括对亲属之爱的理解,这就是由远而近了。

这么巨大的差异,不是单从观念本身能够得到说明的,我们还

① 全集本,1155a5。

② Principal Doctrines of Epicurus, XXVI, W.J.Oates 编辑本, *The Stoic and Epicurean Philosophers*, NewYork, 1940, p.37。

要由中西历史的差别来寻求解释。

三、希腊人的友谊和基督教里的"爱人如己"表现了怎样的人间需要?

亚里士多德的学说总结了古典希腊城邦时代人们的观点。在《尼各马可伦理学》第八章,他专谈了友谊即"爱"的问题。这章开头就说友谊是人生活最不可少的。他列举各种情况下的人的经验,说到人类天性需要爱;然后他强调指出:"友爱把城邦联系起来,与公正相比,立法者更重视友爱。因为团结一致近于友爱,而这正是立法者首先要达到的目的,还有就是要消除他们最厌恶的敌人——宗派集团之争。如果人们是朋友,他们就无须正义了,但是如果他们是正义的,他们仍然需要友爱。所以人们认为,正义的最真实的形式就是指它有着友爱的品质。"[①]

我们知道希腊人最重视的是自己城邦的独立和自由。城邦只有团结才能生存,而要能团结得紧密光靠公正是不够的,因为公正不能排除城邦内部各种利益集团和个人之间纷争的存在,这些内讧会毁掉团结;唯有爱,同一城邦里所有的公民、所有的人之间的爱,才是真正的团结,真正的公正,能给城邦牢固的生存基础和力量。这种爱,只能称作朋友之爱。因为虽然希腊人的城邦几乎都是由原来的氏族部落联盟演变而来,有着某种同胞关系,但是,希腊历史演变的特点正在于,他们用城邦公民的民主制取代了氏族贵族制度,从而也就取代了以亲属血缘关系为基础的各种形式的

---

① 全集本,1155a21-28。

社会制度。像在中国先秦时那种靠演进氏族或家族组织为宗法制度的道路,在希腊人那里已经堵死了。商品经济、货币的普遍化发展,使希腊人在经济上瓦解了旧的人伦关系(即氏族的家族的血缘亲属关系),与之同时,希腊人的其他各种社会关系(政治的、习俗的、思想文化的)也都走上了一条全新的发展道路。

简言之,中国历史的路径是:原始氏族社会—父权家族制—贵族统治平民制度—宗法等级的国家和社会制度。这制度由“礼”规定,而维护这种制度和它的家族组织、国家组织及其内部团结的是“人伦之爱”,实际上是“宗法人伦之爱”。它先称作“德”,到了孔子,将它提炼为“仁”。希腊人的路径是:原始氏族社会—父权家族制和贵族支配平民的制度,与之同时,由于商品经济和货币的相当普遍发展,深入到氏族、家族和贵族平民关系内部,历史进程发生了突变——城邦民主制的国家和社会制度。

这种历史进程的不同,使希腊人对“爱”(phileo)在很大程度上摆脱了人类原来根深蒂固的最重亲属关系的观念,而以平等的人与人交往中产生的新感情,特别是对城邦的休戚与共的感情为基础。当然家庭和家族的关系和情感仍然存在仍然有作用,但是在同城邦的关系相比时已经居后了。

让我们扼要谈谈亚里士多德的有关论述,以便对他所说的友爱的特色有一个比较明白的印象。他认为,要知道什么是爱,就先要弄清什么东西可爱。它有三种,这就是善良的东西、使人快乐的东西和有用的东西。不过对无生命东西的喜爱与友爱无关,因为它没有回报的爱。“只有交互的善意才是友爱”。这样友爱就是人与人相互间的,并分为三种,其数目和可爱的事物相等。为了用处而爱朋友的人是为了对自己有用,为了快乐而爱朋友的人是为了使自己快乐,这些都不是为了对方自身而相爱。所以这样的朋友容易散伙,难于长期维持。只有善的友爱是完美的,双方互相愿望在善上相一政,为了朋友自身而愿望朋友为善的人才最是朋友。一个人可以同多数人在快乐方面和有用方面交往,以便获益。因有用而形成的友谊处处部充满着斤斤计较;而因快乐而产生的友谊则更接近真友谊,其中有更大的慷慨,并且善良的友谊也需要快乐。这两种友谊都包含着平等,因为双方相互有同样的要求和同样的愿望,或交换着同样的事物,即快乐和实用[①]。而那为了对方的善爱着朋友的人,是为了所爱的人本身,愿望他成为善良人。"爱着朋友的人就是爱着自身的善。因为一个善良人在成为朋友时,也就成为对朋友的善。每一方都是爱着自身的善,并以同等的愿望和快乐回报对方。所以人们说友爱就是相等。在善良人之间,这种情况表现得最为明显。"[②]

很清楚,这种友谊观及其分析,是建立在商品交换和社会生活的民主交往基础上的意识形态;这并不意味着只计较物质利害,它也能上升到很高的道德水准。但是无论这三种友谊的水准差别有多大,它们都还是必要的,并且也都是平等的。

亚里士多德进而讨论了"另一类友爱"即"包含着不平等"的,如父子、长幼、夫妻、统治者与服从者之间的友爱。这些关系彼此各各不同(如父子关系与君臣关系不同),每种关系里双方对待对方的爱也各不相同(如父对子不同于子对父)。这类爱的特点是,其中每一种和每一方的德性和作用都不同,并且正是因为如此他们才相爱;因此这些爱或友谊各不相同。每一个对子,双方从对方所得的不同,也不应相同。如果子女对待父母是他们应当对待

---

① 全集本,1158bl-5。

② 全集本,1157b34-1158al。

使他们来到世上的人的爱,而父母按他们应当对待他们的子女那样,这样的人们(亲子)的友爱就是持久的和好的。"在所有包含着不平等的友爱里,爱是合比例的,即,越好的人得到的爱要比付出的爱多,越有用的人得到的爱也要比给的多,其他各种情况亦复如此。因为爱同双方的价值成比例,在这个意义上也就产生了平等,而平等正是友爱的特征。"①"因此不相等的人能够成为朋友,他们能够平等化。平等和相近是友爱,尤其是在品德上相像的人们的相近如此;因为品德本身中的坚定性使双方彼此牢固地相爱,既不要求也不给予对方什么卑下的效劳,而是阻止这样做。善良人的品质是自己不做错事也不让他的朋友去做。"②

亚里士多德对于各种不对等的爱作了不少具体分析,他认为这是千差万别的。在某种情况下,相等的报答并不见得公平。人们的要求并不相同,对每种人要给予的是与他的状况相适应的对待。这种差异从根本说正是平等。所以他总括说:"种类不同的全部友爱,都以比例使双方相等并保持着友爱。正如在公民生活的友爱形式中,鞋匠按照和他的鞋的价值合比例地得到一个回报,织布匠等也如此。在这里人们制定了一种共同的尺度,这就是货币……但是在友爱上,有时爱者抱怨他的爱没有得到回报(也许他没有可爱之处),而被爱者则常抱怨对方以前许诺的没有兑现。这类争议的产生,是由于爱的一方为了快乐,而被爱一方为了实利,双方都未如愿。……但是如我们所说,有德之爱是持久的,因为它不是为了别的,就能保持自身。"③有德的回报,其价值不是用

① 全集本,1158b12-28。

② 全集本,1159b2-7。

③ 全集本,1163b28-1164a13。

金钱可以衡量的[1]。

的确有许多形式的爱,不能用经济上的价值衡量,但是我们可以从亚里士多德的论述清楚地看到,即使是最高的友谊,也是有回报的,交互的,从“善”的意义上说仍是合比例的或相等的。而这种道德的善的爱,其平等性还是来源于商品交换和民主制中公民交换其活动的平等事实。在希腊,人们的爱的观念,不再只受制于家族血缘关系和亲属关系的制约,起主要作用的是人们之间的平等的各种交换活动。

希腊人的这种观念,在后来马其顿一罗马时代经过危机、冲突和扩大、加工、改造,一方面消除了许多民族尚存的父权家族制政及其爱的观念,同时诞生了基督教的爱的观念。

从基督教伦理在西方占主导地位以后,人对神的爱成为第一重要的,而人对人的爱降到了第二位。耶稣基督说,诫命里只有两条是最大的:第一条是尽心尽性尽意尽力爱主上帝,第二条就是“爱人如己”(“Love your neighbour as you love youself”)[2]。但是就人间之爱言,只归结为一条,即第二条“爱人如己”,这里的“人”字是最泛指的,包括一切人。因为原文用的是个“邻人”,即每个人在任何时候任何地方可能碰到的任何人。不仅如此,耶稣还特别强调说:“你们听见有话说,‘当爱你的邻舍,恨你的仇敌。’只是我告诉你们,要爱你们的仇敌,为那逼迫你们的祷告。这样,就可以做你们天父的儿子;因为他叫日头照好人,也照歹人;降雨给义人,也给不义的人。你们若单爱那爱你们的人,有什么赏赐呢? 你们若单请你弟兄的安,比人有什么长处呢? 就是外邦人不也是这样

---

① 全集本,1164b2-5。

② 《马可福音》第12章28—34,《马太福音》第23章34—40,《路加福音》第10章25—28。

行吗？ 所以你们要完全，像你们的天父完全一样。”[①]

一方面是把人类之爱扩展到一切人，这就要化敌为友，对敌人也要讲爱；另一方面，却要贬低亲属之爱的地位和作用。这也非常突出。“我来是叫人与父亲生疏，女儿与母亲生疏，媳妇与婆婆生疏。人的仇敌就是自己家里的人。爱父母过于爱我的，不配做我的门徒；爱儿女过于爱我的，不配做我的门徒”。耶稣同众人说话时他母亲和弟兄就站在外面，有人对他讲你母亲和弟兄要和你说话。耶稣回答说：“谁是我的母亲？ 谁是我的弟兄？”就伸手指着门徒说：“看哪，我的母亲，我的弟兄。凡遵行我天父旨意的人，就是我的弟兄姐妹和母亲了。”[②]

我们看到，耶稣所提出的新的“爱”的观念，有两大特点。其一是把人类之爱普遍化，或彻底平等化，取消了一切家庭家族亲属的、种族民族和国家的、亲疏远近的以至恩与仇的界限，对一切人都要有爱心；其标志是对疏远的邻居要爱，其考验在对你的仇敌能否爱。其二是立一个对上帝的爱，因为只有如此人才能从上帝得到爱而得救，换言之，立一个神对人的爱，作为人间之爱的理想标准和力量源泉。上帝的爱，不是因对方可爱才可爱，而是不计较对方如何的爱，是完全无私的爱，凡是人真心悔改其罪恶的都要帮他爱他。按照基督教的教义，得到神的爱，才有力量去爱人，而只有实践了对人的爱，才算真正地实现了对上帝的爱。这样说，实际上提高了人类之爱的水准。因为人不容易做到，所以才需要求之于上帝。尤其要以耶稣基督（他就是“道成肉身”）为崇拜学习的最高典范。可见，在基督教之爱的宗教形态里，表达了人类之爱的新

① 《马太福音》第5章43—48。

② 《马太福音》第10章35—37，第12章46—50。

水平。

这种爱的观念的产生，是旧的爱的观念瓦解和在新情况下要求重建的结果。希腊独立自由城邦的灭亡，使小城邦范围的友爱失去了从前具有的那种历史作用和社会价值；同时，在马其顿和罗马帝国的统一大世界里，商品经济和市场的大扩展、各族人民多方面交往空前增多，使罗马人和许多民族中的宗法贵族传统大为削弱，使这些民族中的个人也能够从旧家族传统中解放出来；这样，在新的情势下各民族人民和这些个人之间的友爱开始成为可能。另一方面，这种统一世界里又特别充满着征服者民族和被征服者民族、统治阶级和被压迫阶级等的斗争和仇恨，它是一个到处都是罪恶的世界，人民看不到任何现实的出路和希望，只能到宗教里去寻求。耶稣教导的是：每个人必须彻底地悔罪，改恶从善，在上帝的爱里使自己心灵洁净，认识到要像上帝和耶稣基督爱自己那样爱一切别人，在地上实现天国。这虽然确实是对彼岸的幻想，基础却是极为现实的。它是新情况下人的根本要求的提炼，所以耶稣提出以后，不久就征服了全部罗马世界的人心。罗马灭亡了，基督教持存下来，这表明新的“爱”具有比别的一切东西更大的力量。

中国人也靠“仁爱”使自己的民族及其统一持存了数千年。但是我们的特点始终是以宗法人伦之爱为核心。从先秦松散的大一统的创造（西周最突出）到秦汉中央集权的统一大帝国建立，都是围绕着“家”字发展做文章，家天下，家族制度，家族之爱，辅以其他各种必要的变化和措施、策略。情况不同，传统不同，所以中西人类以往对爱和友谊的观念非常不同。

四、中国人需要建立新的仁爱观和友谊观

中国文化有自己悠久的历史。在古代和中古的漫长岁月，中国文化在自己这块对古代人说来极为广大的天地里，发展到很高水平，与同时在地球上并存过的任何文化相比，不仅毫无逊色，而且在许多方面要繁荣高级得多；并且，在周围地区即整个亚洲东部这个辽阔世界，它一直是各民族仰慕学习的文明中心，除了印度以其佛教文化给予重大影响而外，从没有受到重大挑战。即使佛教传来中国，其众生平等学说也变得很大程度上顺应了君臣父子的礼教，而其看破红尘诸苦解脱成佛的基本学说也不免带上道家玄学意味。约自唐代起基督教（景教）开始传入，但影响不大。到明末利玛窦等来华，才有了比较重要的从上到下的广泛接触和思想文化的交流。在这次交往里彼此收益不小，但是终因一个关键问题上的对立发展成对抗，到清康熙年间交流中断。一方面基督教在中国的事业流产，另一方面中国此后闭关锁国大大影响了了解世界走向近代的历史进程，双方都吃了很大的亏。这场对抗从形式上说主要是礼仪之争，根子却在“五伦”和所谓“大伦”之争。关于此中情形，我的一位年轻朋友孙尚扬博士在其《明末天主教与儒学的交流和冲突》这本专著里，有一个相当扼要条理的说明[①]。简单说来就是利玛窦认为：中国思想中的君君臣臣父父子子虽然可以承认，不过最大的一伦还是应当首先信仰热爱天主。同敬爱天主这天下一切人之大父相比，人间君臣父子的差别和爱就只有第二第三位的重要性；如果君和父未能按神的意旨行事，就不能服从；在这意义上说，君、父和臣、子都是天主的平等的子女，忠孝就

① 见该书上篇第3章第5节，下篇第3章第3节，台北文津出版社1992年版。

不能有绝对的意义而只有相对的意义。这当然会引起皇帝、朝廷和信奉儒家人伦之道的士大夫的广泛攻击，认为是宣传了大逆不道的妖说。这是两大文化的核心发生的碰撞。在当时的历史条件下，很难调和。

事情到了近代发生了转变。如果说宗法人伦的制度和受它制约的宗法人伦之爱，在以前的中国有其存在的根据和理由，到了近代，它就一天天地显得过时、落后，严重妨碍着中国社会进步。于是中国人的思想就发生了重大而激烈的变化。

太平天国首先提出了平等的社会理想，它直接以基督教作为旗帜和武器，用来攻击层层压迫农民的宗法等级制度，建立人间的天国——太平天国。洪秀全宣传"天父上帝人人共"，"何得君王私自专？上帝当拜，人人所同"（《原道救世歌》）。根据"皇上帝天上凡间大共之父"的原则，他说："天下多男人，尽是兄弟之辈，天下多女子，原是姐妹之群"，都应相亲相爱，不得彼此侵害。（《原道醒世训》）

为维新而牺牲的谭嗣同认为孔子的主张原是倡民主平等的，是荀子败坏了孔教仁学。他激烈批判了三纲五常，"彼荀学者，必以伦常二字，诬为孔教之精诣，不悟其为乱世之法也"。在痛斥君臣父子夫妇诸伦之弊后，他提出了如下见解：

"五伦中于人生最无弊而有益，无纤毫之苦，有淡水之乐，其唯朋友乎？顾择交何如耳。所以者何？一曰平等，二曰自由，三曰节宣惟意。若括其意，曰不失自主之权而已矣。兄弟之道差远，可为其次。余皆为三纲所蒙蔽，如地狱矣。……伦有五，而全具自主之权者一，夫安得不矜重之乎"（《仁学》）。

谭嗣同说朋友一伦中绝无痛苦等容有可议处，然而他肯定唯有此伦以平等自由为基本特征，认为应当突出地予以提倡和尊重，这在当时是很了不起的。他对三纲的否定也是完全正确的。缺点是对亲子、夫妇之伦缺少分析肯定,此二伦并非必然等同于父为子纲、夫为妻纲的君臣关系,不该都一棍子打死。

近代中国先进人物几乎都面向世界和全球,追求科学和民主,平等自由观念日益深入人心。宗法制已经没落。但是传统文化还有待于清理。人们在否定宗法等级制度时,对与此难解难分的"仁爱"总不容易摘开,常常非过左即过右。因此这个问题实际上并没能真正解决,旧东西现在穿着新服装仍然到处存在着。可是人们却以为这个问题早已解决不必再谈了,所以思想理论上的工作还有问题。我们现在很缺乏对今天现实的人际关系的具体透彻分析。其实它里面充满着旧人伦及其两重性的种种变形,同时又还有对近现代西方人际关系的模仿及其两重性的掺杂,此外还有中西的种种化合物,其中或优或劣,有天渊之别。因此现在我们经常要遇到极坏极差的人际关系,却也有许多可能使人期望得到比从前任何时候都好的人伦关系和人伦之爱。

但是时代正在巨变。商品和市场经济在今天中国的飞跃发展,比思想家的工作的力量要大得不可比拟,它一定要把平等的人际关系及其观念扩展到广大的范围里去。不过思想家的工作仍不可少,因为单靠经济力对人的作用从来都是双刃剑式的。它本身不能给人提供爱。在以往历史上,在一切社会迅速发展其市场经济的初期和相当长的时期,它的作用主要是使人分离,使人与人的关系变成冷漠的精打细算,彼此欺骗掠夺,以至成为仇敌。所以耶稣说富人要进天国比骆驼穿针眼还难。但是正是这种作用能使个人的独立自主不仅成为可能而且成为每个人生存的必要,并使人与人的关系通过相互竞争走向某种平等化,消除中国文化中至今犹存的种种家长制和宗法等级制的严重影响。它向社会和人们提出了迫切建设新人际关系(包括经济生活中的契约平等、政治生活中的法制和民主自由、思想生活中的宽松和自由争鸣等)的要求,同时也就会把建立新型的人类之爱的问题摆到每个人的面前,人们将如饥似渴地追求它。一个新的仁爱观念即将出现在中国大地上。

根据历史经验,我希望中国传统的人伦之爱能在保持其深刻亲情的同时,作一番彻底的脱胎换骨的改造,把不平等原则换成平等原则,新的官民关系要真正符合人民是主人而各级官员是公仆或至少是在主权在民的基本原则下的平等互利关系,为公共事业做正面贡献大的,人民可以给他以较多的尊敬和待遇,如此而已。同时,亲子关系、兄弟长幼关系、夫妻关系的情爱,保存在中国文化里有极深厚的内容和形式,仍然可贵。我们要清洗其中的宗法纲常陈旧杂质和家族内的吃大锅饭的依赖观念;同时也要建立恰如其分的界限,在什么情况下必须严格按金钱关系办事,什么时候则应按无私的互助互爱的奉献精神行事。总而言之,以平等原则代替等级尊卑原则。

如果能这样,那么"仁爱"和 friendship,就能在吸取中西文化传统优长和扬弃各自弊端中逐渐融合,赢得更加深刻的内容与生命,成为新时代人类之爱的主要观念。

中西文化背景和人权理论研究[①]

《中国的人权状况》白皮书的发表，是一件相当重要的事。它明确宣告了中国肯定人权的思想立场。人权问题在当今世界上，已成为一个重大的国际政治问题。对西方帝国主义拿人权问题做大棒妄图干涉我国内政，我们必须坚决予以抵制。这同我们加强人权理论建设和实际建设不仅不矛盾，恰恰是相辅相成的。

人权的学说，原是西方文化发展的一个重大的产物，因而不可避免地带有西方文化的种种特征。我们必须肯定它的意义，同时也注意它有问题的方面。要建设有中国特色社会主义的人权学说，是一项大工程，除了要站在社会主义立场吸取西方人权学说的有益成分外，特别需要重新研究中国自己的文化传统和其中有关的思想学术成果。本文拟从这一角度，谈一点初步看法。

一

人权一词，用普遍的语言来说，指的即是做人的权利，或人作为人所应当享有的基本权利。在表述语“人作为人”中有两个

---

① 本篇原载《北京社会科学》1993年第4期。

"人"字,其含义显然不同,可是要把这两者的区别和各自的意义说清楚也颇不容易。世界上只有人才会有人权的问题,但是也并非所有的人在任何时候都会和能提出这个问题。因为人只是在某种实际的状况下和具有一定思想发展的水平时,才有提出这个问题的必要和可能。所以在"人作为人"这个片语中的第一个"人"字虽说是泛指所有的人,实际上仍带有历史的具体性。第二个"人"字指人的概念或标准,含义就更加复杂和丰富,而且不断变化发展,问题层出,看法纷纭。在"人权"、"人道"等概念中的"人"字,都是"人作为人"里的这第二个"人"字。这个"人"字的意义,是重点所在,问题所在。中外思想史上探讨人之为人或人作为人的问题及其本质的学说,涉及哲学、社会科学、文学艺术和宗教道德等等,而从理论上说常常集中表现在哲学的人学上,表现在史学和人类学上,如果我们把这些学术思想进一步综合起来加以研讨,或者可以称之为"人论"。人论是讨论人权问题的理论依据。中国和西方的文化与人论有同有异,这是讨论人权及其观念的人们不可不注意的。

二

"人之为人"最要紧的是要有某种社会关系,在其中,人的做人的资格能得到他人的认可和社会的公认。如果要使某一范围之内的人们全都被当作人来看待,就需要在该范围内形成一种所有人相互承认对方为同自己一样都是"人"的方式。

自从人类进入私有制和阶级分化以来,人与人之间充满着不平等,如何能够形成上述的"所有人相互承认对方为同自己一样地都是‘人’的社会关系或方式”呢？ 马克思主义彻底揭示了以往阶级社会里人与人之间的根本对立，这是我们必须牢记的；但是，我们又必须同时承认对立的阶级的人们也总是有着某种统一性，否则任何社会都一天也不可能存在下去。我们也知道，除了奴隶制社会完全不承认奴隶是人而外，其余的阶级社会都在不同程度上承认了被压迫被剥削者也是人。这种承认，尽管自相矛盾并带有虚伪性，却不是没有根据的。它是人类在文明时代根据自己所处的条件而作的新创造。我们现在就来考察一下中国和西方以往的这种创造。正是这种创造奠定了中西文化、历史与人论观点的各自特征。

中国和西方在各自条件下形成的人与人彼此承认对方为“人”的方式，有着重大的差别。若用最简洁的语言来说，可以用两个词来分别予以概括规定：“人伦”与“自由”。

西方的传统观点是：人之为人只在于他有自由。这种以“自由”为本位的人权观源于古希腊。古希腊人只是在独立自由的城邦之间，在享有公民权的自由民之间，彼此承认对方有和自己同样的作为人的身份、资格和权利。其他的人则被拒斥在外，例如希腊人就把其他民族（“蛮族人”）视为天生只是奴隶坯子，不配为人。近现代西方继承了这种自由的人观，许多特点与之类似。

与西方很不同，中国人一贯认为人之所以异于禽兽者全在于人有人伦，以及对人伦的自觉，即按人伦之道（“礼”与“仁”）来做人行事。中国的人伦文化从文献记载可追溯到舜命契为司徒设“五教”之时，所谓“五教”是“父义、母慈、兄友、弟恭、子孝”（《史记·五帝本纪》）。到了西周，“礼”制已经大备。孔子进一步以“仁”学深化了这种人伦教化，奠定了中国人伦文化的理论基础。孟子第一次明确概括出“人伦”概念，并作了系统论证、规定和阐发

（“五伦”的学说）。此后人伦文化在中国历史和思想的发展中一直起着突出的主导的作用，叫作“伦常”。它同西方的自由一样，有其正负两面性。但无论如何，人伦文化有其巨大的历史作用和深刻根源，这是一个最值得我们注意的事实。与西方的自由文化现在仍然活着类似，中国的人伦文化也仍然活着，只不过形态上有了很大的改变罢了。

按照这个特点，中国人相互认可对方或别人同自己一样是人的标准，也就是人伦之道。因此中国古人常把不符合“礼”与“仁”的某些民族视为近于鸟兽的野蛮人，而凡是违背人伦之道的不忠不孝不友的个人则被视为衣冠禽兽，“枉为人”。反之，行为合乎人伦之道的人才算有人味，有人样；自觉行人伦之道的人才是好人和君子；而“人伦之至”者（孟子认为舜即是这样的人）就成为圣人，因为这样的人必是一切人的楷模。

人伦和自由二者，其本性并非必定要相互排斥，然而其认可人之为人的方式（人与人之间相互认可对方为人的方式），的确彼此很不相同。

从“自由”的观点看人，人人便争自己的国家、自己的民族、自己的集团、自己个人的做人权利，要求别人尊重自己的人权。这当然非常要紧。在历史上，它推动了西方人在不断的相互竞争中各自发扬其能动精神，取得了伟大成果。可是，反过来说，在上述斗争中作为自己的一方是否必定会尊重他人的人权呢？这就常常成为一个悬而未决的问题。——例如，在古希腊和在近代美洲蓄奴时期，不少高唱自由的人往往也即是奴役奴隶的人。在这里，要使人与人相互承认对方是同自己一样的“人”，具有同样的人权，必须依靠斗争，使对方不得不接受。所以在自由文化中，斗争性总是十分突出。

反之,从人伦的观点看人,统一性、和谐便成为突出的东西。这里对人与人的某种差异和对立是承认的,并且也很注重;不过人与人之间的那些人伦差异和对立,恰是他们互相体认是一体的人群的必要条件(如夫妇、父子、长幼、朋友之间彼此相认即是如此)。人伦文化的辩证法是阴阳辩证法,但常常把统一性的方面当作更重要的或至极的东西。这种文化差别,表现在西方社会历史和文化是重分离、斗争以求不断进步,然而社会不大稳定。反之,中国历史中统一与连续性强,比较稳定,却又易于保守以致停滞。各有长短,形成对比。

中西文化在观察处理人际关系的思维模式与心态方面,也深刻反映出这种差异。西方从独立自由看每一个人之为人,便形成了一种抽象的“人”观,如:不问男女老幼和各种具体情况的抽象原子式的个人的观念,以及与之相应的抽象的人性与人权的概念。但是中国人却很少作如是观,人们在一起相处时总是习惯于具体考察各个人之间的相对的地位和状态。无论人己,他或她总是人子或人父母,人妻或人夫,总是或长或幼,因而它总在具体细致地看待和要求自己与别人应该如何做人,如何尽义务和获得各自应得的对待亦即权利。这是中国人的人权观的特色。

这些只是差异的一些重要表现,但是更重要的还在于,以往中国的人伦文化和西方的自由文化都是在私有制、阶级社会里发展的,所以都还有着深刻的两重性。不批判分析这种两重性的实质,就不能明白我们为什么必须变革它们和建立新的人观和人权观。

三

作为我们现在讨论对象的人伦和自由，并非指原始状态下的人伦和自由，而是人类进入文明之后的产物，这二者是我们应当分别清楚的。中西两种类型文明中的人与人关系都受到私有制和阶级对立的深刻影响和改变，于是“人伦”与“自由”这两个东西也仿佛成了水火不容的。这里我们只能作些扼要的分析。

第一，中国进入文明之后发展起来的私有制，主要取“天下为家”即以家族为本位的所有制形态。中国文化的人伦性特点，源于原始社会中的氏族制度，并随着氏族部落向父权制和父权家庭家族制度的演变，而逐步发展起来，并且其性质也从天下为公的大道人伦演变为家族宗法人伦。人类由氏族公有制向家族所有制（这是私有制的一种形态）演变，原是一切民族在进入文明时都相似的。但是，在对这种人伦的自觉和从各个方面把它加工成为政治的、经济的、道德的、宗教的、习俗的、文教的和意识形态的工作上，可以说世界上还没有任何一个别的民族或国家可以同中国人相比拟。中国的儒家学说集中表现了这一文化的特点。其价值不仅受到中国人、东方人一贯的高度评价，也受到了西方的重视。究其根本，中国传统文化的核心“人伦”，或更确切些说，“宗法人伦”，是以家族私有制为其经济上的依据的。家族在近代以前的几千年中国历史上，一直是中国社会的基本单位，中国人之为人的基本依据。

与中国和东方其他民族的情况不同，西方人从文化上说由以开始的古希腊，由于商品市场经济的普遍发展渗入其氏族制度和其演变形式贵族家族制度，并且瓦解了这些制度和其中的人伦关系，从而在希腊社会中形成了普遍的以个体小家庭或个人为本位的所有制（这样自然性的人伦关系也就只能在个体小家庭的狭小范围持存，失去了作为社会关系的纽带的历史作用）。这是一种比较彻底的私有制。当然，西方社会还有其他形式的私有制，在许多民族（如古罗马民族和日耳曼民族）中、在中世纪的西欧封建社会中，都曾有相当长时期盛行着家族制度和贵族制度。但是，由于有了希腊文化这个起点和往后的不断传播和继承，以个体私有制为基础的商品市场经济一直存在并发展着，因而他们（那些不同于希腊人的西方民族，如罗马人、日耳曼人等）的家族人伦便在历史进程中遭到破坏，逐步变为自由文化占统治地位。所以总的说来，文化的依据便与中国大不相同。此即自由文化的所有制和人的状况的依据。

人们通常把“人伦”和“自由”只当作伦理的观念（伦理学的概念）来看待。我们以为是不对的。人伦和自由，都首先是人们的实际生活关系的状况的概念，然后才是一种思想上的伦理观念。我们首先应从实际生活的人伦和自由讨论起。

第二，自由，从历史的实际来说，首先指的是经济上的私有者个人之间的商品交换行为和关系。这是一种非常客观地存在着的人与人之间的自由与平等的关系。因为，只要商品交换能正常进行，就必得按价值规律办事。等价物才能交换，就肯定了物的价值平等，同时，通过这一客观的平等交换过程，也就肯定了两个交换者在交换行为上的平等地位，还相互肯定了对方有同自己平等的能够自愿地进行交换的那种自由意志。所以，在商品的自由交换中已经包含了迄今西方人权观的全部要素（如自由、平等、财产、安全和通过社会契约所建立的法律和国家来保障这种自由的实现）的萌芽。可见，自由和平等，是商品所有者个人所有权的实现方式,也是这种个人同他人联系并互相承认对方是同自己一样的有自主权利的人的方式。凡市场经济普遍化之处,这种特定的自由平等的人与人互相承认的方式便成为公认的社会法则,并且会造成相应的政治关系、其他社会关系和道德观念。

但是还有另一方面。由于这种自由的商品交换是私有者的行为,在交换中每个人都只把自己的利益当作目的,而把对方视为不过是实现自己目的的手段,所以,每一次交换又是一场斗争或战争。只要可能,每个人都想破坏平等,侵吞、压制对方以便为自己谋取更大的利益。历史上有许多阶级划分,如贵族和平民、奴隶主和奴隶、封建主和农奴,主要不是由于自由的商品经济造成的(虽说可以有相当大的关系),而且自由的商品经济对它们还有瓦解作用;但是,自由的商品经济不仅可以同各种阶级的压迫和剥削并存,它本身也能创造出资产阶级与无产阶级这类的阶级对立,以及人们之间的各种尖锐的冲突。由此可见,这种以私有制为基础的自由(包括此种商品市场经济以及相关的政治、思想的观念和制度在内)本身或本性是矛盾的:它是每个人的自由,同时也是每个人总在力图扼杀他人权利和自由的自由。它一方面不得不承认对方应享有和自己同等的权利,另一方面又总是极力要否定和侵犯对方的这种权利。从古希腊到近代西方,大规模贸易常常与海盗行为、侵略和战争并进,相互补充,正是这个缘故。

私有制商品经济的这种两重性,会在政治上思想上得到表现。就利益相互矛盾的个人间的交往中的平等互利能够得到保证,从而能正常进行而言,就需要法律和国家机关、军队来维护这种关系的“公正”、和平与秩序。此国家与法律既是为这样的经济基础服务的,就应掌握在参与商品交换、生产和占有的人们的手中,并表现这些人在商品关系中的相互平等自由的政治关系。于是,希腊城邦及近现代西方国家就有了所谓平等的公民政治权利与民主制,即所谓政治自由。此外,还有表现此经济与政治自由的思想自由,等等。总和起来即是西方生活各个领域中普遍弥漫着的“自由文化”。

第三,我国直到清末以至新中国成立前的传统人伦,实际上是以家族所有制为本位的宗法性人伦。由于家族常是人们生活与财产的基本单位,内外有别,内部多保存有公产以维系族人的团结,就限制了商品经济一般不得进入家族内部关系,使其成员间保存了较多的亲密的人伦关系。然而私有制却不可遏制地以另一种形态渗透进来。在中国社会中,不同的家族彼此在经济上分别得很清楚,可以是商品关系;而在一个家庭的内部,私有制所造成的人与人的分离对立,则主要采取了宗法等级的形态,不是赤裸裸的商品关系。按照同家长亲疏远近等关系,把家族成员划分为上下尊卑层次,其中,因特别注重家族财产与权力按大小宗支来继承的制度,就形成为宗法制度。早在西周这种宗法等级制度已经有了相当严密系统的形态,并以周礼形式成为适用于“普天之下”即中国各民族生活的统治秩序和道德文化。它一直传承下来历时三千年,中间虽有若干重大变革,但宗法人伦的本质不仅未变,且有所强化。直到近代西方资本主义商品经济大规模侵入和其自由文化传来,宗法人伦才在实际上和思想上遇到了重大的冲击和挑战。在一百多年来的人民革命中,特别是新中国成立以来的民主改革和社会主义改造中,宗法人伦文化才受到了带根本性的批判否定。不过,这一改造过程并未完成,它的根子还很深。

宗法人伦也是个有二重性的东西。“宗法”和“人伦”原是不同的两个东西:宗法规定人与人的等级尊卑,统治与顺从,其中有压迫剥削;而人伦是人间的自然亲密关系,其本义是和谐互助而非压迫剥削的。然而宗法人伦却将这两个对立物合而为一：宗法等级借人伦来建立与划分，而人伦也就变为维护人间不平等的形式和工具。如人伦关系原来是无所谓君臣的，子女孝敬父母，弟弟尊重兄长，是因为父母兄长年龄大些、生活经验多些、对子女和弟妹养育爱护多些，等等，很自然，并非强制。而在宗法的人伦中，君臣成了主要的一伦，而且，父子夫妇兄弟关系也实际变成像君臣那样的关系，只片面地讲孝顺服从，并上升到所谓"三纲"吓人的高度。很显然，宗法人伦是自然人伦或"天道人伦"、"大道人伦"的极大扭曲或异化的形态。

根源于家族私有制的宗法人伦，经过周公和孔子的发展和历代加工，成为囊括中国全部道德、政治、经济、习俗、文学艺术和思想学术的文化。中国传统文化的任何方面、成分无不打上宗法人伦的烙印。

所以，中西文化的差异相当深刻而且遍及一切领域。

第四，传统中国人伦文化和西方自由文化，在历史上起过伟大的作用。这可由它们创造出的无数物质的与精神的成果为证。同时，也各有各自的严重问题。这些双重性也各有其特色。

大体上说，西方自由的特色，在于它总是一种巨大的分解力量，造成对立和对抗的力量。它先瓦解了古代氏族制度，接着又瓦解了家族制和贵族统治平民的制度，从而瓦解了人类自远古以来的人伦关系，创造出古希腊众多彼此分离独立的自由城邦及其个人，并使他们对立，相互间不停地斗争。后来，它又瓦解了西欧封建制度及其温情脉脉的关系，代之以近代资本主义的对立和冲突。这种自由所造成的统一，如社会契约性的政治经济组织和法律制度等等，也容易因对立而变动和重新分裂。这个分裂瓦解的作用是随时随地存在的，远的不说，即以最近发生的南斯拉夫和苏联解体为例，就是西方式的自由的作用的证明。

分离、分解、对立、斗争、对抗，是一种伟大的历史力量，也是一把双刃剑。它在历史上使原先潜存于人类整体里的各个部分和个人的作用得到了解放和发挥的条件（因为这些要素只有当它们从整体中适当地分离出来时，才有独立发展的可能）。故而希腊古典时代短短二百年就创造出极辉煌的文明，西方近代以来不过四百多年，其生产力与科技的飞速发展，社会与文化的进步改善，也是空前的。这是其正面。然而它也有负面：它造成的人间纷争和灾难永无宁日。古希腊史从头至末是一部战争史（在民族之间、城邦间、阶级间、党派间等等）和奴役人的历史。到最后，希腊人终于毁灭于他们自己创造的自由之中并丧失了自由，被马其顿人和罗马人所奴役，可见这自由又是脆弱的。近现代西方的自由，是以资本主义庞大的经济、政治和社会组织及长期丰富的历史经验做基础武装起来的，非古希腊可比。但是，它的历史也同样是一部战争史和不断动荡的历史，从对外掠夺东方和新大陆、贩卖黑奴，内部两极分化掠夺农民使之无产化起，直到20世纪的两次世界大战和迄今仍在进行的争霸之争。人人都为自己的自由和人权而战，至于别人，那只能靠良心和上帝去管了。

对于这样的自由人权，简单的赞同或反对，恐怕都是不行的，也是行不通的。我们究竟如何对待比较合适？ 这是个必须好好考虑的问题。

反之，中国传统宗法人伦的特色在于，它是在私有制、不平等之类使人分离对立的因素侵入时，仍然保持人们团结统一的一种巨大的力量。中华民族的持存，特别是汉民族的形成和不断壮大，是世界史上非常突出甚至可说是仅见的现象。与之相关，中国历史和文化的连续性，也是世界史上仅见的完整典型。在近代之前，中国的繁荣与稳定,一直为世界各民族所称羡。这是它的肯定方面。但是,不可否认它的负面性也是极其严重的。靠宗法人伦做纽带来维护不平等和压迫剥削,其沉重和残酷并不亚于西方,然而却更难于揭露、批判和抗争,因为此种对立不像西方那样由于明白之分离对立而显得明朗,而是裹在自然的人伦里似乎天然合理。尤其是,这负面和正面纠缠在一起难解难分。家国人伦整体利益要求人们团结统一,这是对的;可此整体和团结又实现于宗法等级秩序之中,也就同时起着压制下层和几乎一切个人的自主创造性的作用。这一方面的灾难性后果,在近现代西方社会的科技生产力与社会关系迅速发展的强烈对比之下,显得极为触目惊心。先进的中国人由此认识到再不努力学习西方,改变自己原来的宗法传统,中国就不会有希望。近代启蒙运动的重点之一,就是批判旧文化的宗法性对"人权"和"民权"的蹂躏和扼杀。中国新民主主义革命和社会主义建设的主要成就的一个重要方面,是推翻了宗法封建制度,人民赢得了当家作主的权利。显然,宗法人伦制度应该彻底否定,这是无可争议的。但何谓彻底否定? 还有,应当用什么来否定它才有效和彻底? 完全按西方自由文化的办法行不行? 这都是值得我们好好思考的问题。

四

上面我们讨论了中西两种传统的文化。我们仍然面对这两种文化及人观。但是,一百多年来中国的历史和文化在艰难曲折的经历中已经找到了比它们新的思想和文化,这就是以最终消灭阶级和私有制为目的的马克思主义的社会主义文化。因此,我们现在是处在三种文化互相作用的情况下。我们应当研究在这种情况下文化发展的可能和现实,相应地考虑有关人权的问题。

让我们先大略分析一下这三种文化的现实存在和实力。中国传统的宗法人伦文化已经遭到严重打击和扫荡,但是我们只要深入到广大人民特别是农村去看一看,就会认识到它仍有深厚存在,特别是,它在几千年来由于反复加工,已具有高级的、细致的形态,形成了伦理道德、审美情趣、精深的哲学智慧、经世致用的政治和经济等学问、待人处世的生活方式等一整套相对独立的巨大存在,更不是几次急风暴雨式的斗争和某些简单的批判就能加以取消或改造得了的。更何况它至今也仍然有其积极的作用,不应全盘否定。这是第一点。

第二,西方资产阶级的自由文化,虽然在我国曾受到多次严厉批判,但是由于以往的批判许多过于简单化,它究竟有多大效力就成了一个问题,特别是,在现代世界生活中,它显然还在扮演着主角,是最强大和活跃的力量,还要长期起作用;此外,它是继承了西方几千年伟大的文化思想财富,对以往的世界历史特别是世界近现代史起过主导作用的文化。这些都是我们不能不正视的事实。我们对这种自由文化的认识、吸取和批判的工作,可以说还差得很多,远远不够。不充分认识这一点,是谈不上建设什么新文化的。

第三,我们已经有了社会主义文化,它是崭新的主张消灭一切压迫剥削从而使人类彻底解放的文化,它在中国共产党领导人民革命和建设的长时期经历中也形成了某些很有特色的新传统,因而新文化不仅处于领导地位,在人民生活里也有了某种深刻的根基(这只要把中国情况同东欧乃至苏联对比就可见出)。但是,社会主义新文化在中国毕竟比旧文化的历史短得多,自身又很不完善。因此,它在面对着中西旧传统庞大深厚势力的包围、压力、侵蚀时,每前进一步都很艰难,常常是“进一步、退两步”,容易失误和遭受挫折。这种基本事实将存在很久。

因此,在新旧中西三种类型文化并存的错综矛盾里,的确有种种的可能和曲折。我们坚信社会主义文化终究会取代一切旧文化,因为它更高级,是人类的方向。不过,我想着重强调的一点是:真正的社会主义新文化,必是更高自由与更高人伦的文化,并且必是此二者的统一。同时,它决不是与旧传统无关的东西。

从今天和一个相当长的未来看,我国的社会主义现代化必须大力发展商品市场经济,调动企业和个人的自主性创造性,才能进一步解放生产力。这方面西方资本主义的经济和他们在文化诸多领域中的自由传统(即特别重视个人与企业在互相对立的激烈竞争中所发展出来的独立自主精神,它形成的法律和许多形式的文化习俗以及整个生活方式),是我们可以借鉴的最重要资源,因而必须成为我们考虑问题的一个出发点。其次,商品市场经济和西方式的自由文化对我国尚存的落后的并且是根深蒂固的宗法家长制文化,能起到一种有力的冲击和瓦解作用;这种作用虽然常常会给人们和社会带来痛苦动荡,可是对某些势力来说,又是它们能接受新现实的唯一途径。这些是我们考虑问题的一个侧面。

但是问题当然还有另一方面,西方的资本主义经济和自由文化作为人类以往所熟悉的(即以个人私有制为基础的)市场经济的最发达形态和与之相关的文化形态,它的本性一定会带来人与人的分裂和罪恶,这是我们又必须承认的。所以,在开放以促改革时,它的利弊一起都来是难以避免的。

那么怎么办呢? 在最近十多年的我国社会主义改革开放实践中,已经出现了一个可以称得上全新的观念,这就是,商品经济和市场机制不仅可以同资本主义相联系，也可以同社会主义相联系，使之为社会主义服务。我有一个看法：对这个问题如果彻底地加以研究，很可能使人们对商品市场经济和社会主义二者，无论在理论观点上还是实际对待上都发生革命性的改变。不过，这个问题实在非常之大，要想在理论上真的弄清楚很不容易，实践上确实实现完全是社会主义性质的商品市场经济将是更长期艰难的事，很可能是一个相当长的历史过程。现在人们对于中国要现代化必须发展商品经济和市场调节机制这一点，可说是已经有了共识，但是它会把中国引向什么方向，仍然是一个有待于解决的大问题。在可以预见的时期里，我们可以肯定地认为，商品经济和西方文化的种种弊端，将随着我国的改革开放和经济文化的迅速现代化进程，与巨大成就俱来，它会在人民中带来对立和纷争，有些时候，局部失控的危险也是会有的。在这种形势下，我国旧文化中重人伦的传统对此有相当大的抑制作用，能帮助社会主义文化抵制这些弊端。就此而言，中国旧人伦文化在现代进程中也并非已完全丧失其积极的作用。

仅说到这里，中国传统文化在现代化中的作用，还显得过于消极。我愿提出这样一个问题，请人们思考。我以为，人伦这个东西，也同商品经济、市场机制以及文化的自由一样，既可与私有制和阶级压迫剥削相联系，也是可以同社会主义相联系，为社会主义服务的。这个大问题至今还没有明确地提出来，更谈不到进行认真彻底的研究，我想是一个很大的缺陷，并对建设社会主义现代化的经济、政治和文化不利。从中国历史上说，人伦就历来有“大道之行也，天下为公”的“大同”的人伦和宗法性的以“大道既隐，天下为家”的家族私有制为基础的人伦，二者分别得相当清楚又彼此相通的。很显然，此大道人伦即属原始的共产主义之人伦，在中国几千年的阶级社会里实际上存在的不是它而是宗法人伦。不过，在老庄道家对儒学和仁义礼智的批判、对人应回复于天道自然的主张中，在孔子和儒家关于"大同"之世的理想、关于不仅应追求"仁"而且应以追求"博施于民而能济众"的"圣"的境界之学说中，在中国历代劳动人民的斗争、起义和体现于民间的宗教习俗等里面的思想（太平天国的思想纲领就很典型）中，一直保存着相当丰富和深厚的追求恢复真正平等自由博爱的人伦社会的理想。可见大同思想在中国文化中有其深厚的根据。

另外，在中国共产党领导中国人民从事长期革命战争和建设的过程中，逐步形成一些新型人与人的关系，在其中确实包含着不少新人伦关系的要素。我以为更值得人们加以注意。关于这种关系，人们在回忆中、在文学著作中，有无数描写，用了许多说法和名称（"老八路作风"、"鱼水情"、"亲如一家"……），表示对它的深切怀念。它包括党群关系、干群关系、上下关系、军民关系和同志关系，一般就叫作"同志"关系。由于这是一种新型的人与人的关系（既是反封建的民主与平等的关系，又是反资本主义尔虞我诈的同志间互助合作的关系），所以进入其中的人们几乎都有一种前所未有的解放感、幸福感，它使处在同一个队伍里的人们有一种同呼吸共命运的团结奋斗精神。因此，尽管那时环境险恶、物质生活条件艰苦，人人斗志高昂，热情奋发，不怕困难和牺牲，有一种所向披靡无坚不摧的气概。这种新型的关系是继承了中华民族的人伦传统又给予了深刻改造提高的产物。更明确地说，它是一种社会主义人伦的雏形。如果我们这样来看待它、研究它，在新形势下考虑如何发展它，我相信一定会对解决建设有中国特色社会主义文化（包括经济、政治、思想等在内）有极大意义。

我们在人权问题上，无论从理论或实践来说都有大量的工作要做。西方资产阶级对我国的人权攻击是必须驳斥的。它并不可怕。问题在于我们自己应当正确地认识和估量自己,弄清自己的立场和力量所在,分析自己在新时代可以批判地吸取和发展的中外文化资源为何,对自己现在已做到的和未做到的以及应该做到的和可能做到的,有一番清醒的认识。我们的中国特色社会主义新文化是优越的,它的人权观,从根本上和长期发展的观点上看,是比西方资本主义的人权观要高出一个层次的东西,更不用说要比中国传统的宗法人伦文化所能允许的人权观要高;然而这种更高的人权观及其优越性又只能在充分继承、利用、发扬既往我国人伦文化原则,充分吸取、改造西方自由文化原则,使之转变成社会主义文化之有机成分时,才能逐步并最终成为事实。这是一种伟大的历史辩证法过程。

我认为,只要这样来观察问题,我们就不仅可以无所畏惧,而且可以坚信,有中国特色的社会主义人权观将得到越来越多的全国和全世界人民的理解与支持,必能在同其他文化的人权观的比较中显现异彩。这是新文化应有的对人类的贡献。

马克思的文化类型人学研究和我们今天[①]

对于人类自身的研究，涉及一切人文学科，不过以前只有两门是关乎全局的，一门是哲学的人学或人论，它的特点是从高度抽象概括的角度来考察人；而另一门则从具体经验的角度研究人和人的活动，这就是人们通常称作文化人类学的这门科学，其特点是对从远古以来各民族的历史文化的经验事实材料进行详细具体的比较研究。但是同前者自古以来就有不同，人类学是19世纪才兴起的一门新学科（尽管它的某些材料从古代起就不断有所积累，可是人们意识到必须系统地重新收集、发掘、整理这些材料并从比较研究中得出关于整个人类发展的某些规律性的结论，还是现代才成为可能和感到必要的事情）。

大家知道，马克思对哲学人学有最深刻的研究，他的早期著作《1844年经济学—哲学手稿》已经展现了他那种最卓越的创见和对德国古典哲学主要成就的超越，而历史唯物主义的创立则是他对哲学人学的主要贡献。这种唯物史观不同于以往哲学人学的突出特点就在于它不再停留于对人的抽象和唯心的观点，完全从真

① 本篇原载《北京大学学报》（哲学社会科学版）1997年第2期。

实的人的具体生活出发,从经验事实出发。按照这种新的哲学人论所进行的政治经济学批判研究,马克思得出了科学社会主义理论,为人类解放开辟了一条前所未有的科学道路。这种把具体的经验的人学同哲学人学结合起来的研究,使他的人学理论获得了不断深化的方向和动力。

在马克思晚年的时期,文化人类学这门新学科已经产生了它的第一批重要成果。在这个时候,一种巨大的实践推动力,使马克思超出了先前自己对人类历史的研究形式(即上述从唯物史观的角度和政治经济学的角度所作的研究)而转向了人类学。他的研究并没有使他本人成为一个人类学家,但是,由于他完全是为人类解放而工作的,并且在哲学上和在政治经济学上有远比一般人类学家要深刻得无法比拟的水准,因而他在人类学已有成果中所看见的东西,也常常远比他们更胜一筹(可惜的是,无论马克思主义者还是人类学家们以前对此都认识不足)。

本文拟对马克思晚年文化人类学研究作一点介绍评述。这无论对于我们正确深入地理解马克思主义和他的人学思想本身,还是对于我们认识和研讨今天我国的社会主义实践,都是件颇有意义的事情。

一、推动马克思研究文化人类学的动因、思考线索及其成果

马克思关心历史和人类学研究有实践的和理论的多方面原因。作为一个德国人,他很自然地首先从关心德国人的解放开始,然后进到西欧范围,他的人类解放学说是从批判这里的资本主义

制度提出来的,主要成果就是对资本主义的系统解剖和对将代之而起的社会主义、共产主义的预见。但是,人类不只是西方人,还有更多的是世界上其他人民,他们将如何走上解放之路？再者,西欧资本主义也只表示着人类历史发展中的一种形式、一个阶段,因此要批判地研究清楚它的结构就必须弄清它的由来,这也要涉及以往全部的人类历史发展。为此他对东西方古代史中各种经济类型的历史发展做过大量的比较研究。但是,有一种新的推动力,使他在晚年跨出了人学研究上的重大一步,这就是开始了一种从文化类型上进行的新的人学研究——文化人类学研究。

1871年巴黎公社的失败,使西欧的革命形势转向低潮,而这时在俄国却出现了革命的迫切要求和前景。它吸引了马克思的注意。

马克思最初接触到这个问题大约在1873—1877年间。《资本论》出版后不久,就出现了许多文字的译本,而第一个就是俄文的译本。这同俄国的形势有重要关系。1861年沙皇俄国开始了改革,使俄国走向西欧式的资本主义,各种新的社会矛盾迅速增长。这就引起了俄国思想家们的思考。俄国将向何处去？它的前途会如何？已经成为摆在人们面前的迫切和重大的问题。为了寻找自己国家未来发展的正确道路,他们如饥似渴地寻求真理。这时,刚刚出版的《资本论》以其高度的科学理论水平透彻地批判分析了俄国正在自发走向的西欧资本主义,并且指出了人类解放的前景,自然引起了他们的高度注意。但是不同的人们从《资本论》中可以得到完全不同的结论,这样就给他们和马克思都提出了极为尖锐和严肃的问题。

当时发生的事情大致经过是这样的：

1877年10月,一位俄国民粹主义思想家米海洛夫斯基

（Михайнов ский Нико лай Константинович）在《祖国纪事》杂志上发表了一篇题为《卡尔·马克思在茹柯夫斯基先生的法庭上》的文章。这篇文章包含着对《资本论》的某些错误的解释，似乎由此可以说明俄国未来发展必将像西欧各国那样走资本主义的道路。马克思认为这是需要澄清的，便写了一封信给该杂志的编辑部。这封信并没有寄出，后来恩格斯在马克思的遗稿中发现了它，于1884年寄给了“劳动解放社”成员维·依·查苏利奇，以后在1886年和1888年才发表出来。这封信是马克思第一次就俄国问题以及它同《资本论》的关系发表意见。他没有寄出，可能是由于认为自己对问题研究还不够或者对有关情况还掌握得不够清楚，但是，这封信中谈到的问题和意见实在非常要紧，值得我们给予高度重视。

首先是关于俄国问题讨论的实质是什么。米海洛夫斯基虽然提出的是《资本论》同俄国问题的关系问题，可是他讲得相当含混。马克思认为首先要把俄国问题的争论搞清楚，便用车尔尼雪夫斯基（Черньпщев ский，Нико лай Гаври лович）的提法把问题明确起来，以便提到原则的高度来讨论。他回顾自己在《资本论》德文第二版跋（写于1873年）里就“以应有的高度的尊重谈到‘一位伟大的俄国学者和批评家’，这个人在自己的出色的文章中研究了这样一个问题：俄国是应当像它的自由派经济学家所希望的那样，首先摧毁农村公社以过渡到资本主义制度呢，还是与此相反，发展它所特有的历史条件，就可以不经受资本主义制度的一切苦难而取得它的全部成果”。这个伟大的俄国学者就是车尔尼雪夫斯基。从这里我们知道马克思在1873—1877年间已经接触到了俄国问题及其焦点所在。

车尔尼雪夫斯基主张后一种看法，即俄国有可能依据它所特有的历史条件（农村公社），走一条避免资本主义的苦难而取得资本主义全部成果的发展道路。在这封信中,马克思表示他对车尔尼雪夫斯基的看法非常尊重,但是他更强调要从实际情况的研究中才能得出应有的结论。他说自己已经着手这种研究:"为了能够对俄国的经济发展作出准确的判断,我学习了俄文,后来又在许多年里研究了和这个问题有关的官方发表的和其他方面发表的资料。"

这封信中更值得注意的一个重点,是他强调在研究俄国问题时并没有什么一般的历史哲学理论(包括《资本论》中对西欧近代资本主义发展的叙述在内)能够照搬,而必须开始一种新研究。这是在对米海洛夫斯基的批评中阐发出来的[①],它对于俄国和东方问题及其革命实践的研究,在方法论上具有重大和普遍的原则性指导意义。

在俄国思想家中发生的争论直接影响到革命者如何确定自己的斗争方向。这时,先是俄国民意党中央,接着是俄国最初的马克思主义政党"劳动解放社"的主要成员维·依·查苏利奇(Засулиу,Вера Ивановна)直接向马克思写信,要求他阐明自己的意见,尤其是对俄国农村公社的问题发表意见。查苏利奇在信中是这样提出问题和请求的:

> 你比谁都清楚,这个问题在俄国是多么为人注意……特别是为我们社会主义党所注意……最近我们经常可以听到这样的见解,认为农村公社是一种古老的形式,历史、科学社会主义——总之,一切不容争辩的东西——使它注定要灭亡。鼓吹这一点的人都自称是你的真正的学生,"马克思主义者"……因此,你会明白,

① 《给〈祖国纪事〉杂志编辑部的信》,《马克思恩格斯全集》第19卷,人民出版社1963年版,第126—131页。

> 你对这个问题的见解是多么引起我们的注意，假如你能说明你对我国农村公社可能的命运的看法和对世界各国由于历史的必然性都应经过资本主义生产阶段的理论的看法，给我们的帮助会是多么大。①

显然，面对着这样的问题，马克思的任何回答都会直接影响俄国革命者的思想和行动，从而会影响到俄国的未来。意识到责任的重大，他下了很大的功夫来写复信，共写了四稿。从前三个草稿看，他本想总结自己多年来的研究收获，在重点讨论农村公社问题的基础上，对涉及俄国前途的几个重要方面作出比较详细的分析论断。但是最后他改变了这种考虑，决定只以一种极其简要的方式作答复，可见他是何等谨慎。他认为自己对这个重大问题还需要继续研究。

在俄国问题的推动下，他从事了如下研究：

（1）研究俄国官方发表的有关材料等等，写了《关于俄国一八六一年改革后的发展的札记》（1881—1882年间）。

（2）为了弄清俄国的农村公社究竟为何物，就必须比较分析人类各民族远古以来的和现今世界上尚存的各种公社形式，研究它们的起源、性质、结构以及它们在不同条件下的遭遇和命运。而这都涉及文化人类学的问题。所以马克思在1879—1881年间，阅读了许多有关人类学的重要著作，包括马·柯瓦列夫斯基（Ковалевский，Максим Максимович）的《公社土地占有制，其解体的原因、进程和结果》，路·亨·摩尔根（Morgan，Louis Henry）的《古代社会》，亨·萨·梅恩（Maine，Henry James Sumner）的《古代法制史讲演录》，约·拉伯克（Lubbock，John）的《文明的起源和人的原始

① 见《马克思恩格斯全集》第19卷，人民出版社1963年版，第636—637页注释第164条。

状态》，约·布·菲尔（Phear,John）的《印度和锡兰的雅利安人村社》等等，作了大量读书摘要，并在评注中发表了许多十分重要的意见。其中对摩尔根《古代社会》一书的研究尤其重要。后来恩格斯就以此为基础，同时加上他自己的研究成果，写出了著名的《家族、私有制和国家的起源》。我们所说的马克思晚年的人类学研究成果，主要就表现在上述这些笔记之中。

除了他晚年的这些研究外，在此以前，他在为《资本论》做准备而写的大量经济学笔记（1857—1858）和手稿（1861—1863）中有关资本的原始积累部分，也包含着非常重要的有关古代各民族（包括东方在内）历史发展特别是经济结构演进的见解。他还在报纸上发表过多篇有关印度、中国的文章。他和恩格斯对于爱尔兰、日耳曼和法兰克人的历史所写的文章也都与此有关。

以上成果表明，尽管他并没有写出关于俄国、东方的和关于人类学的专门著作，他的有关研究是大量的深入的。现在我们就来讨论一下其中包含的深刻思考。

二、在理论上必须反教条主义，并开始一种新的研究

马克思对俄国问题和文化人类学问题的研究，内容涉及许多专门的领域，有些方面由于后来情况的演变也已有了新的提法，所以我们这里不能详加分析，只能就对我们今天最有意义的某些地方作点扼要的对话。

首先，我想他对俄国问题和东方民族的解放问题的研究态度、方法，值得我们注意。

在1877年信中，他以自己的初步研究对俄国的前途问题谈了一个看法："如果俄国继续走它在1861年所开始走的道路，那它将会失去当时历史所能提供给一个民族的最好的机会，而遭受资本主义所带来的一切极端不幸的灾难。"①

而在1881年给查苏利奇信中，马克思提出的是另一种看法。"我深信：这种农村公社是俄国社会新生的支点；可是要使它能发挥这种作用，首先必须肃清从各方面向它袭来的破坏性影响，然后保证它具备自由发展所必需的正常条件。"②这是一种措辞谨慎的提法。该信的初稿说得更明白："我的回答是：在俄国，由于各种情况的特殊凑合，至今还在全国范围内存在着的农村公社能够逐渐摆脱其原始特征，并直接作为集体生产的因素在全国范围内发展起来。正因为它和资本主义生产是同时代的东西，所以它能够不通过资本主义生产的一切可怕的波折而吸收它的一切肯定的成就。"③

如果只从结论来看，这两种看法是正好相反的，前者倾向于认为俄国将会走资本主义的路，后者则认为它"有可能不通过资本主义的卡夫丁峡谷，而享用资本主义制度的一切肯定成果"，走社会主义道路。但是，实际上它们是彼此联系着的：两种可能性都同时存在。这里的关键在于：对农村公社本身如何认识，对当时在俄国全国范围内还存在的农村公社在新的历史环境和条件下将怎样演变、如何认识。

这涉及相当深刻的历史和人类学研究，也涉及俄国同西欧资本主义的关系的现实考察。但是，要进行这种研究，首先需要一种

① 《马克思恩格斯全集》第19卷，人民出版社1963年版，第129页。

② 《马克思恩格斯全集》第19卷，人民出版社1963年版，第269页。

③ 《马克思恩格斯全集》第19卷，人民出版社1963年版，第431页。

科学的研究态度和研究方法。

因此，他向米海洛夫斯基，也向俄国革命者同时提出了如何研究问题的态度和方法问题。在前一信中，他对米海洛夫斯基和那些企图从《资本论》中得出俄国一定会走资本主义道路的人指出：

> 我的批评家可以把这个历史概述中的哪些东西用到俄国去呢？只有这些：假如俄国想要遵照西欧各国的先例成为一个资本主义国家，——它最近几年已经在这方面费了很大的精力，——它不把很大一部分农民变成无产者就达不到这个目的；而一旦它倒进资本主义怀抱以后，它就会和尘世间的其他民族一样地受到那些铁面无情的规律的支配。事情就是这样。但是这对我的批评家来说是太少了。
>
> 他一定要把我关于西欧资本主义起源的历史概述彻底变成一般发展道路的历史哲学理论，一切民族，不管他们所处的历史环境如何，都注定要走这条道路……但是我要请他原谅。他这样做，会给我过多的荣誉，同时也会给我过多的侮辱。①

什么是过多的荣誉也即过多的侮辱？这就是不实事求是，强使马克思的某些理论去为与之不相适应的问题作回答。马克思在举出《资本论》中有关古代罗马的例子说明那时的劳动者同土地的分离和大地产大货币资本形成过程所导致的生产方式并非资本主义的而是奴隶占有制之后，指出：

> 因此，极为相似的事情，但在不同的历史环境中出现就引起了完全不同的结果。如果把这些发展过程中的每一个都分别加以研究，然后再把它们加以比较，我们就会很容易地找到理解这种现象

① 《马克思恩格斯全集》第19卷，人民出版社1963年版，第430页。

的钥匙；但是，使用一般历史哲学理论这一把万能钥匙，那是永远达不到这种目的的，这种历史哲学理论的最大长处就在于它是超历史的。[①]

他向查苏利奇等俄国的马克思主义革命家指出，他在《资本论》中分析资本主义生产的起源时所说的是："资本主义制度的基础是生产者同生产资料的彻底分离……这整个发展的基础是对农民的剥夺。这种剥夺只是在英国才彻底完成了……但是西欧其他一切国家都正在经历着同样的运动。"(《资本论》法文版第315页)

可见，这一运动的"历史必然性"明确地限于西欧各国。

他进一步解释说，在西方的运动中，问题是把一种私有制形式变成另一种私有制形式，而在俄国农民中的情况则正好相反，如果走资本主义道路，问题就是要把他们的公有制变成私有制。"由此可见，在《资本论》中所作的分析，既不包括赞成俄国农村公社有生命力的论据，也不包括反对农村公社有生命力的论据"[②]。一切都要看历史的条件和发展的情况而定，两种可能性同时存在。革命者的任务，就是认清这两种同时可能的前景，为俄国争取社会主义的前途，即免受资本主义发展所带来的苦难而得到资本主义发展成果的前途而进行斗争。

明确地把"这一运动的'历史必然性'限于西欧各国"一语，说得斩钉截铁，没有任何含混之处。他之所以这样宣称，是因为他认为只有如此，才谈得上真正地开展一种新的探索，搞清与西欧不同的俄国

① 《马克思恩格斯全集》第19卷，人民出版社1963年版，第431页。

② 《马克思恩格斯全集》第19卷，人民出版社1963年版，第269页。

和其他民族的发展问题。不同的问题必须有不同的理论才能回答。

马克思的这些既针对资产阶级自由派又针对社会主义革命派的意见,在我看来具有非常重要的方法论意义。他强调必须破除对他自己的理论的教条主义,而且根本不赞成有什么可作为“万能钥匙”的“一般历史哲学理论”。换言之,他不赞成把他的唯物史观或《资本论》中得到的结论当作“超历史的”学说,因为这样将永远无法真正说明不同的历史现象。与之相反,他强调研究任何现象都必须尊重具体的文化与历史的条件,所以正确的方法应是对不同民族在文化和历史上的差异先作分别考察,然后加以比较。这才是理解它们的钥匙。

应该说,这才是马克思的唯物主义历史观的真正科学态度和方法。它同教条主义是不能并存的。

三、马克思对“农村公社”的研究

马克思认为,在思考俄国问题的时候,关键在于两个互相起作用的要素:俄国本身还普遍保存着的农村公社,它所面对着的是西方的资本主义。“在俄国公社面前,资本主义是处在危机状态,这种危机只能随着资本主义的消灭、现存社会的回复到‘古代’类型的公有制而结束,或者像一位美国作家(即摩尔根。——引者注)所说的,现代社会所趋向的‘新制度’将是‘古代类型社会在一种更完善的形式下的复活’,因此不应该特别害怕‘古代’一词。”① 既然资本主义要回复到古代所有制的更高形态,那么还保存着古代所有制的公社

① 《马克思恩格斯全集》第19卷,人民出版社1963年版,第432页。

在这种时代的条件下就可能直接向它的更高形态过渡。

所以就俄国自身而言，弄清农村公社究竟为何物便是一个首要的关键问题。马克思指出原始公社已经经历了一系列的历史演变，有种种不同的形式。较早的公社都是建立在自己成员的血缘亲属关系上的，并实行着土地、房屋和生产活动的公有制。后来的农村公社已经割断了血缘亲属性的牢固而狭窄的联系，并使房屋、园地成为农民的私有财产。他们耕种定期分配仍归公共所有的土地并占有自己的产品。因此它具有两重性。“不难了解，‘农业公社’所固有的二重性能够成为它的强大的生命力的源泉，因为，一方面，公有制以及公有制所造成的各种社会关系，使公社基础稳固，同时，房屋的私有、耕地的小块耕种和产品的私人占有又使个人获得发展。”①另一方面，由于它是包含着私有制财产因素的，因此它在一定的条件下会继续分化。“无可讳言，这种二重性在一定的历史条件下会导致公社的灭亡。”②

关于古代公社制度，马克思在人类学笔记中有更多更深入的考察，我们不能多谈了。需要指出的有几点：第一，他认为公社是人民的古代公有制的持存，所以能够成为在新形势下直接走向更高的社会主义的起点，但同时它也包含着私有制因素，所以也会走向瓦解和灭亡而走向资本主义。俄国前途的两种可能性都与此有关。第二，对农村公社及其类型的研究已经是一种典型的包括史前史在内的人类文化类型的研究工作。我们强调马克思的人学研究已进入文化人类学阶段主要就在这里。但是第三，他这时对俄国及其公社的观察研究的重点，还只在其经济结构方面，对公社

---

① 《马克思恩格斯全集》第19卷，人民出版社1963年版，第432—435页。

② 《马克思恩格斯全集》第19卷，人民出版社1963年版，第445页。

制度的全部生活结构和在此基础上社会的文化演进还没有充分注意。正因如此,他那时提出的学说,对于后来中国和许多东方国家的发展,只能起到一种方向性的启示作用,而对于具体地说明和解决问题,还是绝对不够的。

四、落后国家走向社会主义始终是两种前途和两条道路的斗争

马克思的社会主义学说原来是从批判考察西欧资本主义得来的结论。现在他遇到了俄国问题,实际上也就涉及其他落后国家的未来前途问题。他认为这些民族有可能利用他们现在还保持着的古代公有制历史因素,通过批判吸取资本主义的成果,走一条避免其苦难而直接向社会主义过渡的道路。这就提出了和原来的社会主义不同的另一种社会主义的学说。

他本人提出了这种学说的基本思考和依据,虽然并不成熟,却为世界上因落后而遭受西方资本主义压迫的大多数民族和人民的解放提供了光明,为他们解放思想、起来斗争开辟了一条从前难以想象的全新道路。俄国、中国和各被压迫民族在20世纪所进行的英勇斗争,是人类世界史上十分波澜壮阔的一页,并且已经取得了伟大成就。它证明了马克思的这一思想具有多么重大的意义。

不错,并不是所有落后国家都选择了社会主义,有许多还是走资本主义道路的;而走社会主义之路也并非都是成功的记录,许多是失误甚至严重挫折的:苏联在搞了70年社会主义之后现在又转向资本主义。但是这些全都没有否定马克思的预见,更确切地说,是证实了他的预见。因为他指出了两种可能性都存在,并且指

出了它们的根源和各自的条件。所以也可以说，这些国家在这两种可能的发展道路的种种摇摆、动荡和斗争，正是在他的预见之中难以避免的事情。重要之处在于两点：其一，是他第一次科学地探讨和提出了这些国家走社会主义道路的可能性，从而使人们明白有两种可能性而不是像以前那样只知道向资本主义发展的一种可能性；其二，是他最早认真研究和论证了这种可能性的真实依据和实际历史条件。这两点总起来说，就为历史开辟了新路，指导并鼓舞了落后国家的人民发挥历史主动精神去为社会主义而进行斗争。

这种斗争既然是在两种可能、两条道路之间进行，而斗争所依据的东西（如"农村公社"等）本身需要深刻改造，斗争的历史环境和条件需要适应、利用和不断改造，因此这种斗争本身也就必定是长期、曲折的。马克思的研究只是一个开端，它是不成熟的。而更正确地说，人们根本就不应当要求当年的马克思就能提供后来各种问题的答案。其实直到今天，我们仍然拿不出完全成熟的答案，我们还处在这种变动和种种挑战之中。因此我们应该继续研究。

实践表明他当时的探索既有伟大意义又是很不完善的。

他在1881年肯定俄国有避免资本主义而直接走向社会主义的可能性，其客观依据有内外两个方面。（1）国情。"在俄国，由于各种情况的特殊凑合，至今还在全国范围内存在着的农村公社能够逐渐摆脱其原始特征，并直接作为集体生产的因素在全国范围内发展起来。"这是说，俄国保存下来的广泛的古代公有制因素同社会主义有某种同一性。但是它如何能避免瓦解为资本主义并得到改造而走向社会主义，就有赖于下面所说的世界历史环境了。（2）"正因为它和资本主义是同时代的东西"，而"资本主义正经历着危机，这种危机只能随着资本主义的消灭、现代社会的回复到'古代'类型的集体所有制和集体生产的最高形式而结束"，因此俄国及其尚存的农村公社有可能新生或复兴,有可能避免资本主义的苦难而吸取它的肯定成果,直接发展出社会主义。

但这仅仅是一种可能性,同时还存在着走资本主义道路的更加现实的可能性。马克思认为由于俄国是一个独立主权国家而不是像东印度那样的资本主义殖民地,同时也不是闭关自守脱离现代世界而孤立生存的国家,所以能自主选择其发展道路。但是要选择社会主义前途,没有革命是不行的。“要挽救俄国公社,就必须有俄国革命。”这就是说,前面所说的两点只是为这些国家走向社会主义提供了可能的客观条件,要使这一可能变成现实,还需要人的主体能动实践,也即斗争和斗争的过程。

20世纪的俄国革命、中国革命既证实了他的预见的正确性,也在实践中表明它还过于笼统粗疏和某些片面错误。就俄国而言,由于农村公社在革命前早已解体,它并没有成为对社会主义革命和建设起支柱作用的因素。另外,他对这种古代遗存物的积极意义显然估计过高,而对消除它的落后影响的任务的艰巨性又估计过低。例如他承认俄国农村公社的孤立性、软弱性造成了矗立于它们之上的专制制度,却认为“在今天,这一缺点是很容易消除的”[①]。事实证明,这种根源于旧生产方式的专制传统和习惯势力极其顽强并不是那么容易消除的,它严重影响和损害了苏联几十年的社会主义,种种官僚化和斯大林时期的错误都与此有关。关于问题的这些方面,后来恩格斯已经看得现实得多,列宁更加如此,而我们今天则体验更深了。

恩格斯在1884年2月给考茨基的信中,说到荷兰殖民者如何利用当地的古代村社共产主义把人民保持在愚昧状态以便进行剥

① 《马克思恩格斯全集》第19卷,人民出版社1963年版,第445页。

削统治时指出：这“附带也证明了，那里的原始共产主义，像在印度和俄国一样，今天正在给剥削和专制制度提供最好的、最广阔的基础”①。1893年他在给丹尼尔逊的信中根据新的事变发展更明确地说：“在俄国，也像在任何其他地方一样，要从原始的共产主义中发展出更高的社会形态来是不可能的，除非这个更高的社会形态已经存在于其他国家，从而可以作为榜样。”②最后，他在《论俄国的社会问题》一文中更清楚地谈了他的看法：

> 然而，不仅可能而且无庸置疑的是，当西欧人民的无产阶级取得胜利和生产资料转归公有之后，那些刚刚踏上资本主义道路而仍然保存了氏族制度或氏族制度残余的国家，可以利用这些公社所有制的残余和与之相适应的人民风尚作为强大的手段，来大大缩短自己向社会主义社会发展的过程，并且可以避免我们在西欧开辟道路时所不得不经历的大部分苦难和斗争。但这方面必不可少的条件是：由目前还是资本主义的西方做出榜样和积极支持。只有当资本主义经济在自己的故乡和在它达到繁荣昌盛的国家里被战胜时，只有当落后国家从这个实例中看到“这是怎么回事”，看到怎样把现代工业的生产力作为社会财产来为整个社会服务的时候——只有到那个时候，这些落后国家才能走上这种缩短的发展过程的道路。然而那时它们的成功则是有保证的。这不仅适用于俄国，而且适用于处在资本主义以前的发展阶段的一切国家。③

这一论断对马克思1881年的看法做了很大的修正。他不仅注意到农村公社的经济结构，也注意到了相关的氏族制度及其文化风尚；不仅肯定它有利于落后国家向社会主义发展的一面，也清

① 《马克思恩格斯书信选集》，人民出版社1962年版，第408页。

② 《马克思恩格斯书信选集》，人民出版社1962年版，第514页。

③ 《马克思恩格斯全集》第22卷，人民出版社1965年版，第502—503页。

楚地看到它有很不利于社会进步(当然也就不利于社会主义)的方面。因此他否认落后国家仅凭自身的努力就能过渡到社会主义,而必须由西方资本主义发达国家及其无产阶级革命做出榜样;并且认为这种榜样的作用也只是缩短向社会主义发展的过程和避免西欧所经历的大部分苦难,而不是如马克思所说的那样,能够避免一切这种苦难而径直地走向社会主义。

恩格斯对问题的观察分析显得现实得多,但也有很大的毛病。因为照他的上述说法,只要西方还没有发生革命,落后国家的人民除了等待就没有可能走向社会主义。他太看重资本主义生产力成就对落后国家的示范作用,却忽视了事情的另一方面,即马克思所强调并为后来实践所证实的另一论点的意义:资本主义已经处在危机之中,这对落后国家人民选择自己的未来必定会起反面教员的作用,使他们认识到应当避免资本主义而选择社会主义。这样,他也就忽视了落后国家人民的历史创造的主动性。后来的历史证明这个看法是不对的。

但是他对古代公社、氏族制度及其文化习惯势力的二重性,特别是它的落后方面的看法,后来也被证明是非常正确的。

中国是一个比俄国和其他落后国家更有古老悠久历史和文化发展的国家,固有传统既是一个最伟大的文明宝库,也是一个我们前进中最沉重的历史包袱。在我国社会主义实践中,我们经常遇到的各种问题都同它有不可分的关系。在这个问题上,从"五四"以来人们一直争论不休,或主张彻底否定,或主张发扬国粹。对此马克思、恩格斯或任何其他别国的思想家都不可能给我们以具体的理论解答。我们只能从他们的总看法中得到启发,在自己的实践中来开展自己的研究。在经过如此丰富的历史变动经验之后,我们有责任总结反思自己的文化传统,给它一个新的认识。这个问题,必须从哲学人论和人类学的高度才能突破。我自己在许多年思考之后,写了一些文章,其中有一本题为《中西人论的冲突——文化比较的一种新探求》(中国人民大学出版社,1991年)的书,提出了比较系统的意见和论证,希望能对这一问题的研究起到推动作用。这里就不详说了。

让我们再回到对马克思论点的讨论。他认为落后国家向社会主义发展的前途除了本国国情这一方面的条件外,还离不开西方资本主义发展的关系。他的看法从总的历史方向上说是高屋建瓴的,但是说得也过于简单。因为要使落后国家"不通过资本主义制度的卡夫丁峡谷,而享有资本主义制度的一切肯定成果"这种理想不致成为空想空谈,就需要作具体的分析。

从20世纪的社会主义革命与建设的实践经验看,首先落后国家人民对西方资本主义的看法就异常复杂。马克思谈到资本主义的危机会使人民觉悟。但是情况并非总是如此。不错,资本主义国家有时是处在严重的危机之中,如20世纪上半叶发生的两次世界大战就是如此,它充分暴露了资本帝国主义的残忍和罪恶黑暗面,因此那时的人们很容易赞成社会主义。可是到了下半叶西方资本主义又进入了一个相对稳定的而且是巨大发展和繁荣的时期,人们的观点和情绪就变化了,许多人就容易倾向资本主义。这就是不利于落后国家的社会主义的方面。

落后国家的社会主义事业,必须在抵制资本主义的大前提下获得它的一切肯定的成果。这更是特别困难的事情。西方的无产阶级和人民当然是能够同情、支持落后国家的社会主义革命和建设的,但是只要西方本身没有实现社会主义革命,这种援助就只能限于道义方面而没有多少物质的力量。但是这种革命至今并没有实现。在这种情况下我们必须面对的是西方的国际资产阶级及其国家,他们不可能对社会主义有任何同情,而总是极力想要扼杀落后民族的一切革命和发展的。要想从他们那里得到帮助,以解决“不通过资本主义的苦难而吸取资本主义的一切肯定的成果”的办法,实在是想做一件几乎不可能的事情。苏联和中国以前一直处在他们的敌对和经济封锁之中就是证明。但是这个问题总得解决。在这方面,列宁曾提出过引进西方资本来发展社会主义的设想,但是限于当时的斗争环境和条件并没有实现。在中国,以前的内外环境和主观认识也使这种设想难以实现。只是到了改革开放时期,我们才有可能来考虑这种解决办法,才逐步摸索出一条解决这个极大难题的可行方法,走上了能够充分“吸取资本主义一切肯定成果”的社会主义的道路。这条路线之所以可能,首先是我们有了独立自主的政治经济基础、相当强大的实力和几十年来社会主义的经验及教训,使西方资本帝国主义无法再像以前那样可以任意欺负我们;另一方面则是因为资产阶级毕竟是唯利是图的,所以我们可能争取在互利的条件下同他们打交道,赢得我们自己发展社会主义生产和文化所必需的西方成就与资源。这无疑仍然是一场斗争——特别复杂和尖锐的两种社会制度和两条发展道路的斗争。只要我们还比它们落后而没有赶上它们,这场斗争就不会结束。

在我们重读马克思的时候,我们有一种激情,因为我们中国已经沿着他所指出的道路前进了许多,并且找到了解决难题的办法,这增强了我们的信心,步伐也更坚定了。同时我们更有一种对艰巨事业的忧患意识和责任感,因为我们正面临并且将在相当长时期仍将面临着国际国内的对马克思主义的严重挑战,面临着无数实际重大难题,面临着社会主义和资本主义的新斗争。所以我们应当始终同马克思保持对话,在实践中研究那些常常是既有现实意义又老生常谈的新问题。

关于全球伦理对话的方法问题[①]

一、方法很重要

就我个人的看法，在研究伦理道德的时候，方法问题似乎应当占着更重要的地位。因为伦理的方法同伦理的内容几乎同样重要，或者更确切地说，两者原是不能分开的同一件事情或过程。如果没有恰当的方法，那些伦理道德的内容如种种诫命或规范的条文，就会成为只是教条的僵死的东西：唯有方法才能赋予这些诫命和规范以生命和感人的力量。伦理道德的方法原是属于最高智慧的东西。它的特点是什么呢？是对话（dialogue）的方法，也即是本来意义的辩证法（dialectic）：从问答法对话中产生出来的哲学思维的辩证方法。

这是因为：伦理道德总是两个活生生的人之间的关系或对话问题，绝非你一个人自己怎么想怎么做的问题。大家知道，就是最单纯的两个个人之间的关系，如夫妻之间，父母和子女之间，两个朋友之间，每个人都不是容易处理好的。因为即使是在最普通、亲近的关系里，每个人同他的对方在地位、处境、利益、情感上也必有

---

① 本篇原载《浙江学刊》2001年第2期。

差异、对立以至纷争,这本来是极其自然的事情,正如双方也有着不可分离的同一性或统一性那样。要处理好这些关系达到善,不仅要求人的相互理解,尤其是要“爱”的实践,需要关怀体贴、容忍谅解。对于这种关系,中国文字用“仁”字来表示,其字形“从人从二”,指的就是两个人之间的关系。所以中国人用来表达伦理道德的根本观念的词语也是这个“仁”字;仁爱只存在于二人关系之中,二人相处才有仁爱。很有意味的是:中国字“仁”字还有另一含义,指果实或种子的核心;表面上看它同两人关系或伦理道德观念是两个毫无关系的字义。但其实两者是深有联系的:因为中国文化一贯认定人之为人就在人有人伦之道,一直把人伦之爱(两人关系的道理即仁爱)当作做人之本、人性之本或生活与全部文化的核心,那么,在这个意义上,“仁”字的两个字义就完全一致了。

凡有些智慧的人都懂得:“两人关系”永远是对立统一的辩证关系。并且这种辩证关系只靠知识是把握不住的,因为根本上是要实际去做的,因此伦理道德永远需要智慧,它同纯学理知识的智慧有别,是一种与人利益、情感、情境,与种种生活实践与精微的内心世界搏动,相关联的有血肉、有灵魂、有神在其中的关于生命的真理和真善的智慧。所以它虽然包含着知识和思辨的智慧,却不能归结为这种智慧,而是更为高级的智慧。所以我们认为孔子、苏格拉底、佛陀、耶稣要高于其他哲学家、科学家或神学家的智慧,认为他们才是人类智慧的真正导师。哲学和宗教思想中的辩证法之所以是高级智慧,根本原因就在它出于对“两人关系”的体验和沉思。

在当今时代，人类的“社会关系”（即“两人关系”[①]）及其体系无论在广度、深度上和错综关系上都远远超过了先前的范围和想象，并且正在加速地向全球一家的新高度发展。这种发展既为人类创造力的发挥和人性的真正形成创造了条件，也向我们提出了重大挑战，要求着新型的全球伦理。这就向我们的时代提出了更高级的智慧水平的要求，不仅是在内容的制定上，更要求新的方法。因为全球性的现代的“两人关系”如此复杂、深刻、尖锐、错综地把种种对立摆在我们面前，我们该如何进行对话实在是个大问题。如果我们没有恰当的对话形式、方法，也即辩证的高级智慧作指导，如何可能吸引最广大范围的人们参与对话，如何可能在探求全球人类公认可以接受的伦理道德上不断有切实的进展？

两人关系的智慧和对话方法，在中西古代是由孔子和苏格拉底奠定其基础的。在今天思考全球伦理问题的时候，我认为这两位伟大的先哲依然是我们的榜样。这特别是因为，他们不仅提出和思考了他们那个时代的伦理的内容，而且把方法的问题提到了首位。所以我认为，从我们今天的条件和面对的挑战的高度出发，重温他们的智慧和方法，是特别有价值的。

① 因为这里所说的“人”，当然不仅仅是“个人”，还有人的各种群体或共同体，如氏族和部落、家庭和家族、民族、国家、社团等等，它们作为一个统一的共同体经常以统一的思想和意志来行动，并且常常比单个人的力量与作用强大的无可比拟。“两人关系”表示着无限错综的对话关系：个人之间，群体之间，共同体同它的成员之间，不同群体的个体成员之间，都有两人关系要处理。并且这些“两人关系”又因涉及的公私事务性质不同呈现出极其纷繁复杂的面貌。一个社会的发展程度，正是以这些关系在广度和深度上如何发展作为标志的。一个社会该有怎样的伦理道德，当然要同它所面对的“两人关系”的发展程度相适应。

二、孔子：忠恕之道的方法

大家知道，孔子学说的核心是个“仁”字，“仁”的意思就是“爱人”。同时《论语》又记载，孔子告诉他的学生曾参说：“吾道一以贯之。”别的学生问：这是什么意思？曾参说：“夫子之道，忠恕而已矣。”(《论语・里仁》)“而已矣”就是说，除此以外，孔子没有别的中心思想。可见，忠恕和仁虽然用字不同，各有解释，却又是彼此贯穿同一的，在孔子思想体系中有着同样的意义和地位，都可以称之为核心或一以贯之的根本。弄清这点是很重要的。

那么为什么忠恕和仁同样重要，甚至其“一以贯之”的作用更为突出？有两点互相有关的意思可以说明，其一是说：唯有忠恕之道能把仁具体化，其二是说：唯有忠恕之道是“仁之方”，即可以教人知仁行仁的方法。在《论语》一书中，孔子不仅向人表明，仁是他思想体系的核心，而且又明确告诉人们，仁虽然是极高的道德境界，但只要“能近取譬”，推己及人，按忠恕之道去做，就能做到仁。如孟子所说：“强恕而行，求仁莫近焉。”(《孟子・尽心上》)孔子也说：“仁远乎哉？我欲仁斯仁至矣！”(《论语・述而》)显然在孔子看来，仁者爱人的道德内容，要有忠恕作门径才能实行、体验和落实。那不能行忠恕的，如何可能知仁行仁？没有忠恕的方法来讲仁，好像缘木而求鱼，是绝对没有可能性的。可见忠恕何等重要。

作为行仁的方法，忠恕之道的基本含义是：“己所不欲，勿施于人。”(《论语・颜渊》)它还有一个更清晰的等值表述：“我不欲人之加诸我也，吾亦欲无加诸人。”(《论语・公冶长》)如果说这个命题是从消极的意义上说的，那么它就还有一个积极的表达式：

“己欲立而立人,己欲达而达人。”(《论语·雍也》)

这几个表达实际上是一样的,都是要求人在对待别人或处理“两人关系”时,要“将心比心”。作为思想行为的主体的任何人,我,事实上总是不愿意别人有损害自己的思想行为,那么,考虑到这点,我也应当不以这类思想行为去损害别人;我事实上总是愿意自己立和达(利己),那我也就要帮助别人立和达(利人)。能够做到这点,岂不就是做到了仁爱?确实如此,这是一种什么逻辑?何以从“我”的利益、感觉、好恶,能够推出对方的利益、感觉和好恶,能够推出我应当如何对待他?如果我们认为人我之间是隔绝、断裂的、无关的,那就不能作出上述推理,从前提推不出那些结论。这种推理(说这是推理,严格说来不全妥当,因为真实的情形并非纯思辨的过程,而是一种移情的心理活动)之所以可能甚至带有公理性质(如所谓人皆有之的“恻隐之心”,“良知良能”),显然只是因为“我”把对方看作和我不仅属于同类,而且是真正有着一体性质关系的同类。否则我为什么要把别人的感受当作我自己的?我们常常见到敌对的人们之间的彼此仇视,他们中的任何主体“我”岂不是总要以对方的恐怖、遭难、毁灭为乐事,而那是非常自然的吗?

所以,伦理道德中的仁爱和忠恕,归根到底是以两人关系中的一体性联系和一体感为根据的。孔子儒家讲仁爱和忠恕,总要从父子关系和孝慈情感讲起,从唐尧虞舜开始人伦伦理的“五教”起,到孟子提出“五伦”,都以氏族和家族人伦中的各种两人关系为根本来立论。父子一体,夫妻一体,同胞一体,所以我们作为这些两大关系的一方,对于对方总是要有爱心的。如果发生对立和冲突,那么无论是非曲直如何,我首先总要想到问题应当尽可能和谐解决,以恢复一体的亲密关系。这样,从方法来说,虽然是非曲直必须有适当处理,但是为了解决问题,我首先要想到的就不再是我自己如何正确有理,而是对方究竟是怎样想的,是否也有道理,即使没有道理是否也有某种境况是我应当体谅的,因此我应当从各方面设法解决造成双方冲突的原因,重新调整关系,为解开我们之间的这个扣而努力。

可见,一体感是忠恕仁爱的出发点和大前提。对它运用到何种范围与何等深度,要以人类一体关系的一定发展程度作基础。这里伦理智慧的意义就在于:从最广泛和最深切的含义上,对人类一体感作出最高程度的洞察。孔子、苏格拉底、佛陀和耶稣基督都是这样的圣人,只是背景有所不同,发展的侧重有别而已。耶稣基督作为一个崇信上帝的犹太人,生活在一个充满着各民族之间和贫富强弱对立的希腊化罗马世界里,超越了原先犹太民族的狭隘眼界,与之同时也超越了种种氏族家族的、民族国家的等等界限,因而提出了基督教的普世伦理:"爱人如己",这和孔子所说的仁爱与忠恕之道是一致的。如果说孔子的伦理理想是以人伦一体感为根据,同时有从内到外推广到"天下大同"的含义,那么基督的伦理教导则更明确地从所有人都是神的儿女,指明了全体人类一体性。他要人爱"罪人",甚至要人"爱你的仇敌"。为什么这些教导表示了"真理、生命、道路"? 因为这些罪人乃至"仇敌"和我一样是上帝的儿女,原本一体;因为我作为人也和他们一样有罪和过错,都需要悔改以回到天上的父那里得到新生命,那么,我为什么还只是看到别人眼中的沙子而看不见自己眼中的横梁呢?

有了一体感才会有对话。忠恕是两人关系中彼此体贴的对话方法。它比人们在实际生活中的交往和对话深刻,因为涉及的是双方之间心的对话、情的对话。

作为心思和情感的对话,实际上总是同利益有关的。在处理人我关系中,每个人自爱自利总是一个出发点,因为这是我自己的事，是我最直接的感受，是别人甚至亲人也无法完全知道、感受和代替的。不过，我们的心思和情感是否因此就可以和应当只局限在每个人自己的利益和感受的范围之内，那就完全是另一回事了。因为那样就会使我同别人疏远隔绝，彼此对立损害，事与愿违。即使在实际利益的问题上生活实践也会教导人，你若不同时利人，那你也不能达到自利的目的；你若损害别人，别人也必将损害你。但是这类只讲实用实利的说法，还是以一己之利为中心的，不能超出这种局限的视野和低下的境界。孔子的忠恕之道的伦理道德教导，则给我们一条超越狭隘自我感受和私利的途径。你要学会从你对自己的心和情的体验，过渡到体贴对方的心情。当你对于对方的处境和好恶感情有了真实体贴时，你才能知道如何对待别人，处理好你和他的“两人关系”，尽到你做人的本分。这种心的对话、情的对话，能把你所了解的自我扩展，使极渺小的我走向大我，那才是人之为人的本义所在。

总之，人类本来同源而生，并只是在共同生活和彼此交往中人才逐步实现人之为人。人决不是单个的存在物，而是社会的动物。但是作为社会关系的各个分子，每一个人也有分明的个体性，决不可以忽视。因此，如何让每个人明白和体验他作为人的一分子，同人的整体有不可分离的亲密关系，是极端重要的。孔子提出的忠恕之道，就是教人达到这点觉悟的最基本的方法。

其实“恕道”由来很久，早在公元前712年，中国的先哲就有“恕而行之，德之则也”（《左传·隐公十一年》）的言论。在《管子》书中，也有“非其所欲，勿施于人，仁也”（《管子·小问》）和“己之所不安，勿施于人”（《管子·版法解》）等明白论述。忠恕思想在中国文化中有其深厚土壤绝非偶然，实在是中国人自古重视人伦关系，以人伦之道为修身、齐家、治国、平天下的根本道理的必然表现。人伦一体感给忠恕之道的自觉提供了基础，反之又唯有忠恕之道才使行仁和维护人伦有了得以实践和体认的途径或根本方法。中国人历来讲究这个做人的基本道理，在日常生活中"推己及人"，"设身处地为别人着想"等等语言比比皆是。可以说，十分注重"两人关系"中双方真心实意、真情实感的体贴交流；由此体贴出如何处理人己之间各种差异对立的精微以达到高度的和谐统一，是中国人和中国文化中最普遍的一大特色。

我认为这是人类伦理道德精神中的一笔伟大财富。它在当代全球化进程中，探求人类的全球伦理中，可以并必将发挥出重大的作用。因为这种以忠恕之道为特色的方法，实在是同人类一体关系内容（"仁爱"和"大同"正是对这种一体感所作的伦理的和历史理想的表述）最一致的能够彼此互动地推进的根本方法。

三、苏格拉底的方法：通过理性的批判、归纳来求"真善"

与中国和东方不同，西方有着另一种关于人类、人性、人权和做人道理的伦理道德观念，其核心可以用一个词来概括，那就是"自由"。当卢梭说"人是生而自由的，但却无往不在枷锁之中"时，就表达出了当时法国人民中最深厚的革命愿望，孕育了法国大革命的精神。"不自由，毋宁死"，成为几百年来推动各国各民族争取独立、民主的伟大革命以及各种波澜壮阔的人民运动的基本口号。时至今日，在西方世界，一个人、一个民族、一个国家是否自由，依然是判断它是否值得尊重的根本标志。人之为人，在中国和东方，总是以思想言行是否合于人伦之道作标准的，但是在西方，则首先总是以他有没有自由，至少是有没有自由的意志并坚持其自由意志为标准。这种价值观起于古希腊，同样有其久远的历史和思想文化的提炼。因此，他们的伦理道德观念和人与人关系的对话方式方法，也与中国和东方人的大为不同。

苏格拉底作为希腊哲学中最重要、最有原创性的伟大人物，在全力探求灵魂的善的努力中，形成了最具特色的方法。大家知道，所谓苏格拉底的方法，就是对话方法。他总是在各种场合同人谈话，讨论人们关心和应当关心的各种公私事务和关于正义、善的观念，引导人去重新审查自己关于这些事情和观念的看法，启发人去寻求自己灵魂所应有的善。这种方法具有一种震撼灵魂的力量，这不仅表现在彻底的理性的求真上，更集中地体现于追求真正的善上。

苏格拉底方法的大前提是：人必须在追求真实、真理上，尤其是在寻求真正的灵魂的善上“自知其无知”。面对智者相对主义的真理观价值观，苏格拉底坚定地确信真理和真善必然存在（神是真理和真善的根据），而人的本分就是寻求他的灵魂中的本善；同时教人必须明白人神之别，人因自身局限（利欲干扰和认识能力上的限制）难于认识和达到真善，因此必须承认自己对真、善和神十分无知，对自己灵魂中本来具有的良知也十分无知。他认为人们对于道德和良知常常以为自己已经懂得，已经知晓，因而实际上就无法分别出什么是真正的善和那些不配称作善的东西，甚至把假冒为善的观念当成了道德价值的标准和追求的目的。所以，他极其强调“自知其无知”的要紧，那是讲道德的真正入门处。人对自己的本性、对什么是真正的善，既然本来无知，却还自以为是，自以为已经有了知识，岂不是盲目骄傲？岂不是就像一个被关在洞穴中面对洞壁的囚徒，只能看到由外面光线投射在洞壁上的影子，便以为这就是洞外阳光下的世界真相那样愚蠢？所以，“自知无知”既不是苏格拉底的“谦虚”或论辩手段，也不是他对对话对方的任何贬低，不过是说“无知”是人必须面对和承认的真实状况，只有承认和深入反思了这一点的人，才算有了一点智慧，才能开始寻求真理和真正的善。

苏格拉底方法，是唯有在希腊式的自由城邦和自由个人的条件下才可能并必要的。在希腊各个城邦之间和公民个人之间发展起来的经济、政治和思想的自由关系，已造成了人们之间的尖锐对立，瓦解了氏族制度以来的人伦关系，造成了种种严重的社会伦理道德危机，也为这些自由的城邦和个人展开自由的讨论创造了从来没有过的条件。在苏格拉底之前，希腊的哲学和科学早已走上了理性的发展道路，人们第一次发现了超出感性事物的所谓理性真实，如几何学的纯粹的点线面体，数学中的单位“一”，以及作为世界秩序的“逻各斯”等等的存在，和相应的概念、定义、演绎和归纳的推理，等等方法。一句话，希腊智慧在自由的环境中发展出一种彻底求真的哲学，因而这种求真的哲学智慧本身与希腊人的自由和公民民主的对话从来不可分离。苏格拉底的贡献是在这一土壤和基础上得来的。

同孔子的忠恕方法类似，我认为苏格拉底的方法在今天也有十分重要的意义。因为人类今天面对着更多样更激烈的价值观冲突而莫衷一是的情境，因而更需要澄清孰为真正的人类之善。因为我们比任何时候都更需要认识和承认：尽管我们今天在科学技术知识上已经达到了空前的高度并且还在加速度地前进，但是在如何认识人本身的命运和伦理问题上我们仍然处于无知状态。每当我们自以为有知识有能力而骄傲起来的时候，几乎都会不可避免地遭到挫折与羞辱。因此我们各国人民和学者都应始终从“自知无知”开始，彼此间作更深入和自由的对话，用这种方法寻求真理、真善和人类的未来。

四、余论和附带的说明

1. 本文主要谈孔子和苏格拉底的方法可能对今天的意义。照我的看法，忠恕方法着重阐明了作为道德主体的“我”如何依据人类的一体原则和情感，来自处处人，发挥“我”在两人关系中的道德主体的巨大能动作用，使任何对立冲突最终都能赢得和谐的解决，使人类返回到一体的生命。这方法的一个特点是对情的重视超过了理，或如中国人常说的要讲“情理”。而苏格拉底辩证方法则有所不同，它强调的是理性，以人的理性运用于追求真正的善为特色。虽然苏格拉底所说的理性主要是道德理性，这是与实践、情感相关联的理性，并非单纯的思辨理性，但毕竟以理性作主导，情感只应服从。他强调求善必须明辨是非真假，认为只有通过不断的批判进程才能归纳上升寻求真实的善。所以简要说来，前者以实践“本善”为特点，后者以寻求“真善”为特点。在建立当代全球化伦理的进程中，我以为建立人类一体亲密感依然是基础性的任务，因此在各民族之间应强调并实践忠恕之道的对话和方法。而当代全球的种种利益对立和价值如此分歧，除了互相宽容，更需要合作以运用种种理性和科学的对话方法，一起来寻求真理和对善的共识。所以两种方法不可偏废，以忠恕的精神和方法为基础，以求真的精神和方法为主导，互相补足，共同为全球人类的伦理对话作出贡献。

2. 在伦理道德问题上，所谓对话，我想应当包括两种类型和至少三种方法。两种类型是：人与人的对话（两人关系）和天人（亦即神人关系）对话。三种我认为是最重要的对话方式的资源是：孔子的、苏格拉底的和摩西—耶稣的。一般说来，虽然中国和希腊的伦理也以天人关系为最终根据，人文却是主体；而犹太—基督教的虽然实际内容仍在人间，却主要直接采取了神人对话（立约）的形态。我认为这三种对话方式在全球化伦理建设上都不可少。大致言之，孔子主张以“忠恕之道”，为实现仁德的根本方法，其特点是要求人心人情（即来自天的人的本性）的相通体贴；苏格拉底的求善则以运用严格的理性探求程序来批判性地求真（此“真”即人所欲寻求的“真善”，它来自神）为特色特长；而犹太—基督教的神人之约的对话则直接强调人必坚信天道至善，以信仰神和通过忏悔返回神的方式来实现伦理。本文只对孔子和苏格拉底的方法的当代意义作一最简略的研讨，至于对上述三者的综合研究这不是一篇文章可以谈清的，只好留待以后的机会再谈。

3. 本文对孔子和苏格拉底方法也未能涉及更深层次的考察。例如人们对孔子的仁德和忠恕之道方法是有质疑和讨论的，而在希腊和西方对苏格拉底的道德哲学与方法也是有批判意见的，比如亚里士多德就有不同意见。若从比较哲学和比较伦理学的角度考察，其中都大有值得分析之处。这些问题极有纵深，也只好留待另外机会去研讨。

对于巴门尼德残篇的解读意见[①]

—— 兼论希腊哲学中的 ὀν 和 ontology

一、问题的引子和若干预备性知识

近年来,汪子嵩、王太庆先生再次提出了陈康先生在半个世纪前已经提出过的关于如何翻译与理解希腊哲学中的 ὀν（being）的问题[②],引起了一些讨论。20世纪西方学者（罗素和海德格尔可作为提出问题的标志性人物）对这个问题更已研讨了整整一个世纪之久。这个古老而又根本的哲学基本问题,现在有了许多新的意义。

说到翻译和理解 ὀν,所涉及的问题实在重大和深刻。首先需要有语言的知识和研究,包括希腊语和印欧语中有关动词的本来语义,词性词形变化、句型构造等方面的知识和研讨,也必须对汉语（古汉语和现代汉语的相关词）有相关的知识和研讨,并且需要对二者作比较研究。这些说来话长,本文只能作点最扼要的介绍。

希腊语和欧洲各国语言虽然有别,但在若干根本点上类似,并且同古印度梵语同源,都属于印欧语系。其中,由于希腊和印度

---

① 本篇原载《复旦学报》（社会科学版）2002年第1期。

② 参见《复旦学报》（社会科学版）2000年第1期,第21—36页。

文化源起最早,古希腊语和梵语便成为印欧语系中两种最古老的古典语言。按照 Kahn 的研究:1. 分词 ὀν 及其动词形式 ἔστιν 主要有三种用法和含义:A. 作系词("是");B. 作存在动词("在"、"有",包括"活着 /live"和"存在 /exist"的含义);C. 表示"真 / true"。2. 根据荷马史诗等古希腊古典文献中对该动词的用法统计,认为希腊语早就把其中的系词用法当成最主要的,所以他主张应当以"是"的含义为中心来解说 ἔστιν 和 ὀν,即,把存在含义和表真含义作为从系词"是"的运用中衍生出来的。3. 他又注意到另一个要点:古希腊语和整个印欧语系根词中的 es 和 bhu(在希腊语,即 ἔστιν,φυω 的词干 εσ- 和 φυ-)这二者有重要关系,前者表示静态的而后者表示动态的存在,是一个相配的对子。这种特点使 es(ὀν 和 ἔστιν)适合于充当陈述句和命题句中表示主谓关系的确定性、不变性的系词"是 /be/is"。该系词是动词中最重要的一个(verb excellent),而与其他准系词如"为 /become"不同;与之相应,它的名词化和 become 的名词化词(分词和不定式)所表示的存在也不同:前者表示静态的确定的存在或事物(在、有),而 φυσις(nature 或自然)表示的则是变动不居的、生生不已的存在。

另一值得我们注意之点是:es 作为存在动词,在一切印欧语种里都一直保持了"活、活着"的含义。例如,英语中如果有一个句子只有 I 和 am 两个词,那么这句话的含义,就必是"我活着"(即"我在")。汉语中经常用"在"这一个字作动词表示人的活着的状态。如《论语》:"父在观其志,父没观其行"。"在","没"并举,含义就是存亡和生死。确实,对于人本身而言,存在的根本含义当然是活着,死了也就是"不在"了。这个根本的含义,既通向动态的存在,也明确表示了在的确定状态(而确定性恰恰是 es 之所以能表示静态存在的来源)。所以,es 和 bhu(ἔστιν,φυω)在最深层的含义上又是同一、统一、相通的。

海德格尔从其存在主义角度，对 ὀν 表示“生”和“活”的最初原义抓得特别紧，因而对 es 含义中与 bhu 的相通方面强调较多。与之有别，Kahn 则强调早在荷马时代的希腊语中，动词 es 的绝大多数运用就是作系词，这与 es 作为存在动词表静态、表确定性相关；也就是说，他强调的是因与 bhu 的差别和对立的一面。

可见，一个世纪以来西方学者关于 ὀν 的语义的理解也有不同看法和争论。如果我们参照古梵文的研究，就会看得更清楚：梵文根词 as（即上面所说的 es）和 bhu 确实有同一性（古代梵文语法经典《波你尼经》把 bhu 作为第一个最根本的存在动词，但其含义正是用 as 来作注的，而 as 的含义最初也用 bhu 来注，所以，这两个根词最初是互相诠释的关系）；但确实又有对比的不同，bhu 表示动态的存在万物，而 as 则表示静态的、常住的、抽象的东西，如本质之类。因此，中国古代翻译佛经中的这两个词是很分明的，从 as 来的分词、名词都用“有”字来译（但并不译作“是”或“是者”）。

汉字“在”和“存”的古代用法，用在人本身，也首先是指“活着”。按金文“在”字本来象形为植物出土，表示生长、生命，然后产生一般的存在的含义。这一点，在现代汉语中依然大体如此。

而汉字“是”按许慎《说文》：“是，直也。从日、正。”段注“以日为正则为是，从日、正，会意。天下之物莫正于日也。”金文已有此字，近人有人据金文象形，可以认为上边的“日”是画了一个靶子，下面画了人站着射箭。但表示的含义也是“正”。这一点没有分歧。“是”字在中国古代的用法主要是：1. 代名词，与“此”、“兹”、“斯”，即现代汉语中的“这一个”（事物、东西、存在）相当；2. 形容词，即与“非”相对的“是”，即“对”、“正确”之意。大约汉代之后，“是”字才开始用作系词，逐渐流行。到了近代，由于西方科学和逻辑思维和语言方式的传人,需要大量使用严密的命题和判断,“是”字在现代汉语中就特别盛行起来,而这自然都是作系词用的;与之成为对比,原先用作表示事物存在的代词含义和用法几乎完全消失,只是偶尔在某些成语如“实事求是”的用法中还有其痕迹。因此,“是”字在现代汉语中似乎和希腊哲学中 ὀν 的逻辑含义最相当;而在古代汉语中有同表示事物(存在)、有和真实的含义的相通之处。只是汉字“是”确实古今都没有“活着”的那种存在含义,只有“在”字才有这个意义。因此,我们在翻译的时候不能不考虑到汉—希腊语言的这些同和异的关联,然后才能找出适当的翻译办法。

因此,笔者在尊重和赞赏陈康和汪、王三位先生主张用汉字“是”来翻译希腊哲学的 ὀν 的同时,也有顾虑和保留。既然学者都承认希腊词 ἔστιν 原来一身兼任存在动词和是系词的作用,就应当在汉语中使之得到表达。如果我们的汉语翻译只许在“是”和“存在”中两者择一,非此即彼,那么如何能表达它原有的兼有之义,岂不是有承认而未落实,实际上只能得到片面的表达和理解? 为此,吴寿彭先生主张把 ὀν 译成“实是”,而也有人说还是随上下文来译好了,不必定于一词。这些意见是否有可取之处? 问题何在? 都是值得我们斟酌的。我们的原则应当是:一、合乎原义和能够表达原义,也合乎汉语的表达方式;二、应能回到希腊哲学经典原著中经受验证,至少能读得通,如果更好些,还能帮助我们深入希腊哲学思想的原义,并能有助于中希智慧的交流。

语义中的蕴含,要在文化和哲学智慧的语境中,才能得到充分的发展。古印度人对 es 是偏重于“存在”理解的,所以中国古代翻译佛经中的相关词,主要用“有”字。而在希腊,荷马时代已高比例地用作系词,而决定性地把 es 作为系词的含义突出加以强调,并上升到逻辑和哲学层次,始于巴门尼德。他第一次把存在的稳定、确定的静态含义,同作为语言句子(其实是判断的命题形式)中的系词“是”的用法或含义紧紧挂在一起,使彼此都得到了强调。即,通过“是”和“不是”把陈述句中的主词和谓语结合和分离的作用,来表达我们所确认的事物中的实际状况。这样,存在的实际状况就同人对它们的认识、知识的分辨真假,紧密结合在一起了。

希腊哲学不是从研究 es (ὀν,being)而是从 bhu (φυσις , nature)开始的,换言之,是从总体的存在、偏重动态(生生不已的、动变的)存在,即“自然”开始的。初期几大哲学家都如此(自然哲学阶段),情况更接近于中、印和其他民族的古老智慧。但毕达哥拉斯派开始从“数”来确立存在的含义或定义,深刻影响了希腊哲学的发展,这就为巴门尼德转向 es (ὀν)的研究即 ontology 开了路。巴门尼德为古典时代的希腊哲学定下了基调或方向:本体论和逻辑思维的一致。这个研究到柏拉图、亚里士多德达到了理论高峰,直到亚里士多德用 ontology 作为第一哲学,相关地对逻辑学作了深入系统制定。

希腊哲学以“求真实”为其显著特色。“真”的本义就是思想认识合乎存在(实在、实际情况),而人所断言的实在、存在究竟是否真实,或真假何以辨别,也需要有明确的判断加以表达和证明。因此我以为不宜把 ὀν 的原义中的表存在即“实”和表判断即“真”这两种含义分离。汉语中的“真实”一词和成语“实事求是”,都表明“在”和“是”,“真”与“实”两方面的意义,是可以统一起来理解和表达的,同希腊语中 ἔστιν、ὀν 原义兼有此两方面的情形,并非不可相通。从这个意义上我认为吴寿彭先生的理解和翻译是值得重视的。

希腊哲学中的存在,从开始的自然存在,进到数学意义的存在,再进到本性的存在;与之同时,有动态和静态的存在划分;到智者之后人事的存在突出成为中心的课题,同自然的存在是什么关系,成了重大问题;苏格拉底更把人事中真假是非的判别问题同道德善恶问题紧紧联系在一起,于是人如何“求善”或“求真善”就在希腊哲学原本特征中突出出来了,因为他根本不赞成有什么离开求善来讲的求真。亚里士多德来自苏格拉底,却和苏格拉底有对立。希腊化时代的斯多亚哲学是沿着苏格拉底的路线而不是柏拉图、亚里士多德走的。

无论是求真,或求真善,都对我们中国人有重要意义。前者是我们缺的,而后者对我们更有参照比较意义,因为中国智慧历来以伦理善为特征,这同西方人讲的真善有怎样的一致和差别?如果从 ὀν(es)与 φυσις(bhu,nature)本来有关联,原来有生命、活着的深层含义说,希腊的 ontology 就能和中国人的“大学之道”会通。中国人的大学问,或现代人所说的中国哲学的根本,主要是“生生之谓大德”的学问;而从苏格拉底直到希腊化时代的斯多亚派,都把希腊哲学的求真,定位于求生命之真,人对自己认识和生活行为如何求善之真。在这个高度上,彼此可以在一个水平上交流了。再进一步,就是求得对自然、天道、神的真知。求知的根本在求得对本原、终极或神的真知,这是希腊人那里一贯如斯的。其实中国、印度、以色列人也如此。所以,我们对希腊哲学中的 ὀν 和 ontology,应当作这些研究和诠释,才能达到其原义的应有高度。这样来考虑如何翻译,可能是更恰当的。

二、巴门尼德残篇的语言解读

由于巴门尼德是希腊哲学史上第一个用 ἔστιν 和 ὀν 提出新哲学思想的人，因此如何解读巴门尼德阐述这一思想的原文是我们理解希腊人的 ontology 第一道关口。

很显然，由于问题涉及能否澄清巴门尼德哲学的原义的大问题，而迄今中西翻译都还有困难和争议，所以假如我们一上来就用中译文或英译文来讨论这段文字，必是不适当的。因为那就等于拿有问题的读法来解决我们的困惑，那当然是悖谬的。因此我们只能引出希腊原文来研读讨论。这自然会给一般读者带来很大困难。但是我只能劝读者耐心努力，通过注释也来研读这段文字。它很短，因而这困难不难克服；并且更重要的是，这样做对读者参与讨论和获得自己的理解，是一个必需的条件和过程，否则就永远只能靠二手文本而无法走上自己参与和作出判断的路。

以下是残篇 2（DK28B2）原文 8 行。为了注释讨论方便，我给各行加了数码，单词用脚注注释①：

εἰ δ' ἄγ'ἐγὼν ἐρέω，κόμσαι δὲ σὺ μῦθον ἀκούσας，② （一）

① 这里和本文涉及希腊语词的解释，都依据专收古典希腊语词的权威希英大辞典的说明。即 Liddel & Scott，Greek-English Lexicon，1996 年第 19 版，及其 Abridged Edition，Oxford University Press，1991.

② εἰ δ' ἄγ' 请进！ἐγὼ 我；ἐρέω 是 φημι',λέγω（说）的未来式，这里是第 1 人称单数，我（要）说；κόμσαι，κομζω 之 aor active 不定式，多义词，to make care of，supply，拿着，保持；σὺ 你；μῦθον，μυθέομαι（对人说）的分词形式，表示上面我所说的话；ἀκούσας，听，单数第三人称 aor active.

αἵπερ[①] ὁδοι[②] μοῦναι[③] διζήσιός[④] εἰσι νοῆσαι[⑤] （二）

ἡ μὲν ὅπως[⑥] ἔστιν ηε και ὡς[⑦] ούκ ἔστι μὴ[⑧] εἶναι, （三）

Πειθοῦς ἔστι κέλευθος（Ἀληθείηι γὰρ ὀπηδεῖ）[⑨], （四）

ἡ δ' ὡς ούκ ἔστιν τε καὶ ὡς χρεών ἔστι μὴ εἶναι[⑩] （五）

τὴν[⑪] δή[⑫] τοι[⑬] φράζω[⑭] παναπευθέα[⑮] ἔμμεν[⑯] ἀταρπον[⑰]. （六）

οὔτε[⑱] γὰρ[⑲] ἄν[⑳] γνοίης[㉑] τό γε μὴ ἐόν[㉒]（οὐ[㉓] γὰρ ἀνυστόν[㉔]）（七）

---

① αἵπερ,περ 为小品词,加强语气。

② 道路(复数)。

③ 唯有的。

④ διζήσός（δίζημαι[寻求]的分词形式）: 见 διζήσς,ή,inquiry,研究、寻求。

⑤ νοῆσαι,νοέω. νοήσω 的不定式。To see as to remark or discern,distinguished from merely seeing,表示理解、分辨、考虑过的,而不仅是看见。εἰσι,是(第3人称复数)。

⑥ ὅπως,关系连词(关于方式的),与 ὡς,ὅτι 同,相当于英文的 that.

⑦ ὡς,相当于英语的 that.

⑧ ούκ 与 μὴ 都是否定词,不、非之义。

⑨ Πειθοῦς,'Αληθείηι,是把"说服能力"和"追求和表示真理的能力"人格化造成的名词,作成女神之名。用来称呼这条道路：有说服力的路,真理之路。

⑩ χρεών,χρέω 的中性分词,指命运、必然；εἶναι 是 ἔστιν 的不定式。

⑪ τὴν,定冠词 ἡ 的宾格。

⑫ δή 那么。

⑬ τοι=σοι 你(受格)。

⑭ φράζω 我说。

⑮ παναπευθέα 完全不可相信,或全无说服力的(παν 全部,α- 否定,πευθ- 说服)。

⑯ ἔμμεν,ἔμμι 我是(不定式)。

⑰ ἀταρπον 路径。

⑱ οὔτε……οὔτε 既不 …… 又不。

⑲ γὰρ 因为(for)。

⑳ ἄν 小品词,表示一个独立于任何情况的断言。

㉑ γνοίης 思想,认识。

㉒ τό……μὴ ἐόν,那个非 ὀν 的,ἐόν=ὀν,γε 至少。

㉓ οὐ 否定词,不。

㉔ ἀνυστόν 可能,可实现。

οὔτε φράσαις[①]　　（八）

前两行还容易读："来吧，我要告诉你，你要好好听我所说。唯有哪些途径是可以考虑的。"接下去两行就到了关键处。

第（三）行中 ἡ……ἔστιν 是最值得注意的。阴性冠词 ἡ 管的是哪个作名词用的词？从上下文看，第（二）（四）行中的 ὁδοι（复数，其单数为 ὁδος）与 κέλευθος（单数）都是阴性名词，都指道路、途径、方法的意思，用阴性冠词 ἡ 与之有关，但 ἡ 直接关照的是 ἔστιν。这也就指示出这里的 ἔστιν 是当一个名词来讲的。但是 ἔστιν 是动词而绝非名词（同其分词或不定式形式不同），如何能做名词用？这个问题在语法上只能有一种解释：这里的 ἔστιν 不是单纯的动词，而是个句子，只用一个动词造出来的单词句。一个句子说的是一个事件，在这里指的正是一种哲学上的求真的途径或方法，那么把它当作一个单称名词来看，在语法上是合适的。

这种单词句是希腊语特有的现象。因为希腊语动词的词尾形式特别精细，总能精确地分别表示出主语的人称和数（还能表示所述事件的时态），这样主语隐含在它里面不说也明白，便常常可以从略。所以对 ὅπως ἔστιν 的照猫画虎的英文译法便是 that it is。用一个第三人称单数的 it 作 is 的主语，把 ἔστιν 里隐含的主语表示出来。这个英文译法也表明这里的 ἔστιν 乃是一个句子（子句），并非一个单纯的动词 is。我认为注意到这点是我们开始研究时很必要的第一个步骤，因为问题的中心正在于弄清楚这个作为句子的 ἔστιν，而不仅是作为动词的 ἔστιν。

让我们进一步注意：这个 ἔστιν 是个句子，但还不是个一般的

① φράσαις 言说（第二人称复数）。

句子,而是一个命题。亚里士多德早就指出,同单独的名词动词不同,句子才是一个可以独立的有意义的言说。①。但是他更强调指出:哲学上所要关注的不是一般所说的句子,而是用肯定和否定的系词"是"和"不是"把词结合起来或分离开来所构成的,能表示一个关于真实和谬误的思想的命题。他说:

> 只有这样的句子,才是其中具有真实性或谬误性的命题。比如某个祷告是一个句子,但既不是真实的,也不是谬误的。
>
> 因此让我们排除命题以外的一切其他句子类型,因为只有命题是我们当前的探讨所关注的,其他句子的研究不如说是属于修辞学或诗学的范围。②

事实上巴门尼德这里所说的 ἔστιν 正是一个命题,而且是一个根本性的哲学命题③。因为它要指示的是唯有的一条道路或一种方法,它才能引导我们走向真理。对这条求真道路的最简捷的表达,就是 ἔστιν 这个单词句,因此它也不仅是个一般的句子,而是一个命题:表示巴门尼德认为是唯一能引导人获得真理的命题。关于 ἔστιν 的这个更根本的含义,我们到下一节再研讨。本节先要作语言上的解读,然后才能进入下一步。

语言的分析,如上所说,首先要把 ἔστιν 看作一个句子;接着就该对这个单词句作句子的结构分析:找出它隐藏的主语,并询问它是否也有隐藏的补语。

首先,ἔστιν 显然有一个隐含的单数第三人称主语,英语把它

① Aristotle, De Interpretatione《解释篇》16b26。

② Aristotle, De Interpretatione《解释篇》17a1-6。

③ 如他在序诗中和下文要反复申说的那样,讨论的是关于如何分别"真理"和不包含真理的"意见"的问题。

写作 it 是恰当的。问题是这个 it 或"它"指的究竟是什么？有人说是"存在者"，有人认为就是名词化的"是(者)"，但这两种理解落实到句子就会读成"存在者存在"或"是者是"，似乎都是同语反复，不知何意，因而似乎都有问题。那么究竟如何解决，是否另有解释？这是第一个问题。

我的想法是：按原来语法的比较稳妥的考虑，可以认为这个 it 就指某一客观事物(可大可小)。大家都不用 he/she 而是用 it 来表示这个第三人称单数的主语，表明都感到它必是某个广义的客观性的对象。这样来理解也许素朴了些，但我以为反而容易说得通和好懂。

其次，ἔστιν 作为句子是无须补语，还是也省略了补语呢？现在西方和中国学者都用"it is"来讨论，即只当无须补语的句子讲。但如果真的没有补语，这动词 ἔστι (is)本身就只能作存在动词"活着"和"存在"讲，就不能作系词"是"讲了。因为系词的作用就是把主语和补语系在一起；没有补语的 ἔστιν 或 is 就当不了系词。中译这句子为"它是""某事物是"确实不行，就是因为不合语法。但我认为是可以考虑有隐藏的补语的。根据这里的语境它可能是最为一般的形容词或名词，如"什么"或"如此"之类，这样 ἔστιν 就能译成"某事物是什么""某事物是如此"，就没有困难了。如果同接下去的子句 ὡς οὐκ ἔστι μὴ εἶναι (that it is not [possible for it] not to be[①])相比，也可能就是那个 εἶναι (ἔστι 的不定式即 to be，可作名词用，因此可作补语)，但意义也同"什么"或"如此"相仿，即古汉语中的作代词的"是"字，译法为"某事物是此(斯、是)"。

---

① 这里采用了 Richard D. McKiraham, Jr. 所著 Philosophy Before Socrates 中的英译，见其 p. 152. (Hackett Publishing Company, Cambridge, 1994)英译者为读起来方便而加进去的文字我用[ ]符号标出。

因此,单词句 ἔστιν 从语义说可以有两种解读法：

1. 作没有补语的句子讲,ἔστιν（is）是存在动词,这句话就是“某事物存在着”。但是请注意：这个存在是从根词 es- 来的,表示的是静态的持存,同 φυω(bhu)所表示的那个动态的存在成为对照。因此这个子句更恰当的译法是“(某、一)事物持存着”。

2. 作有隐藏补语的句子讲,ἔστιν（is）是系词,这句话就是“(某、一)事物是如此”。

这两种读法是否彼此排斥? 我不这样看,我认为可以兼容。不仅兼容,而且相通。因为肯定事物持存的稳定不变,正是我们能肯定事物是如何如何的前提；而我们能说事物是如何如何,也就证明了事物有其持存的稳定不变性。另外巴门尼德自己很强调“思想和存在是同一的”①,他素朴地却又是十分认真地以为一个表述就能兼指思维本身和这思维的对象,二者相通正是他的本意。为此我建议读者采用双读方法。从语句和语词角度必须双读,至少要双读；而在运用中,在哲学研讨的发展中,大家会看到双读也远远不够,会有更多的含义出来。

以上讨论的 ἔστιν 是(三)的一个子句。现在让我们把(三)(四)两句诗一起读下来,两种读法是：

1. “那说‘事物持存(不变)’,和‘它不是不持存的②’的思考之路,是有说服力的,并与真理同行。”

2. “那说‘事物是如此’和‘它不是不如此③’的思考之路,是有说服力的,并与真理同行。”

第(五)句与第(三)句对照,是巴门尼德不赞成的道路和方法。

---

① DK28B3。

② 可读成“它不能是没确定持存的”,比较适合我们汉语说话的习惯。

③ 可读成“它不能是不如此的”,较为顺口。

其中也有两个相关的子句：ὡς ούκ ἔστιν 和 ὡς χρεών ἐστι μὴ εἶναι，只是意思同（三）正好相反。用上面的两读法也能把它们读通：

1．“那说‘事物不能持存（不变）’和‘它必然是不能持存（不变）’的思考之路，我告诉你那是完全没有说服力的，因为你无法懂那‘不能持存的事物’，也无法说出它来。”

2．“那说‘事物不是什么（即无规定者）’和‘它必定是什么都不是（即对它什么都不能确定）’的思考之路[①]，我要告诉你那是完全没有说服力的，因为你们无法懂得那‘什么都不是的东西’，也无法说出它来。”

作过语言上的解读之后，我们来解读巴门尼德用 ἔστιν 作为哲学命题的含义；它是哲学范畴 ἔν 以及 ontology 的真正起源地。

三、巴门尼德的真理学说：ἔστιν 的哲学解读之一

我们说希腊哲学最重要的智慧特征是求真，这是符合事实的。这一点早期几大哲学家已经显示了这种特征，回忆一下赫拉克利特如何讲他的逻各斯、毕达哥拉斯派和米利都派如何寻求万物的根本原因就可知道；但这只是从精神的贴近角度说的，不能算到位。真正明确地把真实和真理本身是什么的问题提到首位来研究的，巴门尼德是第一人。

上节我们研读过的那个 ἔστιν，从巴门尼德的序诗和全部诗篇来看，讲的正是他所要研究和确立的求真之路，也是真实和真理本身，这是一个简要得无法再简要的概括：只是由一个动词所构成

① 可读成“它不能是不如此的”，较为顺口。

的单词句所表述的一个哲学根本命题。可是它既包括了求真的认识、知识和思维的根本逻辑要点；又包括了对一切事物的一种根本看法和确认。对此残篇2以真理和意见的基本对立表述的形式给予了核心阐述，然后在诗篇正文中展开论辩和论证，从而构成了巴门尼德的全部哲学体系。

甲　真理和意见　从上节语言解读中，可知巴门尼德的 ἔστιν 要说的哲学含义是：唯有认为事物持存不变，人对事物是什么有确实的思想或言辞，这样的思想言辞才是真理，才合乎真实。换言之，他给真实和真理下了一个定义。其核心是：事物的存在必有持存不变的根本性质，人对事物的存在才能有真正的知识，因此，真理的认识（人的主观思想）同真实的事物（客观事实的真相）都必须靠不变的确定性才能确立。而他要批判的正是原始素朴哲学的根本世界观和真理观：一切事物都是对立统一的、不断流变的，这是充满生命活动的生动自然存在的秩序、逻各斯，因此人的思想言说必须与之符合（才是真实的言说或"逻各斯"）。

换个更简明的说法就是：ἔστιν= "有"（有规定者，或有规定性），ούκ ἔστιν= "无"（无规定者，或无规定性）。原始素朴哲学"以无（规定）为本（原）"，认为"从无到有"是真理；对此巴门尼德断然否定，提出唯有"有"才是真实和真理。他说，你们说的那个"无"既然没有确定的规定性，那就连"它是什么"都不可能说出，没法对它思考，没法对它获得确切知识。你老是在对立统一的变动之中，没有持存不变的对象，就只能总在确定和不确定、是什么和不是什么之间两头徘徊彷徨，还能侈谈什么真理呢？真理必从确立"它是什么"开始，从"有（规定）"开始。从这里我们可以见到他对毕达哥拉斯派提出和强调"有"、对阿那克西曼德"以无为本"的修正的吸取，但只是到了他这里，希腊哲学史上的"有""无"之间的经典的对立才得到了明确的提出和展开[①]。

乙　认识论上的新因素　我们应当留意这个 ἔστιν 或“它是什么”并不是一个简单的陈述，而是一个判断。它的认识论功能是分辨真假。理由很明显，因为这个 ἔστιν 是同接着的 ὡς οὐκ ἔστι μὴ εἶναι，即“它是什么”是同“它不能是不如此”的意思相关的。前者从正面说，后者从反面说，两者是一回事；因此这个“它是什么”就带有必然的真理的性质，绝非一般的陈述了。这一点在残篇 8 中有如下的话讲得特别清楚：

> 确信的力量决不容许从无中产生出任何异于无的有来，正义决不放松它的锁链而容许它（即“有”或“存在 / 是”）产生和消灭；而是将它抓得牢牢的。决定这些事情的就在于：ἔστιν 还是 οὐκ ἔστιν。[②]

从这里人们可以清楚地看到希腊人所创立的逻辑理性思维的最初形式，和与之伴随的对于真理的必然性意识。说某事物是什么，就不能又说它不是什么。这是必然的，这样想这样说，才合乎逻辑。一百多年之后，亚里士多德对逻辑思维的根本公理作了如下正式表述：“对于任何事物必须有所肯定或否定，一个事物不能在同时既是又不是。”[③] 两相对照就可以清楚看到，它的意思在巴门尼德这里已经得到了表述，差别只在于：亚里士多德很明白这个确定性或规定性，或“是”、“有”还必须有限定，例如他的表述中所说的时间限定，因为此时某事物之是什么的规定，到另一时刻是

① 关于真理和意见的对立，残篇 4、5、6 反复阐述，我们在以上解说中都已涉及，兹不赘述。

② DK28B8 第 13—16 行。

③ 《形而上学》1006a1-5。

很可能会改变的。他既强调逻辑也承认对立统一的辩证法的许多内容和形式，这是巴门尼德远远未能达到的。巴门尼德是第一个明确了思维逻辑的哲学家，在这个时候他只看到了原始素朴哲学讲对立统一和流变的不足方面，还没有深刻思考逻辑本身如何限定与完善。他的巨大功绩和他自己的不足都由此而起。

巴门尼德在提出逻辑思维时，比前人（如赫拉克利特）更强调理性论证的作用，要人不要靠感性认识下判断："说是的为不是，是决不能证明的，你要使你的思想避开这条道路，别让许多经验所形成的习惯迫使你走上这条路，只用茫然的眼睛、轰鸣的耳朵和那条舌头。而应当凭着理性（λóγος）来判断，这就是我所说的论辩的证明。"①

说到这里，我要再次强调并请读者始终记住：ὀν 和 εἶναι，或中文用来表示它的"有"、"存在"、"是"等都不仅是词，而是对作为一个哲学命题的 ἔστιν 的多方面陈述的概括，并且彼此相通。例如对于"有"要读成"任何一个对象、事物都是有规定性的"，因而它总是"有规定者"；对它作为"存在"的含义必须先读作"事物有其持存不变的规定性或静态"，因而和"自然"的存在含义所表达的"事物都是流动变化的"命题对立着；而作为"是"，就不仅是一个系词，而是一个"事物是如此如此"，进而是"事物真是如此"、"肯定是如此"、"确实是如此"、"必然是如此"，"它不可能不是如此"等确定不移的知识和论证。我相信，如果我们是这样地来看待 ὀν，εἶναι，或中文的相应表达如"有"、"存在"、"是"就可以减少许多误解，达到读懂读顺，进而就能理解其中的深意了。

丙　巴门尼德的"思维和存在的同一性"命题　残篇3："……因为思想和存在（εἶναι）是同一的。"巴门尼德的这个命题曾被人视

① DK28B7。

为一大唯心主义命题，理由是，它把主观思想等同于客观存在，还不是唯心的吗？然而这个批评是不当的。因为巴门尼德从来没有认为任何主观思想都能和客观存在一致，否则他为何要批判前人的错误思想？他所肯定的"思有同一性"只是对真理的知识来讲的，即认为真理的思想符合客观存在的真相。这有什么不对呢？

问题并不在肯定思想和存在有同一性，只在用什么来理解和肯定这种同一性。巴门尼德的前人是用流变的自然来看存在的，所以他们的主要思想概念是无规定（阿那克西曼德的本原和宇宙创生论），并认为这样得到的关于对立统一法则的思想是真理（赫拉克利特的逻各斯）；而在巴门尼德看来这恰恰证明他们抓不住真理：没有确定性和规定，说不出事物是什么，那算什么思想，什么知识、什么真理？统统都算不上了！

这是巴门尼德的最伟大的功绩，它抓住了确定性紧紧不放，开创了希腊人的严格的逻辑思维活动。但他的问题也出来了：存在真的只有确定性、静止性，而可以没有变动性、不确定性？难道运动变化不是万物存在的根本本性？难道自然，φύσις，不是真正的存在？难道我们可以没有对立统一的辩证法思想就能抓住真理、符合存在的真相？

四、巴门尼德的存在学说：ἔστιν 哲学解读之二。论争和问题

巴门尼德用同一个 ἔστιν 既表示思维之真（因为它可作为判断句中的系词"是"用），又表示与此思维之真相关的真实存在或实在（因为它原来就表示"存在"而与"自然"互释，只是一偏于表静

一偏于表动）。实际上他先以静态含义的存在为据，把思维中的确定性强调出来，作为真理的准则："是什么就说是什么，才能思考言说真理"；然后回过头来，再用这个"是"和"真"来确立他的"存在"，或他心中的真"实在"。

但是，他讲的前者（主张思维要有确定性才能抓住真理）容易被人接受和认为有理，一旦转到后者，即用这个真理和确定性去规定存在本身时，其结论却使人愕然了。希腊哲学往后发展的一大主题，就是围绕着这个尖锐问题展开的。事情更深了一层，又是一个关卡，于是这个 ἔστιν 和 ούκ ἔστιν 也要在解读上再进一步。

甲　巴门尼德的新型存在观　他的存在学说主要见于残篇8，他的存在学说主要见于残篇8，说法如下：

> 现在只留下一条途径可以言说这个存在者（ἔστιν）。在这条途径上有许多标志表明：存在者是非产生的也无毁灭，是整体、单一、不动和完满的。它不是过去存在也不是将来存在，因为它总是现在这样，所有的都在一起，是一，是连续的。①

他给"存在"规定的几点是彼此有关的，但还是先分别看看所指的含义和他的有关论证。第一点是：存在者没有产生和毁灭，永远如斯（如是）。

---

① DK28B8第3—6行。现将后半句原文抄下来供查考：
ὡς ἀγένητον ἐόν καὶ ἀνώλεθρόν ἔστιν,
ἔστι γὰρ οὐλομελές τε καὶ ἀτρεμὲς ήδ' ἀτέλεστον.
ούδέ ποτ' ἦν ούδ' ἔσται, ἐπεὶ νῦν ἔστιν ομοῦ πᾶν,
ἕν, συνεχέsς
若干有关词词义：ἀγένητον unborn, uncreated；ἐόν=ὀν；ἀνώλεθρόν indestructible；οὐλομελές wholeness of limbs（肢体健全、完整）；ἀτρεμὲς not trembling, unmoved, calm；ἦν, ἔσται, ἔστιν 分别是"是"的过去、未来和现在时态。

> 因为你愿意给它找出哪种来源来呢？ 它能以什么方式、从什么东西里生长出来呢？ 它既不能从存在者里生出，这样就会有另一个存在者预先存在了；我也不能让你这样说或想：它从不存在里产生，因为存在者不存在是不可言说、不可思议的。…… 所以它必定要么永远存在，要么根本不存在。确信的力量也决不容许从不存在者中产生出任何异于不存在者的东西来。因此正义决不松开它的锁链而容许它（存在者）产生和消灭，而是将它抓得牢牢的。…… 因为如果它在过去或将来产生，现在它就不存在了。所以产生是没有的，消灭也是没有的。①

说“存在”永恒，不是产生的也不会消失，这一点从绝对的意义来说人们是容易理解和接受的，就像承认物理学上的物质不灭或质量守恒一样。后来大多数人同意巴门尼德这一说法正是为此。但是巴门尼德还有一层意思，是认为我们看到的自然万物生生不已的生灭变化都是假相，而他自己没有试图给自然的生灭以合理的解释，对此人们就不能同意了。

第二点，他说“存在（者）”是连续不可分的、完全一样而没有任何差别的“一”。

> 存在者还是不可分的，因为它是完全一样的，它不会这里多些那里少些，因而妨碍存在联系在一起，毋宁说存在是充实的、连续的，存在和存在是紧紧相连的。②

这个论点比上一点更令人惊愕。因为它完全否认了世界万物的丰富多样性，使它成了一个没有任何具体内容和色彩的单一

① DK28B8，第6行以下。

② DK28B8，第22—25行。

体,其唯一的意思就是它是结结实实的铁板一块的东西,因而才是“有”而不是“无”。这也还是对“实在”的最绝对化的解说。这样一来,这世界的多种多样的万事万物还是存在的吗？如果没有多样性的存在,没有任何分别,有规定岂不也就等于无规定可言了吗？希腊人原来讲的“有”和“无”都不是从绝对意义上说的,指的只是自然万物的规定性之有无。巴门尼德实际上否认了多样性的存在,也就否认了原来讲的“有”和“无”的具体规定性的含义,而作了绝对的充实和虚无的新解释(后来原子论说的原子和虚空就本自此说)。但是巴门尼德最初立论却是从有无规定性开始的,因为唯有如此才能谈论一个第三人称的客观东西“是(什么)”;可是他现在把规定性本身绝对化了,否认了自然中真实存在的个别事物的真实规定性(那是要通过不同事物比较才能规定的,所以否认了差别和存在者有不同,就没有任何对个别事物的规定可言),剩下来的只有这个绝对化了的“存在者”本身,和用那个最重要却又最空洞的“一”来作为这东西的规定了。

在巴门尼德前的毕达哥拉斯,已用“一”作本原,有重视同一性(同一规定)的含义,巴门尼德吸取此意却又有不同,他否认从“一”能产生数和具有各种性质的万事万物,因为这个存在者“一”决不是“多”。它是绝对自身同一的、连续的、不变的单一整体,因此不能与任何生动多样性的自然观念协调。

第三,“存在者是不动的”[①]。这是前两条规定的必然结论。因为一种内部不能分割、毫无差别,绝对同一和连续的东西,其内部就不能有任何运动、是铁板一块;同时由于在它外面没有任何别的东西和虚空,它也就不可能向外运动或有来自外部的运动。此

① 以上几条均见残篇8。

外生灭已经排除，因此怎么可能还有任何意义上的运动？

这就是巴门尼德的存在观，希腊哲学史上第一个与“自然[哲]学(φυσικης)”有别的“关于 ὀν 的学问(ontology)”的形态。真实的世界，ἔστιν，存在，被巴门尼德说成是这样一个东西：唯一，不可分，没有任何运动和生灭，就这样它才是个能够绝对持存的存在者。而与之相反的 οὐκ ἔστιν，非存在或不存在，就成了绝对的虚无，因此也就绝对无法对它思考和言说。巴门尼德自己所作的论证，实质上都是从这一绝对化的理解出发的。

这种对于“有”“无”的解说，已经同希腊原始素朴哲学赋予的含义不同，和老子的观点也不同。他们所讲的“以无为本”并不是以绝对虚无为本，只是说有名有象有规定性的万事万物原是从尚未分化的原始渊源来，故无名无象无规定者如混沌才是根本。巴门尼德把有无从相对的含义拔高到绝对，固然有贡献，却借绝对的有无之义否定相对的差别和规定，进而否定任何“无”的存在，与之相关的生灭变化之存在。这就不能不造成人们极大的困惑和思想震荡。

从这种情况可以说明，巴门尼德的 ἔστιν 在存在论论域中的含义，同前面讲思维逻辑的论域中的含义虽有连通，又有不同，有必要作进一步的解读；并且也要在同前人的关联和对立中去解读他所说的这种绝对化了的“存在”和“非存在”的意义。

乙　意见之路和巴门尼德关于自然的学说　现存巴门尼德诗篇中“意见之路”部分仅有40行，但大意是清楚的。他说：

现在结束我关于真理的可靠的言说和思想，从这里起研究凡人的意见，且听我的欺人虚构的话吧。人们习惯于命名两种形式，其中之一本来是不该命名的，正是在这里人们误入歧途了。他们

> 将它们彼此区别,认为它们在表现上是对立的,并且赋予彼此不同的标志:一种是以太的火焰,稀薄的、轻的、自身在各个方面都是相等的,却与别的东西不同;另一个正好相反,是黑夜,一个浓厚沉重的东西。我要告诉你所有这些看来如此的秩序,那么凡人的意见就没有能胜过你的了。①

这里提到的"两种形式"应指巴门尼德自己心目中的存在和非存在这两种,他把存在比作光明,非存在比作黑暗,也就是无,认为这是根本不该提到、不能命名的,只说存在才对。所以他说凡人走上了歧途。不过哲学家除了同理性的真理打交道,也要同凡人打交道,因此他也要来谈谈自然界的现象,不过认定这只是低层次说法和意见而已。所以亚里士多德认为,他(巴门尼德)不得不根据观察到的事实,在承认存在这逻各斯(定义)的"一"的同时,又根据感觉,承认存在着"多",他提出两个原因或原则,称之为热和冷,就是火和土。②

可见,巴门尼德用这种方式来承认运动变化和多样性,正是为了在哲学上(即它所认为的真理上)排斥自然现象和感性世界,反对原始素朴哲学的自然存在观。

丙 如何理解他会提出这种存在学说,以及由此引发的论争

巴门尼德对自己这个新的存在虽然说了些理由或论证,毕竟是和自然万物的多样性变动性的事实格格不入的说法,为何他倒认作真理? 这种极怪的学说他又怎么会认真提出? 我以为塞诺芬尼的唯一神论有重大影响;巴门尼德和他的前辈都在寻求对世界的根本原因或解释。对希腊人来说,神、本原、存在,都是对这根本原

① DK28B8第50—61行。

② DK28B8第50—61行。

因的有关而又侧重不同的表述方式。塞诺芬尼用哲学重新解释了希腊人的神应该是什么，而巴门尼德则用塞诺芬尼的理性一神重新解释了希腊哲学中的存在：从感性自然的存在（φυσις）转变到理性逻辑的确定的存在（ὀν）。另一方面，我认为同希腊人在进入古典时代的时刻最迫切需要理性的指导，确定的立法和知识，可能是有重要关系的：这种需要给巴门尼德以推动和勇气，使他敢于提出与众不同的新论。从认识过程来说，一种新的重大学说在刚刚提出来的时候，某种片面性是难以避免的。因为强调一个重点时容易走极端而忽视另一面。不过只要它有生命力，就会引发讨论，推动新哲学发展并不断完善。巴门尼德起到的正是这样一种重大作用。

关于原创文化研究的一些思考[①]

高新科技和经济的突飞猛进,是我们时代最显著的标志之一。马克思指出,这类新的生产力会给人类社会的生产关系和上层建筑带来决定性的变革,而雅斯贝斯则突出地意识到新的伟大精神变革会随之来临,把它称作人类历史上的第二个轴心期。按照他的描述,"人类历史如同进行了两次大呼吸:第一次从普罗米修斯时代开始,经过古代文明通往轴心期;第二次与新的普罗米修斯时代即科技时代一起开始,它将通过与古代文明类似的规划、组织建设,或许会进入第二个轴心期。…… 这两次呼吸的本质区别是:第二次是人类整体进行的,而第一次却像分裂为几次相似的呼吸,是地方性的,没有一个地方对整体具有决定性的作用。"[②] 他用轴心期这一概念显示了精神自觉对人类形成自己的历史的关键性意义;而以对两个轴心期各自意义、特点和地位的对比关照,对人类历史作了提纲挈领的宏观把握,从而对当代人的历史使命作出了最重要的揭示。这些提法极具分量,对思想学术界起到了振聋发聩的作用。

---

① 本篇原载《浙江学刊》2002年第2期。

② 雅斯贝斯:《历史的起源与目标》,华夏出版社1989年版,第33—34页。他的概括、论述和对所谓轴心期伟大人物思想的阐述,还不能令人满意。但他对人类的精神自觉(或历史意识自觉)的意义给予特别的关注和思考,我以为是极有意义的。

在他看来，新的第二个轴心时期同原先的那次一样，都是人类精神的伟大自觉，但是要更加伟大。因为科技时代创造的经济技术条件和社会进步，使世界上所有民族都走向了全球化进程。这样，人类在面临新时期的空前挑战所引发的精神再度自觉的努力，就不会再像第一轴心期那样仅以地域性和民族性的形态出现，而会采取真正的全人类整体性质的新形态。

但另一方面，我们仍然应当认为第一轴心期有其特殊的优越性和意义。首先，由于它是人类精神自觉的最初创造，所以它永远是一切文明的起点和渊源，这个地位是谁也无法取代的；其二，正因它们是从不同地域和民族发生，显现出差异和个性，便为人类本性中所具有的精神智慧创造力的多方面的发展，奠定了基石，提供了支点，开辟了既统一和息息相关又异彩纷呈、丰富全面的人性和精神的发展可能性和道路。例如雅斯贝尔斯就指出，“这使西方的特殊性和那里产生的分离成为可能”；[①] 最后，从这两点又能得到一个最有现实意义的重要推论，那就是：不仅几千年来世界各民族赖以生存发展的精神渊源于此，而且如果确实有一个第二轴心期的话，它赖以建立的精神资源必定仍然要从追溯这些原创来寻求。

150年前中国开始走进了世界的近代史，最初是完全被动的。到了20世纪中国才逐步由被动转向主动，并通过巨大动荡和伟大成就而崛起于世界现代史舞台。21世纪的中国正在势不可挡地加速其走向全球化的进程。无论中国曾经经历过怎样的沉沦和苦难，但是中国文化在人类世界历史上有其特殊的原创性和伟大的地位与分量，仍然一直是举世公认的。这一特点在新的历史条件

① 雅斯贝斯：《历史的起源与目标》，华夏出版社1989年版，第34页。

下,更具有特别重大的意义。中国应当和必然会有一次伟大的文化复兴,并在世界文化史上重新赢得它本来应有的受尊重的地位,是可以预期的。中国文化的这次伟大复兴过程现在已经开始,它的一个最显著的特点,可以说就是与人类第二轴心期的兴起同步。

在这个时候,我们认为提出原创文化问题,对几种原创文化作类型比较研究,对原创、传统和当代的关系作研究,应该会对中国和世界、东方和西方有重要的意义和帮助。

1.原创文化一词,我指的是以往人类文化发展进程中几个在精神智慧上影响最重大深远的形态由以起源的创造原型。例如:人们所公认的西方文明由以起源的希腊文化(在某种程度上,罗马);基督教和伊斯兰教由以起源的犹太文化(以希伯来圣经为核心经典的教化);佛教由以起源的印度文化;当然,还有东亚文明由以起源的中国文化。这些原创文化表现为古代圣贤、先知、哲人的言行以及记述这些言行而形成的经典。它们对后世一直起着普遍的教化作用,从而广为流传,受到各有关民族和地区的广大人民的普遍尊崇。这种伟大的教化作用之所以可能,主要是因为这些原创文化中都包含着某些可以称作"智慧"的东西,这是一些在文化中属于精神层次,而在精神文化中又属于高级层次的东西,其核心乃是人类最初的自我意识觉醒,和与之相关的天道意识。就此而言,我们讲的"原创文化"和雅斯贝尔斯的"轴心期的创造品"相当。不过"轴心期"一词只强调了它们的历史重要性,而"原创文化"或"原创智慧"一词才直截了当地指明了它们是人类精神智慧的最初创造,是往后各种文化传统的渊源。所以提出"原创文化"这一概念,将有助于引导我们去研究和揭示这些最初精神创造的本真含义,并提示对这些原创进行类型的分析、比较、评估和对话的研究方法。

因此,原创文化研究将会成为我们时代的一门最具重要性的大学问。它的使命,正如中国先贤所言,是“为天地立心,为生民立命,为往圣继绝学,为万世开太平”,而其资源,则将大为扩展和深化。我们的目的并非只是对各种原创的文化智慧进行追溯和赞颂,而是要为现在生活在阳光普照下的所有人寻求天道和做人的本真;并以真诚的兄弟和朋友之心,进行几种原创文化之间的比较和对话。

2. 因此“原创文化”不仅是一个历史性的概念(或人种学、民族学、历史学的概念),更是一个全然思想或精神的概念。它以一种与“传统”相对比的方式,显露了人类精神的本真。海德格尔曾提出一个论点,认为传统常常起着遮蔽真理的作用[①],而真理,αληθεια 的含义是“去蔽”。传统本是从原创演化来的,由此传统才获得生命;但传统在发展原创的同时又使原创的精神智慧受到遮蔽或异化,并且它还总是掩盖这种异化。因此需要通过去蔽、返回原创,才能显明真理。他的这个论点对 我们是有启发的。[②]

在20世纪里我们还可以见到像马丁 · 布伯、Leo Strauss 等一批重要思想家都特别重视原创智慧的比较(如前者从西方的情景和问题出发对中国文化所做的研究,后者对雅典和耶路撒冷的比较)。他们重视的原创文化和智慧,已经批判地超越了狭隘的文化本位藩篱,带有世界一体的人类新文化理念的色彩,能着重于通过比较来取长补短,从不同的原创的互补中重新领悟生活和天人的

① 海德格尔:《存在与时间》,三联书店1987年版,第27页:“传统把承袭下来东西当作是不言自明的,并堵塞了通达源始‘源头’的道路……传统甚至根本使这样的渊源被遗忘了。”

② 不过海德格尔对传统没有作必要的肯定和分析,而这却是必要的。另外他本人对原创文化本身的研究究竟做得如何,也有可以质疑的地方。

本真。这些努力也是值得我们借鉴的。

3.原创和传统的关系问题。上面谈到传统对原创有遮蔽和异化的作用,这虽是事实,却只是问题的一个方面。另一方面,传统也是原创得以在历史上得到发展和保持的力量。传统和原创既对立也是统一的,所以我们虽然强调对原创文化的研究,却并没有轻视忽视传统的意思,而是主张把原创和传统的研究结合起来,使之相得益彰。

原创和传统作为源与流,从人类文化史的宏观角度看是可以分清也应当分清的,如上所说,这种分别有重大意义。但从微观的角度看,文化的源和流的分别又只有非常相对的意义。每个我们称之为原创文化的事物,从其内部看其源和流就呈现出非常错综复杂的情景,需要进一步的分析。例如作为中国文化的原创时期的先秦就经历了至少有西周、春秋和战国的八百年时间。人们通常都把孔子老子以至墨子作为中国传统文化儒道墨三家的创始人,那么更早的三代,尤其是殷周之际文武周公的文化变革,和所创制的诗、书、礼、易等六经显然又是诸子思想智慧的原创源头。那么原创和传统将如何划分? 希腊哲学和以色列的智慧也一样,是各自长达千年的创造的积累,即原创和传统的交互作用和结合而成。而由两希的原创源头碰撞结合而成的基督教及其新约圣经,又成为与这两个源头都大不一样的一种新的宗教文化智慧形态。这些都说明原创和传统的含义也有其相对性和互相转化。原创文化并不是一次性的动作,而重要的传统也包含着原创性甚至能造成新的原创形式。——认识这一点对我们也是重要的,因为人们在现时代谈论原创文化并非只是为了发思古之幽情,而是为了继承或重新发现人类文化智慧的原创精神,以求能创造出适合当今中国人和世界需要的新的具有原创能力的文化智慧来。通过寻求原创来重新审视传统，通过重新审视传统来再度发现原创的真实生命精义，从而为新时代重新发展人类的原创力提供可能的资源和思考，正是我们应当努力和可能做到的事情。

我们提倡原创文化研究的重要意义之一，是它能为研究传统文化提供一个基本的考察方式。我们尊重文化的传统，因为它总是人们现实生活的文化基地，所以在人们从事的文化研究中最受普遍关注的对象总是传统的文化。但是传统是在适应各种情势下形成的，它们在结合现状中运用原创的时候，必定既有发展也难免有片面和偏离的情况发生，并且也常常会变成教条。因此，我们认为对传统的尊重的最好的方式，并不是教条主义的态度和方法，而是有批判力的分析。这就是说，我们主张如实地把传统看成是一个活的历史的有机生命体；既然所谓传统本是在把原创文化智慧运用于后来的历史实践中使之演变而成，那么它的最深厚的活力必来自原创；而当着新的历史性挑战和机遇来临的时候，传统能否有资格继续存在下去并得到新生而担当起它应承担起来的新的文化使命，就要看它是否能够正确对待它自己。除了现实条件的刺激推动，其资源和深厚依据也还是原创。人们常常说：唯有“返本”才能“开新”，讲的正是这个意思。

在当今我们所处的现代化和全球化的伟大时代，这种返本开新的伟大文化转变事业所可能具备也必须考虑的原创文化智慧的资源，已经同以往不同，是极大地丰富了、多元化了。因此我们不应当还是像前人那样只盯着中国自家的原创，而应当从文化上的纯民族本位视野变为面向世界的立场（其中中国自家的原创无疑还是底子），兼容并包人类以往几种重要的原创文化智慧成果，深入开展中国原创文化同其他原创文化之间的对话，开展诸原创和各种传统之间的对话，为今天的中国人开辟一个前所未有的新的文化智慧的精神空间。我们认为这样做才是能使我们中国传统文化得到切实反思和更新的根本途径和有效方法,它也会对世界上其他民族和文化的发展更新有益。

现在世界上各种不同的文化传统(包括宗教传统和社会习俗传统在内)真是多得数不清。对于某些人说来最可珍视的东西,对另一些人却可能正是他们最不喜欢的。所以传统常常成为使人分离开来和引起纷争的东西;而如果返回原创(首先是各人自己的原创,进而也认识其他文化原创的价值)就容易使人沟通。一般说来,人们只有在面对原创的东西的时候,他们的尊重和喜爱之情才会显得更强烈和深厚,其中首先虽然是自家祖先的原创,然而对其他民族和文化中的原创智慧,也能抱有更多的同情和赞许乃至学习的态度。只是在这里,那些把人们分离割裂开来的传统藩篱、戒律和禁令,便容易松动化解,而潜存于人心中的共同人性也通过激发活跃起来彼此交流相通。所以我们认为原创文化研究就像一个新的论坛和平台:如果人们愿意从事返本归原的思考,那么,通过这个论坛或平台来彼此进行对话,就比较容易促使人们认识到那些文化上的重大差异其实很可能决不是坏事,而是非常有意义有价值的大好事情。我们应当把它们从作为纷争冲突的缘由,转换为建设人类新文化的共同伟大资源。转换的关键只在于把传统提高到原创的水平上来考察。

4. 我们认为原创文化研究应当有如下的两极性特点:用追根溯源的对于文化智慧最具学术性的研究,为当代中国、中国人、中国文化的更新的最现实的需要服务。紧紧把握这种两极性的特点,努力寻求恰当的把这两极结合起来的突破点,通过研讨不断向两极的纵深和广度发展,是使我们的工作能有意义、有成效、有生命力所必须时时关注的问题。

5.原创文化研究是一项学术性很高的工作,其难度和深度可能是其他学科难以比拟的。因为对原创文化作历史性考察,必须运用人类学、民族学、历史学、考古学、语言学、文字学等多学科的知识和最新成果,还需要有这些学科的交叉与会通,以及从更高视角来提出问题进行新探求。而对原创文化作思想精义的钻研(应当是原汁原味的),就要求深入到哲学、历史、宗教、伦理经典的智慧深处。而这两方面的研究又是不可分割的,此外还离不开对中外古今的文化原创和传统作多层次的关照比较。我个人认为,对于人类历史直到现当代影响最为重大的几个原创文化,以相互同情、学习、沟通的愿望和对照比较的开阔胸怀和视野作背景,分别地逐个地对它们作深入实质的探究,是最基础的工作。

虽然几大原创文化都是人类精神智慧的本原表现和精华所在,但是它们确实又彼此有重大差异。我们需要从人类文化智慧总汇的高度对它们中的每一个尝试作出定性定位的研判。

这几大原创文化都是人类先祖们对于人自身和天、天人关系和人—人关系之本真的自觉,但是由于具体历史的条件和情境很不一样,同样的或相近的本真在自觉的发展中便各有侧重的不同,从而造成了各自鲜明的个性。例如,中国人的原创文化总是把人伦之善(仁德的家庭和政治伦理)置于首位,希腊人长足地发展了哲学思维方式(求真知的理性、科学和逻辑精神与方法),而希伯来人则突出坚持和纯化了唯一神论的信仰或宗教。这些特色会使不同的原创文化在相遇时发生碰撞,但深入下去思考就会发现,人类的智慧本是都少不了求真的哲学形态、求善的伦理道德形态,和返本归根至于终极("天"或神圣)的信仰形态。事实上,中国的"大学之道"虽以明明德为中心,同时也包含深邃的哲理(《周易》、《春秋》中的宇宙观历史观)和对天道上帝的信仰,只不过没有像希腊和希伯来那样突出地得到发展和强调罢了。同样,希腊人的哲学里也包含着对伦理道德真善和真正的神圣的追寻(苏格拉底和斯多亚派就重点讨论了这一方面);而在希伯来圣经和他们的一神宗教中,对伦理的强调和对智慧的尊崇,更是极为突出明显的事实。源于印度的佛教和佛学也是智慧、信仰和慈悲心怀的统一。这就证明,几大原创文化智慧原是同根的东西,只是在发展中侧重不同,便显出个性和差异。所以它们之间的对话沟通,发明补足才不仅是可能的,并且必然是有益的。

当然我们不能满足于说几个原创文化既有共性又有个性之类的空泛之论。我们希望能在对几大原创有总体关照的光亮之下,对其中的每一个采用逐个深入研讨的方式,经过反复的比较和分析思考,逐步达到对它们中的每一个都有一种定性定位的认识。这种认识不是种种特性的罗列,而是要努力抓住它们每个作为一个完整的文化有机体的总体,来给予中肯的规定。或许可以把这称作原创文化的类型学研究。我想这应该是原创文化研究中最基础的学术工作。

希腊人的ontology的意义[①]

在人类的思想和文化里,希腊哲学原是一种特别的智慧形态。正因为如此,它对作为同样有自己的原创文化智慧的中国人和中国学者的我们,就会有一种特别重要的对话的意义。世界上几个原创文化都是智慧,但是形态却并不一样。有的偏重于天人道德和谐,有的突出高级的宗教信仰。但是若从科学技术(它是影响近当代人类历史最重大和显著的要素)得以产生和发展的角度来看,都不如希腊人的原创的贡献。唯有希腊哲学才是科学的母亲。事实上,若没有从泰勒斯到原子论者这些希腊哲学家对自然的探究(physics),就不会有后来的物理学、生物学、天文气象学等等自然科学,没有泰勒斯和特别是毕达哥拉斯派对数的哲学研究,就不会有严格意义上的数学和几何学出现,而若没有培根和笛卡儿,也不能开始近代科学的伟大复兴,爱因斯坦如没有哲学思考,也不可能

① 本篇原载《浙江学刊》2002年第4期。发表时有关于"ontology"的脚注:Ontology一词,表示的是"对于ὀν或ουσία的研究"或"关于ὀν或ουσία的学问"之意。ὀν或ουσία,是希腊语ἔστιν(动词"存在"和系动词"是"的单数第三人称形式)的分词形式,即,把"存在"或"是"从动词变作名词来用。亚里士多德在他的Metaphysics(中译《形而上学》)一书的第四卷中,对于什么是哲学或第一哲学提出了如下最重要的见解:它是研究ὀν之为ὀν即ὀν本身的一门学问。因此尽管亚里士多德本人并没有用ontology这个词,后人用它来表示亚里士多德和希腊人所研究的"第一哲学"仍然是非常确切的,完全符合原义。

产生相对论以超越牛顿。同样,若没有苏格拉底开始的伦理哲学探讨,伊壁鸠鲁对于社会契约的哲学假说等重要研究,没有英、法和德国的古典哲学,也不会有西方伦理学,和给近现代西方乃至世界的社会发展奠定了理论基础的那些社会科学伟大成果,如霍布斯、洛克、卢梭、亚当·斯密和马克思关于人类社会及其国家和经济的学说。

西方一直有科学的传统,在近代和现代科学发展上一路领先,实在同它那源于希腊的求真精神和精益求精的逻辑理性思维方式不可分。因为,虽然没有求真就不可能有科学,但是"真"本身并不是任何科学的对象;唯有一种智慧才研究它,那就是希腊人特别地创造出来的一种智慧的追求,它的中文译名叫"哲学",表示了它是一门关于智慧的大学问。但原文 φιλοσοφία(philosophy)中"对智慧(σοφία)之爱(φιλο)"的含义,它所显示的那种强烈的情感和追寻,单用中文的"哲学"二字却没有能表达出来。关于这种特别而神圣的对智慧之爱,柏拉图在其《会饮篇》中有过精深而动人的阐述。不仅如此,希腊哲学的根本特征更体现在它的另一个名称中,就是 ontology。这个词的意思便是:对 ὀν 本身(或对 ὀν 之为 ὀν)的研究。希腊哲学最初是对自然的研究(physics),接着进到对数的研究(mathematics),然后,巴门尼德提出对 ὀν(有确定性的存在,事物的所是或定义)的研究,后来哲学就是围绕着 ὀν 这个范畴来发展,直到亚里士多德把对 ὀν 本身,即对 ὀν 之为 ὀν 的研究(ontology,本体论)确立为第一哲学(Metaphysics,形而上学)。所以 Ontology 是希腊哲学的最高形态,是它的根本特征得到最明确表现的形式。希腊人的求真精神和智慧,就集中体现在对这个 ὀν 的理解、寻求和分析研究上。这种对 ὀν 之为 ὀν 的不断追寻或研究,锻炼出了一种永远不懈的努力及其精神和方法:研究分析一切事物,打破砂锅问到底地找出它的真正依据(希腊人称之为原因,它是该事物之真,而最终的原因就叫本原);依据事物的真相(对象本身和它的原因)审查、讨论、分辨、判断各种意见(命题)的理由(理由是对原因的陈述)的真假。这样希腊人就创造了一整套锐利无比和确切严密的批判方法和科学研究的能力,而科学上最可贵的原创能力正是由其核心构成。人们知道近代和现代西方科学的思维创造力,始终同他们的哲学发展紧密相关,而它们的原创基因不在别处,就在希腊哲学。所以恩格斯才会说:“一个民族想要站在科学的最高峰,就一刻也不能没有理论思维。”“这种能力必须加以发展和锻炼,而为了进行这种锻炼,除了学习以往的哲学,直到现在还没有别的手段。”

我认为这是应当提到的第一点。赶上西方先进的科学和经济是当前第一要务,其中科学是主干,中国人要学人家最新的成就。但是正像一个故事所说,吕纯阳点石成金,把它送给一个农夫,这位农夫说:我不要你的这块金子,请你给我一个也能点石成金的手指。我们要真的想在科技上也成为先进者,也要学这位农夫;要取法乎上,直取根本。亚里士多德早就阐明,科学得以建立的根据最终还在探讨第一原理的哲学;当代最有影响的科学哲学家托马斯·库恩再度指明,使科学得到重大创新的原动力,是对科学中成为范型的依据的东西进行新的审查和批判的思考,它是科学上的冒险,需要的是一种既科学又比科学更深刻和更严密的思维能力和方法,这就超越了科学而进入了与之相关的哲学探讨。唯有这种科学上的原创思维能力,才能实现科学上的“范型的转换”。可见科学离不开哲学,科学研究中最有价值的原创能力更离不开对哲学的学习和研究。这种原创思维能力及其榜样的源头就是希腊哲学。科学家不必都成为哲学的专家。但是你若想成为比较像样的科学家,更进一步说,如果你要做些带有原创性的发现或突破,你就需要懂得一点哲学,尤其是希腊哲学。

科学是中国新文化的一大旗帜。从五四突破愚昧风气开始亮明这面旗帜,到如今尊重科学努力学习知识蔚然成风,在中国文化史上是一个划时代的伟大进步。与此相比,五四所亮出的另一面大旗在中国的发展就更艰难曲折些。因为它触及更直接的社会结构机制问题、利益问题和更深层次的文化传统问题。但是我认为只要坚持发展科学事业这面大旗,也就能为民主奠定其不可少的知识方面的基础。因为科学知识有这样的特点,它不是神秘的特权性东西,而是每一个有正常智力的普通人都能学会的。只要有接受教育的机会,它就向一切人开放。同时,科学也只能在平等、民主和自由的气氛下,在能够容许独立思考和坚持真理的知识人存在的社会机制的环境中,才能真正扎根和得到健康持久的发展,赢得对它生命攸关的原创动力。所以,同科学是民主的基础一样,民主和自由也是科学的基础。中国的新文化还需要德赛两位先生,而它们本是一对孪生兄弟,产生它们的正是希腊文化,特别是那个文化的核心的智慧——希腊哲学。

第二点,我还要强调指出:希腊哲学对我们中国文化及其伦理道德的改造和建设,也有重大的助益。这句话可能会引起异议,我堂堂中华文化历来以精深的伦理道德智慧著称于世,何需别人来教导?但是请容许我说点理由,进行商榷。不错,中国智慧最看重的正是伦理道德:"大学之道,在明明德,在亲民,在止于至善。"我们不妨就以"明德求善"甚至就用"求善"二字表示中国原创智慧和传统根本学问的本质。但是大家知道,善恶在实际生活中总是有真有假、真假难辨的,其原因不仅在于有隐瞒真相和作伪证的现象,而且由于人的生活处境总是不断变动无限多样的,民族、家庭、地域、时代、性别、年龄的差异，个人在群体和社会中的地位，都会引起利益、情感、意愿的差别与对立。所以人们对善恶的看法和理由，也总是彼此不同的。从言辞上说没有人会承认伪善就是善，但实际上究竟什么才是善，这个问题又最难澄清。但是人又总是在群体和社会中才能生存的动物，需要共同认可的善恶准则指导，否则社会和每个人都无法生存下去。这是一个极大的矛盾，虽然解答这个题最重要，然而比在自然科学的真假是非判别更困难，因此更需要智慧。从这个角度审查，我们就会看到最重视伦理道德的中国文化智慧是有重大缺陷的，有需要向希腊哲学和世界上其他智慧学习之处。

中国的文化智慧自有其最深厚的根底，但是我们从没有把分辨真假问题认真研讨过，也是一个事实。其次，我们的传统虽然认定人性本善，人皆可以为尧舜，用人伦之道直接规定了善恶是非的标准，但是却从来没有想过：既然肯定人性善，那么从这个前提至少可以得到这样的一个推论：人人都该享有说出他对什么是善恶是非的看法的权利，有进行平等讨论的自由权利。这本是从前提中应当得到的推论，但实际并非如此，中国人的伦理善恶标准实际上总是君父和圣贤说了算，包括知识分子在内的子民们只有遵从的义务而没有什么自主参与讨论的权利。这种流毒直到如今在不少 地方依然能占统治地位，它正是许多令人震惊的腐败大案的真正温床。善恶是对人事上的是非判断，需要知情和独立的判断力，需要当事人和关心者参与作平等的讨论，但是普通人极难知情，更不容许参与讨论，作出自己的判断。因此即使在思想相对宽松的先秦，名辩也只是末学，完全不同于伯里克利时代的雅典风气，所以也很难产生像智者和苏格拉底那样的人物。中国智慧从来就不喜欢严格的逻辑理性的真假分辨（学），为亲者尊者讳成了中国文化深层中最流行的不成文的习惯法,因此在实际生活的善恶问题上"假作真时真亦假"倒成为司空见惯的现象。秦皇焚书坑儒,汉武帝 独尊儒术,直到毛泽东的舆论一律,这类现象虽然人们总引以为训希望从此不再生,但是实际上收效极少,因为仅仅把这视为个人的罪孽,或原因只在政治专制主义,实在是一些太浮面的意见,决不能找出对付这类痼疾的方法。

希腊人同我们不同,他们对什么是善恶总是要争论的。雅典的公民都可以发表意见,智者说了许多意见,而苏格拉底在以伦理道德问题为中心研究哲学时,也是取同人对话的方法。这些讨论都涉及怎样做一个好公民,一个合格的人的问题,从根本上说也就是善恶的问题。苏格拉底同人谈话的中心问题总是:究竟什么才是善? 你认为你对它有了真知了吗? 在他的反复追问下,那些智者和自以为对善恶已经了解得很好的人,都暴露出他们对善恶其实并无真知。这是他们以前决不愿意承认、实际上也没有认识到的。苏格拉底从不给人一个现成的结论,只是通过平等的生动的对话,让对方根据事实和理性自己否定其原有的错误和有局限性的观念,"自知其无知",从而开启了让人重新开始观察、思考、检查、追寻真正的善的道路。可见在他看来,求善和求真是不能分的,我们需要追求的只是真善。希腊哲学家所说的知识指的是真知,苏格拉底要把分辨真假善恶智慧同真知联系起来,所以他提出了"美德即知识"的命题。

上面第一点说希腊哲学智慧的最突出的特点是求真,现在我们看到这个特点在伦理研究中也得到了贯彻。苏格拉底为了揭露种种无知偏见和伪善及其根源,在哲学中寻求真正的善,无畏和安详地献出了高贵生命,感人至深,我想他的思想和实践同中国的圣人、以色列的先知和佛陀相比是决不逊色的,并且确实有如我们上面所述的特殊的优点。

我想强调的是,虽然各民族都有道德上最伟大的人物和学说,但是如要找到一种把求善和求真如此密切联系起来的反思和研究,只有在源于希腊哲学类型的智慧中才能见到。正因为如此,以看重伦理而著称的中华民族,就更应当学习他们的这种研究。孔夫子说三人行必有我师,早就要我们“见贤思齐”。我认为这个话不仅适用于要学人家的科学精神和方法,更指要深入借鉴希腊哲学的求真善的探究和方法。

第三点,学习希腊哲学对我们从全体上认识西方文化有本质的意义。现在的世界还是西方先进和占主导的,改革开放面向世界就得重点同西方打交道。中国如今同西方交往的水平已经超过了以往任何时期:经济和科技正实现着同西方的接轨,人员大量交流和学术文艺体育诸多领域日益频繁的交往,使中国人真的大开眼界。但也正因如此,某些文化深层的差异和对立也就更显得十分突出了,例如在人权、宗教之类问题上年复一年的尖锐争论。这些争论尽管有很强的政治斗争背景,但它本身还是属于基本价值观的文化核心问题。因此在观察和思考这些问题时,政治斗争的视角固然必要,但如果我们对决定价值观的哲学人论和宗教信仰问题还缺少相应水平的研究与真知,也会很成问题。因为这类问题都涉及各种智慧的根本关怀,没有相应的智慧和知己知彼的尊重和理解,是不容易进行高层次的对话的。大家知道西方文化有两大精神支柱:一个是科学、民主、自由和人权,另一个是基督宗教信仰。而它们又主要来自希腊和希伯来这两个原创文化和智慧的源头,核心便是希腊哲学和希伯来的圣经教导。基督宗教及其新约圣经是两希文化智慧核心碰撞结合的产物。而源于希腊罗马的民主、自由和科学的世俗生活传统同基督教信仰之间,也既有深层次的对立冲突,更有深层次的紧密联系与结合。在这类问题上,只从外面看和表层去看,常常不能得其要领,容易弄错。这类教训,我们实在已经太多。兵法上说,知己知彼才能百战不殆,这对文化之争也同样适用,而且要求是更高的。我们要真正了解西方,就应当全面了解他们的文化,不要只凭自己的口味忽视人家珍视的;而要真正知道西方文化,就要研究它的智慧,进到它的原创源头。可是在这些要紧的地方,我们许多干部乃至学者都还没有意识到自己所知甚少甚至相当无知的境况。更有甚者,还有以无知为荣,使自己陷于可笑境地的现象。这不能不令人感到遗憾,我以为扭转这种毛病是必要和急需的,在这方面,认真学一点希腊哲学会有重要的帮助。

第四点,当我们谈到以上几点的时候,可能有人会说,我们与其要费力去学西方那些古代很遥远的东西,何不直接去学他们现代的科学和哲学的研究成果,了解其最新的文化和宗教?因此我想说点认识作为回答。事实上现在绝大多数中国人学西方都把重点放在现当代,我也认为是应该的。不过我认为这里面需要分别对待:对于科技和接近物质技术层面的文化,应当承认确实是越新越好;此外某些制度层面的东西也与之类似。但是要说对一切文化都是越新款越好,都该追新星,就未必正确。如果有人说中国的诗书礼乐诸子典籍,希伯来和基督教的圣经,希腊的史诗、悲剧和哲学,有一天也会像过时了的汽车、电脑那样变成陈旧的只好抛弃的东西,你会同意而不认为这是绝顶错误荒唐的意见吗?当然不会。因为它们讲的是对我们人本身最要紧的东西,是宇宙和人之为人的根本,是人的原创能力的源泉,是一直被称作智慧之源的所在。所以,对它的研讨可以不断进步,但这些研讨和不断进步的源头本身却是具有永恒存在的价值的。而且,这类属于本原和根本智慧的问题上，同物质技术产品总是越新越好的情况完全不同，那些原创了智慧的古人，由于受到的历史灰尘的遮蔽和异化污染较少，他们对宇宙和人的真、善、美、神圣的感觉领悟和思考，容易接近本身。如尼采所说，希腊哲人与众不同之处，除了科学思想的独立，正在于他能按照自己意愿自由地生活。自由首先在于实践一种无所畏惧豁达坦诚的生活，人是他真实的自我。毕达哥拉斯就说过，当个“哲学家”（爱智慧者）的意思就是指一种生活态度和方式，它超脱了对一切外在东西（名利之类）的追逐。赫拉克利特也强调“寻求自己”。从苏格拉底到斯多亚派的爱比克泰德更建立了一种实践“认识自己”的深刻哲学。这种追求真实自我的自由生活态度，才是求真的科学得以产生和得到深刻发展的真正源泉。但是，正如尼采以极为强烈的语言和情感所指出的：这是他在现代哲学家的生活中再也找不到的东西了！现代的哲学家过的是完全另一种生活方式，他们的绝大多数不管自己愿意与否，事实上都把哲学的事业变成了一种职业，一种谋生和获取名利的手段。所以我们不认为当代的大多数所谓的哲学家是真正能配得上这个称号的。当然，当代也还会有某些能够穿透重重异化显出其伟大原创性的人，如果仔细去看，也会发现他们首先有一种在现代极为难得的做本真的人、过本真的生活的态度，这样的哲学家和思想家才能称得上是古代哲学事业的真正合法继承人。这并不是说我们可以忽视当代哲学的众多成就，但是也需要鉴别高下。而这种鉴别力，也只有在对希腊哲学有些真切了解时才是可能的。

最后，第五点，我想从时代赋予中国文化更新使命的角度，谈一点与研究希腊哲学的意义有关的意见。

在一个由高科技和市场经济推动的世界迅速走向全球化的时代，一种新的现象显得十分突出备受关注，这就是文化冲突已经日益上升为世界的首要问题。原先最尖锐的矛盾总是经济政治问题,许多战争都是由它引起。但是从20世纪后半期开始,由于人们逐渐认识到战争常常只能造成两败俱伤,开始学会了通过适当妥协和协调以取得对双方都有利的办法,或至少是都可以接受的办法,更明智地处理这类矛盾。WTO 和联合国所做的许多事情便是证明。不仅如此,通过这种方式,从前总是冲突和罪恶之源的这类矛盾居然转变成了一条把各国人民联系起来的友好纽带。可是与之对比奇怪的是,恰恰在最讲文化和智慧的问题上,人们的纷争反而显得最没有智慧。其中,以宗教和人权的名义引起的斗争和战争似乎最可怕最悲惨和最难解决,我们看到原本是一个种族或表兄弟的人民,在波黑、科索沃和巴勒斯坦打得死去活来,成了没有尽头的悲剧;另外,东西方间年复一年关于人权的争吵指责,也给人类的未来蒙上了一层很深的阴影迷雾。美国学者亨廷顿说今后世界面临的主要挑战就在几大文明之间的冲突。无论他的实际想法如何,总提醒我们应当特别关注这一现象。我现在要问的问题是:为什么在诸如宗教和人权这类与人的本性和善恶最有关系,处于智慧的核心之处的问题上,现代人反而显得最缺乏智慧?

现代人总以为比古代人要聪明智慧得多,但是上述情形却表明其实未必全然。人是历史的,但历史和人的文明史总是在异化中发展的。因此在我看来,现代人固然有很多优长,却有一个致命的大毛病,那就是由不断分化和异化的历史所积淀下来的所谓"传统"所造成的牢固的印记,以及由此而来的层层文化偏见,它对我们有着特别深刻和顽固的影响和束缚的作用。柏拉图的洞穴比喻,依然是当代人被捆绑而见不到阳光和真理的写照。

因此,海德格尔在同原创文化和智慧的对比下,特别强调了现代人有必要重新审视各种所谓的传统,去掉它们对真理的重重遮蔽。他所写的下面这一段话,我以为是可以发人深省的:"传统把承袭下来的东西当作是不言自明的,并堵塞了通达原始'源头'的道路,而流传下来的许多范畴和概念一部分本来曾是以真切的方式从这些源头汲取出来的。传统甚至根本使这样的渊源被遗忘了。传统使人以为甚至无须去了解一下是否有必要回溯到渊源处去。…… 结果是:此在[①]无论具有多少历史学的兴趣以及在文字上进行的'实事求是的'阐释的热衷,它仍然领会不了那些唯一能使我们积极地回溯过去(这里指的是有创造力地占有过去)的最基本的条件。"[②]我赞同他的这一个洞见。

在一个走向全球化的世界上,在加速参与全球化进程的中国面前,如何正确对待和处理中西文化之间的关系和冲突,从前是、现在是、今后也将是关系到我们国家民族兴衰的重大问题。中西文化都有自己的原创智慧与悠久历史传统。全球化进程使之以空前的全方位的规模和深度相遇,有时对立达到非常尖锐的程度。但是它是否只是坏事只能对抗,而不能通过对话使之变成对双方都大有益处的好事? 难道在这些文化智慧的领域,我们不该表现得比经济和政治的协调更加有智慧,取得双赢,共同建设既灿烂多样又和谐一致的良性互动的全球新文化?

在这个时候重新思考原创与传统的关系,就特别有现实意义。在我看来,讲传统的多而注意到原创的少,是如今流行的文化讨论的一大毛病。人们对传统很少分析而一味当作至宝来颂扬,很容易走进误区。因为正如孔子所说,人总是"性相近,习相远"的。传统就是"习得的"东西,它虽然也得从原创发源,但在历史中演化和

① "此在(Dasein)"是海德格尔对"人"这个名词的存在主义的哲学表述。

② 《存在与时间》,三联书店1987年版,第21页。

改变了并且越来越远离了原创的精神。这些演变虽然有历史的理由,绝大多数却不能免于扭曲。并且越来越会分成许多门派,又各各形成其特有的传统。因此,传统一般来说总是使人分离的东西,例如不少所谓对话往往是聋子的对话,纵有意愿,因为很少共同语言,话不投机,还是讲不到一起,不会有真正的实效和进展。但是如果我们从原创的文化智慧开始对话,由于它们更接近于人的本真,为一切人所喜爱尊敬,我们就容易找到共同的语言。据我所知,西方人和某些跟着也很"牛气""傲气"的民族(如日本),在中国的老子、孔子面前,在希伯来人原创的圣经和上帝面前,还是不敢骄傲,而只能取毕恭毕敬态度的。反之对西方有某些强烈反感的某些中国人东方人,也不会对他们的科学和哲学反感,尤其是在接触到希腊文化与哲学的典籍时深深的敬意就会油然而生。至于高级宗教的智慧原创,我以为中国人也是乐于进行对话的。唐僧的西天取经和佛教在东土的传播就可证明。明清到近代中西在基督教传入中国问题上的尖锐冲突,多数是政治因素引起,种种偏见和傲慢也起了不好的作用,追究起来也有固执"传统"的根由。在这样的问题上,如果双方能抛弃政治因素的干扰,在思想上又真的回到圣经原创作研讨,和同中国文化原创(它虽以伦理作中心却原是同宗教和哲学不可分的)作深入比较,那么我们就不仅可以改变至今仍事实坚持的对立,必定能获得巨大的益处。

希腊哲学正是这样一种人类最可珍贵的原创智慧。当然人类还有其他几种最可珍贵的原创智慧。它们之间没有高低贵贱之分,只有特色的差异,因为那是由于最初创造出他们的各个民族的历史遭遇不同引起的。不同境遇使人类本性所得到的发展各有侧重,就显出了各自特有的形态和彼此差异:如希腊智慧取求真知的哲学形态,中国智慧取伦理道德形态,希伯来和印度取宗教形态,等等,但是这绝非彼此无关的并列,因为伦理、宗教和哲学这三种成分本来是不可分的,稍稍细心的观察就能见到:希腊哲学中充满着伦理和神话宗教问题的深刻思考,中国伦理智慧决不缺乏对天命的 神话宗教意识和关于自然天理的知识追问,而在希伯来圣经中对伦理的极端尊重和彻底批判以求真知的意识更是到处贯穿。可见从原创文化和智慧开始,连带着对传统进行反思,这样的研究讨论,必是能够帮助我们走出文化之争困境的良方。它不仅有消极的意义,更重要的是积极的意义。对于历史上曾经处于极其光荣地位而近代以来直到如今还处于后进状态的中国来说,尤其是这样。

处于新的全球化高速发展中的中国,需要新思维新智慧。总是抱着中国老传统的一维性文化和精神状态,如今必须让位于由包含多维要素综合而成又仍保持中国特色的新文化。我们必须大大扩展我们的精神空间。改变单靠强调传统的办法,而改成突出原创的研究和比较研究的路,才是真正可行和有效的路。它似乎很迂远,真正说来却是最好的通途。希腊哲学既然是诸原创智慧中最重要的一个成员,那么,研究它的意义也就更加显得重大了。事实上,也唯有这样高度、眼光和研究方法, 才真正符合它原来应有身份和价值。

百年来我国希腊哲学研究的回顾与现状展望[①]

一

中国人最初接触到有关希腊的科学知识，在明末西洋传教士利玛窦（Matteo Ricci）来华传教时。他不仅给中国带来了《圣经》和基督教的思想学说，也带来了西方的科学知识和哲学思想的某些要素。他最先把欧几里得的《几何原本》介绍给中国，万历年间由徐光启笔述刻印，当时已受到中国士大夫中有识之士的珍视。后来清康熙帝让传教士张诚（Joannes Franciscus Gerbillon）教他欧几里得几何原理和哲学，每天授课早晚各两小时。他天天学习，亲自作图，必熟习而后已。[②]这件事显示出希腊和西方的科学与哲学刚进中国，就对中国人有一种特殊的吸引力。不过那时这类文化接触只是限于极少数上层人物，哲学方面也不突出，而且不久又中断了，所以并没有产生大的影响。

清代末年，中国学人受到西方大举入侵的刺激，才普遍地开始

---

① 本篇原载《世界哲学》2002年增刊《激荡与反思：海峡两岸西方哲学东渐百年学术研讨会专集》。

② 方豪：《中国天主教史人物传》，中华书局1988年版，上册第79页，中册第264页。

重视西学,而说到思想学说以至哲学方面,还要更晚一些。从严复先生认真翻译介绍西方学术,在中国知识界引起重大反响,开始了一个崭新的阶段。从那时算起,至今不过百年。若与我国历史上印度佛教佛学的引入和研究相比,时间实在是太短了。

在对西洋哲学的译介中,近现代西方哲学的成果无疑是关注的重头,不过由于希腊哲学作为源头有其特殊的魅力,也一直为中国学者所钟爱。

民国初年便有郭斌和、景昌极开始翻译柏拉图对话在杂志上发表,并于1933年以《柏拉图五大对话集》为题结集出版。1921年还有吴献书所译柏拉图《理想国》出版。这个时期,研究、翻译都还是比较零碎的,而且用文言文译,所依据的也多为英文、日文之类转译版本,应属非常初级的起步时期。

到了20世纪40年代,贺麟主持西洋哲学编译会期间,我国学者研究编译西方哲学和希腊哲学的工作开始走上了系统、深入和提高质量的阶段。就希腊哲学而言,1944年出版的陈康注《柏拉图的巴曼尼得斯篇》,是这一时期成就的一个重要标志。

陈康留学德国十年,学习希腊、拉丁文和希腊哲学,主要师从著名学者哈特曼,并在耶格尔的影响下,学习到如何以严格的精神和方法从事希腊哲学研究。他在对亚里士多德和柏拉图的若干重要问题的专门研究上,取得了重要成绩。抗战时期他回国在西南联大任教,是第一位把西方哲学研究中的严格学术准则引进中国学界的导师,他把这种准则和方法贯彻于教学和研究,并亲自培养了一批后来很有影响的希腊哲学学者,如汪子嵩、苗力田、王太庆等。他撰写的《柏拉图的巴曼尼得斯篇》是一个学术典范,凡认真读过此书的人都会感觉到它的分量:这是没有任何空话废话,都是言之有物的切实和必要的知识和有论证的深刻见地。在这本著作里他发表了若干针对性极强的意见,有几点我想至今依然保持着它的指导意义。第一点是,他坚定地主张对希腊哲学的翻译必须以忠实于希腊哲学的意义为准绳。那时他明确指出:对于柏拉图的主要范畴 ιδεα 或 ειδος 是不可译成“理念”二字的,因为它既非理更非主观的念,而是指真实即客观的东西,我们只应依照希腊语文中该词的原来词义和柏拉图使用它所表示的哲学原义,把它理解和翻译成比较恰当的语词,如相或型。他更强调对于希腊哲学中的核心范畴 τὸ ὀν(即英文的 being)不能译成有或存在,认为那不是人家的原义,因此只应把它如实地译成“是”,尽管汉语说话方式对此还不能习惯。他强调指出,为了迁就中国人说话和思想的习惯而牺牲掉希腊原义,是对哲学爱智求真精神的违背,因而是决不可取的。[①] 另一点是,陈康强调从事哲学研究最重要的是方法,因为研究的内容是可以改变的,方法则是更根本的。在商务印书馆所出的《陈康:论希腊哲学》中有几篇论方法的文章,摘录于“编者的话”中的陈康一段话对此更有集中阐述。[②] 还有一点我认为特别有意义,值得深思。他强调说,中国学者应当有志气在希腊哲学这个领域作出并不亚于西方人的贡献。“现在或将来如若这个编译会里的产品也能使欧美的专门学者以不能中文为恨(这决非原则不可能的事,成否只在人为!),甚至因此欲学习中文,那时中

① 陈康译注:《柏拉图巴曼尼得斯篇 · 序》,商务印书馆1981年版,第8—12页。

② 近来在《读书》杂志上发表了一位有点名气的人物的文章,借着赞扬罗念生来反衬说陈康对中国的柏拉图和希腊哲学研究没有贡献。这位先生的治学方法本来正属于陈康先生反复批评的一类,所以他的攻击我以为并不足怪。另外,他对希腊的了解只能以其文学如悲剧的仅仅某些方面为限,要求他对希腊哲学包括苏格拉底所说的“自知无知”命题有所领悟,我想恐怕都是过高的要求。遗憾的是有些人总是喜欢在自己并不懂得的事情上,特别显示出自己的聪明才智,其结果岂不可想而知吗?

国人在学术方面的能力始真正昭著于全世界”。而这是要靠科学方法的运用,包括高度尊重希腊哲学的原义做前提的,决非用中国人的思想语言去牵强附会。“否则不外乎是往雅典去表现武艺,往斯巴达去表现悲剧,无人可与之竞争,因此也就表现不出自己超过他人的特长来。”不过是自吹自擂的虚夸而已。

解放后我国的西方哲学研究进入了一个新的发展时期。从50年代起,以北京大学哲学系外国哲学教研室的名义,组织了系统的西方哲学史原始资料的编译工作,分成多卷本在商务印书馆陆续出版。参与此项编译工作的有贺麟、洪谦、任华、齐良骥、方书春、王玖兴、王太庆、苗力田、陈修斋等我国著名的哲学家和翻译家。这样大规模的系统而又认真地对于西方古典原著的编选和翻译工作,在我国还是第一次。中国学者对西方哲学的研究,从此有了自己语文版本的初步资料依据,因此这项工作的功劳是很大的。在这套多卷本的原著编译中,第一卷就是《古希腊罗马哲学》。

此外,吴寿彭所译亚里士多德《形而上学》,方书春所译卢克莱修《物性论》,朱光潜所译《柏拉图文艺对话集》,严群所译柏拉图对话多种等等,都是解放后陆续出版问世的重要经典力译。中国读者能接触到较多希腊哲学原著,大大开阔了眼界。

这里还应当提到顾准在这个时期的重要著作:《希腊城邦制度》。它是作者在“左”的思想禁锢、压制和迫害下为真理而斗争的一部研究著作,不仅资料丰富翔实,观点和论证有力,更重要的是显现出极有见地——中国人对希腊文明的见地。它虽不是哲学著作,却对人们认识希腊哲学的真实背景和思想意义带有本质性的意义。

改革开放后,由于思想上比先前宽松,又得到了与国外交流的种种便利条件,我国的西方哲学和希腊哲学研究便出现了一个新的比较繁荣发展的局面，20多年来取得了相当丰硕的成果。汪子嵩等四教授所编写的《希腊哲学史》(预定为四大卷),是我国第一部全面系统的希腊哲学研究专著,现在前两卷已经出版,后两卷正在努力撰写和修订之中,不久即将问世。这部大作以资料丰富、学风严谨见长,是一部奠基性的著作。苗力田主持编译的《亚里士多德全集》是我国学者对希腊哲学大师原著的第一套全译本,已经出齐。王太庆晚年集中精力翻译柏拉图著作,原来计划译出全集,可惜因病逝世未能完工,所译出的部分由友人帮助整理,不久将以《王太庆译柏拉图对话集》为题在商务印书馆出版。作为西方哲学和希腊哲学研究翻译的著名专家,他还把自己长期的切身经验总结成若干文章。这些也都收入了这部集子,可供有心人吸取参考。

在上述老一辈学者的带领培育下,解放以来涌现出一批颇有成就的希腊哲学研究者如叶秀山、陈村富、姚介厚、范明生等,其研究和论著为人们瞩目。改革开放后又有一批新秀正在茁壮成长。由于研究条件的极大改善,他们的思想活跃,知识更新较快,已出现了若干值得注意的成就。

以上事实说明我国学界的希腊哲学研究成绩很大,已经有了一定的规模和基础。整体来说,学风比较严谨,工作十分努力,令人欣慰。

二

在扼要谈过以往成就后,我们来小结和反思一下我们所面临的问题。对于研究希腊哲学总的来说还处于新手地位的中国学者,能否自觉和准确地抓住主要问题,对我们当前和今后该做些什么，能否走向研究的前沿，是非常重要的。

根据西方整个20世纪和我国大半个世纪的希腊哲学研究的实际进程，我认为那些涉及希腊哲学核心范畴 ὀν（拉丁写法 on，英文 being）的各种问题是焦点。这个问题原是希腊哲学里的中心问题。因为照亚里士多德的说法，第一哲学就是关于 ὀν 本身的研究（ontology），后来西方便一直用这个提法来定义和研究哲学。这个传统在当代遇到了前所未有的挑战。从20世纪初年起，罗素从逻辑分析主义观点出发对 ὀν 的语义提出重大质疑，引发了空前未有的一股否定 ontology 的思潮；而海德格尔则从存在主义观点对 ὀν 之为 ὀν 的本义提出了全新的诠释，认为按他的解释才能回到希腊人关于 ὀν 的原创观念和本来含义，使 ontology 的意义得到澄清。这两大挑战引发了持久深入的争论和探讨，对20世纪西方现代哲学和希腊哲学的研究都有重大而深刻的影响。

中国学者在研究希腊哲学和现代西方哲学中也接触到了这些问题，不过我们首先要解决的是翻译的问题。这就是：如何用中文翻译和理解这个词语，才能符合它的希腊原义，或符合某一现代西方哲学思潮使用它时所赋予的含义。这是很自然的，因为我们总是要用汉语来思维的，就必然要面对如何才能准确地用汉语表达希腊语言和希腊哲学家的原本思想的问题。其实西方学者在运用 ὀν 的观念时，同样也有个如何用他们的英、德、法等语言翻译和理解希腊语言及其哲学概念的问题，现代的西方人也还有一个古今的语言和思想转换的问题。不过他们的翻译工作已经有了长久历史和巨大成就，不是我们现在可比的。相比之下，我们面对的问题中似乎翻译问题最突出。但是根本说来，翻译的问题仍然是一个认识、理解的问题，是作为中国人的我们如何切实理解和领会希腊人的语文、文化和哲学智慧的原创的意义，或如王太庆先生所说,翻译要表达出它的原汁原味的问题。

如上所述,陈康是中国学者中郑重提出“翻译必须忠实于原义”和关于 ὀν 该如何汉译才恰当的问题的第一人。在1944年出版的那本《柏拉图巴曼尼得斯篇》译注里,他把 ὀν 或其动词形式 έστιν 译为“是”。突出表现在把此篇柏拉图对话中反复研讨的那个基本命题,εἰ εν έστιν[①] 译做“如若一是”,把它的反命题译成“如若一不是”。他承认这种翻译难于让人接受,却坚持说这样是必要的。[②] 甚至认为要忠实于原义,有时翻译就必须生硬。[③]

陈康的这些意见有深刻之处,但从效果来看,他的硬译的主张,和认为 being 必须译为“是”的意见,后来在很长时间里并没有被人们接受,甚至也很少有人注意。后来我国哲学界通行的译法仍然是“存在”,贺麟译黑格尔《小逻辑》时仍把 Sein 译成“有”。即使陈康的弟子在一个很长时间里,也没有贯彻他的主张。苗力田在有关翻译中一直主张主要译成“存在”,王太庆和汪子嵩在长时间里也仍然用了“存在”译法。只是到了20世纪90年代以来,王

① Plato,Parmenides,137c;等等。

② 他说:“毋庸讳言,它们不是中文里习惯的词句,因为自从有了中国语言文字以来,大约还没有人讲过这样的两句话。其所以还未有人讲过它们,是因为还没有人这样思想过。正因为还未有人这样思想过,所以我们才翻译这篇‘谈话’;否则又何必多此一举?……这样的翻译表面上看来有一个毛病,即是生硬不能让人望文生义。然而仔细考究起来,这正是它的特长。因为人不能望文生义,必就这术语每一出处的上下文考求它的所指。欲确定一个广泛应用的术语在某处所指为何,本来只有一法:即是从它的出处的上下文去确定。这生硬的译词却正逼人走这应当走的路。再者,术语的广泛应用皆从这字的原义演变而来,我们必须先紧握着这个原义,然后方可就每一出处的上下文探求这样变的痕迹。”

③ 他说:“如若用一个在极求满足‘信’的条件下做翻译工作的人希望用习惯的词句传达在本土从未产生过的思想,那是一件根本不可能的事。在这样的情况下,如不牺牲文辞,必牺牲义理;不牺牲义理,必牺牲文辞。”

太庆和汪子嵩才通过了自己长期实践认为，还是应当返回到陈康的意见上来。近年来他们再次郑重地提出了这个问题，引起了相当强烈的反响。

王太庆在50年代翻译巴门尼德残篇时，把这个词译为“存在”。40年后（1993）他专门撰文做了自我批评，写道：“我所造成的那个误解必须消除。”并强调说：“我认为把being译为‘有’不合适，把它译为‘存在’或‘在’更不合适，因为这会使人望文生训，或者想入非非，远离原意。”他认为中西哲学传统不同，中国传统哲学的主要范畴“有”不能套用到希腊。希腊哲学的being的意思是从它的系词作用来的，而“有”字完全没有系词作用。不能用“存在”的理由是：中文“存”、“在”二字是和时、空相关的，所以“存在”一词只与英文中的existence相当，也与being不同，不适合翻译being。“剩下的还有一个‘是’字可供考虑。……‘是’字包含着‘有’所没有的系词意义，这个意义正标志着西方哲学的特色，需要表明。因此我建议选定‘是’字译，把‘estin’译为‘它是’……以杜绝‘存在’造成的误解。”①

汪子嵩也经历了一个类似的转变，2000年初他以与王太庆合作撰文的方式表示：“我们经过再三考虑，觉得……将on，estin，einai这些词译成‘是’比较合乎原义，能较好地理解亚里士多德的哲学，以及理解整个西方哲学。”②对于这一论点，他在这篇文章中提出了若干理由，可以看作是经历了半个世纪的陈康—王太庆—汪子嵩看法的一个系统归纳。他的下述论点体现了一个新的论证高度：“更重要的一点（理由）是：只有作为联系动词的‘是’才能

① 王太庆：《我们怎样认识西方人的“是”？》，《学人》第四辑，江苏人民出版社，第434—435页。

② 汪子嵩、王太庆：《关于“存在”和“是”》，《复旦学报》2000年第1期。

构成命题和判断。'是'和'不是'构成肯定命题和否定命题；又可以通过'是'的单数和复数构成单称命题、特称命题、全称命题。亚里士多德说只有命题才有真和假。而逻辑和科学最根本的,就是要研究真和假的问题,如果不分辨真和假,也就不可能有逻辑和科学了。可是'存在'并不能构成命题,它是亚里士多德在《范畴篇》中所说的单纯的非组合的词,如'人'、'白'、'跑'、'胜利'等,它自身是没有真和假的。……'是'是西方哲学的核心范畴,所以西方哲学重视分析,重视分辨真和假,从而促进逻辑和科学的发展。如果要将中国传统哲学和西方传统哲学作比较的话,应该说这一点是很重要的。"

汪先生强调希腊哲学最要紧的精神在求真。靠了这一点,希腊人和后来的西方人才有逻辑、科学和理性的发展,并给今天全世界带来相关的巨大变化和进步。这是希腊哲学原义中最要紧的所在。所以,我们应当这样来理解 being 的作用,要充分肯定这个动词的系词功能和意义。因为唯有系词"是",才是能够构造表达命题和判断的关键语词。

我认为他的这个论点是很重要的,因为 being 作为希腊哲学的根本范畴,其突出功能之一确实在求真,这也是希腊哲学值得我们中国人给予特别关注和加以吸取的主要理由之一。我认为陈、王、汪三位在半个多世纪的时间里不断向我们中国学者提出这个问题,是很有针对性的,有其重大的意义和价值。

虽然如此,但是他们完全否定 ὀν/being 也应当有汉语词的"存在"和"有"的译法,无论在道理和史实上说都还是有问题的,需要商榷。并且正如他们自己承认的那样,这个词本来在希腊或西方都兼有“存在”、“有”和“是”的含义和功能，① 既然如此，为什么只可采用一种译法而要绝对排斥另一译法呢？因此，他们提出了问题是有功劳，但还没有解答好：或者说这个问题虽然提出来了，但如何提得准确恰当，还是一个必须继续思考的问题。

下面介绍一下另外一些学者的有关看法。

苗力田先生认为，“问题主要出在，古希腊语的 einai 按 Liddell & Scott 希英字典所举分 substantive（实体的）和 copulative（系词的）两类用法；substantive 是表实的，copulative 是表真的，而在我们汉语里不论‘有’还是‘在’，都没有这样两类用法。‘是’本身也没有两个用法。而实事求是的成语，恰恰表明‘是’不是‘实事’。”

在有一点上，他的想法其实和陈、王、汪一样，即都认为汉语无法用一个词来翻译表达这个希腊或西方的词所兼有的含义。他们的分歧只在用“是”还是“存在”来表达妥当，有不同看法和倾向。因此苗先生说他翻译亚里士多德的办法就是：表实时用“存在”，表真时用“是”，在分不清是实或真时就重叠着用“存在”或“是”。而到一般用 ὀν 的时候，则按语法规律要译成“存在”；除非非常敢肯定它是表真。对于巴门尼德那句引起问题的话，他坚持认为那里用的 έστιν 和 ειναι 都是表实的，是可认知、可谈论的实实在在的存在，所以应译为“存在”。与苗先生意见类似，赵敦华也主张取多种译法，看上下文来定。

以上几种意见的共同点是认为尽管西语词 to be 兼有数义，但汉语词没有一个能与之对应，即没有一个汉语词能兼有其诸义。这是翻译出现重大困难的基本原因。因此认为：（1）只能取

① 如王太庆说，西方 to be 之类的词里头包含着我们的“是”、“有”、“在”三个意思，是个含义“三合一”的词。见《学人》第四辑，第425页。

其一而舍其他，有的主张只有译成“是”才对，有的则主张只有译成“有”或译成“存在”才合适；或者（2）原文词义有几个就相应地译成几个，具体情况看上下文而定。这第二种办法看上去好像很全面适当，可问题在于这些不同的汉语词所表达的究竟还是不是原来的同一个概念？如果只是些彼此无关的汉语词，还能说是译出了一个统一的希腊哲学词语吗？因此它只是似是而非地搪塞了问题，其实并没有解决。如果我们没有去努力理解这个希腊词的几个含义本来是贯通统一的，也没有从这个高度研究该如何中译，那么，所谓同时采用几种不同的译法，实际上就把一个统一的概念分裂成一些不相干的碎片了。因此我认为这种译法也是不可取的。

但是，也有另一种观点和考虑，认为可用一个统一的汉语词来表示 ὀν 的兼有义。吴寿彭先生在翻译亚里士多德《形而上学》时就是这样做的。该著卷四（Γ）在专论什么是哲学（第一哲学）和给它下定义的地方，第一句话里就用了 τὸ ον η ὀν（being as being）这个关键词语，吴先生把它译为“实是之为实是”，[①] 并在脚注里作了如下阐述：“ ὀν，出于动字 εἰμὶ，意谓‘是’或‘存在’。凡‘物’各为其‘是’，各‘有’其所‘是’。故‘是’为物之‘本体’（ούσὶα）。或问‘这是何物’？答曰‘这是某物’。又问‘这怎么是某物’？答‘这因这么而是某物’。故‘怎是’（τὸ τι ην εἰναι）为某物之所以成其本体者，包括某物全部的要素。…… 本体之学出于柏拉图《巴门尼德篇》与亚里士多德《哲学》两书，本书译 τὸ ον 为‘是’或‘实是’。‘是’通于‘有’，‘非是’通于‘无’。‘是’通于‘事’与

---

① 这句话的原文是 Εστιν έπιδτήμη τις η θεωρεί τὸ ὀν η ὀν και τα τούτω ὑπάρχοντα καθ’ αὑτό. Ross 英译为：There is a science which investigates being as being and the attributes which belong to this in vitue of its own nature。吴译：“有一门学术，它研究‘实是之所以为实是’，以及‘实是由于本性所应有的秉赋’。”

'物'及'行为'。'非是'通于'无事''无物'及'无为'。旧译或以'是'为'有',以'万物'为'万有'(众是),义皆可通。本书均译'是'。"①

他说尽管汉语和西语不同,翻译起来费劲,但仍能用一个词作中心串通其余含义。他也认为这个词应当译成"是"字,但却不认为这就必须排斥其他译法,而是强调"是"能和"有"、"存在"相通并用,因此,他在这个关键之处主张把 τὸ ὀν 译为"实是"。细心的读者可以发现,这个意见和上述苗力田的正好相反;苗认为 τὸ ὀν 的表实与表真含义不能并容,"实事求是的成语,恰恰表明是不是实事";但吴则主张并容和结合,因而译成组合词"实是"。

在我看来,吴先生这个意见和译法其实是更加值得注意的,因为一方面它比较切合亚里士多德使用这些词的原义,另一方面,在汉语中也有相当可行性,可以突破"说中国话的人从古到今都没有这样的想法,因此也没有这样的说法"、一个汉语词不可能兼容 ὀν 的既表真又表实的双义的思考模式。吴先生以"实是"一词指明:实(在、有、事、物、存在)和是(真)的含义在汉语中也是相通的,所以他能将两者结合成一个新的汉语词,以表达 ὀν 原来的兼有之义。这个试验至少表明用一个汉语词来译 ὀν 的原义的可能性。

近年来余纪元、王路和俞宣孟在有关文章论著中,对这个问题多有论述。其思考和意见涉及广泛的现代西方研讨成果,对我们扩大视野,把研究推向语言学领域,并思考现代西方哲学的有关观点是有益的。不过他们的意见,大体仍在陈、王、汪的范围之内。我认为还有待于进一步研究。

在与以上各种观点的商榷中,陈村富和我从去年起也对这个

① 亚里士多德:《形而上学》,吴寿彭译,商务印书馆1962年版,第56页脚注2。

重要问题开始发表了自己的有关见解。这些意见里面也有些不同于陈、王、汪三位先生的地方。但我想着重说的一点是,我们不仅一直是汪子嵩、王太庆两位老师的学生,而且同他们的那些不同意见的讨论,也正是在这两位可敬的老师的支持下做的。陈康先生一再强调,翻译和研究必须忠实于原义,要有严格的方法。汪、王两位先生总是教导人尊崇科学和真理,在师生朋友间从来都倡导平等研讨。[①] 我国西哲史学者中风气一直比较好,同几位师长以其高尚师德所作的长期熏陶是不能分的。我们只是沿着陈康、王太庆、汪子嵩的研究之路向前走的人。

三

陈村富教授在北大哲学系读研期间是我国著名西方哲学史家任华先生的弟子,后来在杭大从严群先生学习了希腊文。他从70年代末80年代初就参与了汪子嵩先生主持的《希腊哲学史》多卷本工作,在其中承担了若干重头任务,取得了显著成绩,现在又承担起了组织其第4卷写作的任务。他在撰写第1卷有关巴门尼德部分时,就曾重点探讨过有关该如何理解和翻译的问题。经过多年来反复思考,他形成了自己的某些看法。在去年秋季三次学术研讨会上,他连续发表了《Eimi 与卡恩:兼评国内关于“是”与“存在”的若干论文》等文章。在论文中他对王路教授发表的多篇介绍卡恩论希腊动词 to be 的文章,提出了商榷意见。指出,尽管卡恩

① 在我和陈村富向汪子嵩先生陈述了自己的看法后,他非常认真和高兴,并加以吸取。

关于 to be 的大作很有价值,却只是西方学者中的一种意见,不能视为绝对权威(而且卡恩在别的文章中也有比较全面的主张,对此也应当介绍)。因此我们不能唯卡恩的意见是从,而应当有分析地作出自己的更为准确和全面的研究。

我在去年的几次学术会议上也谈了某些自己的意见,其中一篇见于今年《复旦大学学报》第1期。[①] 商务印书馆即将出版的《古希腊哲学:希腊人原创智慧的特色》一书,是我这几年来比较系统地思考研究这个问题的一个综合性成果。以下几点可说是我对 ὀν 之为 ὀν 的原义进行研究的主要收获:

1. 关于它的语义的原义。作为希腊哲学的主要形态的 ontology,其核心概念的语义,最基本的是作为存在动词的"存在"含义,和作为系动词"是"的含义。它也可以翻译为"有"。这个"有"和"无"既指"存在"和"不存在",也指"某物是(不是)什么什么",亦即"(某物)有(无)某种规定性"。简言之,ὀν 的语义确实兼有存在、有、是诸义,并且它们彼此贯通。

a. 作为系动词"是",它的功能主要是在陈述句和判断句中肯定主语和关于它的陈述语之间的具有确定性的联结,而"不是"便是断然否定这种联结。人的思维要合乎逻辑地表象事物和形成确定的知识,离不开这"是"字的逻辑作用。哲学是依靠理性思维来寻求关于存在的真理的,其逻辑规律,演绎与归纳的方法,都离不开这个"是"字和它所形成的判断、推理形式。在语句中,言者关于对象的某种知识,以及这知识究竟是"真"还是"假"的判别,都要靠"是"来表达。 ὀν 的这层语义在知识和理性逻辑上有如此的作

---

① 杨适:《对于巴门尼德残篇的解读意见——兼论希腊哲学中的 ὀν 和 ontology》,《复旦学报》(社会科学版)2002年第1期。

用,特别注重求真的希腊哲学便因此把它当作中心的概念加以深研。汪子嵩先生在文章中已经突出了这一点。

b. 作为存在动词,在印欧语系中除了 es(ὀν,ἔστιν 是它的词形变化),还有一个相比起来更重要的根词 bhu(φύω,φύσις),这是我们应当知道的。这两个根词在词义上既互相诠释,又彼此形成鲜明对比,这种关系对我们理解这两个词,包括理解海德格尔的和卡恩的解说何以重点非常不同,是至关重要的。现在我们许多人,无论是一直主张翻译 being 为"存在"的和不赞成这样译的,似乎都没有注意对"存在"一词的深刻含义进行深讨。我认为这是现在许多问题的讨论不能深入和得到解答的一个重要原因。

c. ὀν 的这两个语义不仅并存而且是联结贯通的。正如"是"义通向"真","存在"义便通向"实"。存在或"实"包括了客观存在的一切事物、对象、实在等等。显然"真"不能离"实"来寻求和言谈,而真正的"实"也离不开对其本"真"的寻求和把握。从汉语真一实二字可以联成一个词,就可以领会希腊语的是一在两义何以能够相通。我认为我们能够找到用汉语准确恰当地理解和翻译这个希腊语词及其概念的办法,其主要依据便建立在这三点上面。

2. 关于 ὀν 在希腊哲学思想发展史中的原义。希腊哲学从研究"自然"这种根本意义上的存在开始,这时的哲学就叫作"自然[哲]学",physics。早期哲学家把本原规定为永恒动变的无规定者,表现出最初他们思考的存在是自然存在(φύσις),同巴门尼德提出来的存在(ὀν)在词义上既有关联又彼此对立。巴门尼德研究的存在,是用"是"所形成的判断来系缚的存在,是确定性的存在,和早期总在变动的那种存在很不相同。从此,希腊哲学才迈上了注重严格推理的逻辑理性的路。后来在德谟克里特、柏拉图、亚里士多德的深入探讨下,发现这个用"是"系缚的("真"的)"存在",

其确定性、静止性也不能如巴门尼德那样绝对化。例如原子是存在,但“非存在”的虚空也有其“存在”;柏拉图在《巴门尼德篇》和《智者篇》中扬弃了认为“存在”(“相”)绝对静止、绝对单纯的观点,把一和多、静和动统一起来了,同时坚持了最严格的讲究确定性的逻辑方法;亚里士多德更在制定和运用严格的逻辑学中,系统地制定了形式和质料、潜能与现实的动态存在本体论。显然,这时哲学中的“存在”含义和“是”含义都已与巴门尼德的大不相同了。

到了希腊化时期,哲学重新把“自然[哲]学”置于第一重要的地位,这时用 ὀν 和 φύσις 这两个不同的语词所表示的存在,在含义上又联结起来统一起来了。因而 ontology 和 physics 也就重新统一起来了。

如果我们研究希腊的 ontology 而不同时关注它同 physics 和 mathematics 的关联,就会产生许多不理解和误解。

3. 不仅要注意对 ὀν 的“是”含义和与之相关的希腊哲学“求真”特征(包括科学、逻辑、理性思维的发展)做研究,更要注意 ὀν 之为 ὀν 的“存在 — 实在”的多样多层次含义的研究,特别是对其高级层次的研究。

说到“存在”,那是有内容和种种形式的,有自然的整体和其中的多样事物、性质、作用和过程,更有我们人自身的种种事物;不仅有感性事物,还有靠理性发现的事物,特别是事物的原因和本原(如数学几何学中的数和形,如科学所发现的事物的规律性,还有神学家所论证的神,等等)。因此,那些发现了更高级的实在的人们,如科学家、哲学家,还有神学家,会认为他们看到了比凡人所知存在更高级、更广阔、更真实的存在(同他们相比,许多人就像是被捆绑在洞穴中只能看见一点背影的囚徒,根本看不见阳光和外面真实的世界)。这一点是希腊哲学中对 ὀν 之为 ὀν 的含义极为强调的一个重点。

毕达哥拉斯斯、苏格拉底都是专心考察和发现高级事物的本性/是/真(数和形的存在,人事的即城邦的存在和人的灵魂的存在,等等)的伟大思想家,因而在希腊哲学史上起了关键性的作用。奥古斯丁研究和论证"上帝之城"和"神自身"(作为一切存在的根源,自有永有),在基督教世界的真理体系中也有同样的意义。研究对象的改变,和作为寻求真实的思维逻辑的改变是同步的。以上几位大师都是论证的大师。

4. 对于我们中国学者来说,研究希腊哲学,应当特别注重原创文化和智慧的比较研究。因为这问题更大,说来话长,就暂时到此打住吧。

原创文化研究基本概念再探讨[①]

一、原创文化研究与 Jaspers 轴心期学说的关系

我们提出原创文化研究的问题是由许多因素所准备和促成的，从理论上说，Jaspers 轴心期概念是一个直接的启示。Jaspers 思想的吸引人的地方在于洞见，他概括、提升、揭示了东西方古代最初精神原创的一些经验事实所具有的世界性的或全人类性质的历史意义，提出了一个重大的历史理论问题。可是他的学说大都属于天才的猜测，还没有严格的概念和论证，缺乏系统的分析，还不能成为一个可靠的研究的理论依据。因此，对待他的轴心期学说的恰当态度，是进行一次重新的审查和改造。

没有理论，我们的原创文化研究就难免成为一些空谈、炫耀和各种见识的杂烩。但是要形成一个适合我们需要的理论，并不比深入各个原创文化类型的内容做具体研究容易，而是更艰难的探索。这要从几个方面来做。由于 Jaspers 轴心期历史学说是我们的比较直接的思想先导之一，从认真思考和审查它开始，可能是一个适当的路径。

首先我们需要对他的学说有一个大致的区分：我们认为是正

① 本篇原载《浙江学刊》2003年第6期。

确的和很有意义的，以及我们认为是需要商榷或改正的。

1. 我们认为很有启示和应予正面评价之点：

（1）首先是他揭示了人类历史上有一个具有"轴心"意义的特殊重要的时期的存在，其特征是开始产生了人类的精神自觉。我们现在主张着力加以研究的对象"原创文化"同他的上述揭示直接有关。

就所指的对象言，"原创文化"与 Jaspers "轴心期"产品是大体一致的，[①] 都认为在人类历史上确实有一个产生了人的历史自觉的时期。它产生了对划分人类历史最有意义的结果。[②] 这个时期产生了一系列的伟大思想家，他们揭示和确立了人和其他动物的区别的标准，这是由于人类开始了对自己何以是人、何以做人的最初精神自觉。与之相关，也产生了对于万物和人赖以生存的终

① 但在许多方面是不能一致的，如他讲到的具体对象和时间范围较窄，而在如何理解和研究的观点和方法方面差别更大。

② 所谓"自觉"当然指的是一种思想或精神，在这个时期人类的思想或精神发展到产生出所谓的"智慧"，这种智慧一旦形成，人类便开始了自觉规范他们自身和自觉开创他们自己的历史的阶段。按照雅斯贝斯的人类历史四个阶段的说法，轴心期是继所谓"普罗米修斯时代（语言、工具、火的使用等）"和"古代文明（规划、组织）阶段"之后的一个最重要的阶段。"这个轴心期位于对人性形成最有成效的历史点"，它所产生的结果主要是"能使人领悟和信服的，可引出一个为所有民族进行历史的自我理解的共同框架"。雅斯贝斯认为可以用经验的事实来说明其存在，即中国、印度、伊朗、以色列和希腊在公元前500年左右的精神过程中，可以找到诸如孔老墨诸子、奥义书、佛陀、琐罗亚斯德、先知、哲学家等现象，表示出"人类开始意识到整体的存在、自身和自身的限度。通过意识上认识自己的限度，它为自己树立了最高目标。""这一切皆由反思产生。思想成了它自己的对象，与之同时产生了精神冲突。""这个时代产生了迄今仍是我们思考的基本范畴，创立了人类赖以存活的世界宗教之源端，以前无意识接受的思想、习惯和环境，都遭到了审查、探究和清理。""时至今日，人类一直靠轴心期所产生、思考和创造的一切而生存。每一次新的飞跃都回顾这一时期，…… 不断向它复归。"（雅斯贝斯：《历史的起源和目标》，华夏出版社1989年版，第7—8、13页）

极根源进行思考的意识。从此人类便进入了自觉地创造历史的行程。它的意义是如此重大，所以 Jaspers 把它叫作人类历史的"轴心"期。我们认为人类文化中若干影响重大深远的系统赖以发展的起点，确实是这些自觉，尤其是作为它们的核心的智慧。我们肯定精神自觉在人类历史中有特殊重大作用，虽然并不赞同历史的轴心只在抽象的精神。

（2）他提出的"第二个轴心期"的看法对我们也有启发。[①] 它类似于马克思对人类历史未来的见解，两者都主张扬弃异化和实现人的本性复归。只是一个突出了精神的作用，一个突出了社会经济政治变革的意义。在今天的全球化进程中，文化的深刻变革已经列上了人类历史的日程，不过文化并不仅仅是思想而关涉到人的全面的生活，包括精神和物质的两极及其综合。这种变革当然不是复古，它是在全球现代化科技和经济增长的新基础上发生的。但是，正由于这新的基础所提出的巨大挑战，[②] 表明了人类所面对的异化是如何深重，仅仅头痛医头脚痛医脚是无济于事的，甚至愈陷愈深难以自拔。出路何在？ Jaspers 说要靠再度的历史自觉，寄希望于第二个轴心期的到来。在我们看来，那就是重新检

① 按照雅斯贝斯的历史假说，在轴心期之后，人类通过西方文明的特殊发展进入了"科技时代"，这是人类历史的第四阶段。科技的巨大成就使人类历史发生十分重大的改变，但是它的意义仍然无法同轴心期相比，它在给人类带来巨大物质利益和生活便利的同时也带来了人类前所未有的灾难、冲突和异化。按照他的意见，我们现在正处在向一个新的轴心期转变的时代。在科技时代成就的新的基础上，重新获得人类的历史自觉或新的人性自觉，人类才能获得伟大的新生。新的轴心期将是真正全人类性的，和第一轴心期的精神成果是从各地区分别地各不相关产生的情况很不相同，要更伟大。

② 9·11恐怖事件只是其中最突出的一例而已。它正是在我们首届《原创文化研究国际研讨会》开幕第一天的傍晚发生的。这件事好像证明了我们研究的现实意义和迫切性。

讨当代的和以往全部的文明史,特别是在精神智慧方面要做一番新的严密的审查工作。这种工作的动力源于当代的现实挑战,而它的思想资料和内容则决不能局限于传统文化,必须以源头——Jaspers称之为轴心期的产物,我们则认为"原创文化智慧"可能是更准确适当的名词——为重点和切入口。如Heideger考虑的那样,传统事实上常常遮蔽了真实和真理,使人见不到人性和世界的本真,因此他非常强调必须返回渊源以解蔽求真。这意思和我们主张注重原创更切近。因此我们认为研究"原创文化智慧"应当是当代文化研讨的重点。①

2. 我们主张用研究"原创文化"取代Jaspers的轴心期的提法,主要是不满足于把它仅仅当作一个有启发意义的思想火花,而认为应当把它当作一项重要的思想事业和严格的科学工作,争取获得切实的成果和作用,这样就需要有更明确的概念和方法。

"原创"一词提示我们应从发生学角度考察和阐明这些所谓轴心期创造的本性、由来和机制,给不同地区不同民族创造的那些成果何以如此(包括它们的多样性及共性和差异)提供某些比较确切的说明。Jaspers孤立地突出轴心期而贬低和轻视人类此前创造的做法是不利于这种探求的。他的思想的兴奋中心只在他所说的这个轴心期,而对所谓第一和第二时期只不过不得不首先列出而已,并未认真考察它们的意义,例如他说"那为我们几乎不可理解的普罗米修斯时代",表明他甚至没有试图对它加以思考和说明,对所谓以"规划和组织"为标志的第二时期显然也同样如此。他没有认真思考和研究劳动生产与工具技能的发明创造、社会组织结构的

① 这不是说可以忽视文化"传统",相反,研究原创正是为了给洞察和重新审视现状和传统提供眼力和依据的必要做法。

创建发展对人类历史存在所起的基础性作用，对“轴心期”那些精神创造所起到的带根本性的推动和制约的作用。既然如此，他对轴心期的那些文化的精神智慧的产生，也必然无法作出发生学意义上的切实阐明，只能说那是伟大思想家的纯精神创造。在这个意义上，我们不能不说他历史观是唯心的。和他的看法不同，我们主张在肯定劳动生产生活技能的发明创造和人类社会共同体的发展的基础上，来讨论人类精神文化和智慧创造的作用。这决不是要降低轴心期创造的意义。恰恰相反，我们认为要想真正说明这种精神觉醒的创造的意义，甚至给以更充分的评价，其必要的前提和条件正是在它之前的那些基础性的创造。

为了阐明原创文化和智慧的本性和意义，必须同它的生产力前提和与之相关的生产生活状况联系起来，必须突出人们生产自身的生活共同体结构及其演变对促成他们产生历史自觉所起的带有决定性的制约作用。轴心期所产生的人的精神自觉，无论从内容还是形式来说，都是由此前的人类历史成就发展来的。

二、“原创文化”在人类文化史中的位置及其标志

轴心期的意义在于产生了“各民族进行的自我理解”，从此人对自己有了“历史自觉”。它是靠“反思”先前的思想，对习俗和制度进行审查、探究和清理而获得的。我想，Jaspers 的这些说法比较恰当地描述了原创文化的主要特征和历史意义。但是我们还应该做进一步的研究，以探求“原创文化”的更为深入和准确的规定。

1. “人的历史自觉和反思”，是一种比较抽象的讲法。更恰当地说，是指在历史的一定时期，有几个民族达到了对自己作为“人”

的自觉。而这里的所谓“人”其实主要的只是指这些民族本身,包括他们的共同体和它的成员。所谓人对自己和人性的自觉,从来都离不开他们的共同体。因为人本是共同体的生物,如亚里士多德所说,也如孟子荀子所说。所以“人的历史自觉”有很丰富深刻的内涵,主要有:该人群和其中各种成员个体的由来,[①] 共同体的结构,t[②] 这群人的一定的生产方式和生活方式。所谓原创文化,最重要的标志就在于某一民族自觉意识到了他们何以能称得上是人,是超越一切其他动物的一种特殊的生物种类。但实际上,这种自觉总是以该民族当时的生产生活状况与水平作依据,以自己共同体的一定结构所需要的对其成员应如何生活如何做人的规范作标准的。事实上最初的“人的历史自觉”并没有全人类的内容,那些原创出这种自觉的民族常常会有一种特殊的自我优越感,认为唯有自己才懂得如何做人,才配称是人,其他民族则大多不合格。[③] 可见在原创文化中的“人的自觉”,或“人论”的最初创始,虽然都会表现出某些人的共性,原来却是特定的、各有个性的。

人对自己的认识和觉醒,靠在历史经验中反复思考逐步形成,

---

① 如种种传说的和真实的系谱。

② 包括诸如母系或父系的氏族、家族、部落的结构,各种国家形式,共同体内部关系纽带和与之相应的习俗礼仪,对外交往的准则,等等。

③ 这一点中外古代都有类似的情形和意识。例如古希腊人认为唯有像他们那样赢得了“自由”的才有资格称作“人”,其他“蛮族”只是些“天生的奴隶”,供人驱使的工具,而不能算合格的“人”。这种观念深刻影响了后来的西方文化。在中国,孟子用是否合乎“人伦之道”定义人之为人,即人性所在。因此,凡思想行为不合人伦之道的人无论是什么民族或个人,都被斥之为“非人也”,“近于禽兽”。这种观点深刻规定了两千多年来的中国文化。以色列人虽然承认别的民族也是亚当夏娃的后裔,却认为唯有他们自己才是神选的、同神有特别的约的、得到神的特别关怀的神的选民。所以犹太先知宣扬的神启、圣经作为原创的文化智慧带有鲜明的民族个性,原来并不是为其他民族或对所有人类适用的。

其中必有对以往意识、习俗和制度的审查清理,对已有观念的反思。这在各民族都是一个相当长的思想和精神的成长发展过程,从中逐渐形成了比较系统的思想学说。我们可用“人论”这个简称来表示这类成果。那么,人论便是各种原创文化借以确立自身的一个主要标志,或居于中心地位的标志。

2. 在原创文化中,人论虽然是中心标志,却不是原创文化的精神智慧中最高的部分。最高的部分是“天论”,因为只有它才能给包括人在内的一切事物提供终极性的解说。不过这种终极性的解说,“天论”,它本身是需要解说的,也是有其解说的途径的,那就是天人之间的关联。各民族因其实际生活和共同体结构的不同,各自的人论便会有所不同,因而不同的民族和文化系统对天道的领悟及其深度也就各不相同了。

3. 并且由此也会产生原创文化和智慧的不同形态或类型。具体说来,便有诸如“道德”(中国人用“道”和“德”这两个字称呼自己的智慧形态,并加以联系结合,即统一天道与分殊所得之间的一致。在中国人看来人是“人伦 — 天伦”之人,天道也就是天伦即人伦之天了)、“宗教”(如希伯来圣经突出了天道的人格性质,天即是人格神 —— 上帝,神是人的创造者和本根,神和神人之约规定了人的本性和地位)和“哲学”(突出了知识和理性的世界观,以逻辑理性探究自然和人及其本原,直至神)等这样几种形态。它们各有特征,宗教突出信仰,哲学突出知识,道德突出人情,便是其中的一类情形。我们要研究:是否就只有这三种,或者还有别的形态? 刘家和先生认为可以用理性来划分诸种原创文化的形态,如他强调中国特点在注重历史理性意识,而希腊和西方则提出了逻辑理性,这是否是一种形态的分类办法,它同道德、宗教、哲学的划分又有怎样的关系? 还有,这几种形态是否有相同的起源(如巫术、神话、原始思维）？看来都是一些值得讨论的问题。

4.文化与智慧、原创文化与原创智慧的关系。有了对天道和人道的自觉，并形成了以古典经典或圣贤、先知、哲学家为代表的系统精神成果的民族，便是实现了文化原创的民族。人们通常把这些文化的上述核心东西用“智慧”一词来称谓，那是一种比“知识”更高级的精神产品。因此，在我们的原创文化研究中还需要给“文化”和“智慧”一个更为明确的定义，并应研究和阐明其间的关系。这样才便于思考和说明“原创文化”与“原创智慧”的关系。

5.各种原创文化各有其根本性的智慧，这些智慧在形态上的重大差别是最值得我们注意和研究的。切实考察和说明这些原创智慧何以有这些重大差异，这些差异的由来和各自所具有的重要意义，是研究它们在相互冲突中是否可能彼此互补或并行而相得益彰的关键。由于智慧在一个文化有机体中具有灵魂性的支配作用，弄清原创智慧对于理解某个原创文化的整体的结构，理解由这些原创所开辟的世界上几个重大不同文化系统或传统之间的种种问题，当然也是关键。

对几种典型的原创文化智慧作分类定性的研究分析，我想可以称之为“原创文化的类型学研究”。它应当是我们研究工作的重点。

三、从文化史的视角看待“原创文化”概念

我们提出“原创文化”作为研究对象，有着历史的和文化的双重视角，并且是二者的结合。Jaspers 轴心期学说谈的中心虽然是人的文化创造问题，突出的却只是历史的视角，而缺乏文化本身的

分析。这个毛病我们需要改正。

1. 历史、文化和人的关系：应从“文化史”的视角考察原创文化。

我们认为人就是他的历史，更是他的文化。所谓历史，无非是人的创造活动和产物在纵的时间顺序中的展现，而人正是在自己的这些创造活动及其对象化的过程中发展、实现自己，亦即创造出自身的。但是人的创造活动和对象化是许多方面和要素的总和，它们有着相互作用，这种综合或总和才能构成一个有机整体的“文化”。这里有一种既是纵向又是横向的交错关系，所以文化是历史的更是综合的，而历史真正说来也就是人的文化史。我们应当从文化史的观点和视角切入和深入分析这个所谓轴心期，并更恰当地把它称作“原创文化”形成期。

2. 轴心期之前两个历史阶段的文化创造乃是原创文化的必要准备和前提。如果把人类的文化创造分为几个层次，就可以看出那开始使用工具、火和语言的时期（石器、陶器到青铜器时代，或传说中以有巢氏、燧人氏、神农氏以及创制八卦的伏羲氏和造出文字的仓颉的时代），对人能够真正地从其他动物中分离出来而成为人，具有多么基础性的意义和作用。并且这些文化创造里显然已经在孕育着精神的原创因素如最初的卜筮文化如八卦之类，而语言和文字的创制则显然是后来轴心期精神产品的必要前提。后来人们群体的组织形式和结构的演变和制度的创造在历史上起了更显赫的作用，因而 Jaspers 能够单独划分出一个以“组织和规划”为特征的历史时期（他说到埃及、巴比伦，在中国则是黄帝到尧舜再到夏商周的演变）。这种演变和创制的文化要素对人自身发展的意义要比器物层次更高，对后来人能够产生精神自觉更有制约和推动的作用。《礼记 · 礼运篇》中孔子就深入概括过这种意义。Jaspers 为了突出轴心期精神自觉的意义,却只以对它的轻视和贬低草草带过。但是孔子的贡献难道能同周公制礼作乐截然分开,或者,希腊哲学家的思考能同梭伦等对城邦制度的改革截然分开?

3. 但是更早时期的创造尽管重要并且也是原创文化的必要前提和组成部分,它们却只能算是为原创文化的全盘产生提供了某些要素,只有到了产生精神自觉的时候才能算是完整地形成了"原创文化"。从人类文化史的总体看,更突出精神自觉或智慧的原创还是有道理的。因为虽然精神自觉也需要有它的准备和前提,但是一旦出现,它就会反过来对其他的文化要素起一种重新改造和解释的作用,使此前的那些文化要素的创造发生重大的变化。这是因为这种精神的自觉、智慧,确实在全部文化中是居于中心和灵魂地位的东西。也正因为如此,原创智慧和它所影响支配的全部原创文化,对于后世的文化史能够起到一直贯穿下来的支配性作用。所以人们常常将这个精神觉醒称作"日出",从此人类的全部历史和文化就呈现出一种新的面貌了。中国古人说,要是没有孔夫子,就会"万古长如夜"。西方人要是没有苏格拉底、耶稣的教导,其文化也是不可想象的。而先前的成就倒仿佛只是些舞台背景后面的东西,不再受到人们的注意了。

我们的看法是,既要突出文化中智慧的意义,又不赞同那种孤立地突出的做法。原创文化作为几个文化系统的渊源,虽然必须以更早的那些文化要素的出现为前提,毕竟要到产生了它的精神自觉即我们称之为智慧的时候,才算得到了形成。在此之前的那些成果只是为它提供了某些成分或要素。我们研究某个原创文化和智慧时无疑需要追溯这些更早的创造,但也要实事求是地看到,只要该文化的最初精神自觉尚未出现,就不能说某个原创文化已经产生或形成。因为那些更早时期产生的文化要素尽管重要,单靠它们还不足以构成一种文化系统由以开端的渊源。有些民族虽然历史可能更久远,也有许多创造,却难以和古代中国、希腊、希伯来的文化相提并论。所以我认为只有到了某个文化终于达到了它的最初的精神智慧创造得到完成之时,我们才能称它是一个原创文化。这就同人们常说的“画龙点睛”那样,智慧才是一个文化的眼睛,有了它的时候,“原创文化”作为一个活生生的生命有机体才可说是得到了形成。

希腊哲学中的“存在”语词[①]

希腊哲学的概念范畴很多,但它们可以说都是围绕“存在”的,例如,关于知识、认识、思维和分辨真假的那些概念。由于思维总要以存在为对象,并且思维和情感的主体人本身也是一种存在物,所以这类概念都离不开存在,只在与存在的关系中才有其意义。举例来说,感性认识就同感性的存在对象和人或动物的感官存在相关,所以嗅觉必定以气味和鼻子的存在为根据。又如一切学科都以存在或某种存在为对象。各门科学以存在划分的不同部分和方面为对象,如植物学、动物学以存在的生物部分再划分为植物和动物为对象,这是它们作为科学的最基本的规定,因此它们据以命名。哲学则是关于存在本身(或存在之为存在的道理和规定)的学问。可见任何学科名词都用存在和某种存在指称。所谓 ontology,就是用希腊文的 ὀν(拉丁写法就是 on-)表示的存在作对象的研究。

亚里士多德把第一哲学定义为研究 ὀν 之为 ὀν (being as being)的学术。从此西方学术就一直把 ὀν (being)作为表示存在的中心概念词。这个词应当如何用中文表达和翻译,是译成“存在”、“有”是“是”合适? 一直有争论。现在许多学者注意到希腊哲学最注重思维逻辑的特点,而逻辑思维和语言形式同运用 to be

① 本篇原载《世界哲学》2004年第1期。

的系词用法是不可分的，因此 ontology 研究的 being 的“是”的含义应当受到充分的注意，并且在翻译中要显示出来。这场讨论推进了中国学者对希腊哲学的认识。不过现在有些朋友却由此要否认 being 译成“存在”的合理性。我认为这样的主张又走向了另一极端，并不可取。因为如果真的照这个意见办，就不能再把 ontology 翻译和理解成“存在论”、“对存在本身的研究”或“本体论”（因为汉字“体”字无论如何总是指一个存在的东西），而只能译成“是论”或“对‘是’本身的研究”了。那么 ontology 还是不是哲学呢？恐怕不能是哲学而只能是逻辑学了。

不过历来不赞成把 being 译作“存在”和“有”的，他们的想法还是有些道理的。因为“存在”这个汉语词确实有过相当大的误用。例如把 being 的存在概念同哲学上的“物质”概念等同，就非常流行过。这样就不能表达出希腊哲学中的 being 的原义，当我们遇到希腊哲学中关于思维和 being 的关系命题时也难以理解。不过，他们因此就不赞成用汉字词“存在”翻译 being 的那些理由并不恰当，因为中文里“在”和“存”字都有表示人活着、有生命的含义，意思和 being 表存在的基本含义完全相同①。因此我认为不能由于有误用的情形就因噎废食。我们应当在注意到 being 有“是”含义和逻辑作用的同时，也要着重研究它的存在含义。不仅如此，我们还应当系统地清理和考察希腊哲学中究竟有哪些表示存在的语词，它们各自在希腊哲学中扮演了什么角色，有怎样的差别和联结。我认为只有作这样的研究，才能把 being 的存在含义放到它所应处

① 《哈姆雷特》名句中的“to be or not to be”是讲人的生死的，中文里的“人在事兴，人亡事废”和“存亡之道”中的存、在都是和“死”相对的表示活着的状态。这是人、生物、生命“存在”最根本的含义，自然万物存在的含义也由此类推而来。任何事物，哪怕是一块山石，如果风化崩裂，它也就“不存在”了。

的地位上来,理解它在希腊哲学整个发展的来龙去脉及其含义的深化发展。

扼要地说,希腊哲学上表示存在的语词和概念主要有三个:自然、数(象)和 being。希腊哲学是从研究自然开始的,这就是米利都派和赫拉克利特所做的事情;然后是毕达哥拉斯斯派对数(象)的研究;到巴门尼德就转入了对 being 的研究。自然哲学、数哲学和从巴门尼德起的 being 研究,直到亚里士多德那里才明确成为以 being 本身为对象的第一哲学,即 ontology。这三种哲学的形态,正是由它们研究的对象 —— 存在 —— 既一致又有差别决定的。在亚里士多德之后的希腊化时期,一方面以皮罗派为标志,哲学家们彻底批判和反思了先前的全部希腊哲学,另一方面伊壁鸠鲁派和斯多亚派为了寻求人的自由幸福,在其哲学的理论研究中返回于自然哲学。这时自然一词虽然依旧,但含义已经融合了对 being 的丰富成果,成为一个新的表示存在的哲学概念。

上述问题内容丰富,本文只能先讨论把三个存在词引进希腊哲学的情形。

一、自然

1. 自然　希腊哲学使用的第一个存在词是“自然”。希腊文有 φύσις(名词)和 φύω(动词)等形式,其词根是 φυ[①](用拉丁字母

① 希腊动词用单数第一人称形式为标志,与英文用不定式不同。我们拟主要采用根词形式表示,这样容易辨别和讨论。例如 φύω,我们用根词 φυ 表示,又如 εἰμί 即英文的 to be,我们都用根词 es 表示,这样同 is(英)、ist(德)等,特别同巴门尼德用的 εστι 形式容易识别些。

写为 phu）。在古印度梵文中读作 bhu，是一样的。希腊哲学最初的研究对象就是用这个词作标志的存在，所以 Physics 就成为希腊哲学的第一个形态[①]。自然哲学，natural philosophy，这个词是西方后来的学者使用的词。希腊人本来用的是很朴素的词，即从 φυσικός（= 关于自然的）一词衍生的词，如亚里士多德就称自然哲学家为 ὁ φυσικός。他自己的那部现在标题译为《物理学》的著作，本来就叫作 τὰ φύσικά，意思就是“对自然的研究”。如果按中国学术的习惯，译成“论自然”或“自然学”也就清楚了。

先考察一下希腊语“自然”一词的本来语义。和汉语不同，印欧语的实词有词性、词形的许多变化。不过如古代梵文语法经典早就肯定的那样，这些变化有一个原则，就是“名出于动”。而在动词的各种变化中，词根又是变中的不变，是根本。所以，考察印欧语词的原义必须紧紧抓住它的动词的词根。如 φυ（bhu）就是一个词根（又叫根词）。它的含义是：诞生、产生、生长，出现，生育、显现，等等。其名词形式 φύσιs 就指自然万物及其本性、本能、原初的力量、规律，等等[②]。所以希腊词的自然，原是一个关于存在的最无所不包的词语。这存在原是大千世界的生命活动，无限多样的运动变化，这是它作为动词的含义。因此作为名词，它指的当然就是如此运作的大千世界。希腊人从观察思考自然存在开始他们的智慧活动和创造哲学，也可以说是很自然的。

因为不仅是希腊，古代许多民族和文化中最早产生的智慧也都是很自然的，其对象也是自然的存在。中国《老子》讲的就是以

---

① 这里的 phy，即是 φυ-，phu-，bhu-。

② 参见 Liddell & Scott，Greek-English Lexicon。海德格尔关于希腊哲学中的 ὀν 有许多词义探索和诠释演绎，但都是从中 φύω 来的。应当指明这两个词的差异和关联，然后作这样的诠释才是适当的。

自然为本的道和德的智慧,《周易·系辞》中“生生之谓易”和“天地之大德曰生”命题,意思和希腊自然哲学家领悟的东西也非常类似。按拙见,用“生生不已”的意思去了解希腊词 φυ 的原义,真是再恰当不过的。汉字词“自然”的优点,是在用字上已经表示了该词的原义,“自”指世界万物和人自己、自身,“然”原指火之燃烧,运动变化的形象。自己燃烧,同赫拉克利特说自然是一团永远自己燃烧的活火,意思是吻合的。这种形象用在各种自然观察的场合,便是世界万物的自己存在,亦即自己运动变化,以及由己而来的本性、本能、作为,等等。一句话,一切自本自根的存在和运动,这就是 φυ 的原义,也是汉语词“自然”的原义。

“自然”一词在印欧语全部字词中居于首位。古梵文语法经典《波你尼经》列举了1943个动词词根作为全部梵语词的构词基础。这些根词分为十组,第一组就是以 bhu 命名的存在根词组,因为 bhu 是其中的第一个。不用说它当然也就是全部梵语词的第一个,由此可见这个词的最本原性的地位。如上所述,这是很可理解的,因为它表示的是那自本自根、自然而然的世界万物的存在,无限生命的存在。因此它必是第一个表示存在的词,与之相比那和它同在一组里的 es(=to be)尽管非常重要,也要让位三分。

最初的哲学家以自然为对象进行研究而创造出哲学思想的时候,他们心目中的“自然”显然要比后人更接近于该词的原本语义。只有这样去看,我们才能恰当地认识米利都派和赫拉克利特的哲学思想原义和他们开始运用的一系列重要语词。

他们的自然研究,不仅同现代人所说的物理学不同,也和后世的自然哲学有别。这是因为“自然”说的原是自然而然,即自然而然的一切事物及其本性和运动变化。它包罗万象,是生动统一多样的世界和其中的一切,还没有彼此分离开来,或者说还没有分化。其中最重要的一点在于,把人、人性和人的生活同样看作自然,还没有分离出来。米利都派哲学家和赫拉克利特眼中的万物和人事,便是这样的自然存在。因为当初人的一切原本也是自然而然的。这种情况后来发生了剧烈的改变。到了希腊城邦的古典时代,人的作为凸显,思想界又兴起了一场自然和人为(φύσις 和 νόμος)之争[①],苏格拉底进而明确把哲学研究的中心从外在的自然事物转移到人自身,这时自然一词的词义才发生了巨大变化。从无所不包的自然存在,降为在人之外的、比人事要低级的自然界事物。我们应当区别“自然”一词的本义和它后来那种较低级的含义。从哲学上看,本义的自然是最重要的,是根。后来同人事研究相分离的自然哲学只能算是哲学中较低的分支,而物理学已不再是哲学。这些都是仔细的学者应当留意的[②]。

2. 本原　泰勒斯已经提出了自然的本原是水的看法,但是按照可靠的文献记载,最早使用这个语词的是阿那克西曼德。即使如此,“本原”也是希腊哲学中最早出现的一个关键哲学语词。先来看看这个希腊词 αρχὴ 的日常语义。其实它就是人们讲故事开头时习用的那个词:起初,起头,最初。泰勒斯和阿那克西曼德要研究的自然本原指的究竟是什么东西,何以要用 αρχὴ(起初)的词来表示?

亚里士多德后来总结说,我们要求取的是关于原因的知识,哲

① 我国道家也突出提出了自然和人为对立的问题,与儒家有重要的论争。见《庄子·马蹄》。但是社会发展的背景有很大分别,争论的内容、形式和结果也就很不相同了。

② 例如亚里士多德的 physics 这部著作,翻译成物理学就很不妥当。应当译为自然哲学。而他的 physics 同米利都哲学家和赫拉克利特的自然研究也不同。因为对亚里士多德来说,自然已经成为比较低级的存在,being 和 being as being 才是高级的存在。见他在 Metaphysics 第四卷第3章对自然哲学研究的自然存在的说法。

学智慧是关于存在的终极原因和原理的知识。他把在他之前的全部希腊哲学史总结为寻求“四因”的历史,并说初期哲学家大都认为自然中的那些质料是万物的唯一本原。这就给后人一个印象,希腊早期的自然哲学家知道的只是些质料因,所以只有很粗糙的唯物主义。我想实际情况并非如此,需要做些澄清。

中文翻译 αρχὴ 作本原,和英文译作 principle,都是对的,因为这个希腊词在哲学的运用中确实越来越加进和增强了原因和原理的含义。不过我们也应注意这个希腊词原来的语义还不是原因,而只是“起初”。

道理很简单,因为“自然”本义自本自根,对这样的存在就谈不到它还有什么原因。或者说,它自己就是自己存在的原因,无须再去找它的原因。对于自然,是没有原因可说的;可说的只是它变化的情况,从前如何,现在如何,将来会如何。因此对自然的终极性的解说,就只能是:我们现在看到的它的样子是怎么来的,最初是怎样的。这就是为什么早期自然哲学家要用“起初”(αρχὴ, beginning)这个词表示他们所要寻求和思考的东西的缘故。而“原因”和本原(根本的原因)的意思,只有在逻辑性的因果思维出现之后才能明确建立。最初的自然哲学家还不会有如此明确的意识。他们对自然的看法和思考寻求,更接近的是神话思维,特别是创世神话中常用的从“起初”(αρχὴ, beginning)说起的思想观念。

正因如此,当亚里士多德认为早期哲学家提出来的本原只是质料因时,他的这个说法看来并不妥当。所谓质料因,在亚里士多德的词汇里表示的只是被动的材料,没有主动或能动的性质和作用。但是泰勒斯提出水是万物的 αρχὴ 的主要理由,乃是认为水和潮湿的性质是一切生物不可缺的,它是生命之源。亚里士多德也说这说法同神话中把海神当作创世的父母类似,他还指出泰勒斯认为万物都充满着精灵，如磁石能吸动铁块。如果是这样，那么泰勒斯显然是主张了自然及其本原是非常能动的并充满生命的哲学，决不是仅仅主张了一种质料因[①]。至于阿那克西曼德的混沌（无规定者）和赫拉克利特的火，更是充满能动创造作用的，和神话中的神相比更加是“神”（他们都用“神”称呼他们所主张的本原）。

3. 神　于是我们就看到了希腊哲学中另一个重要的概念词：神。通过这个概念词，希腊哲学同神话和宗教联结起来，在彼此批评中互相吸取，使双方都不断演化前进。我们不要认为“神”这个词只是神话和宗教词语，它也是希腊哲学中的重要词语。这对于我们理解希腊哲学中“自然”、“本原”的含义，能提供一个重要的方面。

4. 无规定（者）　自然的本原（αρχὴ，beginning，起初 = 神）必定是 ἄπειρον 无规定者，这个认识在希腊哲学中是由第二位哲学家阿那克西曼德奠定的。希腊文 ἄπειρον 有人译作无限，也有人译作无定形，但还是以译成“无规定者”为宜。因为它要表示的意思是，这个起初的东西或状态是无法用语言和思想加以确定、固定、规定的。在阿那克西曼德那里，这是指一种混沌的东西或状态。他认为像泰勒斯那样把水当作本原是不妥的，因为如果起初的东西或状态是特定的，如水，它只有一种规定的潮湿性质，那么干燥的事物怎么能产生出来，岂不都毁灭了吗？这样的本原不能包容自然存在中丰富多彩的对立、运动和变化。所以能充当自然本原的必定本身不能有规定，而只有自身无规定的才能包容一切后来出现的有规定性的万物。可见无规定者是个原始的统一，尚未分化的

① 到了巴门尼德之后，再讲自然哲学的如恩培多克勒等所说“四根”之类的本原，才是亚里士多德意义上的质料因。因为它们本身不再有能动性，要靠爱和恨来推动。

统一,它能通过自己的分离和对立产生运动和万事万物。

从这里我们分明看到了和《老子》一样的思想。这个 ἄπειρον,和老子的恍兮惚兮、无名无形、渊兮似万物之宗的“无”和“有生于无”的说法,真是极其相似的。

这个“无”字,直到今天仍然保持着它的全部意义。我们仍然要说,自本自根的自然奥秘不能穷尽,上帝无法定义。

后来巴门尼德转到主张“有(规定者)”才是本原。在“有无之争”中“有”是极其重要的,否则就没有 ontology,也不会有希腊哲学之为希腊哲学的特色。但是最后或归根到底,有还得归结到无。这是必然的。因此,我们并不能因为希腊哲学有突出的注重“有”的特色,就可以轻视这个“无”字所标志的“自然”及其本原的自本自根的本色。

5. 万物流变和对立统一的“逻各斯” 赫拉克利特提出了一个重大和影响深远的哲学概念词 λόγος,“逻各斯”。这个词本来指说话、言辞。说话或言辞是思想、道理的表达。因此赫拉克利特就用这个词表示了他所总结的关于自然的根本道理。他是第一个把 λόγος 引进哲学作为根本原理的人。《老子》的“道”也是由说话义转成自然天道义的。老子把自然归结为“无”、把天道归结为“无为而无不为”,它是因对立统一而永恒循环往复的运动,这些认识都和希腊早期自然学家类似。

逻各斯和本原是同一层次的哲学概念,或者说它使 αρχὴ 不仅有指出自然最初状态的含义,而且有揭示自然之为自然的深层规律的含义。

从此逻各斯成为哲学中表示最高原理和最高存在的主要语词之一,更转变成宗教神学中表示上帝的话语——道——的用语。圣经创世纪从上帝用话语创世开讲,新约《约翰福音》则从道成肉身开讲耶稣基督的福音故事。

二、用数(象)表示的存在及其相关词

毕达哥拉斯斯派的数哲学,是希腊哲学发展的第二形态。它带来了新的存在词语,引起了希腊哲学的深刻转变。

6. Mathematics,(μαθηματικό) 我们现在译成数学的这个词,起于毕达哥拉斯斯派中注重学理研究一派的名称,Mathematikoi,意思就是“研究派”,因为 μάθημα 的意思就是研究。由于他们把万物及其本原都归结为数,所以这派人的研究就产生了希腊哲学的一种特殊形态。它介于早期自然哲学和巴门尼德 being 哲学之间,是二者过渡的重要环节。当然它还是数学和几何学科的原点,不过它本身并不只是研究数的科学,而是研究存在万物的哲学。因此把它译成“数‘哲’学”要更恰当些。

7. “数”或“象数” 毕达哥拉斯斯派说本原是数,世界万物的存在、性质、秩序与和谐都由数造成。他们所说的“数”和现代人用这个词的意思有重大分别,不仅指数和形,还是质料,更是万物由以得到其各种规定性的根据。比较毕达哥拉斯斯派学说和我国古代《周易》的象数学说可以发现,二者都是用数的象征性质表示了哲人对世界万事万物存在和变动的根本看法,并给予了根本规定。因此,对于毕达哥拉斯斯派的数,或许用象数这个中文词来翻译要更好些。由于他们把数当作存在的本原即最根本的存在,于是“数”就成了希腊哲学中第二个表示“存在”的关键词。以下是从这个数哲学中提出的几个重要概念词:

8. “一”,(μονάδα)(monad or unit) 这是毕达哥拉斯斯派的

数作为存在之象的第一个重要的概念词。因为无论是宇宙整体还是万物的每一个,其存在的基本形式都是"一"。因为自然和万物的存在都有作为"一个"事物,都有统一、全体、同一、单一、单位等根本规定性。另外,还因为一切数都是从单位"一"而来,没有一就不会有任何数。所以"一"是万物和数的根本原理和规定。这个概念词在后来哲学和神学中作用重大,又译成"太一"。

9."(不定的)二" 与"一"相关的重要概念是"二"。一表示统一、同一、单元,就成为确定性或有规定性的标志。而二则正好相反,标志着对立、变动,就成为不确定性,无规定的象征。毕达哥拉斯斯派用图形对比表明了一和二何以分别表示了确定和变动不定。后来柏拉图的"不定的二"就是从这里来的。

10."有规定者"和"无规定者" 毕达哥拉斯斯派还系统地提出了一个有十个对立面的本原表。首先是"有规定者"和"无规定者",还有奇偶、一多、右左、雄雌、静动、直曲、明暗、善恶、正方长方。这些对立中男女、动静、明暗、曲直、善恶诸象同中国人讲的阴阳非常类似。不过标准不同、主次划分也不同。他们是用"一"和"(不定的)二",亦即"有规定者"和"无规定者",作为纲领统率各种对立之象的,所注重的是知识。而周易"阴阳"则把天地、男女、君臣、父子、上下分别为刚柔尊卑之象,注重的是宗法性的社会秩序。所以他们会把"静"排列在有规定者和雄的这一边,把动放在无规定的一边。而在我们的阴阳学说中,动在阳刚一边,静在阴柔一边,主次的摆法就不同了。

第一对本原有规定者和无规定者是关键词。它在希腊哲学演进中有突出的意义:最初哲学以无规定者作本原,非如此不能说明自然之为自然。接着毕达哥拉斯斯的巴门尼德则认为唯有有规定者(being)才是存在,根本就没有什么无规定者,因为你无法思想和说出它是什么。而以数(象)为存在根本的毕达哥拉斯斯派则正好处于两者之间。两个都承认,但确定、规定的方面已经为主,不确定的方面只能处于次要和辅助的地位。这是因为他们还与自然学有密切关联,也同他们的象数的存在层次有关。

三、being 的存在语义和最初的哲学词义

从巴门尼德起,希腊哲学改用了 being 作为表示存在[①]的中心词。在这之后,自然、数(象)仍然被哲学家使用着,但退居次要,含义也发生了重大改变。希腊哲学便走上了显然有别于其他文化的特征。为了认识巴门尼德何以要改用这个词语来研究存在,需要先有点语言学和神话学的考察。

赛诺芬尼改变了希腊人历来关于“神”这个词的用法和含义。在原先生动活泼的希腊神话中,神是很多的,并且除了不死(也不全如此)而外众神在各方面都和凡人相似,富有情欲,也作许多违反伦理道德的事。赛诺芬尼说这样看待神是完全不对的,真正的神只能是单一的、全能全善的并且是不动的。这种想法显然同毕达哥拉斯斯派提出“一”是本原,并认为“有规定者”和“静”才与“善”的观念有关,并且更进了一步。因为他不像他们仍然承认“多”和“动”有其本原性的地位。于是本来很自然的神观念也就

① 据美国学者 Kahn 不久前发表的大型专著中的考证,在古希腊语中,从荷马时代到哲学产生时期,动词 εἰμί(即 es,to be)作为系词已占其全部运用的80%以上。据此他认为这个希腊词语的语义尽管有存在义,但主要是做系词用,并认为其存在义是从系词义来的。近年来有些朋友便据此主张这个西文词只能译“是”。我和陈村富已经表示了何以不能同意这个意见的相当充分的理由,因此这里只需作点极其扼要的说明。

被一种全新的神观念取代了。这个新的“神”观念直接为巴门尼德用 es 这个词取代 bhu（φυ-）开辟了道路。

11. es[①] 在印欧系语词中地位和根本含义　为了弄清这个古希腊词的语义，古印度梵文是最好的参照。因为这两种语言显然是印欧语系中最早形成高度文化典籍的语言。而古梵文又是最早形成明确的经典语法的，至今仍享有极高的声誉，其权威性也是西方语言学家公认的。按照古梵文语法经典《波你尼经》，全部语词分为名词（包括名词、代词、形容词），述词（动词）、介词、投词（包括感叹词在内的不变词）四种，主要是名述两种，而“名出于述（动）”是根本原则。印欧语言的“名出于动”原则，从思想特点说就是认为宇宙间万事万物根本都是行为、动作。动是根本，静是表现。据此《波你尼经》列出 1943 个动词词根作为全部梵语词的构词基础。它共分十个组，第一组就是以 bhu 命名的存在根词组。

es（to be）在 bhu 这个组里，是个在重要性上仅次于 bhu 的根词，这一点可从它能诠释 bhu 见出。在《波你尼经・根读》中，bhu 的基本含义是用 es（=as）解释的，而 es 也用 bhu 诠释，二者似乎没有分别。但经文又说，根词 as 在过去时和将来时等形式中要改用根词 bhu，显出二者又有重要差异。一般说，表示有时间性的存在要用 bhu，表示不含时间变化限制的存在则用 as。从古印度经典包括佛经等文献的运用中可以见到，当所指的存在是静态和抽象的含义时只能用 es，表示动态和具体的存在时就需用 bhu。

12. 巴门尼德的 being 概念词的哲学语义　从他开始，希腊哲学才把 being 当作了主要的存在词。他为什么非要用 es 取代 bhu

① 希腊动词的一般形式用单数第一人称形式表示，不同于英语那样用不定式，但这样的一般形式其实并不如根词词形清晰，所以我下面通常用根词 es，而不用 εἰμί，由于 to be 是大家熟悉的，又和 being 词形有明显的关系，也可以经常运用。

呢？显然是由于二者在语义上有一指静、一指动的分别，使他认为加以更换才能表达他的真理观。他认为真理必须是确定不移的，决不能变来变去，那么它的对象也应当是静止不变、唯一无多的，那才是真实的存在。为此他大力攻击了主张万物流变的自然哲学家，比毕达哥拉斯斯派更进一步地肯定了一和有规定者。因为他们还保留了多和无规定者作次要的本原，而他则根本否认了多和变动不居的无规定者，也根本不同意有什么对立的本原。——一句话，如果说毕达哥拉斯斯派已经大大改变了自然哲学，在巴门尼德看来还只算走了一半，他用 es 重新确定存在的含义，认为这样才能够确立真实的存在和真理。

知识的真理表现的是存在的真实。知识应当有确定性，不能变来变去。这都是正确的。但是为了得到确定的知识，就要求客观存在也不能变化运动，岂不是荒唐并且也不可能做到吗？显然巴门尼德犯的正是这样的错误，我们中国人似乎不可能犯这样的错误。但是再仔细想想，在这所谓的错误里不就有真理吗？为了查清人究竟得了什么病，我们必须找到病灶，切下一块切片来查验。为了在许多人里查到一个罪犯，也要找到确切不移的证据。要得到真知，就得抓牢对象加以拷问。在这时我们是不能让存在的对象如孙猴子那样变化的，否则真相就会从我们眼皮下溜走。可见，巴门尼德要求作为知识对象的存在静止不变唯一不二，并不是荒唐而恰恰是重大的发现。他的错误只在于否认了自然本身的运动变化本性和丰富多彩的本性。他的发现和错误都是够大的。这双重的后果激发和推动了哲学家的思考，使希腊哲学得到了长足的发展。

在一个陈述句或命题里，系词 is（es）或“是”的作用，是把主语和表语之间的联系肯定下来，is not 或“不是”则恰恰相反，是否定它们之间的联系。但都是确定地判断主语和表语有无联系。这种作用就是思维的逻辑作用。如上所述,这种逻辑上的表示认识和判断的作用,同需要陈述的对象方面的确定性有关系。因此,es的“存在”含义和作为系词“是”的含义,就联结起来了。这一点汉字“是”的含义和作用的演变史也能给我们一些启发。在古代汉语的肯定句里,主语和表语之间没有系词。那时“是”字是代词,指说话人确指的某个存在的事物。还有是非之是的用法,意思也在肯定、确定。汉代以后“是”字才作系词用,这种变化,如王力所言,原是极其自然的①。因此,关于Kahn的说法是可以讨论的。即使他的统计成立,也不足以证明 es 必定先作系词用,然后它才衍生出存在含义。能说明的不过是希腊语要比汉语早些把 es 或“是”的确定的存在含义变成了系词的运用。因为从存在的确定含义转变成系词运用是很自然的,而要从系词运用变成表示存在的用法,却不自然。主张者也好像一直没能说出多少道理。

在巴门尼德之后,希腊哲学中的存在词以 es 为主,但自然和数也还在使用着。这对纠正巴门尼德的错误和偏弊是必要有益的,并使希腊哲学往后赢得了突飞猛进的巨大发展。

① 《王力文集·第十六卷·古汉语语法》。该文第391页上说:“我们可以断定‘是’字的系词性是从型甲(即‘是’字都可以代以‘此’字的用法类型)转变而成的。譬如:‘富与贵,是人之所欲也’转变而成:‘富与贵都是人们所希望的’,真是极自然的转变了。”

哲学之为哲学的原义考察[①]

——兼谈中国原有智慧同哲学的关系问题

一

讨论哲学作为一门学术的本来含义,对于学哲学和从事哲学研究的人来说,是一项最具基础性的工作。许多大哲学家常常要回到这个基本问题上来探讨,一再提问哲学究竟是什么,我们为什么要学哲学。苏格拉底、柏拉图和亚里士多德是这样做的,当代海德格尔依然如此。正是这些研讨使人们对哲学得到正确和深入的理解,使它能沿着一条正确的路发展下来,获得源源不断的思想原动力。因此,讨论哲学之为哲学的含义,并非是一个无关重要的问题,而是一个对哲学的存在生命攸关的大问题。

古希腊是哲学的起源地,哲学之为哲学的核心含义是希腊人奠定的。每一代哲学家都会面对新的时代挑战去发展哲学,取得新的成就和新的形式。但发展是绝不可以脱离它的前人,脱离哲学之为哲学的根本轨道的,唯有返本才能开新。因此,即使是一直沿着希腊传统发展其哲学的西方,也要经常返回其源头进行再思考。如果西方人都要这样做,中国学者就更应当加倍留意。

---

① 本篇原载《社会科学战线》2004年第5期。

这是因为哲学在中国总的说来还是一种新学问。我们中国人本来有自己的原创性的智慧和相关学问，源远流长，也有其一贯的发展，但是它同源于希腊的哲学（philosophy）不同，并不是同一种类型的智慧。我们是在近代向西方学习的过程中才知道世界上有哲学这门学问的，所以当初它对我们全然是一门新学问。"哲学"这个汉字词也是新造的，最早是日本学者用起来的，中国学者在把西方哲学介绍到中国时也把它一起引进，为中国学界接受，从此这门学术连同"哲学"一词就在中国传播开来。①

五四之后中国人学习西方新思想进入了一个新时期，除了热心学他们的自然科学和种种社会学说，对其哲学更为关注。西方各种近现代哲学思潮，包括马克思主义哲学，受到了中国人的热烈欢迎。中国的先进分子用这些学说解放思想，武装自己的头脑，指导中国的社会变革和文化变革，使中国的面貌发生了翻天覆地的变化。与之同时，哲学也开始在中国生根和得到了发展。它主要表现为如下方面：最突出的是运用种种哲学学说于中国实际，在运用中与中国国情相结合，使之获得中国化的解说。其中，马克思主义及其哲学在中国的运用和发展无疑是影响最大的，但其他哲

① 最早把 philosophy 用汉字翻译成"哲学"一词的是日本的西周，时在1874年。更早日本学者还用过"希贤学"、"希哲学"、"性理学"等译法，后来才通行"哲学"的译法。其实17世纪西方传教士来华时，已经开始向中国人做过有关"费洛索菲亚（philosophia）"的简单介绍。在傅泛际（Furtado）译义李之藻达辞合作的《名理探》中，把它译为"爱知学"。艾儒略（Aleni）著述的《西学凡》中译为"理学"。但是这些译法都没有通行。直到19世纪末叶，在日本留学的中国学者学习和大力介绍西方学术思想的热潮中，才把西方哲学连同"哲学"这个译名一起引进中国思想界。其中影响最大的当首推蔡元培。他在1903年选择德国科培尔在日本讲哲学的讲稿，经日本人下田次郎译述成日文，他再译成中文，以《哲学要领》为题出版。到现在正好一个世纪。见钟少华：《清末从日本传来的哲学研究》，《世界哲学》2002年增刊。

学运用也很多,旧民主主义用西方资产阶级学说和哲学提出的种种维新和革命的学说,如孙中山的三民主义学说,胡适用实用主义对改革中国文化所作的种种分析,冯友兰的《贞元六书》等等,都属于这一类。它们突出显示了哲学对中国人的思想解放作用和对当代中国现实改革的指导作用。另一方面是哲学学术本身在中国的发展,它又可分为两个方面:一是对从希腊直到当代的西方哲学的研究,包括愈来愈深入和系统地翻译和研究哲学家原著,对西方哲学史及其断代史也有了日益深入的理解;再就是试图用学到的各种西方哲学的观点和方法对中国传统文化智慧进行新的阐释。这些学术研究与上述实际运用有密切联系。例如我们对马克思主义的运用在实践中既取得了伟大成就也出现过严重错误,除了别的原因,对马克思本人的哲学思想以前了解不够认识不清,不能不说也是一个重要的带根本性质的原因。改革开放以来我们强调了思想上要正本清源,于是努力重读马克思,澄清马克思哲学的原义。这对于纠正极左思潮,解放思想,开辟改革开放新局面,起到了颇具关键性的作用。再次重申"实事求是",更提出了"以人为本"的指导思想,正是此项重新学习的重要收获。可见加强理论和学术本身的研讨的高度重要性。

总结经验,我们认为要使哲学在中国真正稳固地扎根和健康发展,在肯定成绩同时,更要看到尚存的问题。本文别的不说,只想就哲学自身含义迫切需要澄清的有关问题谈一些意见。

现在大家已熟悉了哲学和有关的许多名词,并到处运用,但许多基本概念其实还没有搞清楚。例如being,即我们通常译作"存在"的那个哲学中最基础性的概念,陈康在60年前就指出对它的翻译和理解很有问题,不合原义。近年来许多学者再次提出了这个问题,依然争论不休,就是一个突出的例证。

另一个突出的问题，是把中国古代智慧研究叫作“中国哲学史”或“中国哲学”是否妥当的问题。中国哲学史也是在五四以后才出现的一门学术，它用一种全新的方式整理国故，取得了很大成就。这全新的方式就来自西方哲学，如蔡元培先生所说，中国哲学史这门学术具有“依傍西洋哲学史”的特点①。这种特点也带来了如下疑问：一种靠“依傍西方哲学”建立的学说能否称作“中国哲学”？

去年王晓兴教授写了一篇文章，认为这是一个需要澄清的问题。他说，黑格尔曾断言中国没有哲学，对此人们可以斥之为“欧洲中心论”而不予理会，但是德里达上海之行又重提“中国有无哲学”，我们便不能等闲视之了。

他指出，国内研究古希腊哲学的学者对 ontology 的中文译名展开的讨论又一次表明，ontology 是一种中国古人所没有的思想方式。面对这个事实，如果说“哲学”是指 ontology 这种思想方式，那么中国就没有哲学；如果说 ontology 只是哲学的一种特殊形态，中国哲学则是另一种形态，那么作为普遍的哲学究竟是什么？②

看来人们对“依傍西方哲学”之说已不能满意，便想有一个“普遍的哲学”的观念，可用以取代西方哲学作为其理论的依傍，以免除把中国哲学史这门学术看作只是西方哲学附庸的尴尬。如果西方哲学和中国的哲学都是这“普遍哲学”的特殊形态，那么中国哲学就能同西方哲学平起平坐，得到其应有的尊严了。这种想法当然很好，但问题正在于它能否成立，这个概念究竟有没有根据。

---

① 蔡元培先生为最初作出这一努力的胡适的《中国哲学史大纲》所写的序言中说：“我们要编成系统，古人的著作没有可以依傍的，不能不依傍西洋人的哲学史。所以非研究过西洋哲学史的人不能构成适当的形式。”

② 王晓兴：《原创文化视野下的中国哲学史研究》，《浙江学刊》2003年第4期。

所以晓兴追问这“普遍的哲学”究竟是什么？到底有没有这样一个“普遍的哲学”？

以上两方面的问题都说明,现在是我们必须认真关注、思考、研究和讨论哲学之为哲学的原本含义的时候了。

二

哲学从古希腊产生,它在发展中曾有许多名称,其中有两个最重要。第一个就是 philosophy（φιλοσοφία）,其语义“爱智慧”是人所共知的。这个语词在希腊哲学产生的初期就出现了,并且一直延续到如今。我们所用的“哲学”一词就是对 philosophy 的中译。这个语词最接近人们日常用语,所以显得易于理解,这是它的特殊的优点。不过在希腊人那里,爱智慧的活动和思考在发展中使它自身获得了许多形态,相应地也就加深了它的含义,这些就不仅是它的字面可以显示出来的了。只有通过相应的考察,才能求得理解与体认。

另一个最重要的语词是 ontology。它由 on 和后缀 logy 构成,on 和 ont 是希腊词 ὀν 或 ὀντα 的拉丁字母改写形式。它在英语即是 being,都属印欧语根词 es 的分词形式。希腊语 ἐσί（ν）,英语 is,德语 ist,都以动词第三人称单数形式显示出其词根 es。所以 ontology 的意思很明白,就是指要对 es 或 ὀν,being 作专门的研究。这是一个学术的定义,它在希腊哲学史上是后起的。因为最初希腊哲学米利都学派和赫拉克利特研究的是“自然”,φύσις,毕达哥拉斯派又提出了以数为对象的哲学,都还没有以 on（ὀν）为对象。到巴门尼德提出唯有 ἐσί（ν）才能表达真理之后,希腊哲学才转上了以研究 on 为中心之路。经过古典时期诸多哲学家的努力,特别是苏格拉底与柏拉图的反复深入探讨,亚里士多德才明确提出要对 on 本身进行研究,这种学术才是“第一哲学”的概念。

亚里士多德是学术史上第一个为各门学术进行分类的伟大人物。他指出各门学术都是根据其研究对象来定义的,这些对象都是 being 即存在[①]的某一部分或方面,如动物学研究的对象是存在中的动物部分,数学研究的对象是存在即事物的数量和空间的性质方面。然后他给哲学下了一个根本性的定义。哲学究竟是什么,同样也要由它的对象来规定。他说,同其他一切学科不同,哲学研究的对象是“存在本身”。虽然各种学科的对象都离不开存在或事物,但它们都只研究存在的某个部分和方面,没有一个去研究存在本身,而这是更需要研究的。因为凡事物及其属性都可以称作存在,但属性只能依附于个体和种属而存在,而各种事物追溯其原因又有其根本的存在。这个根本的存在,才是一切存在之为存在(τό ὄν ᾗ ὀν,being as being)的根本原因,即存在本身。它是哲学要研究的对象,关于它的原理才是最高的原理,一切其他学科都要靠它才能获得其最终的依据。他认为最早的哲学家研究了自然,但“自然学(physics)”作为哲学还是初级的,后来的哲学家才致力于研究 being,而唯有对存在之为存在加以研究的学术,才称得上是“第一哲学”。这便是后来学者称哲学为 ontology 的由来。

显然,ontology 一词所表达的,是哲学的更为严格精确的定义。这是它优于 philosophy 一词之处。而更重要的一点还在于它显示了希腊哲学之为希腊哲学的突出特点。ontology 是在希腊哲学得

---

① 这里译作“存在”是恰当的,但应当指出 being 还有与存在相关的其他极其重要的含义,并且即使其存在含义,人们在理解上也有相当大的问题,需要作必要的分析才能澄清。后面再谈。

到高度发展的古典时期形成的，早期希腊哲学还不具备这种特色。可见，philosophy 和 ontology 在表达哲学含义上都有其根本性的重要含义，又各有作用，不能相互取代。因此就都传承下来了。

下面我想联系到中国学者的有关认识和研究，来谈谈这两个词的翻译和理解的种种问题。我们通常只将 philosophy 译为“哲学”，把 ontology 译成“本体论”。

把 philosophy 译成“哲学”，能达其为“智慧之学”的意义，但略去了其中的“爱”字，以为它只是个表示情感的一般词语故略去无妨。但希腊人却非常看重这个“爱”字，赋予“爱智慧”以特殊的含义。因此省略也会影响我们认识其原义。

把 ontology 译作“本体论”也有些问题。由于“本体论”有“认识论”与之相对，就容易引起误会，使人以为它只讲了哲学的一个方面，没讲认识论的问题，这就有偏差了[①]。

也有译成“存在论”、“有论”或“万有论”的，近来还有人主张译作“是论”或“是者论”。这是由人们对 being 的理解不同引起的。

另外，由于后人把亚里士多德论第一哲学的著作标以 Metaphysics（《自然学之后》）书名，有些中国学者就认为这同《易传》用“形上”和“形下”区分“道”“器”类似，便把 Metaphysics 和它论述的 ontology 看作是一门形上之道的学问，译之为“形而上学”。

① 例如有一种说法，说西方哲学在古代（希腊）发展的是本体论，近代才发展了认识论。这是因为译法而引起的望文生义误解。其实这两者在希腊哲学和西方近现代哲学中始终是同时并进地发展的。例如给哲学下了经典定义的亚里士多德，在其主要著作 Metaphysics 第一卷开头就系统讲了认识论。在专给第一哲学下定义的那一卷里，在讲过 being as being 的存在自身含义之后，更大量地讲了逻辑学的根本法则，强调两者必须一致。他还专门写了大量逻辑学的著作。而逻辑正是哲学和科学的认识论方法论的主体部分。所以把本体论和认识论截然分开，说成是两种不同时代的哲学，是不对的。

这个译法比较典雅,但也有些问题。如容易使人以为 ontology 是中国式的“玄学”,便是一种误会。其实如上所述,希腊人所说的“自然”原是包罗万象的,因此其“自然学”并非只研究形下器物的“物理学”。它要探究“本原”,就是在研究形上之道。所以他们的“在自然学之后”同中国“形上之学”不是一回事。

因此上述种种译法,至少在如何理解上似乎都还有斟酌的余地。

三

在 philosophy 和 ontology 两个表示哲学的概念中,先来谈谈前者的原义。由于我们的“哲学”一词主要是对前者的翻译和理解,先考察它也更自然。

汉字“哲”可表示智慧,因此“哲学”的汉字词义是“智慧之学”,原义中的“爱”字没有译出来。这似乎是无所谓的,哪个民族不爱智慧呢? 于是人们也就很少会去想这个“爱”字原来的含义和它所具有的分量了。但是希腊人是非常看重“爱智慧”中的这个“爱”字的,可以举柏拉图《会饮篇》为证。该篇主题就是讨论何谓“爱情”,并由此进而讨论什么是“爱智慧”的。篇中主人公苏格拉底首先向衮衮诸公发问:各位对“爱情”的宏论虽然十分动听,但是它究竟是什么呢? 这一提问,揭示出虽然人人都谈,其实对它还没有真知,从而引导人思考这个词的涵义。他说,“爱”总是爱着什么,是有对象的。那么在爱的时候,我们是已经有了这个对象还是尚未得到呢? 已经有的就无须再去爱了,所以“爱”总是表明我们还缺少这个对象,因而才去追求它。所以,“爱”是永远处于有和无、富有和贫乏之间的，是一种动态的追求过程。通过爱的活动，我们便从贫乏变成富有。这是对“爱”的一个基本分析。然后再研究爱的对象，他说，人都是从爱某个感性的对象开始的，如美的人体之类，然后逐步上升到比较普遍和高级的对象之美，如各种文化和社会的美好事物和有关的知识，最后才发现最美的是真善美本身，对它的爱就是“爱智慧”了。这才是人所能有的最高的爱情和最高的境界。神已经有智慧，就无须爱智慧了。人本来没有智慧，缺乏智慧，才需要爱智慧。因此“爱智慧”永远是动态的，它是人接近神及其智慧和奥秘之路。人终究不是神，所以“爱智慧”也永远没有终结。

这个分析是希腊人特有的，显示出哲学作为爱智慧的某些特性。其一是它的动态性质。哲学的智慧总是动态的追求探寻，不是一成不变的天经地义。其二是它有别于“神的智慧”。它只是人的追求所能获得的智慧。这就使哲学同宗教中的智慧形态有非常重大的分别。例如希伯来人的智慧，是从认定神已将其智慧启示给了亚伯拉罕、雅各、摩西和先知们并且还将继续显现其启示出发的；人的使命就是遵守神人之约，按照启示来生活、行动和思想。因此人无须也不能靠自己去寻求什么智慧，只要爱神、听神的话，就是有智慧的了。而希腊人却认定人应当靠自己的努力寻求智慧。因此，希腊人通过“爱智慧”来获得的智慧，即哲学，同其他民族和文化中的智慧，便呈现出很重要的差别来了。

如果我们承认其他民族的文化中同样有“智慧”，而这些智慧与希腊人说的“爱智慧 = 哲学”并不相同，那么就不应当把各种智慧都笼统地称作“哲学”。尤其值得留意的是，在人类的轴心时代，世界上不同地区的若干民族，如中国、印度、希腊和希伯来等，几乎同时都创造了各自的文化和智慧。它们各有特色，也各有其重大深远的影响,不可混同。可见“智慧”一词所指的,绝非只限于希腊哲学这一种形态。因此我认为把所有的智慧都归到“哲学”的名下是错误的,它会导致许多根本性的混乱,包括干扰对希腊和西方哲学本身的认识,干扰我们对中国固有文化和智慧的研究。

接着柏拉图,亚里士多德在其 Metaphysics 第一卷回顾总结在他之前的希腊哲学发展时,也分析了“爱智慧”的含义。他说人们开始“爱智慧”是由于惊异。最初从明显的疑难感到惊异,逐步进到重大问题上的疑难。“感到困惑和惊异的人想到自己无知,为了摆脱无知,他们就爱智慧。”他强调求知是人的本性。从最初的感性认识开始,为了解答疑难便进到理性,从特殊进到普遍,从寻求低级事物的原因进到寻求更高级事物的原理,直到研究最普遍最高级对象的最高原理。这种关于最高原理的研究和知识,就是爱智慧或哲学的知识了。可见希腊人的爱智慧是以求知为特征的。它是一种从认识到自己无知而不断寻求知识直到获得最高知识的过程。

这一分析,发展并展开了上述柏拉图《会饮篇》中提出的观点。爱智慧的动态性质在亚里士多德那里已展现为对认识过程的明确分析。他还把哲学的动态发展明确区分为最初的“自然学”,经过毕达哥拉斯派和柏拉图学派的“数(哲)学”,直到 ontology,这样几个不同的形态或阶段。他也谈到哲学同神话的关系,认为爱神话的人在一定的意义上也可说是爱智慧的人,但他明确批评了认为爱智慧是超乎人的能力,人应安分于人间的知识,不宜上窥天机的说法。他坚定地认为人能靠自己的能力寻找智慧,哲学是一门人间的最神圣和光荣的学术。

不仅如此,他还研究了人能开始从事爱智慧活动所必需的历史条件,更特别强调“人本自由,为自己的生存而生存,不为别人的生存而生存”是哲学得以建立的根本。因此他强调了哲学是“唯一的自由学术”。这些看法已经深入到探求哲学的历史和文化的根基中去了,因而他能对“爱智慧”的希腊原义给予如此深刻的阐明。

亚里士多德之后,希腊哲学还有几百年的发展,对哲学作为爱智慧的含义也有重要的新认识。如在形态上返回以“自然研究”为中心,把研究 being 同研究自然统一起来。在爱智慧的内容上,重点放到如何才能实现求真与求善的统一上来。这些努力,使希腊哲学进到了一个新的高度。

总起来说,哲学作为爱智慧的原义,是在希腊人的历史和文化的基础上,在希腊哲学长达千年的过程中逐步产生和发展起来的,积累了非常丰富和深刻的内涵,也演变出了许多形式。这是我们在用这个词的时候应当知道,也应当多加思考的。

四

这一节专论希腊哲学作为 ontology 的原义。希腊哲学虽有自然学和数学的形态,主要标志还是 ontology。因此澄清它的原义,实在是澄清哲学之为哲学的原义的核心部分。

希腊人从研究自然发展到研究 being,同他们追求知识和真理有关。知识和真理总是有对象的,而哲学的知识和真理的对象总是世界万物及其整体和终极根源。这对象若用最简要的词来概括,就是存在及其真理或原理了。这一点在自然学和 ontology 中并无分别。但为什么在自然研究中所用的语词是“自然”及其“本原”,到了 ontology 就要转换成 being 和 being as being？ 这两类语词各有怎样的性质,又有怎样的关系?

我们把哲学中的being译为“存在”没有错，但如果认为惟有being才表示“存在”就不对了。因为表示存在的词其实很多，绝非只是这一个。我们甚至可以在某种意义上说一切实词（动词和名词）都是对存在的表述，否则万事万物就不是存在物，哲学研究的“存在”就没有具体的内容去落实了。差别只在于哲学研究的是一切存在事物的全体、相互关联和根源，它包罗和联系着一切存在物而不是去研究每种具体的存在。这就是哲学所用“存在”词的特点。而哲学所用的“存在”语词也不止一个。

在希腊所属的印欧语系中，表示普遍的存在的语词主要有两个，就是“自然”和being[①]。首先是“自然”，其次才是being。关于这两个词的含义，古梵语语法经典《波你尼经》有经典性的说明。它把语词中的全部实词归结为动词，并把全部动词词根（或称根词）归纳成十组。其中列为第一组的就是存在词，而该组就是以“自然”（bhu）命名的，因为它是众多存在词中的第一个，第一重要。它在希腊语中就是φυ（phu）。其次才是es，希腊词ἐστίν（其中ἐσ即es），英语德语中的is，ist，都是该动词的单数第三人称现在时形式，ὀν，being和sein则是其分词形式。这两个词（phu和es）在哲学中都扮演了关键角色，这当然同它们作为日常语词的原义直接有关。因为哲学家正是想到了它们作为日常语词的含义适合表示他们所欲研究的对象，才会采用它们，把它们转化成哲学的概念。因此在考察希腊哲学并知道它有自然学和ontology不同形态时，我们首先需要做的，就是要澄清这两个存在词作为日常语词的原义，

① 用“数”表示存在的普遍性及其根源的学说在古希腊和中国都有。但数只是存在物的一个性质，依附于存在物而不能独立存在。用数表示普遍的存在只能是象征性的“象数”，毕达哥拉斯和易传都是如此。所以它不适合成为表示哲学上的存在的主要词语。

并研究它们有怎样的关系。

《波你尼经》在解说这两个词的基本含义时,用的是互释的办法,即用 es 解释 bhu,反之也用 bhu 来讲 es。这说明两者是相通的,因而可以换用。但在具体运用中两者又有所不同,一般来说,凡需要表示动态的和具体的存在时必须用 bhu,而在表示静态的和比较抽象的存在时就必须用 es。这表明二者既有密切关联,又各有偏重。具有动态性质的 bhu 能表示生命、生长等含义,所以把它译成"自然"是适当的,因为自然指的就是生生不已的宇宙万物及其运动状态。人的生活离不开自然,他对存在的认识也首先从自然的存在开始,这是容易理解的,甚至是不言而喻的。希腊哲学最初的形态是"自然研究",这事实本身也是极其自然的。从研究自然得到的智慧就是指出万物存在都有变动不居的本性,自然的本原必是"无规定者"(阿拉克西曼德),而能说明这种存在和本原的根本道理就是对立统一规律(赫拉克利特称之为"逻各斯",中译"道"是合适的)。这种哲学是深刻的,同老子《道德经》中所说的宇宙观类似。但是希腊人还不能感到满意,因为他们迫切需要寻求确切的知识和真理。巴门尼德认为,为了得到确实的真理,我们研究的对象必须是确定的,而不能是变动不定的。而为了认识和确立这确定的"存在",就绝不能凭感官和感觉,只能靠思想和判断。因此他说,得到真理的路乃是说出如下判断:"它是如此并且它不能不是如此"。这句经典性出处的原文是:

ὄπωs ἔστιν τε καi ώς ούκ ἔστι μὴ εἶναι.

英文直接译出来就是:

that it is and that it is not [is] not to be.

这里应注意而常被人忽略的一点是:句中 ἔστιν 并非一单纯的动词,而是希腊语特有的只用一个动词就能构成的单词句,并且是一个判断句,只是省略了主语(it),而且还可以省略其补语(so,如此)。在英译文中用 it is 或 it is so,就可显明这种情形。ὅπως ἔστιν,即 that it is,意即:那个“它是(如此)”的判断;而 ὡς οὐκ ἔστι(μὴ εἶναι),that it is not(not to be),意即:那个“它不是(不如此)”的判断。因此这个句子是由一正一反的两个相关子句联合起来构成的。它要说的意思是,真理只能用这样的判断形式才能表示:对于对象,必须指出它是什么,并且它不能不是如此。这样,我们才能有关于对象的真理,才能有确切的知识。

这句话也可以并且应当有另一个读法。因为 ἔστιν 本是存在动词,并偏重于表示存在的静态或持存状态。这读法便是:那说出它持存并且它不能不持存的判断,才是真理。不要以为这是两个彼此无关的判断。因为这两个意思在巴门尼德那里是统一贯通的,其一是从思维来说,另一是从对象说的。思维总要有对象,表示真理的思维,其对象必定是确定的存在;反之也唯有以确定的存在作对象,真理的思维才能得到确立。巴门尼德在讲过上述那句引文后,特别指出思维和存在的一致性,指的正是这个意思。

由于希腊语 ἔστιν 有这样的双重含义,又能构成单词句和判断,巴门尼德就能用最简洁的语言,即只用一个词,就同时表达出他的哲学真理观和真实观。这就是说,他在确立真理是什么的同时,也确立了他认为是真正的存在,即真实。于是,希腊哲学便把自己研究的对象,从变动不居的“自然”存在转换为静态的具有确定性的 being 了。

我们中国学者对 being 该如何理解与翻译有很大争论,是因为汉语词中原来没有一个能像 es 那样,既能表示确定的存在,又能与之相关地表示其具有判断作用的“是”义。中国古人用过“有”或“万有”表示有名有形的存在,比较接近 being 的含义。因为它同

"无名无形"、对立统一、不断变动的"自然"有别。"存在"译法是现代才有的,它是个现代汉语词。不过古人用"存"或"在"字也很普遍,把两个字合起来也不难理解,也显得更加明白,所以很快就通用了。

困难在于,无论"存在"或"有"字,都没法同汉字"是"的涵义直接联系起来。中希语言的差异,影响了我们对巴门尼德思想的了解,也使认真的翻译者感到极大困难。为了强调希腊哲学原义中 being 特有的判断作用和理性求真含义,陈康先生提出改用"是"字翻译,近年来一些学者再次提出了这个主张。问题是,在强调 being 的求真原义的同时,对它的表示存在的原义又该怎么办? 于是主张"是"译法的学者又提出把"是"名词化为"是者"的主张,认为用它既可突出 being 的"是"义,也兼顾了它所具有的存在义。但是从汉字"是"里能否引出"存在"的含义还是有问题的。因为在现代汉语中,"是"字只能作陈述句和判断句中的系词使用,不具存在含义。而在古汉语中,"是"字作为代词虽可表示行文前面提到的某个对象,却没有表示普遍的存在的含义,因为所指只是前文所说的特定事物。此外,从汉语发展的历史来考察,"是"字作为系词是汉代之后的事,从代词"是"的特指含义变来。《论语·里仁》中有一个句子,"富与贵,是人之所欲也。"其中的"是"字本来是个代名词,指的就是上面说的"富与贵"。但读成判断句也很顺理成章,意思完全相同。这时"富与贵"成了主语,代词"是"就变成系词了。所以王力先生说在汉语史上"是"字从代词变为系词是很自然的。这就告诉我们,汉语中系词"是"的确指功能来自它原来作为代词的特指作用,而印欧语 es 的确指功能却是来自它作为普遍存在词的静态涵义。因此用汉语词"是者"表示 being 的普遍存在含义还是有问题的。

实际上,西方学者在翻译希腊哲学原著时,对 ὀν 既有 being 译法,也常用 existence 来译,后者的含义与现代汉语词“存在”更接近。另外,中国古代翻译印度佛经凡涉及 es 之处都用“有”表达,如玄奘译《成唯识论》。可见用“存在”或“有”译 being 也不是不可以的。

因此我认为为了表达 being 原来兼有和贯通的两重含义,1. 我们恐怕不能不把“存在”和“是”这两个汉字词都用起来;2. 需要指明 being 表示的“存在”具有侧重表示静态或持存不变的含义,这一层含义通过与“自然”一词作比较便可讲清楚;3. 进而更要说明 being 的“存在”义和“是”义彼此贯通,互相匹配,所以原来是一个词。这一点对理解希腊哲学原义至关重要。要说明我们并用两个汉语词译它,实在是由于中希语言不同不得已而为之,不可因此误解为 being 本来就有两个彼此无关的哲学含义。

说到这里,我倒发现了一个非常有趣的现象。那就是作为日常语词的 es 或 being 虽然难于找到一个对应的汉语词来翻译,但是在哲学中却是可以的。这就是汉语中的“真实”一词。它是由汉字“真”与“实”合成的,而这种合成恰好表示出了 being 作为希腊哲学语词中的双重哲学含义及其关联。如上所述,巴门尼德是在寻求真理时采用 es 一词的。他说的 ἔστιν 原是对一个确定存在(对象)所下的确定判断(真理)。这个把主语和补语紧紧系缚在一起所形成的判断,是确切知识或真理的语言表达形式。因此 es 的日常语义“是”,在哲学上就有了表“真”的含义。另一方面,与之同时,所说的对象也在判断中获得了认识或知识上的严格规定性,不再只是一种可以既如此又非如此的东西,如感性事物那样,而成了思想上或逻辑理性上可以确定地把握的对象。这种存在或实在,也就是我们思想上认作“真实”的东西。于是 es 作为日常语词的存在义和是义,在哲学中就发展为“真”和“真正的存在或实在”含义,并能结合成一个汉语词“真实”了。“真”是不能离开“实”来说的,同样,“实”也要“真”给予确保。这是我们中国人容易理解的。而这正是 ontology 所要研究的 being as being 的要义和对象。

希腊哲学作为 ontology,是专门研究 being 本身的学术,它要研究的是 being 本身究竟是什么,其原因或根源何在,有怎样的根本属性,等等。而 being 本身的根本含义就是“真实”。所以,我们可以明确地认为:ontology 就是一门寻求“真实”及其最高原理和方法的学问。

对此还可以从另一角度说明。我们都承认,同样起源于希腊的科学也是研究真实的学问。各门科学研究的是分门别类的对象的真相和原理,而当我们抓住了这些真相后,回过头来对于所研究的对象才能给予严格的规定。所以它们也是研究真实的学术,方法也须符合求真之需。不过这些学科研究的只是存在的某个部分或方面,所用原理和方法也只以适应该对象为限,都没有去研究存在之为真实的本身,也不研究真实之为真实的最高原理和普遍的和根本的方法。这个任务就落到 ontology 身上了。我们说希腊哲学是科学的母亲,理由就是惟有它才是一门专门研究“真实本身”或“真实之为真实”的学术。

五

关于哲学的原义,其实还有许多非常重要之点。例如:用 being 的求真概念和方法如何研究实际存在的自然现象,表达它的真实存在着的运动变化? 这是巴门尼德还无法解答的难题。尔后的希腊哲学就继续加以研究,直到后期的柏拉图和亚里士多德才找到了比较恰当的办法。早期纯静态的存在和最单纯的逻辑思维,发展成能表达和处理变动的比较成熟的逻辑思维,使有关变动对象的确切知识成为可能,并使希腊哲学家对 being 本身的含义得到了新的更高的认识,从而 ontology 才得以创立。

还有,由于哲学最关怀的还是人自身,人和人事在一切存在中居于中心地位,因此什么是人的真实本性,什么是我们最关心的善,究竟什么才是真实的自我和真正的善,就成为希腊哲学中的突出问题。苏格拉底引起了希腊哲学的重大转折,就在于他要求把求真和求善结合起来,严肃地提出了什么才是真正的善这个大问题,开始了这一研究。由于这个问题涉及的困难重大众多,几经反复,直到亚里士多德之后的希腊化时期,经过伊壁鸠鲁派和斯多亚派哲学家数百年努力,到爱比克泰德那里,才获得了一个比较深入透辟的解答。由于西方近代哲学家对希腊化时期哲学一直有一种相当普遍的看法,认为希腊哲学的顶峰只在其古典时期,只在柏拉图和亚里士多德,因此对后来的哲学采取了相当轻视甚至漠视的态度,在讲哲学史不得不提到它们时总是一带而过,很少深入研究。因此人们对这些哲学了解很少,也就不能对其成果的重大意义有所评价。现代哲学家罗素的看法有了改变,也有学者开始致力于深入发掘这方面的思想资料,在此基础上已经产生了若干很有价值的研究著作。这对西方哲学史学者来说也算得上是一大重新发现。在我看来,下一番功夫研究这方面的哲学成果,不仅对我们认识希腊哲学的原义极其重要,而且对于历来最重视道德智慧的中国人尤其有一种参照的价值,还有着相当重要的现实意义。

还有一个很重要的方面,就是哲学(包括 physics 和 ontology)同神话和宗教的关系问题。希腊哲学虽然同神话有本质分别,但在更深的层次上又紧密相连。它原是从希腊神话脱胎而来,并且始终同希腊人的神观念保持着联系,彼此推动,使二者都得到了发展。这是因为神话是有着更久远历史的文化现象,积淀了远古人无数经验与智慧,并从中形成了人类原始的宇宙观的缘故。最早的哲学家提出“本原”是“水”、“无规定者”即“混沌”和“气”,都有其神话的来源。赫拉克利特和苏格拉底也都从德尔斐神庙铭言“认识你自己”中得到了智慧和启示。而当希腊哲学发展起来以后,塞诺芬尼便看出希腊神话有毛病,其中的神灵行为不道德,多神观念也是不当的,于是他对希腊人的神观念进行了改造,主张只有一个全智全善的神。这反过来又对巴门尼德的哲学新观点的产生起到了重大的影响作用。苏格拉底从神谕受到启示是大家熟悉的,他在寻求真正的善和改造哲学中也改造了希腊人的神观念。当时控告他的罪状之一,是说他提出了一个“新的神”。这是事实,本身并没有说错。亚里士多德提出的 ontology,其 being as being 的最高解释就是:它是“纯形式”,也即是“最高的善”,也即是“神”。希腊化哲学时期,伊壁鸠鲁和斯多亚派重新把存在称为“自然”,并认为它也就是“神”。希腊哲学最后一位著名哲学家普罗丁的哲学就是神学。所以可说希腊哲学从头到底都和神话和宗教有千丝万缕的不可分割的关系。因此“神”不仅是宗教神话中的关键词,也是哲学中的一个关键词。这些当然同哲学的原义是什么和如何解释它关系重大,不可忽视。

另外,非常要紧的一点是,何以在古代各民族中唯有希腊能成为哲学的发源地? 这对理解哲学原义无疑也是至关重要的。这就需要我们研究希腊人的全部文化和历史及其特点,才能有切实的和比较深入的了解。[①]

以上问题涉及的内容和分析很多,因此尽管重要,这里也只能点到为止。目的是请读者注意在思考哲学的原义和讨论表示它的两个基本词语时,也不要忽视这些与之相关的要点。

关于哲学之为哲学的原义,我就先说到这里。

六

现在来谈谈中国哲学的问题。从实际出发,我想有一点是明白的,也不会有争论。这就是在哲学传入之后的近现代中国,已经产生了一种同中国古代思想相比是全新的思想。中国人在学习了西方哲学之后,就开始用它思考自己的种种问题。这种运用和发展当然会有积累和提炼,便出现了带有中国自身特点的哲学成果。众所周知,马克思主义哲学在中国的运用和发展就可以称作“中国化的马克思主义哲学”。同样,中国学者也可以研究、运用和发展其他西方哲学,并同中国的情况相结合,也可称作“中国化的某种哲学”或“中国的哲学”。

由于这些哲学的研究运用的基本理论都来自西方的某种哲学学说,因此就理论的观点方法说,它们同西方哲学就有了“接着说”的关系。如果它在解释原来所本的西方哲学时是正确的,运用中又没有重大的偏离或歪曲,就具有其作为一门哲学学术的合法性。从这一点还可以得到如下的推论:它们或者在某种程度上自觉符

① 我在《哲学的童年》、《伊壁鸠鲁》、《爱比克泰德》中,特别是在近著《古希腊哲学探本》中,对上述种种都有介绍分析和阐述,请读者参阅。

合了哲学的原义,或者至少是默认了这种原义。

我在这里所说的"如果",是从总结经验的角度讲的。实际上,上述哲学研究在对近现代中国起了巨大的思想解放作用和指导现实的伟大作用的同时,它本身也走过了一条既有辉煌成就又有种种偏差错误的曲折之路。这本是人的认识与实践的正常现象,在近代和现代中国的复杂境况中,在有着悠久文化历史传承的民族中,学习和运用来自西方原来和中国文化异质的学说,更会出现上述情形。问题是要作认真的总结反思,寻根究底地找出原因,使我们今后能做得更好一些。这原因主要无非来自两个方面,其一是在理论上对来自西方的真经,是否能认识到位;其二是在我们的运用中,对中国自身的实际和文化传承是否有了定性定位的认识,即自我认识是否能认识到位。这两方面哪个没做好都会出毛病,而且会互相影响。因为缺少自知之明的,很难学到人家的真经;而学不到人家真经的,找不到切实的镜子,也无法对自身进行清醒的重新认识估量。

从这个意义上说,我们的西方哲学研究也是一门"中国的哲学",和西方人自己的哲学研究有共性也有重要分别。因为它承担着一个重大和艰巨的任务:要自觉地根据当代中国人的需要,去研究从希腊起源的包括一千年的希腊哲学和一千五百年的西方中世纪和近代现代哲学的原义,把它忠实地介绍给中国人及其学者。如果能把这项工作做好做到位,就能对中国人澄清他们正在运用的那些来自西方的各种哲学理论及其概念与方法的含义,提供重要的帮助。

这里稍微谈一点我自己学习的体验。作为一名学者,我的哲学学习、教学和研究最初都是关于马克思主义哲学方面的。由于积攒了许多困惑需要解答,我就去钻研马克思本人的原著,发现自已原来对他的思想其实很不了解,或者有很多误解。其原因有许多是中间转手造成,例如斯大林就是影响最大的一位,普列汉诺夫比他水平高多了,但他的解释也已经有了偏差。恩格斯的哲学著作比较接近马克思的原义,但是人们往往只注意了那些比较通俗的解说,很少看到更深刻的地方,而他终究和马克思本人也有某种差距。我从研读马克思最初提出其哲学问题的著作中,得到了以前从未得到过的新认识,澄清了我思想深处的许多带根本性的疑问。这种收获和我再次钻研黑格尔和费尔巴哈密切相关,它也推动我继续重新研读康德和卢梭,以及更多的西方近代哲学家,还涉及某些现代的哲学思潮。这时我发现,尽管我对上述种种哲学有了新认识,却仍不免有隔雾看花之感。追究原因,无非在两个方面,一是我还没有从源头上知道哲学究竟是什么;一是我对中国自身的文化和智慧还没有真切的重新认识。前者是我的工作的本分,后者是我作为中国人中国学者的本分。这两方面我都存在很大差距,而这两种缺陷又是相互起作用的。从此我大力转向对希腊哲学的研究,同时也在中西文化比较方面下了些功夫。本文前面各节所考察的有关"哲学之为哲学的原义",就是上述重新学习和澄清的努力所得。下面各节就来谈点我对中国自己的文化和智慧进行研究和思考所得的某些认识。希望这两方面的看法,对和我有类似困惑的朋友,都能有些参考作用。

七

按我的粗浅看法,中国哲学史这门学术也应属于上述"中国的哲学"的一个部分,因为它也是五四以后才有的一门新学术。中国学者在学了西方哲学之后，认为它能为我们提供一种新的眼光，“用精密的方法，考出(中国)古文化的真相”(胡适语)，才开始了中国哲学史研究。它的观点方法乃至基本的理论框架是从西方哲学来的，而中国固有的思想是被这些观点、方法整理加工和分析的材料中出现的。蔡元培说它必须“依傍西方哲学”，这话直白了些，却是事实。我认为承认这一点并没有坏处。因为中国哲学史能开创中国传统思想研究的新局面，正是因为它把西方哲学的观点方法引进了中国古典思想的研究。试想如果胡适没有学到美国实用主义哲学的许多精髓之处，只靠他家学渊源深厚，就能想到并开创中国哲学史研究吗？冯友兰、牟宗三、张岱年诸先生也一样，都是在所学西方哲学(实在论、康德哲学和马克思主义哲学等等)观点方法的光照下，才对中国传统思想有了新看法，从而有了新的发现和评估。否则他们就只能做老式的国学，不能成为中国哲学史名家。那些对西方哲学所知很少的中国哲学史的研究者虽然在整理资料方面可以作出成绩，却很难有新的见解或创见。

如前所述，哲学是希腊爱智慧活动发展到 ontology 时才成为一门严格的学术的，后来的西方哲学是它的继续发展。所以“依傍西方哲学”其实也就是依靠“哲学”。但后来人们对“依傍西方哲学”之说不满，主张中国哲学史是一门可以独立于“西方哲学”的学术，便有“普遍的哲学”的新说法出现，认为用它作依据比较好，据此便可说西方哲学和中国哲学都不过是它的特殊形态。这样中国的固有智慧就能同西方哲学平起平坐，享有尊严和独立地位了。可是这“普遍的哲学”在哪里，到底是什么，却没有交代。因此我只能猜想它是从汉字“哲学”的字义得来的一种联想。因为对中国人来说，如下的联想是很容易产生而且似乎是不言而喻的：既然哲学是关于智慧的学问，中国自古就有自己的智慧和有关的学问，为什么不能理直气壮地说中国人本来就有哲学,却非要挂靠在西方哲学上呢?

但这个说法或论点从理论上说很难成立,也不是赢得中国文化智慧应有地位和尊严的有效办法。已经说过,用汉字词“哲学”表示 philosophy 时略去了它原有的“爱”的意思,容易引起误解,使人以为它指的只是一般的智慧之学。“普遍的哲学”观念就是靠这种望文生义来的,所以在学术上不能成立。说人类都有“爱智慧”的本性和活动,所以中国古人同古希腊人一样也早就创造了哲学,这论点也太单薄。因为哲学在其一贯发展中早已成为一门有严格系统和规定性的学术,人们公认的哲学指的就是这样的学术。用“爱智慧”的最宽泛的语义来定义哲学,显然是不合适的,也不能得到大家的认同。

实际上,不仅没有什么“普遍的哲学”,就连一个大家公认的“普遍的智慧”也是没有的。在这个世界上,文化和智慧都带有多元性。有各种智慧,就其最高的形态而言,有道德的智慧,宗教的智慧,而哲学只是几种智慧形态中的一种。就起源而言,中国、印度、希腊和希伯来的智慧也各不相同。它们之间虽然有某些共性。个性却是更鲜明的。这些不能用一个“普遍的智慧”加以混同,更不能只用什么普遍的哲学加以混同。混同只会使各种类型的智慧丧失个性和尊严,使人漠视它们各自具有的独立性和特有的价值。要认识中国固有的智慧是什么,前提就要承认人类的智慧本来就有几种不同的类型,在承认希腊哲学是一种智慧的同时,更要表明自己也有另一种智慧。希伯来人就是这样做的,我们也应当这样做。这是很重要的一件事情。

上面说过中国哲学史的成就和意义,但它既要靠哲学作理论的框架,也就免不了有缺陷。因为用哲学重新解说中国固有的文化智慧所具有的长处,从另一面看也是短处。这就是:原本自成系统或传统的,现在要放在别人的框架中处理,就不免有剪裁或削足适履的情形发生,不一定合乎中国人思想的本来面貌和原义。有些研究国学的朋友对此不满,不是没有道理的。但这不单纯是"依傍西方哲学"的弊病,只要依傍哲学就有这个问题。所以要解决这个问题,就要跳出哲学,跳出唯有哲学才是智慧的观念。要进一步放开眼界,从人类文化和智慧的全局看问题,从严格分清中外文化智慧的类型着手,研究中国原有的文化智慧究竟是什么。分清人我是比较研究的前提和关键。这个问题澄清了,才能有独立的中国文化和智慧的研究,才能实现平等的中西文化和智慧的比较和研讨。

八

20世纪80年代又一次兴起的文化研讨热,提供了思考上述问题的契机。在中西文化比较中,我认为弄清楚中西文化从源头起就出现的各自的特点,寻求能够为它们定性定位的规定,是关键所在。弄清中国原创文化的原义,给它一个明确的形态学意义上的规定,是作为中国学者的我们的本分。在此基础上再来谈对它的"弘扬"或"批判"才不会流于无根之谈。同样,我们对西方的文化智慧,也要从希腊和希伯来的源头入手,寻求这种规定性。

我在80年代前几年主要做的是希腊哲学史研究,那时我所能做的还只限于到亚里士多德为止的希腊哲学发展线索,并且对若干关键问题也还没有能搞清楚。但这次学习研究已使我对哲学的原义及其历史和文化根源有了比较切实的了解,也促使我反思中国自家的问题。所以在这项研究暂时告一段落之后，我就转入中西文化的比较的问题上来了。在教学中我和几个学生早就讨论过有关问题，于是在80年代后期我们就在一起，按照我们的思路开始了这项新的研究。

当时我们的研究是以“中西人论”比较为主题的。把重点放在“人论”，是因为我们发现了一个对研究和规定文化具有关键意义的基本事实。那就是：“文化的中心在人，文化理论的中心在人论，而人和人论都是历史的、具体的。”[①] 文化的中心在人，这是显然的，似乎无须多说。但由此我们就应当得到一种思考文化问题的基本思路：首先要关注和研究创造文化的人本身，那些最初创造其文化的民族实际生活和历史是怎样的，然后就要着重研究他们是如何自觉其为人的，如何自觉地创造出关于做人和生活的各种文化制度和学说来的。前者是具体的历史分析，后者中的思想核心就是人在精神上的自觉，或自我意识。古代圣贤、先知和哲学家对此深加思索，提出和发展有关的各种学说，可用“人论”来概括。正是这种自觉即人论奠定了全盘文化的基础，规定了它的发展方向。

关于这个道理，我们中国人是很熟悉的。因为孟子早就提出过“人之异于禽兽者几希”的问题，讲了中国人认为“人之为人”的根本道理。其实希腊人和希伯来人也一样，但是他们所自觉出来的“人论”却和我们的大相径庭。中国人认为人之为人就在于唯有人有“人伦”，按人伦之道思想、生活和实践的人才能算是人，否则便是禽兽，不配称作人。而在希腊人看来，人之为人只在于人有

---

① 参见杨适：《中西人论的冲突》，中国人民大学出版社1991年版；杨适、易志刚、王晓兴：《中西人论及其比较》，东方出版社1992年版。

“自由”，没有自由的奴隶就不能算是人。两种人论差别很大，各有长短，却都有其巨大和深远的影响，直到如今依然给东方和西方的文化打下了深深的印记。

除了人论，在各种智慧中还有它的最高表现形式“天论”，即有关宇宙和人的终极的理解。不过它也同人论相关。因为人总是从自己的实际生活和自我意识来观察宇宙和天道的，当然反过来也要从天道认识他自己。所以无论如何，在文化和智慧中人论都居于精神的中心，它既同人的实际和精神生活相关联，又同天论相关联。而且通过中西人论各自的特点和比较，我们可以找到一把钥匙，去解开我们正在努力寻求的，给不同文化定性定位的办法。因此我们把研究人论作为中西文化比较研究的主题。

十年之后我和一些朋友发起“原创文化研究”。从我和其中几位来说，想法是从中西人论比较开始的。

九

90年代，我接着研究了希腊化哲学，还有基督教。基督教最初只是犹太教的一个支派，在向外邦人即希腊化罗马帝国的各民族传道中，它演变为西方基督教，它是宗教和哲学这两种智慧形态彼此冲突和结合的产物。这对我继续思考中西文化比较的问题，既提供了新的启发，也提供了检验和印证的机会。为了认识其源头和原义，我专门去耶路撒冷学习了圣经希伯来语，观察了犹太人日常生活和宗教生活的情景。在这样的基础上，我和一些朋友就萌发了一起来作“原创文化研究”的想法。这时韩国一所大学邀我参加一次国际学术研讨会，我在会上发表了《为了东亚文化复兴我们该做些什么》的论文,文中就正式提出了应当开展“原创文化研究”的意见,认为它是我们东方人迎接新世纪所应做的一项最有意义的工作。

所谓“原创文化”,我指的是以往人类文化发展进程中几个在精神智慧上影响最重大深远的形态由以起源的创造原型。如西方文明由以起源的希腊文化,基督教和伊斯兰教由以起源的犹太文化,佛教由以起源的印度文化,东亚文明由以起源的中国文化。这些原创文化表现为古代圣贤、先知、哲人的言行以及记述这些言行而形成的经典。它们对后世一直起着普遍的教化作用,从而广为流传,受到各有关民族和地区的广大人民的普遍尊崇。这种伟大的教化作用之所以可能,主要就是因为在其中都含着智慧。它是在文化中属于精神层次,在精神文化中又属于最高层次的东西,其核心乃是人类最初的自我意识觉醒,和与之相关的天道意识。不过智慧不是孤立的,只能在人们的生活和全部文化中才能产生和获得发展,所以恰当的提法还应当是“原创文化研究”,其中便有关于“原创智慧”的研究。

我们提出“原创文化研究”,在学术思想上主要是借鉴了雅斯贝斯的“轴心期”学说。他有一个宏大的世界历史眼光,突破了西方文化中心论的偏见,认为在“轴心时代”人类在东方和西方几乎同时都产生了精神的自觉,从此人类历史就开始了一种以精神自觉为标志和基础的新时期。即使现今的以科技为标志的时期,在重要性上也不能与之相提并论。因为精神自觉是人之为人的根本,历史的真正命脉,现代科技虽然成就巨大,却也会使人迷失和异化。因此他期待并预言人类“第二轴心期”的到来,在现代科技成就和条件下,把第一轴心期的分散在世界各地的那些精神自觉,发展提高为一种新的具有全球意义的精神觉醒。这个学说打破了人们迄今依然存在的狭义眼界,震动了思想界。对我们的启发作用尤其重大。但这个学说的主要意义在提出了一种洞见,它本身还没有成为一种严密的学术。例如雅斯贝斯突出了轴心期人类精神自觉的历史意义,但他对这些精神自觉还很少具体分析,也没有文化和智慧类型的概念和研究方法。因此它还不能成为直接用来从事学术研究的理论指导。因此我们还要进一步提出“原创文化研究”的问题。我们认为“原创文化”或“原创智慧”一词同“轴心期的产品”相比,能更明确地指明它们是人类精神智慧的最初创造,是往后各种文化传统的渊源。所以提出“原创文化”这一概念,将有助于引导我们去研究和揭示这些最初精神创造的本真含义,并提示对这些原创进行类型的分析、比较、评估和对话的研究方法[①]。这样,就能为我们开始一种更为认真的学术研讨开辟道路。

所以我们认为对各种原创文化及其智慧作类型学的比较研究,是一切文化研讨的关键所在,也是最需要下气力的所在。原创文化研究为各种类型的文化和智慧展现各自的本色与个性,并在彼此对照交流中显示人类的文化和智慧具有何等丰富的色彩,提供了一个平台。就像著名戏剧演员各有鲜明的性格,担任不同角色,在一个宽阔的舞台上各显身手,共同演出一台好戏那样。性格就是人,区别为不同类型的文化和智慧就是那些性格鲜明的演员,我们人类的文化智慧的发展就是一台丰富多彩的戏剧。

提出“原创”还有一层意思,就是同“传统”可以形成对照。人们在研究文化的时候常常只注意了传统,却很少追溯其源头和原义。注意传统是对的,但是传统在发展原创的时候,也会分化和异

① 五年来这一研究取得了若干重要的进展。已经开过两次国际学术研讨会,第三次也正在筹办中。参见第一次会议的论文集:《原创文化与当代教育》,《原创文化研究论丛》第一辑,社会科学文献出版社2003年版。

化。因此只关注传统而忽视原创,就容易使人疏远和分离,其纷争也难以解决,也会使人陷于异化而难于返回真理。因此强调原创文化研究是必要的,将有益于中国和人类重新认识各种文化智慧中的真理要素,也能起到促进互相学习、友好交往的目的。

我们正处于中国和世界历史的重大转折时期。全球化大趋势使各民族、各种传统的文化和智慧日益密切地相遇,一方面彼此激发推动了共同进步,一方面冲突对抗愈见激烈。人类既面临着前所未有的机遇,又面临着空前的危机和灾难。需要人类共同努力用新的智慧给予解答。因此,在这个时候,我们认为提出原创文化研究的问题不仅有学术的意义,对中国文化的复兴和人类共同的进步和发展也很有现实意义。

原创文化的突破方式问题：连续与断裂①

本文拟对原创文化的“突破方式”提出一些问题，进行探讨。在前两次研讨会上，王树人、刘家和先生对“原创”和“突破”的含义做了认真和很有兴味的诠释，王晓兴教授对于中国原创文化的“突破方式”也提出了某些重要看法和值得探讨的问题。我想从他们的意见谈起，尝试着把我感到值得进一步开展研讨的某些问题提出来。妥当与否，请三位和与会各位批评指教。

一、“原”与“创”、“起源”与“突破”是否有侧重？

王树人先生在兰州会上，对“原创性”一词的汉字字义做了解析。他认为弄清原创性一词的“原”字，对理解原创性具有第一位重要意义。他认为原创性之“原”，其含义主要取自“原”字中的三种基本含义：其一指“源头”，如果把文化比作一条奔腾向前的大河，那么原创性文化正是这条大河得以奔流向前的源头活水。其二指“根本”，原创文化对于后来的文化发展具有本原或基因的性

① 本篇原载《原创文化与经典》，社会科学文献出版社2007年版。

质。其三指“原本”。原创性文化是独一无二的，是母本不是摹本。然后他对“创”字也做了分析，认为它有消极与积极两种意义，其消极含义主要指“伤害与惩戒”之义，而其积极含义则指“始造与开创”。他认为原创性之“创”主要指其积极意义。就是说，作为源头活水、本原基因和母本的原创性文化，是“始造与开创”出来的，是人类人性化的创造，是人类人性的积淀与升华。不过其中也包含着“创”字的“伤害与惩戒”之义，即在肯定中包含有否定。

接着在杭州会上，刘家和先生也以解析原创文化的含义为起点，探讨了原创文化与传统文化以及原创文化与文化创新的关系问题。刘先生认为原创文化兼有起源、突破二义，关键在于突破。他说：“原创文化有两重意义，一是‘原’，一是‘创’，雅斯贝斯的轴心期文兼二义，而重在‘创’。如果只重原而不重创，那么原从何起？实在是迄今人们尚无从解决的问题。所以，我们必须兼重原与创，而重在创。”这里所说的雅斯贝斯的轴心期含义，刘先生引用了两点。其一是雅斯贝斯在其《历史的起源和目标》第一章中，用一句话做了确切回答：“历史的最深刻的分界线（裂口）就在于此。”其二是雅斯贝斯对“轴心期”根本特征常用的一种表述方式，就是“突破”，Der Durchbruch / breakthrough。这个复合词包含了break和through两重意思，break表示的是破裂方面的意思，through表示的则是经过、穿过、通过的意思。刘先生认为，这和《易传》所说的“变通”的含义相当。变就是从一种状态中破门或超越而出，通就是进入或转化为另一种状态。所以突破或变通兼有断裂与贯通两个方面，是断裂性与连续性的统一。

两位的解说和看法对我有推动。在最初提出原创文化研究的问题时，我对何谓“原创文化”，它与雅斯贝斯“轴心期”的关系，也有过某些简要说明。但我没有分别讨论其中的“原”和“创”的含义，对刘先生所说"原创"兼有"原"和"创"亦即"起源"和"突破"两义，应重在"创(突破)"的意见，更没有专门研讨过。读后便感到有新意，尽管在赞同中也有保留。因为我对树人讲"原创"一词中"原"字的含义对理解原创性具有第一位的意义，也有同感。因此，我认为这是一个可以继续探讨的问题。这个问题可以表述如下：对于原创文化或轴心期所具有的原与创、起源与突破两重含义与相互关系应如何理解，两者间有所侧重的提法是否恰当？（问题1）

二、"突破"兼有的"断裂"与"连通"义的关系问题

同上述问题相比，还有一个与之相关却又与之有别的问题。刘先生在谈到对原创文化中"原"与"创"两重含义应重在创的时候，对这个"创"字亦即"突破"进行诠释时涉及了这个问题。他指出汉译词"突破"在雅斯贝斯原文中是Der Durchbruch，即breakthrough，是个兼有"断裂"与"贯通"(或"连续")两重含义的复合词。刘先生认为对此两重含义要有统一的理解，没说是否该有所侧重。不过他所引用的雅斯贝斯的话却显然是有侧重的，如用"历史的最深刻的分界线(裂口)"这样的表述来讲轴心期的意义，便是只用"断裂"来讲突破。引用雅斯贝斯以解释轴心期的突破或我们所说的原创文化当然很有意义，不过我以为对他提出如下质疑同样也有必要。这就是：如果"突破"兼有断裂与连通两义，那么在研讨文化的原创或突破时，只强调断裂而不注重连续，是否恰当？（问题2）

王晓兴教授在兰州会议上发表的《释德》一文,从中国原创文化特征的研究角度也涉及了这个问题。这篇文章研究了"德"的自觉在殷周之际产生到春秋以降的演变过程,然后他提到帕森斯把轴心期当作"哲学的突破"来论述时谈到的如下观点:在希腊和以色列,突破的方式是清晰的,而在中国则表现得"最为温和"。结合着对中国原创文化中"德"的自觉过程所做的考察,晓兴发表了如下意见:"如果'突破'意味着与前轴心期文化的断裂对立、突变,那么这个意义对于以孔子和老子为代表的诸子之学需要打很大的折扣,尤其是对儒家而言,似乎不存在这样的突破。"不过,他接着又说:"如果我们把目光关注到殷周之际,就必须承认周人的'德'的自觉不能不说是一种突破","诸子之学所表现出来的突破方式'温和'的主要原因是诸子对西周所建立的文化的认同。"

晓兴的研讨有两方面使我很感兴趣。首先当然是他对以"德"的自觉为中心的中国原创文化研究,这是文章的主要部分。中国文化以天道与人德作中心,所以从与天命相配的"德"入手来研究中国文化原创的精神是恰当的。但通常都集中于孔老诸子的思想学说,晓兴则提出了不同的看法。他认为文武周公才是"德"的自觉的首创人,殷周之际的政治变革是产生这种精神自觉的历史摇篮;与之相比,孔老诸子不过是接着讲,在接着讲中有所演变罢了。因此在研究方法上他认为我们不可只关注看似玄远深微的天命性德,而应考察其底蕴,即现实的政治社会生活秩序中发生的种种变革与建设的情形。我认为他的这一研究成果颇有道理。我在研究希腊思想中也注意到有类似的情形。例如苏格拉底的主要命题"认识你自己",最初就是梭伦等希腊七贤共同聚会时奉献给德尔菲神庙的,而七贤全都是政治活动家,包括第一位希腊哲学家泰勒斯在内,而梭伦则是雅典政治改革的首创人。后来这个哲学家关注的命题，也一直同希腊城邦世界的政治发展密切相关。希伯来原创文化也有类似情形，因为很显然，摩西一神教义从其产生起，就同犹太民族出埃及的特殊历史经历相关，后来在迦南及流放巴比伦时所处的艰难生存境遇，锤炼了这一信念。所以我觉得晓兴的论文不仅对考察中国文化之原创有意义，对研讨其他文化之原创也有启发。

再一点就是他对帕森斯关于中国原创文化的突破方式“最温和”之说的回应。他认为若把原创和突破看作与前轴心期文化的断裂、对立与突变，那就应该承认诸子的突破很少，而儒家几乎没有。不过他接着说，如果我们把目光放到殷周之际，就必须承认周人的“德”的自觉是一种突破。—— 这一讨论，实际上涉及了上面提到的那个重要问题，即对“突破”该如何理解的问题。这是因为他是同帕森斯讨论的，而帕森斯把突破视为同前轴心期文化的断裂，在这一点上他同雅斯贝斯没有分别。晓兴想对帕森思看法有所修正，但他没有质疑帕森斯的突破概念本身，因此我觉得还有问题，引发了更多的疑问。例如，殷周之际虽有重大变革，难道连续性不也很强吗？周本来臣属于殷商，文王与纣王是在密切关系中发生争斗对抗，是学了殷商文化强大了自己之后才会有取而代之的想法和作为的。武王克商后还专门向箕子请教，箕子对他系统阐述了殷商历代祖先所认识到的来自上天的安定下民的常道，记在《尚书·洪范篇》。这一文献不仅受到周人高度重视，也是中国历代政治思想必读文献，其中就有不少关于“德”的内容。周公孔子及诸子都把周礼看作因循（继承）夏商而有所损益（创新）而来，从来没有认为其中有断裂，应该说是有根据的。那么现在要问，如果我们只把断裂视为突破的标准，那么面对上述史实，还能不能说周人实现了突破和原创？另一方面，孔子老子和诸子在春秋以后对德的自觉和阐发,新提出的那些深刻的思想智慧,如孔孟所说的仁与仁政,《周易》、《老子》所说的天人道德哲理,不仅夏商没有,文武周公也无法比拟,为何又不能明确地称作突破,只能勉强说是“最温和”的、“很少”的突破,甚至“几乎没有”突破?

这些问题促使我重新考虑雅斯贝斯(或帕森斯)的说法。我想如果总停留在只用断裂解释突破的框架里,恐怕很难研讨中国文化原创的问题。在“突破”本来兼有断裂和连续双重含义的启发下,我就试图提出如下一个问题来思考:对于文化之“原创”或“突破”,除了用断裂来讲,是否也可以从连续来讲?如果可以,有些难题就不难解决了。不仅如此,我感到还有可能为我们研究原创文化提供新的视角和思路。因此我认为明确提出这个问题可能是必要和很有意义的。但是明确提出问题,也就意味着要做深入的分析和批判的考察,诸多疑难和意见分歧是不能避免的。这些只有通过大家共同研讨与切磋,才能逐步解决。因此本文将只以提出问题为主要任务。

三、再说几个关键词的语义问题

既然“突破”兼有“断裂”与“连通”之义,要考察原创文化的突破方式,就必须研究断裂或连通在突破中各自所起的作用,和两者交互的作用。为此,在进入考察之前,我想对三个关键词的语义再做一点讨论。

还是从雅斯贝斯使用的 Durchbruch 一词说起。这个复合词前半部分 Durch 的含义是:在空间中的穿过、经过、通过,在时间中的持续,作为方法与工具表示由于、通过。后半部分 Bruch 指破裂、断裂、折断、裂口。译成英语时用的是breakthrough,其义也是由“通过”和“断裂”复合而成,但前后次序反过来了。在Durchbruch中,突破、冲破、冒出、出现、显露等含义,表示的是在持续和连通中出现的断裂。但breakthrough却是先提断裂再说通过,按《韦氏大辞典》解释,是指An act or action of breaking through anobstruction, check, or restriction。这个意思,其实只是指“一个冲破阻碍或限制的行为”,要是照猫画虎地译作“一个‘通过’阻碍或限制的‘断裂’之行为”就很别扭。可见这里的through/“通过”的含义很特别,只用于解释breaking达个动作,和通常所说的连通含义不同;而这里的breaking也很难单独出来译成断裂。勉强地说,就像有物冲出瓶颈似的“通过”一下,而这冲出也就是破裂或“断裂”了。不过合起来表示冲破、突破,还是明白的。可见就是同为西文,虽然Durchbruch和breakthrough两者都能表示突破,也都有断裂与连通两个部分组成,其含义与色彩也有差别。不过对于雅斯贝斯来说,其轴心期观念强调的只是“断裂”、“裂口”义,breakthrough反而更适合,所以关系不大。

在汉语词中有哪一个能明确显示兼有断裂与连通之义呢?汉语“突破”一词构成中没有“连”“通”或相似字义的成分,所以它本身不能表示兼有断裂与连通之义,而只表现了Durchbruch/breakthrough的bruch/break一个方面。刘先生用《周易》中的“变通”来讲Durchbruch,似乎更能表示其中兼有的两义,因为里面有个“通”字,而“变”指新旧更替也带有某种断裂之义,只是不像break即断裂、决裂所表示的那样强烈。所以我认为,当我们讨论“突破方式”的问题时,不知不觉地在用语中已经隐含着偏重断裂的考察倾向了。也许用“变通”的提法好些,对研究中国文化的原创方式更合适些,但未必适合讨论希腊和希伯来的原创文化,以及西方学术界通行的语言习惯心态。因此我们在本文中仍然使用“突破”一词,只是应当提醒人们注意:它兼有的两义不可偏废,使用它时人们的联想容易引向片面。

在文化研究中涉及语词和它们的语义时,我想有两方面似乎都需要用点心,花些气力。一方面,应当严格地限定关键词,以便做必要的语义逻辑分析。应当紧紧抓住“原创”和“突破”,“断裂”与“连通”这几个词,规定其基本含义,分析其本质关联。但是另一方面,也要看到上述每个关键词都有一大群与之相似相关的词语①。它们与关键词大同而小异,因此就其基本相同而言,我们对关键词语义的逻辑分析也适用于它们;但它们又各有其运用的不同场景与特色,色彩纷繁,浓淡各异,如或褒或贬的味道。例如“连通”就有连续、通达、和谐、联合、统一、一统等许多相似词。说它好,人们会用“和谐”、“太平”之类词语,说它不好,就会用“平庸”、“保守”、“缺少新意”之类。“断裂”也有决裂、分离、割断、对立、斗争等相关词。肯定时会用“自由”、“独立”、“飞跃”、“创新”、“超越”等等美好之词,否定时则会用“纷争”、“割裂”、“冲突”、“创伤”等形容。中外语词都有“家族相似性”现象,也都会对同一事物或词义或褒或贬,取不同的态度。中西文化侧重的不同,会使我们碰到语言表达中极其微妙的差异。文化研究中某些精微处往往就蕴含在这类差异中,所以也很需要留意。所以我认为在词语方面,把关键词的语义逻辑分析,同具体运用中对相似词的精心体会结合起来加以考察,是非常重要的。

① 后期维特根斯坦强调,语词不是孤立的,有其“家族相似性”。这个看法在历史和文化研究中具有极大的重要性。

四、侧重断裂的突破观：由来和重大价值

在对轴心期的"突破"或对原创文化中的"原创"如何理解和评价的问题上,实际上有几种不同的看法。我想先从现在占主流的观点说起,这就是侧重断裂的观点。西方学者大致都持这种观点。中国人在历史和文化上历来重视连续性,故而有另一种看法。近代以来有所改变,也因此得到了重大收获。所以从这种观点谈起是必要的。

西方人特别看重断裂在文化创造和突破中的作用,最明白的原因是他们的文化从源头起就展示了鲜明的断裂性格。希腊如此,希伯来更突出。

先看希腊的情形。希腊人在文化上同前轴心期的民族没有直接的连续性。他们来到希腊这块土地之前,周围的埃及和两河流域早已经历了长期的文明发展,相比起来,希腊民族是个年轻的民族。因此如希罗多德所说,希腊人在文化的各个方面都很努力地向别人学习。但他们的特点决不是单纯的模仿,而是对学来的东西接着就是进行改造,创造出非常新型的东西。希腊文字就是从腓尼基人学来加以改造的结果。几何学更是知识上的突出创造,它把诸如埃及的土地测量之类的经验知识,变成了一种在性质上全新的纯粹推理的理论知识。希腊神话中许多神灵都是从别的民族学来,然后成了自己系谱中的全然是希腊趣味的诸神。这些已经表现出,希腊同前轴心期的和周边的民族之间,虽然存在着文化上的继承和连续的关系,但这类继承连续对希腊人不会成为包袱。而希腊人作为一个年轻的民族,他自己先前的文化主要只是一些以史诗和神话形式传下来的历史故事,继承下来对其创新也没有

很多妨碍,不是什么重大的包袱。因此希腊原创文化的突破,尽管假如没有早就存在的古埃及和两河流域文明就绝不可能出现,却不是以接续他们(连续)而是以超出它们(断裂)为特征。

希腊城邦的民主政治制度是其文化原创的重要组成部分,其突破方式也非常鲜明。梭伦、克尼斯梯尼的改革,使先前的氏族制度及其贵族统治制度消亡,创造了人类历史上第一个民主制国家。它使希腊的政治制度不仅同周边民族完全不同(这当然是断裂),也同自己的古代显著分别开来。

最后从智慧来说,希腊哲学之原创更鲜明地显示出人类认识或知识能力的巨大飞跃。它始于对"自然"的经验观察与思考,不久就超越了这个阶段。为了明确分辨意见与真理,巴门尼德用了几乎不能为人们接受的方式——竟然会否认运动和多——提出哲学中划时代的概念 being。希腊人特有的用逻辑理性寻求真理之路从此开辟出来,才有后来哲学向 ontology 的发展。

让我们再看以色列人的突破方式。摩西五经中形成的一神教义,包括神的公义与大能(行在人看来完全不可能之事),以色列民只信耶和华一神和反对任何偶像崇拜,等等,这些构成希伯来文化核心的教导,都极其清晰和坚定地把以色列同其他一切民族一切文化严格地划分开来。无论它是埃及的,迦南地其他民族的,还是巴比伦等中东其他地方的古老或当时的文化、习俗和宗教,凡与此不同者都一概坚决排斥。这是何等鲜明的断裂与超越!

圣经《创世纪》中的创世故事,在轴心期各种原创文化中可以说是独一无二、最具超越性的一个。而它所说的正是希伯来人对"原始创造"本身的看法。

多谢 Dr. Wayne Horowitz 上次会上提供的论文。他是犹太学者,又对古代两河流域文明有深刻研究,双重身份使他的研究更有说服力。他明确指出：犹太创世说同古老的两河流域创世故事之间是断裂的。通过仔细检查各种资料，包括从公元前三千纪的苏美尔传统直到两千及一千纪的阿卡德传统在内的、保留下来的和新发现的楔形文字泥板中有关创世神话的各种作品，他得出了如下结论："在所有的说法中，几乎没有任何证据支持所谓通过语言或思想的'从无中创造(Creation ex nihilo)'。相反，古代两河流域的创造神话给出的是一个通过自然方式从原始材料中建造出世界的理论，所有物质和生命最终都是从这些原始材料来的。" Samuel Scolnicov 在兰州会上的发言也提出了类似论点。他在对照希腊哲学讨论圣经创世说时，表达出这样一种见解：希伯来原创文化的突破方式或断裂性格，远比希腊人如柏拉图和所有希腊哲学家突出。或者说，是整整高出一大层次。他分析说，希腊人把"自然"视为终极的根本存在，因此他们认为离开了自然这个根基和源泉，就不可能有绝对的价值。但是圣经所说的创世，靠的只是神的意志，而神的创造是没有原因可说的。因此，对希腊人来说，希伯来圣经的创世说是不能接受的[①]。

正是这种由断裂和超越而显现出的文化与精神高度使人感到震惊，对各民族产生了普遍性的巨大吸引力，希腊和希伯来文化才在古代世界中脱颖而出，得到了广泛的传播。首先是希腊文化的传播，它始于亚历山大的帝国时代。在环绕地中海的欧亚非广大地区众多民族的融合交流中，希腊文化成为当时公认的主流文化。对希腊文化的尊崇、模仿和学习之风盛行，使这个时代打上了"希腊化"(Hellenism)的烙印，犹如近现代全球的"欧化"或"西化"

① Samuel Scolnicov, Imitating God : Man as reason and man as will. 他的上述见解，见《原创文化与当代教育》("原创文化研究论丛"第一辑)，社会科学文献出版社2003年版，第212—215页等处。

那样。但是,在这个希腊文化所向披靡的时代,有一种文化却并不随风倒。它在吸取希腊文化的同时不仅坚持了自身的独特性,还向希腊罗马的主流文明发动了精神上最深刻巨大的挑战。这就是希伯来的原创文化,就是以摩西一神教义为中心的犹太教。其结果中最重大的一方面,就是基督教对希腊化罗马世界的普遍征服。《新约·哥林多前书》记述了保罗传道中遇到的思想冲突:“希利尼人是求智慧,我们却是传钉十字架的基督。”从希腊的观念看,信基督是不智的“愚拙”。保罗引用旧约中“我们要灭绝智慧人的智慧,废弃聪明人的聪明”的话,指出“世人凭自己的智慧既不认识神,神就乐意用人所当作愚拙的道理拯救那些信的人,这就是神的智慧了”。这段经文鲜明地显示了源于希伯来和希腊的两种智慧观的对立。所以基督教对罗马世界的普遍征服,包含着希伯来的唯神智慧观对希腊的哲学智慧观的重大胜利。

对中国人来说,对西方文化及其源头希腊和希伯来知道得太晚了。西方人早就经历过的那段历史感受,我们现在才刚有些类似的体验。一百多年来中国人才突然发现并逐步清醒地意识到原来自己落后而西方先进的现状,而落差之大更使我们震惊。这才下定决心要学习人家,终于走上了同现代世界主流文化接轨的历史发展之路。作为也有自己原创文化的伟大民族,中国何以会同西方有如此巨大的差距,而在学习西方的道路上又如此艰难反复?原因当然很多。但从文化的基因而言,中国人历来注重的是连续性、一统性,而西方从希腊、希伯来起就强调断裂性和超越性,不能不说是有重要关系的。

简言之,断裂能使文化的创造和突破显出高度,断裂的强度能使各种文化的水平显出落差。这是从断裂的视角考察和评价突破方式的重大意义。

五、新视角——侧重连通的突破观。中国历史文化的固有特色

现在来谈第二种视角,从侧重连通方面来看突破方式。雅斯贝斯没有想到要采用这种视角,尽管他所用的 Durchbruch 一词中兼有连通的含义。如上所说,偏重断裂本是西方易有的倾向,所以西方学者对雅斯贝斯没有提出异议。现在我们提出也可以有侧重连通的看法,好像是一种新说,不一定能被认可。但我认为这对中国学者来说却不难接受,至少比较容易被理解。因为事实上中国的历史和文化直到近代之前,都是以连续性为特征的。首先,中国的原创文化就是在连续中实现其突破的。后来的历史文化传统,更以承续、贯通为其演变发展的特色。例如强调"道统"(以及治统)和各种"大一统"的观念和现象,即是此类文化倾向的明显表现。"统"就是由连通形成的,合乎"道统"的政治制度(治统)以及其他种种大一统的作为,为历代视为"正统"和"正宗"。这种情况只是到西方用洋枪洋炮打开中国的大门之后才改变,中国历史和文化第一次出现了空前的断裂现象。

在中国自身原创和传统的历史和文化中,强调连续和贯通是很正常的情形,断裂则被认作反常。这种文化心态决非凭空而来。与西方情况(包括希腊、希伯来的在内)颇为不同的是,在中国这块土地上生存发展的华夏众多民族在历史上从来就没有割开或断裂过,他们的文化创造也一直在互动中融合、演变与发展。彼此"连"、"联"、"通"、"统",形成了中华民族本身,也形成了中国的历史和文化本身,主要是前进和创新,虽然也包括它的负面。

例如,即使殷周之际那样意义重大的突破,其历史和文化的承

继和连续也仍然清晰可见，十分密切，并没有中断或断裂。孔子说：“殷因于夏礼，所损益可知也；周因于殷礼，所损益可知也。”这个话说得是准确恰当的。“礼”指国家的政治制度，“损益”就是继承和发展。周代商，在政治制度上是继承和完善。从其核心宗法制度考察也是如此。所以我们固然可说对“德”的自觉始于西周，却不能说商代、夏代乃至更前时代就没有这种自觉的成分。不过周人才把它推进了一大步，使那些成分系统、明确、郑重和完善起来。因此尽管孔子强调“郁郁乎文哉，吾从周”，他也不认为殷周之际是断裂。同样，后来儒道墨诸子关于中国政治、伦理文化和智慧的论说，从来不以追溯西周变革为限，总是还要追溯到尧舜禹汤。我想这绝不是偶然的。

我在《中西人论的冲突》中曾指出，中国人对人之为人的自觉，其核心是“人伦之道”。按照孟子和司马迁的记述，这种教化是从舜命契为司徒施行“五教”的时代开始的。而文武周公所说的“德”，孔孟儒家所阐述的“德治”、“仁政”的政治思想，以及囊括儒道墨各家在内的天道观和政治伦理观念，其核心无不是人伦之道。只不过它随着历史和政治的演变越来越复杂化和宗法化了：按《史记》记述，五教只有“父义、母慈、兄友、弟恭、子孝”几条，即家庭中最自然的亲子关系和兄弟关系两项，没有后来“五伦”那样齐备，更没有君臣上下等级性的宗法关系。从氏族制度下的家庭、家族的比较合乎自然的人伦关系，变到宗法制度下的家族和国家的人伦关系，当然是历史的巨大变革。但这也分明是连续和继承中的演变，因为核心仍然是人伦关系，它始终是构建政治制度和伦理关系的文化核心。而人伦就其源于氏族、家庭和家族的结构而言，无疑是人与人之间的血脉亲和关系。因而对人伦之道的自觉所要强调的，自然是家族与国家的整体连续性，所有个人同他的家国之间的亲和性。

孔子提出了“仁”的观念，在中国思想史上是又一重大突破。“仁”也根源于人伦之道，是接着“德”来说的，是对它的进一步提炼。“仁”这个词，指“二人关系”，现代西方哲学称之为“主体间性”，其实孔子早就讲过了。其形象比喻就是种子的“仁”。比如一粒花生仁吧，这个生命体最显著的部分是它的两个大瓣。两瓣分别得很清楚，可以说有断裂、裂口。但是它们真的能完全分开吗？不！你把它们完全分开，就没有生命了。两瓣之间永远有一个很小的东西连着它们。正是这小小的胚芽使这粒花生仁的两瓣保持着连通，使整粒花生仁保持着生命的能力。同样，所谓“仁”的精神自觉，就是要人在人伦关系（都是成双成对的，如亲子、夫妇、兄弟、朋友等）中保持“连通”，保持不可分割的一体感，要求人在生活与伦理各方面都做到知情意的沟通，实现相互的关爱融洽。可见“仁”既是自然的生命原则，也表达了人伦即人文的生命原则。“忠恕之道”作为实践“仁”的方法也突出了连通的原则。“忠”指你要诚心待人和爱人；“恕”是推己及人，将心比心，就能体谅和原谅对方。这都是对于沟通和一体感的强调。真正说来，如果人与人没有沟通和一体感，当然就不可能仁爱。

因此中国人在智慧观方面也以对立面的连通、互动、和谐与统一为显著特征。我们表示对立面很少用“中性”或“无性”的词语，而多为“成对”的或“异性”的词语。其最高概括“阴阳”，可指诸如天地、上下、刚柔、父子、夫妇等各种情形，都属原为一体的两个异性侧面，其关系虽有对立却不是外在的，也就决不会断裂。这种对立（阴阳）与统一（太极）原是一回事，中国人认为这才是能够涵盖天道、地道与人道的根本原理。

上述种种，我想已经可以说明在历史文化的发展包括其原创性的突破中，确实存在着连通性占主要地位的事实。中国的历史和文化就能说明这一点。在我看来，如果雅斯贝斯认识到并认真研究过这一事实，他的全部轴心期学说恐怕就要重新写过。现在的问题是我们该如何认识和研究这个事实。

六、轴心民族进行文化原创的不同历史地理舞台与生存处境

如果我们把人类文明的摇篮——欧亚非旧大陆——的地图打开，就可以看到在它的东西两端各有一个巨大的中心地带。东头是中国内地腹地，西头是环地中海东部的亚非欧交会地带，这两块广大的地域都有适合人类生存的种种条件，尤其是早期文明赖以奠基的农耕条件，如中国的黄河、长江中下游，西亚两河流域，非洲尼罗河中下游。所以古代就有许多民族定居和繁衍生息在这里，更多的民族也被吸引向这里迁移和集中。这就形成了人类古代文明两个最大的中心地带。我们如果把这两个地带各用一个圆圈表示，我想对理解东西方极其有趣的差别，包括古代中国、希腊、希伯来文化"原创"与"突破"倾向不同之由来，会有不小的帮助。

按照雅斯贝斯的说法，人类历史在古代经历了三个时期，所谓普罗米修斯时期（形成语言、学会用火、制造工具、畜牧，最后是学会农耕、定居和建造房屋村寨乃至城郭等）的第一时期最早，经历了数百万年之久。然后是所谓古代文明时期，特点是"规划与组织"，如古埃及、巴比伦等大型国家组织和金字塔、大型灌溉系统之类出现。文物考古与文字记载告诉我们，两河流域和埃及的古王国要比中国的商王朝乃至夏王朝还早。最后才是第三个时期，产

生人类精神自觉的轴心时期。

现在我们就分别看看这三个时期在旧大陆东边和西边的情形。在西边这个圆圈里，三个时期分别由不同民族承担，最后只有希腊和希伯来这两个较小的民族成了轴心民族。但在东边圆圈中，却无法用中国内地腹地，众多民族之一或某几个来讲三个时期的分别。其轴心期创造也只能用华夏民族整体来讲，用源远流长的圣贤心传的连续发展表示。其中西周文武周公，春秋孔、老、墨，战国诸子百家，虽可作为显著标志，但从大家都"言必称尧舜"来说，还可以上溯。而往下说，直到秦汉中国才实现政治、思想和文化的大一统，形成了汉民族本身。

所以中国历史上的轴心期在几个基本方面和希腊和希伯来不同。其一，主体不同。作为轴心民族，西方可以标出希腊和希伯来，因为他们同前轴心期民族及周围其他民族没有承续和贯通的关系，而是分离（希腊）和断裂（以色列）的关系。但是在中国从传说的炎黄时代起，"百姓"即各个不同的部族或民族，就一直在武力争战和文化互补中走向融合。分别言之，三代的夏商周，或战国的秦齐吴楚，本来都有很大差别，若以西方标准衡量可说是不同民族；但他们之中却没有一个从华夏整体中断裂、独立出来，成为另一民族，而是融合为后来的统一的汉民族。其二，三个时期的关系不同。在西方，三个时期之间是断裂的，例如希腊和希伯来人的精神自觉同其前轴心期文化（古埃及、两河流域等）似乎没有连续性可言，我们看到的只是跳跃和断裂。但是在中国，这三个时期是连贯的。

这种分别，对古代人来说有其自然的原因与合理性。正如雅斯贝斯所说，第一轴心期在分散于世界不同地域的不同民族中发生，对早期人类是很正常的。只有到了科技如此发达的现代，人类才可能走向全球化和一体化的进程。地理的种种情况，例如气候的冷暖，宜于放牧的草原或宜于农耕的平原和河流地带，对人类的生存有决定性的影响。在交通方面，富于海湾、岛屿和风向稳定的海上环境，平坦的平原与河流湖泊，对古代人来说，是良好的交通条件；而穿越远洋、高山峻岭和大漠，在古代则几乎没有可能。因此我们在考察古代文明的时候，对其地理特点要有更多的注意。

首先，欧亚非旧大陆虽然相连，不像美洲和我们隔着两个大洋那样远不可及，但它的东西两头在古代却是基本隔绝的。中国内地及其周边地区本身虽地域广大，但北面大漠严寒，西边世界屋脊，西南是崇山峻岭和深不可测的大峡谷，很难再向西了。于是成了一个很大的自成一体的世界。汉武竭尽全力也只能开始通西域，后来唐僧"西天"取经到了印度，被看作近于神话的故事。这类交通在古代，真比"蜀道之难，难于上青天"还要难上千万倍。而在西边，东地中海沿岸地带也自成一体。亚历山大的帝国和罗马帝国的势力最多达到印度边界，也无法再向东发展了。中西历史文化长时期隔绝在古代属地理使然。

其次，东西两大圆圈中产生的原创文化各自所具有的显著特点，更与其历史地理和生存的具体条件相关。环绕东地中海地带的各地区各民族，享有海上交通的便利，也使他们彼此有适当的隔离，便于保持各自的个性或独立性。其中希腊又有其更为特殊的历史地理情境。其本土、小亚沿岸和其间爱琴海上的众多岛屿的地理位置，既便于和西亚、埃及以及希腊各邦相互之间海上交往，使商品经济和文化交流得以频繁进行；又与有广大腹地的大国不接壤、希腊各邦也多有分散，容易形成众多独立的城邦国家。在这个古老的文明地带，希腊人显然是比较年轻的民族，加之其先后迁移来的几支，伊奥尼亚人、多立斯人、埃俄利斯人，彼此多有冲突，使希腊从来没有形成一个统一的王国而一直是个多中心和纷争不断的世界。这种历史地理的和生活交往的活动，产生了各具特色的众多独立而自由的希腊城邦国家，并使城邦内部得以产生出以自由公民为主体的民主政体。希腊能够成为一个伟大的轴心民族，是以上述种种条件的综合作背景的。至于以色列人能够成为轴心民族，更与其特殊的生存处境相关。如出埃及，如一直在大国威胁和冲突的夹缝中求生存，流放巴比伦，等等。迦南地区的特殊地理位置，犹太民族最为独特的艰难经历，锻炼和造就了他们那种最为独特的一神教文化和信仰。这些情形，在希伯来圣经中都有生动、丰富和深刻的描述。希腊和希伯来原创文化，不可能产生于此地带中的占有广大内陆腹地的大民族或大国（如埃及、赫梯、波斯、巴比伦等），正因为其特色是分离，是鲜明的“断裂”。

而在东边，中国这个圆圈的情况正好成为对比。这是一块广袤的大陆，生活其中东南西北各地的“百姓”（即众多部落或民族）本来就连成一片，只有些山脉河流既划分也联系着他们。所以从传说的炎黄[①]时代以来，中国历来只讲不同地方或民族的特色，没说有断裂。即使如云贵川崇山峻岭交通不便和少数民族聚居的地区会不时出现某些“夜郎自大”的割据现象，主线仍然是与中原及汉族保持连通，向中心靠拢。在这样的条件下，华夏各族早就以逐鹿中原的方式进行整合，以文化交往的形式进行融合。在中国的历史和文化心态上，“分”与“合”从来都不是绝对的。在连续与统一中从来就保持着多样性和差别性，但是这些分别从来不会过度，

---

① 炎帝神农氏，可代表中国进入农耕时代，即雅斯贝斯所说的第一时期之末。而以征战为特色的黄帝，一是驱逐三苗，二是与炎帝既联合又战而胜之。所以炎黄并提就标志着中国历史第一和第二时期之交。既接着又突破了第一时期，开始进入建立带有统一中原的国家组织雏形（部落联盟）的时期，即雅斯贝斯所说的第二个时期。

不会达到断裂的程度。

七、突破中有所侧重的意义和问题对今天有何启示

本文主要是提出问题。以上论述我想已能说明：对于文化之“原创”或轴心期的“突破”，确实不仅可以有雅斯贝斯的侧重断裂的视角，也可以有以中国历史文化为事实依据的侧重连通的新视角。由此出发，有一系列的新思路便可打开，并会涉及诸多有关问题，例如：

（1）评价问题。由于侧重不同，人们对不同类型的历史和文化的评价，往往会有重大区别甚至全然对立的看法。对此应研究怎样才能做到正确地对待。

（2）虽然每个原创文化只侧重一面，但也必有其另一面，并形成某种特定的结构。对此也应予以研究。

（3）在近代和现代科技经济条件下，世界正迅速地走向全球化，各民族所面对的历史环境已经同古代几乎全然改观了。那么在迎接第二轴心期或新的原创文化的时代，我们应如何以全新的观点看待突破方式中的侧重问题？ 在这种条件下，我们中国人应当注意什么，可以有怎样的贡献？

（4）既然我们对“侧重断裂”和“侧重连通”这两种突破方式采取了同等尊重的价值取向，那么可以认为我们和雅斯贝斯是有重大分别的，甚至可说有原则上的不同。这对我们进行的“原创文化研究”有怎样的意义？

（5）最后，与此相关，对“原创”中的“原”与“创”二者只侧重一

面的看法是否也应当重新考虑？[①]

显然上述种种问题的研讨不是一篇论文所能解答的，事实上也需要有大家更多思考、研究和讨论。因此我在这里只把问题提出来，期待着各位发表高见。

① 以上讨论表明，与本文开头归纳的两个问题（问题1，问题2）其实是有关的。

略说考察人的精神觉醒问题所应有的历史文化视野①

对人类历史的研究，真正说来应当从旧石器时代开始，因为那是作为万物之灵的人类自身的起源地，许多原初的秘密就潜藏在这里。人是从灵长类动物中的南方古猿逐渐转变来的，经过了几个梯级的发展终于成为智人。晚期智人已经成了一个全新的生物物种，人类。这一过程用了三百多万年的时间。推动这一进程的动力最初只是自然的力量和规律，但从猿人造出最初的石器工具起，从原先只是他的生物性的自然活动中便开始了一种新的活动。考古学家把这类活动称作“文化”是正确的，因为尽管最初的这类活动极其粗糙和低级，也已经是一种新型的主体能动作用，其中便已包含着智力的萌芽及其发展的无限可能性。

旧石器时代的文化有一些重要成就，其标志有各种石器工具的演进，火的使用，穴居，狩猎和采集食物的方式，语言应是那时期产生的重大文化成果，而岩画和对死者的葬仪也已显示出心灵与智力活动的某种文化形式。但是，作为这些文化创造的最主要的成果或产品的正是作为一种全新物种的人类本身。其标志主要是：确立了的直立行走姿态，手脚的明确分工分化，人的五官感觉

① 本篇原载《史学史研究》2007年第1期。

的形成，最后是人脑的形成[①]。可见人原是自然（他自己的自然性能和周围的自然事物）和他自己的文化的产物。由于起主导作用的是他自己创造的文化，并且在演进中文化的作用越来越重要和显著，在这个意义上我们可以说，人类是自我推动自我创造的历史产物，是文化的产物。

在谈本文主题“人类精神自觉”时，为什么要从如此远处说起？因为在我看来两者有深厚的关联。人的精神觉醒作为文化的最高级产物，以一种明确的形态出现在人类历史上为时很晚，不仅旧石器时代的三百多万年没有，就是在一万年前开始的新石器时代的前半期也没有。从新石器时代起人类的文化发展明显加速了，相继出现了几个重大的成就，主要有：以农业为标志的各种生产形式的兴起，定居和聚落，剩余劳动和剩余产品的出现和它引起的人类成员的巨大分化，随之而来的便是某种社会结构的形成，政治和国家的逐步形成，文字也出现了。这些创造无疑都是人类前所未有的巨大成就，在当时都引起了人们的惊叹，例如文字的创

① 人的各种感官的形成是非常值得我们研究的。首先是触觉的人化，人体的无毛化是如何演变出来的我们不知道，但这显然带来了人的皮肤感觉的极大改变，而人手在不断运用中获得的高度灵敏感觉更加重要。直立和双脚步行奔跑、渔猎采集行为迅速扩大了人的活动范围，寻求和选择对自己有利的和避开对自己有害和危险的以及及时作出行动决定的需要，不仅全盘改造了人的视觉、听觉、嗅觉和味觉的功能，提高了它们的敏感度和分辨力，而且在各种感觉在大脑中综合和下判断以决定行动时，还使视觉等与手的触觉相比较都得到了改进，大脑也在接受诸感知和下判断的过程中改造了分析与综合的功能，使大脑本身人化。最初古猿仅有约400—500毫升的脑容量，200万年前巧人（homo habilis）已达500—800毫升左右，25万年前已能用火和穴居的直立人（homo erectus）已有900—1000毫升左右，而生活在20万年前到5万或3万年前消失的智人尼安德特人已达1350毫升，和现代人相近。这些量化记录所显示的大脑进化，和人的感官与智力的进化显然有着密切的关联。

制就被古人说成是仓颉惊天地、泣鬼神的作为,而国家的出现更被视为天命所致。古埃及和两河流域的帝国,中国的夏商王朝,都以其规模的宏伟和文明的灿烂,展示出人类文明的新伟力。这里面无疑都有着人类精神和智力的重大发展,否则这些文化创造就不可能出现。但是这些都还没有达到人类精神自觉的层次。它出现得更晚,在中国起于殷周之际,要到孔子老子和诸子时期才进入高潮和取得明确的形式。而在西方,从希腊的梭伦和泰勒斯等七贤开头,到苏格拉底及其后继者那里才走向高潮。其时距今都不到三千年。希伯来和印度在此前后也出现了这类觉醒,不过主要取宗教形态和神话的叙事方式,不能如中国希腊人文形式的觉醒那样有明确的时间与人物的记录,但相关证据也足以使史学家对其作出大体准确的判断。因此可以判定,"精神觉醒"在人类各种重大文化成果相继出现的进程中,是最晚出的一种。

可见它的晚出,主要是因为它必须以先前的各种文化成就作为前提。这些文化成果构成一系列的梯级,只有在一步一步攀登上这些阶梯之后,人类才有可能登上这个顶端。如上所述,这些层级的文化得以产生和发展不仅和人的体质、物质生活与社会生活的演进有关,其中也就包含着人的感官和头脑的发展,经验、智力和知识的积累与成长,否则就不会有后来的人对自己的认识与觉醒。说到这里还应强调的一点是:人的自我认识和人的其他认识不同,它是一种"返观自身"的亦即所谓"反思"的活动。认识总是关于某个对象的认识,而"对象"就是站在主体对面的东西,即客体[①]。但反观自身、反思,却是要他把自己、主体也当作对象、客体来

① 德语词 Gegenstand 和中文"对象"一词含义相同,gegen 意为"对立"、"对着",stand 表示"站立",合起来就是指某个与我(主体)对着的东西。

认识,情形就非常不同了。眼睛通常是不会也不能看见它自己的,除非有特别的需要,还要借助于特殊的手段。感官尚且如此,要人认识自己何以为人的本质本性,更谈何容易。如果没有重大挑战引起人对自身发生重大的疑问,缺少一定的环境和条件,没有相当高度的智力水准和种种必要的知识,就不可能开始这种自我反思,更没有可能发展成一种明确和系统的成就①。人的精神自觉还有一个特点,它从来都是一种时代的或整个民族的精神产物②。尽管它要通过某些思想家来实现,却决不是单纯个人的产品。思想家要生产出这类成就,除了他同他的民族与时代有着深刻的联系,还要他个人的各种条件,包括高度的思想水准和在精神劳动上付出极其艰苦的努力。既然如此,作为一种文化产物的"人类精神自觉",其出现自然要在其他文化都发展出来之后。

经过漫长的历史努力,人类终于第一次以一种明确的形式把自身作为万物之灵的本性展现出来,实现出来,把自己创造成更加完全意义上的人。如果说在旧石器时代用了三百万年人才成为

① 人的各种感官的形成是非常值得我们研究的。首先是触觉的人化,人体的无毛化是如何演变出来的我们不知道,但这显然带来了人的皮肤感觉的极大改变,而人手在不断运用中获得的高度灵敏感觉更加重要。直立和双脚步行奔跑、渔猎采集行为迅速扩大了人的活动范围,寻求和选择对自己有利的和避开对自己有害和危险的以及及时作出行动决定的需要,不仅全盘改造了人的视觉、听觉、嗅觉和味觉的功能,提高了它们的敏感度和分辨力,而且在各种感觉在大脑中综合和下判断以决定行动时,还使视觉等与手的触觉相比较都得到了改进,大脑也在接受诸感知和下判断的过程中改造了分析与综合的功能,使大脑本身人化。最初古猿仅有约400—500毫升的脑容量,200万年前巧人(homo habilis)已达500—800毫升左右,25万年前已能用火和穴居的直立人(homo erectus)已有900—1000毫升左右,而生活在20万年前到5万或3万年前消失的智人尼安德特人已达1350毫升,和现代人相近。这些量化记录所显示的大脑进化,和人的感官与智力的进化显然有着密切的关联。

② 因此它常常与"时代精神"、"民族精神"成为同义语。

人,那还是一个远未到位的人,只是作为一个新的生物物种的人;只有当人在灵性上达到了自我认识、自我意识和有了理性自觉的时候,当他认识到自己何以是人,从而能够自觉地学会如何做人的时候,他才在比较充分的意义上成为人。

因此觉醒的精神一旦出现,就像日出那样。人类的心灵在这种光辉的照耀下提升到一个全新的智慧的高度。以此为据人对他以往的所有文化成果进行了重新审视和全盘改造,并以一种全新的观念来创造自己的新生活。从此人类就进入了一个自觉创造历史的新时期。

但它也和其他文化成果一样有着自己的问题,初起时更不免种种不完善的缺陷。这是很可理解的:当以圣哲、先知和神圣经典形式建立起来的精神,以其至高无上的权威把先前各种文化成果整合为一套新的文化整体时,那些先前的文化在其中就降为从属的成分或环节,失色了或被不同程度地遮蔽了。还有很可注意的一点,当这些以理性或信仰形式出现的精神在人心中树立起最崇高的地位时,会很自然地使人认为它来自神圣的天意,人们在它面前只能顶礼崇拜。这就必定会造成人在精神上的迷误,不仅宗教会引起信徒的迷狂,即使理性形式的精神,也会由于其高度升华的魅力,使甚至有高度智慧的学者把原是人的精神认作一种脱离了人本身的原于上天的"纯粹精神"。人类思想史上关于灵与肉、精神和物质的高度对立由此而起,给人类带来了持久的困惑[①]。

当我们说到早期人类精神自觉的不足和迷误时,并无贬低它的用意,只是想以分析的观点和态度考察其发展和演进。其实人

---

① 这里我们不能多谈但也应当提到的是,最初的人类精神自觉都有民族和地域的极大局限,至于知识不足从现代水平来看,就更是明显的重大局限了。

类的觉醒绝非只是一次性的动作，它也像人的其他文化成果那样不能一劳永逸，事实上也总在改进。中国文化中的“道统”传承和持续发展，西方人沿着“认识你自己”的线索不断发展的哲学和科学的传统，还有其他文化系统中的这类传承发展，都是明证。但是我在这里想要特别予以强调的是：只是到了世界史的近代和现代，这种发展才出现了一种新局面，或者更明确地说，一次带根本性的飞跃。

以文艺复兴和宗教改革为名开始的近代史，虽然起初只局限于西欧，实际上却具有世界性的意义。用“文艺复兴”一词所表示的思潮，是从新的时代条件和需要出发，重返希腊罗马寻求思想源泉，以便再次提出人类精神新觉醒问题的新文化运动。文艺复兴中的著名口号“重新发现人”，就显明了这个意义。而“宗教改革”对基督教传承所作的正本清源的批判活动，对信仰基督教的西欧人来说，同样是提出了再觉醒的问题。这种再觉醒的需要，是同世界新航路和美洲新大陆的发现，和诸如哥白尼的天文学的新发现等等有关的。新的世界和新的时代呼唤着人的新觉醒。

以这种新的觉醒的精神为先导，还要再一次把人类文化中各个要素按顺序逐个地改造一遍，使之获得新发展，才能使历史沿着必要的梯级登上一个新高度。我们看到，以培根、笛卡儿的学说为指导，西方在科学和技术上首先进行了革命，接着就是工业革命和经济上的全盘变革，再就是英国、法国、美国的政治革命和新型国家的建立与发展，而始终伴随着上述变革过程的哲学和科学也取得了巨大的新发展，直到康德提出“人是目的”而“不仅仅是手段”。他在回到人本身时，第一次把人自身的价值提高到一个前所未有的新高度[①]。这顺序和古代那次几乎完全相同,差别只在于这一次从头起就是自觉的,是在自觉精神引领下的历史运动;而古代那次是原生的,任何精神的要素都必须从头起,从几乎是最粗糙低级的实践性的文化中孕育和产生出来,然后才能在累进的缓慢成长中起作用。所以二者发展速度有天地之别,古代要用数百万年、数十万年、几万年和几千年才能做到的,文艺复兴以来仅仅数百年就完成了。

康德和黑格尔哲学是在上述顺序之后才能出现的成果。如果说康德明确了人类新觉醒的本质,黑格尔则通过批判地总结在他之前的全部历史、文化和思想成就,把康德的新思想发展成一整套系统的哲学理论。他在其《精神现象学》一书中,对人类精神发展和自觉的过程有极其深刻的思考论述。这是一部至今仍然值得每一位关注人类精神自觉问题的学者反复阅读的关键性名著。马克思的新创造,从思想理论来源而言最精深的东西就是和黑格尔上述成就相关的。他从欧洲产业革命和政治革命的成果及由此产生的新问题出发,再一次提出和讨论了人类解放及其自觉的问题。在实践观点的基础上,他通过深刻的批判,理解和改造了黑格尔的成就,阐述了人的自我推动自我创造原理,并把这个新的辩证法和历史观运用到对西欧资本主义作严整的科学批判研究中。更重要的是他据此提出了一系列关于人类解放的新学说,并把它变成了一种前所未有的世界性运动。他认为西方资本主义尽管迅速推进了人类历史的发展和飞跃,但是却使劳动者陷于非人处境,使世界大多数民族陷于殖民主义的非人处境。他从新的生产力和各种

① 这种自觉的水平是所谓"第一轴心期"成果所无法达到的。希腊人达不到,中国古人也不能达到。因此我认为是一个明确的标志,表明这一次的人类精神自觉,同以往的相比确实是一次巨大的飞跃。

新文化的发展中,看到了全体人类获得解放的前景不仅可能而且已经显示了历史的必然性。因此他认为人类新觉醒的时代已经来临,人类应当在充分吸取资本主义的历史成就的同时,用社会主义取代它,从而恢复全体劳动者和世界被压迫民族应当享有的人的权利、尊严与价值,使人类历史能够得到新的解放和发展。他是第一个把西方近代以来关于人的自觉的新发展真正推进到世界范围和全体人类的人。

在马克思之后西方的思想家们依然继续其关于人类文化和精神发展的研究,也有若干重要成就。其中我以为有关人类学和民族学的最新成果是首先值得注意的,它给我们提供了许多关于人和文化最初起源和演进的比较确切的新知。古人前人不知道这些知识,极大地限制了那时人类的自我认识。当代史学关于世界通史的若干新史料和新意就是从这些成果得来。说到现代的西方哲学,其成就也有一些值得留意,如存在主义。他们在某些方面比康德、黑格尔等又前进了很多,但就"人的精神自觉"这个大问题的总体而论,许多佼佼者自己也说还远未达到马克思的那种高度。究竟情况如何,该怎样看待,可以作些考察分析。大家知道,马克思期望的西方社会主义革命并没有实现,西方资本主义至今还在世界上占着主导性的地位。在巴黎公社起义失败后,马克思把注意力转向了俄国和东方。20世纪俄国和中国的革命的成功震撼了世界,可是后来也出现了如苏联瓦解之类的巨大挫折。于是在许多人心目中社会主义和马克思主义褪色了,好像完全不行了,过时了。但是这样看待历史显然是片面的。因为人类历史中最重大的改变恰恰就发生在马克思之后的这一百多年间。无论多么曲折,原来远远落后于西方的俄国和中国还是站起来了,而几乎所有原是西方殖民地的民族也在20世纪赢得了独立解放,正在摆脱贫穷落后和争取富强的路上迅速起飞。在这种形势下，纵然西方至今还在世界各种重大事务中保持着领先和主导的地位，已经无法再像从前那样为所欲为，并不得不在各种程度上接受中、俄、印度等正在崛起的大国和发展中国家对世界事务主导权的参与。世界历史的主导权正在向由全体世界人民自己做主的方向变化，谁也无法阻挡这个历史洪流的前进。

与此同时，西方自身在这一百多年来也发生了深刻改变。虽然还是资本主义，但是工人、妇女、有色人种的地位和权利已经有了重大改善。这些被称作"人权"事业的巨大进步，是靠资本家及其国家机器的善心得来的吗？当然不是。一切尊重事实的人都会承认那是靠人民不断的斗争取得的。在美国，这类民权斗争就有非常鲜明的形式，西欧和其他许多地方也是如此。马丁·路德·金和曼德拉这些英雄的斗争业绩，终于结束了长达数百年黑人受奴役的历史。这些斗争形式更加多样而以文化的形式为主，更加显现出它是人类精神新自觉的伟大组成部分。

于是我们看到，康德所说的"人是目的，而不仅仅是手段"的人类新自觉，马克思毕生为之奋斗的人类解放事业和思想，其实一直在起着作用，而且在今天要比以前任何时候都更清楚地证明了这种新自觉的意义。

如果说人类再自觉起于文艺复兴，它的第一时期是由西方领先和主导的话，那么我们就必须说从马克思起已转入了它的第二时期。其特点首先在于这个觉醒的主体已不再只是西方人，而是东方和西方、北方和南方各国各民族都能以主人资格参与的；不再只是上层，而是各国各民族内部的所有成员，即包括各阶级和阶层、有色人种和妇女都能以平等身份参与的；这样构成的全体人类。其二，主体的重大改变必使先前处于不同文化系统的各民族，地位和权利不平等的社会各种成员,都面临着如何实现各自新觉醒的挑战。因此第二时期的人类再觉醒的内容和形式,同第一时期即主要只是西方的新觉醒相比也必有种种新特点。其中最突出的一大问题便是,像中国、印度、东正教和伊斯兰世界等地区原先同西欧很不一样的民族,在走向自己的新觉醒时,要面对的问题也非常不同。

在人类再觉醒的新时期中,我们中国人的再觉醒具有特殊重要的意义。它是从19世纪后半期被迫开始的,那时的洋务运动、戊戌维新、辛亥革命直到五四运动,正是从科技、工业、政治直到思想一步一步向前发展的变革。这些首先都是在学习西方中发生的,同时也开始了对中国历史文化本身的反思。当我们从西方学了马克思主义,发现它才是最新的和适合中国需要的精神武器之后,中国的变革进程就起了一个新变化。有了国家独立,几经反复终于开始了改革开放,中国便以前所未有的认识和决心,再次向现代科技、现代产业和一切经济事业、现代法治社会进军。其成就与规模之大,已使中国崛起成为当代世界史中最突出的一大事件。在这些过程中,中西文化的冲突是经常发生的,有些时候会成为特别令人困惑的难题。但难题也会激励人,人类文化和精神自觉正是在解决难题中前进和取得飞跃的。中国人是世界上最勤劳的和最善于学习的人民,一百五十年来的成就已经部分地证明了这一点,相信今后会更加充分地得到证实。

20世纪和21世纪之交,正是全人类走向新文化和寻求新觉醒的转折点。处在这个转折点上的我们为了解决自己的再觉醒问题,除了应继续以高度尊重的态度研究自己古代觉醒的起源和传统外,更需要放眼世界,放眼全人类的全部历史。非如此就无法取得真正的和深入的进展。这就是本文强调扩大我们的历史文化视野的主旨所在。

中国之“鉴”与希腊人的“爱智慧”[①]

—— 中西人类精神自觉形态比较

摘 要

1. 现代奥运不仅接受和发扬了古希腊自由与和谐的崇高人文精神，更由于世界各民族最广泛的热烈参与而赢得了伟大新动力。在人类诸原创文化中，中国与希腊是两个最富于人文精神的典型。因此这次北京奥运有其特殊重大的里程碑意义，它对于构建当代世界的自由与和谐、发展人类的新的精神觉醒，必能作出卓越贡献。

2. 人类因其精神觉醒才开始自觉创造自己的历史。希腊七贤奉献给德尔斐神庙的名言“认识你自己”，不仅开启了千年的希腊爱智慧（哲学）的进程，也是文艺复兴以来西方文化和哲学的思想主轴。原因就在于“认识自己”是人类的精神自觉，是人类全部精神和文化的根本及其崇高使命。中国人同样也有自己的精神自觉，“认识人自己”的活动，但其形态有着自己的显著特点，它就

---

① 本篇原载《爱智与宏道：人文奥运的哲学基础》（下），北京论坛“文明的和谐与共同繁荣——人类文明的多元发展模式”哲学分论坛论文或摘要集，北京论坛组织委员会，2007年。

是“鉴”[①]。商代甲骨文中有“从皿从见”的字形[②],其含义按唐兰、郭沫若和徐中舒诸先生的考证,为“自监其容”即“照镜子”之义。把这种语义提升转化到精神的层次,也就是人的自我认识或精神自觉的活动了。这一转变始于中国古代的殷周之际,可追溯到周人的先祖古公亶父。他第一次提出了“人无于水监,当于民监”的命题,教导他的后继人唯有以民为鉴才能正确认识自己,实现其作为人民之明君的使命。从他直到文武周公都强调“不可不鉴”的自觉。其“以民为鉴”、“以殷为鉴”、“监于二代”的思考推动和保证了代殷而起的历史变革大业。西周的“明德慎罚”、“保民而王”和“作新民”的思想、制度和文化,其原动力和原创机制都在于“鉴”。“鉴”作为中国人精神自觉的形态,是从这里发端的。

3. 盛赞“周监于二代,郁郁乎文哉”的孔子,继承发展了周公的“不可不鉴”的思想路线。通过整理六经,特别是著述《春秋》,开创了“以史为鉴”的传统。孔子和诸子百家的新贡献还特别表现在使精神自觉的主体重心下移到士阶层,使之成为普及于中国社会的文化要素。从《春秋》到《史记》,“以史为鉴”学术传统得以形

---

① “鉴”的字词含义原指“镜子”和人照镜子自鉴其容的行为,在中国文化中获得了人借某种对象反观自身、“认识自己”的含义。人们常说的“以……为鉴”,特别是“以史为鉴”,便成为中国文化和智慧中特有的人认识自身的精神自觉活动的主要形式。

② 见徐中舒《甲骨文字典》(四川辞书出版社1990年版)930页所录三个字形:

成,其形态便是中国的经史之学。

4. 中国之"鉴"与希腊"爱智慧"比较。

因历史与文化之异而形成的主体之异:在中国,主体是农业社会宗法家国共同体的成员。其生存的经济、政治、道德关系无不受宗法人伦的制约与调节,故把这种"人伦"视为人性的基本规定。在希腊,农业固然也是基础,却因地缘的和历史的条件形成了更为注重工商业发展的经济和商品交换的自由关系,相应地产生了政治上民主制的城邦国家及其法治关系,道德上注重公民个人之间、个人与城邦之间的和谐与自由关系。故希腊人把"自由"视为人性的规定。

上述文化差别基础上形成的精神自觉形态,其关注重点颇为不同。在中国,精神关注始终不离家国共同体实际生存状况的改善,所谓"大学之道,在明明德,在亲民,在止于至善"。"自天子以至于庶人,壹是皆以修身为本"。在希腊,人们生存中最具关键意义的大事是自己城邦的独立自主,以及作为公民如何在与城邦一致的同时实现自己个人的自由。因此他们"认识自己"的精神自觉,所关注的中心便是如何正确理解和实现其自由。

思维方式的重大差异。对比两种自我认识方式:其一为通过对象认识自我,主体只能在"鉴"于对象中认识自己;另一为强调认识所谓纯粹的"自身",认为只有抓住了"人自身"或"事物自身"的认识才能算作知识。从"鉴"中国人形成了历史理性,而在"爱智慧"中希腊人形成了逻辑理性。

经史之学和哲学科学两类学术形态的差异。两者在历史上的作用,各自短长。

5. 当代之鉴。以希腊和西方为鉴,把发扬自家传统与取彼之长结合起来,是建立适合当代需要的更高精神自觉形式的途径。

说“鉴”①

—— 中国人精神自觉形态的由来与特色初探

本文意在提出一个在我看来是相当重要的问题。几年来我对它作了一些认真的思考研究，但只能说是开始，有待继续。现将心得写成提要，加上两点附释。还加了一个题解，以便对写此提要的意向、观点与方法有较为清楚的交代。我认为“鉴”是中国人精神自觉的主要方式。不过人类的“精神自觉”并非突然和孤立地出现和发生作用的。如果离开了文化的诸种必要条件和一定的历史情境作前提，将无法对它有真切的理解。只有采用人类文化原创研究的大视野，才能较为恰当地处理这一考察。这样的思路与通常的研讨方式不同，是需要说明的。

① 本篇原载《世界视野下的中国原创文化》，陕西师范大学出版总社有限公司2010年版。出版时有作者注：“‘鉴’的字词含义原指‘镜子’和人照镜子‘自鉴其容’的行为，在中国文化中获得了人由借鉴对象以反观自身、认识自己的含义。人们常说的‘以……为鉴’，特别是‘以史为鉴’，便成为中国文化和智慧中特有的人认识自身的精神自觉活动的主要形式。”

一、题解

本文是我读《尚书》的一点心得。周诰中有很重要的几篇都谈到"监(鉴)"的问题。周公论述了周人几代君王对"监"的重视和持续努力。从追溯先祖古公亶父提出"人无于水监,当于民监"的教导,讲到文、武和周公本人如何遵循而一贯自觉地"不可不鉴",用以指导自己的全部实践,保证了兴周灭殷大业的成功。我们看到,这一精神自觉在中国往后的历史与文化中得到了深入长足的继承发展。孔子说:"周监于二代,郁郁乎文哉,吾从周。"在这句话里他指明,正是周人的"监"这种高度自觉努力,才创造出了"郁郁乎文哉"的周文化。"监"是中国文化得以生根发展的活的创造源泉。因此,周公关于"监"的种种论述,引起了我的高度关注。

我的专业是西方哲学史,长期以来主要做的是希腊哲学研究,涉及希腊罗马和古代东方诸多历史文化问题,其中希伯来是个重点。与之相关,我还从人论的角度对中西文化、历史各自的特点及其由来做过探讨。循此继进,八年前我提出了一个更加追根溯源的想法,就是需要对人类文化和智慧的原创过程与机制作分别的、比较的和综合的研究。使我非常欣慰的是,老友刘家和、陈村富、王树人诸位长期以来也在考虑类似的问题,并积累了不少成果。因此我们和包括香港在内的国内多位友人及国外若干学者商量,共同发起建立了"原创文化研究会"①,以便开展有关探讨。从2001年以来,我们已经举办过数届国际学术研讨会,中间还有几次小型研讨会,对什么是"原创文化",这种研究有怎样的意义,它的研究

① 它是在国家民政部登记的直属"中华全国外国哲学史学会"的一个全国性二级学会。全名为"中华全国外国哲学史学会东西原创文化研究专业委员会"。

对象应当如何确定,应当有怎样的理论和方法,等等,有了许多探讨。这种讨论不是空泛的。几年来我们选取了希腊、希伯来和中国的原创文化这几个影响重大各具特色的类型,开展了分别的和比较的分析研究,因而讨论有切实和深入的进展。作为中国学者,毋庸讳言,我们最关心的还是对我们中国自己的原创文化的研究。在前几年对希腊和希伯来的原创文化作过重点讨论之后,我们相信并期待这次以中国原创文化为重点的研讨会[①],在有了更多参照的条件下,应当会有新的进展和突破。

我们的原创文化研究,是从讨论人类的精神自觉或智慧的问题开始的。这方面的问题不仅极其重要,也是我们这些做哲学、史学的学者本来一直在做和非常关切的。还有就是雅斯贝斯的"轴心期"学说也是从这个问题引出来的,它对当代中外学者有广泛和重要的影响。因此开始时我们的"原创文化"概念,同雅斯贝斯的"轴心期"概念几乎没有分别,虽然当时我已有所保留。后来我和原先是我的学生的几位中青年朋友如王晓兴、易志刚、陈文庆等讨论过多次,认为需要对"轴心期"学说有所突破,对什么是"原创文化"的概念有新的理解。我们的看法有的已经陆续发表[②],更系统

---

① 与陕西师范大学历史文化学院共同举办的第四届原创文化国际学术研讨会,2007年8月在西安举行。

② 主要想法见以下几篇文章:1.杨适《原创文化研究基本概念再探讨》,2003年在杭州会上发表(载《浙江学刊》2003年第6期;《原创文化研究论丛》第二辑《希腊原创智慧》,社会科学文献出版社2005年版);2.《原创文化的突破方式问题:连续与断裂》,2005年在香港会上发表(载《原创文化论丛》第三辑《原创文化与经典》,社会科学文献出版社2007年版);3.《略说考察人类精神觉醒问题所应有的历史文化视野》,《史学史研究》2007年第1期;4.王晓兴、易志刚《雅斯贝斯的世界历史纲要与文化研究的历史视野》,《史学史研究》2007年第1期;王、易两位还写了关于殷周之际历史变革研究的文章《王天下》,关于中西正义观起源研究的一篇论文,提出了一些重要看法,将陆续发表。

的观点还有待于整理。主要之点有二。

第一点,人类的精神觉醒固然是文化中的一个制高点和某种意义上的关键所在,但它本身却是由人类更早的原创文化积累作为前提和必要条件才能出现的产物,并不是孤立和突然产生的。这些更早的文化积累的最主要的标志有:经过旧石器时代漫长历程诸多文化积累而形成的作为一种崭新的动物物种的人类本身;新石器时代前期的农业和畜牧业生产和在此基础上手工业、商业贸易的出现,人类氏族部落结构和组织的形成,国家的出现,文字的创造,等等。只是到了上述文化成果都已出现的时候和地方,才会出现人类的精神自觉。因为这时人们不仅有了种种必要的文化要素作为前提条件,更面临着一些与此相关的重大纷争。如因分化和异化而产生的氏族与国家内部的等级与阶级的斗争,农业民族与游牧民族间争夺土地人民和财富的纷争,等等。这些纷争常常具有极其尖锐的性质,决定着人们命运的兴衰以至生死存亡。在面对如此尖锐和重大挑战的时候,人们不仅需要重新认识世界,更感到有反观和认识自身的迫切需要,因为这对提高自己应对挑战的能力是必需的。于是在中国、印度、希腊、希伯来等地区,人们大体同时都开始了认识自己或“精神自觉”的创造活动。

因此我们认为,为了真实地理解和阐明“精神”,我们的原创文化研究就不能停留在“精神自觉”或“轴心期”本身,而必须大大扩展我们的视野,包括历史视野和文化视野这两个维度。而在文化视野中,还须循着登高必自卑的顺序,把考察“精神”的产生同人类实际生存发展有关的各种文化创造联系起来。对这些创造,我们需要制订一个尽可能全面和周密的研究清单。其中应当包括:

首先,从直立行走,用火,以旧石器为主的工具和技术的创造改进,采集和狩猎活动,语言和原始人群的协作和组织,原始的崇拜,到作为新物种(晚期智人)的人类自身的产生。这些是人类最原初的文化创造。

进而,新石器的出现和青铜器,农业、畜牧业和手工业等生产经济形式,商业和贸易的交换关系的兴起,人类氏族部落组织结构的形成与演进,剩余劳动、剩余产品和剩余价值的出现与积累,体脑分工、各种社会分工和管理功能的产生,直到国家政治组织制度的出现和文字的产生,人类文化得到了新的巨大发展。这些是新石器时代前期和中期的文化创造。

这个清单是否详尽周密,还有待仔细考察。对其中各个要素及其功能如何认识,它们在人类历史上出现的先后顺序,后出要素对先出要素的反作用或综合改造功能,等等,更有待我们考察。只有在这些研究的基础上,我们对所谓“轴心期”的“精神”才有可能给出真实确切的说明。

我们应当承认这个清单中所列种种都是人类的文化创造。还应承认,在精神自觉出现之前的那些文化形式无论其高低如何,其实都少不了精神因素的作用。否则其中任何一种文化形式都不可能出现,也不可能发展。只不过这些精神成分还处于萌芽或初级的水平,常常潜伏在各种物质的和制度的文化形式之中,远远没有达到后来才出现的“精神自觉”那种高度。但正是靠着它们的积累和发展,后来才会产生人的自我意识等“精神”成果。我们认为,我们的这一看法并没有降低和削弱“精神自觉”或“轴心期”的价值和意义,相反,我们认为只有如此才可能对它有合理的说明。

第二点,雅斯贝斯已经提出了“第二轴心期”即人类需要有一次新的精神觉醒的大问题。他还指出这一次精神觉醒因科技时代的成就而具有全球性,同第一轴心期的觉醒只能是地域性的、特殊的民族性的情形非常不同。这个提法使其“轴心期”学说当代化、现实化,意义就更大了。因此我们对它有很高的评价,并且认为更值得加以审查、研讨和发展。

从我们形成的"原创文化研究"的概念来考察,所谓"第二轴心期"的人类精神新自觉,应视为人类历史上第二次原创文化发展中的精神制高点部分,对它也不能单独地孤立地加以研讨。从这一观点看,它实际上早已出现,并不像雅斯贝斯所说的那样仅仅是一个我们应当预期的现象。在我看来,人类文化第二次原创的进程应从西欧的文艺复兴和宗教改革算起。

同人类第一次文化原创必须经过极其漫长的发展,才能出现精神自觉,然后精神自觉才能发挥其历史火车头作用的情形完全不同,第二次文化的再创造是从一开始就在精神的指导作用下进行的。这是因为人类已经有了第一次原创的精神自觉成果作基础,它可以继续发挥作用。问题只在于对它作一番深刻的改造,从而建立和发展出新的精神自觉。对于西欧来说,文艺复兴和宗教改革正是这样的精神变革:它使人们重新接上了希腊的哲学与科学、民主与自由等人文精神的源头,接上了希伯来和基督教原创的纯正宗教精神,并给予了批判性的新解释,从而开辟了西方近现代全部文化发展的历史道路。我们必须承认,从地理大发现到产业大革命,到英法美和西欧各国的政治大革命,数百年来直到如今西方在全球的主导作用,等等,都是从西方开始的文化变革所创造出来的成就。其中,新教革命,从培根、笛卡儿到德国哲学革命,不断发展的科学革命,则是文艺复兴起的新精神本身的发展。新精神一直引领着迄今为止的西方历史及其种种文化创造与更新。第二次人类的文化原创从头起就是自觉进行的,而作为火车头的新的精神自觉也在不断反思和批判其自身中不断发展。这一特点是古代那一次文化原创所不能具备的,其成就之巨大也是那一次无法比拟的。

人类第二次文化原创活动始于西欧有其深刻原因，这里暂时不谈。我想着重指明的乃是，西欧所开辟的道路，其意义不限于西方而是世界性的。不过道路曲折，只是到了19世纪之后，世界上其他地区的民族才逐渐地也走上了这条新的发展之路。当代中国、印度、非洲等等的崛起，并开始进入全球发展舞台的中心地带，标志着人类第二次文化原创新高潮的到来。各民族都在西方开始的文化和精神的原创的巨大冲击和影响下，激发出自身的精神新觉醒和新的文化原创活动。他们在积极吸取西方成就的同时，也会向各自的古代文化回归并给予批判改造。这就给人类第二次文化原创注入新的动力。而最重要的还在于，唯有如此，人类第二次文化原创才开始呈现出它本来应有的全人类性，展现出它本来应有的灿烂多彩的风貌。

我是在上述背景下再次研读中国原典和各种资料的，其中着重在《尚书》。所以我在开头说“本文是我读《尚书》的一些心得”一语，其意思乃是：在原创文化研究的总思路下，在希腊类型的参照下，为了进一步思考和探求中国文化与智慧的原创机制，我重新研读《尚书》中有关“监”的论述所引发出来的思考和研究的一些收获。

二、本文提要

（一）人类因其精神觉醒才开始自觉地创造自己的历史。希腊七贤奉献给德尔斐神庙的名言“认识你自己”，不仅开启了千年的希腊爱智慧（哲学）的进程，也是文艺复兴以来西方文化和哲学的思想主轴。原因就在于“认识自己”是人类的精神觉醒,而惟有精神觉醒才是人的高级精神活动的启动力和原动力。中国人同样也有自己的精神觉醒。它也是“认识人自己”的活动,但其形态有着自己的显著特点,它就是“鉴”。

(二)商代甲骨文中有“从皿从见”的字形[①]

,按唐兰、郭沫若、徐中舒等先生考证,为“自监其容”即“照镜子”之义。把这种语义提升到精神的层次,也就是人的自我认识或精神自觉的活动了[附释(一)]。这一转变始于中国古代的殷周之际,可追溯到周人的先祖古公亶父。他第一次提出了“人无于水监,当于民监”的命题,教导他的后继人唯有以民为鉴才能正确认识自己,实现其作为人民之明君的使命[附释(二)]。文、武、周公都强调“不可不鉴”的自觉,实自古公亶父始。由“以民为鉴”进而提出“以殷为鉴”和“我不可不监于有夏,亦不可不监于有殷”的思考和实践,指导和保证了西周代殷而起的历史变革大业获得成功。西周的“明德慎罚”、“保民而王”和“作新民”的思想、制度和文化,其原动力和原创机制都在于“鉴”。“鉴”作为中国人精神自觉的形态,是从这里发端的。

(三)盛赞“周监于二代,郁郁乎文哉”的孔子,继承发展了周公高度重视“监”和“不可不鉴”的思想文化路线。通过整理六经,特别是著述《春秋》,开创了“以史为鉴”的传统。孔子和诸子百家的

---

① 见徐中舒《甲骨文字典》(四川辞书出版社1990年版)930页所录三个字型:

1.一期,拾——一三

2.三期,佚九三二

3.摭续一九〇

新贡献还特别表现在改革了传授和教育的制度,使精神自觉的主体重心下移到士阶层,使之成为普及于中国社会的文化要素。从《春秋》到《史记》,“以史为鉴”学术传统得以形成,其形态便是中国的经史之学。

(四)中国之“鉴”与希腊“爱智慧”的概略比较。

1.精神自觉主体的差异。进行自我认识活动的主体人本身,因其所处历史文化前提不同、实存状态不同而大不相同。在中国,人们基本上都是农业社会宗法性家国共同体的成员。其生存的经济、政治、道德关系无不受宗法人伦的制约与调节,故把“人伦”视为人性的基本规定。在希腊,农业固然也是基础,却因地缘的和历史的条件形成了更为注重工商业发展的经济和商品交换的自由关系,相应地产生了政治上民主制的城邦国家及其法治关系,道德上注重公民个人之间、个人与城邦之间的和谐与自由关系。故希腊人把“自由”视为人性的基本规定。

2.上述文化差别基础上形成的精神自觉形态,其关注重点很不相同。在中国,精神关注始终离不开以农业为基础的宗法家族共同体和以此为根基的国家共同体的实际生存状况的改善,即所谓“大学之道,在明明德,在亲民,在止于至善”。在希腊,人们生存中最具关键意义的大事是自己城邦的独立自主,以及作为公民如何在与城邦和谐一致的同时实现自己个人的自由。因此他们“认识自己”的精神自觉,所关注的中心便是如何正确理解和实现城邦和公民个体的自由。

3.思维方式的重大差异。对比两种自我认识方式:其一为通过对象认识自我,主体只能在“鉴”于对象中认识自己;另一为强调认识所谓纯粹的“自身”,认为只有抓住了“人自身”或“事物自身”的认识才能算作知识。前者所形成的思维方式突出了主体和对象之间、人我之间的不可分离性和互动的辩证性,强调认识绝不可脱离实践,即认识的实用性和功利性;后者则强调人我之间,主体和对象之间的分别,强调唯有考察各个对象“自身”和主体“自身”,进而“概念自身”和“思维自身”,才有确定的知识。因此按照他们的思维方式,理论知识的地位在实践知识之上,理论理性的地位在实践理性之上。中国人由“鉴”形成了历史理性,而在“爱智慧”中希腊人形成了逻辑理性。

4. 学术形态的差异。中国形成了经史之学的经典学术形态,其中经学包含着中国文化的各项重要成果,如礼包罗了社会政治制度与习俗,诗收集了从民间到庙堂之上的风雅颂,等等,而其中最重要的还得数政治智慧和关于天人关系的本原观和宇宙观。近代以来的中国学者,常常把后者即涉及世界观和认识论的那些思想资料抽取出来加以整理,同希腊和西方的哲学类比,认为是相同的思想和学术。但这实在有商榷的余地。如司马迁所说,整理编纂六经的孔子,对《春秋》就有着特殊的强调。他引了孔子的话:“我欲载之空言,不如见之于行事之深切明著也。”说明《春秋》在六经中有其特殊的地位和重要性。孔子作《春秋》意在“春秋大义”,那才是六经的精神所在。可见,司马迁和孔子的看法是:一切关于天人、本原和宇宙观的言说无论多么玄远精深,其实都不可脱离“春秋大义”[①],否则便只是“空言”而已。中国人的天人观和对思想与知识的看法是同“以史为鉴”贯通而不可分离的。与西方的哲学相比,二者是从不同根基上生发出来的两类智慧,两棵大树,不应混为一谈。

希腊原创的哲学和科学的学术形态,注重的是所研究的一切

---

① 参见司马迁:《史记·太史公自序》。

对象的独立自存及其概念本身的确定性，即注重知识自身和理论自身的确定性、普遍性或真理性。所以在希腊和西方的学术传统中，历史学往往因其中必然带有的“人为性”即“不确定性”而很难在“科学”和“哲学”中找到它的地位，因而其学术地位远并没有中国史学在中国学术传统中那样高。中国人在历史意识和历史学研究方面有自己的特殊长处，在当代尤其值得发扬。我相信其中也必有值得西方借鉴之处。

我们应当实事求是地从中西文化的原创深处，认识中西两类学术形态各自在人类历史和文化上的重大贡献和作用，分析二者各自的短长，寻求在当代正确地加以结合和互补的途径。

5. 当代之鉴。当代中国人应以希腊和西方为鉴，把发扬自家传统的优点与取彼之长结合起来，以重建中国人的新的精神自觉为中心，吸取西方科学与哲学的必要成分，建设我们当代的新史学，建设既有经世之学的优点更有严密和高度理论水准的科学学说和哲学智慧。这样我们将能找出建立适合当代需要的中国人更高的精神自觉及其学术形式的途径。

三、附释

（一）“监”、“鉴”的文字和词义问题

在几千年来的中国历史、文化和日常生活里，带着“监”和“鉴”字样的词都很有分量。“监”常是某种重要官职官衔和类似功能的名称，其活动就是监视、监管、监护、监督、监察各种人和事。人们时时都能感受到它的监管力量。而“鉴”则显示出更多的文化

内涵,如“鉴定”、“鉴别”标志着对某人某事准确无误的认识和确认,具有知识的或法律的权威性,而“鉴赏”、“鉴宝”是审美的活动和对珍爱之物的欣赏。单独用的“鉴”字,可以从指称一面镜子和照镜子的简单语义,直到表示“以史为鉴”的高级文化和智慧的活动。

在现代汉语里“鉴”、“监”是不同的两个字,似乎字义也没有多少关联。从《说文解字》可知汉代已经如此[①]。《尚书》、《论语》里有用“监”字如“鉴”的多例,但都视为可以通假而未深究。直到上世纪甲骨文的发现和考释才发现它们原为一字,后来才分化为二。

甲骨文有一“从皿从见”的字形(见“二、本文提要”下的脚注),画的是一个水盆,其旁或其上有一只夸张的大眼睛连着人身。唐兰考释为“象一人立于盆侧,有自监其容之意”[②],郭沫若说:“临水以正容为监,盛水正容之器亦为监”[③],因此判定它就是“鉴”的本字[④]。《尚书·酒诰》“人无于水监,当于民监”的用法可以为证。

另外,金文有一些字例,将此字形中的“见”即上“目”下“人”相连的原形,写成分开了的“臣”“人”模样。就是把“目”写成了“臣”,且与下面的“人”分开了[⑤]。由此可知后来“监”字的字形是由

---

① 从许慎分别解释二字且释监为“从卧”可知他已经搞不清楚它们的起源和演变。

② 唐兰:《殷虚文字记》。

③ 郭沫若:《两周金文辞大系考释》。

④ 参见徐中舒编《甲骨文字典》,赵诚《甲骨文字学纲要》,《金文常用字典》等有关解释。

⑤ 金文监字形,引自《金文常用字典》:

金文讹变来的。

上述考释使我们知道“监”“鉴”二字都从甲骨文字“从皿从见”演变而来。按此字形原初的会意,应为“自监其容”或正己之容。我认为这个解释有理也很有意义。它对于我们理解“监”“鉴”在中国文化中独特而又丰富深刻的运用和含义,极有启示。本文写作主要就是受此启发而来。

不过我以为上述考释也有重大缺陷或不足。其一,用后来的“监”“鉴”二字检查,上述对甲骨文“从皿从见”字形字义的考释似乎分家了:在字形上它和后来的“监”相通,但在字义上却不能与之相通,只能与“鉴”相通。我们知道了后来“监”字写法的由来,却仍不能知道其字义的由来。因为像监管、监视、监护这些语词都没有“自监其容”的意思,并且似乎正好相反。那是专对他人的,如何能与专对自己的“自监其容”含义挂钩?看来还需要解释。

照我看来,甲骨文“从皿从见”除了“自监其容”,应当还有另一重要含义,那就是“天监”的用法和它的宗教含义。“人无于水监,当于民监”之语已是周人的用法,我们在殷商文献中还找不到类似的用法。《史记·殷本纪》载,“汤曰:予有言:人视水见形,视民知治不。伊尹曰:明哉!”商汤的话从内容说同后来周人古公亶父所言非常接近,都认为当君王者要重视民意,并且早了数百年。但他还没使用“监”字,更没有“以民为鉴”反思自身的含义。我们现在可以查到的殷代明确使用“监”字之例,仅见于武丁(殷高宗)时期。武丁祭成汤时有飞雉登鼎耳而鸣,武丁惧。“祖己乃训王曰:‘唯天监下典厥义,降年有永有不永,非天夭民,中绝其命。民有不若德,不听罪,天既附命正厥德,乃曰其奈何。呜呼!王嗣敬民,罔非天继,长祀毋礼于弃道。’武丁修政行德,天下咸驩,殷道复兴。"[①]我们知道殷人宗教意识极盛,遇要事都要龟卜,最重神意天意。因此他们有"天监"的观念,用以解释可惧之事背后的上帝意旨,并由此进而考虑该如何规范自己的行为,是很自然的。这里"天监"的含义是清楚的,就是天、上帝从上面监视、监督着下民,要人们遵守天所规定的"义"。后来周人使用"天监"的地方更多,如"天监有周,昭假于下"[②],"皇矣上帝,临下有赫,监观四方,求民之莫"[③]等等。此外还有"今尔奔走臣我监五祀"[④]用法,说的已是周人对殷民的监管。这种君对民、上对下的监管、监视、监督的用法是后来才发展起来的,可以视为是"天监"含义的扩大延伸。秦代设郡县,"郡置守、尉、监"[⑤],"监"就成为官名了。"天监"与君上对下民的"监"当然有别,前者是宗教的,后者是行政的。但因在中国文化环境中,君父在臣下子民眼中即是"天",即是上天的代表。所以他们也就可以如天监下民那样去监管下民,而不被视为僭越。于是两种用法就一致起来了。另外,"从皿从见"的写法不仅有"见"在"皿"侧,也有"见"在"皿"上的方式。如果前者可会意为"自监其容",后者则可会意为从上向下的监视。我认为"监"的这层含义的重要性决不亚于前者,二者都是"监"的极其重要的文化内涵,需要全面加以关注。这样再来解释"从皿从见"同后来"监""鉴"二字的关联也就没有困难了。

顺带说,古今还有对"监""鉴"的一种更常见的解释,就是"视也"。我以为这种解释虽然不错,却不算到位。因为若它仅指"视"

① 见《尚书·高宗肜日》。《史记》所载当据此而来,文字基本相同。

② 《诗·大雅·烝民》。

③ 《诗·大雅·皇矣》。

④ 《尚书·多方》。

⑤ 《史记·秦始皇本纪》。

或“见”,就没有必要再造一个加上了“皿”的新字。以上所举的运用都说明,“监”包含了“见”又远高于一般的“见”,是专指“天监”及“自监其容”特定含义的“见”。它是古人特别创造出来的一个具有高度文化含义的语词。

小结以上所说,我认为“从皿从见”主要有两种会意。其一指上天对下界,在上者对下属和下民的监察,其二指人照镜子(水或铜镜都不过是镜子)自己观察自己。二义并行不悖,亦可交叉结合[①],由此还能产生新的用法和含义[②]。这些相互关联的含义,使“监”“鉴”发展成为一个有众多语词成员、涵盖诸多文化领域、含义极其丰富的语词家族。

本文主要研讨“鉴”的人文含义,因此重点放在它的“自监其容”含义方面。但是也会涉及“监”的宗教含义,上对下、官对民的行政含义。因为两方面本来是有关联的,“天监”乃是人的精神自觉的根本依据,而人对别人的监察等等,也是人认识自己的必要环节。因此我们在文化的考察中会把这两方面含义联系起来。

(二)认定精神自觉始于古公亶父的依据和意义

在提要中我不仅认为中国人精神自觉始于殷周之际的周人方面,还具体认定古公亶父是其最初创始人。前者容易确定和理解,因为文武周公业绩显著。但后者却还需要说明:是否有依据,以及我们为什么需要作如此追溯和认定。

先说有无依据。还是从《酒诰》中周公的那句话说起,它提供了基本依据和研究线索。那句话就是:“古人有言曰:人无于水

① 这种交叉结合我以为也是监、鉴的本性和结构造成。以后再议。

② 关于这个字词既有专对自己又有专对他人的矛盾问题,我认为它与“鉴”的高度实践性,其运作中主体和对象间的对立统一结构有关。

监，当于民监。”它已说明文武周公一以贯之的“监”自觉就是从这位“古人”发端的。因此我们若能确定这位“古人”是谁，就找到了这一精神自觉的创始人。

查考文献和前人论说，似乎都没有讲到这位“古人”是谁，这就给我们留下了疑难。但我想这个困难是能够解决的。不仅是因为关于周人的史料比较丰富，我们对如何研究人类精神自觉或“轴心期”成果也有了新的看法和方法（参见本文题解所说）可以运用。于是我就大胆地开始了查找研究。

首先我认为，“人无于水监，当于民监”一语的内容本身已经表明，说这句话的人，其身份不会是一般平民而必为君长。他用“无于 …… 当于 ……”的命令句讲的话，也说明这是作为周人君长的他对其后继人的叮嘱和教导。周公在《酒诰》中用这个教导来总结自文武到他自己的历史经验，要求康叔继续遵循，也证明说这句话的这位“古人”必是文王之前的周人先祖，他在周人历史上必有重要的地位和作用。这样我们的寻找就有了范围。

文王之前周人最著名的先祖有三位，后稷（弃）、公刘和古公亶父。哪一位适合上述条件？

后稷是周人的始祖，名弃。弃“好耕农”，在尧舜时期任“农师”，封于邰，号“后稷”。在华夏各族中，周人的最突出的特征就是重农。在夏商周三代中，最重农业的也是周代。周人的这一重要的文化特征，从其始祖弃已得到显示。

按《史记》所述，后稷之子在夏代仍为农官，后“失其官而奔戎狄之间”。又过两代，公刘立。“公刘虽在戎狄之间，复修后稷之业，务耕种 …… 居者有蓄积，民赖其庆。百姓怀之，多徙而归焉。周道之兴自此始。”我们看到，公刘在文化上的业绩，首先仍在重农方面。他把处于戎狄之间荒废了的农业生产恢复起来，取得了重大成就。在此基础上吸引了“百姓”即周边各族人民来归于他，开始形成了国家。“公刘”的“公”是一个称号，说明他已经成为一国之君了。周人从此有了政治国家，这是公刘在文化上的第二个建树和重要特征。

公刘之后又九代，古公亶父立。“古公亶父复修后稷、公刘之业，积德行义，国人皆戴之。薰育戎狄攻之，欲得财物，予之。已复攻，欲得地与民。民皆怒，欲战。古公曰：‘有民立君，将以利之。今戎狄所为攻战，以吾地与民。民之在我，与其在彼，何异。民欲以我故战，杀人父子而君之，予不忍为。’乃与私属遂去豳，度漆、沮，踰梁山，止于岐下。豳人举国扶老携弱，尽复归古公于岐下。及他旁国闻古公仁，亦多归之，于是古公乃贬戎狄之俗，而营筑城郭室屋，而邑别居之。作五官有司，民皆歌乐之，颂其德。”从这一生动史实可知，古公亶父又一次复兴了后稷、公刘的农业和国家事业，并向前推进了一大步。我们知道大约从新石器时代创立农业和牧业之后，在一个相当漫长的岁月里，游牧民族对于农业地区和农业民族的侵袭几乎从未停止过。公刘和古公亶父之所以需要建立周人国家，最主要的目的之一就是为了保护作为农业民族的自己的人民，保护自己的农业生产。可是最初的周人小国国力单薄，难于抵御戎狄。在这种情势下，为了保存实力和避免人民在战争中遭到残杀，他毅然放弃了作战的考虑，也不强制人民都随自己迁徙。只是一方面向人民表达了自己的仁德之心，去留自便；一方面只领着自己宗族迁徙，到岐山之下即现今陕西周原地方重建周人国家。

对于一个农业的民族和国家来说，土地无疑极端重要，但古公亶父认为：如果土地与人民相比，人民更重要。当他面临戎狄欲夺其土地而自己的国力又难以抵御时，他的首要任务就是要保民爱民。这正是“当于民监”的自觉和智慧。

事实证明,这种保民的仁德吸引了众多人民来归于他,使新建于岐下的周国人丁兴旺,农业发达,基础稳固。加之“贬戎狄之俗”、“营筑城郭室屋”、“作五官之司”等文化和政制的建设,成就了一个比先前更加强盛和文明之国。这正是西周王朝得以兴起的牢固根据地和出发点。

古公亶父有三个儿子,继位者原非少子季历,但古公亶父出于对继承人的深思熟虑,特别喜爱季历所生的孙子昌,也就是后来的文王。“古公曰:‘我世当有兴者,其在昌乎!’长子太伯、[次子]虞仲知古公欲立季历以传昌,乃二人亡如荆蛮,文身断发,以让季历。”周史上“太王—季历—文王—武王及周公—成王”的传承世系,就是以古公的深谋远虑为其发端的。由此看来,他把“无于水监,当于民监”的教导传给季历和文王昌,岂非完全合乎情理?

《诗·鲁颂》从头叙述了周史。首说后稷兴农之功,然后就直接讲古公亶父。诗云:“后稷之孙,实维太王,居岐之阳,实始翦商。至于文武,缵太王之绪,致天之届,与牧之野。”我们知道“太王”尊号是武王伐纣成功之后祭祀先祖时追加给古公亶父的。武王、周公和后来周人子孙都把古公看作周王朝的第一奠基人。这一称颂,与上述古公的业绩与智慧非常契合。对我认定古公亶父是说出“当于民监”之语的那位“古人”,也是一条重要的证据。

只有一点我觉得还不大明白。史书上没有古公与殷商打交道的记载,为何说是他“实始翦商”? 甲骨卜辞有商王武丁对周用武使之臣服的记录,时在古公之前很多。按《竹书纪年》记载,周季历在商王武乙、太丁时朝商,为商征伐诸戎,故商王太丁命季历为殷牧师,而后又有文丁杀季历的事件。可见季历同商有较多重大交往。这些记载没有说到古公亶父。那么,对于《鲁颂》所述太王

“实始翦商”我们能否采信，或者，该如何理解？ 从具体的层面说，合理的估计或猜测只能是：或者古公当政时对于如何处理同大邑商的关系已经有了战略性的考虑；或者在传位于季历之后他还在，继续对处理这个大问题有所指导。这应该是可能的，前者的可能性应该更大。不过无论如何，即使具体史实不易落实，从全局来看，我认为周代后裔追述称颂先祖古公亶父“实始翦商”之功还是完全可信和可以理解的。因为最无可争议的一点是确定无疑的：后来文武周公成就的“翦商”大业的根基，包括周人的国家实力和基本指导思想二者在内，确实都是古公亶父奠定的。

因此，在综合各种证据之后，我认为可以确定这位“古人”就是古公亶父。

从原创文化研究的角度看，这一认定是颇有意义的。因为古公亶父身上显示出来的重要特征，能够很好地说明中国人精神自觉得以产生的必要文化条件和历史环境。这些文化条件就是：周人创造的农业文化在他那里得到了重大发展；在农业生产基础上建立的国家也得到了重大发展；在重农基础上建立的宗法性人伦关系、道德观念、国家制度也得到了巩固和发展。这些文化要素在中国往后的约三千年的历史里都是基础性的东西，因此在如此条件下发端的“监”自觉何以能在中国长期保持其活力，也就容易理解和研究了。其历史情境就是：新兴的以重农为特征的周人国家同周边戎狄游牧民族的纷争，同比它强大得多的“大邑商”的长期的生死攸关的较量。在这种条件和情境中，古公亶父以高度能动的创造精神，原创了“监”这个精神自觉的人类新活动、新文化、新智慧。他和他的创造不仅开辟了西周战胜殷商的历史，也为中国人往后的全部历史活动提供了精神自觉的源泉。我们应当知道并永远记住这位伟大的先人。

十年之际致各位友人与读者[①]

一

本集出版标志着我们实现了第一阶段的工作设想。我们的研究会成立于2001年春。是年秋，在兰州举办了首届国际学术研讨会，首次面向国内外学界把研究原创文化的问题提出，展开了热烈的讨论。当时也就商定了如何开展工作的第一步设想，就是要对我们首先选定的三个原创文化，中国、希腊和希伯来文化，开展一轮研讨。于是就有了第2、3、4届原创文化国际学术研讨会，即2003年的杭州会、2005年的香港会、2007年的西安会，和包括本集在内的四部论文集的问世。参与的各位朋友和读过论文集的读者对这些研讨做得多么认真富有思想活力，都有相当深刻的印象和感受。确实这一轮做下来，是很不简单的。它是热心于原创文化研究的朋友协力创新的重要成果。我相信，它在当代中国思想学术史上会留下深刻印记。

当然我们会很小心，事实上我们一直也很低调。因为我们想要做的"原创文化研究"志向不算小，难度却极大，所以要很审慎地一步一个脚印地去做。现在我们走过的只是第一步，欣慰的是做

① 本篇原载《世界视野下的中国原创文化》，陕西师范大学出版总社有限公司2010年版。

得还算坚实，可以成为这种研究的第一个落脚点和验证。在思想学术的事业上，也和其他事业一样是要用行动验证的。如果第一步经受住了检验，也就会为它的未来开辟道路。

我和一些朋友交换意见，认为现在是一个适当的时机，应该对十年来我们已做的事情作一番回顾检讨，以便思考我们未来的安排。本集发表的村富兄《“原创文化”：质疑与解惑》一文，正得其时。他很认真地把我们要研究的“原创文化”这个概念本身是否有根据、研究它是否有新意的问题，提到各位同仁面前，并作出了自己的若干反思与回答。我想这也是对我们大家的促进，建议各位老友和有心的读者都来关注和参与讨论。下面就借编辑和出版本集的机会，先来谈点我的看法，也算同他一起，给这个反思性的讨论开个头吧。

二

先来谈“认同”问题。“原创文化研究”在学术上能否得到一个地位或认可，是许多朋友和读者关心的。村富兄仔细检索了西方学者著述后发现西方学术界至今还没用过这类学术名称，由此引起了疑问和解惑的思考。这些关注和质疑很自然，可以成为推动我们反思的动力。

认同与否涉及人我双方诸多因素。首先要看我们的“原创文化研究”是否有根据，能否经得起检验；再就是解说是否适当，能否吸引和说服人。这需要一个互动的过程。如果有根据，我们就有底气而不必过于担心，可以从容地用逐步讲清道理和做出成绩来说服人。对此我是很有信心的。

西方学者现在还没有使用这类名称。这是否就表示他们不认同呢？我想应予分析，因为至少我们也还没有见到他们对此有否定的看法。例如多年来参与我们研讨会并撰写论文的，就有不少来自西方、日本和港台的知名学者，其学术专业涉及广泛的文化领域，如历史、语文、诗歌等，更有相当专门的哲学、圣经学的经典研究。他们的积极参与和大力支持，也可算作一个佐证：西方学界并没有否定我们的原创文化研究，而积极参与并逐步认同是可能的。

我想，如果不拘泥于词语而从精神实质看事情，就不难指明：我们的研究同西方学术其实是深刻契合的。因为特别注重寻根溯源，正是西方学术本身得以生存发展的基本特点。一部希腊哲学和科学的历史，一部近现代西方哲学和科学史，都一直把寻求万物的原因直至"本原"作为根本，把研讨认识和智慧的起源和秘密作为自身不断更新的命脉。柏拉图、亚里士多德是这样做的，当代海德格尔在面对时代新问题时也是这样。西方人最为尊崇的基督教和圣经研究，更把宇宙和人类全部生活和文化得以创造出来的终极根源奥秘，作为信仰和真理的根本。这难道不就是注重"原创"，追溯"原创"吗？

这里我想谈点自己的学术体验。我的专业是哲学和西方哲学史，最认真的研究是从做马克思入手的。经过长时间考虑，我认识到《1844年手稿》才是马克思主义思想的真正发源地，唯有对它下工夫，才能搞清楚他全部思想的来龙去脉和秘密。这个研究，让我第一次尝到了"原创研究"的滋味。这个方法，实际也是马克思自己用的，如他认为《精神现象学》是黑格尔思想的起源地和秘密，他对黑格尔的批判研究吸取就从这里做起，在《手稿》中他对黑格尔的辩证法作了我所仅见的最深刻的分析，其深刻程度甚至连恩格斯都没达到,令人惊叹。我想这才是真正高手的第一手研究方法,是我必须学习的。

从此我就学着用这种方法,又认真钻研了康德、卢梭和西方近代人文思想的开端。再就是下定决心去钻研希腊,那是马克思乃至整个西方思想文化与学术的源头。而在希腊文化智慧中,也还要深追其源头。从“七贤”中的梭伦和泰勒斯起,他们何以会提出“认识你自己”这一西方思想的永恒主题? 这与梭伦创始雅典改制和泰勒斯创始希腊哲学,第一次提出“本原”问题,有怎样的关联? 并由此再研究了希腊化罗马时期哲学,对希腊文化和哲学作了贯通的考察。再往后又用这种追溯原创的方法作了中西人论比较,又对希伯来文化有所钻研。在这些之后,才提出了“原创文化研究”的问题。

从我自己上述研学的切身体验说,应当坦承我所说的“原创”二字,其最初起点就是从马克思,从古希腊直至当代的西方思想大师那里偷来的“圣火”。汪子嵩老师和村富兄一开始就很赞成支持原创文化研究,我想也是和他们对希腊与西方学术的深刻感受分不开的。陈剑光先生和香港圣神修院多位学者,出于对希伯来—基督教《圣经》原创智慧的深切认识,更是最初就赞同支持原创文化研究的老友。所以我有信心认为,我们的原创文化研究并没有同西方的学术背离,相反,它不过是对其精神实质的一个认真的表述和运用。

其实注重原创的绝非只是西方学术,更是中国文化学术固有的根本方法和传统，只是形态和内容各有特色或侧重而已。[①] 刘家和先生学贯中西，对史学史有长期深入思考，我在80年代钻研中西人论时就向他求教，从此结下了深厚友谊。他对原创文化研究的赞同支持，各位专攻中国历史文化的专家学者的参与和贡献，使我更增强了信心。所以我想中国学者的“认同”更应该是不成问题的事情。[②]

下面就想进入主题，就什么是“原创文化”谈点自己的初步意见。

三

“原创文化研究”，顾名思义，它要研究的对象就是“原创文化”。那么，这个对象本身究竟是什么，为什么要用“原创文化”这个词表述它，其概念该如何规定，这是我们理应阐明的首要问题。

十年来我们是有所说明的。家和、村富、树人诸位先生和我都

① 例如中国最注重“以史为鉴”，最重历史之源和贯通历史源流的“经史之学”。希腊人特别注重的是从逻辑上探求事物原因的“科学”和追溯自然与人终极本原的“哲学”。希伯来人则最重人和世界的终极创造根源的“神”，就有《圣经学》的神学。尤其值得注意的是，他们对于“人”本身都有深刻的看法。中国人最看重的是人的“人伦”本性，希腊和西方人最看重的是人的“自由”本性，希伯来和基督教文化最看重的则是人作为上帝最珍爱的创造物有双重性的人性，认为在“神人之约”中才能认清人自身。这些对于“人之为人”的根本看法，既有共性，更因各有侧重而各放异彩。

② 事实上“原创文化研究”就是我们中国学者为了中国文化的复兴、为了当代中国人的新的精神觉醒，而提出来的课题。村富说他有一种“感悟”：“我们提出‘原创文化’的一个重要契机，就是从原创性智慧中寻找启迪现代文化建设的要素，而他们（西方学者）可以说压根就没这个想法。”我想这一感悟是有来由的。原创文化研究有着“当代中国造”的印记并非偶然。

谈过一些看法,也有些商榷讨论,这些在此前几本论集里都有表现。但是看来做得还不够,所以大家都希望能有一个更加清晰的概念或定义。

由于“原创文化”这个词确实是我先用起来的,因此我更有责任回应这种期待。我想说的其实很多,从何说起? 还是先从交代我选择使用这个词语的考虑说起,可能更直截了当些。

这是一个由四字三词组成的一个词语:“原”,“创”,“文化”。这三个词分别说各有其含义,而在“原创文化”词组中因彼此关联又都有了新的含义。

1. 在我心中,第一个关键词,是“创”字所表示的“创造”

“造”是人们熟悉的字。它与生产、制造相关,但加了一个“创”字,就加了一层“创新”或“突破”的含义。生产和“创造”是一种主体的活动,我们熟悉和能认识的创造都是作为主体的人的活动。生产是满足人的生存需要的必要活动,创造更多了一层含义,它是人们为了改善自己的生活而进行的活动。对“好”和“善”的追求(目的),使人总是不满足于现状,就要设法并努力去改变现状,创造出一个比现状更好的现实来。所以同单纯的“造”相比,创造更是人的本性所在。所以人最珍视和喜爱创造。在《圣经》的《创世记》里,用神话的方式第一个反复称赞为“好”的行为,就是上帝的“创造”活动及其果实。在现实生活中凡是有创造力的人和事,也总是比其他的人和事更受到人们喜爱和尊重。生活在大变革时代的人,最需要做和想的事情就是创新、创造、创业。因此寻求创造的原动力,就是我们最该关心的事情。

“创造”不仅需要知识,还必定有愿望、追求和想象力的参与。两者结合才会产生让人惊叹的创造奇迹。所以研究“创造”,在某种程度上和所谓“未来学”或“爱智慧”(哲学)类似,既同有确定性的经验和科学的知识相关,又同人的追求和想象力这些不确定的东西有关。创造是可以进行实际的和学术的研究的,但也需要想象,甚至需要神话式的想象。

2.创必有所本或原。第二个关键词是与“创”相关的“原”

“原”,作为名词指任何事物都有的“来源”和“原因”,作动词讲就是“求原”,寻找和认知事物的来源和原因。从历史上追根溯源、从认识上寻求原因,都是“求原”。历史之源是往后历史发展所形成的一切传统的萌芽与开端,抓住源头才能对历史源流有贯通的理解。原因是造成事物变化的因果连锁关系的关键,找出原因才能理解事物本身。

人要创造历史和各种文化,都离不开寻求和认识其“原”。把“原”同创造联系起采,它就指“创造之原/源”,“求原”就是寻求这“创造之原/源”。

而当我们把“原”和“文化的创造”联系起来时,“原”还有一个最重要的含义,那就是“人”本身。因为人是一切文化创造的主体,既是出发点和原动力,也是目的或归宿。人是为了自己的“好/善”才去创造文化的,又正是通过文化的创造才创造出了人自身及其不断改善的生活、历史和未来。

这样,在“原创文化”中,“原”和“求原”就有了三层含义:一、历史之源及其追溯;二、世界和事物因果关系中的原因及其寻求;

三、人自身和人对自己的认识和寻求。

最后，我们还必须说“原”还有一个最高的含义。由于任何原因总还有它的原因，历史也能继续向前追溯，而人本身也有其来源和原因，所以我们就必须认定：必有一个最高的或终极的原因或根源。它是最本来意义上的“自然”[①]；或其比喻的说法，“天”；或宗教神话方式的确认，“天主/神/上帝”。

人们在实际生活中经常要探求的“原/源”，主要是前两种含义，它们分别在历史学和科学中得到研究和知识。认识人自己，是关于人本或人道的研究。而终极之原，则是在经史之学和哲学的无限追寻中，在人的最高想象力和人的自我批判力的作用下，通过神话和宗教神学的形式来确立的。到了我们的“原创文化”研究中，这四种含义就联结起来了，并且有可能得到互动和贯通的理解，因而其中每一个的特别意义也就能得到进一步的显示。

分析起来，前两种创造之源属于知识范围。知道历史之源才能贯通古今、“以史为鉴”。知道事物不同层次的原因才能建立科学。这对人创造和更新历史，造出种种新事物，都必不可少，所以值得尊重。但这都是属于人的知识并只是为了人的，也就是说，是以人本身为原的。所以相比起来，“人”这个创造之原高于前两个。

但是说到“人”本身，已非单靠知识就都能认识的了。“认识你自己”从根本上说是一个“人的精神自觉”的大问题。尽管我们关于人自身可以有许多生物和医学的知识，关于其文化和社会方

---

① 不是比人低级的自然界及其万物意义的自然，而是如《老子》和赫拉克利特所说的“自然”，即纯粹“自在自为”的终极存在和比人更高级的自然。《老子》说“人法地，地法天，天法道，道法自然”。赫拉克利特用“按一定分寸自己燃烧自己熄灭的宇宙大火”来比喻它，也用神话的语言称之为“神”。

面可以有许多历史的知识和人文社会科学的知识，仍不能透彻回答“人”究竟是什么。因为从来源说，人是“自然之子”或“神的儿女”，是可以“通天”的。或者用我们关于“原创”的说法，人和人的创造力也有其来源，这就是终极本原的问题。它不是人的知识可以穷尽和完全把握的，我们称之为奥秘。

这个终极根源的存在是确定无疑的，而我们确认它也是必要的。因为唯有先确认了这个终极本原，人本身及其创造才能得到根本的说明和界定。问题只在对这个充满奥秘的终极存在如何加以确认的方式。①

人的创造力虽然伟大，并不是可以为所欲为的。人有追求真善美的愿望，可是常常做出来恰恰是假恶丑。人有历史知识、科学知识，却还是总在犯错误造罪孽。甚至在陷入自己造成的严重恶果时也常常一意孤行，不知悔改。谁能制约他呢？

唯有确立了终极根源（无论称之为“自然”、“天”，还是作为“生命、道路和真理”标志的“神”），人才可能界定和认识他自己和他的创造。因为人类与生俱来的双重本性，在终极本原的光照下才能显示出来。一方面，他在自然万物中最有灵性，可以创造，可以追求善和美，追求知识和真理，所以最像神；但是另一方面，他又毕竟不是神，所以上述人的种种优点都会转向其相反的方面。因此，在看到自己优点的同时，人必须时刻警醒、不可骄傲。这也适用于“人的创造”和全部“文化”。当人创造出伟大历史和文化成果，例如巨大的经济成果、先进的科学技术、强大的国家实力时，就很容易以为自己无所不能、无所不知，那不就把自己看作是“神”

① 如上所述，人只能在历史学和哲学的无限追寻中，在人的最高想象力和人的自我批判力的作用下，通过神话和宗教神学形式，才能确认这个终极根源。用中国人传统说法或佛家说法，叫作“参透”、“觉悟”。

了吗？他就忘记了自己终究还是凡人，忽视了空前的灾祸可能即将到来。那时后悔就可能为时晚矣。

可见，“创造”之“原”中最后这一个有多么重要。它是唯一能管住人，管住人的创造、人的历史、人的文化的东西，也唯有它，才能给我们“认识人自己”提供彻底批判的要素和根本依据。

我们是从“创造”这个词说起的。“创”字用的偏旁是“刀”，人类是从开始学会使用和制造第一把石刀或石斧开始其创造活动的，这也就是人自身及其创造的诞生。人要实现创造和继续创造，也必须同时拿起解剖刀对待自己，学会不断深入彻底地批判自己。而这也就是创新或更新我们人自身。

3. 在“原创文化”中，“文化”也有了新的含义

“文化”一词通常就有广义、狭义两种用法，而在对文化创造的求原思考中，“文化”就不仅是广义的，而且会呈现出它原有的活生生的有机整体的面貌。它不再只是各种文化因素的罗列排比，而是在创造和更新过程中互相制约又彼此推动的生动过程。文化的古和今、源和流，无论跨度多么巨大，也有了彼此贯通的线索。这些互动贯通形成了活生生的过程性的文化整体。

文化作为整体，也有一个创造与更新的过程。从历史上看，它同人的社会生活共同体的形成有密切关系，几乎同义。迄今为止人类共同体的主要形式都是民族和国家，它们是以往文化借以形成和发展的主要范围和载体。因此其文化整体都以“民族”和“国家”形态出现，所谓“人类文化”整体，以前只能在“天下一家”、“大同世界”之类理想中才有其观念性的存在。只是到了当今全球

化时代,人们才看到了现实的可能性。这个空前的可能性,正是以各民族各种文化的大冲突和大融合形式显现出来。它既为人类创造这个新的文化整体提供了机会和可能,也是全体人类、一切民族必须面对的空前挑战。新的“人类文化”的诞生,也就是“新人类”本身的真正诞生。创造这个新文化新人类,是新时代各族人民最伟大的目标。

从以上词义分合解说,我想总起来说,可以把“原创文化”看成是在终极本原的前提下,人类各种文化创造之“原”的各个节点彼此结合、贯通交织而成的一个大网络,也可看作这些创造之原/源在彼此作用和制约的涌动中不断汇聚终于形成的一条人类文化的大江河。现在它还要加进我们今人的更为重大的新创造,使之更为浩荡。

我们的“原创文化研究”,正是为中国文化的未来,同样也是为全人类文化更新的这个伟大目标服务的。我们希望我们的努力,能为此提供研究的思路、观点和方法,作些有益的贡献。

四

现在来谈有关“原创文化”的概念问题。上节词义解说已关乎概念,但还不是讲概念本身。说到概念,人们就会想到要给这个对象的内涵和外延作出一个比较严格确切的规定,或给出一个定义。

但是要给“原创文化”下这样的定义,我想是不容易的。首先,因为如上所述,“创造”除了知识,更需要想象力的参与。再者,“原”的追寻没有止境,尤其是终极原因的追寻因其奥秘必然要超越知识,只能靠最高想象力,在神话和宗教中用信念或信仰的方式采建立。最后，关于“文化”我们虽有许多史实可考，但未知的、有疑点和有争议的东西常常更多。这些都使我们很难对“原创文化”形成一个如同一般科学或学术中所建立的那样确定的概念。从某种意义上说，甚至是一件根本不可能的事情[①]。

所以我会想到“未来学”或“爱智慧”中的情形。什么是“未来”本身，这个概念如何确定或定义？这不仅要靠关于过去和现在的知识，还要靠想象和猜测。而在“哲学”即“爱智慧”的研究里，要寻求的“本原”本身是什么概念？能定义吗？它只能靠寻求的活动，或归纳逻辑的推理来假定，再通过这种归纳方法中包含的演绎证明方法排除谬误，求得在某种程度上可以令人信服的证明。但归纳终究不是演绎，假设就少不了想象，所以任何归纳，即使是最严格的归纳方法所得的结论，也总是可以质疑、可以被推倒的。[②]事实上随着哲学的发展，我们看到的正是一幅“本原”含义不断更新的画卷。所以，在这两种研究里，其对象也无法具有如同一般科学和学术中所用的那样确定的概念。如果说像“未来”、“本原”这样的对象可以有概念，那也必是另一种概念。因此与“原创”相关的“原创文化”，如果能有一个概念，也会和一般学术全然不同。所以我想，只要不妨碍我们做这种非常有意义的研究，还不如暂且把这类讨论放一放为好。

---

① 我们愿意采用“原创文化研究”而不是“××学”这样的词语，一个主要的理由就在这里。

② 这种方法起于苏格拉底，柏拉图在《巴门尼德篇》中作了一个典范性的运用。亚里士多德在《分析篇》中作了严密的阐述。但即使最严格的包含着演绎证明的归纳方法，也必须先有假设，然后才能用演绎证明方法逐一排除谬误，最后才能认为假设得到了证明。“假设”就必须有想象力的参与。而即使假设被认为已经得到了证明，如亚里士多德那样的大哲学家运用他那种最严格的归纳法所证明的本原学说，在希腊晚期怀疑论看来也仍然是可以用逻辑推翻的、不能成立的假说而已。

在我看来,在对"原创文化"有了宏观的视野之后,最要紧的是抓研究如何能落实这一头。我们可以运用经过检验和得到公认的那些史实和知识,以此为据,先建立一种便于工作的概念。我认为十年来我们学会并采用的就是这种概念,这就是,先把从古代中国、希腊、希伯来发端的三个文化归在"原创文化"之下,形成一个"集合性的概念"。这是一个极其初步的"集合",因为这只是从历史之源来看的原创文化集合,而且就是从这一角度看也绝不是只有这三个。但是先划定这三个的"集合"却非常有意义,因为它能给"原创文化"研究先找到一个坚实可靠的阿基米德式的支点。[①]只要我们对其他带有原创性的文化也给予尊重,把它们保持在我们研究视野中,先着重抓三个就没有什么不妥。以这三者为中心的"集合性概念"可称作"三集合"。

集合或汇聚能形成一个平台。用亚里士多德《正位篇》的逻辑用语说,就是一个 topic,"位置"或"场所"。其作用是形成一个研讨的"主题",使各种观点和意见能集合或集中在此主题下展开讨论。

"三集合"就是我们"原创文化"现阶段的研讨得以展开的平台。这是一个工作性的概念、集合性的概念,也是一个功能性的概念。

① 这里略为申说一下我们先选择这三个做成一个集合概念的主要理由:1. 它是当代中国文化复兴的现实需要和学术需要。2. 在"三集合"里就有理解人类文化创造之"原"各种含义的经典阐述。它是一个比较全面并各有侧重的思想宝库。3. 它是最注重"以史为鉴"的中国人易于采纳的方法,也充分尊重了最看重"逻辑之原"和"终极之原"的西方观点。

对文化创造之源的关怀与探求[①]

——闲话原创文化研究

一

什么是"原创文化研究"？我想用一个最简要的概念来表示它也就可以了，这就是：求文化创造之原。或者说，是一种对文化创造的"求原"活动。

首先要说的是"求原"。人类按其本性都要求原，各种知识与学术的灵魂就在于求原。对于文化创造的求原只是人的各种求原活动中的一种，但因关乎全局和根本而有其特殊性。它特有的意义和困难与此有关。

与之相关要说的是"原"。"原"的汉字来自岩下泉源象形，是"源"的本字，故原、源相通。在西文经典和学术中，最具关键性的一个词是来自希腊文的 arche，意为 a beginning，first cause，origin，相当于中文中的"最初"、"本原"、"第一原因"和"起源"这些词的含义。所以汉字"原"与西文 arche 含义接近，可以通译。在中西语文里这两个词都有丰富的含义和极多的运用，在学术中尤其得

① 本篇原载《北京师范大学学报》（社会科学版）2011年第4期。

到了关注[1]。最常用的重要词义有:(1)起源、来源、源头等。江河有源,历史有源,凡事物都有起源或来源,中西以及所有民族都熟悉这个“原”的含义。中国人经常爱用的“本”、“元”、“根”等字词也有相近的含义,许多时候便可以通用。同样在西文中,也有许多相当重头的词语能表达 arche 的这类含义。(2)原来、原本、原貌、原汁原味等。与“原”的最初、起源含义相通。(3)原因。在西文,表示原因的词是 cause,与 arche 的“本原”(principle)或“第一因”(first cause)含义虽然相关,却有层次之别。这同希腊和西方文化与学术划分有关。因为各种学术都要探求事物的原因,但并非都要追溯到最高最初。哲学和宗教神学才关注最高最初的原因,而表示这神圣的原因用古老的词 arche 就最合适了。亚里士多德开始用四种原因来讲 arche。因为他系统研究了人类认识和学术由低到高的发展,认为根本线索就是“求原因”的不断提升直至找到“第一原因”的过程。这样就把原因(causes)同 arche 联结起来了,并对此过程作了严密的逻辑线索说明。这种求原方式是希腊和西方的特长。在中文里,“原因”一词的好处是能兼顾不同层次,不足处是没有西方那么层次清晰和讲究逻辑。中国文化与学术的特殊长处是关注历史,特别注重历史之“源”的探讨。

最后再说在原创文化研究中“求原”的特殊意义,包括文化创造之“原”究竟是什么,我们为什么需要特别关怀这种探求,应该怎样探求,等等。不必说这些看法不免有不当之处,何况只是闲谈。谨供讨论,谨请批评。

① 如学人都知道朱熹有做学问必须关注“源头活水”的话。亚里士多德在《形而上学》卷五中就有专门分析“原和因/原因”词义的论说。

二

让我从一个例子讲起。《中国国家地理》杂志新近一期[①]有一个题为“饮水必思源——人类对大河源头的渴求”专栏，讲述了三江（长江、黄河、澜沧江）的探源故事。撰稿人是亲历了科考探险的作家、探险家和科学家。文章引用图片数据丰富准确，其感受和思考也非常生动活泼。更有特色的是，还涉及许多理论和概念的思考和争论。它吸引了我，使我得到了好多启发。

长江到底有多长？这个凡有点文化的国人都想知道、更为当代科学家必答的课题，答案只在一个“原”或“源”字。江河自然有源，但这个自在之物我若不知，对我来说就等于零，等于还没有存在。人只能靠自己的努力探求才能发现源在何处，把它变成为我之物。所以发现长江之源，对我们来说必是一个漫长的探求与历险的故事。

中国自古重治水兴水利，大禹治水传说和眼前仍在的都江堰工程就是明证，于是才有以讲水系为主干的华夏九州地理知识典籍《尚书·禹贡》出现。其中“岷山导江”之说，便是中国人最初关于长江来源的认识。此说延续相传，直至明代徐霞客才有新说。这位大探险家、科学家、文学家通过实地考察，发现比岷江更长的金沙江才适合看作长江之源。到清乾隆年间，对长江源的水系有了全面描述，但还不能正确划分主支流，不能指出源头。民国年间中国地理学界认为“长江源于青海巴颜喀拉山南麓”，依然混乱谬误。直到1976年由长江流域规划办公室（“长办”）和中科院地理所等多家共同组织的大规模科学考察之后，才有了决定性的突破。

---

① 《中国国家地理》2009年第3期，总第581期。

我们终于知道，“长江源头不在巴颜喀拉山南麓，而是在唐古拉山脉主峰格拉丹东雪山西南侧的沱沱河；长江全长不止5800公里，而是6300公里。”

说到这里，科学性质的长江探源才刚正式起步。在此之前，还谈不上“江源”的科学研究，还没有达到有关概念和理论的争论。后者才是几篇论文的主题。

以长江源而论，1976—1978年有在三源中如何确定“正源”的讨论。唐古拉长江源区“江源如帚”，楚玛尔河、沱沱河与当曲都是，哪个是正源？

长办认为应以沱沱河为正源，按此计算长江长度就是6397公里。但按当曲则为6403公里，岂不更为正确？这是一大争论。还有，发源于雪山冰川的源头，它最初融化出来的第一滴水又在何处？冰川和冰舌都在不断变化，将永远无法确定。

在黄河与澜沧江的探源问题上，还有更多的争论和未解之谜。据科学家刘少创说，对如何确定河流的正源，国内外学术界目前还没有共识。归纳起来主要有以下几种：(1)河源唯远，即以河流最长者为主流，以距离入海口最远的出水地为源头；(2)水量唯大，即以河流水量最大者为主流，对河流补水最多、贡献最大的出水地为源头；(3)历史习惯，即尊重人们长期形成的习惯，不轻易改变历史上既定的正源；(4)与主流方向一致，即以上游诸河流中与下游干流流向较为一致者为源。同时满足上述标准的河源事实上是不存在的，因此就需要有所侧重与选择。争论是必然的。作者一一分析了上述几种观点的由来论据，加以比较，论证了以“河源唯远”为标准相对说来最为恰当可行的意见。而这也还要继续加以检验讨论。

所谓“正源”及其判定标准的讨论，已是科学及其概念、理论和方法的层次了。我们看到在这里争论没有结束,而且正是这些争论标志着江河探源进到了新阶段。

不仅如此。正是有了这些争议,才会有最后写在专栏卷首语中的惊人之语:“大河本无源”。作者说,在读了许多探源的故事之后,我困惑了。直到有一天,苏珊·桑塔格的话忽然在我耳边响起:人类永无救赎地留在柏拉图的洞穴里,老习惯未改……我忽然顿悟了:大河的寻源和量长无非是人类的老习惯未改,把思想当作现实的又一幕喜剧在上演。其实河流是没有什么源头的,源头是人自己构造出来的概念,这个概念应该源于欧几里得几何学的基本概念:点。寻找河源的人们坚持要找到这样的点,一代代的探险家和国家机构一次又一次地出发了,去找那个点,河源,并为此而争论不休。“我看到了人类把自己的思想强加给现实的尴尬。”

应当承认这篇文思俱佳的卷首语,把江河之源问题的思考又提高了一大档次。作者把探源故事中的追求和困惑争论,都归于“人的永无救赎的本性”,用“顿悟”对“思想与现实”这个大问题提出了自己超越性的诗意解答,显然是进到了谈哲理的层次了。只是他可能还没想到,他的“顿悟”恐怕也未能跳出纷争。因为就是在哲理层面,也依然不能终止争论,不过是把探源问题上升到一个更高程度的新战场上来罢了。

三

上面说的只是无数人类求原故事中的一个很小的事例,一只麻雀。但由小可以见大,启发我们思考普遍的问题:究竟什么是

"原"和"求原"。

必须承认,"求原"是人类的普遍特点和活动,是人性本然。其实普通人日常生活也要求原。譬如人都来自父母,这就是每个人的来源,那是他必须知道应该知道的,进而他还要知道自己的祖先,更远的源。又如人要做成任何产品都必须有原料装备、蓝图、工艺和生产者人本身,等等,这些也是产品的原因①,若不知道或缺少了就无法生产。不过在这些日常行为里人们通常不会郑重地谈论什么"原"或"求原"的字眼罢了。而在跨出日常生活进到科学活动领域时,"求原"就成为必须突出加以关注的事情了。因为科学之所以是科学,就在于它要探求事物普遍和必然的原因。自觉"求原"是科学的任务和本质。江河探源如此,正在进行的探月活动如此,所有的科学概莫能外。

在这方面,人和一切其他动物不同。牛羊也会追逐水草之源,但动物只有感觉没有思想,所以没有自觉的求原。只有人类才会用思想求原,并把这种自觉求原得来的知识用于现实。亚里士多德早就说过这个意思。他认为所有人按其本性都乐于求知,而求知是从感觉、经验到思想,从认知个别到普遍,从技艺到学术探究的过程。这一过程最关键的推动力就是求原,人不满足于所看到的事物表面现象,要问这是"为什么"。只有知道了"为什么",我们才能知道它究竟"是什么"。从"实事"中"求"到"是",才叫知识。可见,与求知相关,思想和运用思想的"求原"也是人的本性,并且更是人类优于动物的特有本性。所以,说探源、求原是"人类老习惯未改"并没有错,人的本性如此,所以想摆脱是不可能的。

---

① 亚里士多德讲原因有四种,质料因、形式因、动力因、目的因。他经常用雕像为例,青铜、形象或蓝图、某一工匠或艺术家、供人观看欣赏,就是这种技艺活动和某一雕像产品所必须有的四因。

顿悟在这里无用,因为顿悟本身也是一种"思想"。人如何能跳出他固有的人性,做到没有思想,没有追求?

人和人的思想怎么可能不犯错误?中国人总是说"人非圣贤,孰能无过",而西方人更认为人不是神,必定有错误和罪恶。连先知摩西都没有资格进入上帝应许之地。在认识和实践中思想同现实原本就是对立物,怎能没有矛盾?即使最正确的概念也只能表现事物中的普遍和必然,即叫作本质的东西。它是舍弃了事物的个性和偶然性所得的抽象。因此它也不能完全表现对象。所以有了正确的思想,运用时也要小心,否则就会出差错,甚至犯简单化和粗暴的大错。但是话说到这里,我们能否因此就认为思想概念是原罪,应当放弃?我想答案只能是否定的。

这是因为只要人还在生活和创造,就不能没有思想和概念。思想终归是人的本性和胜过动物的优点。我们不能因噎废食,把思想本身视为原罪。也正因为人有思想,他会从谬误和罪恶得教训,学会分辨善恶是非美丑,学会悔改和纠正错误,向着求真求善求美的路不断探索前进。这情形也正如亚里士多德论述的那样,当人们有了某种原因的知识时,总会发现它还是未能使我们满意,或不足以解答疑难,于是我们就要继续前进,询问和探求其更深层的原因。这样就推动人走上了爱智慧之路。他承认人不是神,其求知求原与爱智慧也终究只是人的"窥测天机"的行为。但他却没有认为这是虚妄。相反,他批评诗人所谓人不宜上窥天机之语,或说这是超乎人类的能力的意见,坚定地宣称爱智慧的求知求原是一门光荣的学术,最神圣的事业[①]。

① 见亚里士多德《形而上学》卷A,吴寿彭译,商务印书馆1959年版。

四

对江河探源感到困惑的朋友说,他悟到困惑是由于人要追求一个用自己构造出来的"源头"概念引起的。这个概念应该源于欧几里得几何学的基本概念:点。这样的"点"只是个思想概念,在现实中并不存在。这就涉及心物关系的哲学老问题,我不想在这里多说。但他说到欧几里得几何学的"点",倒让我真想说几句话。他不赞成用概念的"点"看源头,似乎和他喜爱江河源流的天然之美有关,因而觉得为了追求一个"原点"式的源头还争论困惑不休,还不如"顿悟"出来为好。所以他文章末尾会说,"人永远不可能精确地,而只能是诗意地对待世界"。

我很爱山河自然美,所以对他的话有亲切感。但是我也非常喜爱思想之美。那些能启我深思促我感奋的概念,我不仅喜爱,还会有深深的激动。甚至看来相当枯燥的逻辑,也会给我以美感。这两种美我都喜欢,但是可能对思想之美我会更加珍视。因为它更加来之不易,又是和我同类的人的活生生情感思维的创造,凝结着对真理、善良和美感的追求。每个这样的思想后面都有一连串艰难劳作甚至满含血泪激情的历史故事。为什么我愿意来做对于文化创造之原的探求,不能否认和这种深深的喜爱有关。我相信"卷首语"的作者其实也会有这类喜爱,如果他再多想想,说不定也能同意我的意见,改变一下他对那个"原点"的看法。

这里只能说一点有关那个"点"的故事。在欧几里得几何学开头就定义了"点:点不可以再分割为部分"。这个定义似乎极其简单,因为它是一个高度的抽象物。我至今还记得幼年时刚接触到这个点概念时的感受,那就是震撼。一个没有长度、宽度也没有体积的点,我从未见过想过。但是有了它,再去看一切空间位置关系,其清晰和确定也没有任何其他说法可比。而在有了这个点,加上没有宽度的线,等等,再有些清楚明白的公设公理,作为原初出发点之后,不管你是谁,只要循序渐进地按照严格的推理步骤方法,都一定能获得一系列重要知识,包括那么多的定理,还有与做习题那样能解出各种难题的能力。这里不仅有真知也有美和神圣。据说毕达哥拉斯斯斯在证明了那个著名的"毕达哥拉斯斯斯定理"后,就举行了百牢大祭以庆祝这个神圣的发现和创造。后来我还知道泰勒斯已经对等腰三角形有研究了,而他正是希腊"爱智慧"第一人。再后来研学古希腊历史,我还知道了希腊人是从埃及和巴比伦那里学到各种天文和地理测量计算知识,但是他们并不满意,才创造出这种以思想和概念为灵魂的理论几何学的。它经历了至少四百年的求原和探索的思想劳动历程。若从最初的思想创造活动直至欧几里得时代,至少已经历了四百年。

我们还知道,德谟克里特的"原子论"也是从设定"原子"和"虚空"开始的,这"原子"的本义也是"不可以再分割为部分",与欧几里得的"原点"定义一模一样,只是前者用于宇宙的物质存在结构,后者用于宇宙的数学空间结构而已。而这个"不可分割的存在"概念又都来自巴门尼德。这个"存在"概念,就是在当时的希腊也引起了极大震动。在此之前,希腊哲学家从以水为"本原"开始,就进入了对本原不断探求和争论的历程。有用气、火和四根的,有用"有规定者"和"无规定者"和数的"一"和"多"的,在这种种探求争论和难解的困惑之后,终于出现了巴门尼德的"存在"本原概念。他认为唯有用一个单一的不可再分割的存在概念,才能牢牢抓住"存在本身",只有这个"存在本身"才配作为世界的本原。这是希腊思想中的一个极大转折和突破,一个空前的创造。

尽管这个概念看起来几乎完全违背了世界的现实,如果没有它就根本不可能有后来的希腊古典哲学和科学,也没有严格的逻辑思维的产生发展。事实上,德谟克里特、柏拉图和亚里士多德都是从巴门尼德的“存在”为原点的发展。可见,欧几里得的“点”,还包含着一个更深刻和久远的哲学故事。

还没有完,在它背后还有一个更深厚久远的关于人和文化的故事。大家知道,古埃及、巴比伦早就积累了可观的天文观测和地理测量知识,那倒是比较切近实际的。但是希腊人学了之后还不满意,他们不满足于人能看见摸着的点、线、面、体的知识。因为它只能告诉人其“然”而非“所以然”。知其然者能模仿,但不能创造新事物。可是希腊人需要一种新的生活,一个新的世界,需要创新。所以就不满足仅知其“然”的知识了。这个事物的“所以然”,就是“原”。于是希腊人就开始了自己求原的创造活动。所以要真的讲述那个“原点”概念由来,还要追溯古希腊人如何追求和创造他们的新生活、新文化、新思想的精彩的全部历史故事。

因此这个“原点”虽是人创造的概念,却是人类追求真实的创造性活动的结晶。它不是单纯地反映世界,而是为了改变世界。就像初民的石斧不再是纯自然的石块石片,在红山文化中发掘出来的玉环不再是一块单纯的玉石那样,我们看它就需要有眼力,看到其中包含着的初民的智慧。因为它凝结着人类的愿望和所追求的真善美。所以我想,素朴自然的江源固然美,而在探求江河之源的探险家和诗人的眼中和心中所能感受到的江源一定更美。

五

谈过“求原”之后回到本文的主题上来，什么是“原创文化研究”？我想只要点出几点就可以了。它也是求原的学术活动，特点只在它是关于“文化创造”的求原学术活动。文化有如长江大河源远流长，关心和探源的人和著作比比皆是，为什么我们还要特别提出“文化创造”的求原问题加以探讨呢？

其一，提出探求文化创新之原问题的动力，首先是对当代中国文化复兴的关怀。中国人觉悟到自己的文化需要有一番全盘重大改造，至少可从五四算起，已近百年。改革开放从经济入手启动，接着就要进入政治和其他各个方面，是一次更加全面深刻的文化转型与创新。我们在为成就高兴的同时，更为摆在面前的诸多难题和挑战而担忧。为了寻求科学闯关之路，我们需要探求文化创造之原。

其二，当代中国文化复兴的最大特点，是在现代化和全球化背景和挑战下引发的重大转型和文化再创造，因此特别需要有一种全新的视野。另外当今全球各民族也都不同程度地面临着各自的文化改造。“求文化创造之原”作为一种学术研究活动，不仅能为我们重新审视中国自家文化，也为重新审视西方和其他重要的文化之源，有分析地取长补短进行新的整合，提供一个新的思考高度和讨论平台。

现在兴起的文化比较潮流，也是为了适应新形势需要的一种学术活动。但比较可以是各种各样的，差异较大的沟通更难，往往因找不到共同语言无果而终。原创文化研究也做比较研究。由于我们所说的求原有一种人类文化的关怀和视野，有追寻其原因直至本原的高度,我们设想这样也就能为比较提供帮助,甚至能为它开辟一种新的思路和方法。

其三,文化有源流之分,文化的创造便有原创——传承——再创造的过程。在创新或再创造时,只关注传统是绝对不够的。因为对创新来说,最重要的恰恰是突破传统使之得到更新。在这个时候,更需关注的就应该是原创。传统虽然来自原创,但它也会遮蔽原创。所以我想只颂扬传统文化而很少分析并不恰当,对今天中国文化的转型和创新不利。这并非对传统的轻视。强调研究原创或"源头活水",恰是为了给传承重新注入活力,使它能获得更新。

在文化创造的求原中,"原"的含义也有了深化。(1)既指探求文化的历史之"源"即"原创文化";(2)也指探求文化创造的奥秘即"原因",并且(3)由于人才是一切文化创造的主体或原动力,其目的是为了人,因此人才是文化创造的中心之原。因此求文化创造之原的更高层次就是研究人自身,"认识你自己"。最后,(4)由于人终究源于自然,是自然界的一部分,人性也就是人的自然,所以当我们的探求必须追溯到最初最高起源或原因时,求原就到了最高的层次,亦即探求终极本原,叫作"自然"或"天",或如用神话方式表示的"天主"、"上帝"了。

六

最后,对于原创文化研究今后可选的研究课题稍微谈点想法。

我认为中西文化创造虽然都和求原相关,却有重要差异。在希腊和西方文化中,最具创造性的努力都在探求事物的"原因"。因此产生了严格的逻辑理性思维,和运用逻辑思维发展起来的科学和哲学。与之异趣,中国文化思想的重点在求“源”,因此特别发展了历史理性的思维,中国人的智慧特色在“以史为鉴”,便有“经”“史”密不可分的学术形式。这两种各有特点的求原方式,成为各自文化的创造基因,不仅在过去创造出了两种伟大辉煌的文化成就,至今仍然活在我们的现实生活中。为了今天的中国文化复兴大业,我想对二者再加审视和分析比较是特别重要的。

中国自古重史,但历史也不是自在之物,我们所能知道的历史都是由人用一定的思想即历史观写出来的。它是否真的符合现实也就一直有争论。近现代以来,中国人从西方学到了许多新的历史观,如引进了近代欧美追求自由民主的历史观,马克思的唯物史观,使中国人思想发生了巨大变化。这才有维新运动、辛亥革命和新中国的诞生。可见中西历史观在实践中已经有了比较和吸取,不过思想学术的深入研讨似乎还远远未能跟上。当代中国以至世界都处在一个巨大的历史转折点上。中国和世界将走向何方? 我们该如何创造未来? 这些已成为最重大的关切和疑问。所以,我想,对于历史观或历史架构该如何重新审视和探源,也许应该成为原创文化研究下一个最该关心的重要课题。

译文集

怀疑派[①]

很久以来，我对于哲学家们在一切问题上所作的判断就持有怀疑态度，并且发现我自己同他们发生争论的意向要大于同意他们结论的意向。他们似乎没有例外地都容易犯一种错误：把他们的原理规定得过死，不能说明大自然在它的全部作用中所造成的那么多千变万化。如果一个哲学家一旦抓住了某个他喜爱的原理，而这个原理也许能说明许多自然现象，他就会把这个原理扩大到说明整个世界，把一切观象都归因于这个原理，虽然他这样做靠的是最勉强和荒唐的推论。我们的心灵自身是狭小偏窄的，我们无法使我们的概念扩展到能同自然的变化和范围相匹敌的地步，可是它会想象自然在自身的工作中受到的限制同我们在自己的思考中所受的限制一样。

如果在某种情形下发生过对哲学家的弱点的怀疑，这就是指他们在对人生的论述和如何获得幸福的方式上。他们在这方面陷入迷途，不但是由于他们的理解力狭隘，而且也是由于他们在感情上的狭隘。几乎每个人都有某种占主导地位的倾向，支配着他的其他愿望和爱好；尽管在他的全部生活过程中会有某些中断，这

① 本篇原载《人性的高贵与卑劣——休谟散文集》，上海三联书店1988年版。出版时有译者注："这篇文章所讲的是休谟自己对生活、幸福和哲学的看法，对我们了解休谟的哲学观点有重要意义。"

个主导的倾向总在支配着他。要他领悟到他全然漠视的事物能够使人得到欢乐,完全在他的视野之外的东西具有迷人的魅力,这对他来说是困难的。在他看来,他自己的追求永远是最动人的,他的热情所指向的目标永远是最有价值的,他所遵循的道路永远是唯一能引导他走向幸福的。

但是如果这些有先入之见的推理者稍加反省,许多明显的事例和论点就足以打破他们的迷梦,使他们跳出他们那些公理和原理的狭隘局限。难道他们没有看见我们人类有极其繁多的偏好与追求,每个人似乎都对他自己的生活道路非常满意,认为他的邻人所受的局限是最大的不幸?难道他们自己没有感觉到有时快乐,由于欲求的改变,另一时候感到不快;没有感觉到他们尽了最大努力,也没有能力重新唤起先前给他们以诱惑力的趣味和欲望,来改变当前的冷漠或颓丧状态?因此他们应当想想,人们一般喜爱选择的那些社会生活,如城市和乡间的生活,行动的生活,寻求愉快和休息的那种生活,即社会生活,有些什么意义。固然,不同的人有不同的倾向偏好,可是每个人的经验也能使他确信上述这些生活方式都各各有其可取之处,它们的多样性或者它们的适当交替混合就能使它们都令人愉快。

但要容许这样的事岂不全然是冒险?难道一个人在决定自己生活道路时可以不运用他的理性来告诉他,什么道路可取,最能确保他通往幸福,而只听任自己的脾性爱好?难道人们彼此的行为方法之间没有差别?

我的答复是,这里有极大的差别。一个人按照他的性格爱好选择他的生活道路,可以运用许多办法来确保自己比另一个由其性格爱好引入同样的生活道路、追求同样目标的人得到成功。你追求的主要目标是财富吗?那你就要专心你那一行以获得熟练技能；要勤勉地实际练习它；要扩大你的朋友和熟人的范围；要避免享乐和花销；决不要慷慨大方，而要想到你必须节俭才能得到更多的钱。你想得到公众的好评吗？你就要避免狂妄和过谦这两种极端，显出你是自尊的，但也没有轻视别人。如果你陷入这两种极端之一，那你就会由于你的傲慢而激起人们对你的傲慢态度，或者就会由于你胆小如兔的谦卑和你似乎喜欢说些低声下气的意见，让别人看不起你。

你会说，这不过是些普通有关小心谨慎和遇事斟酌之类的老生常谈，每个父母都拿这些道理来谆谆告诫自己的孩子，每个头脑健全的人在他选定的生活道路上都是这样做的。可是，你还想得到的更多东西又是什么呢？你是否以为在普通的小心谨慎和思虑周详所能告诉你的东西以外，能从一位哲学家那里学到如同一位狡猾的人要戏法变魔术那样变出来的东西呢？——是的，我们从一位哲学家那里受到的教导，主要是我们应该怎样选择我们的生活目的，而不是达到这些目的的手段；因为我们不知道选择什么志向能使我们满意，什么情感我们应当依从，什么嗜好我们应当迷恋。至于其他，我们信任普通的健全理智和世上为人处世的一般道理，把它作为我们的教训。

所以，我很遗憾我曾经自命为一个哲学家，因为我发现你们的种种问题是非常困惑人的。如果我的回答过于严肃认真，说些空话，一副学究气，或者如果回答得过于轻易随便，被误认为在宣扬罪恶和不道德，那我就处在一种危险的境地里了。不过无论如何，为了满足你们，我还是来谈谈我对这个问题的意见，希望你们把它只看作我本人的一点体会。这样你们就不至于认为它值得嘲笑或愤怒了。

如果我们能够依靠某种从哲学里学到的，看来可以视为确实无疑的原理,那么它本不是什么高贵的或卑鄙的、可欲的或可恨的、美或丑的原理,而只是从人类的感受和情感的特殊组织结构中产生的某些特性。对于一个动物显得最精美的食物,对于另一个动物来说好像是使它作呕的;使一个动物感到愉快的东西,在另一个身上产生的是不快。这种情况大众公认适用于所有肉体感觉。但是如果我们更精确地考察这个问题,就会发现上述观察也同样适用于和肉体同时发生作用的心灵,适用于同外在欲望相结合的内心感受。

你要一位热恋者告诉你他的情人怎样,他告诉你,他不能用言语形容她是多么迷人,还会很严肃地问你,你是否见过一位绝代佳人或天使? 要是你回答说你从未见过,他就会说,他实在没有办法使你对他那迷人的情侣如此圣洁的美得到一个概念,她的形象那么完美,她的身段那么匀称,她的风度那么动人,她的性情那样甜蜜,她的脾气那样开朗。你从他所说的这一切里能知道什么呢? 只能得到一个结论,那就是,这个可怜的人已经堕入情网了;大自然灌注到所有动物身上的那种两性间的一般情欲,在他的身上起着作用,决定了具有某些品质的一个特定对象能够给他快乐。这同一个上帝的创造物,在另一种动物或另一个人看来只不过是一个普通的生物而已,被极端冷漠地加以看待。

自然赋予一切动物以一种同样的特点,让它们都偏爱自己的后代。当娇嫩的幼儿刚刚睁开眼睛见到光亮时,虽然在其他动物眼中它不过是一个不足道的可怜的小东西,可是疼爱它的父母却以极端的柔情注视着它,喜爱它甚于任何别的事物,无论它们是多么完善。唯有出自人类自然本性的原始结构和形态的情感,能赋予最没有意义的对象以价值。

我们可以把这个观察再推进一步,得出如下结论:即使只有心灵在起作用，感受到厌恶或喜爱的感情，它也会断定某个对象是丑陋的、可厌的，另一对象是美丽的、可爱的；我要说，即使在这种场合，这些性质也不是真实存在于对象之中的东西，而只是完全属于那进行褒贬的心灵感受。我承认，要把这个命题向思想粗疏的人讲明白，讲得像能摸得着看得见那样，那是相当困难的；这是因为自然赋予人心的感受能力要比大多数肉体感觉能力更加一致些，它在内心中产生的摹写要比人类的外在表现更加接近。在精神的趣味方面，有某种东西接近于原理，评论家可以用理性作推论并讲出道理来进行争论，不像烹调的味和香料的气味那样说不清。我们可以观察到人类中的这种一致性，并没有妨碍他们在美感和价值评价方面有很大的差异；教育、习俗、偏见、任性和癖性，都常常改变着我们这种趣味。你决不能肯定一个不习惯听意大利音乐，不欣赏它那种错综缠结趣味的人，对苏格兰调子也不喜爱。你甚至除了你自己的趣味之外，没有一个简单的论点能说明你自己的爱好；与你爱好相反的人的特殊口味，使他仿佛总有一种更确信的相反论点。如果你们是些聪明人，你们每个人就应当承认别人的趣味也可以是正当的。许多趣味不同的事例会使你们承认，美和价值这二者都仅仅是相对的①，它们存在于一种使人感到满意的感受之中，一个特殊心灵里的一个对象，同这个心灵的特殊结构和组成相符合，就产生出这种感受。

在人类中可以观察到的这种感受上的多样性，自然好像是要使我们领悟到它的威力，让我们看到它仅仅靠改变人类情感欲望的内在结构而无须改变各种对象，就能产生这些情欲上的惊人变

---

① of a relative nature，意指它不是单方面的自然本性，而是两方面相互关系所形成的自然本性。——译者注

化。对一般人,用这个论点已经可以使他们确信了。不过那些惯于思考的人,还需要一种更普遍的关于主体本性的论证,才能确信这一点。

在推理活动中,心灵所做的不过是考察它的对象,这些对象被假定为实际地存在着,心灵并没有给对象附加什么或减少什么东西。如果我考察托勒密和哥白尼的天文学体系,我的努力只在通过我的探究认识星体的真实状况;换句话说,我把这二者各自主张的天体关系,在我的概念中看作是同一对象的关系,努力加以认识。所以,对于心的这种功能来说,似乎永远有一种实在的东西存在于事物的本性之中,尽管常常打上了某种未知的印记;它不会由于人类的不同理解变成或真或假的东西。虽然所有的人一直都认定太阳在运动而地球是静止的,但太阳并没有因为所有这些论证而从它所在的位置挪动一寸;这样的结论永远是虚假错误的。

但是,关于对象是美的还是丑的,叫人喜欢的还是让人讨厌的,这类问题的情况就同真或假的问题不同了。在这种场合,心灵不满足于单纯观察他的对象,把这些对象看作是物自身;它还在考察中感受某种愉快或不快、赞许或谴责的感情;这种感受决定着心灵附加给对象以美的或丑的、可意欲的或可憎恶的性质。所以很显然,这种感受必定依赖于心的特别构造或结构,它能使这样一些特殊的对象形式在这样一些特殊的方式下作用,从而产生出心和它的对象之间的某种共鸣和呼应。如果改变人心结构或内在官能,感受就不复存在,可是这些形式依然如故。感受不同于对象,他的活动是依据心的官能产生的,后者的变动必然改变着感受效果;同一对象,如果对某个心灵表现为完全不同的东西,就不会产生同样的感受。

在感受可以明显地同对象区别开来的场合,无须多少哲学,每个人很容易从自己的经验得出上述结论。权力、荣誉和报复，本身无所谓是什么值得追求的东西，它们的全部价值都根源于人类情欲的结构，从这种结构中人们产生出追求这些东西的意愿。这些道理谁不懂得呢？但是在涉及自然的或道德上的美时，通常就认为是另一回事了。人们以为使人满意的性质存在于对象之中，而不是存在于自己的感受之中。之所以如此，仅仅是因为主体的感受没有达到那种强烈的程度，不能以一种明显的方式把这种感受本身同关于对象的认知区别开来。

不过稍加思考就足以区别它们。人们能确切地知道哥白尼体系中所有的圆圈和椭圆形轨道，托勒密体系中所有不规则的螺旋线，却没有感知前者比后者要更美些。欧几里得充分说明了圆的各种性质，但是在任何命题里却没有一个字说到美。这道理很明白。美，并不是圆的一种性质。它不存在于和同一圆心保持等距离的圆周上的任何一段弧线之中。美只是这种曲线形状在人心中产生的作用，心的特殊组织结构容易对它产生这种感受。如果你想在圆里面找到美，或者想靠你的理智、靠数学推理，在圆形的全部属性里搜求到美，那是徒劳无功的。

数学家在阅读维吉尔作品时，他的愉快只在于检查埃涅阿斯航行的图线，他能完全理解这位伟大作家所使用的每个拉丁词的意义，从而对整个叙述得到一个清楚的概念。在获得一个清楚的概念上，他会比对于诗歌中的地理描述了解得不那么确切的人要强。他知道诗中的一切，但是却不知道它的美，因为美，实在说来并不存在于诗中，而是存在于读者的感受中或鉴赏力之中。如果一个人没有这样的雅兴使他获得这个感受，他就必定对美一无所知,虽说他有科学知识和天使般的理解力。①

整个论证在于说明,任何人所追求的对象的价值,或评价,我们可以用来确定他的喜爱所在的东西,并不存在于对象本身之中,而只存在于他追求这个对象的情欲之中,存在于他的追求所获得的成功之中。对象本身绝对没有什么价值或评价。它们之所以有价值只是由情欲而来。如果情欲强壮有力和稳定,能获得成功,这人就是幸福的。一个在舞蹈学校的舞会上穿新衣的小姑娘,她所得到的十分快乐的享受,同最伟大的演说家以自己光辉的雄辩赢得胜利,支配一个大集会上众多听众的热情和意见时那种感受不相上下,对于这一点没有什么理由加以怀疑。

因此,人们之间的全部差别,在涉及生活时,这种差别只在于情欲或得到的满足不同;这些差别足以产生种种巨大的幸福或不幸。

要得到幸福,情欲就既不能过于激烈,也不能过于平淡。在前一种情况下,心灵处于不停的忙碌骚乱之中;在后一种情况下,它陷入一种使人不快的懒洋洋的毫无生气的状态中。

要得到幸福,情欲必须是亲切宽厚和乐于交际的,不要粗野放肆。后一类情感不像前者所表现的那样使人感到愉快。谁把怨恨、记仇、敌对、恼怒看作是同友谊、仁厚、温暖、感恩差不多的呢?

---

① 要是我不怕显得哲学味十足,我愿提醒读者注意如下著名学说,它在今天已公认为得到了充分证明:“滋味、颜色和其他所有这类可感知的性质,并不存在于物体中,只存在于感觉中。”美与丑、善与恶也是如此。这个学说并不取消感受的实在性,只是否认它在物体中的实在性;所以文艺批评家和道德家们无须对此感到不快。虽然颜色被认为只存在于眼睛的视觉里,难道染工和画家就会不关心、不重视它吗? 人类的理智和感觉足够的一致性,使所有这些性质成为艺术和理智的对象,对生活和种种方式方法产生最大的影响。自然哲学的上述发现,确实并没有改变人们的行为举止,那么为什么与之类似的道德哲学发现就会造成什么改变呢?

要得到幸福，情欲必须是兴致勃勃和快活的，不是阴郁和忧伤的。有希望的和欢乐的癖好是真正的财富；而一种使人畏惧和忧虑的癖好是真正的贫困。

有些情欲或爱好，在享用其对象给予它的愉快方面，不像其他的那样稳定持久，不能感受到持续的快乐和满足。例如哲学上的信念，类似诗人的奔放热情，是一种很不确定的东西，它要靠高度的精神活动或灵感，许多闲暇，良好的天赋，以及刻苦钻研和深思熟虑的习惯，才能得到；可是，尽管有这一切条件，我们得到的可能还只是像自然宗教这样一种抽象的不可捉摸的东西[①]，它不能长久地激励人心，或者说，它在生活中没有任何作用。为了使热情持续，我们必须寻求某些打动理智和想象的方法，必须对上帝作历史的和哲学的说明。从这种角度我们甚至能看出普通的宗教迷信和仪式有用处。

人们的脾气尽管极不相同，我们还是可以放心地断言：一般来说某种愉快的生活不能像从事一种事业那样长期保持下去，这会使人感到倒胃口和厌烦。最能持久的娱乐，其中混杂交替着各种热诚和小心，就像打牌和打猎那样。而一般说来，事业和行动在人的生活中填补了大量虚空。

但是，在性格爱好非常适合于某种享受的地方，时常缺乏对象；从这方面来看，那些追求外在对象的情欲，就不如在我们自身中能得到满足的欲求给予我们那么多的幸福；因为我们既不能确定得到这些对象，也不能保证占有它们。在得到幸福的问题上，求知欲比追求财富的欲望是更加可取的。

有些人具有心灵方面的巨大力量，他们即使在追求外部目标

① 休谟毕生反对自然宗教信仰，著有《自然宗教对话录》一书。——译者注

时,也不因一时失意就大为沮丧,能以最大的愉快重新唤起他们的热诚和勤勉。对于幸福有所贡献的莫过于心灵的这种驾驭能力。

按照这个简短和不完全的对人类生活的概略描述,最幸福的心灵气质是品德善良;或者换句话说,它能引导我们行动和工作,使我们在同别人交际时通情达理,在命运打击下有钢铁般的意志,使各种感情趋于适中,使我们对自己的种种想法心安理得,把社会的和交际的愉快看得高于感官的愉快。说到这里,最不细心的人也必定能明白,并非心灵的所有气质都同样有利于得到幸福,某种情欲或脾气也许是非常可爱的,而另一种也许是很让人讨厌的。的确,生活状况的全部区别依赖于心灵;任何一种事务,就它本身来说,都无所谓哪个更能使人幸福。好和坏,包括自然的和道德的,都完全是相对于人的感受和情感而言的。没有人会永远不幸,只要他能改变他的感情。像普罗透斯[①]那样的人,靠不断改变他的形状,就能避开一切打击。

但是这种以不变应万变的本性,我们在很大程度上丧失了。我们心灵的结构和组成不依赖我们所选择的过象,犹如我们的身体结构不依赖它所选择的对象。大多数人对于选择上的变化,能够使我们感到快乐,甚至没有些微的观念。正如一条小溪在它流动时必然要循着地形的某些特点那样,无知的和不假思索的人也受他们的自然倾向所驱使。这些倾向有效地驱除了哲学的所有僭妄主张,以及那些自吹自擂是心灵良药的说教。甚至有智慧和善于思索的人,自然也给他们以巨大的影响;一个人想靠极端人为的努力来矫正自己的气质,达到自己立志具有的善良品德,并不总

① 普罗透斯,希腊神话里的海中老人,能占卜未来和随心所欲地变化,有些人把他看成是创造世界的一种原始物质的象征。——译者注

是能办到的。哲学帝国的势力范围只涉及少数人,因此它的权力也是很微弱有限的。人们可以很好地理解美德的价值,也可以立志去达到它;可是要说他们能按照自己的愿望取得成功,却并非总是有把握的。

不管是谁考察人类的行为过程,只要不带偏见,就会发现他们几乎完全都是受其组织结构和倾向指导的,一般的准则作用很小,只能影响我们的趣味或感受。如果一个人对荣誉和美德有深切的了解,情欲适中,他的举止就总能合乎道德规矩;即使他违背了这些规矩,回头也很容易和迅速。反之,如果一个人生来就在心灵结构上别扭乖张,或生性冥顽不化,麻木不仁,对美德和人性无动于衷,对他人没有同情心,也不想得到人家的评价和赞扬,这样的人必定是完全不可救药的,哲学也没有任何治疗他的药方。他只满足于卑贱的色欲,沉溺在恶劣的情欲之中;他从不忏悔和抑制自己的罪恶倾向;他甚至没有意识到自己需要有一个较好的品质,也没有这个兴趣。对我来说,我就不知道怎么同这样一个人说话,用什么道理能改造他。要是我告诉他,人有一种内在的使人满意的东西,它来自可敬的、有人情的行为,来自无私的爱与友谊这种微妙精致的快感,来自终于享有美名和确定的声望,他还是会这样回答我:也许那些容易被它们打动的人以为这些是快乐的事,但是我发现自己在性格和脾气上与他们非常不同。我必须重复这一点,我的哲学对此提不出任何救治的办法,只能对这人的不幸状况摇头叹息。不过我要问:是否别的哲学能提供一种救治办法,或者说,用某种学说使所有的人善良,不管他们的心灵自然结构怎么乖僻,像这样的事情是否可能? 经验立刻使我们确信这是不行的;而我要冒昧地断言,哲学能给人的主要好处是以间接的方式产生出来的,来自它那种隐秘的、难以察觉的影响,而不是直接的运用。

确实,认真留意于科学和文艺,能使心性变软和富于人情,使良好情感欢乐,而真正的美德和尊严就在其中了。一个有鉴赏力和学识的人连个正派人也算不上,这种情况是很少的,尽管他会有种种毛病。由于他的心情致力于思考学问,必定能克制自己的利欲和野心,同时必定能使他相当敏锐地意识到生活中的各种礼节和责任。他对品格和作风上的道德差别有比较充务的识别力;他在这方面的良知不会削弱,相反会由于思考而大为增进。

除了这些气质性格上的潜移默化,上述研究和运用还可能产生其他作用。教育的丰硕成果能使我们确信,人心并不全是冥顽不可雕的,可以探根求源进行许多改造。只要让一个人给自己树立一个他所赞美的品格榜样,让他好好熟悉这个榜样的具体特点以便塑造自己,让他不断努力地警惕自己,避开邪恶一心向善,我不怀疑,经过一段时间,他就会发现他的品格有了一个较好的变化。

习惯是另一种改造人心的有力手段,能使心灵植入好的气质和倾向。一个不断地谨严和稳重从事的人,会讨厌嘈杂与混乱;如果他致力于事业或学习,闲着无事对他来说像受罚;如果他严格要求自己做到对人仁爱与和蔼,对一切骄傲与粗暴的行为他马上就会感到憎恶。如果一个人完全确信有美德的人生是可取的,如果他必须在有些时候勉强自己,下个决心就足以办到,他的改进就不会使人失望。不幸的是,假如一个人事先没有相当的品德,这种确信和决心就绝不会产生。

在这里,就要谈到艺术和哲学的主要成就之所在了。它神不知鬼不觉地加工改造了人的气质,用一种持久地、使心灵倾倒的办法,用习惯的一再重复,指点我们应当努力求得的品性。除此以外我不能承认它有多大作用。我必须对思辨的说理者们讲得那么含糊其辞的所有那些劝诫和安慰人的说教，抱怀疑态度。

上面已经说过，没有什么对象本身是可欲的或可厌的，可贵的或可鄙的。对象之所以获得这些性质，是观察它们的心灵的特殊性格与组织给予它们的，所以，对于减少或增添任何人给对象的评价，激发或平息他的情欲来说，没有什么直接的论证或道理能用来发挥力量或起到作用。多米提安[①]以捕捉飞鸟为乐，如果要得到更大乐趣，那不如像威廉·罗菲斯去捕捉野兽，或者像亚历山大那样去征服许多王国。

但是，尽管任何对象的价值只由每个人的感受或情欲来决定，我们可以观察到，情欲在作出自己的判断时考虑的不单是对象本身，还要看到伴随着它的一切条件。一个因占有一粒钻石而狂喜的人，并没有因此限制自己的目光，看不到面前一块灿烂的宝石。他也认为这是个稀罕东西，由此直接产生出快感和欣喜。所以，哲学家在这里可以参加进来，提醒我们注意某些特殊见解、思考和条件，以免我们看不到它们，用这种方法他也能缓和或唤起某种特别的热情。

在这方面，绝对地否认哲学的权威似乎是不合理的；不过必须承认这里也有一个有力的假设与之对立，即如果这些见解是自然的、明显的，它就无须哲学的帮助也能自己得到；如果这些见解不是合乎自然的，哲学也无法对这些感受起作用。这些感受有一种非常精微的性质，不能靠极端人为的方式或努力来强加于它们或限制它们。我们有意追求的、很艰难地从事的、如不小心谨慎就不能保持的某种考虑，决不能产生天才和热情的持久运动，因为它

① 多米提安（51—96），罗马皇帝。——译者注

们是自然的、人心组织结构的产物。一个人可以装出一副很好地治愈了失恋痛苦的样子，因为他借助于显微镜或望远镜这种人工手段，看到他的情人皮肤粗糙，或者模样巨大可怕不成比例。塞涅卡或埃比克泰德[①]希望用人为的论证来唤起或平息人的情欲，也是这样的。可是在这两种场合，对于对象天然的模样和情景的怀念，仍然翻来覆去地出现在他心头。哲学思考太精巧、太迂阔了，因而不能在日常生活中发生作用，也不能根除任何感情。在大气层的风和云之上，空气太精微了，也就无法呼吸。

哲学所能提供我们的那些精致的思考还有另一个缺点，就是它们不能在减少或消灭我们恶劣情欲的同时不减少或消灭善良的情欲，从而使心灵陷入完全无动于衷、毫无生气的状态。它们大多是些一般性的、适用于我们所有情欲的理论。如果我们指望它们的影响只朝一方面起作用，那是徒劳的。如果由于不停地钻研和沉思默想使我们对它心领神会，化为自己的东西，它就会无处不在地起作用，在心灵中散播一种普遍的冷漠情绪。当我们摧毁了神经的时候，我们在身体里就消灭了痛苦，但同时也就消灭了快感。

只要睁开眼睛看一看，就容易发现，古今大受赞许的哲学思考，大多数都有这样那样的缺陷。哲学家说："不要让人们的伤害或暴力搅得你心绪不宁，那是因为你对此感到愤怒和憎恨的缘故。难道你会对一只猴子的恶意或对一只老虎的凶猛感到愤怒吗？"[②]这个思想会引导我们对人类本性产生一种不好的看法，而且必然要消灭社会交往的热情。它还阻止人对自己的罪过进行任何忏悔，因为他会想，恶对人类来说是合乎自然的，正如残暴的野兽有

① 这是两位古罗马时代斯多葛派哲学家。—— 译者注

② 这是两位古罗马时代斯多葛派哲学家。—— 译者注

那种特殊本能一样。

“所有的弊病都来自绝对完美的宇宙秩序。你想为了你自己的特殊利益侵犯如此神圣的秩序吗？”我从恶意或压迫所受到的伤害又算得了什么呢？“在宇宙秩序里，人们的罪恶和不完善都是可以理解的”。

如果瘟疫和地震不是天意，为何会出一个博尔吉亚[①]、一个喀提林[②]？让我们同意这种说法，而我们自己的恶也是同一秩序的一个部分。

有人说，谁如果不超脱舆论的约束就不幸福。对此，一个斯巴达人回答道：“那么除了恶棍和强盗以外就没有幸福的人了。”[③]

“人是否生来就可悲，而在遇到某个不幸时会感到吃惊？是否由于某种灾祸就不禁会悲伤哀恸？”——是的，他非常有理由悲叹他生来就是可悲的。可是你却用成百种拙劣办法去安慰一个人，还自以为能使他宽解。

“你应当永远看到你眼前有死亡、灾难、贫困、愚昧、放逐、中伤和丑行，这些都如同生病一样是人类天性里容易发生的事情。如果这些灾难中的任何一个降到你头上，你在估量它之后最好是加以忍受。”——对此，我的答复是，如果我们对人生的灾难只局限在一种很一般的和冷漠疏远的思考上，它对于我们准备应付这些灾难是没有什么效果的。如果我们关起门来努力沉思默想，使自己沉迷于这些思考，它就是毒害我们全部欢乐的真正毒剂，使我们

① 博尔吉亚（1475—1507），教皇亚历山大六世的私生子。善于利用阴谋和暗杀达到自己的目的。马基雅弗利在《君主论》中鼓吹欲达目的可以不择手段，就以他为新时代君主师表。博尔吉亚因此著名。——译者注

② Pope, Essays on Man, I, 155-156.

③ Plutarch, Lacaenarum Apophegmate.

永远陷入可悲的境地。

“你的悲伤是没有结果的，不能改变命中注定的事情。”——说得很对，而我对这种议论又感到遗憾。

西塞罗安慰人耳聋的话有点稀奇古怪。他说，“你不懂得的语言有多少？迦太基语，西班牙语，高卢语，埃及语，等等。听到这些语言你都像聋子一样，可是你并不在乎这种事情，那你对一种语言听不见又算什么很大的不幸呢？”①

我倒比较喜欢昔勒尼派人物安提帕特的巧妙回答。他眼瞎了，有几位妇女来安慰他，他说：“什么！你们以为在黑暗中就没有欢乐了吗？”②

丰特奈尔③说：“什么都比不上真正的天文学体系更能摧毁野心和征服的欲望。同浩瀚无际的大自然相比，就连整个地球也不过是个渺小可怜的东西！”④这种玄想显然离现实太远，没有多大作用；而且，要是它有什么作用，岂不是在摧毁野心的同时也摧毁了人们的爱国心了吗？这位会向女人献殷勤的作家又补充说，女人的明媚的目光，是唯一不会由于天文学那种最宏伟的见解而失去它的光彩和价值的东西，它能经受住任何学说的检验。难道哲学家们指教我们的，就是让我们的感情局限于这类东西？

普鲁塔克对一个放逐中的朋友说：“流放不是坏事。数学家告诉我们，整个地球同天宇相比不过是一个点而已。那么从一个国家到另一国家，也不过是从一条街搬家到另一条街罢了。人不是扎根在一块确定的土地上的植物，所有的土壤和气候都一样适

① Cicero, Tusculam Disputations V.40.

② Cicero, Tusculam Disputations V.83.

③ 丰特奈尔(1657—1757)，法国科学家、作家。—— 译者注

④ Fortenelle, Entretiens Sur La Pluralite des Mondes.

合于他。”① 这些论点要是只在流亡异国的人们里面说说，固然很可嘉许，但如果从事公共事务的人也把这种说法正经当作知识，毁掉他们对自己祖国的依恋之情，那会有什么后果呢？或者，它的作用就像骗人的假药那样，对治疗尿崩和水肿病都同样的好？

确实，假如有一种超级存在物进入人体，就能使他觉得全部生活都十分渺小，幼稚可笑，不值一提，那时劝他做任何事情就都没有用了，他也不会注意周围发生的一切。如果要他屈尊去扮演一位热情快活的腓力的角色，那会比约束真正的腓力还困难；那位真正的腓力在当上国王和征服者五十年之后，还得留心和注意修补旧鞋，这是琉善在作品中描写他在阴间所做的事情。现在我们看到，所有那些轻蔑人间事务的说法，都能在这个被假设出来的存在物身上起作用，这种情形在哲学家身上也发生了；不过由于它们是人的能力在某种程度上失调造成的得不到什么较好的经验来证实加强，也就不能充分对他起作用。他知道，或者不如说他感觉到，这些说法的真理性是不能令人满意的；他永远只是在他不需要什么的时候，就是说，只有在没有什么来困扰他或唤起他的欲望情感时，才是高超的哲学家。一旦这些情欲发生作用，其敏锐和热烈也会使他惊奇；不过他不会马上承认这对他是什么至关紧要的事情，而通常是把这些情欲转换成他不那么加以谴责的东西，以便他继续保持一个旁观者的身份。

在哲学书里可以看到主要有两种思考能起重大作用，因为这思考来自日常生活，在有关人类事务的多数肤浅见解里也能看到它们。如果我们想到人生短促，世事沉浮不定，那我们对幸福的一切追求显得多么可鄙乏味啊！纵然我们的心思能超出今生今世，如

① Plutarch, De Exilio 600-601.

果我们想到人间事务在不停地变化改革,使法律和学术、书籍与政府都在时间里匆匆流逝,有如处在激流之中那样,并且终于消失在汪洋大海般的事件之中,那么我们种种最宏大的计划和最丰富的设想还有什么意义!这样的一种思考确实有助我们的一切情欲,可是自然乐于欺骗我们,使我们以为人生是有某种重要意义的;靠上述思考就能同自然的这种巧计相对抗吗?这样一种思考岂不是也可以被好色之徒成功地用来讲歪理,使人们脱离事业和美德的道路,步入怠惰和享乐的花街柳巷吗?

我们从修昔底德的著作中知道,在雅典发生大瘟疫期间,死亡似乎要降临到所有人身上,这个时候放肆的寻欢作乐就在人们中普遍流行,他们彼此劝说能活一天就要使生活过得尽量快活。① 薄伽丘② 在佛罗伦萨发生瘟疫时也观察到了同样的情景。③一种类似的原则使士兵们在战争期间比任何其他人都要更加放荡无忌。当下的欢乐永远是有价值的;任何贬损它的意义的做法,只能给它增添影响力,使它更加受人重视。

第二种哲学思考能时时对感受发生影响,它是由把别人的处境拿来同我们相比较而引起的。这种比较,即使在日常生活中也是随时在进行的;不过不幸的是,我们总爱同处境比我们强的人对比,而不是同处境不如我们的人对比。哲学家矫正这种自然产生的毛病,是把自己的比较转向另一方面,使自己对命中注定的处境感到容易忍受些。有少数人不怀疑这种思考能给人带来某种安慰;虽说对一位脾气非常好的人来说,看到人的悲惨境遇心中产

---

① 见修昔底德《伯罗奔尼撒战争史》第2卷39。

② 薄伽丘(1313—1375),意大利文艺复兴时期重要作家,人文主义先驱。著有《十日谈》等。——译者注

③ 见 Baccaccio, Decameron, "Prefacetoethe Ladies."

生的与其说是宽慰还不如说是悲哀,并且他对自己不幸的悲叹,使他对别人的不幸深感同情。这样的思考是不完善的,尽管它是哲学能安慰人的说法中最好的一种[①]。

---

① 怀疑论者把所有的哲学问题和思考限定为上述两种,也许是把话说得过分了。似乎还有些别的哲学思考其真理性是不能否认的,其天然倾向是使一切情欲平静和缓和下来。哲学贪婪地抓住这些东西,研究它们,加以强调,把它们收藏在记忆里,使心灵熟悉亲近它们;它们对气质的影响是富于思想性的,文雅的,适中的,值得考虑重视。不过你会说,如果人的气质是事先就安排定的,那么自命为能形成这种气质的那些做法还有什么作用呢? 我想它们至少能加强这种气质,用一些它所乐意接受和能培养它的观点把它装备起来。下面就是这类哲学思考的少数例子:

(1)难道一切生活情境不都是确实隐伏着缺陷吗? 那么为什么要羡慕别人?

(2)每个人都知道缺陷,同时完全能够补偿,为什么不满意于观状?

(3)习惯能减轻好和坏两方面的感受。使一切事情习以为常。

(4)健康与幽默感就是一切。除非这些受到影响,别的都没有关系。

(5)我还有多少其他的好事啊!那我为什么只对一种不幸烦恼呢?

(6)许多人处境同我一样,为什么他们很快乐而我要抱怨呢? 还有多少人在羡慕我呢?

(7)每件好事都是要付出代价的:要财富就得辛劳,要受宠就得奉承。我能不花钱买到东西吗?

(8)生活里没有那么多幸福,人类本性就不容许。

(9)不要谋划太麻烦的好事,它依赖于我自己吗? 是的,最初选择是我作的。生活像一场游戏,我们可以选择游戏;情欲在一定程度上可以抓住它的适当对象。

(10)如果预期将来不可避免地会遇到什么痛苦的事,就用你的希望和幻想来安慰自己。

(11)我想发财,为了什么? 为了我可以占有许多好东西,房屋,花园,马车,仆从等等。自然毫不吝惜地向每个人提供了许多好东西,如果好好享用,已经足够了;如果不会享用,再有钱也是枉然。看看它对习俗和人们脾气的影响,就能立刻去掉对财富的兴趣。

(12)我要名声。如果我行为好,我会得到所有熟悉我的人们的称赞。其他人的赞誉对我有什么意义?

这些想法非常显而易见,所以奇怪的是并非每个人都这样想:是那么让入确信,所以奇怪的是它们不能说服所有的人。不过,也许它们能使大多数人这样想,能劝说太多数人,只要他们对人生作一般的冷静的观察思考。可是当一个真实的感人的事件发生时,情欲被唤醒了,幻想激动了,事例抓住了人心,别人鼓动着我们,这时人们就忘记了哲学家的话,以前似乎是稳固而不可动摇的那些说教,对他来说就显得空洞无物了。对这些麻烦事有什么救治办法呢? 经常熟读那些受欢迎的道德家的作品帮助自己,求教于普鲁塔克的学识,琉善的想象,西塞罗的雄辩,塞涅卡的机智,蒙田的快活,沙夫茨伯利的高尚。道德的训诫包含着深深的感触,能使心灵在情欲的妄念面前坚定。不过单从外在的帮助而言,它们并非全可信赖,因为养成习惯和学习它们需要哲学的气质来给予思考的力量。因为它们的作用在于使你幸福的一大部分独立不依。使心灵从一切混乱的情欲中摆脱出来获得宁静。不要轻视这些帮助,也不要过分信赖它们,只有在自然赋予你的气质中自然喜爱的东西,才是可信赖的。

现在我用下述考察来给这个主题的讨论作出结论，这就是：虽然美德——只要能达到——无疑是最好的选择，人事仍然是没有规则的和混乱的，对于今生所能期待的幸福和不幸，永远不会有完善的或有规则的安排。我认为，不仅财产的富裕，身体的素质（这两者都很重要）这些利益在好人与恶入之间分配得不平等，而且甚至心灵本身在某种程度上也是如此；品德最贵的人恰恰由于他感情的组成结构而并不总享受到最高的幸福。

我们可以观察到每种肉体上的痛苦都来自身体某个部位或官能的某种毛病，不过这痛苦同这毛病并不总是成正比的，它会或大或小，这要看体液中的有害物发挥作用的那个部位在感受能力上的大小程度而定。牙疼产生的强烈剧痛比肺结核或浮肿病的痛苦要厉害。同样，我们也可以观察到，对心灵这个有机体而言，虽然一切丑恶都确实有害，可是烦恼、痛苦同丑恶的程度本来也不相等；有最高美德的人，即使抛开外部偶然事件来说，也不是永远最幸福的。郁郁寡欢的性格，对我们的情感来说确实是个缺陷和不足，但它常常伴随着高度的荣誉感和正直诚实，在很高尚的人品中就时常能见到它；虽说光是它足以使生活加重痛苦，使人受到影响而十分可悲。反之，一个自私的坏蛋可以具有活跃快乐的性格和某种欢快的心情，这的确是一个好品质，可是在这点好处之外他受到了多大的惩罚啊，即使他交了好运，他的那些罪过也会使他悔恨和不得安逸。

为了说明这点，我还可以补充一个看法。如果一个人容易有某种毛病或缺点，常常与之相应就有某种优点，这种优点会使他比全是缺点要更加可悲。一身都是毛病的人容易因为受困而惊醒，可是如果他有慷慨大度和友善的性格，能活跃地关照他人，使他能得到很多幸运和奇遇，这样他就更加不幸。羞恶之心，在一个有毛病的人身上确实是一种美德，可是它产生的是巨大的不快和悔恨，但也正因为如此，坏人才能完全摆脱罪恶而从善。一副多情的面孔却没有友善的心肠，这样的人在无节制的恋爱里比豪放性格的人更幸运，但这个人因此就丧失了他自己，完全成为自己情欲的奴隶。

总而言之，人的生活主要是靠运气而不是靠理性来支配的；它比较像一场暗淡的游戏而不太像一种严肃的事业；它较多受具体的性癖影响而较少受一般原则的制约。我们应该带着热情和忧虑来投入生活吗？考虑得那么多是不值得的。我们应该冷漠地对待一切事情吗？那我们就会由于冷淡和漠不关心失去这场游戏的一切快乐。在我们对生活进行说明论证的时候，生活正在逝去；而死亡，虽然人们接受它时或许有所不同，毕竟愚者和哲人都同样是要死的。把生活归结为确实的法则和方法，通常都是费力和没有结果的工作。这岂不也是一种证据，表明我们过高估计了我们所讨论的问题？甚至用理性十分仔细地关注它，确切地规定它的正确观念，也是过高地看待了这个问题；如果不这样做，而是关注某些性格爱好，这种研究就会是最有趣味的一种工作，它在生活中可能会有用处。

论艺术和科学的兴起和进步[①]

在我们对人事的探究上，没有什么比确切分清哪些是由于偶然机遇，哪些是由于因果关系更需要精细研究的了；也没有什么别的问题，比它更容易使研究者被自己错误的穿凿附会弄得晕头转向，上当受骗。如果说任何事件是由机遇而发生的，那就不必再去研究它了；这样，研究者就同其他人一样停留在无知之中。如果假定事件是由某些确实可靠的原因引起的，他就会发挥才能来寻求这些原因；而如果他又能在这个研究中有足够的精细，他就有机会大大扩充他的著作，显示他渊博的知识，因为他看到了一般民众和无知的人不曾看到的东西。

在区分机遇和因果的问题上，往往要看具体的研究者思考的是什么样的具体事情，以及他们对这些事情的明察能力如何而定。不过要是我能提出某个一般的规则，那对我们作出这种区别还是有帮助的。我想这条规则可以表述如下：那些靠少数人的事情，在很大程度上是凭机遇的，或者说，它的起因是神秘的和难以探明的；而那些在大量人群中发生的事件，则常常能够找到确定的，可以理解的原因来加以说明。

这条规则可以用两个很自然的道理来说明。第一点，如果假

① 本篇原载《人性的高贵与卑劣——休谟散文集》，上海三联书店1988年版。

定一颗骰子有个特点，总爱倾向于显出某一边，那么不管这种习性是多么小，只掷几下也许并没有显出这一边来，可是扔的次数要是很多时，平均起来这一边出现的机会就一定相对要多些。同样，如果某些原因能产生一种独特的爱好或激情，那么在一定的时代和一定的民族中，虽然一些人可能并不受它的感染，有他们自己的特殊感情；但是多数人确实会被共同的爱好抓住，他们的一切行为会受到这种社会风气的支配。

第二点，那些适于多数人身上起作用的原因或原则，总是些具有比较根深蒂固的性质的东西，它不大会顺从偶然事件，也不大会受一时的念头或个人幻想的影响，同只适于在少数人身上起作用的原因不同。后者通常是些非常精致和微妙的东西，只要某一具体的个人在健康、教育或运气方面发生很小的偶然变化，常常就足以使它改变或阻碍它们发挥作用；所以不能把它们当作什么普遍适用的经验和原理。它们的一时影响，决不能使我们确信到另一时期还能起作用，尽管在这两种场合下一般条件完全相同。

用这条规则来衡量，一个国家内部的逐步变革必定更适于作为一个可以用理性和观察来加以研究的对象；相比之下研究外部的干预或激烈的革命就要困难得多，因为它常常是由某些个人引起的，而且有许多任性、愚蠢或反复无常的行为在起作用，不容易用一般的情感和利益来说明。在英国，王权削弱和平民兴起，发生在允许财产进行转让的各种法规提出和执行，贸易与工业增长之后，这些都比较容易用一般原则来加以说明；但是，像查理·昆特[①]死后西班牙衰落和法兰西君主国兴起这类事情就不同,如果亨利四世[②],黎希留枢机主教[③]和路易十四[④]是西班牙人,而腓力二世、三世、四世和查理二世[⑤]是法国人,那这两个国家的历史就会完全颠倒过来。

基于同样道理,说明某一国家商业贸易的兴起和进步,比说明它在学术方面的进步要容易得多;一个国家专心致志鼓励贸易的发展,要比它培养学术更有保证得到成功。贪婪、发财的欲望是一种普遍的情欲,它在一切时间,一切地方,一切人身上都起作用;但是好奇、求知欲,只有很有限的影响,它需要青春年少的精力和闲暇、教育、天赋、榜样等等条件,才能对人起支配作用。在有买书人的地方,你决不会找不到卖书的人;可是有读者的地方,可能常常没有作者。在荷兰,众多人口的需要和自由,使商业得到发展;

① 查理·昆特(1500—1558),西班牙国王,称查理一世,在位时间为1516—1556年。1519年当选为神圣罗马帝国皇帝,又称查理五世。他从母系继承了西班牙及其领地那不勒斯王国、西西里、撒丁尼亚和美洲殖民地,从父系继承了奥地利、尼德兰等,并在战争中打败法国,夺取了米兰等地,又侵入美洲、北非,使西班牙成为地跨三洲的殖民大帝国。——译者注

② 亨利四世, 1589—1610年在位的法国波旁王朝国王。他实行宗教宽容政策,结束了长达30年的内战,恢复经济,奖励工商业,使王权得到加强。他死后路易十三继位。——译者注

③ 黎希留,曾任首相,他严惩叛乱贵族,巩固了王权,促进了法国工商业发展,对外扩大了法国的势力。——译者注

④ 路易十四, 1643—1715在位,大力加强王权,厉行中央集权,加强国家机器,推行重商主义政策,促进海外贸易,发展资本主义经济,扩大殖民侵略,使法国在欧洲称霸一时。——译者注

⑤ 腓力二世以下是继查理·昆特以后的几代西班牙国王。腓力二世狂妄专暴,用宗教裁判所压制反对者,没收富裕工商业家的财产,对外不断进行战争,兼并葡萄牙,在1588年远征英国时几乎全军覆没,从此西班牙海上霸权衰落,落到英国之手。他死后,西班牙日益衰落,到17世纪西班牙在欧洲已经不占主要地位了。——译者注

但是学术上的研究运用，几乎还没有使他们产生出任何杰出的作家。

因此我们可以得出结论说，没有什么别的主题比研究艺术史和科学史更需要小心谨慎的了，我们应当避免讲些根本就不存在的原因，或者把纯属偶然的东西说成是稳固可靠的普遍原则。在任何国家中从事科学事业的人总是很少数的；他们的志趣、愿望的作用是有限的；他们的鉴赏能力和判断能力是细致的、容易改变的；他们作用的运用发挥常常受最微小的偶然事件干扰。所以机遇或秘密的难以探明的原因，对于一切精致艺术的兴起和进步必有重大的影响。

不过也有一个理由，使我认为不能把这个问题全部归结为机遇。虽然从事科学事业以其惊人成就赢得后世赞叹的人，在所有时代和所有国家里总是很少，但他们总不是孤立的现象：如果产生他们的那个民族在此之前不具备同样的精神和才能并使它在人民中得到传播渗透，那么要从这民族最初的幼稚状态中产生、形成和培养出那些杰出作家的鉴赏力、判断力，就是一件绝不可能的事。要说群众都趣味索然，而能从他们之中产生出出类拔萃的优美精神，那是不可思议的。奥维德[①]说："上帝就在我们之中，呼吸到神圣的灵感，我们才生气勃勃。"[②]一切时代的诗人都提倡这种灵感说。不过无论如何，这里没有任何超自然的东西。点燃诗人灵感的火焰不是从天上降下来的，它只是在大地上奔腾的东西，从一个人胸中传到另一人，当它遇到最有素养的材料和最幸运的安排时，就燃烧得最旺盛明亮。因此，关于艺术和科学的兴起、进

① 奥维德（前43—前18），古罗马诗人。——译者注

② 见 Ovid, Fasti V 15-6.

步的问题,并非全是少数人的鉴赏力、天才和特殊精神的问题,也是一个涉及整个民族的问题。在某种程度上,我们可以把后者看作是一般的原因和原则。我承认,一个人要是研究某个特定的诗人——以荷马为例——为什么会存在于如此这般的一个地方,存在于如此这般的一个时间,那他就是轻率冒失地陷入了怪想,除了这类繁多而虚假的精细奥妙问题而外,他就不能研究别的重要问题。也许他会自夸他说明了费边和西庇阿这些将军为什么在那个时代生活在罗马,为什么费边出生早于西庇阿。要解释这样的偶然事件,只能说出贺拉斯所说的那种理由:

Scit genius, natale comes, qui temperat astrum,

Naturae Deus humanae, mortalis in unum—Quodque caput, vulta mutabilis, albus et ater.①

但是我还是认为,对于某一个国家为什么在某个特定时期会比它的邻邦要更加文明,更加讲求学术,在许多情况下是可以找到好的说明理由的。这至少是一个非常有意义的主题。如果我们在还没有弄清是否能说出一番道理来证明这一点,是否能把它归结到一般原则之前,就完全放弃对它的研究,那是很可惜的。

对于这个问题,我的第一点来自观察的看法是:在任何民族中,如果这个民族从来不曾享受过一种自由政治的恩惠,它就不可能产生艺术和科学。

在世界史的最初年代,人们还是野蛮无知的,为了在彼此的暴力争斗和不义中求得安全,当时除了选择某些人(人数或多或少)来做统治者外还找不到别的办法;人们对他们寄予盲目的信任,

① 见 Horace, Epistles II.2.187. 大意是:多样的东西才能合成世界,有此有彼,有黑有白。——译者注

还没有法律或政治制度提供保证来防止这些统治者的暴力和不义行为。如果政权集中在一个人手中,如果人口由于政府或自然繁殖增长到很大数目,君主就会看到单靠他个人管辖所有的地方,处理所有的政务,那是办不到的,必须委派他的全权代表去当他的下属行政长官,在他们各自管辖的地区维护和平和秩序。在经验和教育还没能使人们的理智判断能力得到相当程度的改善时,君王本人不受任何约束,也从没想到要去约束他的大臣,只管把他们安排到各处,置于各部分人民之上,委以生杀予夺的全权。所有的一般法律,在运用到具体场合时是相当麻烦的,需要有洞察力和丰富的经验;具备了这两方面的能力才能认识到照法律办事其实比任性地使用统治权力所带来的麻烦还要少些,也才能认识到一般法律整个说来带来的麻烦和不便是最少的。国家内部法律的制定和运用,有经常的试验和勤勉的观察也就够了;而人们要想得到一些别的进步,尤其是高级的诗和雄辩艺术上的进发,还需要有敏捷的天才和想象力的作用;所以在法律的改进达到相当水准之前,那些高级艺术的进步是很不容易得到的。所以不能认为一个不受约束又没受教育的野蛮君主,会成为一位立法者,也不能设想他会约束各行省的蛮横官吏和各村镇里的土霸王。我们知道,已故的沙皇虽然有高贵的禀赋才能,十分喜爱和赞美欧洲的艺术,还是公然崇尚土耳其的政治统治方式,喜欢作些概括的决定,有如野蛮的君主政权那样,下判断作决定根本不管什么方法、形式或法律的制约。他没有觉察到这样一种做法,同他致力于改善人民的其他一切作为是多么矛盾。任性的权利,在一切情况下都是某种压迫和败坏;要是收缩到一个很小的范围,就全然是毁灭性的不可忍受的;要是具有这样权力的人知道他当权的日子不长和不确定时,情况就更加糟糕。塔西佗[1]说,Habetsubjectos,tanquam sucs ; viles ut alienos. 意思就是说,他以全权统治臣民,好像他们是自己的所有物;同时又完全无视他们,虐待他们,好像他们是属于别人的。一个民族处于这种方式统治之下,不过是些奴隶,这里所用的"奴隶"一词完全符合该词的本义;要说他们能够具有追求精致趣味和科学理性的抱负,那是不可能的。他们没有那么多勇气享受生活所需要的丰富多彩或安全。

所以,要期待艺术和科学能首先从君主政权下产生,等于期待一个不可思议的矛盾。因为在这些精致东西产生以前,君主是无知和没受过教育的,他的知识不足以使他理解需要用一般法律来平衡他的统治,他所做的只是委派他下属的全权行政官吏。这种野蛮政治贬抑人民,永远阻碍着一切进步。假如科学为世人所知以前,有一位君主已经聪明智慧到能成为一个立法者,他懂得靠法律而不是靠那些官僚的随心所欲来治理人民,那么这个政治或许可能成为艺术和科学的摇篮。但是这个假定看来几乎没有任何根据或合理性。

在一个共和国的幼年时期。由于法律很少,也会像一个野蛮君主国那样,委派一些权力无限的人来治理和作出决定。但是除了人民经常的选择能在很大程度上限制政府的权力而外,约束官员以保持自由的必要性,随着时间的推移一定会逐渐显示出来,从而必然会产生出一般的法律和章程制度来。有一个时期,罗马执政官决定一切问题,不受任何确定的法规制约,后来人们不愿再忍受这种桎梏,就创立了十人团[2],由它颁布十二铜表法。这部法典

① 塔西佗(约55—约120),古罗马历史学家。—— 译者注

② 十人团,在古罗马指由十人组成的政府委员会,如法规起草十人团,身份审查十人团等。—— 译者注

尽管在分量上比不上一部由议会制定的英国法规,但在这个赫赫有名的共和国里,若干世纪都靠这部几乎是唯一的成文法来解决财产和刑罚问题的。这些法律和一个自由政府的形式,足以保证公民们的生命和财产安全,撤换有权力的人,防止任何人以暴力或专制对待他的同胞。在这种情况下,学术能够抬起头来得到繁荣;但这一切决不能在压迫和奴役里存在,有如在野蛮的君主统治下永远不会有这种结果那样,因为那里唯有人民受长官权力的管束,而长官们却不受任何法律或规章的管束。这种性质的无限专制,只要它存在一天,就要竭力阻止一切进步,不许人民获得知识,因为人们有了知识就能争取一种较好的政治和一种比较温和适当的政权。

这就是自由国家的好处。尽管一个共和国也可能是野蛮的,可是由于一种绝对无误的作用,它必然会产生法律,即使人类在其他学术方面还没来得及取得可观的进步。从法律产生安全,从安全产生对知识的渴求,从这种渴求产生知识。这个进步过程的往后几步也许带有较多的偶然性,但第一步是完全必然的。因为一个共和国要是没有法律就决不能持续存在。相反,在一个君主制国家里,这种政治的形式本身就使法律的产生成为不必要的。君主政体,如果是绝对的,本身就包含着对法律的某些厌恶。只有那些有大智慧的和善于思考的君主也许能把两方面加以调解结合。可是这样有智慧的君主,要是没有人类理性的较大发展和改进,是决不能指望他的出现的。而这些进步又需要有求知欲、安全和法律,因此,艺术和科学的最初发展,决不能指望会发生在专制政治之下。

虽然我把缺少法律,给予一切大小官吏以生杀予夺的全权当作主要的原因,但除此之外,在专制政权下还有些其他因素阻碍着精致艺术的兴起。雄辩在民众政治下产生的确是比较自然的。在完成一切事业上,彼此仿效和竞争必定能唤起更加生气勃勃和主动活跃的精神,使人们的天赋和才能得到比较充分发展的天地和宏大的目标。所有这些因素,只有自由的政治才能提供,所以它是艺术和科学唯一适宜的摇篮。

我对本文主题要谈的第二点来自观察的看法是:对于文化与学术的兴起,最有益的条件莫过于存在着一些彼此为邻的、由贸易和政治往来联系在一起的独立国家。这些邻近国家之间自然产生的相互仿效和竞争,是促进文化学术进步的一个显著动力。不过我要着重强调一个限制性的条件,那就是,它们的领土大小要能使竞争双方都能保持各自的力量和权威。

一国政府管辖辽阔的领土,只要有一个人权力过大,马上就会变成绝对的;小国则自然地趋于共和制度。一个大的政府总是容易一步步变为专制的,因为它的每个暴力行为最初形成了一部分专制因素,随着这类行为的增多,不知不觉就会越走越远,也不会激起强烈的骚动反抗。此外,一个大的政府,虽然整个说来不能令人满意,但可以靠一些小手段来保持人民对它的顺从;因为分而治之的结果,会使每个局部对别的地方发生的情况一无所知,不敢首先起来骚动和起义。不必说,在这种国家里存在着对王公贵族们极端盲目的尊敬,因为人们很难见到君王,对他不熟悉,不知道他的弱点,自然会产生这种迷信。大国还能提供巨大的财力物力来支持帝王摆出庄严壮观的体面排场,使普通百姓看了目瞪口呆,这也很自然地有助于奴役他们。

在一个小国里,任何压迫行为马上就会被全体人民知道,对这种行为的牢骚不满很容易传布开来,愤怒情绪也容易升级,因为在这样的小国里,人民并不认为他们同掌权者之间的距离非常大。

孔代亲王说，“没有一个人在他的书童眼睛里是个英雄”。确实，对于任何终有一死的血肉之躯来说，仰慕和熟悉总是难以并存的。即使是亚历山大大帝也要睡觉、恋爱，这使他明白自己并不是一个神。不过我认为，那些每天陪伴他的人由于看到他有数不清的弱点，也更容易对他的人性或仁爱方面看到不少令人信服的证据。

小国林立对学术有利，因为它制止了权威和权力的进一步发展。声望对于掌权者来说时常是一种巨大的诱惑力，同样也能毁灭思想的自由和人们的检验能力。但是如果一些彼此为邻的国家在技术和贸易上交往很多，它们的相互嫉妒并不影响它们泰然自若地接受彼此的法律，还能促使他们留意别国的种种趣味和学术道理，并以极大的关注和精确性来检验彼此在每一种技艺、学术方面的成就。流俗意见的互相感染，不容易从一个地方广泛传播到另一些地方，在这个那个国家中，它很容易碰到阻碍，流行的偏见不会在各个国家里同时并发。唯有合乎自然和理性的东西，或者至少是强有力地模仿自然和理性的东西，才能通过一切障碍为自己开辟道路，把最堪匹敌的国家联合起来从事一种值得给予高度评价和赞美的事业。

古希腊是一大串的主权城邦国家，城邦很快就变成共和国；由于相互临近，又有相同的语言和利益作纽带把它们联合起来，它们在贸易和学术上就产生了最密切的交往。这里还有良好的风土气候，地不算贫瘠，还有一种最和谐悦耳容易理解的语言，这个民族具有的各种条件看来都有利于艺术和科学的兴起。在各个城邦里产生了一些艺术家和哲学家，他们不愿屈从于邻国的那些偏好；彼此的讨论和争辩使人们才智得到磨砺而敏锐起来；在判断者面前存在种种质难，每个人都向别人的选择提出挑战；科学不受官方限制而低头，就能茁壮生长，发展到至全仍是我们赞赏对象的可观地步。后来,罗马基督教或天主教教会散布到整个文明世界,长期垄断着全部学术,实际上成为一个教会统治的巨大国家,并且统一于一个首脑之下,于是各种学派就消失了。唯有逍遥学派的哲学[①]允许在各个学院里传授,完全剥夺了其他一切学术的存在。不过人类终于还是挣脱了这种枷锁,事情有了转机。今天的情势又回过头来接近于往昔了,现在的欧洲仿佛是古希腊的一个摹本,只不过以前希腊的典型是小规模的,现在规模大了。我们在若干事例上已经看到了这种情势的益处。是什么力量阻挡了笛卡儿哲学的发展? 我们知道法兰西民族曾经表现出对它的强烈兴趣,一直持续到上个世纪末,但是来自另一些欧洲国家的反对使它受到阻碍,那里的人们很快发现了这个哲学的缺点和不足。对牛顿学说最严格反复彻底的审查,并非来自他的本国人,而是来自外国人;如果牛顿学说能战胜如今来自欧洲所有国家的反对意见和对立观点,就可能把凯旋式的胜利永远传下去。英国人对于他们活动的舞台上出现的淫荡丑闻变得很敏感,是因为他们有法国人的端庄正派作为榜样。法国人确信他们剧院里由于上演的爱情戏和风流故事过多,变得有些软绵绵,女人气,就开始求助于一些邻国的更富于男子汉气概的艺术趣味。

在中国,似乎有不少客观的文化礼仪和学术成就,在许多世纪漫长的历史发展过程中,我们本应期待它们能成熟到比它们已经达到的要更完美和完备的地步。但是中国是一个幅员广大的帝国,使用同一种语言,用同一种法律治理,用同一种方式交流感情。任何导师,像孔夫子那样的先生,他们的威望和教诲很容易从这个帝国的某一角落传播到全国各地。没有人敢于抵制流行看法的洪

① 逍遥学派即亚里士多德学派。——译者注

流，后辈也没有足够的勇气敢对祖宗制定、世代相传、大家公认的成规提出异议。这似乎是一个非常自然的理由，能说明为什么在这个巨大帝国里科学的进步如此缓慢。①

在地球上的四大洲里，欧洲是被海洋、河流和山脉割裂最甚的地区，而在欧洲各国，希腊又是割裂最甚的一个地方。这些地域很自然地被分割成一些不同的国家或政权，因此科学从希腊发源，而欧洲迄今为止一直是科学的故乡。

有时候我爱这样想，在学术中断的那些时期，要是并没有毁掉古代的书籍文献和历史记载，那么由于统治权力的中断，废除了压制人类理性的专制势力，那这种学术的中断对艺术和科学毋宁是更有益的。就这一方面来说，政治权力的变动和社会的变动具有同样的影响。想想古代各个派别的哲学家对他们老师的那种盲目崇拜顺从的样子，你就会确信这样奴性十足的哲学即使经历许多世纪也不可能有多少进步。甚至在奥古斯都时代兴起的折中主义哲学派别，尽管他们专心致志从各个不同方面自由选择他们喜欢的东西作为自己哲学的成分，但就其主要之点来看，还是同其他派

---

① 如果有人问，我们怎么能把上述幸福和富裕的原则同中国人的优良文化协调起来呢？中国人一直由君主统治着，几乎从来没有形成一种自由政府的观念。我想可以这样来答复：虽然中国政府是纯粹君主制的，但确切地说，它不是绝对专制的。这是由于中国有如下的特点：除了鞑靼人之外它没有什么邻国；对鞑靼人，中国由于建造了著名的万里长城，还由于人口极多，在某种程度上还是有安全保证的，至少看上去有安全感。因此，中国人总是非常忽视军事训练，他们的常备军不过是些最差的国民军，无力镇压广大乡村中人数极其众多的农民起义。因此，我们可以正确地认为，人民手中总是握有武装，它是一种足以限制君权的力量，能迫使君主命令他的官吏们或各级统治者必须按照一般法律准则行事，防止起义的发生。我们从历史知道，在这种政府治理之下，起义是多么频繁和危险。如果这种纯粹的君主政权能抵御外敌并能保持王权和国家的稳定，以及民众集会的平和与自由，那么它也许就是一个最好的政府了。

别一样,是一种奴性的、缺少独立性的哲学家;他们不是在自然中寻求真理,而是在某些学派中寻求;他们以为真理必定能从某些派别的哲学里找到,虽然它并不全在某一派而是分散在许多流派之中。对复活以往学术来说,斯多葛派、伊壁鸠鲁派、柏拉图派和毕达哥拉斯斯斯派已经无法重新获得人们的信任和权威了;鉴于这些派别的失败和衰落,要使人们保持对某种学说的盲目尊敬和顺从,一些新的派别就产生出来,企图得到一种凌驾于他们之上的优越地位。

关于艺术与科学的兴起和进步这个主题,我要讲的第三点来自观察的看法是:虽然培育这些高贵树木唯一适宜的苗圃是自由的国家制度,可是它们也可以移植到其他政治制度的国家里去;共和国对于科学的成长是最有益的,而一个文明的君主国对于文雅艺术的成长是最有益的。

要在一个大国家或社会里,靠一般的法律来保持社会的均衡,不论它实行的是君主制还是共和制,都是一件困难十分巨大的工作;不管某个人天资多么聪颖,也不能单靠理性和思维的力量做到这一点。这项工作必须结合许多人的判断;他们的努力必须由经验来指导;要使这项工作臻于完备还必须有时间;在最初的尝试和试验中,他们不可避免会犯许多错误,而纠正这些错误必须习惯于种种不便。因此,这项工作似乎不可能在任何君主制下开始和得到发展,因为这样的统治形式,尽管可以是文明的,它所知道的秘密和政治手段也无非是委任各种官员或长官,给他们以无限的权力,以及把人民一层层划分为许多等级,把他们置于奴役人的秩序规矩之下。在这种情况下,我们不能期待科学、文学艺术、法律会得到什么改进,人们的工艺和制造业也几乎得不到什么改进。在这种国家里,野蛮和愚昧(它们的政治统治就是从这里开始的)

一直延续下来没有什么改变,靠不幸的奴隶们的努力和发明才能也绝不可能改变这种状况。

不过,法律作为一切安全和幸福的源泉,尽管它在任何政治统治下产生较晚,而且是秩序和自由缓慢进步的产物,但要保持它并不像产生它那样困难;一旦站稳了脚跟,它就是一株有顽强生命力的树木,几乎不会由于人们缺乏教养或一时的暴行就完全毁灭。建筑在精致的鉴赏力和情感之上的奢华艺术,甚至文学艺术,是容易消失的,因为它们永远只是少数人欣赏的东西,这些人有闲暇,又幸运,又有天赋,因而他们能享受这些娱乐。可是对一切人有用的、普通生活需要的东西,一旦为人们所发现发明,就几乎不可能埋没湮灭,只有在社会遭到野蛮入侵者洪水猛兽般蹂躏而全部崩溃那种情形,才会消灭先前有关技艺和礼仪的一切印记。模仿也能使那些比较粗糙却更为有用的技术易于从一个地方转移到另一个地方,并且使这些技术能先于精雅艺术得到进步;虽然从最早仿效和传播上说,或许它们会在精雅艺术之后。由于上述原因,最早由自由国家发明的政治艺术,可以由文明的君主国加以保持,因为这对保证君主和臣民的安全都有利。

这样看来,君主制形式无论怎样完善,甚至可以出些政治家,这种完善还是应当归功于共和制度;不能设想在野蛮民族里建立起来的纯粹专制主义,靠它本来的力量和能力就能改进和洗练它自身。它必须从自由的政府那里得到借鉴,才能建立它的法律、方法、制度,使自己得到稳定和秩序。这些利益都是靠共和国单独培育出来的。一个野蛮君主国范围广大的专制统治,由于贯穿渗透了这种制度的基本精神和种种细枝末节,就永远阻碍着所有这类进步。

在一个文明的君主国里,唯有君主在运用权力上不受限制,唯有他大权在握,除了习俗、实际事例和他本人的利益或兴趣而外,不受任何约束。每个大官或行政长官,不论如何突出,也必须服从治理整个社会的一般法律,必须按照规定的方式行使国王赋予他的权力。人民只是为了保证自己的财产安全,才需要依赖他们的统治权力。天高皇帝远,他们同君主之间没有什么个人之间的戒备提防和利益冲突,以致几乎没有感觉到对他的依赖。这样就产生了一种政府,对于这种政府,如果我们给它戴一顶政治大帽子,也可以把它叫作专制,但是如果恰当和谨慎些,就该承认它能在相当程度上保证人民的安全,能实现政治社会所要求的大多数目的。

但是,尽管在文明的君主国或在一个共和国里,人民都享有他们的财产安全,然而在这两种政治制度下,那些掌握最高权力的人手中都有许多大名大利的东西可以处置,它能激起人们的野心和贪欲。唯一的差别就在于:在共和国里,想往上爬的人必须眼睛向下才能得到人民的选票;而在君主国里,他们的注意力必须朝上,用讨好奉承来求得恩惠和大人物的宠爱。在前一条道路上想得到成功,一个人就必须靠自己的勤勉、能力和知识,使自己成为有用之才;在后一条道路上想得到荣华富贵,他就必须凭自己的机敏、谦顺和礼仪,使自己成为讨人喜欢的人。在共和国里,最能得到成功的是强有力的天才;在君主国里则是有优雅趣味的人。所以造成的结果是,前者比较自然地培育了科学,而后者比较自然地培育了文雅的艺术。

不必说,由于君主国的稳定首先要依仗对僧侣和贵族迷信般的尊敬,因而它通常都要扼杀理性的自由,推崇宗教和政治,以及形而上学和道德。所有这些也形成一大套学问。数学和自然哲学,是自由理性中唯一能允许保存下来的东西,却一点也得不到重视。

在交往谈话的艺术上，最叫人喜欢的莫过于相互致敬或恭谨有礼了，它使我们在对方面前抛开自己的意向爱好，克制和隐藏人心中非常自然的那种自以为是和傲慢。一个脾气好的人，如果受到良好教育，他会对所有人讲礼貌，用不着事先盘算一番，也不是为了什么好处。但为了使这种有价值的品质成为人们普遍具有的东西，似乎有必要用某些普遍的动机来辅助自然的素质。如果权力是从人民而来上升为巨大力量的，有如在一切共和国里的情形那样，那种谦恭优雅的礼仪就不会受到特别的重视；因为整个国家的人民由于上述原因在权力上近于平等，每个成员都在很大程度上彼此独立，人民由于有权参与政治而获益，由于地位优越而伟大。但是在一个文明的君主国里，从国王直到农夫之间有一连串的依赖关系，它虽然不足以使财产关系成为不确定的，也不足以使人民意气消沉，但是它还是足以在每个人身上产生一种取悦于比他地位高的人的倾向，并使他去仿效最善于讨有地位有教养的人喜欢的那种人的榜样。因此，谦恭有礼的态度在君主国里和宫廷里产生是最自然不过的事，只要它繁盛起来，就不会忽视或轻视任何一种文学艺术。

欧洲各共和国现在被人指摘缺少礼仪风度。"一个瑞士人的礼仪到荷兰就开化了"（卢梭语），这是法国人的一个质朴说法。英国人在某种程度上也遭到同样的非议，尽管他们有学术和天才。如果说威尼斯人是这条法则的一个例外，那也许是由于他们同其他意大利人的交往所致；大多数意大利城市国家的政府都宁愿它们的臣民有一种奴性，而不愿他们在待人接物态度上有足够的开化。

对于古代共和国在这方面的文雅程度要下一个判断是很困难的，不过我猜测他们的交谈艺术并没有他们在写作和组织方面的艺术那么完善。古代演说家在许多场合讲刻薄的脏话很刺人耳目,使人难以置信。在那些时代的作家中,浮夸也常常受不到任何攻击[①],放荡不拘,毫无节制成为他们的共同风度。“不管什么色鬼、老饕、赌棍都把他们的世袭家产挥霍于游乐、饮筵或寻花问柳之中”,萨鲁斯特在他的历史著作的一个最正经讲道德的地方写道[②]。“因为在海伦时代之前,一个小姑娘就是引起战争的最可怕的原因”,这是贺拉斯[③]在追溯善恶道德起源时的说法[④]。奥维德和卢克莱修[⑤]的放荡风度犹如罗彻斯特伯爵[⑥],虽然前者是很好的上等人和优雅的作家,而后者是因为生活在宫廷里受到腐化,似乎丧失了一切羞耻和庄重。尤维纳利斯[⑦]以极大的热情谆谆教导人们要谦虚谨慎,可是如果我们看看他的言辞那样轻率,那他自己就提供了一个很坏的榜样。

我也敢于断言。在古人那里,还没有像我们在交往中不得不向人表示或假装表示出来的那么多文雅教养,也没有那么多礼数周到的尊敬问候之类东西。西塞罗确实是他那个时代一位最好的

---

① 这里不需要引证西塞罗或普林尼,提到他们已经过多了。但是人们不免有点惊讶的是,阿里安这位很庄重得体的作家会突然打断自己讲话的线索,告诉读者说,他由于雄辩成为希腊人里面最杰出的人,就像亚历山大由于会打仗成了这样的人一样。(见 Anabasis I. 12. 5)

② Sallust, The War with Catiline XlV. 2. —— 译者注

③ 贺拉斯(前65—前8),古罗马诗人。—— 译者注

④ Horace, Satires I. 3. —— 译者注

⑤ 卢克莱修(约前98—前55),古罗马诗人,哲学家。这位诗人(见《物性论》四卷117行)向人推荐一种极为露骨的矫正性爱的方法,任何人都不会想到这么优美的哲学诗篇里会有这样的描写。斯威夫特博士等似乎就有开始这样的看法。优雅的卡图卢斯和斐德鲁斯也受到同样的指责。—— 译者注

⑥ 罗彻斯特伯爵(1647—1680),英国宫廷才子,诗人。是复辟时期宫廷中最放荡的人,写有一些著名情诗和讽刺诗。—— 译者注

⑦ 尤维纳利斯(约60—约140),罗马最有影响的一位讽刺诗人。—— 译者注

文质彬彬的人物；尽管如此，我必须承认，在他把自己引入作为一名对话者的那些对话体著作里，他描写自己朋友阿提库斯的那副可怜相，使我常常大为吃惊。这位既有学问又有美德的罗马人，虽然只是一位以个人名义从事活动的人物，他的庄严体面并不亚于罗马任何人，可是这里所描写的形象比起我们现代对话中斐拉雷特的朋友还要可怜可笑：他是演说家的一个卑躬屈膝的吹捧者，不时地向演说家致赞美之辞，接受他的教诲，像一个学派中人对他导师那样称颂备至[①]。甚至加图在对话《斐尼布斯》中也有某种不讲礼貌的态度。

我们知道古人一场有详尽细节的真实对话，那是波利比奥斯记述下来的[②]。当多才多艺的马其顿王腓力同最讲礼仪的提图斯·弗拉米尼努斯[③]会晤时，普卢塔克[④]说，来自几乎所有希腊城市的使者都陪伴着他。埃托利亚的使者非常唐突地对国王说，他的讲话像一个蠢材，一个疯子(ληρετυ)；这位陛下答道，“这是很明显的，连瞎子都看得出来。”这就是对瞎说八道的卓越讽刺。虽然如此，所有这些并没有越出通常范围，会谈也没受干扰，而弗拉米尼努斯也由于这些幽默的插曲感到很开心。到会谈快结束时，腓力请求留点时间同他的朋友商量商量，因为他们没有出席；这时

① 阿提库斯(前109—前32)，罗马骑士，与西塞罗过从甚密。休谟这里所指的西塞罗描写，见他的Tusculan Disputations V.4.12：“A：在我看来，美德似乎不足以使我们过一种幸福的生活。M：但是，我包你相信我的朋友布鲁图斯认为美德足以使我们过幸福生活，如果你允许的话，我要说他的判断远胜于你。”——译者注

② 波利比奥斯(约前200—约前120)，希腊人，古代最伟大的历史学家之一，以40卷巨著《通史》闻名于世。这里记述的故事见Polyius XVII.7。——译者注

③ 提图斯·弗拉米尼努斯(约前227—前174)，罗马将军，政治家。——译者注

④ 普卢塔克(约46—120或127)，罗马帝国时期的希腊传记作家，柏拉图派哲学家。——译者注

这位罗马将军,如历史学家所说,因为也想显示一下自己的机智,就对他说,"为什么他没有让朋友们同他在一起呢? 或许是因为他已经把他们全都杀掉了";这就是当场实际发生的情形。这一粗野的无端攻击并没有受到历史学家的谴责,因为它并没有惹腓力生气,不过是勾起他冷笑了一下,或如我们通常所谓启齿一笑而已;也没有妨碍他第二天继续进行会谈。普卢塔克在谈到弗拉米尼努斯的谐谈妙语时,也提到过这个故事[①]。

沃尔西大主教[②]在为自己有名的傲慢用语作辩解时说,Ego et rex meus(我和我的国王),这个表述方式是符合拉丁用语习惯的,一个罗马人总是把自己放在他的说话对象或要说到的人前面的。然而这似乎正是一个例证,说明罗马人缺乏礼貌。古人把这一点定为规矩,就是在言谈中必须把最受尊敬的人放在前面:这条规矩被强调到这种程度,以致我们看到当罗马人和埃托利亚人庆祝他们联军战胜马其顿的胜利,由于嫉妒不和彼此发生一场争吵时,才出现一位诗人先说埃托利亚人功绩,然后才说到罗马人的情形。同样,由于这条规矩,莉维娅对梯伯利乌斯在一条铭文里把她的名字写在他前边很反感。

在这个世界上没有什么有益的东西是纯粹的,没有掺杂的。同样,现代的礼仪风度,在自然地趋于讲究修饰时,不免时常变为矫揉造作、繁文缛节、虚伪不实和令人作呕的东西;而古代的质朴自然显得亲切动人,却不免时常降为粗鲁辱骂,说些刻薄和淫秽的话语之类。

如果说讲究礼仪风度是现代的时尚,那么宫廷里和君主国里

---

① 见 Plutarch,Titus Flamininus XVII.2.—— 译者注

② 沃尔西(约1475—1530),英格兰枢机主教,政治家。—— 译者注

自然产生的豪华风流观念可能就是这类文雅修饰的起因。没有人否认这类发明是现代的[①]；但是有些热心崇古的人认为这是无聊的浮华，荒唐可笑，为此指责而不是信任当今的时代[②]。

大自然在一切生物的两性之间灌注了一种情感，它即使在最凶猛、最贪婪的动物那里也不仅是单纯肉欲的满足，而是产生着一种友好和相互依恋之情，这种感情延续于它们全部生活的行程中。还有，即使在这类动物里，只要自然把它们的交配欲望限制在某个季节、某一配偶上，在一对雌雄动物之间形成某种婚姻或结合形式，就能看到这里还有一种满足感和为对方效劳的举动，进一步就产生了雌雄间相互的温存和恩爱。这些在人身上表现出来的必定比它们要更多更甚，因为人类的性爱不像这些动物那样受自然的限制，只要偶然碰到某些强烈的诱惑，或者由于认为自己有这种义务和方便就能引起。因此，就没有什么比风流韵事之类激情更少使人反感的了。相比之下，它是最合乎自然的。在最优雅的宫廷里，艺术和教育并没有改变它，有如它并不改变其他一切可赞美的激情一样。它们只不过使人心更加专注于它，使它精致，使它洗练，使它温雅体面和善于表达。

风流韵事既可以是合乎自然的，也可以是豪爽豁达的。纠正会使我们对其他人犯下真正伤害罪过的种种恶德，是道德的任务，也是最普通的教育要做的事。如果不在一定程度上注意这件工作，人类社会就无法存在下去。不过为了交谈和人心之间的交流更容易和更使人乐于进行，还需要发明种种的方式方法，并加以改进。无论自然赋予我们心灵什么恶的倾向，或赋予什么能使别人

---

① 在泰伦提乌斯的诗剧《自责者》中，克里利阿斯回到城里时，不是他的情人在等待着他，而是派人把她找来。

② 萨夫茨伯利伯爵语。见他的《道德家》。

感到喜欢的情感，精致的教养就会教导人们把这些天生的倾向对立起来，使它们引起的举止保持某种不同于自然天性的有情趣的外貌。因此，如果说我们通常都是骄傲和自私的，容易自以为比别人强，一个懂礼貌的人还是会在举止上尊重他的同伴，在社会上一切无关紧要的共同事务上服从大多数人的意见和行为。同样，如果一个人的地位会很自然地招来对他某些使人不快的怀疑，那么有好的姿态风度就能预防这类事情的发生；这就需要针对使他容易受人嫉妒的地方，仔细研究怎样表示和展现自己的感情。老年人知道自己衰弱无力，很自然害怕年轻人对他们轻视；所以受到良好教育的青年格外注意多多向他们的长辈表示关心和敬重。陌生人和外来人缺少保护照料，所以在一切讲礼貌的国家里，他们受到最高的礼遇，在各种场合都要首先提到他们。一个人如果身为一家之主，他的客人就以一定方式尊重他的权威；所以他在聚会时就永远是一个最卑微的人，要关照每个人的需要，把一切麻烦事揽在自己身上，以便使客人感到愉快，这样做的时候他不能明显地流露出任何厌烦情绪，或者做得过分使他的客人感到拘束①。风流韵事同样是值得人们给予强烈注意的一个方面。由于自然赋予男子身心两方面更大的力量，使他们比女人优越，男子就应该在举止上豁达大度，认真细心地尊重和殷勤满足女人方面的一切爱好和意见。野蛮民族是靠把他们的女人贬为最低贱的奴婢，限制她们，鞭打她们，出卖她们，杀死她们等等，来显示男人的优越地位的。

① 古代作家常常提到这类缺乏教养的习俗，如家庭的主人在餐桌上吃的面包喝的酒比他给客人的要好，不过只作为那些时代礼仪规矩方面的一个无关紧要的标志。见 Juvenal，Satire V ： Pliny XIV. 13 ；以及 P1iny 的书信集，Lucian 的 DeMercede condutis，Satura-nalia，等等。现在欧洲任何地方几乎都不会容忍这样一种不文明的习俗了。

但是在一个讲礼貌的民族里，男性是在一种更丰富多彩的、其明显程度毫不亚于前者的方式下，发现自己对妇女的权威的；这就要靠礼仪风度，对她们尊重，亲切温柔等等，一句话，靠风流倜傥。在美好的聚会上，你不需要打听谁是酒席的主人。谁坐在最不显眼的位子上，总是忙于照顾每个人的，一定是主人。我们应当谴责所有浮华的、虚伪的豪爽模样，容许诚恳实在的风流气度。古代俄国人娶妻时不用戒指，而是用一根鞭子：他们在家里待客时总是自己坐在上席，甚至在对待外国使臣时也那样。这两个事例说明他们在豁达大度和礼貌风度上是多么差劲。

风流韵事同智慧与谨慎也是可以相容的，其程度不亚于它能合乎自然和豪爽太度；只要遵循正当的规矩，它对青年男女之间的愉快交往和感情增进，比任何其他办法都更有益。在各种各样动物中，自然都把这些动物最甜蜜和最好的愉快享受，建筑在它们性爱的基础之上。但是单靠肉欲的满足是不足以使心灵喜悦的；甚至在残忍的野兽那里，我们也能看到它们的嬉戏，调情，以及别的一些讨对方欢心的表观方式。这些构成了他们彼此喜爱的接触过程的最大部分。在有理性的人类身上，我们必须承认心灵的活动占有更大的比重。如果我们把理性、谈话、同情心、友谊，以及欢乐等等所有装饰我们心灵使它愉快的东西统统剥夺掉，那么也就不会剩下什么值得我们承认的东西，能使我们肯定真正的优雅和奢华。

有什么培养仪表风度的学校，会比同善良的女性在一起做伴更好的呢？ 在这里，彼此尽力使对方感到愉快，必能在不知不觉中使心灵优美；在这里，女性的温柔淑静，必能以其榜样的力量把它传递给它的赞美者；在这里，女性的精细雅致使每个男子必须检点自己，以免做出任何不庄重的举止行为。

在古人那里，女人的美好品德被认为只是在家里才有的东西，从不认为它是属于礼仪世界或良好社交的事情。这或许就是古人为什么没有给我们留下什么有趣的优秀作品的真实原因所在(塞诺封的《饮宴篇》和疏善的《对话集》也许可以除外),虽说他们许多严肃的作品是无与伦比的。

贺拉斯指责普劳图斯[①]粗俗的挖苦嘲笑和无聊的诙谐戏谑,可是,尽管他是世上最流畅、最受欢迎和最有见地的一位作家,他自己在引别人发笑的讽刺才能方面是否就很突出或优秀呢? 所以,要说文学艺术能从风流韵事和它得以首先兴起的宫廷里得到很大促进,这就是其中之一。

言归正传,现在我来谈谈关于本文主题即艺术与科学兴起和进步的第四点来自观察的看法吧。这就是:在任何国家里当艺术和科学达到完美的地步时,他们就自然地,或者毋宁说必然地要趋于衰落,而且在这个国家里他们很少甚至决不能回复往日的繁荣。

必须承认,这个道理虽然符合经验,乍看起来却像是不合理的。如果人类的自然才能在一切时代和几乎一切国家里都是一样的(这看来是真实的),那么在具备了各种艺术上可以用来规整鉴赏力,确立仿效榜样的典范时,这些天资必定会获得很大的进展和开发。古人留给我们的那些典范,两百年前就启发着所有的艺术,并使它们在欧洲各国都得到了重大的进步。可是,在图拉真[②]及其后继者统治的时期,这些典范为什么就没有起到类似的作用呢? 那时它们更完整无缺,并且仍然受到整个罗马世界的赞扬和学习。直到查士丁尼皇帝[③]那么晚的时期,希腊人所知道的伟大诗人还是荷马,罗马人所知道的还是维吉尔,因为他们最优秀卓越。对于这

① 普劳图斯(约前254—前184),古罗马著名喜剧作家。——译者注

② 图拉真(53—117),古罗马皇帝。——译者注

③ 查士丁尼(483—565),拜占庭皇帝。——译者注

些神圣天才的高度尊崇一直保持下来，虽说在许多世纪里出现过不少诗人，没有人敢说自己已经模仿到了他们。

一个人的天资总是在生活道路的开端就存在着的，不过当时他自己和别人都不认识。只是由于经常的尝试，伴随着成功，他才敢想他自己配做某些已经得到人们赞扬有所成就的人们所做的那些工作。要是在他本国已经有了许多雄辩的卓越典范，他会很自然地把自己幼稚习作同这些典范加以上比较，由于感到差距太大，就没有勇气再作进一步的探索，并且绝不敢同那些享有盛誉的作家比高低。高尚的竞争是一切卓越才能的源泉。尊崇和节制自然会消灭竞争；而且没有什么比过分的尊崇与节制对一个真正伟大的天才更有害的了。

再说竞争，高尚艺术最大的鼓舞者是赞美和光荣。一个作者在他听到世界上对他先前作品的赞扬之声时就灌注了活跃的生气；他为这种动力唤起，常常能达到某种完美的顶点，以致他本人和读者都感到惊奇。但是，如国荣誉的桂冠都已被人拿走了，他的最初尝试就只会遭到公众的冷遇；因为公众在比较作品时虽然认为两者本身都是相当优秀的，可他们由于已经有了一个树立好的光辉榜样而从中得到益处了。莫里哀和高乃依的早期作品在当时是很受欢迎的，但是如果放到现在这个时候来发表，这两位年轻诗人就会因公众的冷漠和轻视感到沮丧。只是因为时代的无知状况人们才接受了《李尔王》，不过我们能有摩尔人这个形象还得归功于先有了它。[①] 要是《人人高兴》受到拒绝，我们就决不会看到

① 休谟这里指的是莎士比亚的《泰尔亲王佩昼克利斯》、《李尔王》和《奥赛罗》，“摩尔人”即剧中主人公奥赛罗。——译者注

《狐狸》[①]。

任何国家要是从它们的邻邦引进过于完美的艺术，大概都不是什么有利的事情。这会扑灭竞争心，使有才华的年轻人热情消沉。那么多意大利名画带到英国来，没有激发我们的艺术家，反而成为他们在绘画艺术上进步甚微的原因。罗马人接受希腊艺术时发生的情况大概也是如此。在法语里，礼仪用语名目繁多，传播到全德意志和北欧，阻碍了这些民族发展他们自己的语言，并且使自己的语言一直依赖着他们邻邦这些优雅动听的东西。

确实古人在各种作品上都给我们留下了典范，它们是值得高度赞美的。不过，这些作品是用唯有有学识的人才能懂得的语言写出来的，而且我要说，把现代人的才智同那些生活在非常遥远的古代的作家相比，也是不那么完全恰当的。假如沃勒生在罗马提比留[②]统治的时代，在同贺拉斯的完美之作相比时，他的最初作品就会遭到蔑视。但是在我们这个岛国，罗马诗人的优越之点并没有因为英国诗人的名声而受到贬抑。我们在评价我们自己的诗歌时，认为在我们的风土人情和语言中能够产生一种对原先那么卓越的作品说来仅仅是模糊的副本，也就感到幸福和心满意足了。

一言以蔽之，艺术和科学，同某些植物一样，需要一块新鲜的土壤；无论土地多么富饶，也无论你怎样用技术和细心来补充它，一旦地力耗尽，那它就再也不能产生出任何这类完善和完美的东西来了。

---

① 《人人高兴》（1598年上演）是琼森的第一部喜剧作品，《狐狸》（1606年）是他最成功的喜剧之一。——译者注

② 提比留（公元前42—公元37），古罗马皇帝（14—37）。——译者注

关于人性高贵还是卑劣的问题①

在学术界里有些派别是隐秘地形成的，这同政治派别的形成相似；这些学派虽然有时同主张别种看法的人并不公开冲突，却把他们的思想方式扭到另一方向。这类学派里最引人注目的，是那些对人性高贵问题有不同感受，把自己学说建立在这些不同感受之上的派别；似乎正是在这一点上，划分了有史以来直到如今的哲学家、诗人和神学家。有些人把我们人类捧到天上，把人描绘成半神半人的东西，说人类源出于上天，在世代相传中仍然保留着明显的印记。另一些人则坚持主张人性愚昧，认为人类除了虚夸就没有什么优于别的动物之处，他们对人类所能感受到的只是非常可鄙而已。如果一位作家具有修辞和雄辩的才华，通常他参加前者的行列；要是他的才华在于讽刺和嘲笑，他就自然地投身于另一极端。

我不认为所有贬低我们人类的人都是美德的敌人，也不认为他们在揭露他们同胞的缺点时都怀有恶意。相反，我意识到某种道德上的敏锐感觉，尤其在伴随着爱发脾气的性格时，是很容易使一个人对世界抱嫌恶态度的，也很容易使他们对通常的种种人世经历产生过多的愤愤不平。不过尽管如此，我还得承认，那些

① 本篇原载《人性的高贵与卑劣——休谟散文集》，上海三联书店1988年版。

倾向于喜爱人类的人的感受,比起告诉我们人性卑不足道的相反看法,对于美德要更为有益。如果一个人对他生就的地位和品质预先有一种高度的评价,他就会自然地努力用行动去达到它,会责备做卑劣或罪恶的事情,认为这会使他堕落,达不到他在想象中为自己设定的形象。所以我们看到,我们的全部礼仪和流行的道德学说都坚持这种看法,都致力于说明罪恶是人所不屑为的,它本身就是可憎的。

我们发现,很少有什么争论不是由于表述上的某种含糊其辞引起:而我现在要讨论的关于人性是高贵还是卑劣的问题,看来也不过是其中的一例而已。所以,在这个争辩中,考察一下什么是实际问题,什么只是词句之争,也许是值得的。

没有一个讲理的人能够否认在长处与短处,善与恶,智与愚之间有自然的区别;可是我们在用赞许之词或指责之词来指称它们的时候,通常起作用的主要是靠比较,而不是靠事物性质中某些固定不变的标准,这一点也是显而易见的。与之相似,每个人都承认数量、广延和大小是实际存在的,但是在我们说某个动物是大的或是小的时候,我们总是不知不觉地把这个动物同与它同种类的其他个体作了比较;正是这种比较决定了我们关于它的大小的判断。要是一条狗和一匹马同样大小,我们就会称赞这条狗真大,会说这匹马太小。所以如果我现在来讨论什么问题,我就总得想想争辩的主题是不是一个比较的问题。如果是,就得想想争论者拿来比较的对象是完全相同的,还是在谈些彼此大不相同的东西。

我们在形成关于人性的见解时,喜欢把人和动物作对比,这样我们就意识到人是唯一赋有思想的生物。这种比较,确实是对人有利的。一方面,我们看到有的人思想不受任何地点和时间上狭隘范围的限制，他的探寻达到了地球上最遥远的区域，甚至超出地球达到行星和各种天体。他回过头来思考最初的原始状态，至少是人类历史的起源；向前，他的眼光看到他自己所作所为对后世的影响，并能对千年后的人类面貌作出推断。这种人，他对原因与后果的追寻达到了巨大范围和极其错综复杂的程度；能从特殊现象中抽取一般原理，改进自己的发现、发明；能纠正自己的错误；能从自己的失误中获益。另一方面，我们又看到与此完全相反的人。他的观察和推理局限在周围少数感官对象上；没有求知欲，没有远见；靠本能盲目行动，在很短时间里就达到了他所能达到的最完善的地步，此外决不能再向前迈出一步。这些人之间的差别是多么大啊！我们必须在同后一种人作对比时赞许前一种人，这样才能提高对人性的见解。

为了否定这个结论，通常可以使用两种办法：第一，把情况描绘得很不美妙，坚持认为人性软弱有毛病；第二，在人和最完善的智慧之间作一种新的神秘的对比。在人的各种卓越才能里，有一种是他能超出自己的经验来形成一个关于完美的观念；在他的关于智慧与美德的概念里，他可以不受限制。他能够容易地拔高他的看法，想象出有一种全知存在，如果把自己的知识拿来同它比较，就显出是非常不值一提的东西；在它面前，人的智慧和动物的聪敏之间的区别也就显得微不足道，在某种意义下归于消失了。现在全世界的人都同意如下一点，就是人类理智同完美智慧之间有无限的距离，那么我们在作出这种比较时就该懂得，在我们的感受能力本来没有多少真实区别可言的地方，我们就不去争论什么了。人对全知非常无知，即使他自己有了关于全知的观念也无法认识什么是全知，这种无知超过了动物对人类的无知；但是动物同人之间的差别毕竟是很大的，只有在把这种差别拿来同前一种差别对比时才能使它显得微不足道。

人们通常也把一个人同另外的人加以对比,发现我们能称作有智慧的或有美德的人为数很少,这样我们就容易接受关于人类可鄙的一般看法。这种推理方法是谬误的。为了理解这一点,我们可以通过观察发现人们称之为智慧与美德的那些美名,其实指的并不是各种具体水平的智慧与美德的性质,而是全部都来自我们对某个人同其他人的比较。当我们发现某人达到了很不寻常的高度智慧时,就誉之为一个有智慧的人;所以,说什么世上有智慧的人很少,实际上并没有说出什么东西来,因为他们享有这种美名只不过是由于他们罕见。如果人类中最低下的也像西塞罗或培根伯爵那样有智慧,我们还是有理由说智慧的人很少。因为在这种情形下我们就会进一步提升我们关于智慧的看法,不会对才能上并不特别突出的任何人给予某种特殊的尊敬。与之类似,我还听到人们不假思索地说,他们观察到有少数女人是美丽的,因为比起来其他女人缺乏这种美。他们没有想想把"美丽的"这个性质形容词仅仅用在具有某种程度的美的女人身上是否合适,实际上女人都有某种程度的美,但是我们只把这个词用在少数女人身上。一个女人的某种程度的美,会被人们称之为丑;可是对于某一个男子来说,她被看作是个真正的美人。

正如我们在形成某种关于人类的见解时,通常是把人类同高于或低于他的物种加以比较,或是在人类之中把各个人加以比较,所以我们对人性中的不同动机或推动原则也常常进行比较,以便规范我们对于它们的判断。这确实是唯一值得我们重视的一种比较,它决定着这里所讨论的问题的一切方面。如果我们的自私和恶劣的动机过分凌驾于我们的社会动机和道德动机之上,就像某些指示家所断言的那样,那我们无疑就得承认人性是卑劣的这种结论。

在所有这类争论中，词句之争真是太多了。如果有人否认一个国家或集体里所有的公共精神和感情的诚挚性质，我对他这种想法是怎么回事真感到不可思议。或许他从来不曾以清楚明白的方式感受到这种诚挚精神，因而无法消除他对这种诚挚的力量和真实性的怀疑。但是，除非他进而否认任何不掺杂自利自爱成分的私人友谊能够存在，那我就确信他不过是误用了言词，混淆了概念；因为任何人都不可能自私或毋宁说是愚蠢到如此地步，使他分辨不出人们之间的差异，挑选不出他可以赞许和肯定的品质来。难道他连天使般的人（他自诩为这样的人）的友谊也无动于衷吗？难道他会把伤害和错误地对待他，同对他仁爱和加惠于他的人都等量齐观吗？不可能；他不知道他自己；他忘记了自己的内心活动；或者我们还不如说，他是在使用一种与别人不同的语言，说的不是这些词语本来所指的意义。还有，什么是你所说的自然感情呢，它不是指某种自爱吗？是的，一切都是自爱。你爱你的孩子，因为他是你的；你爱你的朋友，理由也是一样；你爱你的国家，只以它同你自己的联系如何为度。如果把自我这个观念去掉，那就没有什么能打动你，你也就完全死气沉沉、麻木不仁了；而如果你在任何活动中老是只看到你自己，那只是由于虚夸，由于你想给自己求得名誉和声望。如果你承认这些事实，那末你对人类行为的说明我是乐于接受的，这就是我对你的答复。自爱就展现于对他人的仁爱之中，你必须承认它对人类行为有巨大影响，在许多情况下它甚至比它那种原始的模样和形式影响更大。否则，有家庭、孩子和亲友的人，为什么很少有人会不赡养不教育他们而只顾自己享乐呢？的确如你所观察到的那样，这也许是从自爱出发的，因为他们家庭和朋友的诸事顺遂正是他们的快乐和荣耀所在,或他们自己的快乐和荣耀的重要方面。如果你也是这些自私的人们之中的一员,那你就会确信每一个人都有好的想法和善良意愿;那你也就不至于听到下面这个说法时感到吃惊:每个人的自爱,和其中我的自爱,会使我们倾向于为你服务,说你的好话。

照我的看法,使那些非常坚持人性自私的哲学家走入歧途的有两件事:第一,他们发现每个善良或友爱的行为都伴随着某种隐秘的愉快;从这里他们得出结论说,友谊与美德不可能是无私的。但这种看法的谬误是显而易见的,因为是善良的情感或热情产生了愉快,而不是从愉快中产生善良的情感。我为朋友做好事时感到愉快是因为我爱他,而不是我为了愉快才去爱他。

第二,哲学家们总能发现有德之人远不是对赞扬抱无所谓态度的,因此就把他们描绘成一些虚荣心很强的人,说他们一心想得到的就是别人的称赞。但这也是一种错误的看法。如果在一个值得赞许的行为里我们发现了某些虚荣的气味,根据这一点就贬损这个行为,或者把它完全归结为追求虚荣的动机,那是很不公正的。虚荣心同其他情欲的情况不同。如果表面的善良行为里实际上有贪婪和报复打算,我们很难说这些打算在伪善行为里究竟占有多大比重,只能很自然地假定它就是唯一的动机。但是虚荣心同美德却可以紧密相随,喜欢得到做好事的名声与做好事本身是非常靠近的,所以这两种情感容易混在一起,甚于同其他任何感情的关系;爱做好事而一点不爱赞扬几乎是不可能的。因此,我们发现这种光荣感永远会按照心灵的特殊兴趣和气质以曲折变化的形式存在于人心之中。尼禄[①]的虚荣

① 尼禄(37—68),古罗马皇帝(54—68)。以暴虐、放荡出名。——译者注

表现在驾驭一辆凯旋车上，而图拉真[1]则表现在用法律和才干治理帝国上。爱美德行为所带来的光荣，正是人类爱美德的一个有说服力的证据。

① 图拉真（53—117），古罗马皇帝（98—117）。——译者注

论技艺的提高[①]

奢华(Laxury)是一个含义不确定的词,既可作为褒义词用,也同样可作为贬义词用。一般说来,它指的是在满足感官需要方面的大量修饰铺张。各种程度的奢华既可以是无害的,也可以是受人指责的,这要看时代、国家和个人的种种环境条件而定。在这一方面,美德与恶行的界限无法严格划定,甚于其他的种种道德问题。要说各种感官上的满足,各种精美的饮食衣饰给予我们的快乐本身就是丑恶的,这种想法是决不可能被人接受的,只要他的头脑还没有被狂热弄得颠倒错乱。我确实听说有一位外国僧侣,他因为房间的窗户是朝一个神圣的方向开的,就给自己的眼睛立下誓约:决不朝别处看,决不要见到任何使肉体感到欢乐的东西。喝香槟酒或勃艮第葡萄酒也是罪过,不如喝点淡啤酒黑啤酒好。如果我们追求的享乐要以损害美德如自由或仁爱为代价,那就确实是恶行;同样,如果为了享乐,一个人毁了自己的前程,把自己弄到一贫如洗甚至四处求乞的地步,那就是愚蠢的行为。如果这些享乐并不损害美德,而是给朋友和家庭以宽裕豁达的关怀,是各种各样适当的慷慨和同情,它们就是完全无害的;在一切时代,几乎所有的道德家都承认这是正当的。在奢侈豪华的餐桌上,如果

① 本篇原载《人性的高贵与卑劣——休谟散文集》,上海三联书店1988年版。

人们品尝不到彼此交谈志向、学问和各种事情的愉快，这种奢华不过是无聊没趣的标志，同生气勃勃或天才毫无关系。一个人花钱享乐如果不关心、不尊重朋友和家人，就说明他的心是冷酷无情的。但是如果一个人匀出足够的时间来从事有益的研究讨论，拿出富裕的金钱来做仗义疏财的事，他就不会受到任何的指责。

由于奢华既能看作是无害的，又可视为不好的事，所以人们会碰到一些令人惊讶的荒谬意见。例如一些持自由原则的人甚至对罪恶的奢华也加以赞美，认为它对社会有很大好处；另一方面，有些严厉的道德君子甚至对最无害的奢华也加以谴责，认为它是一切腐化堕落、混乱，以及公民政治中很容易产生的派别纷争的根源。我们想努力纠正这两种极端的意见。首先，我要证明讲究铺张修饰的时代是最使人幸福的，也是最有美德的；其次我要证明，只要奢华不再是无害的，它也就不再是有益的；如果搞得过分，就是一种有害的行为，虽说它对政治社会的害处也许算不上是最大的。

为了证明第一点，我们只需考虑私人的和公共的生活这两方面铺张修饰的效果就行了。照最能为人接受的观念来看，人类的幸福是由三种成分组成的，这就是：有所作为，得到快乐，休息懒散。虽然这些成分的安排组合应当看各人的具体情况有不同的比例，可是决不能完全少了其中任何一种，否则，在一定程度上，这整个的幸福的趣味就会给毁掉。待在那里休息，确实从它本身来看似乎对我们的欢乐说不上有什么贡献，可是一个最勤勉的人也需要睡眠，软弱的人类本性支持不住不间断的忙碌辛劳，也支持不住无休止的欢乐享受。精力的急迅行进，能使人得到种种满足，但终于耗费了心力，这时就需要一些间隙来休息；不过这种休息只能是一时的才适当，如果时间拖得过长就会使人厌烦乏味，兴趣索然。在心灵的休息变换和心力的恢复上，教育、习俗和榜样有巨大的影响力；应当承认，只要它们能增进我们行动和快乐的兴味，对人的幸福就是非常有益的。在产业和艺术昌盛的时代，人们都有稳定的职业，对他们的工作和报酬感到满意，也有种种愉快的享受作为他们劳动的果实。心灵得到了新的活力，扩展了它的力量与能力；由于勤恳地从事受人尊重的工作，心的自然需要就得到满足，同时也预防了不自然的欲望，那通常是由安逸怠惰所引起和滋长起来的。如果把这些生活的艺术从社会里驱逐掉，就剥夺了人们的作为和快乐，剩下来的就只是无精打采而已；不仅如此，甚至连人们对休息的趣味也给毁掉了，它不再是使人欣慰的休息，因为只有在劳动之后，在花费了气力、感到相当疲劳之后，使精力得到恢复的休息才是使人感到舒适的。

勤勉和日常生活艺术的种种改善的另一种好处，就在于它们能产生出某些文学艺术的精品来；不过单靠它是不行的，必须有别的条件在某种程度上配合。产生伟大哲学家、政治家、著名的将军和诗人的时代，通常总有无数的精巧的成衣匠和造船工人。我们很难想象，那能够生产出完美毛料衣着的国家里全然没有天文学或伦理学知识。时代的精神影响一切艺术和学问，人们的心智一旦从怠惰中唤醒，激发出力量，就会指向生活的各个方面，促进各种艺术和科学。人们从愚昧无知中走出来，享用到作为有理性的人的应有权利，他们就会去思考，去行动，去开拓他们心灵上的愉快情感，就像他们开拓物质上的幸福生活一样。

这些艺术愈加提炼改善，人们就愈是成为爱交往的人。要说那些学识很多、谈话材料丰富的人，会满足于孤寂生活，远离他的同胞，这是不可能的，不过是无知妄说和不开化的观念。他们成群地居住在城市里，喜欢接受和交流知识，喜欢显示他们的才智、教养和关于生活、谈话、衣着、家具摆设等等方面的趣味。珍奇诱发智慧，空虚产生愚昧，而愉快则兼而有之。各式各样的俱乐部和社会团体到处都有，男男女女在这里相会很方便，这种社会交往的方式使人们的脾气和举止迅速地得到改进修饰。所以人们除了从知识和文艺那里获得提高外，还必定能从共同交谈的习惯和彼此给予的亲切、愉快中增进人性。这样，勤劳、知识和人道这三者就由一个不可分割的链条联结在一起，并从经验和理性中见到它们进一步的加工洗练。这种繁荣昌盛的景象通常就被称作比较奢华的时代。

伴随这些益处的害处并不是程度相应的。人们的愉快感情愈是改进，沉溺于过分的这类追求的情况就愈少，因为这类过分对真正的快感最具毁灭性。我们完全可以肯定，鞑靼人时常有野兽般贪吃好喝的毛病，他们对死马也要大吃大喝一通，而欧洲宫廷里则十分讲究烹调艺术。在讲究优雅的时代，放荡的恋爱，甚至婚床上的私通，常常只看作是一段风流韵事罢了，但酗酒就不为风尚所容许，被认为是一种讨厌的、对身心有害的恶行。在这件事情上我不仅赞同奥维德或佩特罗尼乌斯[1]的看法，也赞同塞内卡和加图[2]。我们知道有段故事，在喀提林[3]密谋暴乱的时候，恺撒不得不把一封暴露他同加图妹妹塞尔维拉私通的情书交到加图手中，这位严正

① 佩特罗尼乌斯（？—66），古罗马作家，长篇讽刺小说《萨蒂利孔》的作者，做过总督和执政官，是个终生追求享乐的浪荡公子。《萨蒂利孔》详尽地记录了当时的享乐生活，文笔典雅流利，机智风趣。——译者注

② 加图（前95—前46），是与之同名的监察官大加图的曾孙，被称作小加图。大加图全力维护罗马古风和传统的道德标准。小加图是保守的元老院贵族领袖，当过保民官，反对恺撒，西塞罗著有称颂他人品的文章。——译者注

③ 喀提林，罗马共和国末期的贵族，担任过行政长官和总督，竞选执政官失败后，曾密谋暴乱，被西塞罗揭露和镇压。——译者注

的哲学家怒气冲冲地把这封信扔回给他，在激怒中骂他是一个醉鬼：对加图来说，似乎找不到比这个词更难听的骂人话了。

勤勉、知识和人道，不仅有益于私人生活，而且对公共生活起着有益的作用。它们在促成政治治理的伟大繁荣方面的影响作用，正如在造成个人的快乐和兴旺方面的作用一样。增多和消费使生活丰富多彩和欢乐愉快的物品，对社会是有利的；因为这些物品增添了个人的正当享受，是劳动的贮藏库，一旦国家遇到危难，就可以拿来为公共利益服务。在一个国家里，如果没有对多余奢侈物品的需要，人们就会怠惰，不知道什么是生活的欢乐，这对公共事业也是不利的。因为靠这样一些惰性的人的工作，国家是不能保持或支持它的舰队和陆军的。

欧洲各王国的疆域，到现在有两百年几乎没有变动了。但是它们在力量和威望上的区别为什么如此之大呢？这只能归功于技艺和工业的增长进步。在法国国王查理八世入侵意大利时，他率领了两万军队；可是圭恰尔迪尼①告诉我们，这支军队的装备耗尽了法国的财力物力，以致若干年里它不能再有大的作为。而晚近的法国国王②在战争期间则能保持四十万军队，在马萨林③死后直到他自己去世的这个时期里，他能进行持续近三十年之久的长期战争。

生产得益于知识很多，这些知识是同技术上的长期发展与改进不可分的；另一方面，知识还能够使社会从它的民众的生产中

① 圭恰尔迪尼(1483—1540)，意大利历史学家，文学家。——译者注

② 指路易十四(1638—1715)。——译者注

③ 马萨林(1602—1661)，法国枢机主教黎塞留的继任者，并继他成为法国首相。他曾任路易十四的导师，路易十四即位后，他引导幼主关心政务，并训练了大批官员。——译者注

得到最大的益处。要使一国的法律、秩序、治安和纪律臻于某种完善的地步，就必须首先使人们的理性通过教育训练得到提高，并且运用到改造那些粗陋的技艺（首先是商业和制造业方面）上去，否则便是空谈。一个民族，如果连制造纱锭或使用织布机的好处都不懂，对于这样的民族所能塑造出来的政府，我们能指望它会是好的吗？更不必说，一切愚昧的时代迷信猖獗，它使政治偏邪，还搅扰妨碍人们追求利益与幸福的正当活动。治国安民的艺术知识能培养温良与平和的性格习俗，因为它是用比严厉苛刻要好的人类生活准则的益处教育人们的；苛虐的统治驱迫它的臣民起来同它作对，并且由于赦免无望，使逼上梁山的人只能同它作对到底。随着知识的增进，人们的秉性温和起来，人道精神就发扬光大了；而这种人道精神乃是区分文明时代同野蛮愚昧时代的主要特征所在。这样，派别之争就减少了根深蒂固的宿怨性质，革命行动就减少了悲剧性质，政权统治就减少了严酷性质，民众暴乱也就减少了频繁发生的次数，甚至对外战争也减少了残酷性。在战场上，我们尊敬可爱的钢铁般的勇士，不讲怜悯，也从不畏惧；离开战场，他们就抛弃残酷，恢复了普通的人性。

我们无须担心人们失去残忍心就失去了尚武精神，在保卫国家和自由时变得懦弱无力。技艺不会削弱精神和身体，相反，勤劳作为身心发展不可少的伴侣，能给两者添加新的力量。俗话说，天使是勇气的砺石，它能以亲切美好磨掉勇敢上面的浮垢，如粗暴残忍之类的东西。尊严体面的意识是更有力量、更持久、更有支配作用的原则，它由于知识和良好教育所造成的时代风气的提高，获得新鲜的活力。此外，勇敢如果不加以训练使之得到熟练的战斗技巧，就不能持久，也没有什么用处，而野蛮民族就谈不上有什么战斗训练和军事技术。古人记述达塔默斯是最早懂得战争艺术的唯一蛮族人。皮洛士[①]看到罗马人整理他们的部队井然有序，颇有艺术和训练，惊讶地赞叹道："这些野蛮人在训练上一点也不野蛮！"我们可以观察到：古罗马人由于专一致力于战争，几乎成为未开化民族中唯一总是保持着军事素养的民族；可是现代的意大利人却成为欧洲民族中唯一缺少勇气和尚武精神的文明民族。如果有人说意大利人懦弱是因为他们奢华，讲究礼仪文雅，爱好艺术，那就该想想法国人和英国人，他们的勇敢是无可争议的，这同他们喜爱技艺、努力经商是一致的。意大利的历史学家们对于他们同胞的这种退化，讲出了一个颇有道理的原因。他们谈到意大利的所有统治者是如何终于都放下了刀剑的：那时威尼斯的贵族统治猜忌它的臣民，佛罗伦萨的民主政体完全致力于商业贸易，罗马被僧侣们统治着，而那不勒斯受女人的治理。此后，战争就成为雇佣兵们寻好运的事业，他们彼此殴打争斗，为了使世人感到吃惊，他们会在大白天去进行一场所谓的战斗，晚上就回到营房，一点血也不曾流过。

严肃的道德家们攻击技术和艺术的改善，依据的主要事例就是古罗马，它把穷困、质朴的美德和集体精神结合在一起，从而上升到一种令人惊叹的庄严与自由的高度；可是当它从被征服的行省那里学到亚洲式的奢华，就陷入各种腐败之中了，这时暴乱和内战就发生发展起来，终于完全丧失了自由。所有的拉丁古典作品，那是我们小时候就读过的，它们充满了这类伤感，都把国家的衰亡

① 皮洛士(前319—前272)，伊庇鲁斯国王，曾不惜惨重代价取得了对马其顿和罗马的军事胜利。他的兵法受到许多古作家的引用和赞扬。以下引文见普鲁塔克《皮洛士》第16章第5节。——译者注

归咎于从东方得来的技艺和财富。萨鲁斯特[1]甚至认为欣赏绘画也是一种罪恶,不亚于淫荡和酗酒。在罗马共和国末期,这类伤感非常流行,所以这位作者对古老严格的罗马美德充满着赞赏之情,尽管他本人正是当时奢华和败坏的一个突出的例证;他轻蔑地谈到希腊人的雄辩,可他本人正是最优美的作家;他为了上述目的颠三倒四口若悬河说了许多枝枝节节的话,可是他本人的著作正是正确鉴赏力的典范。

不难证明这些作家把罗马陷入混乱归咎于奢华和技艺是弄错了原因,其实这是由于政体的设计不佳,由于征服的无限扩张。使生活愉快和便利的改善,并没有产生见利忘义和腐败的自然倾向。一切人花费在各种特殊享受上的代价如何,要看对比和经验来定。一个看门人贪爱钱财,把它花在咸肉和白酒上,同一个廷臣贪财用来买香槟酒和美味的蒿雀,并没有多大差别。财富在一切时候对一切人都有价值,因为它总是能用来买欢笑的;不过人们同样也习惯于荣誉感和美德并想得到它们,而且除此之外就没有别的东西能限制他们爱钱或使他们按规矩来获得金钱。荣誉感和美德,虽然不会在一切时代受到几乎同等的关注,但在知识和文化昌盛的时代,自然会受到人们的最大尊重。

波兰在欧洲各国里最不会打仗,也最不会和平;最少机械技术,也最少文学艺术;可是在这里,贪污腐败仍然是最盛行的。贵族保住他们选帝侯的权力,似乎只不过是为了把它卖给出高价的人。这就是波兰人几乎唯一具有的一种贸易。

英国自技术进步以来,自由决不是衰落下来,而是得到了前所

---

① 萨斯鲁特(前86—前34),古罗马历史学家。休谟这里提到的,是他在历史著作《喀提林叛乱记》中的看法。——译者注

未有的繁荣。近年来腐败现象虽然似乎有所增长,那主要是由于我们现在建立的自由制度,我们的贵族看到没有议会就不可能进行统治,害怕议会的权力怪影。不用说,这类贪财腐败的现象在选举人中比在被选举人里更加流行,所以我们不应归咎于奢华和技艺的进步。

如果我们正确地考察这个问题,就能看出技艺上的进步对自由是比较有利的,即使它不能产生一个自由的政府,也有一种天然的倾向要保持这种政府。在粗野的缺乏高度文化的民族那里,忽视技术改进,所有劳动只用来种地;整个社会划分为两个阶级:土地所有者和他们的农奴或佃户。后者必然是依附于人的,只能处于受奴役和压迫的境地,尤其是他们由于贫穷没有能力获得农业知识。这种情况在一切忽视技术的地方必定总是如此的。而土地所有者很自然地把自己树为小暴君,他们或者为了自己的安宁和统治必须屈从于一个更高的主宰,或者为了保持他们的独立性,而必定彼此争战不休,有如古代的贵族领主那样,使整个社会陷入混乱和灾难,其危害或许比在最专制的政府统治下的情形更甚。但是奢华如果能滋养工商业,那么农民就能因耕作得当而富裕和独立起来;商人也能得到一份财富,使自己接近于中等阶层的地位和威望,而中等阶层的人总是社会自由的最好最稳固的基础。农民们由于摆脱了穷困和愚昧,就不再受从前那样的奴役了;而由于任何人不再能指望对其他人实行专制,领主贵族们也得到报偿,不必再屈从于他们的最高君主的专制。他们也愿意有平等的法律来保护自己的财产,使它免予君主的或贵族专制制度的侵夺。

社会下层是我们的得人心的政府的支持者。全世界都公认,这是由于这个政府主要关心和做的事情是增进商业贸易,而商业能使民众有均等的机会得到财富。既然如此,一方面激烈指责技艺的改进，一方面又把它视为有害于自由和公共精神的东西，那是非常矛盾的。

谴责现在，推崇远古的美德，几乎是根植于人类天性中的一种癖好；由于留传下来的只是文明时代的情感和意见，所以我们见到的多属攻击奢华甚至攻击科学的严厉批评，所以现在我们也易于赞同这类意见。但是如果我们比较一下处于同一时代的不同国家，只要我们充分熟悉它们的风貌，评判时不带偏见并能恰当地加以对比，我们就会很容易地觉察到上述见解是谬误之见。背信弃义和冷酷无情，是一切恶行中最有害、最可恨的，它似乎专属于不文明的时代；在文雅的希腊人、罗马人看来，这是他们周围野蛮民族的特征。因此，他们也应该正当地认为他们自己的祖先（虽然他们给予很高的评价）其实并没有什么伟大的美德，同后代相比，在品德和人道方面，以及在鉴赏能力和学术方面，都要差得多。古代法兰克人或萨克森人可能得到高度赞扬，不过我相信大家都会认为他们的生活和命运处在摩尔人、鞑靼人的手心里并不安全，远不如法国或英国有身份的人的处境，而这种人是最文明国家里的最有教养的人。

现在我们来谈谈打算说明的第二点，因为无害的奢华，或一种技艺上的精美、生活上的便利，是有益于社会公众的，所以只要奢华不再是无害的，也就不再有益。如果超出一定限度，就会成为对政治社会有害的东西，即使它还算不上是最有害的。

让我们想想我们称之为罪恶的奢华是什么。能满足人们需要的东西，即使是满足肉欲的，它们本身也不能被看作是罪恶的。只有这样一种满足需要的行为才能看作是罪恶的：它耗尽了一个人的金钱，使他再也没有能力尽到按他的地位应尽的职责，无力实现照他财产状况本来应当有的对他人的关怀帮助。假如他改正了这个毛病,把部分钱用来教育孩子,帮助朋友,救济穷人,这对社会有什么不好呢!反之如果没有奢华,这些花销也还是要的。如果这时使用的劳动只能生产少量满足个人需要的东西,它也能济穷,满足许许多多的需要。在圣诞节的餐桌上只能摆出一碟豆子的穷苦人,他们的操心和辛劳也能养活全家六个月。有人说,没有罪恶的奢华,劳动就不会全部运用起来,这只不过是说人性中有另一些缺点,如懒惰,自私,不关心他人。对于这些,奢华在某种意义上也提供了一种救治,就像以毒攻毒那样。但是美德同使人健康的食物一样,总比有毒的东西(不论如何加以矫正)要好。

现在我提出一个问题,假如大不列颠现在的人口数目不变,土壤气候也不变,由于在生活方式上达到了可以想象的最完美的地步,由于伟大的改革以其万能的作用改变了人们的气质习性,这些人们是否会更幸福呢? 要断言并非如此,似乎显然荒谬可笑。只要这片土地能养活比现在还多的居民,他们在这样一个乌托邦里除了身体疾病(这在人类的灾难里还占不到一半)外就不会感到有什么别的坏事。所有别的弊端都来自我们自己或他人的罪恶,甚至我们的许多疾病灾祸也来自这种源泉。去掉道德上的罪恶,坏事也就没有了。但是,人们必须仔细地克服一切罪恶;如果只克服其中一部分,情况恐怕更糟糕。驱逐了坏的奢华而没有克服懒惰和对别人的漠不关心,那就只不过是消灭了这个国家里的勤劳,对人们的仁爱和慷慨大度一点也没有增益。因此还不如满足于这样的观点:在一个国家里,两个对立的恶可能比单单只有其中之一要好些;但是这决不是说恶本身是好的。一个作家如果在一页上说道德品质是政治家为了公共利益而提出来的,在另外一页又说恶对社会有利,这并不能算前后非常矛盾。真正说来,这似乎只是在道德体系论说里用词上的矛盾,把一个一般说来有益于社会的事情说成是恶而已。

为了说明一个哲学上的问题，我想讲这些道理是必要的。这个问题在英国有许多争议，我把它叫作哲学的问题，而不叫作政治的问题。因为无论人类会获得怎样奇迹般的改造，比如他们能得到一切美德，摒弃一切罪恶，这总不是政治长官的事情。他只能做可能做到的事情，他不能靠美德来取代和治疗罪恶。他能做到的时常只是以毒攻毒，用一种恶来克服另一种恶，在这种场合他应做的只是选择对社会危害较轻的那一种恶。奢华如果过分就成为许多弊病之源，不过一般说来它总还是比懒惰怠慢要好一点，而懒惰怠慢通常是比较顽固的，对个人和社会都有害。如果怠惰占了统治地位，一种毫无教养的生活方式在个人生活领域里普遍流行，社会就难以生存，也没有任何欢乐享受可言。在这种情况下，统治者想从臣民那里得到的贡献就寥寥无几，由于该国的生产只能满足劳动者生活的必需，也就不能给从事公务的人提供任何东西。

论雄辩[①]

那些思考人类在历史上表现出来的各种时代及其革命变革的人,愉快地看到充满欢乐和各种变化的情景,也惊奇地看到不同时代巨大变化所引起的同样引人注目的种种风貌、习俗和意见。不过无论如何在政治史里,我们可以看到比学术史、科学史里要大得多的一致性;同一个时代的战争、谈判和政治,比起人们在趣味、才智和思辨原理方面的类似程度要大得多。利益和野心,荣誉和羞辱,友谊和敌对,恩惠和报复,是一切公共事务的原动力;这些感情都有一种非常难以驾驭而又难以探寻的本性,同那些容易由教育和事例来改变的感情和理智不同。哥特人在鉴赏力和学术上比罗马人要差得多,在勇敢和美德上却并非如此。

但是,如果我们拿来比较的民族差别不大,就能观察到人类学术的晚近阶段在许多方面同古代有一种相反的特征。如果说我们在哲学上比古代强,那我们不论还有多少精致的东西,在雄辩上还是远不如古人。

在古代,人们认为任何天才的作品都比不上对公众发表演说那么伟大,那么需要多方面的才华与能力。有些杰出的作家被认为有才能,但是甚至伟大的诗人或哲学家同善于演说的人相比也

① 本篇原载《人性的高贵与卑劣——休谟散文集》,上海三联书店1988年版。

还是被看作略逊一筹。无论希腊和罗马都产生了一种成熟的演说家,可是尽管别的著名演说家得到了种种赞扬,他们在同雄辩家的伟大典范相比时仍然相形见绌。仔细观察一下就能看到,古代的评论家几乎从不认为任何时代的两个演说家在水平上完全相等,值得给予同等程度的赞美。卡尔弗斯、凯利乌斯、库利奥、霍滕修斯、恺撒,一个超过一个,但是这时代最伟大的还是比不上西塞罗,他才是罗马前所未见的最善于雄辩的演说家。善于鉴赏的评论家说,罗马和希腊的演说家在雄辩上超过了前人,不过他们的艺术仍远不完善。雄辩艺术是无止境的,不仅超出了人类已有的能力,而且超出了人类可以想象的程度。西塞罗对他自己的作品不满意,甚至对狄摩西尼[①]的也不满意。他写道:"浩瀚无垠的艺术啊!我(的听觉)对你的仰慕多么如痴如狂,多么思念渴望。"

在一切文雅有学问的民族里,唯有英国已经有了一个受人民欢迎的政府,它容许很多人进入议会担当立法者的工作,从而可以认为它会处于雄辩的支配之下。可是英国在这方面有些什么可以夸耀的呢？让我们数数在我国享有盛名的伟大人物。不错,我们出了诗人和哲学家,这使大家都非常高兴,但是有什么演说家值得一提呢？我们在哪里能找到他们天才的不朽作品呢？确实,在我们的历史上也有一些人物指导过我们议会的决议,可是无论他们本人或别人都没想到应当花点气力把他们的演说词保存下来;而且他们的权威,好像都是借助于他们的经验、智慧乃至权力来建立的,较少凭借他们的演说才能。现在上下两院里有半打以上的发言人,他们在评述公共事务的时候,有些神气声调颇近于雄辩,

① 狄摩西尼(前384—前322),古代雅典演说家。他发表的演说《金冠辞》等被公认为历史上最成功的雄辩术艺术杰作。——译者注

但是没有人认为他们比其他人强。在我看来这似乎是一个确实的证据，说明他们之中还没有一位在雄辩艺术上超出平庸的水准，他们的雄辩没有唤起心灵中庄严崇高的情感和能力，只不过凭着普通的才能稍稍运用了雄辩术。伦敦众多的木匠能造出同样好的桌椅，可是没有一位诗人能写出像蒲柏[①]那样传神的优美诗句。

我们知道，当狄摩西尼演说时，才智之士从希腊最遥远的各个地方聚集到雅典来，好像参加世界上最值得庆贺的盛典。在伦敦，你可以看到人们在办事机关里耗光阴，最重要的争论都在上下两院进行；可是许多人都没有想到，要是他们有著名演说家的雄辩可听，那么不吃午饭是完全值得的。在老西伯[②]演出时，那些戏迷的激动，比听到我们首相面临攻击弹劾时所作的辩护词在感受上甚至会更强烈些。

一个人即使不熟悉古代演说家留下来的高尚作品，只要稍有接触与印象，也能评判古人的雄辩在风格和特色上无限优于现代演说家。在运用抑扬顿挫、铿锵有力的艺术手法上，高贵的狄摩西尼受到昆体良[③]和朗吉努斯[④]的许多赞扬。他在谈到喀罗尼亚战役[⑤]失败时慷慨陈词道："不，我的同胞们；不，你们没有错。我以英雄们的英灵起誓，他们为了同样的理由而战，英勇牺牲在马

① 蒲柏(1688—1744)，英国诗人。——译者注

② 西伯(1677—1757)，英国演员，剧作家，诗人。1730年被封为桂冠诗人。——译者注

③ 昆体良(约35—95)，古罗马教育家，演说家。——译者注

④ 朗吉努斯(生活在公元1世纪)，被认为是文学批评方面伟大创新作品之一《论崇高》的作者。他认为思想的伟大若非生就，就是后天通过努力模仿堪称典范的伟大作家(主要指荷马、狄摩西尼、柏拉图)得到的。——译者注

⑤ 喀罗尼亚是古希腊通往北方的门户，一个设防城镇。公元前338年，马其顿王腓力二世在此打败了底比斯和雅典。——译者注

拉松[①]和普拉蒂亚[②]的原野上。"[③]可是我们的稳健平静的演说家们,在运用这种艺术上显得多么滑稽可笑啊!西塞罗何等豪放雄浑富有诗意,他在用最悲壮的语言描写了一位罗马公民所受的苦难之后写道:"这恐怖的情景,我要描写出来,罗马公民听了谁能忍受? 不,不仅你们不能,我们国家的盟友们不能,那些听到过罗马英名的人们不能,甚至一切人类都不能忍受,只有残忍的野兽才能。啊,要是我站在荒漠孤寂的原野上,把我的言语向群山和巨岩倾诉,就是这些自然界里最粗犷、最不通人性的东西,我也确信它们也会为这个故事所动,感到恐怖和愤怒。"[④]试问,现在有谁还能保持这样的文采风度,这种文句所洋溢的雄辩光彩给它多大的魅力,引起听众何等的印象!它需要有多么崇高的艺术水平和卓越才能,凭借多么豪放过人的感情!它点燃了听众心中的火焰,使他们同演说者一起处于强烈的激情和高尚的思考之中;而具有这种效果的奔放的雄辩,又是由多少人们看不见的精心推敲造成!要是这种感情在我们看来显得有些过分,有如它有时表现出来的那样,那至少也能使我们对古代雄辩的风格得到一个概念,由于它那种整体的宏伟气概,我们对这类过分的渲染也不致产生反感。

与这种思想和表现力的热情相一致,我们可以看到古代雄辩家在行动上的热情。他们以一种他们所习惯的最普遍、最适度的态度来行动,这就是他们借以站立的土地;虽说他们的这些行为

---

① 马拉松,希腊地名。公元前490年,雅典在马拉松迎击进犯的波斯军队,以少胜多,取得了重大胜利,对扭转战局起了重大作用,大大鼓舞了希腊人。—— 译者注

② 普拉蒂亚,古希腊城市,位于山边悬崖上,地势险要。希波战争中,希腊军队在这里取得决定性胜利,它成为希腊人英勇气概的象征。—— 译者注

③ 见布鲁图的《书信集》第74封信。—— 译者注

④ 见布鲁图的《书信集》第74封信。—— 译者注

态度,不管是在元老院里,在法庭上,还是在讲坛上,在我们今天看来未免显得过于激烈,我们只是在剧院里才能接受那种最强烈激情的表现。

在近代,雄辩的衰落是我们可以明白感觉到的,可是对于引起这种现象的原因,人们却没有搞清楚。在一切时代,人类的天赋本是大致相等的。现代人把自己的天赋用到其他种种技艺和科学方面,他们十分勤劳努力,取得了巨大成就。而且,一个讲求学术的国家还具有一个民众的政府,这样的环境条件似乎足以充分发挥人们的各种可贵才能,可是虽有这一切有利条件,同所有其他的学术的进步相比,我们在雄辩上的进展却很小。

我们能否断言古代雄辩风格已经不适应于今天这个时代,现代的演说家不应模仿它了? 无论提出怎样的理由来证明这一点,我还是要劝人们相信,这样理由如果认真检查一番,都是不健全的,不能令人满意的。

第一点,有人会说,在古希腊罗马的学术繁荣时期,城邦共和国内部的法律,在所有国家里都既少又简单,所以作出决定在很大程度上靠执法者们的公正权衡和健全理智。因而研究法律不是一个吃力的职业,无须一辈子辛辛苦苦地盯着干,同从事其他的各种研究或事业全不矛盾。罗马的大政治家和将军们都是法律家。西塞罗在掌握法律知识上显得多么驾轻就熟,他说他在忙于各种要务当中,仍能抽出少量时间从事研究,使自己成为完备的法律家。可是今天的律师要使自己的论断公正,如果他花费许多时间和精力去研究、展示他的辩才,那就没有力量钻研严密的法律条文、实际情况和以往的案例了,但是后者才是他进行论证时最必要的依据。在古代的情况下必须考虑到许多条件,照顾到种种个人的打算甚至爱好脾性。演说家把这些都考虑在内,运用自己的艺术才能和雄辩使之协调配合，才能装出一副公平正直的模样来。但是现在的法律家哪有闲工夫丢开他繁重的工作，到帕纳索斯山[①]去采集花朵呢？他有什么机会在严密精细的论证、反驳与答辩（这是他必须运用的）之中，展现他的文学才华和雄辩艺术呢？最伟大的天才，最伟大的雄辩家，如果想在刚学过一个月法律的领导人面前宣讲一番，都只能陷于一种可笑的境地。

我乐于承认，在现代社会条件下有许多错综复杂的法律，这对雄辩是不利的；不过我还是认为这并不足以说明这门高贵艺术的衰落。在威斯敏斯特市政厅里也许可以不用演说，但在上下议院里就不能没有。在雅典人那里，阿雷奥帕果斯会议上[②]明确禁止一切诱惑的雄辩。有些人说希腊人的演说词是用合乎法律审判程序的方式写出来的，没有像罗马人表观出来的那种豪放和善于辞令的风格。但是，雅典人在详细讨论城邦事务时，在争论有关自由、幸福和公共事业的尊严荣誉问题时，他们把深思熟虑、谨慎周密这类雄辩发展到了何等辉煌的顶峰！这些主题的辩论，把天才提升到一般人之上，使雄辩得到了最充分发展的天地；而这类问题的争论，在我们今天的国家里仍是时时发生的。

第二点，有人说雄辩的衰落是由于现代人有很高水平的健全理智，他们蔑视一切用来诱惑判断力的辩术伎俩，在争论任何需要慎重审议的事情时，只承认可靠的论据，此外一概加以拒绝。如果有人被控告犯了杀人罪，那必须靠真凭实据来证明这是事实，然后用法律条文来衡量判决对这一罪行的刑罚。在这里，如果用些强

① 帕纳索斯山，希腊中部的山峰，是神话中文化和文艺之神阿波罗和缪斯的住地。—— 译者注

② 阿雷奥帕果斯是古希腊雅典的贵族议事会。在一个时期它权力最大，也是最高法庭。—— 译者注

烈的色彩来描绘这一杀人行为多么恐怖残酷,让死者的亲朋好友出场,用暗中提示的手法要他们用眼泪和悲伤央求法官秉公判决,那是荒唐可笑的。如果想靠对流血事件的描绘,把它说成是一种多么悲剧性的情景,来改变法庭的判决,那就更加荒唐可笑了。虽然我们知道,这套伎俩有时古代的演说家们确实用过。今天,在公共事务的讨论中不再受这类伤感情绪的影响,演说家们所应有的只是现代的雄辩,这就是指诉诸良好的理智,用恰当的表达方式进行陈述。

我愿接受这样的意见,就是我们今天的习惯和良好的理智,能使我们的演说家在试图煽起听众的激情或提高他们的想象力上,做得比古人要更加谨慎稳健一些;不过我看不出有什么理由要他们绝对地取消这个意图。这只应当促使他们加倍再加倍地改进他们的雄辩艺术,而不应完全否定这种艺术。古代雄辩家似乎也已经由于要对付听众的严重戒备心理而提防自己别出错误,可是他们采取的是另一种避免错误的方法。他们把崇高雄壮和悲惨动人的言辞滔滔不绝地倾泻到听众耳朵里去,使他们没有多余的时间来发觉受骗上当的伎俩;或者更正确些说,他们并没有被任何伎俩欺骗住,因为演说家的天才和雄辩力量,首先点燃的是他自己胸中的怒火、义愤、怜悯和悲伤之情,然后他才把这些激动传达给他的听众。

难道有什么人能自称比尤利乌斯·恺撒的良好理智更强吗?可是我们知道,这位傲慢的征服者还是被西塞罗雄辩的魅力所折服,以致不得不以某种方式改变了他既定的目的和决定,并赦免了一个犯人,而在这位雄辩家演说之前,原是要判死罪的。

我承认,这位罗马雄辩家尽管获得了巨大的成功,他的作品在某些地方还是可以指摘的。他过于注重词藻和文采;他的风格过于华丽触目；他行文的章节划分主要是按学院的那套格式；他虽看不起一些小手法，可他的机智里也有这些东西，甚至有某些双关的俏皮话、同韵语和叮叮当当的小玩意儿。希腊演说家的听众不像罗马的元老或法官们那样有教养。雅典的下层平民是全权统治者，是他的雄辩的裁定者[①]。可是他的姿态风度还是要比民众更淳朴和简洁；如果能模仿的话，就是放到现代集会上也会无误地获得成功。它是敏捷麻利的和谐，准确无误的理智；它是热情的论证，显不出任何人工做作的技巧：它是高傲、愤怒、粗犷、自由的感情流露，渗透在一个川流不息的论证之中。在一切人类的产品里，狄摩西尼的演说向我们提供了最接近于完美的典范。

第三点，有人会说古代政治混乱，错误罪过很多，公民们时常自觉地看到这些问题，这就给他们的雄辩提供了大量主题和材料，而今天情况已经有所不同了。要是没有威勒斯[②]或喀提林，就不会有西塞罗。但是很显然，这个论点没多大意义。在今天，像腓力那样的人是很容易发现的，可是我们在哪里能找到一位狄摩西尼呢？

但是，难道我们只能指摘我们的演说家，说他们由于缺乏天才和判断力，没有能力达到古代雄辩那样高的水平；或者，把它看作

---

① 演说者适应雅典人民的口味，而不是人民适应演说者的口味。高尔吉亚·莱昂提诺迷住了他们，他们才逐渐熟悉了一种比较高的口味。西西里的狄奥多罗斯说，他的演讲风格，他的对立命题，他的句子工整对称，这些如今已被人看不上了，当时却在听众中产生了巨大效果。（见 Diodorus Siculus XII 53.2-5.）所以，现代演说者如果用他的听众的口味为自己不好的作品辩解，是徒劳的。英国议会在判断力和敏感审慎上很自然地胜过雅典民众，可见崇尚古风而不容许今天有雄辩实在是一种奇怪的偏见。

② 威勒斯（约前115—前43），罗马行政长官。因贪赃枉法而出名，在西西里人请求下，西塞罗对他提出了控诉。—— 译者注

不适合现代条件和精神的事而放弃一切努力？只要这种努力有少许成功，就可以唤起我们民族的天才，激发年轻人起来仿效竞争，使我们的听觉习惯于一种比我们迄今所乐意听的要更高尚、更富于情感的雄辩声调。在任何民族里，艺术的最初产生和进展，都确实是某种偶然的事件引起的。虽说古罗马人接受了希腊一切优秀的成果，但是为什么他们原先并没有艺术的训练，却唯有他们才能在雕塑、绘画和建筑艺术上达到如此优雅洗练的地步，对于这个问题能否有一种非常令人满意的解答，我是怀疑的。一旦现代的罗马从古代废墟里发现了少数遗物并为之激动，它就产生了最杰出、最卓越的艺术家。要是有一位像诗人沃勒[①]那样有教养的雄辩天才出现在内战时期，当时自由刚刚充分地建立起来，人民在集会中讨论和争辩政治上各种最重大的问题，那我就可以十分明白地说明，一个榜样能使英国的雄辩得到转机，使我们能达到古代典范那样的完美。这样，我们的演说家就能获得国人的尊敬，有如我们的诗人、数学家和哲学家那样；英国也会出现它的西塞罗，就像它产生了自己的阿几米得和维吉尔一样。

如果对诗歌和雄辩的错误趣味在所有的人中间普遍流行，那就很难或几乎不会有人通过比较和反省来选择一种真正的趣味。这种错误低下的趣味之所以盛行，只是由于对真正的趣味无知，缺少完美的典范来引导人们获得比较正确的理解力和对天才作品比较精致的欣赏力。一旦这些典范出现了，人们马上就会联合起来投赞成票。由于它那种天然有力的魅力，它会赢得人们的喜爱和赞美，即使最有偏见的人也不例外。任何一种激情和感受，其本原

---

① 沃勒(1606—1687)，英国诗人，以诗句和谐流畅而著称。在内战中因参与王党阴谋而被放逐，共和时期他写了对克伦威尔的一首颂诗，复辟时期他又写了一首赞美查理二世的诗。——译者注

存在于任何一个人心中，只要正当地给予触发，它们就会在生活中发展起来，温暖人们的心胸，并且把这种快感传达出来。天才作品正是靠了它，才同由随随便便的机智和幻想凑合起来的虚假的美区别开来。如果我们这个观察对于一切文学艺术都是真实的话，它也必然完全适用于雄辩。由于雄辩只是为公众、为世人的，毋庸讳言，它不能指望人们有多高的判断能力，它必须顺从公众的裁决而不能有什么保留或限制。不过比较起来，如果有谁被一位普通读者看作最伟大的演说家，那么学识渊博的人所作的这类评价就应是更确实无误的。虽然一个并不出色的演说者可能在一个相当长的时间里受到热烈欢迎，得到民众的交口赞誉，说他有才华，找不出他有什么缺点，可是只要真正的天才出现了，就立刻会把人们的注意力吸引过来，明显地胜过他的对手。

用这条规则来评判，古代的雄辩，即崇高和激情的雄辩，比现代的或论证说理式的雄辩，是更富于正当的趣味的；如果正确地加以贯彻，将永远能博得人类更多的同情和崇敬。我们满足于我们的平庸，是因为我们没有经验到比它更好的东西，而古人对这两方面都经验到了；他们进行了比较，挑选出那种直到今天仍然受到我们称赞的典范。如果我没有弄错的话，我认为我们现代的雄辩在风格和类型上同古代批评家称之为阿提卡雄辩的一样，也就是说，是一种平静、优雅和精巧的东西，它讲授道理而不能唤起激情，除了论证和一般议论就没有别的音调。吕西阿斯[①]在雅典人中和加尔乌斯在罗马人发表的雄辩作品，就属于这种类型。它们在当时都得到了相当高的评价，不过同狄摩西尼和西塞罗一比，就好像是正午阳光下的一支即将熄灭的蜡烛，显得黯然失色。后两位

① 吕西阿斯（约前445—前380），希腊演说词写作家。——译者注

作家同前两位一样优雅，精巧，论证有力；不过他们受人称赞的地方主要还是伤感和崇高的感情与风格，他们在适当的场合把这些注入他们的行文中去，并且依靠这种力量来左右读者的决定。

这种类型的雄辩，我们在英国几乎找不到任何实例，至少在我们的公众演说家里是如此。我想，我国作家中有些享有盛誉的实例，也许能使有志青年在试图复活古代雄辩方面增强信心，争取到和古人同样的光荣甚至超过古人。博林布鲁克子爵[①]的作品，连同其中论证与方法上的缺点以及不准确处，都有着一种力量，而我们的演说家却几乎从不注重这一点；但实际上很显然，这样一种昂扬的风格正是演说家胜过写文章的人的一种特权，并能使他更迅速地获得惊人的成功。此外，演说还有这样的特殊优点，就是演说者和听众之间有语言和情态上的各种反应的不断交流。在一个大规模的集会上，大家倾听一个人演讲，必能使他心中产生一种特殊的昂扬精神，使最有力的姿态表情充分得到表现而又合乎礼仪。确实，人们对事先准备好的演说往往怀有很大的戒心；如果一个人背诵稿子，像一个学童背诵课文那样，根本不考虑他所说的某些地方会引起什么疑问和争议，那他就免不了受人讥笑。但是，难道陷入这种可笑的困境是必然的吗？要作一个公众演说家，就必须事先弄清争论的问题。他可以把所有的论点、质难和回答组织在一起，他应当想到这些正是他演说里最本质的东西。如果发生了新的疑问，他还应该随机应变想到如何加以补充，使他精心推敲的稿子不致和当下的演说差距过于明显。人心总是自然地被相同的原动力或力量所推动，它有如一条船，一旦被摇起的桨橹驱动，就

---

① 博林布鲁克子爵（1678—1751），英国政治家和作家。博学多才，能文善辩，写过历史和哲学方面的著作。—— 译者注

会在一段时间里沿着它的道路继续向前运动，即使那最初的推动已经暂时搁置下来。

现在我再谈一点意见，以便结束本文的讨论。我观察到尽管我们现代的演说家还没有提高他们的风格，还没有唤起一种与古人比高低的竞争心，不过，在他们多数的演说词里，有一个重要的缺点还是可以克服的，这也用不着改变那种限制着他们野心的论证和推理的气氛。即席的讲演有一种巨大的感染力，能使他们挣脱所有那些对说理似乎必要的程序和方法，虽说没有它们就几乎不能使人心得到完全的确信。这并不是说人们会喜欢在一篇公众演说词里有许多不连贯之处，除非所谈的主题对人们来说原是一目了然的；而只是说，摆脱这种形式化的东西就容易注意到另一种方法，这种方法能唤起听众的注意力，他们在看到论证很自然地从一个上升到另一个时，会感到十分愉快，也能在心中保持住这种论证的透彻说服力，那是比把最有力的论证胡乱堆在一起所能产生的效果要强得多的。

鉴赏的标准[①]

人们在鉴赏力方面差别很大，就像世上流行的各种意见很不相同一样，这个事实十分明显，人们甚至无须考察就可以明白。大多数所知有限的人，在他们熟悉的小圈子里都能看出鉴赏力的差别，即使这个小圈子里的人们都在同样的政治制度下受教育，从小都受到同样偏见的影响，也是如此。而那些能把眼光扩展到遥远的国度和古代去加以审视的人，对于这方面的巨大差异和对立，会更加惊叹。我们对那些同我们的鉴赏力、领悟力大不相同的看法，往往容易贬之为野蛮，但我们很快就能发现别人回敬我们的类似贬斥之词，最后就连最傲慢自负的人在看到各方面的人们都同样自信时，也大吃一惊，面对着这样一种情感好恶的纷争，再也不敢认定自己所喜爱的就一定是对的了。

鉴赏力的这种差异，对于并不留意的人来说也已经是显而易见的了；要是我们认真加以检视，会发现实际上的差异比初看上去还要更大些。人们对各种类型的美和丑，尽管一般议论起来相同，但实际感受仍然时常有别。在各种语言里，都有一些带着褒贬含义的词；这些词对使用同一种语言的所有的人来说，必有彼此协调一致的运用。优美，适当，质朴、生动，是人人称赞的；而浮

① 本篇原载《人性的高贵与卑劣——休谟散文集》，上海三联书店1988年版。

夸，做作，平庸和虚假的粉饰，是大家都指摘的。但是只要评论家们谈到特殊的事例，这种表面上的一致就烟消云散了；我们就会发现他们赋予种种言词的含义原是大不相同的。与此相反，在各种科学和意见的问题上，人们之间的分歧更多是在对一般而不是在对特殊的看法上，表面上的分歧多于实质上的分歧。一旦把名词术语解释清楚，常常就结束了争论，争执双方惊讶地发觉他们争了许久，但在根本之点上他们的判断本来是一致的。

那些把道德建立在情感而不是理智上的人们，倾向于把伦理学问题放到对情感的考察中加以把握。他们认为，在一切有关操行和做人规矩的问题上，人们之间的差别实际上要比初看上去还大。确实，一切民族和一切时代的作家都异口同声地称颂正义，人道，大度，谨慎，诚实，谴责与此相反的品质，这一点是显而易见的。就连那些以娱悦人们想象力为主的作品的作者和诗人，从荷马直到费讷隆[①]，都在谆谆教导着同样的道德格言，赞誉和谴责着同样的美德与恶行。这种一致性，照通常的说法，应归功于朴实理智的影响；这种理智在一切场合维护所有的人心中类似的情感，预防它出现那些像在抽象科学里常常发生的争辩。要是仅就这种一致性是真实的而言，我们或许可以接受上述解释，并以此为满足。不过我们也必须看到，道德上的这种表面的协调，有些部分乃是由言语的性质本身造成的。美德这个词，不论在哪种语言里都表示着赞扬，正如恶行这个词总表示着谴责的意思。除非最明显地甘冒天下之大不韪，任何人都不会把一个公认是好意的词赋予贬斥的意义，或把表示责备的词给予赞扬的意义。荷马的一般道德格言，

① 费讷隆（1651—1715），法国教士和作家。曾被路易十四聘为他的孙子的教师，著有小说《泰雷马克历险记》等。—— 译者注

无论他在作品的什么地方谈到，谁也不会同他争辩，但是很显然，一旦他描绘具体的行为方式，例如表现阿基里斯的英雄形象、乌吕西斯的足智多谋时，他把许多凶狠的品质掺杂到前者的英勇之中，把许多奸狡欺诈的品质掺杂到后者的智谋之中，这就是费讷隆所无法容许的了。在希腊诗歌里，贤者乌吕西斯仿佛生来就爱说谎和骗人，而且常常是在毫无必要甚至毫无益处时也惯于这种伎俩；但是在法国史诗的作者笔下，乌吕西斯的儿子就比较谨慎自重，在危急关头也从不离开最严格的真理和诚实的人生道路。

《古兰经》的颂扬者和信奉者坚持认为，在这本粗野荒谬的书里到处都有卓越的道德教训。但是我们还不如这样来看问题，即，在阿拉伯的语言里，那些同英语中的“公正”、“正义”、“节制”、“谦恭”、“仁慈”等相当的词，由于人们长期地使用，必定总是获得了好的含义。如果说人们对《古兰经》里的这些词完全无知，那只涉及语言，并不涉及道德；因而人们谈到这些词的时候只是讲了些各种性质的形容词，同它所赞扬称道的事情无关。要是我们想知道这位冒牌的先知是否真的有正当的道德感情，那就让我们读一读他所讲述的故事好了，我们很快就发现他所赞许的事情是背叛无信，凶狠残酷，报复偏执，这些都是同文明社会全不相容的。在这里似乎没有什么稳固的是非准则可说，对每种行为的褒贬只看对他的信奉者有利与否而定。

真正说来，伦理学能给予我们的一般教训，其价值是很小的。那些推荐种种美德的人，他们所做的事其实不过是在解释词句本身罢了。发明了“仁爱”这个词并以好的意义来使用它的民族，比起某些在著作里塞进“待人以仁爱”这类戒条的冒牌立法者或先知，在教人为善上要清晰得多，也要有效得多。其实，在全部语言表述中，最不容易受到歪曲和误解的，正是那些同其他意义联结在一起的、包含着某种程度的褒贬意义的语词。

所以很自然地，我们要寻找一种鉴赏的标准，它可以成为协调人们不同情感的一种规则，至少它能提供一种判别的准则，使我们能够肯定一类情感，指责另一类情感。

然而有一种哲学却认为我们这种企图只是空想，并论说要想获得任何鉴赏的标准都是永远不可能的。它说，这是因为理智的判断与情感的评价是极不相同的两回事。一切情感都是正确的，因为情感无求于外，不管在什么场合只要一个人意识到它，它总是真实的。但是所有理智的规定却不能认为是正确的，因为它们必须以外物本身为准，即以实际的事实为准，这样，它们就无法与这个标准相符合了。对于同一个事物，不同的人可以采纳上千种不同的意见，但不可能都是正确的，其中只有一种意见正确真实，可是如何把它辨认出来并加以确定还是一大难题。与这种情形相反，由同一事物所激起的上千种不同的情感，却可以都是正确的，因为感受这种东西并不以表现外务中的实在性质为任务。它只不过标志着外物与人心官能之间的某种呼应或关系，如果这种呼应观照实际上不存在，情感就决不可能发生。美不是物自身里的性质，它只存在于观照事物的人心之中，每个人在心中感受到的美是彼此不同的。对于同一对象，一个人可能感受到的是丑，而另一个人却感到了美；各个不同的人都应该默从他自己的感受，不必去随声附和别人的看法。要寻求真正的美或真正的丑，就像妄图确立什么是真正的甜或真正的苦那样，是一种不会有任何结果的研究。由于感官气质的不同，同一个对象可以既是甜的，又是苦的。谚语早就说过，争论口味问题是徒劳无益的。把这个明显的道理，从肉体的感受问题扩展到精神感受上来，看来是很自然的，甚至是十分必要的。这样说来，我们就发现常识尽管时常同哲学尤其是怀疑论哲学相抵触，却至少在这一方面彼此一致，它们都主张同一观点。

虽说上述道理成为谚语，似乎已为常识认可，但确实还有另一种常识持与之相反的看法，它至少可以对上述观点起修正和限制的作用。要是有谁在奥格尔比[①]和弥尔顿之间，或在班扬[②]与艾迪生[③]之间作比较，说他们在天才和优雅方面不相上下，人们一定会认为他是在信口乱说，把小土堆说成同山陵一样高，把小池塘说成像海洋那么广。虽然也许会有几个人，在对比中宁愿偏爱前边的两位作家，但这样的鉴赏力决不会受到人们的重视。我们可以毫不犹豫地说，这些冒牌评论家的感受是荒唐可笑的。在这样说的时候，我们就把鉴赏力无差别可言的原则完全抛开了。当然这个原则在有些情况下还是可以承认的，其条件是拿来比较的对象看来大致相当；要是这些对象相比之下不成比例，谈论这个原则就显得太随便任性，甚至成为显而易见的瞎说了。

很清楚，艺术创作的种种法则，不是靠先天的推理来确定，也不能看作是从比较那些永恒不变的观念的性质和关系中得到的理智抽象的结论。它们的根据同一切实用科学一样，都是经验；它们不过是对普遍存在于各个国度和时代的人们中的快感所作的概括。诗歌中甚至雄辩中的美，许多是靠虚构，夸张，比喻，甚至滥用和颠倒词语的本来意义造成。要想制止这种想象力的奔放，叫各种表现手法都合乎几何学那样的真实性和准确性，那是同文艺评

① 约翰·奥格尔比(1600—1676)，英国印刷师。曾翻译过维吉尔和荷马的诗歌。——译者注

② 班扬(1628—1688)，英国散文作家。著有宗教寓言小说《天路历程》等。——译者注

③ 艾迪生(1672—1719)，英国散文作家，文学评论家。——译者注

论的规律完全背道而驰的。因为这样创作出来的作品,从普遍的经验来看,只能是最枯燥无味使人厌烦的东西。但是诗歌虽然全不受准确真理的管束,却也还须受到艺术规律的制约,这些艺术规律是天才的或有观察力的作家发现的。要是某些忽视或不遵守艺术创作规律的作家也能给我们以快感,那也并不是因为他们违反规律或规矩使我们得到艺术享受,而只不过是因为尽管有这种毛病,他们作品中还有别的优美之处能使公正的评论家感到满意,这些美的力量胜过缺陷,它使人心得到的满足超过了缺点所引起的厌恶之情。阿里奥斯托[①]是讨人喜欢的作家,但这并不是由于他那些古怪的虚构编造,把严肃的风格同喜剧风格胡乱混杂,故事安排缺少连贯性,时常打断叙述。他的魅力在于语言明快有力,构思流畅多变,善于描绘感情,特别是欢乐和恋爱这类感情的天然画面。所以他的缺点虽然减弱了我们的快感,并不足以抵消它们。退一步说,即使我们的快感是由他的诗篇中那些我们称之为缺陷的方面引起的,也不能否定一般的批评原则,因为这只不过是否定了一些特殊的批评原则。按照这些特殊的批评原则,上面提到的那些手法,应算作缺点,应受到普遍的指摘。这就是说。假如那些手法能给我们快感,它们就不能算作缺点,既然它们也能产生快感,我们就不必管这种快感是如何不期而至和难于解释了。

但是艺术的全部一般规律虽然都仅仅依据经验,依据对人类天性中共同情感的观察,我们却不应以为人们的感情在一切场合下都符合这些规律。人心中比较细致的感情带有很柔嫩和敏感的性质,需要许多适当条件的共同作用,才能使合乎情感的一般已知

---

① 阿里奥斯托(1474—1553),意大利诗人。他的代表作长篇传奇叙事诗《疯狂的罗兰》,是意大利文艺复兴时期的名作。—— 译者注

原则顺当地、确实地展现出来。对于这类感情的细腻微妙的成长，即使是最小的内外干扰，都会起妨碍和搅乱的作用。我们若要实际体验一下这种情感发展过程的性质，若要尝试一下美和丑的力量，就必须细心地选择合适的时间地点，把它们放到一种贴切的情景里来加以想象。这样做时，我们的心要从容沉静，思虑要把种种情景加以回顾，对于我们描写的对象要认真把玩，缺少上述这些条件的任何一个，我们的尝试就会陷于虚妄，我们就无法鉴定广泛的和普遍的美。至少，自然在美的形式和感受之间所建立的关系会因此变得比较模糊不清，而这是需要更大的精确性才能追寻和辨认出来的。要是我们能弄清它的影响，就不可只考察各个特殊的美的作用，而应依据那些得到人们经久不息的赞美的作品，这些作品经历了各种反复无常的风气和时尚的变迁，一切无知和敌意的错误攻击，依然保存了下来。

同一个荷马，两千年前在雅典和罗马受到人们喜爱，今天在巴黎和伦敦还在为人们赞美。风土人情，政治，宗教和语言方面的千变万化，不能磨损他的光辉。一个糟糕的诗人或演说家，仗着权威的支持或流行偏见的作用，也许可以风靡一时，但是他的荣誉是决不能持久的，也不会得到普通的承认。当后代或外国读者来考察他的作品时，戏法就戳穿而烟消云散了，他的毛病也就现出了原形。与此相反，一个真正的天才，他的作品历时越久，传播越广，他所得到的赞扬就越真诚。在一个狭小的圈子里，敌意和嫉妒真是太多了，甚至同作家亲近的熟人也会减弱对他的成就的赞赏，但是一旦这些障碍消除了，那自然的、动人心弦的美，就会发挥出它的力量。只要世界还在，它在人们心中就会永远保持威望。

由此可见，尽管鉴赏力千变万化，反复无常，还是有一些褒贬的一般原则，细心的人可以在心灵的所有活动里发现这些原则的影响。我们机体内部原初结构的某些特殊形式或性质仿佛是专为快感设计出来的，而另一些则同不快相关，如果在某些情况下它们失去效用，总是由于官能有了缺陷或者还不完善。一个发高烧的病人不会坚持说他自己的味觉能判定食物的滋味，患黄疸病的人也不会硬说他能对颜色作出判断。每个人都有健全和不健全这两种状态，唯有前一种状态才能为我们提供一种真实的辨别与感受的标准。在感官健全的状态下，如果人们的感受完全一致或大体相同，我们从这里就可以获得完善的美的观念。这种情形同关于颜色的观念类似，尽管颜色被当作只是感官的幻象，我们还是可以认为，白昼对一个视力健康的人所显现的可以叫作真实的颜色。

内部官能有许多不时产生的毛病，会妨碍或减弱我们对美丑感受的一般原则发生作用。虽然某些对象依靠人心的结构，能够很自然地引起快感，但是我们不能期望因此在每一个人的心中所引起的快感都完全担同。只要发生某些偶然的事件或情况，就会使对象笼罩在虚假的光里，或者就会使我们的想象力不能感受或觉察到真实的光。

许多人缺乏对于美的正当感受，一个最显著的原因，是他们的想象力不够精致，而这正是了解那些比较微妙的情绪所必不可少的。人人都自以为具有这种精致的能力，人人都在谈论它，要把各种各样的鉴赏力或感受都归结到这个标准之下。但是本文的意图就在于用某种理智之光来说明情感的感受问题，那么对于所谓“精致”下一个比以前所作出的更确切的定义该是正当的。在这方面我们无须求助于高深的哲学，只要引用《堂吉诃德》里的一个有名的故事[①]也就行了。

---

① 见塞万提斯的《堂吉诃德》第二部分第13章。——译者注

桑科对那位大鼻子的随从说,我自称精于品酒,这决不是瞎吹,这是我们家族世代相传的本事。有一次我的两个亲戚被人叫去品尝一桶据说是上等的陈年好酒。头一个尝了以后,仔细品味了一阵,说,酒倒是好酒,不过他尝到酒里有那么一点皮子味,未免美中不足。第二个同样仔细小心地品尝、考虑了一番,也称赞这是好酒,只可惜有股子铁味,他很容易辨别出来。你一定想不到他们两个的话受到多少嘲笑。可是谁笑在最后呢? 等到把桶里的酒都倒干以后,在桶底果然有一把旧钥匙,上面拴着一根皮带子。

由于对物质东西和精神事物的品鉴非常相似,这个故事对我们就很有启益。虽然美与丑比起甜与苦来,可以更加肯定地说不是事物本身的性质,而是完全属于内外感官感觉到的东西,不过我们还是应该承认,对象本身必有某种性质,按其本性是适于在我们的感官中引起这些感受的。要是这些性质微弱,或者彼此混杂掺和在一起,我们的鉴赏力往往就会忽略这些过分细微的性质,或者在它们混乱地呈现时难于辨别它们各自的风味。而如果我们感官的精微使一切性质都逃不脱它的观察,同时感官的准确又足以觉察混合物里的各种成分,我们就把这叫作鉴赏力的精致,不管我们使用这个词是按它的本义还是按它的引申义,都没有什么关系。那么,在这里美的一般法则就是有用的了,它是我们从已经树立起来的典范里,从观察一些表现愉快和不快的感受很纯洁并且具有很高水准的作品中提取出来的一般法则。如果在一部完整的作品里,这些素质不高,不能给我们以快慰的享受或使我们得到对嫌恶的体验,这样的作者我们认为他不配自诩为具有这种精致。得到这些一般法则或公认的创作典范,就像在上述故事里找到了拴着皮条的钥匙一样,它证实了桑科亲戚的品鉴能力,使那些自以为正确反而嘲笑他们的人狼狈不堪。要是没把桶里的酒倒光,桑科的亲戚的鉴赏力仍是精致的，嗤笑他们的人也依旧是迟钝的，并没有什么两样；但是要想证明前者比后者高明，并且使所有的旁观者都相信这一点，那就要困难得多。同样，如果作品的美没有条理化，没有归纳成一般原则，如果没有公认的优秀典范，鉴赏力的高低不同还是存在，有的人的审美水平还是比别人强；不过在这种情况下要叫胡乱批评的人哑口无言就不容易办到了，他总会坚持他那些特别的看法，拒绝同他相反的评论。但是一旦我们向他指出一条公认的艺术法则，一旦我们用一些事例说明了这条法则的作用，就是从他们的特殊趣味来看，他也得承认是适用的；一旦我们证明了这条法则可以运用到当前的事例上来，而他现在还没觉察它的作用和意义，这时他就不得不作出结论，承认整个说来错误在于他自己，承认他还缺少精致的鉴赏力，这种精致对于他今后在各种作品或评论中感受到美与丑是不可少的品质。

如果每种感觉官能，能够精确地知觉到它面前的最微小的对象，不让任何东西逃脱它的注意与观察，我们就承认它是完善的。眼睛能看见的东西越小，它的官能就越好，它的组织结构就越精巧。要考考味觉是否良好，不能用强烈的刺激，而要把各种微细的成分混合起来，看看我们是否还能够辨别出每一种成分来，尽管这每一种成分微乎其微，而且同别的成分掺和在一起。同样，对于美与丑有敏捷锐利的知觉，是我们精神方面鉴赏力完善的标志。如果一个人怀疑他把所读文章中的优点和缺点都放过去而没有观察到，他对自己是决不会满意的。在这个问题上，人的完美同情感官能的完美是统一的。一个人的味觉如果太精致了，在许多场合会给他本人和他的朋友带来不便。但是才智和美的精致鉴赏力则不同，它永远是一种令人向往的品质，因为它是一切最美好、最纯真的欢乐的源泉，而这种欢乐是最能感染人的天性的。在这一点上，全人类的情感是一致的。不管在哪里,只要你能查明某种精致鉴赏力,就一定能得到称赞;而查明它的最好办法,就是把建立在不同国家、不同时代的共同经验和一致同意上的那些典范和法则当作衡量的尺度。

人与人之间在鉴赏力的精致上虽然相差甚远,要想增进和改善这种能力的办法,莫过于在一门特殊的艺术上进行实际锻炼,经常地观察和沉思一种具体的美。任何对象在刚刚出现在眼睛或想象力之前时,我们对它的感受总不免是模糊混乱的,这时我们的心灵在很大程度上还无法对它的优缺点作出判断。鉴赏力还不能感知作品中的某些优美之处,更不必说辨别每个优美处的特性,确定它的质量和程度了。如果能就作品的整体作个一般的评论,说它是美的或是丑的,就算够好的了;就是这样的判断,一个缺乏实际锻炼的人,在说出时也不免会流露出很大的踌躇和保留。但是在他对这个对象有了经验之后,他的感觉就比较确实和细致起来,不仅能觉察到各个部分的美和不足,而且能辨别各种美和不足的类型,各各给以适当的赞扬与批评。在观察对象的全部过程里,都有一种清晰明白的感受在伴随着,对于作品中各部分很自然地适于引起快感和不快到了什么火候,属于怎样的类型,他能辨认得清清楚楚。先前仿佛蒙在对象上的一层雾消散了,官能由于不断运用也更加完善起来,于是他能够毫不犹豫地评判各种作品中的美。总之,在完成作品时实际锻炼所给予我们的灵巧和熟练,本身正是在品鉴作品的实际锻炼中获得的。

由于实际锻炼对于审美这样有益,所以我们在评论任何重要作品之前需要对它一读再读,并从各种角度去观察它,对它作细心的思考。因为在开始阅读作品时,思想还不免有些不集中,有些忙乱,这就干扰了对美的真实感受。这时人物的关系还没有搞清楚,风格上的真正特点也难于把握住，有些优点和缺点仿佛纠缠在一起，模糊地呈现在我们的想象力之中。还不用说，另有一种肤浅涂饰的美，初看上去固然叫人喜爱，不过我们在发现它同理性或激情的正当表现不能相容时，马上就觉得索然无味了，这时我们就会鄙弃它，至少大大降低了对它的评价。

为了继续锻炼我们的审美力，就需时时对各种类型和水平之间的优美进行比较对照，估量它们相互的比例。如果一个人不曾有机会比较各种不同的美，他就完全没有资格对面前的任何对象下断语。只有通过比较，我们才能规定和安排各种赞美或贬责之词，并学会把它们运用得恰到好处。粗劣的乱涂乱画也有鲜艳色彩和模仿如实之处，在一个乡民或印度人看来也是美，能打动他们的心，博得他们的最高赞赏。民间小调并非完全缺乏和谐自然的旋律，只有熟悉高级的美的人，才能指出它的音调刺耳、言语庸俗。十分低劣的美，在对最高级形式的优美有素养的人看来，能给予他的不是愉快而是痛苦，因此他会称之为丑。我们总是很自然地会把自己所能知道的最好的东西当作完美的顶点，给予最高的赞许。只有对不同时代、不同国度里都受人赞美的那些作品经常进行观察、研究和比较衡量的人，才能正确评价当下展示在他面前的某个作品，看看在天才的创作的行列当中能否给它一个适当的地位。

此外，一个评论家要想能较好完成这个任务，他还必须使自己摆脱一切偏见，除了对象本身，除了把对象置于自己独立的审视之下外，不考虑任何别的东西。我们可以观察到，一切艺术作品若要能对人心产生它应有的效果，都必须从一定的观点上来对它加以审视才行。因此，如果人们的状况，不论是实际的还是心理上的，不能同理解作品所要求的相适应，这些人就不能充分领略它们。一个演说家面对的是些特定的听众，就必须考虑到他们特有的语言才能、兴趣、意见、情绪以至偏见,否则他就休想左右他们的决定,点燃他们的热情。或许这些听众对他抱有某些成见,不论这成见多么不合理,他也决不可忽视这个不利条件,这样,在谈到正题之前,就必须说些使他们心平气和的话,来争取他们的好感。另一个时代和国家的评论家在读到这篇演说词时,就应该注意到当时这一切情况,应该设身处地想想他所面对的听众是怎样的,才能对这篇演说作出正确的判断。同样,如果一个作品是为公众写的,我同它的作者有友谊或嫌隙,那么我在读这个作品时,就应该抛开个人恩怨,把自己想成一个一般的公众,如果可能的话,就应该忘掉个人和我的特殊处境。受偏见影响的人不能照这个条件看问题,而是死守住他的原有立场,不肯把自己置身于理解作品所要求的观点中去。如果作品是为另一时代或国家的读者写的,他不考虑他们的特殊见解与偏见,他满脑子装的只是自己时代和国家里的看法,凭这些他就鲁莽地谴责在原作品为之而作的那些读者看来很可赞美的东西。如果作品是为公众而写的,他一点也不能开拓自己的心胸,对他同作者间的竞争和赞许,友谊和敌对之类的一己利益,始终耿耿于怀,不肯抛开。这样一来,他的感受能力就扭曲变质了,对于同样的作品在人们心中能唤起的同样的美和丑的感情,他就感受不到了。如果他给自己的想象力以正当的推动,能暂时忘记一下自己,本来是可以感受到的。显然,由于他的鉴赏力离开真实的标准,结果就失去了一切信誉和威信。

大家知道,在听凭理智来作决定的一切问题上,偏见对于健全的判断力的危害带有毁灭性,它会歪曲智力的全部作用;同样,偏见也危害着健康的鉴赏力,败坏我们对美的感受,其程度毫不亚于前边发生的情形。在这两种情况下,要抑止偏见,都要靠人们健康的意识。就这一点而言,正如在别的许多问题上一样,理性纵然不是鉴赏力的主要因素,至少对于鉴赏力的活动也是必要的成分。在一切比较高级的天才创作里,各个部分之间总是紧密联系彼此协调的,如果一个人的思想不够开阔,就不足以把握所有这些部分,比较它们间的相互关系,从而理解贯穿于全部作品中的线索和整体统一性,这样他就感受不到这个作品中的美或丑。每个艺术作品都有它打算达到的目的或目标,在估量作品的完美程度时,就要看它是否适于达到这个目的和达到的程度如何。雄辩的目的是说服人,历史的目的是教导人,诗歌的目的是用激情和想象来打动人,给人以快感。在我们阅读任何作品时,必须时时考虑到它们的这些目的,并且还要能判断他们所运用的手段在多大程度上适于达到它们各自的目的,此外,各种类型的作品,即使是最富于诗情画意的,也仍然是一连串的命题和推论,当然,这并不一定是最严格、最确实的,但总还是可以说得通的,看上去合理的,无论它被想象的色彩如何装饰过。在悲剧和史诗中表现人物的思考、推理、决断和行动,应该适合他们的性格和处境,这种创作是极为精细微妙的,除了必须有鉴赏力和想象力的才华,也少不了判断力,否则就决没有成功的希望。不用说,那些有助于提高理性的种种才能也应该相应地优秀,概念要相应地明白,区别要相应地确切,理解要相应地生动活泼,这些对于真实的鉴赏力的活动都是重要的,并且是它最可靠的伙伴。一个有理性的人,对艺术又有了经验,却不能对艺术的美作判断,这是极少可能或根本不可能发生的事;同样,一个人若没有健全的理智却又很好的鉴赏力,也是没有的事。

因此,尽管鉴赏的原则有普遍性,它在所有的人心中即使不完全相同也近于一致,但是有资格评判任何艺术作品,并使自己的感受达到美的标准的人却为数甚少。要使我们的内在感官发展到如此完美的地步,从而能容许一般的鉴赏原则充分发挥它的作用,产生出一种符合这些原则的感觉,那是不容易的。这些内在感觉官能常常是有缺陷的,或是被某种混乱所扭曲,因此它所激起的感情就常常只能是错误的。如果评论家缺乏精致感,他的判断缺乏清晰性,只能感受些对象里粗浅的性质,那么,较为精细的体验他就会视而不见,从他眼皮下滑过去。如果他缺乏实际锻炼,他在下评语时就不免带着混乱和踌躇。如果他不善于运用比较,最轻薄无聊的美也会被他当作赞许的对象,这样的所谓美,其实还不如叫作缺陷。如果他为偏见所支配,他的所有的自然情感就都变质了。如果他缺乏健全的理解,他就没有能力辨认出情节和说理的美,而这正是最高级,最优越的美。一般来说,人们都不免有上述缺陷中的这一方面或那一方面,因此对于真正的正确评判是不可多得的,即使在艺术风气最优雅洗练的时代也不例外。概括起来说,只有具备如下可贵品质的人才能称得上是真正的鉴赏家,这就是:健全的理智力很强,能同精致的感受相结合,又因实际锻炼而得到增进,又通过进行比较而完善,还能清除一切偏见,把这些品质结合起来所作的评判,就是鉴赏力和美的真正标准,不管在什么地方我们都可以找到它。

可是在哪里能找到这样的鉴赏家呢? 识别他们可有什么标志呢? 怎样把他们同冒牌的鉴赏家区别开来呢? 要搞清这些问题是困难的。这样一来,我们好像又一次陷入了本文一直在努力设法摆脱的不确定状态。

不过我们要是正确地考虑这件事,就会看出这些只涉及事实而不涉及情感的问题。具体到某个人,关于他是否具有健全的理智和精致的想象力,能否不带偏见,这当然是可以争议的,往往需要作反复的讨论和研究;但是这样的品质很有价值,值得重视,关于这一点,所有的人都不会有不同的看法。所以在遇到这类疑问时，人们所能做的同其他诉诸理智的争论问题并没有什么两样。他们应当提出他们所能想到的最有力的论据；他们应当承认有一个真实的决定性的标准存在于某个地方，即实际地存在着，它是一个事实；他们也应当宽容同样诉诸这个标准却与自己不同的看法，如果我们已经证明了人们在鉴赏力上出发点和水平不一，有高有低，证明了总会有某些人（尽管具体地加以择定有困难）被普遍的情感公认具有高于其他人的优异之处，那么这对于说明我们当前遇到的问题也就足够了。

实际上，发现鉴赏标准——即使是那些特殊人物的鉴赏标准——的困难，也并非如初看上去那么大。虽说我们在理论思考上容易认为在科学上有某些标准而在感情上没有这样的标准，但是在实践上我们发现在科学上要想确立这样的标准常常比在感情上更难。抽象的哲学理论，深奥的神学体系，在一个时代里可以盛行一时，随后一个时代就被普遍否定了，他们的谬误被揭露出来，另一些理论和体系便取而代之，而这些理论和体系同样也要为它们的后继者所代替。在我们所经验到的事情里，最容易受机遇和风气转变所影响的，莫过于这样一些所谓的科学定论。雄辩和诗歌的美则与此不同，对于激情和自然的恰当表现，不久就定能得到公众的赞赏，并将永远保持下去。亚里士多德、柏拉图、伊壁鸠鲁和笛卡儿，可以彼此取代，但泰伦提乌斯[①]和维吉尔[②]则对一切人的

① 泰伦提乌斯（约前190—前159），古罗马喜剧作家。写有六部诗剧，擅长描写人物的微妙心理活动，作品是古代纯正拉丁语的典范，对后来欧洲喜剧的发展有很大影响。——译者注

② 维吉尔（前70—前19），罗马最重要的诗人。写过牧歌、农事诗，尤以史诗《埃涅阿斯纪》著名。他的作品在当时就被认为是完美无缺的典范，对英国文学影响巨大。——译者注

心灵保持着普遍的无可争辩的影响。西塞罗的抽象哲学已经失去了它的价值,可是他那雄辩的力量仍然是我们赞美的对象。

有精致鉴赏力的人尽管很少,但由于他们的理解力健全,才能出众,在社会里还是容易被人们辨认出来的。他们所获得的优越地位,使他们对天才作品的生动赞美能够广泛传播开来,使这些作品在公众心目中占据优势。许多人单凭自己的感受,对于美只能有一种模糊不定的知觉,不过只要给予指点,他们也还是能品味各种美好东西的。每一个能改变眼光赞美真正的诗人和雄辩家的人,都是引起欣赏风气的转变的因素。虽然各种偏见可能一时占上风,由于它们决不会联合起来颂扬一个对手以反对真正的天才,所以最后还得屈服于自然的和正当感情的力量。因此,一个文明的民族虽然在选择他们应予赞美的哲学家方面容易搞错,在喜欢某个珍爱的史诗或悲剧作家方面却不会长久地陷于错误。

上面我们已尽力给鉴赏力确立一个标准,并指出了人们在这方面的不一致是可以协调的；不过还有两种差异的来源,它们虽然确实不足以混淆美和丑的各种界限,却仍时时会使我们的褒贬产生程度上的区别。来源之一是不同人们的生来的气质不一样,另一来源是我们所处时代和国家里的生活方式和意见总是特定的。鉴赏力的一般原则在人性中都是一致的。如果人们判断不一,一般说来总会发现他们在能力上或缺乏实际训练,或缺乏精致性；正是由于这个理由,我们称赞某人的鉴赏能力而指责另一个人。但是倘若从人们内在结构和外部环境这两方面的差别来看,都全然没有可以指摘之处,也没有理由说某个人的这些条件比另一个人的好,在这种情况下,鉴赏评判中某种程度的差异就是不可避免的,我们也不能找到一全能协调对立情感的标准。

一个情欲热烈的年轻人,总是比较易于为热恋和柔情的想象所打动的；而年长的人，则更喜爱那些能指导人生和使情欲得到中和调节的智慧和哲理。二十岁时喜欢奥维德这样的作者，到了四十岁喜欢的也许就是贺拉斯了，五十岁时则可能是塔西佗。在这些场合下，我们若是想勉强进入别人的感受，或想消除我们的自然倾向，那都会是徒劳的。我们选择我们喜爱的作家，就像选择我们的朋友一样，是由于彼此在气质和性格上相合。欢乐或激情，感受或思考，不管这些成分中的哪一种在我们性情里有某些缺陷或毛病，进行评判时受到偏见影响，占据了最主要的地位，它都会在我们心里唤起对与我们相似的作家的一种特殊的共鸣之情。

一个人喜欢崇高，另一个人喜欢柔情，第三个人喜欢戏谑。对缺点不能留情的人，十分勤于推敲；比较注意欣赏优美文笔的人，则可以为了一个高尚的或动人的一笔而原谅二十处荒唐和缺点。某人最爱洗练和有力的语句，另一个人却喜欢词藻繁富，音韵铿锵。有的爱单纯朴实，有的则爱多方描饰。喜剧，悲剧，讽刺文学，颂歌赞赋，各各有其偏爱者，他们各各偏爱自己所爱的那类作品的作家，认为比别的作家好。显然，一个评论家要是只赞扬一类体裁或一种风格的作品，而指责所有其余的作品，那是一个错误；但是对于适合我们特点和气质的作品而不感到有一种偏好，也几乎是不可能的。这样一些偏好是纯真无害的，不可避免的，说它们谁对谁错是没有意义的，因为在这里并没有什么能用来判定的标准。

基于同样的理由，我们在读到作品所描写的情景和人物时，对于那些在我们自己时代和国家里所能见到的情形有类似之处的，总是更喜欢一些。而对于习俗全然不同的一套描述就要差些。我们要想使自己的爱好能适应于古代的淳朴生活方式，诸如公主去泉边提水，国王和英雄自己烹调食物等，也要费不少气力。一般说来，我们应当承认对这类生活方式的描述就不是作者的过错，也不是作品中的缺陷,但是我们不会对它们深受感触。由于这个缘故,要想把戏剧从一个时代或国家移植到另一时代或国家,那是不容易的。法国人或英国人不欣赏泰伦提乌斯的《安德罗斯女子》或马吉阿维尔的《克丽蒂亚》,因为在这两个喜剧里,全剧的女主角一次也不对观众露面,总是躲在幕后;而这种手法对于古希腊人和现代意大利人的矜持脾气本是适应的。一个见多识广善于思考的人对于这类特殊的手法可以接受。可是要想使普通读者抛开他们通常的观念和感受方式,欣赏同他们毫无相似之处的描写,是完全办不到的。

说到这里,我想有一个看法或许对于我们考察那个有名的古今学术之争会有些益处。在这场争论里,我们往往看到一方以古代的习惯方式为据,要求谅解古人的某些似乎是荒谬之处;而另一方则拒不接受这种谅解,或者至多只认可对作者的辩护,而不能原谅作品。我觉得,在这个问题上争论的双方常常没有把正当的界限划分清楚。如果作品所表现的一些淳朴的习俗特点,像我们上边提到过的那些事例,它们就确实应当得到容许;谁若是对这些描些感到震惊,那显然只能证明他的精致和高雅并不实在。假如人们全不考虑生活方式和习俗的不断演进,只接受合于当前流行的时髦东西,那末诗人的"比黄铜更经久的纪念碑"[①]就一定早已像普通的砖瓦土块一样坍塌了。难道因为我们的先辈穿着带绉领的衣服和用鲸骨绷起的大裙子,我们就必须把关于他们的描写都扔到一边去吗? 但是如果说到道德与端庄的观念与时变迁,如果描写邪恶的行为而不给予正当的谴责和贬斥,这就应视为对诗篇的损害和真正的丑恶了。我不能够也不应该同意这样的感受,

① 见 Horace, Carmina III. 30. 1.

虽然考虑到时代的习俗我可以原谅诗人,但我决不会欣赏这样的作品。某些古代诗人所描绘的人物性格是那样的不人道、不体面,甚至有时荷马和希腊悲剧作家也有这类描写,这在很大程度上降低了他们高贵作品的价值,现代作家在这一点上就可以超过他们。如此粗野的英雄的命运和感情,不能引起我们的兴趣,我们不喜欢看到善恶的界限被搞得这么混乱;尽管考虑到作者的种种成见,我们可以对作者给予宽容,也决不可能接受他的这类情感,或同情那些我们显然认为是应受谴责的人物性格。

道德原则方面的情况同各类思辨意见不同,思辨的意见总是不断流动和变革的,儿子同父亲所信奉的体系可以不同,甚至就一个人来说,也很难自夸他在这一方面能持久一贯。但在一切时代和国家的文学作品里,如果发现有什么思辨的错误,对于这些作品的价值却没有多大影响,只要我们把思想和想象加以调整,对那些经常流行的意见有所理解,就能欣赏由此而来的感情和结论。但是要我们改变对人类行为的判断,摆脱我们所熟悉的、由长久习惯所形成的准则来产生另一种褒贬和爱憎的情感,那就是十分困难的事了。如果一个人确信自己判断所据的道德原则是正确的,他就会忠实地谨持它,不能因为他对作者表示尊重而稍微背离自己内心的情感。

在各种思辨的错误里,宗教方面的思辨错误如果出现在天才作品中,那是最可原谅的。任何民族或个人的文明或智慧,从来不是由他们的神学原理的精微或粗陋来决定的,我们也绝不允许据此下判断。事实上,人们都用同样的健全理智指导着他们日常的生活,而健全理智是不理会宗教说教的,因为宗教向来高高在上,被认为是超于人类理性认识的。所以,一切评论家,如果他想对古代诗歌作出公正的评价,就必须对那些异教神学观念的种种荒唐之处存而不论；而我们的后代在回顾我们时，也将持同样的宽容态度。只要诗人把宗教信条仅仅看作信条，我们就绝不应该认为这是他的错误。但如果他被这些说教搞得神魂颠倒，陷于冥顽迷信的地步，他就会搅乱道德的感情，改变善恶的天然界限。照我们上面所说的原则，这就是些不可磨灭的污点了，因为它们不是那些可以宽容的时代性的偏见和错误意见。

罗马天主教的一个基本精神就是要煽起对其他宗教信仰的强烈仇恨情绪，把一切异教徒、穆斯林和各种旁门左道都说成是天怒神罚的对象。这样的情绪虽然确实应予谴责，可是天主教宗教团体里的虔信者们却视为美德，并且在他们的悲剧和史诗里当作一种神圣的英雄主义来加以表观。这种固执的狂热，损害了两部很好的法国悲剧：《波利耶克特》和《阿达利》[①]；剧中全力渲染了对天主教信仰方式的疯狂热情，并作为英雄人物的突出性格。当高傲的约阿发现约莎贝同巴里的祭司马桑交谈时，他怒斥道："这是怎么回事？大卫的女儿竟然同这个叛徒说话？难道你不怕大地裂口，喷出烈火吞没你们？难道你不怕神圣的墙垣坍塌压死你们？你想干什么？为什么这个上帝的敌人要到这里，用令人憎恶的模样毒化我们呼吸的空气？"这样的情感在巴黎的剧院里博得了热烈喝彩；但是在伦敦，观众们欢呼的是这样一些场面：阿基里斯骂阿加门农面目如狗，胆小如鹿；或朱庇特恐吓朱诺[②]说，要是再不闭嘴就得挨一顿揍。

宗教原则一旦成了迷信，硬要干预各种与宗教毫无关系的感

① 休谟这里所指的是高乃依的悲剧《波利耶克特》和拉辛的悲剧《阿达利》。下文所说的约阿和约莎贝之间对话场景，见《阿达利》第3幕第5场。——译者注

② 朱庇特是罗马神话中最高的神，即希腊神话中的宙斯；朱诺是罗马神话中的天后。——译者注

情，那它在任何文学作品中就都是一种缺点。在这一点上，我们不能原谅诗人，不能以他的国家里生活习俗处处都充满着宗教仪式和惯例，以至没有什么方面能摆脱这种羁绊来加以辩护。当彼特拉克[①]把他的情人萝拉比作耶稣基督时总是可笑的；而薄伽丘这位讨人喜欢的放荡作家，当他一本正经地感谢全能的上帝和贵妇们保护自己免予仇敌之害时，也是同样的荒唐可笑。

① 彼特拉克（1304—1374），佛罗伦萨学者。桂冠诗人，人文主义者。——译者注

鉴赏力的细致和情感的细致[①]

有些人的感情很敏锐细腻，他们总是处于某种这类敏感的支配之下，因而非常容易受到生活中种种偶然遭遇的影响，每个成功或顺利的事件都使他兴高采烈，而一旦处于逆境或遭到不幸时就垂头丧气，沉溺于强烈的悲伤之中。给他一些恩惠和提拔，能很容易地得到他的好感与友谊；而稍微伤害了他一点，就会招致他的愤怒和怨恨。得到点尊重和夸奖时，他们会得意忘形；略受轻蔑，他们就受不住。毫无疑问，像这样品性的人，要是同那些沉着冷静的人相比，他们总有更多的得意和快活，自然也有更多的刺骨的忧愁。但是如果权衡一下事情的轻重，我想，如果一个人能完全主宰他自己的气质，就一定宁愿具有沉着冷静的品格。因为命运的好坏，不是我们自己可以随意支配的；而性情过于敏感的人在遇到种种不幸时，忧伤和愤懑之情完全占据了他的心，就会使他失去对生活中普通事情的一切乐趣，失去那些构成我们幸福的主要部分的正当享受。何况在生活中人能得到巨大欢乐的事常常并不比使人感到巨大痛苦的事多，这样，敏感的人能尝到欢乐的机会就一定少于他遭到痛苦折磨的机会。这样的人在生活行为里是很容易不检点、不谨慎的，也就很容易犯错误，这些错误常常是无可挽回的。

① 本篇原载《人性的高贵与卑劣——休谟散文集》，上海三联书店1988年版。

在有些人身上，我们可以观察到他们具有鉴赏力方面的敏感精致的品质，这种品质很类似情感上的敏锐精致，它能对各种类型的美和丑产生细致感受，就像后者对顺利与困逆、恩惠与伤害所产生的感受那样。如果你让具有这种能力的人看一首诗或一幅画，那种敏锐精细的感觉力就会把他领进诗与画的全部情景中去，他不仅能对其中的神来之笔尽情入微地品玩，那些粗疏或谬误之处也逃不脱他的感受，他会感到厌恶不快。一次优雅得体的谈话，对他是莫大的享受；而粗鲁无当的交往，他觉得如坐针毡，是活受罪。简单说，鉴赏力的敏锐细致，其效果同情感上的敏锐精致是一样的。它扩展了我们的快乐和悲哀的范围，使我们能感受到别人往往感受不到的痛苦和欢乐。

虽然如此，我相信，所有的人都会赞成我这样一个看法，就是尽管两者相似，我们还是认为鉴赏力方面的敏感是值得我们追求和培养的，而情感上的敏感则是可悲的，只要可能，就应当加以矫正。生活中的好运或倒霉的事，我们自己是很少能做得了主的；但是我们可以很好地支配我们自己所读的书籍，所参与的娱乐活动，所保持的友情关系。哲学家们努力追求的快乐幸福，是完全不依赖于外界的一切事物的。完全无缺的境界是达不到的，不过每个有智慧的人总该把他的幸福立足于他自身；对于全靠其他条件才能获致的幸福，如情感敏锐精细的人所追求的那些东西，他不去追求。如果一个人具有这种能力，他就会由鉴赏的快感获得幸福，并感到这种幸福远胜于那些激起他食欲的东西所能给他的感官快乐；他会从一首诗，一段说理的议论里得到享受，这种享受在他看来也远胜于可能得到的最奢侈豪华的生活享乐。

尽管这两类敏感精细之间原来可能有联系，我们还是认为情感上的敏感精细需要矫正，鉴赏力则需要多加培养，使它提高和更加精练,才能使我们善于评判人们的性格、天才的著作和高级艺术的杰作。对于那些明显的能打动我们感官的美好东西,我们欣赏能力的程度完全取决于感性气质的敏感程度;但是在设计学术和艺术时,一种精细的鉴赏能力,在某种程度上就需要强有力的健全理智与之相适应,或者至少可以说,由于精致的鉴赏力非常依赖它,两者是不可分离的。为了正确地评价一部天才的作品,必须考虑到这里的许多见解,比较许多不同的情景,具备有关的人类本性的知识,因此如果一个人不具有最健全的判断力,他就绝不可能对这样的作品作出差强人意的评论。我们认为对文艺作品的欣赏力应当培育,一个新的理由就在于此。我们的评判力必须用这种实际练习来增强。我们应当对生活形成更正确的观念。有许多东西能使别人感到快乐或折磨,对我们来说,就会感到微不足道,不值得我们加以注意;我们就能逐步抛弃那些不适当的感情上的敏感性。

但是,如果认为有训练的文艺鉴赏力消除了热情,使我们对于大多数人热心追求的对象抱冷漠态度,这也许是说过头了。进一步思考一番就会发现,实际上有训练的鉴赏力毋宁说是增进了我们感性能力的一切素质和一切适当的热情,同时使心灵拒绝那些比较粗鄙狂暴的感情。

Ingenuas didicisse fidediter artes,
Emollit mores, nec sinit esse feros.①

关于这一点,我想可以提出两个非常自然的理由。第一,对于改进人们的气质和性情来说,没有什么比学习诗歌、雄辩、音乐或

① 见 Ovid, Epistolae et Ponto II.9.48. 大意是:心灵的精细,有助于行动不亢不卑。——译者注

绘画中的美更有益的了。它能给人以某些超群出俗的优雅的感受；它所激起的情感是温和柔美的；它使心灵摆脱各种事务和利益的匆忙劳碌；愉悦我们的思考；使我们宁静；产生一种适当的伤感情绪,这种伤感是一切心情中最宜于爱情和友谊的。

第二,鉴赏力的敏锐精致,对于爱情和友谊是很有益的,因为它帮助我们选择少数人作为对象,使我们在同大多数人的交往和谈话中持一种不偏不倚的态度。在世上,鉴别人品的能力十分卓越的人(无论他们的心智多么健全)是难得的,而对人品的种种差异和等级(这是人们挑选爱人或朋友的依据)全然麻木不仁的人也是少有的。一个人只要有适当的心智条件,就足以使人们接纳他。他们向他谈到自己的各种兴趣和种种事情,其坦率程度与他们对另一个人的没有什么区别,于是就发现许多人不过如此而已,没有他,人们也决不会感到空虚或缺了点什么。但法国一位著名的作家[①]有一个比喻对我们是有用的,他说,判断力也可以比作一座钟表,最普通的钟表只能告诉我们钟点,这也就够了,唯有最精致的钟表能报出几分几秒,把时刻的最小差别分辨出来。一个对书本和人间知识有过精细体玩的人,他的亲密同伴必限于经过选择的少数人,他的乐趣便在其中,很少会超出这个范围。由于他的爱好影响限于一个小圈子里,如果他们水平一般,没有什么突出之处,他就会带动他们前进提高。同伴之间的欢乐嬉戏,会增进他们之间的友谊使之牢固,于是年轻时代的热烈情欲就演变成为一种优雅的感情。

---

① 见 Fontenelle, Pluraite des Mondes, Soir 6.

谈谈悲剧[①]

一部写得很好的悲剧,能使观众从悲哀、恐惧、焦急等他们本来会感到不快和难以忍受的情感中得到快感享受,这似乎是一件很难给予解释的事情。他们受到触动和感染越大,就越喜欢这个戏;一旦那使人忧伤不快的情感停止活动,这出戏就演完了。如果能有一个充满欢乐、使人感到满意和放心的场景,那就是这类作品所能企望的顶点了,而这确实只能出现在最后一幕。在剧的进程里,如果还穿插一些使人宽慰的情景,那也只是些欢快的模糊闪现,接着就被事情的演变抛到九霄云外,或者它只不过是为了衬托对立和挫折,以便把剧中主人公投入更深的苦难之中。诗人的艺术,就在于唤起、激发他的读者心中的同情和义愤,悬念和遗恨。这些心情使他们备受苦恼的折磨,而他们从剧中所得到的快感恰同这种折磨成正比;要是他们不曾用眼泪、悲叹和哭泣来发泄他们的伤感,使充溢心中的最优柔的感动和同情得到宽解,他们就决不会感到满意和愉快。

有少数具有哲学素养的评论家,曾经注意到这样一种独特的现象,并致力于对它加以说明。

---

① 本篇原载《人性的高贵与卑劣——休谟散文集》,上海三联书店1988年版。

修道院长杜博[①]在他的关于诗画的思考中认为：一般说来，对于心灵最有害的，莫过于老是处在那种懒洋洋的毫无生气的状态里了，它会毁掉一切热情和事业。为了从这种使人厌倦的状态中摆脱出来，人们就到处寻找能引起他兴趣和值得追求的东西，如各种事务、游戏、装饰、成就等等，只要这些能唤起他的热情，能转移他的注意力。不论引起的激情是什么，即使它是使人不快的，苦恼的，悲伤的，混乱的也罢，总比枯燥乏味有气无力的状态要好，而这种状态正来自所谓完满的平稳和宁静。

应当承认这个解释是有道理的，至少对说明问题有部分的道理。人们可以观察到，在几张牌桌上，正在打牌的人都在聚精会神地参加竞赛，即使里面找不到一个打得很好的人。高级情感的见解或想象，来自巨大的失与得，它能引起观众的共鸣，使他分享同样的感情，给他以一时的宽娱。当它完全吸引住观众的思虑时，就使他们能安逸地消磨时光，减轻他们在日常劳动中所负担的沉重压力。

我们可以发现，普通爱说谎话的人总是喜欢夸张，不论他说的是种种危险、痛苦、不幸、疾病、死亡、杀人和残酷勾当，还是说到享乐、美好、欢快和宏伟壮丽的场面，都是如此。一个荒唐可笑的秘密，就在于他总是想使他的伙伴们高兴，吸引他们的注意，刺激他们的情感和情绪，把他们带进这类令人惊叹的情景中去。

不过这个说法虽然看起来很有道理，仍不能充分解答我们要讨论的问题，运用起来也还有困难。要是悲剧中类似让人烦恼悲叹的对象实际出现在我们面前，使我们感受到真实的苦恼，那就能解释为什么悲剧能引起人们的兴味了；这样它也就能成为治疗怠

① 杜博（1670—1742），法国外交家。考古学家，历史学家。——译者注

惰无聊的最好药方。丰特奈尔先生似乎觉察到了这个困难,便试图对这个现象作出另一种解释,至少可说是对上述解释提出了某些补充。

他写道:“快乐和痛苦,就其本身而言,是两种全然不同的感情,但是就它们产生的原因而言,差别就不那么大。拿开玩笑为例:原是逗乐开心的,可如果稍微过头了一点,就会惹人恼怒不快:而讽刺挖苦原是刺痛人的,要是说得温和幽默些,也能让人喜欢,破涕为笑。所以就出现了这种情形:有一种温和的使人适意的忧伤,它是痛苦,不过是减弱了的,缓和了的。悲伤忧郁之情,甚至灾难和愁苦,只要它们被某些条件变得柔和起来,就合于上述情形。确实,剧场舞台上的演出有接近真实的效果,但它仍然与真人真事的后果不尽相同。在观剧时不管我们如何深深陷入剧情之中,也不管我们的理智和想象如何受它们的支配而暂时忘记了一切,但是在我们心理活动的底层仍然潜存着一个确实无误的观念,这就是:我们所看到的一切全属虚构。这个观点虽然微弱隐蔽,却足以减轻我们在看到所爱的剧中人不幸遭遇时产生的痛苦心情,把这种忧伤苦恼调节到某种程度使之成为一种愉快的欣赏。我们为英雄的不幸洒下同情之泪,同时由于我们想到这终究不是事实而只是虚构,就得到了宽慰;正是这些感情的掺和,构成了一种适度的忧愁和使我们喜欢的痛苦的眼泪。如果剧中的实际情景、人物所引起的我们的忧伤,压倒了我们理应由于知道它是虚构而产生的宽慰,这种效果就说明作品是成功的,并标志出它的优秀。”①

这种解释看来是正确可信的,不过我想也许还要再作某些补

① 见 Fontenelle, Reflections rus la Poetique l § 36。

充，才能充分说明我们所要考察的现象。雄辩所激发的一切感情，是最能使人们欣然接受的，这同绘画和演剧中的情况一样。西塞罗的收场诗，从这一角度看，是每个有鉴赏力的读者喜爱的，阅读他的作品很自然地会使人产生深深的共鸣和忧伤之情。无疑，他作为一位雄辩家的卓越之处，常常是由于在这一方面做得很成功。当他为自己的雄辩力量而感动流泪，并引起读者的同情之泪时，读者们便处于高度愉快兴奋的状态中，并对作者的雄辩深感满意。关于维芮屠杀西西里船长场面的悲惨描写[①]，就是这类雄辩的一段杰作，不过我相信没有人会认为置身于这种悲惨情景里能得到什么娱乐。在这里，我们的悲伤是不能由于想到情况属于虚构而宽解的，因为读者都确信这里所讲的一切情况全是实实在在的事实。那么，在这种场合，使我们从不快里得到愉快的东西究竟是什么呢！也就是说，那种一直保持着灾难和悲惨的全部特征和现实标志的愉快感情，究竟是靠什么引起的呢？

我的答复如下：这种特殊效果就来自表现悲惨情景的雄辩本身。天才，就在于能用生动的手法描写对象；艺术，就表现为能集中各种使人感动的情景；判断力，就展现在安排处理这些对象和情景的方式之中。运用这些可贵的能力，还有语言文字的力量，各种修辞上的美，就能综合地在读者心中产生最高的满足感，唤起他们最惬意的思绪活动。在这里，我们可以发现，悲伤感情的不快，并不只是被某种更有力的相反东西压倒了，减弱了，而是这整个的感情中动都转变成为快感，在我们心中洋溢着雄辩所引起的喜悦。这样的雄辩力量，如果用来讲些没有意思的主题，那就不会使人得到什么快感，甚至会使人感到无聊可笑；人心也不能受到什么激

① 见西塞罗《反威勒斯的第二篇演说》V，118—138。

动,仍然完全静止不动地处于冷漠之中,欣赏不到任何想象力的或言辞的美,而这种想象和修辞的美如果有真情的话,是能给情感以精致优美的享受的。伤感,同情,义愤的冲动和热情,在优美的情感引导下,就能向新的方向发展。这种优美的情感是一种更优越的力量,它能抓住我们的全部身心,使那些单纯的热情和冲动转化为高级的感情,至少也能使他们热烈地受到感染,从而改变它们原来的性质,被情感激动、被雄辩所陶醉的心灵,会感到自己整个地处在一股有力的运动之流中,同时也就感受到了这整个的喜悦之情。

这个道理同样适合于悲剧,我们要附带加上的一点说明就是:悲剧是对现实的一种模仿,而模仿就它本身来说总是人们容易接受的,这个特点使悲剧引起的感情活动更容易平和下来,更有助于使全部感情转变为一种协调有力的精神享受。描绘最可怖的事物和灾祸能使人愉快,其效果常常胜于描绘那些最美好的对象,如果后者显得平淡的话。心中被唤起伤感,会激起许多精神上的活动与热情,由于这种强有力的运动的推动,这些热情就全都又换成为快感。因此,悲剧的虚构之所以能使感情柔和优美,不仅仅是由于使我们的悲伤减弱或消除的结果,面是由于注入了一种新的感觉。对于一种实在的悲惨事件,你的伤感也会逐步缓和下来,直到它完全消失;但是在这种逐步消退的过程里,决没有什么快感可言,除非一个人完全麻木不仁,或许偶然也会从这种麻醉状态里得到一种快乐或宽慰。

如果我们能根据这个解释,举出别的种种事例,说明较低的情感活动能变成高级的,并且尽管后者与前者不同甚至有时相反,也能给前者以一种推动力量,那就足以证实我们的这种解释。

小说能很自然地引起心灵的注意,唤起心灵的活动,它所唤起的这种活动总是能转变为对于小说中人物情景的某种感情，并且赋予这种感情以力量。一个新的不平常的情节，无论它激起的是欣喜还是悲叹，骄傲还是耻辱，愤怒还是善良的意愿，都能产生一种有力的感染作用。小说加深了我们对痛苦的感受，这同它加深了愉快的感受一样，虽然如此，小说本身总是使人愉快的。

如果你对人讲述一件事情，想引起他的极大兴致，那你能增强讲述效果的最好的方法，就是千万别匆匆忙忙把事情的经过都告诉他，而要巧妙地推迟这个过程，先引起他的好奇心，使他迫不及待地想从你嘴里获得这个秘密。在莎士比亚剧的一幕脍炙人口的场面里，雅戈把这种手段表现得十分出色；每个观众都感受到，奥赛罗急于知道雅戈要说的内容，他的嫉妒就添上了新的刺激力，而比较一般的情感在这里很快就转变为一种突出的情感。

疑难能增强各种各样的热情，它能唤起我们的注意力，激发我们的主动力量，从而产生出某种能滋养占主导地位的情感的情绪。

做父母的，通常最疼爱的是体弱多病的孩子，因为抚养这样的孩子常常要付出极大的辛劳，要为他焦急愁苦。这样一种亲切的感情是从不快的感受中获得力量的。

对朋友的思念之情，莫过于对他逝世的哀思。同他为伴时的喜悦之情不会有那样强烈。

嫉妒是一种叫人痛苦的感情。可是如果一个人毫无这种感情，爱情的温柔亲密就不能保持它的全部力量和热烈。心爱的人儿不在身边，使恋人们时时思念悲叹，使他们感到莫大的痛苦，可是没有什么比短暂的离别更有益于加深相互的情谊了。如果长期的别离已被看作是他们无力改变的悲苦命运，那只是因为时光的流逝已经使他们习惯了这种分离，而他们也就不再那样痛苦了。意大利人把爱情里的嫉妒和离别之苦组成为一个复合词：dolce peccante（甜蜜的难受），他们认为这是一切快感的本质特征。

老普林尼曾经认真观察过的一种现象，颇能说明这个道理，他说："有件事是非常值得我们注意的：著名艺术家最后的未完成的作品，总是被人们给予最高的评价。诸如阿里斯梯底的伊里斯，尼各马可的丁达里蒂，提谟马库斯的美狄亚，阿佩莱斯的维纳斯。这些艺术珍品的价值甚至超过了他们完成了的作品。那残缺的轮廓，作者正在形成而又尚未形成的意念，都是人们仔细研究的对象，我们对因作者之死而停下来的精巧的手尤为悲叹，从面更加强了我们对作品的美的欣赏。"

上述种种事例（还可以搜集到更多的事例）足以使我们认识各种现象中类似的性质，并向我们指明，诗人、雄辩家和音乐家靠激动我们的悲伤、烦恼、义愤、同情等感情的方法，给予我们快感，并不像我们初想时那么令人诧异。想象力，表现力，修辞的和摹写再现的魅力，所有这些艺术能力就其本身而言，都很自然地能使心灵感到愉快。如果这些能力所表观的对象抓住了某些感情，那么由于它能把这些较低的感情活动转变和提升为优秀高级的东西，就能长久地给我们以快感。情感，当它被一个真实对象的单纯现象唤起时，它可能是痛苦的，这是很自然的；但是如果是由优美的艺术所唤起的，它就变得流畅、柔和、平静了，就能使人得到最高的享受。

为了证实这个说法，我们还可以观察到，要是想象力的活动没有支配那些情感，就会出现相反的效果；前者会从属后者，转化为后者，增添我们所感受到的痛苦和折磨。

谁会认为，对于死了心爱的孩子而悲恸欲绝的父母，用雄辩术的全部力量去夸张这不可挽回的损失，会是安慰他们的一剂良药呢？你的这种想象和表达能力越强，你就越增添了他们的绝望和苦痛。

威勒斯的可耻、胡作非为和恐怖，无疑在相应程度上唤起了西塞罗高贵的雄辩和热情，同样也在相应程度上引起了他的愤怒和不快。那来自雄辩的美的高尚感情，所引起的快感是非常强烈的，能引导读者按照同样的法则在对比的方式下转化感情，使他们同作者产生共鸣、同情和义愤。

克拉林顿[①]在王党的大灾难即将来临的时候，想到他的历史叙述会遇到极大的风险和麻烦，写到国王之死时便一笔带过，而不谈当时的任何具体情况。他认为若是把这一情景写得太可怕，而又不能写出极端的痛苦和反感来，那是绝不能感到满意的。他本人以及那个时代的读者，都深深卷入了当时的各种事变，他们深感痛苦，并认为这类情景还是留给对此有极大怜悯心和兴趣的后代历史学家和读者去处理，才是最适当的。

悲剧所描写的某个行动可能是血腥残酷的，它会唤起恐怖可怕的感情而不能使之产生快感，描绘这类性质时的巨大表现力只会增加我们的不快。《有野心的继母》[②]里就写了这样一个场面，一位德高望重的老人，在狂怒和绝望之际一头撞到柱子上，脑浆迸裂，血污溅洒遍地。在英国的剧院里这类使人惊骇的情景真是太多了。

即使是极普通的悲悯之情，也需要借助于某种适当的感受方式来使之柔和，这样才能使观众真正满足。在恶行肆虐和压迫之下，单纯地诉说受难，会使这种美德与恶行构成一幅极不相称的情景，所以所有的戏剧大师都注意避免这样的描写。为了减轻观众的不快，使他们感到满足和痛快，美德必须成为一种具有高尚英勇

---

① 克拉林顿（1609—1674），著有《大叛乱史》。休谟这里谈到的可能就是这部著作。——译者注

② 尼可拉·罗威（1674—1718）的悲剧。——译者注

精神的悲壮之情,或者它能使恶行得到应有的谴责与惩罚。

在这一方面,大多数画家的绘画主题似乎都是使人不快的。他们画了许多教堂和修道院,主要是描绘像耶稣被钉在十字架上和殉难这类使人感到可怕的主题,似乎只有拷打、创伤、死刑、受难,而没有什么反抗或可以使人感动的东西。当他们的画笔从这种可怕的神话传说转向别的主题时,他们通常求助于奥维德的那类虚构,这类虚构手法虽然动人适宜,对于绘画却很不自然,也是很不够的。

这里所说的转换法则,在日常生活里也时常表现出来,同演讲和诗歌效果一样。如果较低的情感被激发上升成为占统治地位的情感,它就会吞没原来滋养和促进它的那样一些感受。过分的嫉妒能毁掉爱情;过分的困苦能使我们冷漠;孩子的疾病和缺陷过于烦人,也会使做父母的产生嫌弃的感情,变得自私无情。

请问,像这样使人不快的阴郁、暗淡、灾难重重的故事,有什么是忧伤的人能拿来款待他的同伴的呢?!它所能引起的感情只是不快,而没有带来任何精神、天才或雄辩的力量;它能传达给我们的只是一个纯粹的不快,而没有任何能使我们感到舒畅或满足的东西。

谈谈学习历史[①]

我要最热忱地建议我的女读者们学点历史，因为在一切这类活动中，学习历史对于她们的性别特征和教育上的需要都是最相宜的。这比读那些普通消遣性的书籍更有教益，也比读书柜里常常可以找到的那些严肃作品更令人喜爱。她们从这两类书籍里知道的重要真理，从历史里也能学到，这些真理的知识对她们的恬静和安宁都会有许多贡献。我们男子同她们一样，远非她们想象的那样，是什么十分完美的创造物；支配男子世界的感情并非只有爱情这一种，还有贪婪、野心、虚荣以及成千种其他的情欲在支配他们，并时常压倒了爱情。我不知道上述两类书籍——它使妇女非常爱好新奇和恋爱故事——是否提供的是些关于人类的错误表象；不过必须承认，当我发现它们那么厌弃事实，那么喜欢虚构，我是感到遗憾的。我回忆起这样一件事，有一次一位美丽的姑娘要我借些小说和爱情故事给她看，作为乡间生活的消遣，那时我对她有了某种感情；可是，这个阅读经过给我的好处真不小！因为结局竟是怪我没有用伤风败俗的手臂去拥抱她。所以我给她一本普鲁塔克的传记作品，同时还向她保证这本书从头到尾没有一个字是讲什么真理的。她很认真地阅读这本传记，一直读到亚历山

① 本篇原载《人性的高贵与卑劣——休谟散文集》，上海三联书店1988年版。

大和恺撒的生平,这些名字她以前只是偶尔听说过。她把书还给我时,说了许多责备我骗了她的话。

确实有人会说,女人对历史并不像我所说的那样反感,假如它是些秘史,里面有些令人难忘的故事能激起她们的好奇心。但是,由于我全然不能在关注这些奇闻轶事中找到作为历史基础的真理,所以我不能把上述情况当作妇女们具有学习历史的热情的证据。无论这个说法如何,我还是不明白为什么这种好奇心就不可以接受一个更适当的指导,引导她们去追求对以往时代和同时代生活着的人们的了解。对于克里奥娜来说,福尔维娅秘密地同费兰多私通意味着什么或不意味什么? 难道克里奥娜听到有人悄悄说加图的妹妹同恺撒通奸,把她同恺撒生的儿子马尔库斯·布鲁图斯硬塞给她丈夫,当作她丈夫自己生的儿子这件事时,不是有同样理由感到快乐吗? 难道梅撒利娜或尤里娅的恋爱故事不正是往后这个城市里谈论主题的引线吗?

不过,我不知道从哪里勾出我对女士们这样一种嘲笑挖苦的态度;我想,使我有这种看法的原因,或许同某些人受到同伴喜爱,成为他们善意的戏谑取乐对象的那种情形相同。我们很乐于用某种方式同一个我们喜欢的人交谈,同时以为他不致感到不愉快,因为他对在场的每个人会有正确的意见和情感这一点很放心。现在我要谈的主题更严肃一些。我要指出学习历史会得到许多益处,并且要说明它是多么适合于所有人的需要,特别是适合于那些由于天性多愁善感和教育上有缺陷而不愿学习严肃作品的人们。学习历史的益处,大致可以分为三个方面,这就是:它能娱悦想象力,增进理解力,有助于加强美德。

实际上,还有什么比神游世界的远古时代,考察人类社会从幼年时期最初的些微尝试进到艺术与科学;知道政治制度、交往礼仪的一步步改进，一切装饰人类生活的东西趋于完善的前进发展，更能使我们心旷神怡的呢？还有什么比弄明白那些最繁荣的帝国兴起、发展、衰微和最后灭亡；比弄明白那些造成它们伟大的美德，使它们腐败灭亡的恶行，更能使我们获益的呢？一句话，要了解人类的一切：从一开始直到我们今天之前，让它们以真实的色彩呈现在我们面前，不要任何涂抹打扮；这类伪造只要存在一天，受它们影响的人在判断是非时就会感到十分困惑。有什么能够想象出来的情景，比历史告诉我们的更宏伟，更多样，更有趣？有什么使理智和想象力感到赏心悦目的事，能同它相比？难道那些占去我们大量时间的轻薄、无聊、消遣，更能使我们满足，更值得吸引我们的注意力，因而比学习历史更可取？那种能使我们在寻求愉快时作出如此错误选择的趣味，岂不是十分颠倒错乱的吗？

历史不仅能给我们以愉快的享受，而且最能增进我们的知识。我们通常称之为学识造诣的很大一部分，而且给予很高评价的，正是指熟悉历史事实。有文学修养的人有广博的学识，但是我应该指出有些人对这一点有一种不可原谅的无知（无论他们的性别和条件如何），他们并不熟悉自己本国的历史，也不熟悉古希腊罗马的历史。一位女士可以在举止上有好风度，还可以不时地用机智表现出生动活泼；不过要是她的心智没有用历史知识来充实，她的谈吐就不可能使有健全理智和善于思考的人感到满意。

还必须补充一点，就是历史不仅仅是知识中很有价值的一部分，还在于它是通往许多其他知识部门的门径，能给大多数科学提供知识的原料。确实，如果我们想想人生是多么短促，我们的知识即使毕生所得也是多么有限，那我们就必定会懂得：假如人类没有发明写作历史，把我们的经验范围扩充到过去的一切时代和最辽远的国度，用这些经验来大大增进我们的智慧，好像它们实际上就处于我们的观察之下,那我们在理智上就永远会处于儿童状态。一个熟悉历史的人,从某种意义上可以说他是从世界一开始就生活着的人,在每个世纪里他不断添加着他的知识储藏。

从历史获得的这种经验,还有一种高于凭实际生活学到的经验的优点。这就是,它使我们熟悉人类事务,又一点也不减少对于美德的最精致优雅的感受。它还告诉我们真理,在这一点上,我不知道还有什么别的研究或专业比历史做得更无懈可击。诗人可以用最动人的色调来描写美德,可是由于他们完全专注于感情,就时常变成恶行的倡导者。甚至哲学家在微妙的思辨中也常常左右为难,我们看到他们有些人走得太远,以致否定了所有道德品质的实在性。但是我想有一点值得思想家注意,那就是历史学家几乎没有例外地都是美德的朋友,并且永远是以它的本来面目表现它的,无论他们在对某些特殊的人物下判断时会发生怎样的差错。马基雅弗利在他的佛罗伦萨史著作中就发现自己有一种对美德的真实感受。当他以一个政治家的身份来说话和进行一般推理时,他把下毒手、暗杀和弥天大谎等等看作夺取和保持权力的正当艺术;但当他以一个历史学家的身份进行具体叙述时,在许多地方,他对罪恶表现出那样强烈的愤怒,对美德的嘉许显得那样热情,使我不禁想起贺拉斯的名言:你若是赶走大自然,尽管你那么轻视它,它总还是要返回到你这儿来。要说明历史学家为什么喜欢美德,这并没有什么困难。当一个忙于事业的人投身到生活和行动中去的时候,他想得比较多的,是同他利益有关的那些人的特征,而不是他们本身如何;这样他的判断在一切场合都会受到自己情欲的强烈作用而扭曲变形。当一个哲学家在自己的小房间里思考人类的种种特点和行为方式时,对于这些对象的一般抽象考察使他的心变得十分冷漠无情,以致自然的情感没有任何得到发挥的余地;

他几乎感受不到美德和恶德之间的区别。历史在这两个极端之间正好保持着一个适中的位置，它把对象放在它们真实的地位上加以考察。写历史的作家们同读者们一样，在这些性格和事件中，他们的充分乐趣就在于得到一种生动的或褒或贬的感受，而这时并没有什么与他们特殊利益攸关的东西来败坏他们的判断力。

因为只有在这时
真话才从他心灵最深处吐出。
—— 卢克莱修

谈谈随笔[①]

人类中比较优秀的一部分人，不满足于只过一种单纯的动物式的生活，而致力于心灵的种种活动；这些人可以区分为学者和爱交际的两种类型。学者是这样的一类人，他们所选择的是从事比较高级和困难的心智活动，需要许多闲暇时间来从事单纯的个人思考，要是没有长期的准备和严格的劳作，就不能完成这种工作。社交界则是由喜欢交际的人的种种兴趣爱好汇聚而成：愉快的鉴赏，轻松优雅的理智，对各种人类生活事务明白的思考，对公共生活的责任感，对具体事物的缺陷或完美的观察，把这些人们聚集在一起，思考这样的一些问题，光凭个人孤寂地进行是不行的，需要有同伴，需要与同类的人交流谈话，以获得心智上应有的训练。这样做能使人们结合成为社会团体，其中的每个人都能够以他力所能及的最好方式发挥他对种种问题的见解，交流信息，彼此得到愉快。

学者与社交界脱离，似乎是上个世纪的一大缺陷。这对于学者的著述活动和对社交界都产生了很不好的影响。因为，要是不借助于历史、诗歌、政论和哲学中种种明白的道理，还会有什么交谈的题目能适合于有理性的人的需要呢？那样，我们的全部交谈

① 本篇原载《人性的高贵与卑劣——休谟散文集》，上海三联书店1988年版。

岂不都成了无聊乏味的唠唠叨叨了吗？那样，我们的心智还能有什么增益，除了老是那一套：

> 没完没了的胡吹瞎说、琐屑之谈，
> 张家长，李家短，
> 搞得糊里糊涂，意乱心烦。

这样消磨时间，在同伴间是最不受欢迎的，也是我们生活中最无益的事情。

另一方面，学者的活动由于关闭在学院的小房间里与世隔绝，缺乏很好的交流与伙伴，也同样受到很大的损害。由此产生的恶果是，我们称作 belles lettres[①]（文采）的一切都变成为生硬艰涩的文字，毫无生活和风度上的情趣，也毫无思想和表述上的流畅机智，这些只能从人们交谈中才能得来。甚至哲学也会由于这种沉闷的不食人间烟火的研究方式受到严重损害，要是它的陈述方式和风格使人感到莫名其妙，它的论断就会成为一些奇奇怪怪的东西。确实，如果人在推理时一点也不向经验请教，一点也不研究经验（这些经验唯有在公共生活和交谈里才能得到），对于这样的人，我们还能指望些别的什么呢？

我高兴地看到，本世纪的文人学者在很大程度上已经改变了这种使他们同人们保持距离的羞答腼腆脾气，同时世人也从各种书籍和学问里得到他们最适当的交谈主题。可以期望学者和社交界之间已经建立起来的这种愉快的联盟，会进一步增进彼此的收益；就这个目的来说，我不知道还有什么比我努力奉献给公众的

---

① belles lettres，法文词，原指文学艺术，休谟在这里指的是各种学术中应该有的文采风格。——译者注

那些随笔更为有益的了。从这个考虑出发,我认为自己颇像从学者的国度迁居到社交界“国家”的侨民或是派出的使者,我的职责就是促进这两个有重要依存关系的“国家”之间的良好关系。我要把社交界活动的消息报道给学术界,并且可以把我在自己“国家”里发现的适于社交界“国家”需要的那些商品,输入这个“国家”。对于贸易平衡问题我们无须担心,保持这种双方的平衡也没有什么困难。在这种商品交换中,原材料主要是由社交界和公共生活领域提供的,而加工产品的工作,则属于学者。

一名大使如果不尊重他出使国家的君主,是一个不可原谅的玩忽职守的错误;同样,我若是对于社交界的女性没有表示出特别的尊重,也是不可宽宥的,因为她们是社交王国的女王。我在接近她们时一定要非常尊敬,不能像我本国人那样的作风。学者是人类中最坚持独立性的人,他们极端珍视自由,不习惯于顺从,而我则应当对文雅公众的这些有权威的女王表示顺从。做到这一点以后,我的进一步使命无非就是去建立某种攻守联盟以反对我们的共同敌人,即反对理性和美的敌人,亦即愚钝的头脑和冷酷的心肠。从这时起我们就可以用最严格猛烈的火力来追击这些敌人,不要宽恕它们。我们的宽容只适用于健全理智和美好情感这类东西;我们可以认为这类品质总是不可分离地存在在一起的。

抛开上面的比方,认真地说,我以为有理智和教养的妇女们(我只对她们表示敬意)对于各种文艺作品的品评能力,比同等水平的男子往往要强些;我也以为男子们不妨对有学识的妇女开点适当的普通玩笑,有些人连讲点这样的笑话都十分害怕,以致对女友们绝口不敢谈论各种书籍学识,这实在是无谓的恐慌。其实,对这类戏谑的担忧,只是在应付无知的妇女时才有意义,她们不配谈论知识问题,对于她们,男子们是避而不谈这类知识的。而这种情形也会使某些徒有虚名的男子装出一副比妇女优越的样子来。不过我想我的公正的读者们会确信,一切有健全理智的熟谙世事的人,对于他们知识范围内的这类著作都能作出种种不同的评判,并且比那些卖弄学问的愚钝作者和评论者更相信自己的优雅的鉴赏能力;尽管他们的鉴赏力缺乏规范的指导。在我们邻近的那个国家里[①],良好的鉴赏力和风流豪爽同样著称,那里的女士们在一定意义上乃是学术界的权威,正如她们在交际界那样;要是没有她们的赞扬和卓越的评判,任何文艺作家都休想在公众面前崭露头角。她们的评判确实有时也叫人感到头痛,例如我发现那些欣赏高乃依[②]的贵妇们,为了抬高这位大诗人的荣誉,当拉辛[③]开始超过他时也要说他比拉辛更好。她们总是这样说:“真没想到,人都这么老了,还要同一个这样年轻的人作对,争什么高低,计较什么评价。”但是这种看法后来被发现是不公正的,因为下一代似乎承认了这样的判决:拉辛虽然死了,仍然是优雅女性们最宠爱的作家,这同男子们给予的最好评判是一致的。

只是在一个主题上,我不那么信任妇女们的评判,这就是有关风流艳事和献身信仰的作品应当如何评价的问题。对于这类事情,女士们通常感情过于激动,她们大多数人似乎更喜欢热烈的情感而不能保持适度。我把风流艳事同为信仰献身的事情并提,是因为实际上她们对待这两者感情激动的方式是相同的,我们可以观察到这两种感情有同样的气质作为依据。由于优雅的女性都富于温柔和热情的秉性,这类情景就会影响她们的判断力,即使作品的描述并不得体,情感并不自然,她们也很容易受到感动。所以她

① 休谟在这里指的是法国。——译者注

② 高乃依(1606—1684),法国古典主义戏剧大师。——译者注

③ 拉辛(1639—1696),法国悲剧诗人。——译者注

们不欣赏艾迪生关于宗教所写的优美的对话而喜欢那些讲神秘信仰的书籍；由于德莱顿先生[①]的挑剔，她们拒绝了奥特维[②]的悲剧。

倘若女士们的鉴赏力在这一方面有所矫正，她们就会稍微习惯于鉴赏各种类型的书籍，并能给有健全理智和知识的人们以鼓励，促进他们之间的交际，诚心诚意地协调一致，为我所提倡的学者和社交界的联合而尽力。否则，尽管她们也许能从随声附和者那里得到许多谦和的顺从，但学者们是不会随和她们的，她们也不能合理地期待诚实的反应。我希望，她们不至于作出那么错误的选择，以致为了假象而牺牲实质的东西。

---

① 德莱顿（1631—1700），英国诗人。剧作家，文艺批评家。——译者注

② 奥特维（1652—1685），英国剧作家，诗人。伤感剧的先驱者之一。——译者注

谈谈写作的质朴和修饰[①]

艾迪生先生认为，好作品是感情的自然表现，但不要明白显露。我觉得这还不能算是对好作品比较正确扼要的界说。

情感如果仅仅是自然的，就不能给心灵以愉快的感受，似乎不值得我们予以关注。水手的俏皮话，农民的见闻，搬运工人和马车夫的下流活，所有这些都是自然的，也是挺讨人厌的。从茶馆闲聊里编造出来的无聊的喜剧场面，有那个能忠实和充分地描写出事实和情感来呢？只是在我们把自然的种种美好和魅力描绘出来时，换言之，自然只是在艺术给予修饰和使之完美，不是简单地加以模仿而是按照它的应有的美的样子加以表现时，才能使有鉴赏力的人们感到愉快；如果我们描写比较低级的生活，手法笔触就必须是强有力的和值得引起注意的，必须能使心灵得到一个生动的形象。桑丘·潘沙[②]荒唐可笑的naïveté[③]（天真）在塞万提斯笔下表现得何等淋漓尽致，真是无与伦比，包含着多少豁达大度的英雄形象和温柔的爱情画面啊！

这一点对于演说家、哲学家、批评家，以及任何一个用自己名

---

① 本篇原载：《人性的高贵与卑劣——休谟散文集》，上海三联书店1988年版。

② 桑丘·潘沙，塞万提斯小说中堂吉诃德的侍从，也是主人疯狂理想主义的陪衬，以许多出他口中切中要害的格言而闻名。——译者注

③ naïveté，这是个我借用的法文词，英语中很难找到相应的词。

义写作而不是借助于他人的言语行为的作家,都是同样适用的。如果他语言不文雅,观察力不出众,理解力、感受力不强,没有气概,那么他夸耀自己作品的自然和质朴就是徒劳无益的。他也许说得正确,但决不会使人喜欢。这类作家的不幸就在于他们根本得不到人家的指摘与苛评。幸运的书和人就不会受到这样的冷遇。贺拉斯谈到过所谓"欺骗性的生活道路",这条秘密的、骗人的生活道路,也许是一个人所能有的最大幸运;不过另一个人要是落入这条路,得到的却是最大的不幸。

另一方面,作品如果只是使人惊奇,但不自然,就决不能使人们的心灵得到持久的享受。描写古怪的事物,当然不是摹写或模仿自然。失去了正当的表象,画面就没有同原来面貌相似的东西,我们的心灵对此是不会满意的。在书信体或哲理性的著作里,过分的文饰是不适当的,史诗或悲剧亦复如此。华丽的辞藻和修饰太多,对于一切作品来说都是一大缺陷。非凡的描写,有力的机智火花,明快的比喻和警句,如果使用得过于频繁,就成了瑕疵,而不再是对文章的润色了。这就像我们观看一座哥特式建筑时被花样繁多的装饰搞得眼花缭乱那样,由于注意力被各种枝枝节节的东西吸引而分散,就看不到整体了;心也同眼睛一样,它在仔细读一部堆满机智的作品时,也会被不停的闪光和惊奇搞得筋疲力尽,感到厌倦。一个作家要是才智过于丰富,往往就会出现上述情形;虽说这种才智本身还是好的、使人愉快的。这类作家通常的毛病,是他们不管作品主题是否需要,就把他们喜爱的修饰之词和手法大加卖弄堆砌;因此他们要表达一个真正优美的思想,就得用二十个矫揉造作使人厌烦的奇思怪想。

不过我在这里批评的对象,并不包括那些把质朴和文饰恰当地结合起来的作品,尽管它们可能比上述那类作品写得更长更丰富。关于这个问题虽然我不想谈论过多,也要作少许一般的观察。

首先,我观察到:尽管两类过分都应当避免,尽管在一切写作里应当苦心探讨一种能把两者结合起来的适当的中间方式,但持中的写法并不只限于某一种,它容许有很大的自由度。在这方面,我们可以想想蒲柏和卢克莱修之间的距离是多么大。在极端的精雅文饰和极端的单纯质朴二者之间,诗人似乎可以随心优游,不必担心会犯什么过头的毛病。在两个极端之间的广阔地带里,布满了彼此各异的诗人,各有特殊风格和面貌,这并不影响他们得到同等的赞美。高乃依和康格里夫[①]的机智和文采,在某种意义上比蒲柏还要强(如果各种类型的诗人可以放在一起比较的话),而索福克利斯和泰伦提乌斯比卢克莱修还要质朴自然,他们似乎超出了大多数完美作品所具有的持中状态,在这两种对立的特征上有些过分。照我的看法,在一切伟大诗人当中,维吉尔和拉辛处于最接近于中心的位置,离两种片面或极端最远。

在这个问题上我观察到的第二点是:想用词句来说明朴质和文饰这两者之间的恰到好处的持中状态是什么,或者想找到某种能使我们知道如何正确划清优美与缺陷的规则,即使并非完全不可能,也是极其困难的事。一个文艺评论家对于这个问题可以发表很得体的看法,但是它却不仅不能使读者搞清楚这些持中的标准或界限,甚至他自己也不能完全理解这些东西。丰特奈尔的《论牧歌》,是文艺评论中难以比拟的精品。在这篇文章里,他进行了许多思考和哲理的讨论,力图确定适合于这类作品的恰到好处的中和之道。可是任何一个读到这位作家自己写的牧歌的人,都会

① 康格里夫(1670—1749),英国剧作家。擅长使用精柔的喜剧对话,讽刺当时的上流社会,嘲笑矫揉造作的风气。——译者注

认为这位有见识的评论家尽管道理讲得好,鉴赏力却不佳。他所认为的完美,实际上过于强调了优雅文饰的方面,而这对牧歌是不相宜的。他所描述的牧人情感比较适合巴黎的妆饰,而不适于阿卡狄亚的山林。可是这一点你从他的批评理论中是绝对发现不出来的。他指责所有过分的描绘和修饰,所说的道理同维吉尔实际上做到的程度一样,仿佛这位伟大诗人也写过有关这类体裁的诗歌的论文似的。不管人们在鉴赏力方面多么不同,他们关于这些问题的一般见解通常是一样的。文艺批评如果不涉及特殊,不充分讨论各种例证,那是没有什么教益的。一般说来,人们承认美同美德一样,总是执其两端适得其中的东西,可是这个居中的东西究竟在两端之中的什么地方,分寸如何掌握,却是一个大问题,它决不能靠一般的讲道理得到充分的说明。

现在我来讲讲在这个问题上观察得来的第三点看法,这就是:我们应当努力避免过分的文饰甚于避免过分的质朴,因为过分文饰比过于质赴更损害美,也更危险些。

这是一条确实的规律:机智与情感是完全对立的。去掉了感情,就没有想象力的地位。人心很自然地受到制约,它的各种能力不可能同时都起作用,某种能力越占上风,留下来供其他能力得到发挥的余地就越少。因此,描写人物、行为和情感的一切作品,比那些由思考和观察构成的作品需要有较大程度的单纯质朴性。由于前一类作品更动人、更美,按照上述见解,人们就可以放心地在单纯质朴与文采修饰两端之间优先强调前一方面。

我们还可以观察到,我们最常读的、一切有鉴赏力的人时时放在心上的作品,都有使人喜欢的质朴,除了附丽于这种质朴感情之上的优美表现力与和谐的辞意而外,它们并没有什么使我们在思想上感到惊奇意外的东西。如果作品的价值在于它讲出了某种机智的警句，它一上来就会打动我们，不过这样我们的心就要期待在进一步细读中了解这个思想，也就不再为它所感动了。我在读马提雅尔[①]的一首警句诗时，它的第一行就使我想到了全诗会说些什么，我不想重复我已经知道的东西，也就没兴致读这首诗了。但是卡图卢斯[②]的每一行诗和每一个词都有它的价值，我在仔细读他的诗时从来没有感到疲倦。考利[③]的作品翻一下也就够了，可是帕内尔[④]的诗读到第十五遍，还同初读时一样感到新鲜动人。此外，作品和女人一样，某种平易的姿态和衣着，总是比刺人眼目的涂脂抹粉，装模作样，穿金戴银要动人得多。后者只能迷惑人的眼睛，却打动不了感情。泰伦提乌斯有一种最平和羞怯的美，他写的一切都使我们喜欢，因为他毫不虚假，他的纯净自然给我们以一种虽不强烈却是持久的感受。

但是，由于文采修饰多多少少也能算作某种美的东西，所以走这种极端是比较危险的，也是我们最容易陷入的毛病。单纯质朴如果没有同时伴以高度优雅和适当的风度，往往被看作平淡乏味。与之相反，机智和骗人的闪光就成了使人惊奇的东西。普通的读者受到它的强烈刺激，会错误地以为这就是最不简单的、最了不起的创作方法。昆体良说，塞内卡的雄辩里充满了使人喜欢的错谬，所以就更加危险，更容易败坏年轻人和无知的人的鉴别力。

我要再多说两句的是，在今天，我们应当比过去更加提防过分的文饰，因为学术有了进步，在各种类型作品的领域里都出现了有

① 马提雅尔（约40—约104），古罗马诗人。主要作品有《警句诗集》12卷。——译者注

② 卡图卢斯（约前87—前54），古罗马抒情诗人。——译者注

③ 考利（1618—1667），英国诗人。——译者注

④ 帕内尔（1679—1718），英国诗人，小品文作者。——译者注

名的作家，在这种情况下，人们最容易陷于这种极端。想靠新奇来取悦于人的努力，使人们远离质朴自然的感情，他们笔下就充满了矫揉造作和骗人的东西。古希腊小亚细亚的雄辩，到阿提卡就大大败坏了；奥古斯都时代的鉴赏力和天才，到了克劳狄乌斯和尼禄时代就江河日下了；造成这种状况的原因是类似的。何况现在已经出现了某些类似的鉴赏力下降的征候，法国如此，英国也是一样。